HOLT FRENCH 3

Allez, viens!

HOLT, RINEHART AND WINSTON

A Harcourt Education Company

Orlando • **Austin** • New York • San Diego • Toronto • London

ASSOCIATE DIRECTOR
Barbara Kristof

EXECUTIVE EDITOR
Priscilla Blanton

SENIOR EDITORS
Marion Bermondy
Jaishree Venkatesan

MANAGING EDITOR
Chris Hiltenbrand

EDITORIAL STAFF
Annick Cagniart
Yamilé Dewailly
Virginia Dosher
Ruthie Ford
Serge Laîné
Géraldine Touzeau-Patrick
Leigh Marshall, *Intern*
Mark Eells,
 Editorial Coordinator

EDITORIAL PERMISSIONS
Carrie Jones, *CCP Supervisor*
Nicole Svobodny,
 Permissions Editor

Brigida Donohue,
 Interpreter-Translator

**ART, DESIGN, & PHOTO
 BOOK DESIGN**
Richard Metzger,
 Design Director
Marta L. Kimball,
 Design Manager
Lisa Woods
Andrew Lankes
Alicia Sullivan
Ruth Limon

IMAGE SERVICES
Joe London, *Director*
Jeannie Taylor, *Photo Research
 Supervisor*
Elisabeth McCoy
Michelle Rumpf, *Art Buyer
 Supervisor*
Coco Weir

DESIGN NEW MEDIA
Susan Michael, *Design Director*
Amy Shank, *Design Manager*

Kimberly Cammerata,
 Design Manager
Czeslaw Sornat,
 Senior Designer
Grant Davidson

MEDIA DESIGN
Curtis Riker, *Design Director*
Richard Chavez

GRAPHIC SERVICES
Kristen Darby, *Manager*
Linda Wilbourn
Jane Dixon
Dean Hsieh

COVER DESIGN
Richard Metzger,
 Design Director
Candace Moore,
 Senior Designer

PRODUCTION
Amber McCormick,
 Production Supervisor

Colette Tichenor,
 Production Coordinator

MANUFACTURING
Shirley Cantrell, *Supervisor,
 Inventory & Manufacturing*
Deborah Wisdom, *Senior
 Inventory Analyst*

NEW MEDIA
Jessica Bega,
 Senior Project Manager
Lydia Doty,
 Senior Project Manager
Elizabeth Kline,
 Senior Project Manager

VIDEO PRODUCTION
Video materials produced by
Edge Productions, Inc.,
Aiken, S.C.

**ACKNOWLEDGMENTS
PHOTOGRAPHY CREDITS**

Abbreviations used: (t) top, (c) center, (b) bottom, (l) left, (r) right, (bkgd) background

Front Cover: © John & Lisa Merrill/Getty Images/The Image Bank

Back Cover: © Lisl Dennis/Getty Images/The Image Bank; (frame) © 2006 Image Farm, Inc.

Acknowledgments appear on page R111, which is an extension of the copyright page.

AUTHOR

Emmanuel Rongiéras d'Usseau
Le Kremlin-Bicêtre, France

Mr. Rongiéras d'Usseau contributed to the development of the scope and sequence for the chapters, created basic material and listening scripts, selected realia, and wrote activities.

CONTRIBUTING WRITERS

Jayne Abrate
The University of Missouri
Rolla Campus
Rolla, MO

Judith Ryser
San Marcos High School
San Marcos, TX

CONSULTANT

John DeMado
Washington, CT

REVIEWERS

Deana Allert
U.S. Peace Corps volunteer
Senegal, 1991-1992
Berkeley, CA

Donna Clementi
Appleton West High School
Appleton, WI

Donald Doehla
Vallejo Senior High School
Vallejo, CA

Amina Elaisammi
Embassy of the Kingdom of Morocco
Washington, DC

Zohra Ben Hamida
Tunisian Information Office
Washington, DC

Joseph F. Herney
Briarcliff High School
Briarcliff Manor, NY

Sam Leone
Freehold Township High School
Freehold, NJ

Patricia Norwood
University of Texas at Austin
Austin, TX

Joann K. Pompa
Mountain Pointe High School
Phoenix, AZ

Marc Prévost
Austin Community College
Austin, TX

FIELD TEST PARTICIPANTS

Marie Allison
New Hanover High School
Wilmington, NC

Gabrielle Applequist
Capital High School
Boise, ID

Jana Brinton
Bingham High School
Riverton, UT

Nancy J. Cook
Sam Houston High School
Lake Charles, LA

Rachael Gray
Williams High School
Plano, TX

Katherine Kohler
Nathan Hale Middle School
Norwalk, CT

Nancy Mirsky
Museum Junior High School
Yonkers, NY

Myrna S. Nie
Whetstone High School
Columbus, OH

Jacqueline Reid
Union High School
Tulsa, OK

Judith Ryser
San Marcos High School
San Marcos, TX

Erin Hahn Sass
Lincoln Southeast High School
Lincoln, NE

Linda Sherwin
Sandy Creek High School
Tyrone, GA

Norma Joplin Sivers
Arlington Heights High School
Fort Worth, TX

Lorabeth Stroup
Lovejoy High School
Lovejoy, GA

Robert Vizena
W.W. Lewis Middle School
Sulphur, LA

Gladys Wade
New Hanover High School
Wilmington, NC

Kathy White
Grimsley High School
Greensboro, NC

TO THE STUDENT

Some people have the opportunity to learn a new language by living in another country.
Most of us, however, begin learning another language and getting acquainted with a foreign culture
in a classroom with the help of a teacher, classmates, and a textbook. To use your book effectively,
you need to know how it works.

Allez, viens! (*Come along!*) is organized to help you learn French and become familiar with the cultures of people who speak French. Each chapter presents concepts in French and strategies for learning a new language. This book also has three Location Openers set throughout the francophone world.

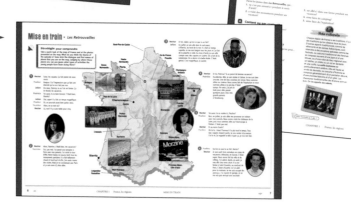

◀ · · · · · **Location Opener** Three four–page photo essays called Location Openers introduce different French-speaking places. You can also see these locations on video and on the *Interactive CD-ROM Tutor.*

◀ · · · · · **Chapter Opener** The Chapter Opener pages tell you the chapter theme and goals.

· · · · · · ▶

Mise en train (*Getting started*) and **Remise en train** (*Getting started again*) These illustrated stories show you French-speaking people in real-life situations, using the language you'll learn in the chapter.

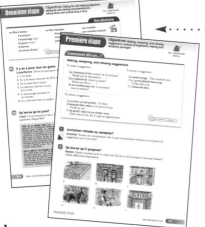

◀ · · · · · **Première** and **Deuxième étape** (*First and Second Part*) the chapter is divided into two sections called **étapes**. At the beginning of each **étape**, there is a reminder of the goals for this part of the chapter. Within the **étape** are **Comment dit-on... ?** (*How do you say . . . ?*) boxes that contain the French expressions you'll need to communicate and **Vocabulaire** and **Grammaire/Note de grammaire** boxes that give you the French words and grammatical structures you'll need to know. Activities in each **étape** enable you to develop your skills in listening, reading, speaking, and writing.

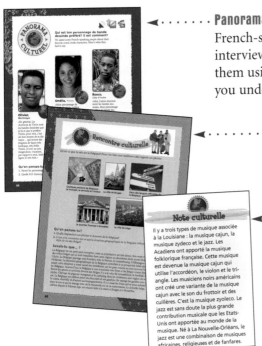

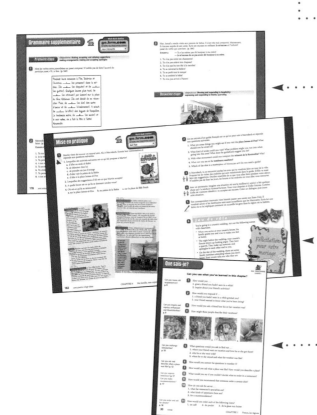

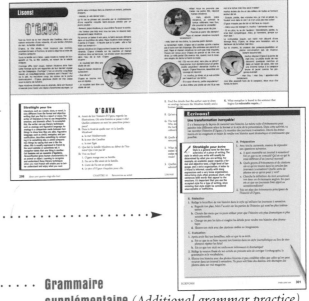

Panorama Culturel (*Cultural Panorama*) On this page are interviews with French-speaking people from around the world. You can watch these interviews on video or listen to them on audio CD. You can also watch them using the *Interactive CD-ROM Tutor,* then check to see how well you understood by answering some questions about what the people say.

Rencontre culturelle (*Cultural Encounter*) This section, found in nine of the chapters, gives you a firsthand encounter with some aspect of a French-speaking culture.

Note culturelle (*Culture Note*) In each chapter, there are notes with more information about the cultures of French-speaking people.

Lisons! (*Let's read!*) The reading section follows the two **étapes.** The selections are related to the chapter themes and help you develop your reading skills in French.

Ecrivons! (*Let's write!*) will develop your writing skills. Each chapter will guide you to write a composition related to the themes of the chapter.

Grammaire supplémentaire (*Additional grammar practice*) This section begins the chapter review. You will find four pages of activities that provide additional practice on the grammar concepts you learned in the chapter. For each activity, you will find the page number where the grammar concept you are practicing is presented.

Mise en pratique (*Review*) The activities on these pages practice what you've learned in the chapter and help you improve your listening, reading, and communication skills. You'll also review what you've learned about culture.

Que sais-je? (*Let's see if I can . . .*) This page at the end of each chapter contains a series of questions and short activities to help you see if you've achieved the chapter goals.

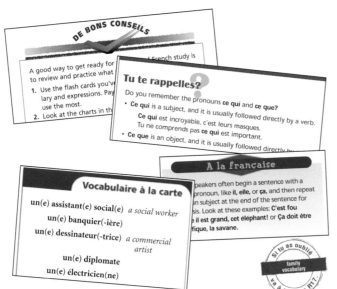

De Bons conseils

A good way to get ready for ... f French study is
to review and practice what ...
1. Use the flash cards you've ...
   lary and expressions. Pay ...
   use the most.
2. Look at the charts in th ...

Tu te rappelles?

Do you remember the pronouns **ce qui** and **ce que**?
• **Ce qui** is a subject, and it is usually followed directly by a verb.
   Ce qui est incroyable, c'est leurs masques.
   Tu ne comprends pas **ce qui** est important.
• **Ce que** is an object, and it is usually followed directly by ...

À la française

...peakers often begin a sentence with a
pronoun, like **il**, **elle**, or **ça**, and then repeat
...n subject at the end of the sentence for
...sis. Look at these examples: C'est fou
...e il est grand, cet éléphant! or Ça doit être
...fique, la savane.

Vocabulaire à la carte

un(e) assistant(e) social(e) *a social worker*
un(e) banquier(-ière)
un(e) dessinateur(-trice) *a commercial artist*
un(e) diplomate
un(e) électricien(ne)

Si tu as oublié
family vocabulary
va à la page R11.

You'll also find special features in each chapter that provide extra tips and reminders.

De bons conseils (*Helpful advice*) offers study hints to help you succeed in a language class.
Tu te rappelles? (*Do you remember?*) and **Si tu as oublié** (*If you forgot*) remind you of expressions, grammar, and vocabulary you may have forgotten.
À la française (*The French way*) gives you additional expressions to add more color to your speech.
Vocabulaire à la carte (*Additional Vocabulary*) lists extra words you might find helpful. These words will not appear on the quizzes and tests unless your teacher chooses to include them.

Vocabulaire (*Vocabulary*) On the French-English vocabulary list on the last page of the chapter, the words are grouped by **étape**. These words and expressions will be on the quizzes and tests.

You'll also find French-English and English-French vocabulary lists at the end of the book. The words you'll need to know for the quizzes and tests are in boldface type.

At the end of your book, you'll find more helpful material, such as:
• a summary of the expressions you'll learn in the **Comment dit-on... ?** boxes
• a list of review vocabulary
• additional vocabulary words you might want to use
• a summary of the grammar you'll study
• a grammar index to help you find where structures are presented

Allez, viens! Come along on an exciting trip to new cultures and a new language!

Bon voyage!

Explanation of Icons in *Allez, viens!*

Throughout Allez, viens!, you'll see these symbols, or icons, next to activities and presentations. The following key will help you understand them.

 Video Whenever this icon appears, you'll know there is a related segment in the *Allez, viens! Video* and *DVD Programs.*

 Listening Activities

 Pair Work/Group Work Activities

 Writing Activities

 CD-ROM Activities Whenever this icon appears, you'll know there is a related activity on the *Allez, viens! Interactive CD-ROM Tutor.*

Cahier d'activités, p. 31, Act. 14

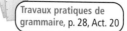
Travaux pratiques de grammaire, p. 28, Act. 20

Practice Activities These icons tell you which activities from the *Cahier d'activités* and the *Travaux pratiques de grammaire* practice the material presented.

Grammaire supplémentaire, p. 86, Act. 7

Grammaire supplémentaire This reference tells you where you can find related additional grammar practice in the review section of the chapter.

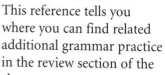 **Internet Activities** This icon provides the keyword you'll need to access related online activities at **go.hrw.com**.

CHAPITRE **1**
France, les régions 4

CHAPITRE 2
Belgique, nous voilà! 32

CHAPITRE 3
Soyons responsables!.....62

Chapitre 4
Des goûts et des couleurs 92

CHAPITRE 5
C'est notre avenir 126

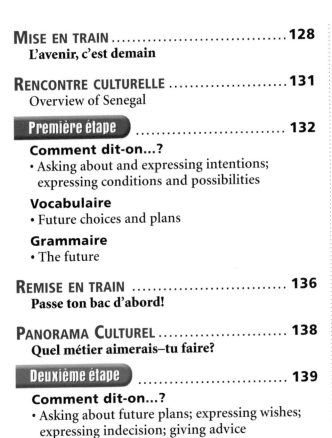

CHAPITRE 7
Un safari-photo 186

CHAPITRE 8
La Tunisie, pays de contrastes.....216

ALLEZ, VIENS

en Amérique francophone!

LOCATION • CHAPITRES 9, 10, 11.....246

CHAPITRE 9

C'est l'fun!..... 250

CHAPITRE 10
Rencontres au soleil 280

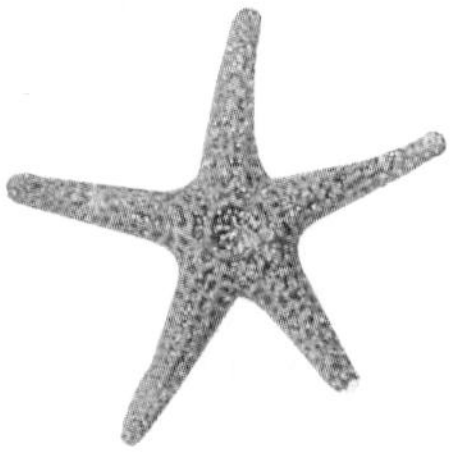

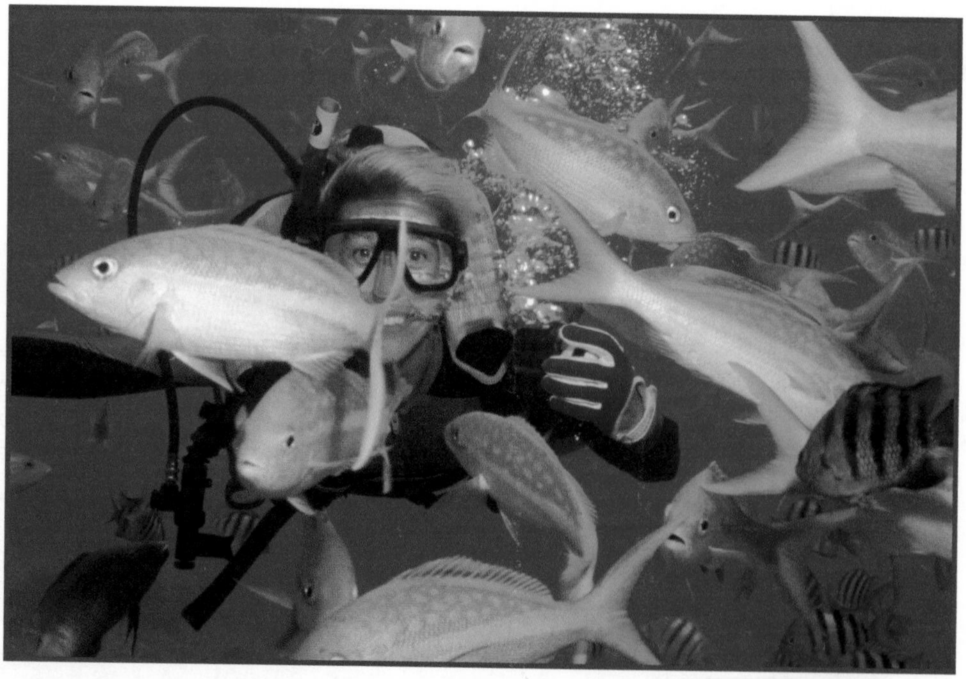

CHAPITRE 11
Laissez les bons temps rouler! 310

CHAPITRE 12
Echanges sportifs et culturels.....340

CULTURAL REFERENCES

LA FRANCE

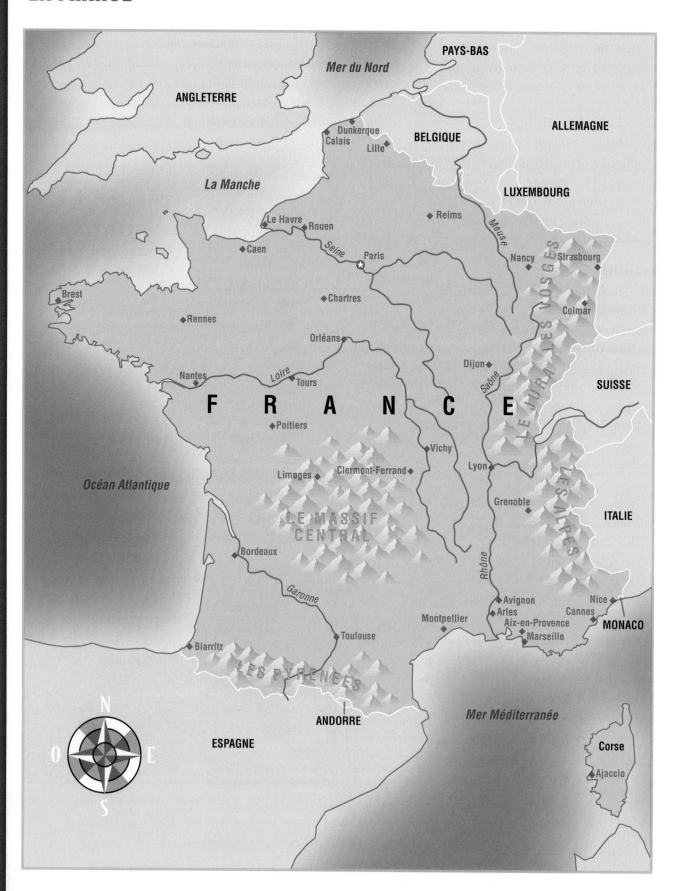

FRANCE, LES RÉGIONS

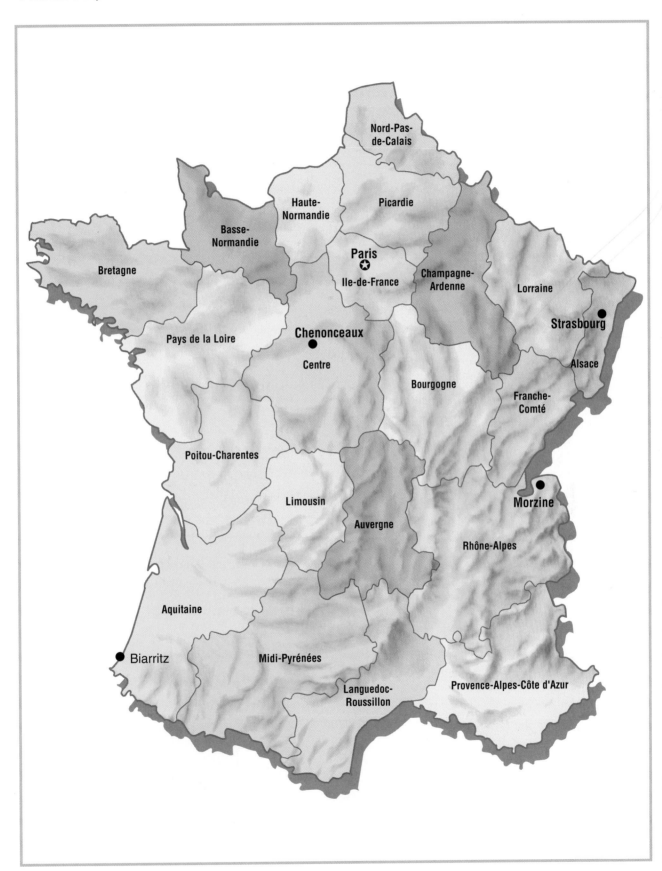

Nord-Pas-de-Calais

Haute-Normandie

Picardie

Basse-Normandie

Bretagne

Paris

Ile-de-France

Champagne-Ardenne

Lorraine

Strasbourg

Pays de la Loire

Chenonceaux

Centre

Bourgogne

Alsace

Franche-Comté

Poitou-Charentes

Limousin

Auvergne

Morzine

Rhône-Alpes

Aquitaine

Biarritz

Midi-Pyrénées

Languedoc-Roussillon

Provence-Alpes-Côte d'Azur

L'EUROPE FRANCOPHONE

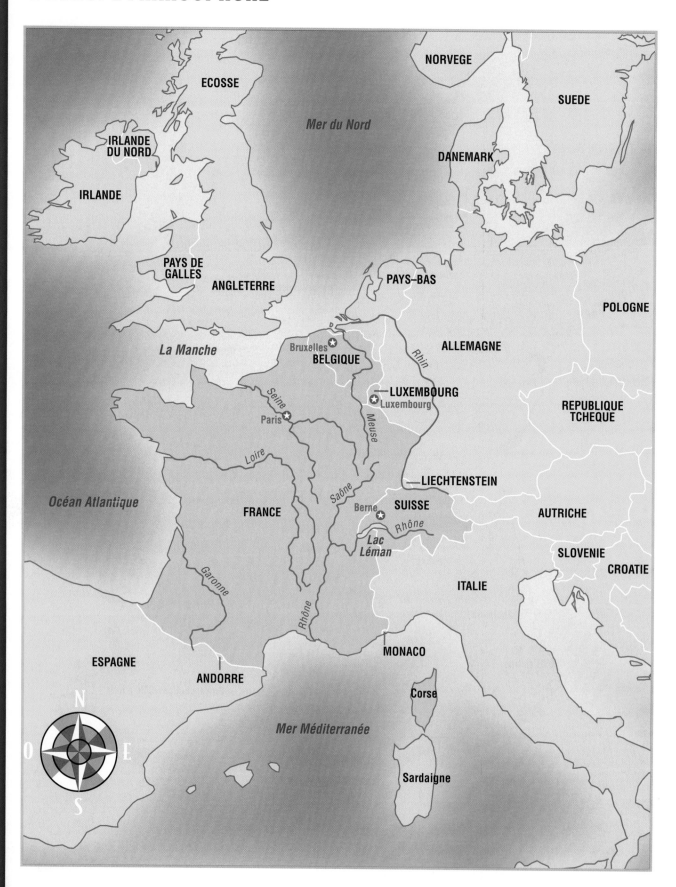

L'AFRIQUE FRANCOPHONE

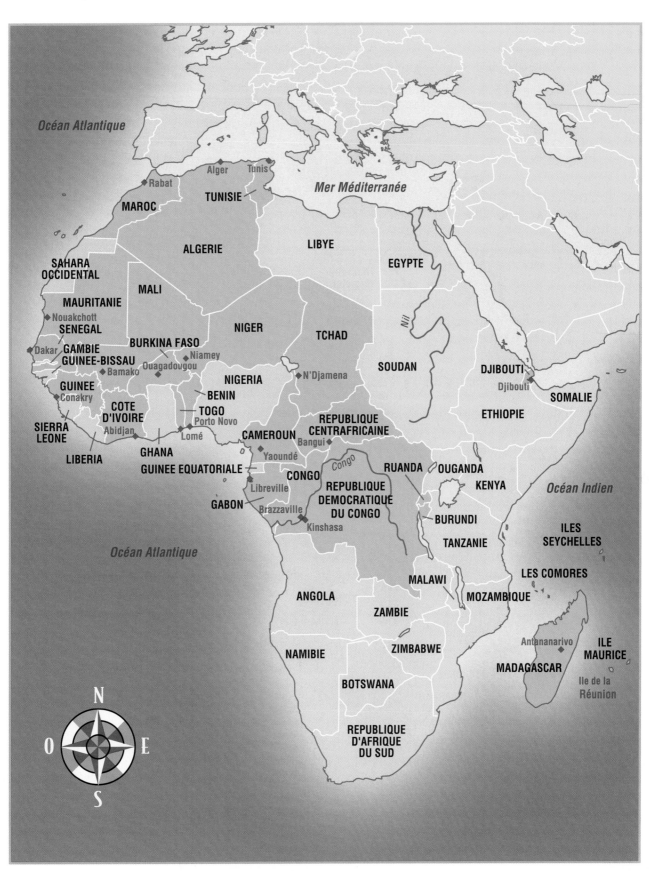

Océan Atlantique

Rabat • MAROC

Alger • TUNISIE • Tunis

Mer Méditerranée

ALGERIE

LIBYE

EGYPTE

SAHARA OCCIDENTAL

MALI

MAURITANIE

Nouakchott • SENEGAL

NIGER

TCHAD

SOUDAN

Dakar • GAMBIE GUINEE-BISSAU

BURKINA FASO

Niamey •

Ouagadougou •

Bamako •

N'Djamena •

DJIBOUTI

Djibouti

GUINEE Conakry •

NIGERIA

BENIN

TOGO

Porto Novo

SOMALIE

ETHIOPIE

COTE D'IVOIRE

Abidjan •

Lomé •

CAMEROUN

REPUBLIQUE CENTRAFRICAINE

SIERRA LEONE

GHANA

Yaoundé •

Bangui •

RUANDA

OUGANDA

LIBERIA

GUINEE EQUATORIALE

CONGO

Congo

KENYA

Océan Indien

Libreville •

REPUBLIQUE DEMOCRATIQUE DU CONGO

BURUNDI

GABON

Brazzaville •

Kinshasa •

TANZANIE

ILES SEYCHELLES

MALAWI

LES COMORES

MOZAMBIQUE

Océan Atlantique

ANGOLA

ZAMBIE

Antananarivo •

ILE MAURICE

NAMIBIE

ZIMBABWE

MADAGASCAR

Ile de la Réunion

BOTSWANA

REPUBLIQUE D'AFRIQUE DU SUD

N O E S

Nil

L'AMÉRIQUE FRANCOPHONE

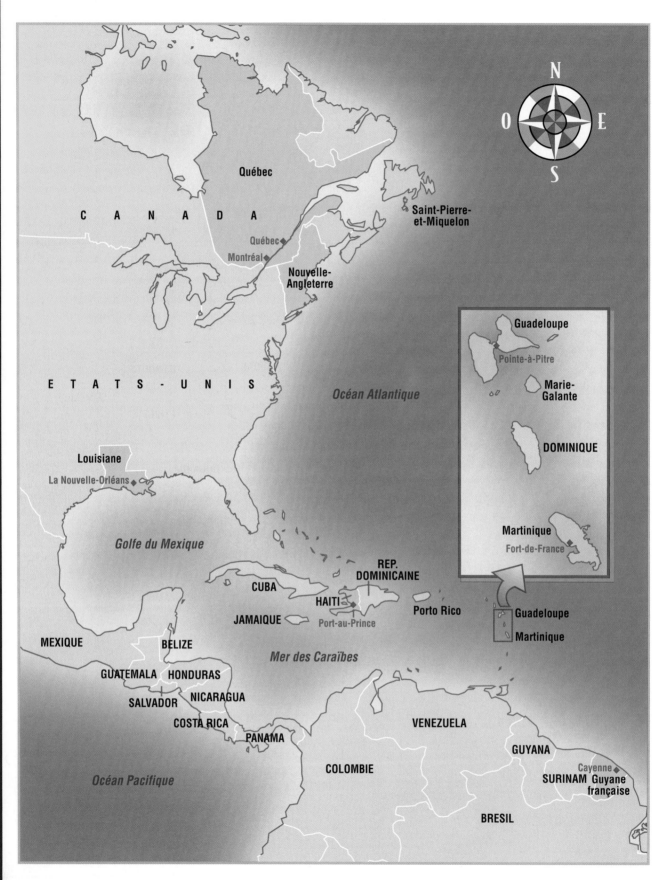

LE MONDE FRANCOPHONE

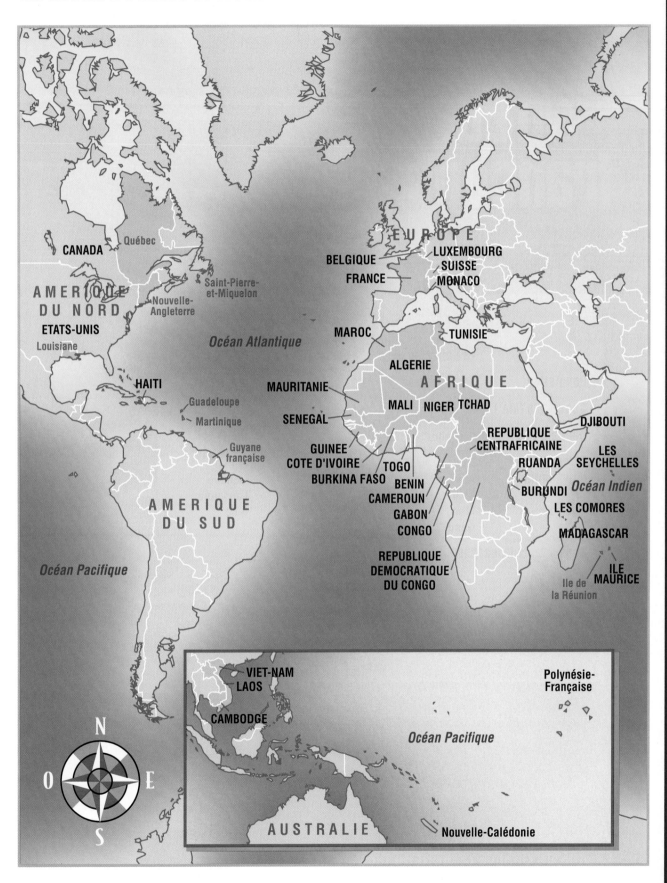

CANADA
Québec

AMÉRIQUE DU NORD

ÉTATS-UNIS
Louisiane

Saint-Pierre-et-Miquelon

Nouvelle-Angleterre

HAITI

Guadeloupe

Martinique

Guyane française

AMÉRIQUE DU SUD

Océan Atlantique

Océan Pacifique

EUROPE

BELGIQUE
LUXEMBOURG
SUISSE
FRANCE
MONACO

MAROC
TUNISIE

ALGERIE

MAURITANIE

AFRIQUE

MALI   NIGER   TCHAD

SENEGAL

GUINEE
COTE D'IVOIRE
BURKINA FASO

TOGO
BENIN
CAMEROUN
GABON
CONGO

REPUBLIQUE CENTRAFRICAINE

RUANDA

BURUNDI

DJIBOUTI

LES SEYCHELLES

Océan Indien

LES COMORES

MADAGASCAR

ILE MAURICE

Ile de la Réunion

REPUBLIQUE DEMOCRATIQUE DU CONGO

N
O   E
S

VIET-NAM
LAOS

CAMBODGE

Polynésie-Française

Océan Pacifique

AUSTRALIE

Nouvelle-Calédonie

Allez, viens en Europe francophone!

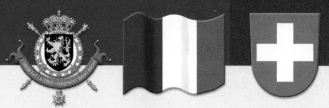

	La Belgique	La France	La Suisse
Population	10.241.000	59.300.000	7.262.000
Superficie (km²)	30.527	543.965	41.285
Capitale	Bruxelles	Paris	Berne
Autres villes importantes	Liège	Lyon	Zurich
	Anvers	Marseille	Genève
	Charleroi	Bordeaux	Lausanne
	Mons	Nice	Bâle
	Gand	Strasbourg	

Autres états francophones : Le Luxembourg,
La principauté de Monaco

go.
hrw
.com

WA3 FRANCOPHONE
EUROPE

La ville de Genève au bord du lac Léman ▶

L'Europe francophone

L'Europe de l'Ouest n'est pas très grande, mais elle présente beaucoup de régions différentes qui ne correspondent pas exactement aux frontières politiques. La langue contribue à accentuer ces différences parce qu'elle correspond à une culture. Par exemple, en Belgique, on parle français dans le sud et flamand dans le nord. En Suisse, on parle français, italien et allemand et au Luxembourg, on parle français, luxembourgeois et allemand. Il y a environ six millions de francophones en Europe qui vivent dans des pays autres que la France.

1 Bruxelles
Bruxelles est la capitale de la Belgique et sa population est bilingue français-flamand.

2 Le Mont Cervin
«Matterhorn» est le nom allemand du Mont Cervin dans les Alpes suisses. Il domine la célèbre station de sports d'hiver de Zermatt, un village où les automobiles ne sont pas autorisées.

3 Le Mont-Saint-Michel
En Normandie, dans le nord-ouest de la France, l'abbaye gothique du Mont-Saint-Michel est un grand lieu touristique.

4 Les Ardennes
La région des Ardennes est partagée entre la France, le Luxembourg et la Belgique.

5 La ville de Carcassonne
Les fortifications de cette ville sont un bel exemple d'architecture médiévale.

Aux chapitres 1, 2, 3 et 4, tu vas visiter trois pays d'Europe francophone. Le chapitre 1 va te faire visiter la France. Ensuite, tu vas faire un tour en Belgique, petit pays situé au nord de la France. Au chapitre 3, tu vas connaître un peu la Suisse, où l'environnement tient une place importante dans la vie de tous les jours.

6 Les chemins de fer
En Europe, les chemins de fer sont très développés et permettent d'aller partout et de visiter un maximum de régions.

7 La ville de Strasbourg
C'est la capitale de l'Alsace, à la frontière franco-allemande. Sa culture est partagée entre les deux pays.

1
France, les régions

Objectives

In this chapter you will review and practice how to

Première étape

- renew old acquaintances
- inquire
- express enthusiasm and dissatisfaction
- exchange information
- ask and describe what a place was like

Deuxième étape

- express indecision
- make recommendations
- order and ask for details

Visit Holt Online

go.hrw.com

KEYWORD: WA3 FRANCOPHONE EUROPE-1

Online Edition

◀ La belle ville alsacienne de Colmar

Mise en train · *Les Retrouvailles*

Cahier d'activités, p. 1, Act. 1

CD 1 Tr. 1

Stratégie pour comprendre
Take a quick look at the map of France and at the photos presented on the map. What do you think the theme of the episode is? Now skim the dialogue and find names of places that you see on the map. Judging by where those places are, can you guess what types of activities the young people have been doing there?

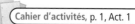

Nord-Pas-de-Calais

Haute-Normandie

Basse-Normandie

Paris

Bretagne

PARIS   MUSÉE DU LOUVRE

Pays de la Loire

Chenonceaux

Centre

Poitou-Charentes

Limousin

Aquitaine

Biarritz

Languedoc-Roussillon

Midi-Pyrénées

1   **Hector**   Salut, les copains. Ça fait plaisir de vous revoir.

    Pauline   Bonjour. J'ai l'impression que ça fait une éternité qu'on ne s'est pas vus.

    Julien   Dis donc, Patricia, tu as l'air en forme. Ça te réussit, les vacances.

    Patricia   Toi aussi, tu es bien bronzé. C'était bien, Biarritz?

    Julien   Oui, super! Il a fait un temps magnifique.

    Pauline   Eh, on pourrait aussi bien parler assis.

    Yasmine   Alors, on se met où?

    Hector   Là, non? Il y a une table pour cinq.

2   **Hector**   Alors, Yasmine, c'était bien, tes vacances?

    Yasmine   Oui, pas mal. J'ai passé une semaine à Paris avec mes parents. J'ai visité la tour Eiffel, Notre-Dame, le Louvre, bref, tous les monuments parisiens! Il a fait tellement chaud et lourd qu'à la fin, j'en avais marre des visites. Mais je ne connaissais pas Paris et je suis ravie d'y être allée.

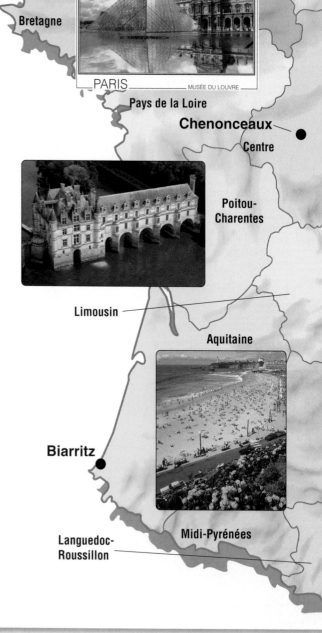

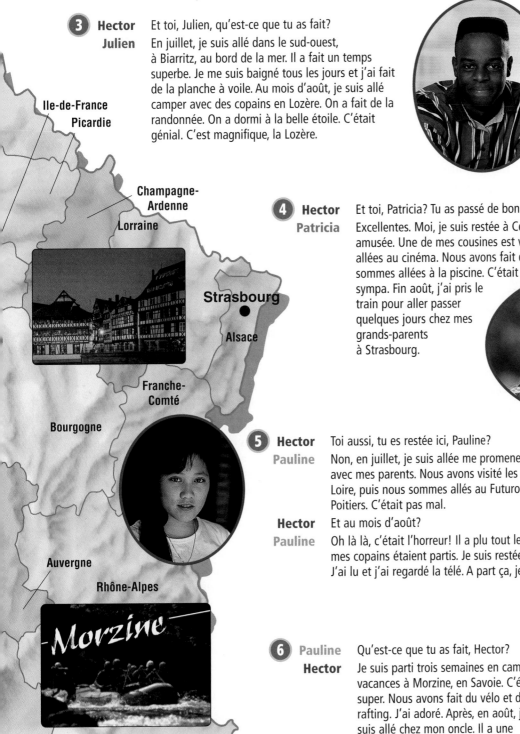

3 **Hector** Et toi, Julien, qu'est-ce que tu as fait?

Julien En juillet, je suis allé dans le sud-ouest, à Biarritz, au bord de la mer. Il a fait un temps superbe. Je me suis baigné tous les jours et j'ai fait de la planche à voile. Au mois d'août, je suis allé camper avec des copains en Lozère. On a fait de la randonnée. On a dormi à la belle étoile. C'était génial. C'est magnifique, la Lozère.

4 **Hector** Et toi, Patricia? Tu as passé de bonnes vacances?

Patricia Excellentes. Moi, je suis restée à Colmar. Je me suis bien amusée. Une de mes cousines est venue. Nous sommes allées au cinéma. Nous avons fait de l'équitation et nous sommes allées à la piscine. C'était sympa. Fin août, j'ai pris le train pour aller passer quelques jours chez mes grands-parents à Strasbourg.

5 **Hector** Toi aussi, tu es restée ici, Pauline?

Pauline Non, en juillet, je suis allée me promener en voiture avec mes parents. Nous avons visité les châteaux de la Loire, puis nous sommes allés au Futuroscope à Poitiers. C'était pas mal.

Hector Et au mois d'août?

Pauline Oh là là, c'était l'horreur! Il a plu tout le temps. Tous mes copains étaient partis. Je suis restée à la maison. J'ai lu et j'ai regardé la télé. A part ça, je n'ai rien fait.

6 **Pauline** Qu'est-ce que tu as fait, Hector?

Hector Je suis parti trois semaines en camp de vacances à Morzine, en Savoie. C'était super. Nous avons fait du vélo et du rafting. J'ai adoré. Après, en août, je suis allé chez mon oncle. Il a une ferme à Saint-Quentin, au nord-est de Paris. C'était chouette. Je l'ai aidé pour la moisson. Je me suis occupé des animaux. J'ai repeint le garage. Je ne me suis pas ennuyé une seconde!

MISE EN TRAIN

1 Tu as compris?

1. Où est-ce que ces jeunes se réunissent?
2. A quelle époque de l'année ils se réunissent? Comment tu le sais?
3. Depuis quand ils ne se sont pas vus?
4. Où est-ce que ces jeunes sont allés en vacances?
5. A quelles activités est-ce qu'ils ont participé?

2 Vrai ou faux?

1. C'était la première fois que Yasmine visitait Paris.
2. Pendant l'été, Julien a fait du camping.
3. Patricia est partie en camp de vacances.
4. Pendant ses vacances, Pauline a voyagé avec ses parents.
5. L'oncle d'Hector habite à Morzine.

3 C'est qui?

Parmi les jeunes dans *Les Retrouvailles,* qui...

1. ne s'est pas amusé(e) pendant le mois d'août?
2. a visité des monuments pendant ses vacances?
3. est allé(e) dans une ferme pendant ses vacances?
4. aime faire du camping?
5. aime faire de l'équitation?

4 Content ou pas content?

Qui est très content(e) de ses vacances?
Qui est moins content(e)?

5 Qu'est-ce qu'on peut y faire?

D'après *Les Retrouvailles,* où est-ce qu'on peut...

1. se baigner dans l'océan?
2. visiter des musées?
3. trouver des rivières avec des torrents?
4. voir de magnifiques châteaux?

6 Cherche les expressions

What do the young people in *Les Retrouvailles* say to . . .

1. greet one another after a long absence?
2. compliment someone?
3. make a suggestion?
4. express dissatisfaction with a vacation?
5. express enthusiasm for a vacation?

7 Et maintenant, à toi

Regarde les cartes postales aux pages 6 et 7. Où est-ce que tu aimerais aller en vacances? Pourquoi?

Note culturelle

Chaque région de France a ses traditions. Il y a des traditions qu'on observe tous les jours. D'autres aspects traditionnels, comme les vêtements et les danses folkloriques, sont réservées à des occasions spéciales comme les festivals. Le costume traditionnel des femmes se compose souvent d'une jupe et d'une blouse, ou d'une robe de tissu régional avec un tablier, un châle ou un col en dentelle et une coiffe. **La coiffe bretonne** est particulièrement célèbre. Elle est haute et ornée de dentelle. Le costume d'homme se compose généralement d'un pantalon décoré, d'une chemise blanche et d'un gilet. Les chaussures traditionnelles des Bretons sont en bois. On les appelle des **sabots**.

Bretagne

Première étape

Objectives Renewing old acquaintances; inquiring; expressing enthusiasm and dissatisfaction; exchanging information; asking and describing what a place was like

WA3 FRANCOPHONE
EUROPE-1

Comment dit-on...?

Renewing old acquaintances

To greet someone you haven't seen recently:

> **Ça fait longtemps qu'on ne s'est pas vu(e)s.**
> *It's been a long time since we've seen each other.*
> **Je suis content(e) de te revoir.** *I'm glad to see you again.*
> **Qu'est-ce que tu deviens?** *What's going on with you?*
> **Quoi de neuf?** *What's new?*

To respond:

> **Ça fait** deux mois. *It's been . . .*
> **Depuis** l'hiver. *Since . . .*
>
> **Moi aussi.**
>
> **Toujours la même chose!** *Same old thing!*
>
> **Rien (de spécial).** *Nothing (special).*

Cahier d'activités, p. 2, Act. 2

8 **Ça fait combien de temps?**

Ecoutons Ecoute les dialogues et choisis la phrase qui correspond à chaque dialogue. Ils ne se sont pas vus depuis:

a. trois mois   **b.** deux ans   **c.** janvier   **d.** le mois de juin

9 **Il y a belle lurette... !**

Parlons Ça fait longtemps que tu n'as pas vu un(e) de tes ami(e)s. Qu'est-ce que vous vous dites? Avec ton/ta camarade, crée une conversation.

Comment dit-on...?

Inquiring; expressing enthusiasm and dissatisfaction

To inquire about someone's trip or vacation:

> **C'était comment, tes vacances?**
> **Ça s'est bien passé?**

> **Comment ça s'est passé?**
> **Tu t'es bien amusé(e)?**

To express enthusiasm:

> **C'était chouette!**
> **Ça s'est très bien passé.**
> **Super!**
> **Je me suis beaucoup amusé(e).**
> *I had a lot of fun.*

To express dissatisfaction:

> **C'était pas terrible.**
> **Ça ne s'est pas très bien passé.**
> **Pas trop bien.** *Not too good/well.*
> **Je me suis ennuyé(e).** *I was bored.*

Cahier d'activités, p. 2, Act. 3

10 C'était comment, tes vacances?

Ecoutons Ecoute ces dialogues. Est-ce que ces personnes sont contentes ou non?

11 Qu'est-ce qu'ils disent?

Parlons/Ecrivons Christophe téléphone à ses amis pour savoir comment leur week-end s'est passé. Utilise les expressions dans **Comment dit-on...?**, à la page 9, pour recréer leurs conversations.

a.   b.   c.   d.

Comment dit-on...?

Exchanging information

To ask about someone's vacation:

> **Est-ce que tu es resté(e) ici?**
> *Did you stay here?*

> **Quand est-ce que tu y es allé(e)?**

> **Avec qui est-ce que tu y es allé(e)?**

> **Tu es parti(e) comment?**
> *How did you get there?*
> **Quel temps est-ce qu'il a fait?**

> **Où est-ce que tu as dormi?**

To answer:

> Oui, je suis resté(e) ici **tout le temps.**
>   . . . *the whole time.*
> **Non, je suis parti(e)** dix jours en août.
>   *No, I went away for . . .*
> **J'y suis allé(e) début/fin** juillet.
>   *I went there at the beginning/end of . . .*
> **J'y suis allé(e) seul(e)/avec** mes parents.
>   *I went alone/with . . .*
> **Je suis parti(e) en** train. *I went by . . .*

> **Il a fait un temps** magnifique.
>   *The weather was . . .*
> **Il a plu.** *It rained.*
> **A l'hôtel.** *In the hotel.*

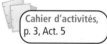
Cahier d'activités, p. 3, Act. 5

12 Cherche la bonne réponse

Lisons Choisis la bonne réponse à chaque question.

1. Où est-ce que tu es allé?   **a.** Super beau!
2. Quand est-ce que tu y es allé?   **b.** Avec un groupe de jeunes.
3. Avec qui est-ce que tu y es allé?   **c.** Fin août.
4. Vous êtes partis comment?   **d.** Dans les Alpes.
5. Quel temps est-ce qu'il a fait?   **e.** En train.

The *passé composé*

To tell what happened in the past, you use the **passé composé.** Remember that the passé composé has two parts: a present-tense form of a helping verb, **avoir** or **être,** and the past participle of the main verb.

You use **avoir** as the helping verb with most French verbs.

Vous **avez acheté** des souvenirs.

Other verbs require **être** as their helping verb. These include . . .

1. verbs that indicate motion: **aller, sortir, partir, retourner, venir, arriver, entrer, monter, descendre, tomber, rentrer,** and **revenir.**

   Je **suis tombé(e).**

2. verbs that indicate a state or condition, like **mourir, naître,** and **rester.**

   Tu **es resté(e)** jusqu'à dix heures.

3. all reflexive verbs, like **se lever, s'amuser, se laver,** and **se promener.**

   Elle **s'est amusée** avec ses amis.

Do you remember how to form the past participle of regular verbs?

-er verbs	drop **-er** from the infinitive and add **-é:** emporter → emport → **emporté**
-ir verbs	drop **-ir** from the infinitive and add **-i:** finir → fin → **fini**
-re verbs	drop **-re** from the infinitive and add **-u:** perdre → perd → **perdu**

As you already know, some verbs have irregular past participles. You use **avoir** as the helping verb with those listed here.

dire	**dit**	prendre	**pris**	voir	**vu**	boire	**bu**
écrire	**écrit**	être	**été**	lire	**lu**	pouvoir	**pu**
mettre	**mis**	faire	**fait**	avoir	**eu**	vouloir	**voulu**

Grammaire supplémentaire, pp. 24–25, Act. 1–3

Cahier d'activités, p. 4, Act. 6

Remember that when you use **être** as the helping verb, the past participle agrees in gender and number with the subject, unless it is followed by a direct object.

Elle **s'est lavée.**   *but*   Elle **s'est lavé** les cheveux.

Travaux pratiques de grammaire, pp. 1–3, Act. 1–4

 13 Grammaire en contexte

Ecoutons Ecoute ces gens qui parlent de leurs vacances. Est-ce qu'ils parlent du passé ou du futur?

DE BONS CONSEILS

A good way to get ready for this year of French study is to review and practice what you learned before.

1. Use the flash cards you've made to review vocabulary and expressions. Pay close attention to those you use the most.

2. Look at the charts in the back of this book to refresh your memory on important grammar points.

3. With a classmate, practice short conversations on the topics you learned about last year.

14 **Grammaire en contexte**

Lisons/Ecrivons Complète la carte postale que ton amie Elodie t'a envoyée avec le passé composé des verbes entre parenthèses.

> Une petite carte postale pour te dire bonjour de Cannes où nous passons des vacances super. Mes parents ___1___ (partir) en voiture début juillet, mais ma sœur et moi, nous ___2___ (prendre) le train. On ___3___ (arriver) le 16 juillet. Il ___4___ (faire) un temps magnifique toute la semaine. Mes parents ___5___ (dormir) chez nos amis. Nous, on ___6___ (préférer) faire du camping. Cette semaine, Sophie et moi, on ___7___ (aller) à la plage tous les jours. On ___8___ (se baigner) et on ___9___ (jouer) au volley. Hier, on ___10___ (visiter) le musée maritime. J' ___11___ (voir) des bateaux superbes. Et nous ___12___ (rencontrer) des garçons sympas. Et toi, qu'est-ce que tu fais? A bientôt.
>
> Elodie

Comment dit-on...?

Asking and describing what a place was like

To ask what a place was like:

Où se trouve la Côte d'Azur?

Qu'est-ce qu'il y avait à voir?
What was there to see?
Qu'est-ce qu'il y avait à faire?
What was there to do?
Il y avait des gens sympas?
C'était comment?

Il faisait beau/chaud?
Was the weather . . . ?

To describe what a place was like:

La Côte d'Azur **se trouve** au bord de la Méditerranée.
La Côte d'Azur **est située** dans le sud de la France.... *is located . . .*
Il y avait de belles plages.

Il y avait des tas de choses à faire.

Il y avait beaucoup de jeunes.
C'était génial/mieux que Paris/**super.**
Il faisait beau.
The weather was . . .

Cahier d'activités, p. 4, Act. 7

---

15 **Ils sont allés où?**

Ecoutons Tes amis Annick, Joséphine et Pierre viennent juste de rentrer de vacances. Ils t'ont laissé des messages sur ton répondeur. Ecoute leurs messages et choisis l'endroit où chaque personne est allée.

a.

b.

c.

Grammaire

The *imparfait*

To describe what things used to be like or to talk about repeated actions in the past, you use the imperfect tense. To form the **imparfait,** use the **nous** form of the verb in the present tense without -ons (partir → nous partons → part-). Add the following endings to the stem: **-ais, -ais, -ait, -ions, -iez,** and **-aient.**

Je **partais** vers sept heures.   Nous **allions** à la montagne tous les ans.

To describe things in the past, you will often need to use the imperfect forms of **avoir** and **être.** Just as for other verbs, you add the imperfect endings to the stems. The stem of **avoir** is **av-.**

Tu **avais** les cheveux blonds.

Remember that **être** has the irregular stem **ét-.**

Ils **étaient** en vacances au bord de la mer.

Grammaire supplémentaire, pp. 25–26, Act. 4–7

Cahier d'activités, p. 5, Act. 8

Travaux pratiques de grammaire, pp. 4–5, Act. 5–8

16 Grammaire en contexte

Lisons/Ecrivons Qu'est-ce que Cédric faisait pendant les vacances quand il était plus jeune? Complète son journal avec des verbes à l'imparfait.

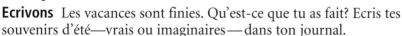

aller   nager   faire   partir   s'ennuyer   rester   dormir   être   danser   se promener

Quand j'étais petit, mes parents et moi, nous ___**1**___ à la Martinique tous les ans pour rendre visite à mes grands-parents. On ___**2**___ en avion de l'aéroport de Paris. On ___**3**___ là-bas tout l'été. J'adorais aller à la Martinique parce que là-bas, il ___**4**___ toujours beau! Mes parents dormaient chez mes grands-parents, mais moi, je ___**5**___ dans une tente dans le jardin. C'___**6**___ chouette! Nous ___**7**___ sur la plage le matin. L'après-midi, moi, je ___**8**___ dans la mer. Et le soir, on ___**9**___ le zouk. On faisait beaucoup de choses et on ne ___**10**___ jamais. C'était vraiment bien, les vacances à la Martinique.

17 Qu'est-ce que tu as fait?

Parlons Demande à ton/ta camarade ce qu'il/elle a fait pendant ses vacances. Puis, changez de rôle.

18 Mon journal

Ecrivons Les vacances sont finies. Qu'est-ce que tu as fait? Ecris tes souvenirs d'été—vrais ou imaginaires—dans ton journal.

Si tu as oublié

sports

va à la page R18.

19 Interview

a. Parlons Avec un(e) camarade, pense à une personne célèbre. Il/Elle rentre de vacances. Tu es journaliste et tu l'interviewes sur ses vacances. Tu es payé(e) à la ligne, donc pose beaucoup de questions pour écrire ton article. Jouez cette scène et changez de rôle.

b. Ecrivons Ecris ton article. Avant publication, tu le soumets à l'éditeur (ton/ta camarade), qui en fait la critique et fait quelques petites corrections, si nécessaire.

Remise en train ▪ *Bon appétit!*

Regarde la carte. Est-ce que tu reconnais certains de ces plats? Lesquels?

L'AUBERGE

ENTREES

POTAGE DU JOUR _____ 4.
OMELETTE JAMBON _____ 5.
QUICHE LORRAINE _____ 5.
BOUCHÉE À LA REINE _____ 8.
ASSIETTE DE CRUDITÉS _____ 6.

POISSONS

TRUITE FUMÉE AU RAIFORT _____ 13.

DOS DE SAUMON FRAIS À LA
CRÈME DE POIVRONS _____ 15.

SANDRE AUX NOUILLES
SAUCE RIESLING _____ 18.

VIANDES

CÔTES D'AGNEAU GRILLÉES _____ 16.
ONGLET AUX ÉCHALOTES _____ 15.
ENTRECÔTE GRILLÉE
ET SON BEURRE MAÎTRE D'HÔTEL 13.
ESCALOPE DE VEAU À LA CRÈME 15.

MENU DU JOUR

Le Chef et son équipe vous proposent...

LE PLAT DU JOUR
à 8€
CÔTE DE PORC
"CHARCUTIÈRE"
POMMES MOUSSELINE

LE MENU "AUBERGE"
à 10€
POTAGE DU JOUR
ou QUICHE AUX
POIREAUX

CÔTE DE PORC
"CHARCUTIÈRE"
POMMES MOUSSELINE

SPECIALITES D'ALSACE

CERVELAS EN SAUCE À LA VINAIGRETTE _____ 6.
SALADE DE GRUYÈRE _____ 6.
PRESSKOPF À L'ALSACIENNE _____ 8.
SALADE DE MUSEAU DE BOEUF _____ 6.
HARENGS MARINÉS À L'ALSACIENNE _____ 8.
CHOUCROUTE DE L'AUBERGE _____ 12.

DESSERTS

LES SORBETS AUX FRUITS DE SAISON _____ 4.
LE CAFÉ LIÉGEOIS _____ 4.
LA CRÈME BRÛLÉE _____ 4.

---

20 **Tu as compris?**

1. De quoi les jeunes parlent dans *Bon appétit!?*
2. Qui a des difficultés à prendre une décision?
3. Qu'est-ce que les jeunes demandent à la serveuse?
4. Pourquoi est-ce qu'ils ne peuvent pas diviser l'addition de façon égale?

21 **Vrai ou faux?**

1. D'habitude, Yasmine prend du poulet et des frites.
2. Pauline n'a jamais mangé de presskopf.
3. Hector a pris le plat du jour.
4. Tout le monde a pris un dessert.

22 **Entrée ou fromage?**

Regarde la carte de L'Auberge et dis si ces plats sont des entrées, des poissons, des viandes ou des desserts.

la quiche lorraine
la truite fumée
le sandre
le café liégeois
les côtes d'agneau
l'escalope de veau
la crème brûlée
le potage
l'entrecôte grillée
l'omelette jambon

Midi et quart...

Patricia Qu'est-ce que vous allez prendre? Je n'arrive pas à me décider.

Julien Moi non plus, tout me tente. Comme entrée, j'hésite entre une bouchée à la reine et de la quiche. Et toi, Yasmine?

Yasmine Aucune idée. Je ne sais pas quoi prendre.

Julien Toi, évidemment, si tu n'as pas ton poulet rôti et tes frites, tu préfères mourir de faim.

Yasmine Oh, ça suffit, les sarcasmes.

Pauline Essaie le presskopf. C'est un plat alsacien délicieux.

La serveuse Vous avez décidé?

Hector Non, pas encore. Un instant, s'il vous plaît.

Midi vingt-cinq...

La serveuse Vous avez choisi, maintenant?

Pauline Oui, je crois. Comme entrée, je vais prendre l'assiette de crudités. Et ensuite, le plat du jour.

Hector Moi aussi, la même chose.

Patricia Je voudrais la choucroute... ou, non, donnez-moi plutôt l'entrecôte grillée. Ou bien...

Julien Bon, tu te décides!

Patricia OK, OK! Je vais prendre... Ah, non! Voilà, j'ai trouvé! La truite!

Une heure...

Pauline Alors, il est comment, ton presskopf?

Yasmine Pas mal... Euh, passe-moi le sel, s'il te plaît. Et la moutarde.

Patricia Madame, est-ce qu'on pourrait avoir du pain, s'il vous plaît? Ah! Et une carafe d'eau!

La serveuse Oui, tout de suite.

Deux heures et quart...

Patricia Bon, on y va?

Hector D'accord... Madame? L'addition, s'il vous plaît?

La serveuse Oui, tout de suite... Voilà.

Julien Ça fait combien?

Hector 90 €. Divisé par cinq, ça fait... 18 € par personne.

Pauline Eh, moi, j'ai pas pris de dessert! Et Yasmine non plus!

Hector C'est vrai, tu as raison. Bon, eh bien, chacun paie sa part.

Cahier d'activités, p. 6, Act. 10

23 Cherche les expressions

Look back at *Bon appétit!* to find ways to . . .

1. ask someone what he or she is going to have.
2. express indecision.
3. tell what you're going to have.
4. ask someone to pass you something.
5. ask a server to bring you something.
6. ask how much the check is.

24 Ça fait combien?

Ecoutons Ecoute le dialogue. Combien est-ce que chaque personne doit payer?

Julien   Pauline   Hector

Yasmine   Patricia

25 Et maintenant, à toi

Pense à des plats américains. Qu'est-ce que tu préfères manger comme entrée, poisson, viande et dessert?

Quelles sont les spécialités de ta région?

We asked some people about the specialties of their regions. Here's what they had to say.

Marie,
France

«La bouillabaisse. C'est un plat provençal surtout marseillais... C'est une soupe de poissons... On fait ça avec divers poissons et du pain, des petits croûtons de pain... Voilà.»

Christian,
France

«Euh... les spécialités [de Cherbourg, ce] sont des petits homards que nous appelons «les demoiselles de Cherbourg» et qui sont des grosses crevettes... En Normandie, nous avons du cidre que nous faisons avec des pommes, [de] la crème fraîche, du boudin et du thon.»

Célestine,
Côte d'Ivoire

«En Côte d'Ivoire il y a d'abord l'attiéké, qu'on peut exporter [et] importer du moins d'ailleurs. Et aussi, il y a le foutou. Le foutou, c'est de la banane mélangée [avec] du manioc. On fait cuire et on pile. Ensuite, [il est] accompagné de la sauce graine généralement et ensuite, il y a la sauce arachide accompagnée du riz.»

Qu'en penses-tu?

1. De quelles spécialités est-ce que ces gens parlent?
2. Quelles sont les spécialités de ta région? Est-ce que tu connais des spécialités d'autres états?
3. Choisis une région de France ou d'un autre pays francophone et recherche des spécialités de cet endroit.

Comment dit-on...?

Expressing indecision; making recommendations

A server might ask:

Qu'est-ce que vous allez prendre?

To express indecision:

Je ne sais pas.
Tout me tente.
  Everything looks tempting.
Je n'arrive pas à me décider.
  I can't make up my mind.
J'hésite entre le saumon **et** la truite fumée.
  I can't decide between . . . and . . .

To make recommendations:

Tu devrais prendre les côtelettes d'agneau.
Pourquoi tu ne prends pas l'escalope de
  veau à la crème?
Essaie les tomates farcies.
  Try . . .
Prends le saumon.

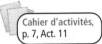

Cahier d'activités,
p. 7, Act. 11

---

26 **Au restaurant**

Ecoutons Ecoute les phrases suivantes. Est-ce que les personnes hésitent ou recommandent quelque chose?

Vocabulaire

Voici un menu français traduit en anglais:

Le Routier Sympa
Menu à 10 euros

LES ENTREES
APPETIZERS
les carottes râpées
grated carrots with vinaigrette
le céleri rémoulade
grated celery root with mayonnaise
and vinaigrette
l'assiette de crudités
plate of raw vegetables with
vinaigrette
l'assiette de charcuterie
plate of pâté, ham, and cold sausage

LES PLATS PRINCIPAUX
MAIN DISHES
le steak-frites
steak with French fries
le poulet haricots verts
roasted chicken with green beans
l'escalope de dinde purée
sliced turkey breast with
mashed potatoes
le filet de sole riz champignons
filet of sole with rice and mushrooms
la côtelette de porc pâtes
porkchop with pasta

LA SALADE VERTE
SALAD
L'ASSIETTE DE FROMAGES
A SELECTION OF CHEESES
camembert
brie
roquefort
fromage de chèvre
goat cheese

LES DESSERTS
DESSERTS
les tartes aux fruits
fruit pies/tarts
la crème caramel
caramel custard

Travaux pratiques de grammaire, pp. 6–7, Act. 9–11

Cahier d'activités, p. 8, Act. 12–13

27 **Pas américain, ça!**

Parlons Regarde le menu à la page 17. A ton avis, quels plats est-ce qu'on ne trouve pas normalement aux Etats-Unis?

28 **Quelle est la bonne commande?**

Ecoutons Ecoute ce dialogue. Le serveur a mélangé les commandes et demande à son client ce qu'il a mangé. Laquelle des commandes suivantes est la bonne?

Travaux pratiques de grammaire, p. 8, Act. 12–13

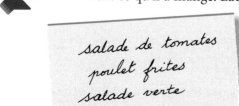

salade de tomates
poulet frites
salade verte
tarte aux pommes

a.

salade de tomates
poulet haricots verts
assiette de fromages
tarte aux pommes

b.

salade de tomates
poulet haricots verts
salade verte
tarte aux prunes

c.

29 **Vous désirez?**

Parlons Et toi, qu'est-ce que tu prends? Regarde la carte du **Routier Sympa** et choisis une entrée, un plat et un dessert. Ensuite, demande à un(e) camarade de classe ce qu'il/elle prend.

Comment dit-on...?

Ordering and asking for details

CD-ROM DISC 1

A server might ask:

Vous avez choisi?
Have you made your selection?
Vous avez décidé?
Que voulez-vous comme entrée?
What would you like for an appetizer?
Et comme boisson? *And to drink?*
Comment désirez-vous votre viande?
How do you like your . . . cooked?

To respond to the server:

Non, pas encore.
Un instant, s'il vous plaît.
Oui, je vais prendre la soupe à l'oignon.
Comme entrée, j'aimerais le pâté de campagne.
De l'eau, s'il vous plaît.
Saignant(e). *Rare.*
A point. *Medium rare.*
Bien cuit(e). *Well-done.*

To ask for details:

Qu'est-ce que vous avez comme spécialités? *What kind of . . . do you have?*
Qu'est-ce que vous me conseillez?
What do you recommend?
Qu'est-ce que c'est, le presskopf?
What is . . . ?

Note culturelle

Dans chaque région de France, on peut manger des plats traditionnels variés; par exemple, **la bouillabaisse** en Provence, **le foie gras** dans le Périgord, **les crêpes** en Bretagne, **le cassoulet** dans le Languedoc et **la choucroute** en Alsace.

Cahier d'activités, p. 9, Act. 15

30 A votre service!

Ecoutons Tu es au restaurant. Le serveur te pose des questions. Choisis la meilleure réponse.

a. A point.

b. De l'eau minérale.

c. La crème caramel, s'il vous plaît.

d. Les crudités.

e. Oui, je vais prendre le steak-frites.

31 Méli-mélo!

Lisons/Parlons Mets dans l'ordre ce dialogue entre un serveur et un client. Ensuite, joue la scène avec ton/ta camarade.

«Bon, je reviens.»

«Non, pas encore... euh... Qu'est-ce que vous avez comme spécialités?»

«Nous avons notre choucroute maison.»

«OK, une choucroute.»

«Bon, c'est tout?»

«Ah non, finalement, je vais prendre le poulet haricots verts et une carafe d'eau.»

«Vous avez choisi?»

32 Au dîner

Lisons Choisis des mots et expressions dans la boîte suivante pour compléter cette conversation entre un serveur et un client.

qu'est-ce que	du	dessert	boisson
comme		des	saignante
de l'	comment	de la	
	s'il vous plaît		un

Tu te rappelles?

Use the definite articles **le, la,** and **les** *(the)* when you are referring to a specific item and with the verb **aimer,** for example, **J'aime les escargots.** The indefinite articles **un, une** *(a, an)* and **des** *(some)* are used to refer to whole items. Remember to use the partitive articles **du, de la,** and **de l',** *(some)* when you refer to a portion of an item. **Je voudrais de la salade et de l'eau minérale.**

Grammaire supplémentaire,
p. 27, Act. 8–9

— Bonjour, vous avez choisi?

— Oui, ___1___ entrée, j'aimerais les crudités.

— D'accord. Et comme plat principal?

— Je vais prendre un steak-frites.

— ___2___ désirez-vous votre viande?

— Bien cuite, s'il vous plaît.

— Et comme ___3___?

— Qu'est-ce que vous avez comme gâteaux?

— Nous avons ___4___ tarte aux poires et ___5___ gâteaux au chocolat.

— Euh... non, je vais plutôt prendre ___6___ fromage.

— Très bien. Et comme ___7___?

— Eh bien, ___8___ eau minérale, s'il vous plaît.

33

De l'école au travail

Parlons This summer, you're going to work at a fancy French restaurant in your town. To impress your French-speaking patrons, you should speak their language with them. Make small talk, tell them about the specialties, and take their orders, if they wish. Act out this scene with two classmates, who will act very demanding. Then, change roles.

Il faut être raisonnable

Ce qui m'étonne, c'est qu'à la maison on n'a pas encore parlé des vacances ! Les autres années, Papa dit qu'il veut aller quelque part, Maman dit qu'elle veut aller ailleurs, ça fait des tas d'histoires. Papa et Maman disent que puisque c'est comme ça ils préfèrent rester à la maison, moi je pleure, et puis on va où voulait aller Maman. Mais cette année, rien.

Pourtant, les copains de l'école se préparent tous à partir. Geoffroy, qui a un papa très riche, va passer ses vacances dans la grande maison que son papa a au bord de la mer.

Agnan, qui est le premier de la classe et le chouchou de la maîtresse, s'en va en Angleterre passer ses vacances dans une école où on va lui apprendre à parler l'anglais. Il est fou, Agnan.

Alceste va manger des truffes en Périgord, où son papa a un ami qui a une charcuterie. Et c'est comme ça pour tous : ils vont à la mer, à la montagne ou chez leurs mémés à la campagne. Il n'y a que moi qui ne sais pas encore où je vais aller, et c'est très embêtant, parce qu'une des choses que j'aime le mieux dans les vacances, c'est d'en parler avant et après aux copains.

Alors, je suis allé dans le jardin et j'ai attendu Papa, et quand il est arrivé de son bureau, j'ai couru vers lui ; il m'a pris dans ses bras, il m'a fait « Oupla ! » et je lui ai demandé où nous allions partir en vacances. Alors, Papa a cessé de rigoler, il m'a posé par terre et il m'a dit qu'on allait en parler dans la maison, où nous avons trouvé Maman assise dans le salon.

chouette!

- Je crois que le moment est venu, a dit Papa.
- Oui, a dit Maman, il m'en a parlé tout à l'heure.

Stratégie pour lire
Identifying the point of view of the narrator of a story is a key to understanding the story itself. A foreign tourist, a small child, and an eighty-year-old woman would probably relate the same incident very differently. When you read, think about the person who is telling the story. Who is he? Where does he live? What is his age? What kind of person does he seem to be? Answering these kinds of questions will help you to understand the narrator's point of view, and so get more out of the story.

A. Scan the first paragraph. From whose point of view is the story told? How old would you say this person is?

B. Knowing who the narrator is, what do you think you'll read about in the story?

C. What is the narrator's relationship to . . .
1. Geoffroy, Agnan, and Alceste?
2. Maman and Papa?

apprendre à parler anglais
Périgord
Angleterre
manger des truffes
au bord de la mer

D. What is Nicolas concerned about at the beginning of the story?

E. Match Nicolas's schoolfriends with their vacation destinations and planned activities.

Alceste
Geoffroy
Agnan

- Alors, il faut le lui dire, a dit Papa.

- Eh bien, dis-lui, a dit Maman.

Alors, Papa s'est assis dans le fauteuil, il m'a pris par les mains et il m'a tiré contre ses genoux.

- Mon Nicolas est un grand garçon raisonnable, n'est-ce pas ? a demandé Papa.

Moi, j'aime pas trop quand on me dit que je suis un grand garçon, parce que d'habitude, quand on me dit ça, c'est qu'on va me faire des choses qui ne me plaisent pas.

- Et je suis sûr, a dit Papa, que mon grand garçon aimerait bien aller à la mer !

- Oh ! oui, j'ai dit.

- Aller à la mer, nager, pêcher, jouer sur la plage, se promener dans les bois, a dit Papa.

- Il y a des bois, là où on va ? j'ai demandé. Alors c'est pas là où on a été l'année dernière ?

- Ecoute, a dit Maman à Papa. Je ne peux pas. Je me demande si c'est une si bonne idée que ça. Je préfère y renoncer. Peut-être, l'année prochaine...

- Non ! a dit Papa. Ce qui est décidé est décidé. Un peu de courage, que diable ! Et Nicolas va être très raisonnable ; n'est-ce pas, Nicolas ?

Moi j'ai dit que oui, que j'allais être drôlement raisonnable.

- Et on va aller à l'hôtel ? j'ai demandé.

- Pas exactement, a dit Papa. Je... je crois que tu coucheras sous la tente. C'est très bien, tu sais...

Alors là, j'étais content comme tout.

- Sous la tente, comme les Indiens dans le livre que m'a donné tante Dorothée ? j'ai demandé.

- C'est ça, a dit Papa.

- Chic ! j'ai crié. Tu me laisseras t'aider à monter la tente ? Et à faire du feu pour

F. How do you know that Nicolas's parents don't want to tell him something? Find five things they say that show you this. Then find three actions or gestures that illustrate their nervousness.

G. Which of the following sentences do they say to make him accept the idea?

> Ce qui est décidé est décidé.

> Tu iras seul, comme un grand.

> Ce soir, pour le dessert, il y aura de la tarte.

> Mon Nicolas est un grand garçon raisonnable, n'est-ce pas?

> C'est la première fois que tu seras séparé de nous...

H. Pourquoi est-ce que Nicolas n'aime pas que ses parents l'appellent «grand garçon»?

I. Where do Nicolas's parents plan for him to go on vacation? What will he do there? Where will he sleep?

J. Associe ces mots de vocabulaire avec leurs synonymes.

1. cesser de	a. leurs grands-mères
2. des tas de	b. s'arrêter de
3. ce qui m'étonne, c'est que	c. autre part
	d. rire
4. leurs mémés	e. je suis surpris que
5. puisque	f. beaucoup de
6. ailleurs	g. parce que
7. rigoler	

cuire le manger ? Oh ! ça va être chic, chic, chic !

Papa s'est essuyé la figure avec son mouchoir, comme s'il avait très chaud, et puis il m'a dit :

- Nicolas, nous devons parler d'homme à homme. Il faut que tu sois très raisonnable.

- Et si tu es bien sage et tu te conduis comme un grand garçon, a dit Maman, ce soir, pour le dessert, il y aura de la tarte.

Alors Papa a toussé un peu dans sa gorge, il m'a mis ses mains sur mes épaules et puis il m'a dit :

- Nicolas, mon petit, nous ne partirons pas avec toi en vacances. Tu iras seul, comme un grand.

- Comment, seul ? j'ai demandé. Vous ne partez pas, vous ?

- Nicolas, a dit Papa, je t'en prie, sois raisonnable. Maman et moi, nous irons faire un petit voyage, et comme nous avons pensé que ça ne t'amuserait pas, nous avons décidé que toi tu irais en colonie de vacances. Ça te fera le plus grand bien, tu seras avec des petits camarades de ton âge et tu t'amuseras beaucoup...

- Bien sûr, c'est la première fois que tu seras séparé de nous, Nicolas, mais c'est pour ton bien, a dit Maman.

> Pourtant, je ne sais pas, moi, mais je crois que j'ai été raisonnable, non?

- Alors, Nicolas, mon grand... qu'est-ce que tu en dis ? m'a demandé Papa.

- Chouette ! j'ai crié, et je me suis mis à danser dans le salon. Parce que c'est vrai, il paraît que c'est terrible, les colonies de vacances : on se fait des tas de copains, on fait des promenades, des jeux, on chante autour d'un gros feu, et j'étais tellement content que j'ai embrassé Papa et Maman. Ce qui est drôle, c'est que Papa et Maman me regardaient avec des gros yeux ronds. Ils avaient même l'air un peu fâché.

K. Recherche ces mots de vocabulaire et ces expressions dans le texte ci-dessus. Utilise le contexte et les images pour deviner leur sens.

le chouchou de la maîtresse

Il m'a tiré contre ses genoux.

Papa s'est essuyé la figure.

Je préfère y renoncer.

Je me suis mis à danser...

L. What is Nicolas's reaction to his parents' news? Why?

M. How do Nicolas's parents feel about his reaction? Are they really relieved that he took it so well? How do you know?

N. What is the significance of the title **Il faut être raisonnable?** Why is the title ironic, in light of the story?

O. En te référant au texte ci-dessus, comment pourrais-tu décrire Nicolas? Et ses parents?

P. This story is told from a child's point of view. Find five examples in the text of language typical of the way a child would express himself.

Q. Quels seraient tes sentiments si tu étais à la place de Nicolas?

Cahier d'activités, p. 11, Act. 18

Ecrivons!

Une brochure touristique

Dans l'histoire que tu as lue, Nicolas parle d'endroits où ses amis passent leurs vacances. En Amérique aussi, il y a beaucoup de régions différentes. Dans l'activité suivante, tu vas sélectionner une région d'Amérique où tu voudrais passer tes vacances. Ensuite, tu vas écrire une brochure touristique pour cette région. Inclus toutes les informations utiles aux touristes.

Stratégie pour écrire

You always have a purpose for writing. You may want to explain something to someone, to relate a funny incident, to create, or just to put your thoughts down on paper. Whatever your reason is, it will influence the way you write. You will determine the tone, the language, and even the organization of your writing according to your purpose.

A. Préparation

1. Connais-tu bien la région que tu as choisie? Commence par écrire ce que tu sais déjà.

2. Si tu as besoin de plus d'informations, renseigne-toi à la bibliothèque. Essaie de trouver des renseignements sur les activités, les points d'intérêt, les spécialités régionales et la géographie de la région que tu vas décrire.

3. Réfléchis un peu. Dans quel but *(purpose)* est-ce que tu écris?

4. Pense à des mots que tu vas utiliser dans ta brochure pour atteindre ton but.

   a. Fais une liste d'adjectifs emphatiques comme «formidable» ou «extraordinaire» pour décrire la région.

   b. Maintenant, fais une liste de mots ou d'expressions qui décrivent les caractéristiques de ta région; par exemple, «montagneux» ou «Il y a beaucoup de soleil».

B. Rédaction

1. Fais un brouillon *(rough draft)* de ta brochure. N'oublie pas de diviser ta présentation en trois parties :

   a. une brève introduction où l'on apprend de quelle région tu parles

   b. toutes les informations sur les aspects les plus intéressants de la région

   c. une partie finale qui puisse convaincre les gens de venir découvrir la région

2. Pour illustrer ta brochure, trouve des photos dans des magazines ou fais tes propres dessins.

C. Evaluation

1. Est-ce que ta brochure peut vraiment convaincre quelqu'un de choisir cet endroit pour y passer ses vacances? Montre-la à un(e) camarade de classe et demande-lui son opinion.

2. Vérifie l'orthographe *(spelling)* et la grammaire de ton brouillon. Fais les révisions nécessaires. Mets ta brochure au propre.

Grammaire supplémentaire

Première étape

Objectives Renewing old acquaintances; inquiring; expressing enthusiasm and dissatisfaction; exchanging information; asking and describing what a place was like

1 Complète les phrases avec le passé composé du verbe entre parenthèses. (**p. 11**)

1. Yasmine _____ (monter) dans la tour Eiffel.
2. Eric _____ (visiter) les châteaux de la Loire.
3. Paul et Pascal _____ (boire) des menthes à l'eau dans un café du cours Mirabeau.
4. Alissa _____ (se perdre) dans le jardin de Monet.
5. Valérie et moi, nous _____ (acheter) des papayes au marché de Treichville.
6. Julien _____ (se promener) à Fort-de-France.
7. Perrine et Mariyam _____ (se baigner) dans l'océan Atlantique.
8. Ariane et toi, vous _____ (déguster) des spécialités alsaciennes.

2 Mets les verbes entre parenthèses au passé composé. Fais l'accord du participe passé, s'il y a lieu. (**p. 11**)

> Paris, le 12 février
>
> Salut!
> Je m'appelle Lisette. Je/J' __1__ (naître) en Côte d'Ivoire. Je/J' __2__ (passer) la première partie de ma vie dans la ville de Korhogo. J'avais des tas d'amis là-bas! C'était super! Quand j'avais quinze ans, je/j' __3__ (aller) à Paris avec ma famille. Ma mère me/m' __4__ (dire) que j'allais me plaire en France, mais moi, mon pays me/m' __5__ (manquer) au début. Maintenant, ça va mieux! Je/J' __6__ (avoir) de la chance! Je/J' __7__ (faire) la connaissance de gens super sympas! C'est bien de vivre en France quand on a des copains!
>
> Lisette

3 Demande si tes amis ont fait ce qu'ils aiment faire pendant les vacances. (**p. 11**)

EXEMPLE   Ce qui me plaît, c'est de me lever tard.
Tu t'es levée tard pendant les vacances?

1. Ce que j'aime bien, c'est me mettre en condition.
2. Ce qui nous plaît, c'est de nous habiller à la martiniquaise.
3. Ce que nous aimons bien, c'est nous coucher à minuit.
4. Ce qui plaît à mes copines, c'est de se promener en bateau sur la mer des Caraïbes.
5. Ce que je préfère, c'est m'amuser avec mes amis.
6. Ce qui plaît à mes frères, c'est de s'entraîner à la natation.

4 Tes amis et toi, vous ne savez pas quoi faire. Suggère les activités suivantes. Utilise **si on** et l'imparfait. (**p. 13; II, p. 209**)

EXEMPLE   prendre un café sur la place Plumereau
Si on prenait un café sur la place Plumereau?

1. faire un circuit des châteaux de la Loire
2. assister à un spectacle son et lumière au château de Chenonceau
3. monter dans les tours du château d'Ussé
4. aller voir les inventions de Léonard de Vinci au manoir du Clos-Lucé
5. se promener dans le parc du château d'Azay-le-Rideau
6. descendre dans les passages souterrains du château d'Amboise

5 Tes amis te disent ce qu'ils ont fait et ont mangé pendant leurs séjours dans différents pays francophones. Mets les verbes entre parenthèses à l'imparfait . (**p. 13**)

CELINE   C'est pas vrai! Quand tu ___1___ (être) en Arles, tu ___2___ (amener) parfois ton chien dans un restaurant pour les chiens?

HECTOR   Quand mes copains ___3___ (rendre) visite à leur ami marseillais, ils allaient au restaurant et ils ___4___ (manger) toujours de la bouillabaisse au déjeuner!

EVE   Quand je/j' ___5___ (être) petite, je ___6___ (partir) en camp de vacances en Normandie tous les étés. Je/J' ___7___ (adorer) ça! On ___8___ (manger) du boudin, du thon et du fromage! Moi, je/j' ___9___ (prendre) toujours du cidre comme boisson!

Grammaire supplémentaire

6 Mets les phrases dans un ordre logique pour créer une histoire. (**p. 13**)

____ Elle est rentrée tellement vite qu'elle a laissé une de ses pantoufles sur le chemin.

____ Elle passait toute la journée à nettoyer la maison pendant que ses deux demi-sœurs s'amusaient.

____ Elle s'est lavée et elle a mis la belle robe et les pantoufles.

____ Elle voulait aller à ce bal, mais elle était trop sale.

____ Un après-midi, pendant qu'elle nettoyait la cuisine, une fée est apparue.

____ Il était une fois une jeune fille qui s'appelait Cendrillon. Elle vivait avec sa belle-mère et ses deux demi-sœurs qui étaient méchantes avec elle.

____ Au bal, elle s'amusait bien avec le prince quand elle a entendu minuit sonner.

____ Le lendemain, tout le village a appris que le beau prince cherchait celle qui portait les pantoufles de verre...

____ Un jour, elle a appris que ses demi-sœurs allaient aller au bal du village.

____ La fée lui a donné une robe et des pantoufles en verre pour aller au bal. La fée lui a dit qu'elle devait revenir du bal avant minuit.

7 Complète les phrases suivantes avec les mots proposés dans la boîte. Ensuite, dis si l'histoire que chaque phrase raconte est croyable (**C'est vrai?**) ou incroyable (**Mon œil!**). (**p. 13**)

portait	a décidé	voulait
j'ai vu	était	est partie
a beaucoup travaillé	a commencé	

1. Hier _____ la tante d'Alexis au supermarché avec son caniche, Riquiqui.
2. Le chien _____ des lunettes de soleil et un petit chapeau de cow-boy.
3. Il _____ à danser comme une ballerine.
4. La tante d'Alexis _____ en train d'acheter un gros bifteck.
5. Elle _____ le préparer pour le chien.
6. «Il danse bien», ai-je dit. «Il _____. Il le mérite bien.»
7. Elle _____ avec le chien et le bifteck.
8. Riquiqui _____ de conduire la voiture jusqu'à la maison.

8 Trouve l'image qui correspond à chaque phrase et puis, récris les phrases sur une feuille de papier. (**p. 19**)

a.

b.

c.

d.

e.

1. Je dois dire que j'adore _____. Ils sont mignons comme tout!
2. _____ sont à côté de la salle de bains.
3. _____, c'est pratique pour apprendre l'anglais.
4. Encore _____? Tu as l'air d'avoir soif.
5. Ça te dit de commander _____?

9 Lis ces conversations et ajoute les articles définis, indéfinis ou partitifs qui conviennent. (**p. 19**)

BELLA	Excusez-moi, monsieur, qu'est-ce que vous avez comme entrées?
LE SERVEUR	___1___ carottes râpées et ___2___ céleri rémoulade, mademoiselle.
BELLA	Eh bien, je vais prendre ___3___ carottes râpées, s'il vous plaît!
MAX	Dis, Loïc, tu as choisi?
LOIC	Non. J'hésite entre ___4___ côtelette de porc et ___5___ escalope de dinde.
OMAR	J'ai envie de manger ___6___ poisson!
FATIMA	Alors, prends ___7___ filet de sole! Il est très bon ici!
ANNE	Qu'est-ce que tu prends comme dessert aujourd'hui?
KARIM	Hmm... Je n'arrive pas à me décider. ___8___ crème caramel me tente, mais je fais un régime.
ANNE	Alors, c'est très simple! Tu devrais boire ___9___ eau et manger ___10___ pomme!

1 **a.** Prépare un questionnaire sur les vacances des jeunes Américains.

b. Pose tes questions aux autres élèves pour savoir où ils sont allés, comment, avec qui, etc.

2 C'est le premier jour d'école. Tu rencontres un(e) ami(e) qui te demande comment tes vacances se sont passées, ce que tu as fait, mangé, etc. Joue cette scène avec ton/ta camarade.

3 Regarde les menus et fais une liste de deux entrées, trois plats principaux et trois desserts.

A LA SOUPE LES POTACHES

Les menus suivants seront servis mardi à midi dans les cantines scolaires:

CITÉ TECHNIQUE: aile de raie, sauce aux câpres, pommes vapeur ou coq au riesling et spaetzlé, entrée au choix, dessert au choix.

LYCÉE BARTHOLDI: assiette de charcuterie, filet de poisson sauce nantua, riz, orange.

LYCÉE CAMILLE SÉE: spaghettis à la bolognaise ou gratin de raviolis au poulet, entrée et dessert au choix.

COLLÈGE BERLIOZ: choux-fleurs ou brocolis en salade, filet de lingue, blettes et pommes de terre à la crème, Danette.

COLLÈGE MOLIÈRE: potage, raviolis au gratin, salade verte, cône glacé.

COLLÈGE SAINT-ANDRÉ: côte de porc, gratin de choux-fleurs ou émincé de dinde, pâtes, entrée, fromage et dessert au choix.

INSTITUT DE L'ASSOMPTION: omelette-frites, entrée, fromage et dessert au choix.

INSTITUTION SAINT-JEAN: spaghettis bolognaise ou émincé de veau, petits pois à la française, entrée, fromage et dessert au choix.

ÉCOLES MATERNELLES: salade au gruyère, rôti de bœuf, choux-fleurs au gratin, salade de fruits.

Un petit mot de ta correspondante à Colmar. Je t'envoie les menus scolaires qui sont publiés dans l'Alsace, notre journal régional. Les spécialités comme les spaetzlé (ce sont des pâtes alsaciennes) et la salade au gruyère, c'est typique de chez nous. En général, on a deux heures pour manger. On peut manger à la cantine ou rentrer à la maison. Moi, je préfère manger au lycée. Écris-moi pour me dire comment ça se passe, les repas du midi chez vous.

Salut,
Martine

4 Réponds à ta correspondante Martine et explique-lui comment le repas de midi se passe dans ton école. N'oublie pas de donner des exemples de menus typiques.

5 Ecoute les lycéens suivants. Décide dans quelle école ils vont en t'aidant des menus à la page 28 de ton livre.

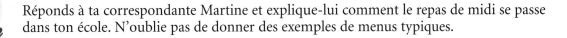

Le Cygne

⌇ Les Entrées

Potage du jour	3 €
Salade de crudités	6 €
Escargots maison Dz . .12, -1/2 Dz. .	6 €
Champignons frais sautés à l'ail	7 €
Salade frisée au chèvre chaud	8 €
Salade de foie de veau	8 €

⌇ Les Viandes

Faux-filet au poivre	14 €
Filet mignon	12 €
Steak Tartare	13 €
Emincé de veau au curry	14 €
Steak de saumon grillé, sauce à l'oseille	14 €

Les Plats Régionaux et les Petits Plats

Tarte flambée gratinée	6 €
Tripes au vin blanc	11 €
Rognons de porc aux champignons .	11 €
Foies de lapins sautés	12 €

Cervelle d'agneau	12 €
Brochette garnie	12 €
Steak foie de veau lyonnaise	13 €
Pâté en croûte garni	10 €
Salade de bœuf garnie	11 €

⌇ Les fromages

Assortiment de fromages	5 €
Munster	4 €
Camembert	3 €
Gruyère	3 €
Chèvre	4 €
Bleu	4 €

⌇ Les desserts

Assiette de sorbets	6 €
Gâteau au chocolat, aux deux sauces	5 €
Soupe de kiwis à la sauce menthe . . .	6 €
Pommes Grand-Mère au miel	5 €
Brochette de fruits	6 €
Tarte flambée aux pommes ou bananes	5 €

6 ## Jeu de rôle

You're at a restaurant with friends. One of you plays the server. The others, playing the customers, look at the menu from **Le Cygne** but are unsure about what to order. Ask each other questions, make recommendations, and order.

Que sais-je?

WA3 FRANCOPHONE
EUROPE-1

Can you use what you've learned in this chapter?

Can you renew old acquaintances?
p. 9

1 How would you . . .
1. greet a friend you hadn't seen in a while?
2. inquire about your friend's activities?

2 How would you respond if . . .
1. a friend you hadn't seen in a while greeted you?
2. your friend wanted to know what you've been doing?

Can you inquire and express enthusiasm and dissatisfaction?
p. 9

3 How would you ask a friend how his or her vacation was?

4 How might these people describe their vacations?

1.

2.

3.

4.

Can you exchange information?
p. 10

5 What questions would you ask to find out . . .
1. where your friend went on vacation and how he or she got there?
2. who he or she went with?
3. where he or she stayed and what the weather was like?

Can you ask and describe what a place was like? p. 12

6 How would you answer the questions in number 5?

7 How would you ask what a place was like? How would you describe a place?

Can you express indecision? p. 17

8 What would you say if you couldn't decide what to order in a restaurant?

Can you make recommendations?
p. 17

9 How would you recommend that someone order a certain dish?

10 How do you ask the server . . .
1. what the restaurant's specialties are?
2. what kinds of appetizers there are?
3. for a recommendation?

Can you order and ask for details? p. 18

11 How would you order each of the following items?
1. un café   2. du poulet   3. de la glace aux fraises

Renewing old acquaintances

Ça fait longtemps qu'on ne s'est pas vu(e)s.	It's been a long time since we've seen each other.
Je suis content(e) de te revoir.	I'm glad to see you again.
Ça fait...	It's been . . .
Depuis...	Since . . .
Qu'est-ce que tu deviens?	What's going on with you?
Quoi de neuf?	What's new?
Toujours la même chose!	Same old thing!
Rien (de spécial).	Nothing (special).

Inquiring; expressing enthusiasm and dissatisfaction

C'était comment, tes vacances?	How was your vacation?
Tu t'es bien amusé(e)?	Did you have fun?
Je me suis beaucoup amusé(e).	I had a lot of fun.
C'était pas terrible.	It wasn't so great.
Je me suis ennuyé(e).	I was bored.
Pas trop bien.	Not too good/well.

Exchanging information

Est-ce que tu es resté(e) ici?	Did you stay here?
Oui, je suis resté(e) ici tout le temps.	Yes, I stayed here the whole time.
Non, je suis parti(e)...	No, I went away for . . .
J'y suis allé(e) début/fin...	I went at the beginning/end of . . .
J'y suis allé(e) seul(e)/avec...	I went alone/with . . .
Tu es parti(e) comment?	How did you get there?
Je suis parti(e) en...	I went by . . .
Où est-ce que tu as dormi?	Where did you stay?
A l'hôtel.	In a hotel.
Quel temps est-ce qu'il a fait?	What was the weather like?
Il a fait un temps...	The weather was . . .
Il a plu.	It rained.

Asking and describing what a place was like

... est situé(e)...	. . . is located . . .
Qu'est-ce qu'il y avait à voir?	What was there to see?
Qu'est-ce qu'il y avait à faire?	What was there to do?
Il faisait... ?	Was the weather . . . ?
Il faisait...	The weather was . . .

Expressing indecision

Tout me tente.	Everything looks tempting.
Je n'arrive pas à me décider.	I can't make up my mind.
J'hésite entre... et...	I can't decide between . . . and . . .

Making recommendations

Tu devrais prendre...	You should have . . .
Essaie...	Try . . .

French menu

les entrées (f.)	appetizers
l'assiette (f.) de charcuterie	plate of pâté, ham, and cold sausage
l'assiette de crudités (f.)	plate of raw vegetables with vinaigrette
les carottes râpées	grated carrots with vinaigrette dressing
le céleri rémoulade	grated celery root with mayonnaise and vinaigrette
les plats (m.) principaux	main dishes
la côtelette de porc pâtes	porkchop with pasta
l'escalope (f.) de dinde purée	sliced turkey breast with mashed potatoes
le filet de sole riz champignons	filet of sole with rice and mushrooms
le poulet haricots verts	roasted chicken with green beans
la salade verte	salad
l'assiette de fromages	a selection of cheeses
le fromage de chèvre	goat cheese
la crème caramel	caramel custard
les tartes (f.) aux fruits	fruit pies/tarts

Ordering and asking for details

Que voulez-vous comme entrée?	What would you like for an appetizer?
Comme entrée, j'aimerais...	For an appetizer, I would like . . .
Et comme boisson?	And to drink?
Comment désirez-vous votre viande?	How do you like your meat cooked?
Saignante.	Rare.
A point.	Medium rare.
Bien cuite.	Well-done.
Qu'est-ce que vous avez comme... ?	What kind of . . . do you have?
Qu'est-ce que vous me conseillez?	What do you recommend?
Qu'est-ce que c'est,... ?	What is . . . ?

2
Belgique, nous voilà!

Objectives

In this chapter you will review and practice how to

Première étape

- ask for and give directions
- express impatience
- reassure someone

Deuxième étape

- express enthusiasm and boredom
- ask and tell where things are

Visit Holt Online

go.hrw.com

KEYWORD: WA3 FRANCOPHONE EUROPE-2

Online Edition

◀ **La Grand-Place, cœur de la ville de Bruxelles**

Stratégie pour comprendre

What are Stéphane and Hervé doing? Before reading this episode, look at the photos and try to guess what is happening to the two boys. Then, as you read the dialogue, try to find the words and phrases that best describe what is represented in the photos.

Cahier d'activités, p. 13, Act. 1

Dans une station-service à Sedan, juste avant de partir pour la Belgique...

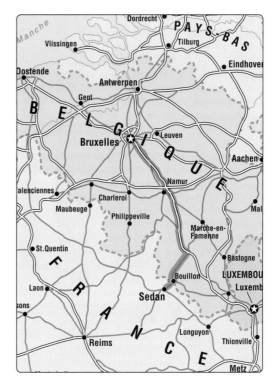

1	**Le pompiste**	Bonjour!
Stéphane	Le plein de super, s'il vous plaît.
Hervé	A quelle heure tu crois qu'on va arriver à Bruxelles?
Stéphane	Bruxelles, c'est à environ 170 kilomètres d'ici. Donc, ça va nous prendre une heure et demie au plus et le Centre ouvre à dix heures. On a largement le temps.
Hervé	Chouette! Je suis vachement content d'aller au Centre de la B.D.
Le pompiste	Voilà. Ce sera tout?
Hervé	Euh... Vous pourriez vérifier l'huile, s'il vous plaît? Ah! Et les pneus aussi!

2	**Le pompiste**	Oui, bien sûr.
Stéphane	Qu'est-ce qu'on va faire après la visite du Centre?
Hervé	On pourrait aller à la Grand-Place, au palais, au musée de l'Armée...
Stéphane	Hé! N'oublie pas qu'on doit rentrer ce soir.
Le pompiste	L'huile, ça va. J'ai mis de l'air dans les pneus. Ça fait 35 euros.
Stéphane	Hervé, tu me passes 15 euros?
Hervé	Euh... Moi, j'ai juste assez pour Bruxelles...
Stéphane	Oh, tu pousses, quand même! C'est toujours la même chose!

Ils traversent la ville de Bouillon...

3 **Stéphane** Tiens, tu as vu le château? Super! On s'arrête?

Hervé Oh, non, écoute! On n'a pas le temps!

Stéphane En tout cas, on doit s'arrêter pour demander comment on arrive à l'autoroute.

4 **Stéphane** Pardon, monsieur. La route pour Bruxelles, s'il vous plaît?

Le monsieur Alors, pour Bruxelles... Vous suivez la N. 89 pendant à peu près 12 kilomètres. Là, vous allez voir un panneau qui indique l'entrée de l'autoroute. Prenez la direction de Bruxelles. C'est la E. 411. Elle vous conduira tout droit au centre-ville. Vous ne pouvez pas le manquer.

Stéphane Ah ben, ça n'a pas l'air compliqué. Merci, monsieur.

Sur la E. 411, près de Namur...

5 **Hervé** Je suis vraiment impatient d'arriver! Va plus vite, bon sang! Tu n'avances pas!

Stéphane Du calme, du calme! Il n'y a pas le feu! Il est seulement neuf heures. Tu es toujours... Oh là là! Qu'est-ce qui se passe?

Hervé On a un pneu crevé! Arrête-toi! Arrête-toi!

Stéphane Zut, alors!

Hervé Euh, tu sais changer les pneus, toi?

Stéphane Ouais, mais tu vas m'aider quand même!

Hervé Euh, ouais. Mais je ne sais pas comment on fait.

Stéphane Tu es vraiment nul comme type! Bon, je vais chercher la roue de secours. Prends la boîte à outils et le cric.

Hervé Grouille-toi! On va être en retard! Je voulais arriver à l'heure d'ouverture pour éviter la foule.

Stéphane Oh, écoute. Ça ne va pas prendre longtemps.

1 Tu as compris?

1. Où vont Stéphane et Hervé?
2. Qu'est-ce qu'ils veulent y faire?
3. Où est-ce qu'ils s'arrêtent? Pourquoi?
4. Qui a l'air impatient? Pourquoi?
5. Qu'est-ce qui se passe à la fin de l'histoire?

2 Mets dans le bon ordre

Mets ces phrases dans le bon ordre d'après *En route pour Bruxelles.*

1. Ils ont un pneu crevé.
2. Stéphane dit qu'il veut visiter le château.
3. Le pompiste vérifie l'huile.
4. Stéphane va chercher la roue de secours.
5. Ils s'arrêtent pour demander la route.
6. Le pompiste fait le plein de super.

3 Qui dit quoi?

Stéphane

Hervé

le pompiste

le monsieur

> Grouille-toi! On va être en retard!

> Le Centre ouvre à dix heures. On a largement le temps.

> Moi, j'ai juste assez pour Bruxelles.

> Ah ben, ça n'a pas l'air compliqué.

> Vous allez voir un panneau qui indique l'entrée de l'autoroute.

> Voilà. Ce sera tout?

> Tu es vraiment nul comme type!

> L'huile, ça va. Ça fait 35 euros.

4 Comment sont-ils?

Comment est Stéphane? Et Hervé? Choisis les adjectifs qui les décrivent le mieux.

impatient   sûr de lui   patient   embêtant
calme   grippe-sou *(stingy)*   énervé   égoïste

5 Cherche les expressions

What do the young people in *En route pour Bruxelles* say to . . .

1. have the gas tank filled?
2. have the oil checked?
3. suggest places they should visit?
4. point out something?
5. express impatience?
6. ask for directions?
7. express annoyance?
8. reassure someone?

6 Et maintenant, à toi

Est-ce que tu as déjà fait un long voyage en voiture? Où est-ce que tu es allé(e)? Avec qui? Est-ce que vous vous êtes arrêté(e)s en route? Pourquoi?

Comment dit-on...?

Asking for and giving directions

To ask for directions:

La route pour Bruxelles, **s'il vous plaît?** *Could you tell me how to get to . . .?*
Comment on va à Namur?
Où se trouve...?

To give directions:

Pour (aller à) Bruxelles, **vous suivez la** N. (Nationale) 89 **pendant à peu près**
35 **kilomètres.** *To get to . . ., follow . . . for about . . . kilometers.*
Vous allez voir un panneau qui indique l'entrée de l'autoroute. *You'll see a sign that points out the freeway entrance.*
Vous allez traverser un grand pont.
Après le pont, **vous allez tomber sur** un petit village. *After . . ., you'll come across . . . .*
Cette route va vous conduire au centre-ville. *This road will lead you into the center of town.*
Vous allez continuer tout droit, jusqu'au carrefour/au feu rouge. *. . . up to the intersection/stop light.*

> Cahier d'activités, pp. 14–15, Act. 2–3

7 ### Où est-ce qu'elle va?

Ecoutons Ecoute cette conversation. Est-ce que cette jeune fille va à Spa, Malmédy ou Verviers?

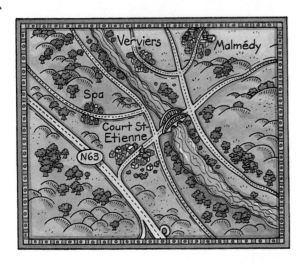

Note culturelle

La Belgique a trois langues officielles : le français, le flamand et l'allemand. Le flamand est un dialecte dérivé du hollandais qu'on parle en Flandre, la partie nord de la Belgique. Dans le sud de la Belgique, en Wallonie, on parle français. Dans l'est, on parle aussi allemand. Cette division linguistique a toujours causé des disputes entre les Wallons et les Flamands. C'est pourquoi en 1971, une réforme constitutionnelle a créé des régions linguistiques distinctes. La capitale, Bruxelles, est devenue officiellement bilingue (français et flamand). Les cartes géographiques belges contiennent les noms des villes dans les deux langues; par exemple, Anvers/Antwerpen et Bruges/Brugge.

8 **Méli-mélo!**

Parlons Mets ce dialogue entre Adrienne et Mme Zidan dans le bon ordre. Ensuite, joue la scène avec ton/ta camarade.

«Au revoir, mademoiselle.»

«Eh bien, le panneau pour la N. 44.»

«Ah bon, très bien. Je vous remercie beaucoup, madame.»

«Ensuite, vous allez continuer pendant à peu près 10 kilomètres et vous allez tomber sur une vieille église. Juste après l'église, vous allez voir le panneau.»

«Pardon, madame. Où se trouve la N. 44, s'il vous plaît?»

«Bon, très bien. Et ensuite?»

«Eh bien, vous allez suivre cette route jusqu'au feu rouge. Au feu rouge, vous allez tourner à droite.»

«Au revoir, madame.»

«Quel panneau?»

«Je vous en prie.»

Tu te rappelles?

Do you remember how to tell that something is going to happen? Use a form of the verb **aller** plus the infinitive of another verb. **Demain, je vais visiter la ville de Bruxelles.**

Travaux pratiques de grammaire, p. 9, Act. 1

Grammaire supplémentaire, p. 54, Act. 1

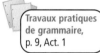

 9 **La route pour Liège, s'il vous plaît?**

Parlons Tu voyages en Belgique près de Salmchâteau. Tu t'arrêtes à une station-service pour demander la route pour Liège. Joue cette scène avec ton/ta camarade.

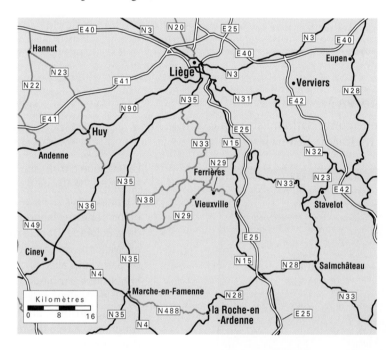

 10 **Devine!**

Ecrivons Regarde la carte et choisis une ville autre que Liège. Ecris un mot à un camarade pour lui expliquer comment aller de cette ville à Liège sans nommer la ville. Ton camarade doit lire ton mot et deviner quelle ville tu as choisie. Ensuite, changez de rôle.

avoir un pneu crevé	to have a flat tire
faire la vidange	to change the oil
faire le plein	to fill it up
vérifier ...	to check . . .
les freins (m.)	the brakes
l'huile (f.)	the oil
la pression des pneus	the tire pressure
mettre de l'air dans les pneus	to put air in the tires
mettre de l'huile dans le moteur	to put oil in the motor
mettre la roue de secours	to put on the spare tire
nettoyer le pare-brise	to clean the windshield
tomber en panne (d'essence)	to break down (run out of gas)

la station-service
l'essence (f.)
du super (sans plomb)
le réservoir
le pompiste
un pneu

Travaux pratiques de grammaire, p. 10, Act. 2–3

Cahier d'activités, p. 15, Act. 4

11 **A la station-service**

Ecoutons   Est-ce que c'est le pompiste ou le chauffeur qui parle?

12 **Qu'est-ce qui se passe?**

Parlons   Qu'est-ce qui se passe sur ces images?

1.   2.   3.   4.

The verb *conduire*

Grammaire supplémentaire, p. 54, Act. 2

Conduire is an irregular verb. Here are the present-tense forms.

conduire			
je	**conduis**	nous	**conduisons**
tu	**conduis**	vous	**conduisez**
il/elle/on	**conduit**	ils/elles	**conduisent**

Cahier d'activités, p. 16, Act. 6

Travaux pratiques de grammaire, p. 11, Act. 4

• The past participle of **conduire** is **conduit:** Il **a conduit** trop vite.

13 Grammaire en contexte

Parlons Est-ce que ces chauffeurs conduisent bien ou mal?

1. M. Martin   **2. Elles**   **3. Tu**   **4. Vous**

14 Des problèmes de voiture

Parlons Qu'est-ce qu'il faut faire dans chacun des cas suivants? Propose une solution à chaque problème.

1. L'huile de ma voiture est trop vieille.
2. On est tombés en panne d'essence.
3. Ma voiture ne s'arrête pas assez vite.
4. J'ai un pneu crevé.
5. Je ne vois pas bien la route.

a. Il faut faire le plein de super.
b. Tu devrais vérifier les freins.
c. Il faut mettre la roue de secours.
d. Tu devrais faire la vidange.
e. Vérifie la pression des pneus!
f. Il faut nettoyer le pare-brise.

15 Viens chez moi!

Ecrivons Ton ami habite à Stavelot. Ecris-lui une lettre pour l'inviter à passer un week-end chez toi à Hannut. Ton ami n'est jamais venu chez toi et il ne conduit pas souvent. Explique-lui comment venir à Hannut. Rappelle-lui aussi ce qu'il doit faire avant de partir pour éviter d'avoir des problèmes de voiture en route. Utilise la carte à la page 38.

Comment dit-on...?

Expressing impatience; reassuring someone

To express impatience:

Mais qu'est-ce que tu fais?
Tu peux te dépêcher? *Can you hurry up?*
Grouille-toi! *Get a move on!*
On n'a pas le temps!
Je suis vraiment impatient(e) d'arriver!

To reassure someone:

Ça ne va pas prendre longtemps! *It won't take long!*
Sois patient(e)! *Be patient!*
On a largement le temps. *We've got plenty of time.*
Il n'y a pas le feu. *Where's the fire?*
Du calme, du calme. *Calm down.*

Cahier d'activités, p. 16, Act. 7

16 Du calme!

Ecoutons Est-ce que ces personnes sont impatientes ou plutôt calmes?

17 Qu'est-ce qu'ils sont énervés!

Parlons Rassure ces gens.

1.

2.

3.

4.

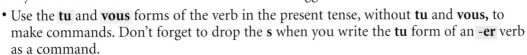
Grammaire

The imperative

Do you remember how to make commands and suggestions?

- Use the **tu** and **vous** forms of the verb in the present tense, without **tu** and **vous,** to make commands. Don't forget to drop the **s** when you write the **tu** form of an **-er** verb as a command.

Faites le plein!	**Mets** de l'huile dans le moteur!
Regarde!	**Vérifie** la pression des pneus!

- To make suggestions, use the **nous** form of the verb, without **nous.**

Allons à Bruxelles!   **Tournons** à droite!

- Place reflexive or object pronouns after the verb in a positive command or suggestion. Place a hyphen between the verb and the pronoun when writing. In negative commands and suggestions, place the pronouns before the verb.

Grouille-toi!   **Dépêchons-nous!**   Ne **vous** inquiétez pas!

- While almost all verbs follow this pattern, the verb **être** has irregular imperative forms.

Sois gentil!   **Soyez** patients!   **Soyons** à l'heure!

Grammaire supplémentaire, pp. 54–55, Act. 3–6

Cahier d'activités, p. 17, Act. 9

Travaux pratiques de grammaire, p. 12, Act. 5–7

18 Grammaire en contexte

Ecrivons/Parlons Utilise les expressions de la boîte à droite pour écrire une conversation dans laquelle vous êtes enfin parti(e)s pour un concert avec un(e) ami(e). Tu ne sais pas comment y arriver, donc tu demandes des indications à ton ami(e). En route, vous tombez en panne d'essence. Comme vous êtes déjà en retard, tu es très impatient(e)! Ton ami(e) va te rassurer et proposer une solution.

être patient(e)

regarder la carte   se grouiller

ne... pas avoir le temps

faire le plein

Remise en train ▪ *Au Centre de la B.D.*

A l'accueil...

Stéphane Tu as vu ça? C'est grandiose ici. Je n'imaginais pas ça comme ça. Regarde un peu cet escalier.

Hervé «1905. Art nouveau. Architecte Horta. C'est un ancien magasin qui... »

Stéphane Arrête, ça suffit. Une vraie encyclopédie, ce garçon. Tu as les billets? Tu viens?

Hervé Attends, je voudrais demander quelque chose. Pardon, mademoiselle, on n'est jamais venus ici. On commence par où?

L'hôtesse Vous pouvez commencer où vous voulez, mais surtout ne manquez pas la bédéthèque. C'est là, juste en face.

Hervé Merci, mademoiselle.

Stéphane Alors, on monte?

---

19 Tu as compris?

1. Où sont Hervé et Stéphane?
2. Quelle B.D. est-ce qu'Hervé collectionne?
3. Qu'est-ce que Stéphane décide de lire? Est-ce qu'il aime ce qu'il lit?
4. Qu'est-ce que c'est que la **bédéthèque?** Est-ce que tu peux deviner l'origine du mot **bédéthèque?***

20 Trouve...

1. le nom d'un album de B.D.
2. le nom d'un personnage de B.D.
3. le nom d'un architecte.

21 Vrai ou faux?

1. Stéphane a déjà visité le Centre de la B.D.
2. La bédéthèque est au premier étage.
3. Hervé a lu tous les Tintin.
4. D'habitude, Stéphane lit de la science-fiction.
5. *Le Sceptre d'Ottokar* est un album de Tintin.
6. Le Centre est fermé le lundi.
7. Le Centre est ouvert jusqu'à huit heures du soir.

* On appelle souvent les bandes dessinées **B.D.** (prononcé "bédé"). Le mot **bédéthèque** fait partie du jargon des amateurs de bandes dessinées. Il vient de l'abbréviation **bédé** et du suffixe **thèque** (comme dans **bibliothèque**) et décrit un endroit où on peut lire et emprunter des bandes dessinées.

Stéphane — Eh, regarde. C'est la fusée de Tintin dans *On a marché sur la lune*. Tu l'as lu?

Hervé — Bien sûr. J'ai lu tous les Tintin, sauf *Le Sceptre d'Ottokar*.

A la bédéthèque...

Stéphane — Regarde toutes ces bandes dessinées! Je pourrais passer toute la journée ici.

Hervé — Moi, je vais chercher le Tintin que je n'ai pas encore lu. Et toi, qu'est-ce que tu vas lire?

Stéphane — Je ne sais pas. Tu as une idée?

Hervé — Tiens, regarde! On est juste devant toute la série des Schtroumpfs, les petits hommes bleus. Tu en as déjà lu?

Stéphane — Non, jamais.

Hervé — Tu devrais. C'est rigolo comme tout.

Stéphane — Bon, donne. Ça me changera de la science-fiction.

Plus tard...

Stéphane — Alors, ça t'a plu, ton *Sceptre d'Ottokar?*

Hervé — Oui, c'était drôle et plein d'action. Et toi, les Schtroumpfs, qu'est-ce que tu en penses?

Stéphane — J'ai «schtroumpfé» que c'était bien!

Cahier d'activités, p. 18, Act. 10–11

22 Mets dans le bon ordre

Mets les activités de Stéphane et d'Hervé dans le bon ordre d'après *Au Centre de la B.D.*

1. Hervé cherche le Tintin qu'il n'a pas lu.
2. Ils voient la fusée de Tintin.
3. Stéphane veut monter au premier étage.
4. Hervé conseille à Stéphane de lire un album des Schtroumpfs.
5. Ils se trouvent à l'accueil.
6. Hervé demande à l'hôtesse par où commencer la visite.

23 Cherche les expressions

What do the people in *Au Centre de la B.D.* say to . . .

1. point out something?
2. tell where something is?
3. give advice?
4. ask an opinion?
5. express enthusiasm?

24 Et maintenant, à toi

Quel est ton personnage de bande dessinée préféré? Pourquoi?

PANORAMA CULTUREL

Qui est ton personnage de bande dessinée préféré? Il est comment?

We asked some French-speaking people about their favorite comic book characters. Here's what they had to say.

Onélia, France

«Mon personnage de bande dessinée préféré, c'est Iznogoud. Le titre de la bande dessinée, c'est *Le Calife qui voulait devenir…* Il est assez méchant, mais très drôle. Il y a beaucoup d'humour dans cette bande dessinée. Et je trouve ça très drôle, même si c'est un peu cynique comme histoire. J'aime beaucoup.»

Bosco,
Côte d'Ivoire

«Moi, j'adore énormément les bandes dessinées. Mon personnage préféré de bande dessinée est Donald. C'est un canard. Il est toujours dans les bandes dessinées de Walt Disney. Ce qui me plaît beaucoup dans ce personnage-là, c'est que… il a… c'est surtout à lui qu'arrivent les malheurs par rapport à Gontran, et oncle Picsou qui est très avare. J'adore beaucoup celui-là parce que vraiment il est très strict et puis il se met beaucoup en colère et puis, enfin, il est très rigolo, quoi.»

Olivier,
Martinique

«En général, *Les Aventures de Tintin* sont les bandes dessinées que je lis et que je préfère. Tintin, pour moi, c'est un bon moyen de se distraire… qui trouve des énigmes de façon très loufoque, très drôle. Tintin, [il est] un peu maigrichon, vraiment, par rapport à moi, intelligent et très futé.»

Qu'en penses-tu?

1. Parmi les personnages de B.D. mentionnés, lesquels est-ce que tu connais?
2. Quelle B.D. francophone est-ce que tu voudrais lire? Pourquoi?

Comment dit-on...?

Expressing enthusiasm and boredom

To express enthusiasm:

> **Qu'est-ce que c'est... !** *That is so . . . !*
> **Ce que c'est bien!** *Isn't it great!*
> **C'est... comme tout!** *It's as . . . as anything!*
> **Ça me branche!** *I'm crazy about that!*

To express boredom:

> **C'est** mortel!
> **Ça me casse les pieds!** *That's so boring/annoying!*
> **Ça m'embête!** *That bores me!*
> **Ça m'ennuie à mourir!** *That bores me to death!*

Cahier d'activités, p. 19, Act. 12

Vocabulaire

CD-ROM DISC 1

> **rigolo (rigolote)** *funny, hysterical*
> **fou (folle)** *crazy, funny*
> **dingue** *wild, crazy, funny*
> **marrant(e)** *funny*

> **rasant(e)** *boring*
> **mortel (mortelle)** *deadly boring*
> **de mauvais goût** *in poor taste*
> **bébé** *childish, stupid*

Travaux pratiques de grammaire, pp. 13–14, Act. 8–9

Cahier d'activités, p. 19, Act. 13

---

25 A la bédéthèque

Ecoutons Stéphane et Hervé visitent la bédéthèque. Est-ce qu'ils s'amusent ou s'ennuient?

26 Des goûts et des couleurs

Parlons Qu'est-ce que tu penses de ces bandes dessinées? Utilise les expressions et mots du **Vocabulaire** et du **Comment dit-on...?** pour donner ton opinion.

> **EXEMPLE** Corto Maltèse®, ce que c'est bien!

Snoopy®   Garfield®

Superman®   Tintin®   Calvin et Hobbes®

Astérix®

A la française

Look at these gestures that French speakers commonly use to express enthusiasm or boredom. Can you tell which is which?

Pronouns and their placement

You've already learned several pronouns commonly used in French.

• The object pronouns: **me, te, nous, vous, le/l', la/l', les, lui,** and **leur**

If you're unsure whether a particular French verb takes a direct or an indirect object, study the list on page R38.

• The pronouns **en** and **y**:

En replaces **de +** a thing or things that have already been mentioned.

Tu veux **des B.D.** pour Noël?   Oui, j'**en** voudrais trois.

Y replaces a phrase meaning *to, at,* or *in* + a place that has been mentioned.

Tu es allé **au Centre de la B.D.?**   Oui, j'**y** suis allé hier.

• Pronouns are usually placed before the conjugated verb.

Je **la** regarde.   Elle **en** parle.   Je **leur** ai donné de l'argent.

• In affirmative commands, put the pronoun after the verb, connected by a hyphen in writing. Remember that in this position, **me** and **te** change to **moi** and **toi.**

Allons-**y!**   Cherchons-**la!**   Ecris-**moi!**

• If an infinitive follows the verb, put the pronoun before the infinitive.

Il ne veut pas **le** lire.   Tu devrais **en** acheter.

• Use the table below to help you remember how to order pronouns if you have more than one in a sentence.

me	le			
te	la	lui	y	en
se	l'	leur		
nous	les			
vous				

Nous **le lui** avons donné.   Tu **leur en** as parlé?

Grammaire supplémentaire, pp. 55–57, Act. 7–11

Cahier d'activités, pp. 20–21, Act. 15–16

Travaux pratiques de grammaire, pp. 14–17, Act. 10–15

27 **Grammaire en contexte**

Ecrivons Tu viens de recevoir un message électronique d'un ami qui te raconte sa visite au Centre belge de la bande dessinée. Complète son message avec les pronoms qui manquent.

Samedi, j'ai visité le Centre de la B.D. C'était très chouette. Je ne regrette pas d'___1___ être allé! D'abord, en arrivant, je suis allé en haut pour voir la fusée de Tintin. Je ___2___ ai trouvée vraiment super. Après, je me suis promené dans le Centre avec mes parents, mais ils ne voulaient pas rester trop longtemps à la bédéthèque, alors je ___3___ ai demandé de ___4___ attendre au café, au premier étage. J'ai trouvé des tas de B.D. de Tintin. Comme je ne ___5___ ai pas toutes à la maison, j'___6___ ai lu plusieurs. C'est marrant comme tout, Tintin! Ensuite, je suis allé à la boutique de cadeaux. Je ___7___ ai acheté un Astérix parce que je sais que ça te branche, Astérix. J'ai aussi acheté quelque chose pour ton frère. Il va trouver ça très rigolo. Dis-___8___ que c'est une surprise! Bon, je te laisse. A la semaine prochaine.

Victor

Asking and telling where things are

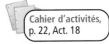

To ask where something is:

Vous pourriez me dire où il y a un téléphone?

Pardon, vous savez où se trouve l'ascenseur?
Tu sais où sont les toilettes?

To tell where something is:

Par là, au bout du couloir. *Over there, at the end of the hallway.*
Juste là, à côté de l'escalier. *Right there, next to . . .*
En bas. *Downstairs.*
En haut. *Upstairs.*
Au fond. *Towards the back.*

Au rez-de-chaussée. *On the ground floor.*
Au premier étage. *On the second floor.*
En face du guichet. *Across from . . .*
A l'entrée de la bédéthèque. *At the entrance to . . .*

> Cahier d'activités,
> p. 22, Act. 18

---

28 ### Au Centre de la B.D.

Ecoutons Ecoute ces personnes qui demandent des renseignements à l'accueil du Centre de la B.D. Regarde le plan du Centre et choisis la lettre qui correspond à leur destination.

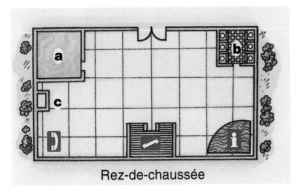

Rez-de-chaussée

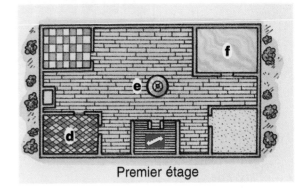

Premier étage

29 ### Pardon, vous savez où...

Lisons Mets cette conversation entre un visiteur et un employé du Centre de la Bande Dessinée dans le bon ordre.

— Oui, bien sûr. Elles sont au premier étage, à côté de la boutique de cadeaux.

— Ah, non, elle est en bas, en face du guichet, au bout du couloir.

— Alors, voyons... il y en a un au rez-de-chaussée, en face de la bédéthèque. Et il y en a aussi au premier étage, près de l'escalier.

— Et la bédéthèque? Elle est bien en haut?

— Bon, très bien. Merci.

— Ah, oui, je vois. Et je dois aussi téléphoner. Vous savez où se trouvent les téléphones?

— Je vous en prie. Bonne visite!

— Pardon, Monsieur, vous pourriez me dire où sont les toilettes?

Rencontre culturelle

Qu'est-ce que tu sais sur la Belgique? Pour t'en faire une meilleure idée, regarde ces photos.

Quelques produits de Belgique : le chocolat, la dentelle et l'endive

La ville de Bruges

Deux des langues officielles de la Belgique

Le quartier financier à Bruxelles

La ville de Liège

Qu'en penses-tu?

1. Quelle impression ces photos te donnent de la Belgique?
2. A ton avis, comment est-ce que la situation géographique de la Belgique influence le style de vie des Belges?

Savais-tu que... ?

La Belgique est un petit pays européen, mais sa population est très dense. Son nom vient des tribus belgae qui se sont installées dans cette région au deuxième siècle avant Jésus-Christ. La Belgique partage une frontière avec la France, le Luxembourg, l'Allemagne et la Hollande. La situation géographique de la Belgique contribue à sa prospérité. Mais dans le passé, cette situation a aussi causé des problèmes car les pays voisins se sont souvent battus en Belgique. Aujourd'hui, la Belgique a une économie très forte et les Belges vivent bien. Parmi les sports et activités favoris des Belges, il y a le vélo de compétition, le football, la pêche, l'élevage de pigeons voyageurs et le camping dans les Ardennes, une région du sud-est. La Belgique est célèbre pour ses chocolats et ses gaufres. On mange les gaufres avec de la crème chantilly et d'autres accompagnements. Il y a aussi les frites qu'on peut acheter dans la rue et qu'on mange avec de la moutarde ou de la mayonnaise. La dentelle belge, célèbre depuis le Moyen-Age, est encore faite à la main à Bruges et à Bruxelles.

30 **Dis-moi où se trouve...**

 Parlons Ton ami(e) belge passe sa première journée dans ton école. Il/Elle te demande où se trouvent certains endroits. Joue cette scène avec ton/ta camarade.

Tu te rappelles?

Do you remember how to make, accept, and refuse suggestions?

To make a suggestion:
Si on allait à la Grand-Place?
On pourrait voir la cathédrale.
Ça te dit d'aller à Bruges?

To accept:
Bonne idée.
Pourquoi pas?
Je veux bien.

To refuse:
Je n'ai pas envie.
Ça ne me dit rien.
Non, je préfère...

---

31 **Qu'elle est belle, la ville de Bruxelles!**

 Parlons Tu fais la visite de Bruxelles avec ton ami(e). Regarde les activités sur les photos suivantes. Dis ce que tu veux faire. Ton ami(e) va accepter ou refuser et dire s'il/si elle trouve ces activités amusantes ou ennuyeuses.

aller au théâtre de marionnettes de Toone

acheter de la dentelle

aller voir la Grand-Place

goûter du chocolat belge

32 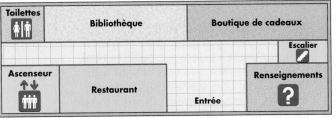 **De l'école au travail**

 Parlons Tu travailles comme guide dans un musée de Bruxelles. Réponds aux questions de tes camarades qui jouent le rôle de visiteurs qui te demandent où sont certains endroits. Regarde le plan du musée et explique-leur où aller.

33 **Le guide du musée**

 Ecrivons Utilise le plan de l'activité 32 pour créer une brochure pour les visiteurs du musée. Explique où se trouvent la bibliothèque, les salles d'expositions, le restaurant et la boutique de cadeaux. N'oublie pas aussi d'indiquer où il y a des toilettes et des téléphones.

Rez-de-chaussée

Toilettes	Bibliothèque	Boutique de cadeaux
		Escalier
Ascenseur	Restaurant	Renseignements
	Entrée	

Premier étage

Salle d'expositions 3	Salle d'expositions 1	Téléphones
		Escalier
Ascenseur	Salle d'expositions 2	Bureaux	Toilettes

Lisons!

Stratégie pour lire

Previewing lets you get an idea of what's going to happen before you begin to read. When you preview, you take note of such things as the title, subheadings, pictures, captions, charts, and graphs in order to see how the text is organized and what its function is. Once you've done that, you'll be able to predict the kinds of information and vocabulary you will encounter. Taking time to preview a text will make a new reading easier and more fun.

A. Preview the comic strip and make predictions about what's going to happen.

1. A girl is talking on the phone. Who might she be talking to?
2. Two other girls arrive. What are they carrying? What might the girls be planning?
3. What emotions do the girls display during their discussion? Do the emotions change as the story progresses?
4. What can you predict about the outcome of the story based on the girls' expressions in the last frame?

B. What predictions can you make about the language you'll find in the comic strip?

C. Now, read the dialogue in the first frame. Is the comic strip about friends getting together to . . .
  a. leave for vacation?
  b. talk about a vacation they took?
  c. talk about where to go on vacation?

D. Associe chaque pays avec ce qu'on y trouve.

l'Irlande	l'Espagne	la Suisse

les plages	vert	les montagnes
sauvage	le soleil	moins de monde

E. What words and phrases in the text express the girls' disagreement about where to go?

F. Why do Claire and Cécile change their minds about where they want to go? What causes them to get angry once again?

G. Trouve dans la colonne de droite l'équivalent des expressions de la colonne de gauche.
  1. une tonne de   a. faire la fête
  2. se marrer   b. c'est incroyable
  3. faire la nouba   c. beaucoup de
  4. terrible   d. s'amuser
  5. c'est dingue   e. merveilleux

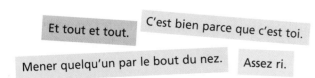

H. Retrouve les expressions ci-dessous dans le texte. Réfère-toi au contexte pour deviner leur sens.

> Et tout et tout.   C'est bien parce que c'est toi.
>
> Mener quelqu'un par le bout du nez.   Assez ri.

I. Some dialogues are written to represent the way people speak in everyday language. How are **ne, tu, il y a,** and **je** abbreviated in this comic strip? Can you think of a general rule these writers used to represent spoken language?

J. Why is Julie so happy at the end of the story? Why are the other two girls suspicious?

K. If **avarié** means *ruined*, what does the title mean? How is this a play on words?

L. Est-ce qu'il t'est déjà arrivé de te disputer avec tes amis? Comment est-ce que ça s'est terminé?

Cahier d'activités, p. 23, Act. 20

Ma propre bande dessinée

Est-ce que tu as déjà créé une bande dessinée? C'est difficile de raconter toute une histoire avec quelques dessins. Il n'y a pas beaucoup de place pour le dialogue, donc il faut faire très attention aux mots qu'on choisit. Maintenant, tu vas créer ta propre bande dessinée. Imagine des personnages et crée une situation amusante ou intéressante. Ensuite, raconte ton histoire sans la rendre trop longue!

Stratégie pour écrire

Just as the way you talk depends on whom you're talking to, the way you write should also be directed by the people who will be reading your writing, your audience. Before you begin to write, ask yourself the following questions: For what audience is this intended? How much does my audience know about this topic? What strong feelings might the audience have about the topic? Should I use formal or informal language in addressing the audience? How can I make my message interesting to this particular audience? Your writing will be much more effective and meaningful if you tailor it to fit the interests, knowledge, and experience of the people for whom it is intended.

A. Préparation

Avant d'écrire ta B.D., n'oublie pas de suivre les étapes suivantes.

1. Réfléchis bien à ces questions.
   a. A quel public est-ce que tu t'adresses? A des enfants? A tes camarades de classe?
   b. Quel ton est approprié à ton sujet? Sérieux? Amusant?
   c. Quels types de personnages et quel genre d'histoire est-ce que tu veux créer?
2. Ecris une description de tes personnages et de ce qui leur arrivera.
3. Pense au nombre d'images nécessaires pour raconter ton histoire.

B. Rédaction

1. Pour créer tes illustrations, dessine des images ou découpe-les dans un magazine ou une autre B.D.
2. Ecris les dialogues dans les bulles de ta B.D.

C. Evaluation

1. Fais une évaluation de ta B.D. Pose-toi ces questions.
   a. Est-ce que ta B.D. est amusante ou intéressante?
   b. Est-ce que chaque image montre la progression de l'histoire?
   c. Est-ce que tu as utilisé un vocabulaire approprié à tes lecteurs?
   d. Est-ce que tu as raconté toute l'histoire sur le même ton?
2. Fais les révisions nécessaires. N'oublie pas de vérifier l'orthographe et la grammaire.

Grammaire supplémentaire

Visit Holt Online
go.hrw.com
KEYWORD: WA3 FRANCOPHONE EUROPE-2
Jeux Interactifs

Première étape — **Objectives** Asking for and giving directions; expressing impatience; reassuring someone

1 Demain, Noël va faire ce que Nora a fait aujourd'hui. Complète les phrases suivantes en utilisant **aller** et l'infinitif du verbe qui convient. (**p. 38**)

EXEMPLE Ce matin, j'ai visité le Centre de la B.D.
Demain, je vais visiter le Centre de la B.D. aussi!

1. Je suis arrivée à l'heure d'ouverture.
2. Je suis allée à la bédéthèque.
3. J'ai fait le tour du Centre de la B.D.
4. J'ai vu la fusée de Tintin.
5. J'ai lu tous les Tintin.
6. J'ai acheté *Le Sceptre d'Ottokar*.
7. J'ai créé ma propre bande dessinée.
8. J'ai écrit des dialogues dans les bulles de ma B.D.

2 Complète les phrases avec le présent de **conduire**. (**p. 39**)

1. Du calme, du calme! Les freins ne marchent pas très bien! Tu _____ trop vite!
2. Qu'est-ce que vous _____ comme voiture?
3. Les Anglais _____ à gauche.
4. Cette route _____ bien à Bruges?
5. De temps en temps, je _____ la Citroën® de ma mère.
6. Ma sœur et moi, nous _____ toujours très prudemment.

3 Tu es en vacances en France avec des amis. Vous allez faire un voyage en voiture. Complète ce petit mot que votre famille d'accueil vous a laissé avec la deuxième personne du pluriel de l'impératif des verbes entre parenthèses. (**p. 41**)

> Surtout, ___1___ (être) prudents! ___2___ (conduire) doucement et ___3___ (faire) attention sur la route. ___4___ (s'arrêter) dans une station-service et ___5___ (vérifier) les freins et l'huile avant de partir. Et ___6___ (téléphoner) à Marc au bureau quand vous arriverez à Lyon. ___7___ (prendre) assez d'argent et ___8___ (s'amuser) bien!

4 Stéphane et Hervé sont sur la route et ont besoin de s'arrêter dans une station-service. Complète les phrases suivantes et emploie l'impératif. Utilise la forme familière ou formelle selon le cas. (**p. 41**)

1. _____ (tourner) à gauche à la station-service, s'il te plaît.
2. _____ (faire) le plein, s'il vous plaît.
3. _____ (passer)-moi le plan, s'il te plaît.
4. _____ (mettre) de l'air dans les pneus, s'il vous plaît.
5. _____ (vérifier) l'huile aussi, s'il vous plaît.
6. On n'a pas le temps. _____ (grouiller)-toi, Stéphane.
7. Du calme. _____ (être) patient.

5 Les parents de Caroline lui donnent des conseils avant qu'elle ne parte avec ses amis en voiture. (**p. 41**)

EXEMPLE   Il ne faut pas parler aux gens que vous ne connaissez pas.
         Ne parlez pas aux gens que vous ne connaissez pas.

1. Tu devrais faire attention sur la route.
2. Tu devrais conduire prudemment.
3. Vous devriez rester tous ensemble.
4. Il faut être prudentes, les filles.
5. Vous devriez nous appeler si vous avez des problèmes.
6. Vous devriez rentrer à l'heure.

6 Qu'est-ce que tu dirais dans les situations suivantes? Utilise l'impératif dans tes réponses. (**p. 41**)

1. Il n'y a presque plus d'essence dans notre voiture.
2. Tu veux que tes amis et toi, vous alliez au Centre de la B.D.
3. Ton ami Martin conduit beaucoup trop vite.
4. Le pare-brise de votre voiture est très sale.
5. Il n'y a pas assez d'air dans les pneus de la voiture de Sophie et Etienne.
6. Ton ami Luc est toujours en retard.

Deuxième étape   **Objectives** Expressing enthusiasm and boredom; asking and telling where things are

7 Félicité et Luc vont aller en Belgique. Ecris leurs réponses en utilisant un pronom direct ou indirect, **y** ou **en** dans chaque réponse. (**p. 46**)

EXEMPLE   —Vous allez lire *Astérix chez les Belges* avant de partir?
         —Oui, on va le lire avant de partir.

1. Vous allez prendre la E. 411 pour aller à Bruxelles?
2. Vous allez vous arrêter à Bouillon?
3. Vous allez visiter le château?
4. Vous allez manger des gaufres?
5. Vous allez poser une question au gardien du musée de l'Armée?
6. Vous allez rapporter un album des Schtroumpfs à vos petits frères?
7. Vous allez acheter de la dentelle pour votre mère?

GRAMMAIRE SUPPLÉMENTAIRE   *cinquante-cinq*   **55**

8 Complète les phrases suivantes avec le pronom qui convient. (**p. 46**)

— Corinne, ça ___1___ dit d'aller au Musée du costume et de la dentelle?

— Oui, j'aimerais bien ___2___ aller.

— Milo et Mireille, je voudrais ___3___ poser une question.

— Vas- ___4___! On ___5___ écoute!

— Que pensez-vous de la Grand-Place?

— On ___6___ trouve magnifique!

— Mes frères aimeraient bien goûter du chocolat belge.

— Dis- ___7___ d'aller aux Galeries St-Hubert!

— Excusez-moi, madame. Je voudrais acheter des Tintin.
Vous savez où on peut ___8___ trouver?

— Vous ___9___ trouverez au Centre belge de la bande
dessinée.

CENTRE BELGE DE
LA BANDE DESSINEE

ouvert tous les jours (sauf
lundi) de 10 à 18 heures
20 rue des Sables - B- 1000 Bruxelles
Tél.: 02/219.19.80
Fax : 02/219.23.76

BELGISCH CENTRUM
VAN HET BEELDVERHAAL

open alle dagen behalve op maandag
van 10 tot 18 uur.
Zandstraat 20 - B.1000 Brussel
Tel.: 02/219.19.80
Fax : 02/219.23.76

— Janine et moi, nous voudrions bien aller au théâtre de marionnettes de
Toone. Qu'est-ce vous ___10___ pensez? Ça ___11___ dirait de/d' ___12___
aller avec nous?

— Je dois téléphoner à Christophe!

— Alors, téléphone- ___13___! Je ___14___ attendrai à l'entrée du Musée de cire. On
se/s' ___15___ retrouve dans dix minutes. D'accord?

9 Lis cette conversation entre Solange et Prosper et complète-la avec le pronom qui convient. (**p. 46**)

SOLANGE Il paraît qu'en Belgique, c'est comme en Suisse : il y a plusieurs langues officielles.

PROSPER Oui, c'est vrai. Mais il ___1___ en a moins qu'en Suisse. En Belgique, il n'y ___2___ a que trois.

SOLANGE J'aimerais bien savoir parler toutes les langues officielles de la Belgique!

PROSPER Bon, le français, tu ___3___ parles déjà. L'allemand, c'est facile. Et le flamand, tu ___4___ apprendras vite. Tu n'as qu'à passer quelques mois en Flandre! Ma sœur ___5___ habite. Elle ___6___ logera!

SOLANGE Super! Si elle veut bien ___7___ loger, moi, je vais ___8___ offrir des Astérix. Tu sais que je/j' ___9___ ai beaucoup.

PROSPER Oui, je sais. Malheureusement, ma sœur n'aime pas les B.D. Ça ne ___10___ dit rien. Elle préfère lire des romans.

10 Simon dit la même chose que Fabien, mais il s'exprime d'une façon un peu différente. Complète les passages suivants en utilisant le pronom qui convient. (**p. 46**)

EXEMPLE **FABIEN** On s'est arrêtés à la station-service au nord de Namur.
  SIMON **Oui, on s'y est arrêtés.**

1. On a demandé au pompiste de vérifier l'huile.
2. Le pompiste nous a conseillé de faire la vidange.
3. Puis, il a voulu vérifier la pression des pneus.
4. Il a mis de l'air dans les pneus.
5. Il nous a nettoyé le pare-brise.
6. Ensuite, il a fait le plein.
7. Il a rechargé la batterie.
8. Finalement, il a vérifié les freins.

11 Complète les passages suivants en utilisant les pronoms qui conviennent. (**p. 46**)

EXEMPLE Rachid et Samir, demandez la route au pompiste!
  Demandez-la-lui!

1. Rachid, donne la boîte à outils à Fatima!
2. Fatima et Aïcha, apportez-moi la roue de secours!
3. Aïcha, explique à Rachid et Samir comment changer le pneu!
4. Gilles et Ahmed, mettez la roue de secours dans le coffre!
5. Claire, envoie les directions à tes cousines!

Mise en pratique

1 Lis les lettres suivantes et réponds aux questions.

Aimez-vous la B.D.?

«Je voudrais vous poser une question : que pensez-vous des bandes dessinées ? Aimez-vous Tintin, Astérix, Gaston et les autres? Lisez-vous plus de BD que de romans? D'avance, merci ! » Marie-Céline, Le Chesnay

«Buenos días, Marie-Céline ! Ta question est très intéressante. Personnellement, je trouve que si l'histoire est bien tournée et les dessins sont bien faits, les BD feront exploser les librairies.

Mais je pense qu'on devrait s'en servir pour expliquer aux enfants et aux adolescents la vie ou la politique ; parfois on ne comprend plus rien ! Et peut-être que les BD pourront nous apprendre plein de choses faciles ou compliquées, tout en rigolant ! On pourrait apprendre la vie de Napoléon ou celle de César !

Entre nous, ça serait plus drôle que les explications de nos parents, non? Enfin, je t'ai donné mon avis là-dessus. Vive les bandes dessinées et vive le dessin artistique !»

Bénédicte, Pontoise

«Moi, je préfère les romans aux bandes dessinées.

D'abord parce que je suis un rêveur et que les romans chassent les idées noires de notre tête et peuplent celle-ci de songes merveilleux.

J'ai peu de BD, mais je lis tout de même quelques BD : Tintin, Astérix, Boule et Bill, Gaston et d'autres.

Je voudrais laisser un message : «Ceux qui n'ont pas encore découvert les romans ne doivent pas avoir peur de ceux-ci, car une BD ne remplacera jamais un roman !» Bonne lecture ! Plongez-vous vite dans Alexandre Dumas, Jules Verne, Victor Hugo !»

Julien, Alès

«Salut Marie-Céline ! Moi, j'adore les bandes dessinées. Je bouquine beaucoup. Mais dans les BD, il n'y a pas ce qu'il y a dans les autres livres. Même si on ne sait pas lire, les images nous aident à comprendre le thème, et si on n'aime pas lire, rien ne vaut de feuilleter les BD.

J'ai toute la collection Tintin, Lucky Luke, et Astérix. Quand on n'a pas envie de se plonger dans des romans mieux vaut lire une bande dessinée.»

Aurélie, Toulouse

1. D'après toi, ces lettres sont de quel genre?

2. Ces jeunes répondent à quelle question?

3. Combien de jeunes aiment lire les bandes dessinées? Combien préfèrent les romans?

4. Pourquoi certains jeunes préfèrent les bandes dessinées? Pourquoi certains préfèrent les romans?

2 Ecris ta réponse à la question posée par Marie-Céline. Est-ce que tu lis souvent des bandes dessinées? Plus souvent que des romans? Pourquoi ou pourquoi pas?

3 Ecoute les conversations de ces jeunes qui se trouvent dans un parc d'attractions. Est-ce que la personne qui répond est impatiente ou est-ce qu'elle essaie de rassurer l'autre?

4 Donne le nom de quelques produits typiques de la Belgique. Qu'est-ce que tu voudrais acheter si tu allais en Belgique?

5 Avec ton/ta camarade, choisissez un de ces endroits pour y passer la journée. N'oubliez pas de donner votre opinion sur chaque endroit.

PARC DE RECREATION MONT MOSAN

Huy **(B)** *F8*

Il y a toujours du nouveau au Mont Mosan! Enfin un vrai parc de récréation à la portée de toutes les bourses.
Le spectacle des otaries (trois espèces différentes), les phoques, l'exposition sur les mammifères marins, la vaste plaine de jeux, les châteaux gonflables, la cafétéria et sa petite restauration, etc...
Pour une journée de détente, pensez Mont Mosan.
Ouvert du 2/4 au 31/10/94 : de 10h00 à 20h00 • Prix : 2,50€ Grp 1,75€ • p, P • B-4500 Huy, Plaine de la Sarte • Tél.: 085/23.29.96 • Fax : 085/21.30.61.

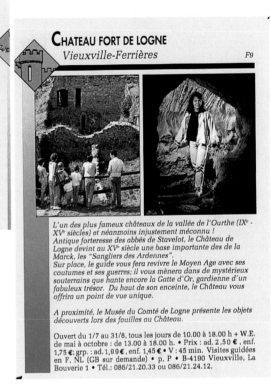

CHATEAU FORT DE LOGNE

Vieuxville-Ferrières *F9*

L'un des plus fameux châteaux de la vallée de l'Ourthe (IXe - XVe siècles) et néanmoins injustement méconnu !
Antique forteresse des abbés de Stavelot, le Château de Logne devint au XVe siècle une base importante des de la Marck, les "Sangliers des Ardennes".
Sur place, le guide vous fera revivre le Moyen Age avec ses coutumes et ses guerres; il vous mènera dans de mystérieux souterrains que hante encore la Gatte d'Or, gardienne d'un fabuleux trésor. Du haut de son enceinte, le Château vous offrira un point de vue unique.

A proximité, le Musée du Comté de Logne présente les objets découverts lors des fouilles au Château.

Ouvert du 1/7 au 31/8, tous les jours de 10.00 à 18.00 h + W.E. de mai à octobre : de 13.00 à 18.00 h. • Prix : ad. 2,50 € , enf. 1,75 €; grp. : ad. 1,99 €, enf. 1,45 € • V : 45 min. Visites guidées en F, NL (GB sur demande) • p, P • B-4190 Vieuxville, La Bouverie 1 • Tél.: 086/21.20.33 ou 086/21.24.12.

6 ## Jeu de rôle

You've chosen where to go, but you don't know how to get there!
You have to call the tourist bureau to ask where the town is and how to get there from Stavelot. Your friend will play the role of the tourist bureau employee. He/She can use the map on page 38. Write the directions that he/she gives you. Don't forget to repeat them to make sure you understood. Ask the employee what he/she thinks of the attraction you plan to visit.

Que sais-je?

Can you use what you've learned in this chapter?

Can you ask for and give directions?
p. 37

1 How would you ask someone for directions to Brussels?

2 How would you give someone directions from your home to . . .
1. your school?
2. your best friend's house?
3. the nearest grocery store?

Can you express impatience?
p. 40

3 How would you express your impatience if . . .
1. you wanted to leave, but your friend wouldn't get ready?
2. your friend wanted to stop and look in a music store on the way to the movies?
3. you were hurrying to a class with a friend who suddenly stopped to talk to someone?

Can you reassure someone?
p. 40

4 For each of the situations in number 3, what would the other person say to reassure you?

Can you express enthusiasm and boredom?
p. 45

5 How would you express your enthusiasm for your three favorite TV shows and comic strips to a friend?

6 How would you express boredom with these activities?

> playing golf
> cleaning the house
> doing homework
> listening to a lecture
> watching a documentary

Can you ask and tell where things are?
p. 47

7 What questions would you ask to find . . .
1. a telephone?
2. a bathroom?
3. the elevator?

8 How would you tell a new student at your school where to find . . .
1. the bathroom?
2. the cafeteria?
3. the science lab?
4. the principal's office?

Première étape

Asking for and giving directions

La route pour..., s'il vous plaît?	Could you tell me how to get to . . . ?
Comment on va à... ?	How can I get to . . . ?
Pour (aller à)..., vous suivez la... pendant à peu près... kilomètres.	To get to . . . , follow . . . for about . . . kilometers.
Vous allez voir un panneau qui indique l'entrée de l'autoroute.	You'll see a sign that points out the freeway entrance.
Vous allez traverser...	You'll cross . . .
Après... , vous allez tomber sur...	After . . . , you'll come across . . .
Cette route va vous conduire au centre-ville.	This road will lead you into the center of town.
Vous allez continuer tout droit, jusqu'au carrefour/au feu rouge.	You'll keep going straight ahead, up to the intersection/the stop light.
conduire	to drive

At the gas station

avoir un pneu crevé	to have a flat tire
l'essence (f.)	gas
faire le plein	to fill it up
faire la vidange	to change the oil
mettre de l'air dans les pneus	to put air in the tires
de l'huile dans le moteur	oil in the motor
la roue de secours	to put on the spare tire
nettoyer le pare-brise	to clean the windshield
le/la pompiste	the gas station attendant
le réservoir	the gas tank
une station-service	a gas station
du super (sans plomb)	premium gas (unleaded)
tomber en panne (d'essence)	to break down (run out of gas)
vérifier...	to check . . .
les freins (m.)	the brakes
l'huile (f.)	the oil
la pression des pneus	the tire pressure

Expressing impatience

Mais qu'est-ce que tu fais?	What are you doing?
Tu peux te dépêcher?	Can you hurry up?
Grouille-toi!	Get a move on!
On n'a pas le temps!	We don't have time!
Je suis vraiment impatient(e) de... !	I'm really anxious to . . . !

Reassuring someone

Ça ne va pas prendre longtemps!	It's not going to take long!
Sois patient(e)!	Be patient!
On a largement le temps.	We've got plenty of time.
Il n'y a pas le feu.	Where's the fire?
Du calme, du calme.	Calm down.

Deuxième étape

Expressing enthusiasm and boredom

Qu'est-ce que c'est... !	That is so . . . !
Ce que c'est bien!	Isn't it great!
C'est... comme tout!	It's as . . . as anything!
Ça me branche!	I'm crazy about that!
Ça me casse les pieds!	That's so boring!
Ça m'embête!	That bores me!
Ça m'ennuie à mourir!	That bores me to death!

Adjectives

rigolo (rigolote)	funny, hysterical
fou (folle)	crazy, funny
dingue	wild, crazy, funny
marrant(e)	funny
rasant(e)	boring
mortel (mortelle)	deadly boring
de mauvais goût	in poor taste
bébé	childish, stupid

Asking and telling where things are

Vous pourriez me dire où il y a... ?	Could you tell me where I can find . . . ?
Pardon, vous savez où se trouve... ?	Excuse me, do you know where . . . is?
Tu sais où sont... ?	Do you know where . . . are?
Par là, au bout du couloir.	Over there, at the end of the hallway.
Juste là, à côté de...	Right there, next to . . .
En bas.	Downstairs.
En haut.	Upstairs.
Au fond.	Towards the back.
Au rez-de-chaussée.	On the ground floor.
Au premier étage.	On the second floor.
A l'entrée de...	At the entrance to . . .

3
Soyons responsables!

Objectives

In this chapter you will learn to

Première étape

- ask for, grant, and refuse permission
- express obligation

Deuxième étape

- forbid
- reproach
- justify your actions and reject others' excuses

Visit Holt Online

go.hrw.com

KEYWORD: WA3 FRANCOPHONE EUROPE-3

Online Edition

◀ **Un lac en Suisse**

Mise en train · *Je peux sortir?*

Cahier d'activités, p. 25, Act. 1

Stratégie pour comprendre

Look at the title of this story and at the photos on these two pages. Can you guess what this episode is about? What could be the connection between a grade report, a girl on the phone, and a movie poster?

1 **Chez Mélanie...**

Mélanie	Papa, est-ce que je peux aller au cinéma ce soir?
M. Bonvin	Ce soir? Est-ce que tu as fait tes devoirs?
Mélanie	Euh non, pas encore.
M. Bonvin	Alors, c'est non.
Mélanie	Mais Papa... Je peux les faire après le film!
M. Bonvin	Pas question. Tu ne vas pas faire tes devoirs à onze heures du soir.
Mélanie	Ecoute, Papa...
M. Bonvin	N'insiste pas, c'est comme ça.
Mélanie	J'en ai marre! C'est toujours la même chose!

2 **Mélanie au téléphone...**

Mélanie	Claire? Je suis désolée, je n'ai pas le droit de sortir. Il faut que je fasse mes devoirs.
Claire	Tant pis.
Mélanie	Ce sera pour la prochaine fois.
Claire	D'accord. Salut.

3 **Chez Gilles...**

Gilles	Dites, vous voulez bien que je parte faire une randonnée en montagne avec des copains?
Mme Fornereau	Quand ça?
Gilles	Pendant les vacances de Pâques.
M. Fornereau	Et ton examen d'entrée au lycée?
Gilles	C'est-à-dire que...
M. Fornereau	Si je me souviens bien, tu n'as pas eu de très bonnes notes en français.
Gilles	Non, c'est vrai, elles n'étaient pas terribles.
Mme Fornereau	Alors, pour ta randonnée, on est d'accord si tu as de bonnes notes en français. Sinon, tu restes ici pour réviser.
Gilles	D'accord.

CHAPITRE 3   Soyons responsables!

4 **Gilles au téléphone...**

Gilles   Cyrille? J'ai parlé avec mes parents de notre projet de vacances.

Cyrille   Ah oui? Qu'est-ce qu'ils ont dit?

Gilles   Ils ne sont pas très chauds.

Cyrille   Ah, dommage!

Gilles   Attends, ils veulent bien. Mais il faut que je travaille mon français.

Cyrille   C'est drôle! Mes parents m'ont dit la même chose!

BULLETIN TRIMESTR

NOM : *Fournereau*   PRENOM : *Gilles*

MATIERES	MOYENNE	COMMEN
Anglais	*12*	*Peut f*
Français	*8*	*Elève*
Mathématiques	*10*	*Trava*
Histoire	*14*	*Bon*

5 **Chez Karine...**

Karine   Dites, je suis invitée à une soirée d'anniversaire. Est-ce que je peux y aller?

Mme Laborit   Chez qui?

Karine   Chez Jean-Michel. Samedi soir.

M. Laborit   Hmm... d'accord, mais il faut que tu rentres à minuit au plus tard.

Karine   Mais Papa, la soirée commence à neuf heures. C'est trop tôt, minuit.

M. Laborit   J'ai dit minuit au plus tard.

Karine   Mais je n'ai pas école le lendemain.

Mme Laborit   Ecoute, tu es déjà fatiguée. Tu travailles beaucoup en semaine.

Karine   Mais le week-end, c'est fait pour s'amuser!

6 **Karine au téléphone...**

Karine   Jean-Michel? C'est d'accord pour samedi. Mais je dois rentrer à minuit.

Jean-Michel   Dommage. Mais c'est pas grave. Tu auras quand même le temps de manger et de danser.

7 **Chez Charles...**

Charles   Maman, ça te dérange si je vais chez Gabriel regarder une vidéo cet après-midi?

Mme Panetier   Tu n'as pas de devoirs à faire?

Charles   Non, j'ai tout fait.

Mme Panetier   Tu as rangé ta chambre?

Charles   Euh, non.

Mme Panetier   Alors, il faut d'abord que tu ranges ta chambre.

Charles   Je peux y aller après?

Mme Panetier   Oui, si tu ne rentres pas trop tard. Tes grands-parents viennent dîner et tu dois mettre la table.

Charles   D'accord. Je fonce ranger ma chambre.

8 **Charles au téléphone...**

Charles   Gabriel, je ne peux pas venir tout de suite. Il faut d'abord que je fasse des trucs à la maison.

Gabriel   O.K. A quelle heure est-ce que tu viens, alors?

Charles   Vers trois heures.

Gabriel   Bien. On t'attend pour regarder le film.

1 Tu as compris?

1. Qu'est-ce que ces jeunes demandent à leurs parents?

2. Qui obtient et qui n'obtient pas la permission?

3. A quelles conditions les parents donnent leur permission?

2 Qui suis-je?

Complète les phrases et dis quel(le) jeune de *Je peux sortir?* parle.

a.

b.

c.

d.

1. «Moi, je n'ai pas...

2. «Moi, je voudrais bien...

3. «Moi, il faut d'abord que...

4. «Moi, je dois...

5. «Moi, il faut que...

je fasse des trucs à la maison.»

je travaille mon français.»

faire une randonnée en montagne.»

le droit de sortir.»

rentrer à minuit.»

3 Qui parle?

Ecoutons C'est le parent de quel(le) jeune qui parle?

| Mélanie | | Karine | |
| | Charles | | Gilles |

4 Cherche les expressions

What do the people in *Je peux sortir?* say to . . .

1. ask permission?

2. grant permission?

3. refuse permission?

4. protest?

5. end a conversation?

6. express disappointment?

7. express obligation?

Note culturelle

On dit des Suisses qu'ils sont disciplinés, travailleurs et minutieux. Ils sont contents lorsqu'ils parviennent à faire quelque chose de constructif. Les enfants suisses doivent apprendre à travailler dur très jeunes. Même les plus jeunes doivent participer à quelques tâches ménagères et, plus ils grandissent, plus ils ont de responsabilités. Lorsque les adolescents sortent de l'école, ils savent que des heures de travail—devoirs pour l'école aussi bien que tâches ménagères—les attendent à la maison. Tout ce temps passé à travailler ensemble est peut-être l'une des raisons pour lesquelles les Suisses restent si proches de leur famille.

5 Et maintenant, à toi

Est-ce que tes parents te permettent toujours de sortir? Sinon, leurs raisons sont-elles similaires à ou différentes de celles que donnent les parents dans *Je peux sortir?*

Vocabulaire

Chez toi, qui doit...

enlever la neige?

laver les vitres?

faire la lessive?

faire la poussière?

nettoyer le parquet?

faire le repassage?

arroser le jardin?

tondre la pelouse?

débarrasser la table
donner à manger
au chat
faire la cuisine

faire la vaisselle
faire son lit
garder les enfants

mettre la table
nettoyer la salle de
bains
passer l'aspirateur

ramasser les feuilles
to rake leaves
sortir le chien

Travaux pratiques de grammaire, pp. 18–19, Act. 1–4   Cahier d'activités, p. 26, Act. 2–3

6 ### C'est Christiane ou Amina?

Lisons/Ecoutons Regarde les listes de tâches ménagères que Christiane et Amina doivent faire. Ecoute les conversations et dis si c'est Christiane ou Amina qui parle.

Christiane
débarrasser la table
faire la vaisselle
sortir le chien
faire la poussière
laver les vitres
arroser le jardin
faire le repassage

Amina
faire la lessive
faire la cuisine
mettre la table
passer l'aspirateur
nettoyer le parquet
donner à manger au chat
nettoyer les salles de bains

7 **C'est à qui de le faire?**

Parlons Qu'est-ce que chacun des jeunes à droite doit faire?

8 **C'est trop!**

Parlons Tu crois que tu fais trop de choses chez toi. Tu veux savoir ce que ton/ta camarade fait chez lui/elle. Demande-lui qui fait chaque tâche ménagère dans sa famille et dis-lui qui la fait chez toi. Dis si tu crois que c'est juste ou injuste et pourquoi.

Comment dit-on...?

Asking for, granting, and refusing permission; expressing obligation

CD-ROM DISC **1**

To ask for permission:

J'aimerais aller au concert ce soir avec Jean-Luc.
Je peux inviter des amis?
Tu veux bien que je sorte?
  Is it OK with you if I go out?
Ça te dérange si je fais la vaisselle plus tard?
  Do you mind if . . .?

To grant permission:

Oui, bien sûr!
Ça va pour cette fois. *OK, just this once.*
Oui, si tu as fait tes devoirs.

To refuse permission:

Ce n'est pas possible.
Pas question.
Tu n'as pas le droit de sortir après minuit.
  You're not allowed to . . .

To express obligation:

Il faut que tu fasses tes devoirs d'abord.
  You have to do . . .
Tu dois garder ta petite sœur ce soir.

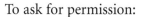
Cahier d'activités, p. 27, Act. 5

Tu te rappelles?

Devoir is an irregular verb.

devoir *(must, to have to)*

Je **dois**	
Tu **dois**	
Il/Elle/On **doit**	faire la lessive.
Nous **devons**	
Vous **devez**	
Ils/Elles **doivent**	

• The past participle of **devoir** is **dû**.
• **Tu devrais** *(You should)* is also a form of **devoir**.

Travaux pratiques de grammaire, p. 20, Act. 5–6

Grammaire supplémentaire, p. 84, Act. 1–2

Cahier d'activités, p. 28, Act. 6

9 **Je peux... ?**

Ecoutons Ecoute ces conversations et dis si les permissions sont accordées ou refusées.

The subjunctive

All the verb forms you've already learned have been in the indicative mood. There's another mood used in French called the subjunctive. You have to use subjunctive verb forms in clauses after specific phrases that express *obligation* (**Il faut que...**) and *will* (**vouloir que...**). You'll learn more of these phrases later, along with some other uses of the subjunctive.

• To make the present-subjunctive forms of most verbs, drop the ending of the **ils/elles** form of the present indicative and add **–e, –es, –e, – ions, –iez,** or **–ent.**

rentr~~ent~~	Il faut qu'ils **rentrent** à dix heures.
finiss~~ent~~	Il faut que nous **finissions** avant de partir.
répond~~ent~~	Elle veut que je lui **réponde.**
sort~~ent~~	Tu veux bien que je **sorte** ce soir?

• Some irregular verbs, such as **prendre** and **venir,** have two stems to which you add the subjunctive endings. The stem for **nous** and **vous** comes from the **nous** form of the present tense. The other stem comes from the **ils/elles** form.

prendre: nous prenons- → **pren-** → que nous **prenions**
que vous **preniez**

ils/elles prennent → **prenn-** → que je **prenne**
que tu **prennes**
qu'il/elle **prenne**
qu'ils/elles **prennent**

venir: nous venons → **ven-** → que nous **venions**
que vous **veniez**

ils/elles viennent → **vienn-** → que je **vienne**
que tu **viennes**
qu'il/elle **vienne**
qu'ils/elles **viennent**

Grammaire supplémentaire,
pp. 85–86, Act. 3–6

Cahier d'activités,
p. 28, Act. 7–8

Travaux pratiques
de grammaire,
pp. 21–25, Act. 7–15

• Some irregular verbs have the same irregular stem for all the forms. The stem of the verb **faire** is **fass–.** You add the regular subjunctive endings to the irregular stem: Il faut que tu **fasses** ton lit!

10   **Grammaire en contexte**

Ecrivons Marc a trop de choses à faire! Qu'est-ce qu'il faut qu'il fasse? Regarde l'illustration à droite et complète ses phrases en utilisant les expressions ci-dessous.

je sorte mon chien
je fasse mes devoirs
réparer mon vélo
ranger ma chambre
je trouve mon livre d'anglais
je garde ma petite sœur

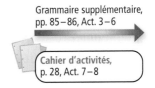

11 Quel désordre!

Ecrivons Regarde la maison de Marina après sa soirée! Qu'est-ce qu'il faut que Marina et son frère fassent?

12 Un drame!

Ecrivons/Parlons Avec ton/ta camarade, écris des dialogues pour illustrer les situations ci-dessous. Ensuite, jouez les scènes.

1. Michel veut aller au cinéma et demande la permission à son père. Son père veut bien, si Michel a fini ses devoirs.

2. Malika aimerait regarder un film à dix heures du soir. Sa mère refuse parce que c'est trop tard et parce que Malika a école demain. Malika insiste. Sa mère met un point final à la discussion.

A la française

You can use words such as **dis donc** (hey), **dites** (say), **au fait** (by the way), and **alors** to start up a conversation or bring up a particular topic.

13 Je peux?

a. **Parlons** Tu as reçu cette invitation pour une soirée. Demande à tes parents la permission d'y aller. Ils veulent en savoir plus : chez qui? avec qui? quand? à quelle heure? Ensuite, ils te donnent la permission à condition que tu fasses d'abord quelques tâches ménagères. Prépare et joue cette scène avec deux autres camarades.

b. **Parlons** Téléphone à Viviane pour accepter son invitation. Dis-lui que tu as des tâches à faire, mais que tu peux venir après ça.

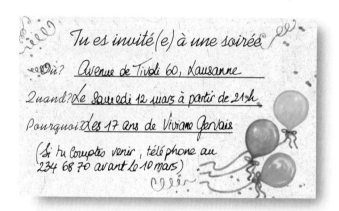

Tu es invité(e) à une soirée

Où? Avenue de Tivoli 60, Lausanne

Quand? Le samedi 12 mars à partir de 21h

Pourquoi? Les 17 ans de Viviane Gervais

(Si tu comptes venir, téléphone au 234 68 70 avant le 10 mars)

Vocabulaire

IL FAUT QUE TU...

Il faut que tu...

dises la vérité.	*tell the truth.*
manges mieux.	*eat better.*
respectes tes profs et tes parents.	*respect your teachers and your parents.*
aides les personnes âgées.	*help elderly people.*
partages tes affaires.	*share your things.*
prennes tes propres décisions.	*make up your own mind.*
conduises prudemment.	*drive safely.*
sois attentionné(e).	*be considerate.*
sois prudent(e).	*be careful/aware.*
sois plus responsable.	*be more responsible.*
sois tolérant(e).	*be tolerant.*
sois poli(e).	*be polite.*

Travaux pratiques de grammaire, p. 26, Act. 16–17

Cahier d'activités, p. 29, Act. 9

14 C'est pas bien, ça!

Parlons Ces gens n'ont pas une attitude très responsable. Dis-leur ce qu'il faut qu'ils fassent.

1.

2.

3.

4.

15 Il faut que tu...

Ecrivons/Parlons Quelles sont les choses que tes parents te rappellent souvent? Fais-en une liste et compare-la avec celle de ton/ta camarade.

16 Voilà ce qu'il faut faire

Parlons Ton ami(e) te téléphone pour discuter des problèmes suivants. Dis-lui ce qu'il/elle doit faire, à ton avis.

Il/Elle s'est fâché(e) parce que sa sœur a voulu emprunter son nouveau jean.

Il/Elle s'est foulé la cheville.

Il/Elle a eu une mauvaise note à une interro et l'a caché à ses parents.

Son grand-père ne peut plus conduire.

Il/Elle a grossi.

Il/Elle s'est disputé(e) avec ses parents.

17 Que c'est compliqué, tout ça!

Ecrivons/Parlons D'après toi, quelles sont les responsabilités et obligations d'un(e) adolescent(e)? Fais-en une liste et compare ta liste à celle de ton/ta camarade.

Fumer, c'est pas ma nature!

Remise en train · *Laissez-les vivre!*

Finalement, les parents de Gilles lui ont donné la permission de partir avec ses copains. Ils sont allés faire une randonnée...

Equipement adéquat

En montagne, le temps peut changer soudainement et de manière inattendue (pluie, orage, grêle, neige jusqu'en basse altitude, même en été et en automne). Un équipement approprié est donc d'une importance vitale:

Chaussures de montagne à tige montante, avec semelles de caoutchouc profilées

Vêtements permettant de faire face à un changement de temps inattendu. Aujourd'hui, le principe de «couches superposées» s'est imposé de manière générale; on préfère à une seule veste très chaude plusieurs vêtements légers portés les uns par-dessus les autres.

Protection contre le froid: pull-over, bonnet, gants, pantalons longs

Protection contre le soleil: chapeau, lunettes de soleil, crème solaire

Protection contre le vent et la pluie

Sac à dos avec bretelles larges et bien ajustées, et ceinture sur les hanches

Cartes pédestres et cartes nationales précises, à l'échelle 1:50 000 ou 1:25 000, guides d'excursions, éventuellement altimètre et boussole

Vivres et boissons: en particulier pour les enfants, prendre suffisamment à boire. Pas de boissons alcoolisées pendant les randonnées en montagne!

Pour les cas d'urgence: bande élastique et pansements rapides (sparadrap), éventuellement couverture de sauvetage, sifflet à roulette, lampe de poche

Les bâtons de marche peuvent apporter une aide précieuse à la descente, car ils soulagent les articulations.

Faire des randonnées en montagne, sûrement!

---

18 Tu as compris?

1. De quoi parlent les deux brochures?
2. Où sont Gilles et Isabelle?
3. Sur quoi est-ce qu'ils ne sont pas d'accord?
4. Comment est-ce que Gilles se justifie?
5. Quels sont les sentiments d'Isabelle?

19 Ce qu'il faut faire

Ecoutons Isabelle fait savoir à Gilles les six règles de la randonnée. De laquelle est-ce qu'elle parle?

20 Des reproches

Dans la forêt, Isabelle fait des reproches à Gilles. Combine logiquement ses morceaux de phrases.

1. N'allume jamais...

    a. et emporte-les avec toi.

2. Ne coupe pas inutilement...

    b. de feu en forêt.

3. Ramasse soigneusement tes déchets...

    c. des branchages et des fleurs.

Isabelle surprend Gilles en train de cueillir des fleurs.

Isabelle   Dis donc, tu n'as pas lu la brochure?

Gilles   Quoi?

Isabelle   Il est interdit de cueillir des fleurs!

Gilles   Mais c'est pour faire un tout petit bouquet.

Isabelle   Tu ne devrais pas. Regarde la brochure!

Gilles   Je ne suis pas le seul... tout le monde fait pareil!

Isabelle   Eh bien, ce n'est pas une raison.

Gilles   Tant pis. C'était pour toi, ces fleurs.

Isabelle   Pour moi? Euh... Eh bien, c'est gentil... Mais ce n'est pas une excuse!

Gilles   Tu ne les veux pas?

Isabelle   Euh... Maintenant qu'elles sont cueillies. C'est pas bien, mais... je te remercie quand même.

Gilles   Je te promets, c'est la dernière fois!

Les six règles des randonnées en montagne

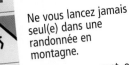

1. Planifiez soigneusement chaque randonnée en montagne.

2. Ayez un équipement approprié et complet.

3. Ne vous lancez jamais seul(e) dans une randonnée en montagne.

4. Informez un parent, ou une connaissance, de votre randonnée.

5. Surveillez constamment l'évolution du temps.

6. Respectez le principe: «Dans le doute, faire demi-tour».

Note culturelle

La Suisse est connue pour sa neutralité. Mais ça ne veut pas dire qu'elle s'isole du reste du monde. Au contraire, elle collabore activement avec des organisations internationales comme la Croix-Rouge, l'OMS (l'Organisation mondiale de la santé) et l'UNESCO (l'Organisation des Nations Unies pour l'éducation, la science et la culture.) La Suisse fait un effort constant pour aider à résoudre les conflits internationaux et pour protéger les droits des prisonniers et réfugiés politiques. Elle apporte aussi son soutien aux pays en voie de développement dans les domaines éducatif, scientifique et technique.

Cahier d'activités, p. 30, Act. 11–12

21   **Qu'est-ce qu'on emporte?**

Nomme au moins dix objets qu'il faut emporter quand on fait une randonnée en montagne.

22   **Cherche les expressions**

What expressions do the teenagers in *Laissez-les vivre!* use to . . .

1. say that something is not allowed?

2. make an excuse?

3. reproach someone?

4. reject an excuse?

5. make a promise?

23   **Et maintenant, à toi**

Est-ce que tu es déjà allé(e) dans un parc national? Quelles règles est-ce qu'il fallait respecter? Est-ce que tu as suivi ces règles? Pourquoi ou pourquoi pas?

Rencontre culturelle

Est-ce que tu connais la Suisse? Regarde les photos suivantes pour découvrir quelques caractéristiques de ce pays.

Les maisons qu'on appelle des chalets sont typiquement suisses.

Il y a beaucoup d'amateurs de ski en Suisse.

Bitte nicht stören
Prière de ne pas déranger
Do not disturb, please
Non disturbare, prego

On parle plusieurs langues en Suisse.

La Suisse est aussi un centre financier important.

La Suisse est réputée pour ses belles montagnes.

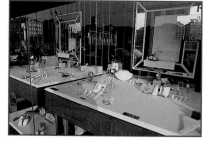

On dit des montres suisses qu'elles sont d'excellente qualité.

Qu'en penses-tu?

1. Quelle impression ces photos te donnent de la Suisse?
2. Comment la géographie de la Suisse peut influencer son agriculture et son industrie?

Savais-tu que... ?

La Suisse est une confédération d'états semi-indépendants qu'on appelle cantons. Il y a quatre langues officielles en Suisse : l'allemand, le français, l'italien et le romanche. Les Alpes couvrent les trois cinquièmes du pays et le Jura, une autre chaîne de montagnes, en occupe une autre large portion. A partir d'un territoire aux ressources naturelles limitées, les Suisses ont créé une nation prospère. La Suisse est célèbre pour ses chocolats, ses fromages et ses autres produits laitiers. Mais la prospérité de ce pays vient surtout de son ingéniosité et de son savoir-faire. Par exemple, les banques suisses sont réputées dans le monde entier et les montres et horloges suisses sont célèbres pour leur exactitude et leur précision.

Comment dit-on...?

Forbidding

Veuillez ne pas marcher sur la pelouse.
Please do not . . .
Prière de ne pas fumer.
Please do not smoke.
Il est interdit de jeter des papiers.
It's forbidden to . . .
Interdiction de stationner.
Parking is not allowed.
Défense d'écrire sur les murs.
Do not . . .

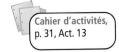 Cahier d'activités, p. 31, Act. 13

Note de grammaire

 CD-ROM DISC 1

To use a negative form with a verb in the infinitive, place both the **ne** and the **pas** before the verb. Do the same with **ne... jamais** and **ne... rien.**

Prière de **ne pas** donner à manger aux animaux.
Il m'a promis de **ne jamais** le faire.
Je lui ai dit de **ne rien** manger.

Travaux pratiques de grammaire, p. 27, Act. 18–19

Grammaire supplémentaire, pp. 86–87, Act. 7–9 →

24 **Les interdictions**

Parlons Trouve l'interdiction que chaque symbole représente.

1.

2.

3.

4.

b. Il est interdit de manger.

d. Défense de pêcher.

a. Interdiction de stationner.

c. Défense de chasser.

25 **Grammaire en contexte**

Ecoutons Pour préserver la nature, il faut respecter certaines règles. Le parc national de l'Engadine informe ses visiteurs. Ecoute le message et fais une liste de quatre interdictions.

26 **C'est ma chambre!**

Ecrivons Ecris des interdictions à mettre sur la porte de ta chambre. Compare ta liste avec celle de ton/ta camarade.

Quels sont les problèmes écologiques les plus importants?

We asked people what environmental issues they were most concerned about. Here's what they had to say.

Alexandre,
Côte d'Ivoire

«Les problèmes qui me gênent dans ma vie sont les saletés que l'on jette dans les rues... Quand on se promène dans la rue, on voit les saletés. Bon, si on est avec un étranger, il voit les saletés. Bon, ça ne lui fait pas plaisir. J'aimerais que le maire organise la population à nettoyer la ville.»

Micheline,
Belgique

«Il y a surtout le problème des trous dans l'ozone qui sont en train de réchauffer l'atmosphère. Si on ne fait pas quelque chose rapidement, il y aura de gros problèmes. On risque même de tous disparaître.»

Mathieu,
Québec

«Ce qu'on a détruit durant le siècle, on ne peut pas tout refaire... parce qu'on est dans un système où l'on consomme beaucoup. On consomme beaucoup trop. Et puis, c'est la consommation, c'est ça qui nous détruit. Il faut consommer moins, [ce] qui veut dire faire attention à ce qu'on prend et recycler. Je veux dire, quand on prend quelque chose, puis on le jette, mais on peut le reprendre et faire quelque chose d'autre.»

Qu'en penses-tu?

1. Parmi les problèmes écologiques dont parlent les gens interviewés, lesquels te concernent le plus?

2. Est-ce qu'il y a des problèmes similaires dans ta région? Qu'est-ce qu'on propose pour résoudre ces problèmes?

3. Qu'est-ce que toi, tu peux faire pour protéger l'environnement?

jeter des ordures...	*to throw trash . . .*
par terre	*on the ground*
dans l'eau	
gaspiller...	*to waste . . .*
l'énergie (f.)	
l'eau	
utiliser des aérosols	
faire du bruit	
fumer	*to smoke*
cueillir des fleurs	*to pick flowers*

recycler...	*to recycle . . .*
les boîtes (f.)	*cans*
le verre	*glass*
le plastique	
le papier	
éteindre...	*to turn off/out . . .*
la télé	
les lumières (f.)	
planter un arbre	*to plant a tree*
partager son véhicule	*to share a car*
prendre les transports en commun	*to take public transportation*

Travaux pratiques de grammaire, p. 28, Act. 20–22

Cahier d'activités, p. 31, Act. 14

---

27 ## C'est bien ou pas?

 Ecoutons Isabelle parle des habitudes de sa famille. Est-ce qu'elles sont bonnes ou mauvaises?

1. Sa mère
2. Ses cousins
3. Son frère
4. Son père
5. Sa sœur

28 ## Protégeons notre planète!

Lisons/Ecrivons Eric doit créer un poster publicitaire pour la semaine écologique organisée par son école. Aide-le à compléter le texte de son poster à l'aide des mots proposés ci-dessous.

utiliser des aérosols		fumer	prenez les transports en commun
plantez un arbre	par terre	éteignez la lumière	le papier
gaspiller	l'eau	recycler	partagez

Soyez responsables! Pour protéger notre planète, suivez ces quelques petits conseils. Pour commencer, ne jetez pas d'ordures __1__ et pensez à __2__ ce qui peut être réutilisé : les boîtes, le verre, le plastique et __3__ sur lequel vous écrivez tous les jours. Pour réduire la pollution, __4__ votre véhicule avec des amis ou __5__. Vous réaliserez vite que le bus et le métro, c'est pas si mal. A la maison, évitez d'__6__; ils détruisent la couche d'ozone et mettent notre planète en danger. Quand vous sortez d'une pièce, __7__ pour ne pas __8__ l'énergie. C'est aussi simple que ça et vous serez fiers de contribuer à la protection de notre environnement.

Comment dit-on...?

Reproaching; justifying your actions; rejecting others' excuses

To reproach someone:

> **Vous (ne) devriez (pas)** gaspiller l'eau.
> *You should(n't) . . .*
> **Tu as tort de** fumer.
> *You're wrong to . . .*
> **Ce n'est pas bien de** cueillir des fleurs.
> *It's not good to . . .*
> **Tu ferais bien de ne pas** utiliser d'aérosols.
> *You'd do well not to . . .*

To reject others' excuses:

> **Pense aux autres.**
> *Think about other people.*
> **Ce n'est pas une raison.**
> *That's no reason.*
> **Ce n'est pas parce que tout le monde le fait que tu dois le faire.**

To justify your actions:

> **Je suis quand même libre, non?**
> *I'm free, aren't I?*
> **Tout le monde fait pareil.**
> *Everybody does it.*

> **Je ne suis pas le/la seul(e)** à faire du bruit.
> *I'm not the only one who . . .*

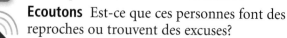

Cahier d'activités,
pp. 32–33, Act. 16–18

Note culturelle

Beaucoup d'immeubles européens ont un système électronique appelé minuterie. La minuterie aide à économiser l'électricité dans les couloirs et les autres endroits publics parce qu'elle éteint automatiquement les lumières après un certain temps.

29 ## Un reproche ou une excuse?

Ecoutons Est-ce que ces personnes font des reproches ou trouvent des excuses?

30 ## Pense aux autres!

Parlons Quels reproches est-ce que tu peux faire à ces personnes?

1.

2.

3.

4.

31 ## Mais non!

Parlons Ton/ta camarade ne respecte pas l'environnement et il/elle fait les choses suivantes. Tu vas lui faire des reproches pour qu'il/elle change ses habitudes. Il/Elle va trouver des excuses pour se justifier. Joue cette scène avec ton/ta camarade.

pêcher là où c'est interdit

fumer

cueillir des fleurs en montagne

faire de la moto dans la nature

jeter son chewing-gum par terre

avoir la télé et la chaîne stéréo allumées en même temps

mettre la musique très fort

32 Un test

 Lisons Parlons Fais ce test pour savoir si tu respectes l'environnement. Inscris le nombre de points que tu obtiens sur une feuille de papier. Ensuite, calcule ton score. Compare tes résultats avec ceux de ton/ta camarade.

En général, tu...
- ❑ jettes tes chewing-gums par terre. — 1 point
- ❑ les mets dans une poubelle. — 5 points
- ❑ ne manges pas de chewing-gums. — 6 points

Comme sport, tu fais...
- ❑ du vélo. — 6 points
- ❑ de la moto. — 2 points
- ❑ du ski. — 3 points

Quand tu écris, tu utilises...
- ❑ du papier recyclé. — 6 points
- ❑ du papier normal. — 4 points
- ❑ ce que tu as sous la main. — 4 points

Tu prends des douches de...
- ❑ deux minutes. — 6 points
- ❑ cinq minutes. — 3 points
- ❑ dix minutes. — 1 point

Chez toi, quand tu ne regardes pas la télé...
- ❑ tu l'éteins automatiquement. — 6 points
- ❑ tu la laisses allumée. — 1 point
- ❑ tu ne sais pas. — 1 point

Tu allumes ta chaîne stéréo...
- ❑ uniquement quand tu veux écouter de la musique. — 6 points
- ❑ dès que tu es dans ta chambre. — 4 points
- ❑ toute la journée. — 3 points

Tu circules à pied ou à vélo...
- ❑ le plus souvent possible. — 6 points
- ❑ rarement. — 3 points
- ❑ uniquement lorsque tu es obligé(e). — 1 point

Le total _____

RESULTATS

50 — 40 — 30 — 20 — 10 — 0

TU AS PLUS DE 30 POINTS :
Tu te sens très concerné(e) par les problèmes de l'environnement. Tu penses que, toi, tu peux faire quelque chose.

TU AS ENTRE 16 ET 30 POINTS :
L'environnement, ça t'intéresse. Mais ce n'est pas très important pour toi. Mais, individuellement, tu ne penses pas que tu peux améliorer les choses.

TU AS MOINS DE 16 POINTS :
L'environnement, ça ne t'intéresse pas. Pour toi, c'est abstrait.

33 Mon journal

 Ecrivons Tu as pris des résolutions! Ecris quelques phrases dans ton journal pour décrire tes mauvaises habitudes, ou celles de tes amis, quant à l'environnement et ce qu'il faut que tu fasses, ou qu'ils fassent, pour les changer.

34 De l'école au travail

 Ecrivons/Parlons You're working at an advertising agency. With a couple of classmates, write a script for a public service announcement, then act out the ad as it would appear on television. Your commercial should dramatize a scenario in which someone acts irresponsibly and makes excuses for his/her behavior when reproached by others. You'll need to show at the end of the ad why it's necessary to act responsibly.

DEUXIEME ETAPE

A. Does the first picture give you any clue to what the reading will be about?

B. The introduction mentions people who are **nigauds** and **malins.** Can you figure out the meanings of these words from their context? What part of speech are they? How are they related to each other?

Albert Nez en l'air

C. Where does Albert live? Why is it a problem that he is **étourdi?**

D. Which of the following is *not* a warning that Albert's parents give him before the trip?

1. **Attention à la circulation.**

2. **Traverse seulement quand le feu est rouge.**

3. **Ne traverse pas sans regarder.**

4. **Prends les rues bleues.**

Dans la vie, il y a des malins, à qui il n'arrive jamais rien, et les nigauds, à qui il arrive plein d'accidents idiots. Comme les malins, il ne leur arrive jamais rien, c'est difficile de raconter leurs histoires. Les nigauds, c'est beaucoup plus rigolo. Voici donc quelques histoires de nigauds, pour tous les malins qui veulent rester malins, et les nigauds qui veulent devenir malins...

ALBERT NEZ EN L'AIR

Albert Nez en l'air vivait sur une petite base de l'espace nommée Val-Fleuri.

On y faisait pousser des plantes venues de toute la galaxie. Albert était très étourdi, ce qui est ennuyeux quand on habite dans l'espace.

Un jour, les parents d'Albert l'ont envoyé voir son tonton à Villeneuve-sur-Orbite, une grande ville de l'espace. Avant le départ, ils lui ont fait des recommandations : « Attention à la circulation. A Villeneuve-sur-Orbite, les rues bleues sont réservées aux piétons, les rues orange aux voitures et les rues jaunes aux vélos. Et on ne

peut traverser que si le feu est rouge. » Dans la fusée pour Villeneuve-sur-Orbite, Albert rêvassait un peu. A travers le hublot, il voyait la ville de l'espace se rapprocher...

Il n'a pas entendu l'hôtesse qui lui demandait d'attacher sa ceinture. L'arrivée de la fusée sur la ville a été un peu brutale mais il faut dire qu'elle allait à 20 000 kilomètres à l'heure. Tout le monde est resté bien accroché à son siège, sauf Albert qui a été projeté à travers le hublot !

Albert s'est retrouvé au beau milieu d'un carrefour. Il a hésité : « Euh, la rue orange, c'est les piétons. La bleue...ça doit être les vélos. Et les voitures prennent la rue jaune ! À moins que ce ne soit la bleue ? » Albert a regardé le feu, qui était vert. Il s'est dit : « Bon, c'est vert, alors je peux passer ! » Albert est parti droit vers la rue orange. Manque de chance, un énorme camion à réaction arrivait à pleine vitesse...

Le camion a culbuté Albert à une telle vitesse que l'étourdi a traversé toute la ville, est passé à travers la bulle de verre et est parti comme une fusée dans l'espace...C'est pourquoi aujourd'hui, si vous demandez :

« Où est Albert ? », tout le monde vous répond : «Dans la Lune !»

E. How can people travel on the following roads, according to Albert's parents?

1. blue roads   **a.** by car
2. orange roads   **b.** by bicycle
3. yellow roads   **c.** on foot

F. Albert is hurled out of the spaceship because he forgets to . . .

a. sit down when the spaceship lands.

b. close the porthole.

c. fasten his seatbelt.

G. Why didn't Albert hear what the flight attendant was saying?

1. There was too much noise in the spaceship.

2. He was looking out the window and didn't pay attention.

3. He had fallen out of the spaceship.

H. Associe chaque mot de la colonne de gauche avec une définition de la colonne de droite.

1. étourdi   **a.** une petite fenêtre ronde
2. hublot
3. s'accrocher à   **b.** se tenir à
4. culbuter   **c.** qui oublie tout

     d. renverser

I. How does Albert end up on the moon?

J. Can you guess what the expression **être dans la lune** means? Why is it used at the end of the story?

K. Can you think of reasons why people might be **dans la lune?** Have you ever felt this way? Did anything unexpected happen to you? What might have happened?

Julie Boum

L. Qui est Julie Boum? A quoi ressemble-t-elle?

M. What happens one day when Julie finds the door to her father's laboratory open?

N. Lequel de ces événements n'a pas eu lieu?

1. Julie est entrée dans le laboratoire de son père.

2. Une machine a coupé les tresses de Julie.

3. Julie a démonté la machine pour retrouver ses tresses.

4. Julie a mélangé des pilules vertes et des pilules bleues.

5. Le laboratoire a explosé en quelques centaines de morceaux.

O. The highlighted words in the following sentences are false cognates. Use context clues to figure out their true meanings.

1. Elle avait toujours envie de faire des **expériences** comme son papa.

2. Julie a appuyé sur le bouton mais rien ne s'est passé. Quelle **déception!**

3. Elle a relevé la tête mais trop tard : sa tresse gauche avait été coupée **net.**

P. Vrai ou faux?

1. Julie Boum était une fille très maligne.

2. Le père de Julie lui a permis de faire des expériences.

3. Julie a joué avec une machine de son père.

4. Jim Boum avait inventé une pilule pour faire exploser sa fille.

5. On n'a retrouvé que les tresses de Julie.

Q. Quelles sont les leçons que l'on peut tirer des fables que tu viens de lire?

Cahier d'activités, p. 35, Act. 21

82 *quatre-vingt-deux*

JULIE BOUM

Julie Boum était la fille du célèbre savant, le professeur Jim Boum. C'était une fille très curieuse mais vraiment pas très maligne. Elle avait toujours envie de faire des expériences comme son papa... Un après-midi, Julie s'ennuyait un peu. Elle se promenait dans la maison quand elle a trouvé la porte du laboratoire ouverte.

Elle est entrée, bien décidée à explorer cet endroit mystérieux. Une drôle de machine, avec un bouton rouge, était accrochée au mur. On aurait dit une sorte de jouet... Julie a appuyé sur le bouton mais rien ne s'est passé. Quelle déception ! Julie s'est approchée un peu de la machine. Zouf ! elle a senti que ses cheveux étaient aspirés à l'intérieur. Elle a relevé la tête mais trop tard : sa tresse gauche

avait été coupée net. Julie aimait beaucoup cette tresse. Elle a regardé dans la machine pour voir où étaient passés ses cheveux. Horreur ! La deuxième tresse a disparu à son tour.

Julie était bien embêtée. Elle a décidé de se faire repousser ses tresses grâce à la pilule pousse-minute, une invention de son papa. Il suffisait d'en avaler une pour que les cheveux poussent très vite !

Julie a ouvert le placard à pilules et a hésité un instant. Il y avait des pilules vertes et des bleues. « Le plus simple, c'est d'en prendre une de chaque ! » s'est dit Julie.

On n'a jamais bien su ce qui s'était passé. Les voisins ont entendu un grand « Bang » : le laboratoire a explosé en 726 morceaux. On a juste retrouvé les tresses de Julie, recrachées par la machine...

Ta fable à toi

Comme tu peux voir, une fable est tout simplement une histoire avec une morale. Il y a beaucoup de fables traditionnelles, comme celles de l'écrivain grec Esope. Mais une fable peut aussi être moderne et amusante, comme celle que tu viens de lire. Maintenant, tu vas inventer une fable. Raconte une histoire qui a une morale.

 Stratégie pour écrire

Sometimes writers know exactly how they want a story to end even before they start to write, and sometimes they allow the story to develop and create its own ending. When you know your ending beforehand, it's very important that you structure the story so that it leads steadily and logically to its conclusion. Making a brief outline of the events and details that you want to include in your story, in their proper order, will help you to do this.

A. Préparation

1. Choisis d'abord une morale dont tu veux parler. Pense à quelque chose qu'il ne faut pas faire ou à quelque chose qu'il est bon de faire. Voici quelques sujets possibles pour t'inspirer.

> ne pas être attentionné(e)   ne penser qu'à soi
>
> ne rien vouloir partager
>
> ne pas protéger l'environnement
>
> faire des commérages
>
> ne pas être prudent(e)
>
> ne pas bien manger

2. Invente l'histoire d'une personne qui ne fait pas ce qu'elle devrait faire et raconte ce qui lui arrive.

3. Fais un plan.
   a. Ecris les événements principaux de ton histoire dans l'ordre où ils vont arriver.
   b. Pense aux détails de chaque événement et écris-les.

B. Rédaction

Fais un brouillon de ta fable en suivant ton plan.

C. Evaluation

1. Relis ton brouillon en essayant de répondre aux questions suivantes.
   a. Est-ce que tu as respecté l'ordre de ton plan?
   b. Est-ce que tu as oublié quelque chose?
   c. Est-ce qu'il y a des passages ou des détails qui ne sont pas importants pour comprendre l'histoire?
   d. Est-ce que les lecteurs vont comprendre la morale de ton histoire?

2. Fais les corrections nécessaires pour améliorer ton histoire. Ajoute plus de détails s'il le faut.

3. Rédige la version finale de ta fable. N'oublie pas de corriger les fautes d'orthographe, de grammaire et de vocabulaire.

Grammaire supplémentaire

Visit Holt Online
go.hrw.com
KEYWORD: WA3 FRANCOPHONE EUROPE-3
Jeux Interactifs

Première étape   Objectives Asking for, granting, and refusing permission; expressing obligation

1 Tu vas passer une semaine en Suisse avec la famille de Jérôme. Il t'explique que, chez lui, tout le monde a des tâches ménagères à faire. Prends des notes en utilisant le présent de **devoir** dans chaque phrase. (**p. 68**)

EXEMPLE   C'est à moi de sortir la poubelle.
             Jérôme doit sortir la poubelle.

1. C'est à mon père de faire la cuisine.

2. C'est à nous de ranger nos chambres.

3. C'est à toi de nettoyer la salle de bains.

4. C'est à mes frères de faire la vaisselle.

5. C'est à ma mère de passer l'aspirateur.

6. C'est à mes sœurs de ramasser les feuilles.

7. C'est à nous de faire la lessive.

8. C'est à mon père de débarrasser la table.

9. C'est à nous tous de faire nos lits.

10. C'est à toi de faire la poussière.

2 Ce week-end, tu gardes tes petits cousins Fabrice et Agathe. Dis-leur ce qu'ils doivent faire pour t'aider. Utilise le verbe **devoir** et les expressions données. (**p. 68**)

EXEMPLE   mettre la table (Fabrice et Agathe)
             Vous devez mettre la table.

1. donner à manger au chat (Agathe)

2. nettoyer la salle de bains (Fabrice)

3. passer l'aspirateur (Fabrice)

4. mettre la table (Fabrice et Agathe)

5. débarrasser la table (Agathe)

6. sortir le chien (Fabrice)

7. faire les lits (Fabrice et Agathe)

8. ne pas faire de bruit (Fabrice et Agathe)

3 Tu poses les questions suivantes à tes amis pour apprendre ce qu'ils font comme tâches ménagères. Ecris leurs réponses. Utilise **il faut que** et le subjonctif de **faire** dans chaque réponse. (**p. 69**)

> **EXEMPLE** Félix, est-ce que tu dois faire ton lit avant d'aller à l'école?
> **Oui, il faut que je le fasse avant d'y aller.**

1. Victor et Angèle, est-ce que vous devez faire la cuisine demain soir?
2. Est-ce que Sara et Adeline doivent faire le repassage une fois par semaine?
3. Est-ce que Daniel et moi devons faire la vaisselle après le dîner?
4. Est-ce que Jellel doit faire la lessive ce soir?
5. Est-ce que tu dois faire la poussière tout de suite?
6. Alain, est-ce que tu dois mettre la table?
7. Luc et Joëlle, est-ce que vous devez enlever la neige?

4 Nathalie doit faire certaines choses avant de sortir avec ses amis. Complète les phrases de sa mère avec les expressions suggérées par les images. N'oublie pas d'employer le subjonctif quand c'est nécessaire. (**p. 69**)

1. Tu veux sortir avec tes copains? C'est d'accord, mais il faut que tu d'abord.

2. J'aimerais que tu avant de sortir, ma fille.

3. Tu ![balai à plumes] dans ta chambre aussi, s'il te plaît.

4. Eh! N'oublie pas de/d' ![arrosoir] en partant.

5 Nina demande à sa mère si elle peut faire certaines choses. Ecris les réponses de sa mère en utilisant **je veux bien que** et le subjonctif dans chaque réponse. (**p. 69**)

> **EXEMPLE** —Ça te dérange si Rose vient me voir ce soir?
> —**Non, je veux bien qu'elle vienne.**

1. Ça te dérange si je lui téléphone tout de suite?
2. Nous pouvons regarder une vidéo?
3. Ça te dérange si on fait du pop-corn?
4. Je peux mettre ma chaîne stéréo?
5. On peut écouter MC Solaar?
6. Ça te dérange si elle passe la nuit ici?

6 Lucien se comporte mal. Explique-lui ce qu'il doit faire pour changer son comporte-
ment. Utilise **Il faut que,** une des expressions dans la boîte et le subjonctif dans chaque
phrase. (**p. 69**)

> partager ses affaires   respecter ses profs
> faire ses devoirs
> conduire prudemment   aider les personnes âgées
> prendre ses propres décisions
> laver les vitres
> garder son petit frère
> réparer son vélo

EXEMPLE —J'aime bien conduire très vite.
—Il faut que tu conduises prudemment!

1. Je me moque de mes profs.
2. Je ne veux pas que ma sœur lise mes B.D.
3. Moi? Tondre la pelouse de Mémé? Jamais!
4. C'est à mes parents de décider où je vais en camp de vacances.

Deuxième étape   **Objectives** Forbidding; reproaching; justifying your actions
and rejecting others' excuses

7 Perrine et Martin t'encouragent à respecter l'environnement. Martin te dit la même
chose que Perrine, mais il utilise **tu ferais mieux de ne pas** et l'infinitif du verbe qui
convient. Ecris les conseils de Martin. (**p. 75**)

EXEMPLE   **PERRINE** Ce n'est pas bien d'utiliser des aérosols.
          MARTIN **Tu ferais mieux de ne pas utiliser d'aérosols.**

1. Ce n'est pas bien de laisser la télé allumée.
2. Ce n'est pas bien d'utiliser des pesticides sur ta pelouse.
3. Ce n'est pas bien de prendre des douches de vingt minutes.
4. Ce n'est pas bien de gaspiller l'eau.
5. Ce n'est pas bien de mutiler les arbres.
6. Ce n'est pas bien de jeter des ordures par terre.

8 Tu racontes à un/une ami(e) ce que ta mère t'a dit de ne pas faire. Complète les passages suivants en utilisant **ne pas** et l'infinitif du verbe qui convient. (**p. 75**)

EXEMPLE   MAMAN   Tu ne vas pas oublier de demander la permission à ton père!

TOI   **Ma mère m'a dit de ne pas oublier de demander la permission de mon père.**

1. Tu ne vas pas prendre la voiture!

2. Tu ne vas pas sortir avec Barthélémy!

3. Tu ne vas pas aller à la boum de Fernand!

4. Tu ne vas pas rentrer après minuit!

5. Tu ne vas pas donner à manger au chat!

6. Tu ne vas pas faire de bruit ce soir!

9 Pour chacune des situations suivantes, crée un panneau d'interdiction approprié. Choisis un symbole et écris une phrase pour l'accompagner. (**p. 75**)

EXEMPLE   Tu es dans un avion.   **(b) Il est interdit de fumer dans l'avion.**

a.   b.   c.   d.   e.

1. Tu es dans une réserve où l'on trouve des oiseaux rares.

2. Tu es au lac. C'est joli, mais l'eau n'est pas très propre.

3. Tu fais une visite en voiture d'un très vieux quartier qui a des rues étroites.

4. Tu es dans un restaurant.

5. Tu es dans un parc naturel où il y a des ours.

1 Ecoute cette conversation entre Sabine et sa mère et réponds aux questions.

1. Où est-ce que Sabine veut aller?

2. Pourquoi est-ce que sa mère ne veut pas qu'elle y aille? A quelle condition est-ce qu'elle pourrait y aller?

3. Quelles sont trois choses que Sabine doit faire avant de partir?

2 Pense à quelque chose que tu voudrais faire et demande la permission à ton père/ta mère. Il/Elle te rappelle ce qu'il faut que tu fasses et il/elle refuse. Tu insistes. Enfin, tu obtiens la permission, à certaines conditions. Joue cette scène avec ton/ta camarade.

3 Lis cette brochure et réponds aux questions suivantes.

AIDEZ-NOUS A...

Nous sommes parmi les 10% de privilégiés, sur cette planète, qui n'avons qu'à tourner un robinet pour obtenir de l'eau potable.

Si nous souhaitons conserver ce privilège, pensons aussi à tourner le robinet dans l'autre sens, afin que cette eau précieuse ne s'écoule pas inutilement.

Une des tâches du Département des travaux publics est de veiller sur la qualité de l'eau restituée à la nature. Pour y parvenir, il a besoin de votre aide sous deux formes:

EVITER LE GASPILLAGE
LIMITER LA POLLUTION

Votre récompense sera de bénéficier plus longtemps d'une eau de bonne qualité. Vos petits-enfants vous en seront reconnaissants. Les arbres, les fleurs et les oiseaux aussi.

Pour éviter le gaspillage

LE PETIT TRUC:
Remplissez entièrement la machine lorsque vous lavez le linge ou la vaisselle. Et n'ajoutez que le minimum de produit en fonction de la durée de l'eau.

LE GESTE JUSTE:
Ne videz pas complètement votre chasse d'eau lorsque ce n'est pas nécessaire. Un petit geste économique à faire: rabattre le clapet ou remonter la manette!

LE BON SENS:
Ne faites pas la vaisselle sous l'eau courante. Préférez la douche au bain!

TOUT CE QUE VOUS MELEZ A L'EAU DOIT ETRE TOT OU TARD RETIRE.

PROTEGER LES EAUX!

250 litres par personne et par jour

Savez-vous que chaque Genevois, pour son usage privé, utilise environ 250 litres d'eau par jour? Mais si on tient compte des besoins de l'industrie, de l'artisanat, du commerce et de l'agriculture, cette moyenne grimpe à 550 litres par personne.

Ces 550 litres disparaissent dans les canalisations et aboutissent aux stations d'épuration, où ils sont traités avant d'être rejetés dans le lac ou des rivières.

Le traitement de ces eaux est complexe et coûteux. Il nécessite une surveillance permanente. Pensez-y chaque fois que vous êtes tenté de laisser un robinet inutilement ouvert.

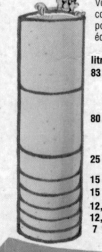

Voici ce que chacun d'entre nous consomme en moyenne: cochez les postes où vous pourriez facilement économiser.

litres	
83	WC
80	douche et bain
25	lessive
15	hygiène corporelle
15	vaisselle
12,5	nettoyage (maison et voiture)
12,5	arrosage
7	boisson et cuisson

1. De quel type de brochure il s'agit? A ton avis, qui distribue cette brochure?

2. Quelles sont les deux actions principales que la brochure conseille de faire?

3. Qu'est-ce que tu peux faire pour économiser l'eau?

4. Quelle est la consommation moyenne d'eau à Genève? Qu'est-ce qu'on fait avec l'eau qui a déjà été utilisée?

5. Quelles activités font consommer le plus d'eau? Quelles activités font consommer le moins d'eau?

4 Tu veux préserver l'environnement. Avec deux autres élèves, pensez à un site naturel que vous voulez préserver. Ensuite, préparez une brochure pour attirer l'attention sur ce site et ce qu'il faut que tout le monde fasse pour le préserver.

5 Avec ton/ta camarade, crée quelques panneaux contenant les messages suivants.

No swimming.

No smoking.

Don't feed the animals.

No food or drink.

Don't pick the flowers.

No littering.

Don't walk on the grass.

6 Jeu de rôle

You and your friends are going to participate in a demonstration. Choose a good cause, such as forest conservation, animal protection, or water and air pollution. Make signs with slogans and plan what you're going to say to the crowd of onlookers. Act out this scene. The rest of the class will act as the onlookers who aren't very interested in the environment. Remind them of their obligations.

Que sais-je?

Can you use what you've learned in this chapter?

Can you ask for, grant, and refuse permission?
p. 68

1 How would you ask permission to do something with a friend this weekend?

2 If you were a parent, how would you give your teenager permission to do something? How would you refuse permission?

3 What would you say to a friend who wanted to borrow your favorite cassette or CD?

Can you express obligation?
p. 68

4 How would you tell your brother or sister that he or she has to . . .

1. do the laundry?   **2.** take out the dog?   **3.** mow the lawn?

Can you forbid someone to do something?
p. 75

5 How would you tell what these signs forbid?

1.

2.

3.

Can you reproach someone?
p. 78

6 What would you say to someone who . . .

1. throws trash out of the car window?

2. uses aerosol sprays around the house?

3. smokes?

7 How would you reproach these people?

1.

2.

Can you justify your actions and reject others' excuses? p. 78

8 What would you say to justify an action of yours that angered someone?

9 What would you say to a child who makes excuses for doing something wrong?

Vocabulaire

Première étape

Asking for, granting, and refusing permission

J'aimerais...	I'd like . . .
Tu veux bien que... ?	Is it OK with you if . . . ?
Ça te dérange si... ?	Do you mind if . . . ?
Ça va pour cette fois.	OK, just this once.
Tu n'as pas le droit de...	You're not allowed to . . .

Expressing obligation

Il faut que tu... d'abord.	You have to . . . first.

Household chores

arroser le jardin	to water the garden/yard
donner à manger à	to feed
enlever la neige	to shovel snow

faire la cuisine	to cook
faire la lessive	to do the laundry
faire son lit	to make one's bed
faire la poussière	to dust
faire le repassage	to do the ironing
laver les vitres	to wash the windows
mettre la table	to set the table
nettoyer le parquet	to clean the floor
nettoyer la salle de bains	to clean the bathroom
passer l'aspirateur	to vacuum
ramasser les feuilles	to rake leaves
sortir le chien	to take out the dog
tondre la pelouse	to mow the lawn

Personal responsibilities

aider les personnes âgées	to help elderly people

conduire prudemment	to drive safely
dire la vérité	to tell the truth
manger mieux	to eat better
partager tes affaires	to share your things
prendre tes propres décisions	to make up your own mind
respecter tes profs et tes parents	to respect your teachers and parents
Il faut que tu sois . . .	You must be . . .
attentionné(e)	considerate
poli(e)	polite
prudent(e)	careful, aware
responsable	responsible
tolérant(e)	tolerant

Deuxième étape

Forbidding

Veuillez ne pas...	Please do not . . .
Prière de ne pas...	Please do not . . .
Il est interdit de...	It's forbidden to . . .
Interdiction de...	. . . is not allowed.
Défense de...	Do not . . .

Social responsibilities

cueillir des fleurs	to pick flowers
éteindre les lumières (f.)/ la télé	to turn off the lights/the TV
partager son véhicule	to share one's vehicle
planter un arbre	to plant a tree
prendre les transports en commun	to take public transportation
recycler les boîtes (f.)	to recycle cans

le papier	paper
le plastique	plastic
le verre	glass
faire du bruit	to make noise
fumer	to smoke
gaspiller	to waste
l'eau (f.)	water
l'énergie (f.)	energy
jeter des ordures par terre dans l'eau	to throw trash on the ground in the water
utiliser des aérosols	to use aerosol sprays

Reproaching

Vous (ne) devriez (pas)...	You should(n't) . . .
Tu as tort de...	You're wrong to . . .
Ce n'est pas bien de...	It's not good to . . .
Tu ferais bien de ne pas...	You'd do well not to . . .

Justifying your actions; rejecting others' excuses

Je suis quand même libre, non?	I'm free, aren't I?
Tout le monde fait pareil.	Everybody does it.
Je ne suis pas le/ la seul(e) à...	I'm not the only one who . . .
Pense aux autres.	Think about other people.
Ce n'est pas une raison.	That's no reason.
Ce n'est pas parce que tout le monde le fait que tu dois le faire.	Just because everyone else does it doesn't mean you have to.

4
Des goûts et des couleurs

Objectives

In this chapter you will learn to

Première étape

- ask for and give opinions
- ask which one(s)
- point out and identify people and things

Deuxième étape

- pay and respond to compliments
- reassure someone

Visit Holt Online

go.hrw.com

KEYWORD: WA3 FRANCOPHONE EUROPE-4

Online Edition

◄ **Devant un grand magasin à Paris**

Mise en train · *Mon look, c'est mon affaire*

Cahier d'activités, p. 37, Act. 1

CD 4 Tr. 1

Stratégie pour comprendre
Judging by the photos on these two pages, what do you think the theme of this episode is? Can you identify words in the text that refer to the items in the photos? Many words look like English words. Can you guess their meaning?

1 **Axcelle entre dans le salon avec le courrier qu'elle vient d'aller chercher...**

Jérôme Ah, tu es allée chercher le courrier? Il y a quelque chose pour moi?

Axcelle Non, rien pour toi, comme d'habitude.

Jérôme Et ça, c'est quoi? Un magazine?

Axcelle Non, c'est le catalogue printemps-été de Quelle®. J'espère qu'il y a des trucs bien.

Jérôme Tu es vraiment obsédée par la mode, toi! De toute façon, il n'y a que ça qui vous intéresse, vous, les filles!

G le body **30 €**

H le pantalon **35 €**

2 **Axcelle regarde le catalogue...**

Axcelle Ouah! Génial, cet ensemble! Tu n'aimes pas?

Jérôme Lequel?

Axcelle Celui-là, le noir avec le pantalon à pattes d'eph.

Jérôme Ah! Ne me dis pas que tu aimes vraiment ça! C'est affreux!

Axcelle Tu comprends vraiment rien à la mode, toi! C'est super branché comme style et puis, si tu sortais un peu, tu verrais que tout le monde s'habille comme ça.

Jérôme Ouais, ben, c'est peut-être à la mode, mais je trouve quand même ça ridicule!... Ça, par contre, je trouve que c'est très classe.

Axcelle Le tailleur rose, là?

Jérôme Oui, comment tu le trouves?

3 **Axcelle** Pas mal, mais bon, je ne me vois pas aller à l'école comme ça. Ça fait un peu trop sérieux.

4 **Jérôme** Peut-être, mais au moins, c'est élégant.

Axcelle Tiens, regarde ce qu'elle porte, la fille, là.

Jérôme Laquelle?

Axcelle Celle avec le caleçon imprimé et le grand tee-shirt. J'aime bien ça. C'est sympa, ça peut se porter partout et c'est moins sérieux que ton tailleur. Qu'est-ce que tu en dis?

Jérôme Ouais... J'aime bien ce genre de vêtements. C'est cool et puis... c'est moins bizarre que ton pattes d'eph. Bon, à mon tour de regarder un peu!

Axcelle Ben, je croyais qu'il n'y avait que les filles qui s'intéressaient à la mode!

Jérôme Oh, ça va, hein! Elle est où, la section «hommes» ?

Axcelle Après les enfants.

€ **120 €** le tailleur

STOP PRIX

20€

28€

5 Jérôme   Ah, voilà... Oh là là, c'est nul! Il n'y a rien qui me plaît!

Axcelle   Du calme. Tu n'as pas tout vu. Tiens, il est chouette, ce gilet, non?

Jérôme   Ouah! Un gilet en cuir pour 50 € ! C'est hyper cool! Je crois que je vais le commander. En plus, j'ai vraiment plus rien à me mettre.

Axcelle   Tiens, au fait, tu as quelque chose pour le mariage de Joël et Virginie?

Jérôme   Tu fais bien d'en parler. Non, j'ai rien et je me demande ce que je pourrais bien mettre. A ton avis, un pantalon à pinces et une chemise, ça irait?

Axcelle   Euh... si j'étais toi, je mettrais plutôt un costume et une cravate.

Jérôme   Tu crois?

Axcelle   Ben, oui, c'est quand même un mariage! Et puis, je suis sûre que c'est ce que la plupart des hommes vont mettre.

Jérôme   Ce n'est pas trop habillé?

Axcelle   Ecoute! Au pire, tu seras le mieux habillé de tous, pour une fois!

Jérôme   Ah, très drôle. Va un peu à la page des costumes au lieu de dire n'importe quoi... Tiens, il te plaît, celui-là?

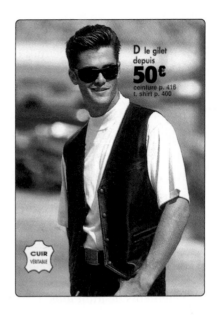

6 Axcelle   Ouais, je trouve qu'il est très chic. En tout cas, si tu l'achètes, prends aussi la cravate, elle va très bien avec.

Jérôme   Ouais, peut-être... Enfin, j'ai encore le temps d'y penser. Il reste deux mois avant le mariage.

Axcelle   Bon, retourne à la section «femmes» que je trouve quelque chose pour ce mariage, moi aussi... Tiens, voilà. Elle est parfaite, cette robe, non?

7 Jérôme   Tu rigoles ou quoi?

Axcelle   Non, pourquoi? Tu as quelque chose contre les robes à pois?

Jérôme   Ben, euh... T'étonne pas si je fais semblant de ne pas te connaître si tu mets ça au mariage!

1 Tu as compris?

1. Qu'est-ce qu'Axcelle reçoit au courrier?
2. Quel type de vêtements Axcelle aime porter? Qu'en pense Jérôme?
3. Pour quelle occasion ces jeunes cherchent des vêtements?
4. Qu'est-ce que Jérôme a envie de mettre? Et Axcelle?

2 Qui parle de quoi?

C'est l'opinion d'Axcelle ou de Jérôme? De quels vêtements est-ce qu'ils parlent?

1. «Ça peut se porter partout.»
2. «Si tu l'achètes, prends aussi la cravate, elle va très bien avec.»
3. «Ne me dis pas que tu aimes vraiment ça! C'est affreux!»
4. «T'étonne pas si je fais semblant de ne pas te connaître si tu mets ça au mariage!»
5. «Je ne me vois pas aller à l'école comme ça. Ça fait un peu trop sérieux.»

3 Les styles

Quels vêtements de *Mon look, c'est mon affaire* sont...

> décontractés?　　　chic?
>
> 　　très à la mode?　　élégants?
>
> branchés?
>
> 　　　　　sérieux?

4 Quels vêtements?

Quel est le vêtement de *Mon look, c'est mon affaire* qui correspond à chacune des descriptions suivantes?

Une élégance raffinée pour ce costume réalisé dans un mélange de coton et polyester. Veste coupe classique avec fente dos, 1 poche poitrine et 2 poches intérieures. Pantalon à pinces, montage ville : fermeture par glissière.

Imprimé pastilles pour cette robe fluide. Entièrement boutonnée devant, taille appuyée par découpes devant et dos. Encolure en V, pinces sous poitrine. Manches courtes. Épaulettes. Base ample et dansante. Long. 90cm.

Une qualité de cuir superbe pour ce gilet sans manches. Empiècement avec double surpiqûre. 2 poches passepoilées. Fermeture par pressions. Dos 100% polyester rehaussé d'un lien et d'une boucle. 100% cuir (agneau).

Bien mode, le pantalon «pattes d'eph» avec base renforcée. Taille élastiquée. Entrejambes 72 cm env. 55% coton, 43% polyamide, 2% élasthanne.

5 Cherche les expressions

In *Mon look, c'est mon affaire,* what expressions do Axcelle and Jérôme use to . . .

1. ask an opinion?
2. ask which one(s)?
3. point out an item?
4. give a favorable opinion?
5. give an unfavorable opinion?

6 Et maintenant, à toi

Est-ce que tu t'es déjà habillé(e) pour une occasion spéciale? Laquelle? Quels vêtements est-ce que tu as choisis? Quel est ton look préféré?

Note culturelle

La France est réputée pour sa haute couture. Mais bien sûr, tout le monde n'a pas les moyens de se payer des vêtements créés par des grands couturiers tels que Christian Dior® ou Nina Ricci®. Dans les grands magasins comme les Galeries Lafayette® ou le Printemps, on peut trouver des vêtements moins chers, mais de bonne qualité. Les jeunes peuvent également acheter des vêtements relativement bon marché dans des boutiques de mode telles que Kookaï®, NAF-NAF® et Ton sur ton®.

Vocabulaire

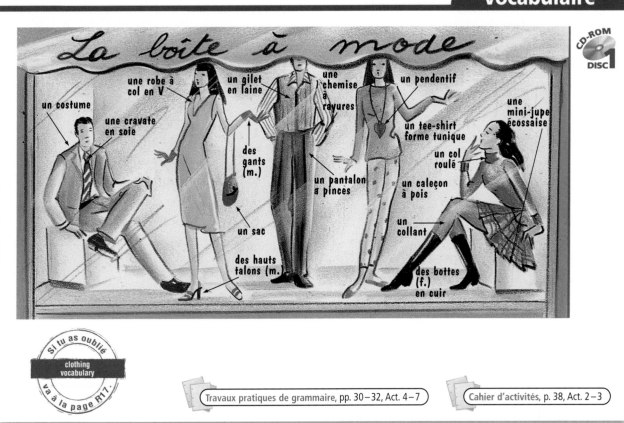

La boîte à mode

- une robe à col en V
- un gilet en laine
- une chemise à rayures
- un pendentif
- une mini-jupe écossaise
- un costume
- une cravate en soie
- des gants (m.)
- un tee-shirt forme tunique
- un col roulé
- un caleçon à pois
- un pantalon à pinces
- un sac
- un collant
- des hauts talons (m.)
- des bottes (f.) en cuir

Si tu as oublié

clothing vocabulary

va à la page R17.

Travaux pratiques de grammaire, pp. 30–32, Act. 4–7

Cahier d'activités, p. 38, Act. 2–3

7 A la fête

Ecoutons Gabrielle et son amie Suzette parlent de ce que tout le monde portait à la fête hier soir. De qui est-ce qu'elles parlent?

Nathalie · Lian · Antoine · Brigitte · Tatiana · Ahmed · Etienne

8 Je mets quoi, alors?

Parlons Ton ami(e) ne sait pas quoi mettre.
Donne-lui des conseils.

EXEMPLE

> —Je ne sais pas quoi mettre avec...
> —Tu devrais mettre...

ma mini-jupe écossaise
mon pattes d'eph
mon pantalon à pinces
ma robe à col en V
mon costume
mon caleçon imprimé

ta chemise à rayures
ta cravate en soie
ton tee-shirt forme
   tunique
ton col roulé
ton foulard à pois
ton pull bleu foncé

Vocabulaire à la carte

un pattes d'eph	*bell bottoms*
un débardeur	*a tank top*
un coupe-vent	*a windbreaker*
des bretelles (f.)	*suspenders, straps*
des bottines (f.)	*ankle boots*
des mocassins (m.)	*loafers*
à manches courtes/ longues	*short/long-sleeved*
en toile	*linen*
en daim	*suede*
à carreaux	*checked*
imprimé(e)	*printed*
bleu clair	*light blue*
bleu foncé	*dark blue*

9 Qu'est-ce qu'on met?

Parlons Un(e) ami(e) français(e) te demande
ce que les Américains mettent pour aller à
ces endroits. Joue cette scène avec
ton/ta camarade.

au concert   à un mariage   à l'école

au restaurant   à une interview pour un job

à une boum

Comment dit-on...?

Asking for and giving opinions

To ask for an opinion:

Comment tu trouves ce collant?
Tu n'aimes pas ce pendentif?
Elle te plaît, cette mini-jupe?
Qu'est-ce que tu penses de ces bottes?
Qu'en penses-tu?
   What do you think of it?

To give a favorable opinion:

Je le trouve super.
Je l'aime bien.
Elle me plaît beaucoup.
J'aime bien ce genre de bottes.
   I really like this type of . . .
C'est très bien, ça.

To give an unfavorable opinion:

Je le trouve moche.
Je ne l'aime pas tellement.
Elle ne me plaît pas du tout.
Je trouve qu'elles font vieux.
   I think they look . . .
Ça fait vraiment cloche!
   That looks really stupid!

Cahier d'activités, p. 38, Act. 4

10 Chacun son opinion

Ecoutons Ecoute ces jeunes qui parlent de vêtements. Ils les aiment ou pas?

11 **Qu'est-ce qu'ils se disent?**

Parlons Ces jeunes sont en train de faire les magasins. Utilise les expressions de **Comment dit-on...?** pour recréer leurs conversations.

1.

2.

3.

4.

Vocabulaire

affreux (-euse) *hideous*	**délirant(e)** *wild*	**hyper cool**	**sobre** *plain*
chic	**élégant(e)**	**ringard(e)** *corny*	**tape-à-l'œil** *gaudy*
classe *classy*	**génial(e)**	**sérieux (-euse)** *conservative*	**vulgaire** *tasteless*

Travaux pratiques de grammaire, pp. 32–34, Act. 8–12   Cahier d'activités, p. 39, Act. 5

12 **Des vêtements pour tous les goûts**

Parlons Tes amis portent les vêtements et accessoires suivants. Qu'est-ce que tu leur dis?

1. un tailleur bleu foncé et des hauts talons
2. des mocassins en daim noir
3. un pantalon à pinces, une chemise en coton et une cravate
4. un pattes d'eph à fleurs et un tee-shirt à rayures
5. un costume avec une chemise blanche à manches longues

C'est...
Je le/la/les trouve...
Je trouve que ça fait...
Je trouve ça...

13 **Qu'en penses-tu?**

Lisons/Parlons Regarde ces vêtements. Tu penses acheter quelque chose, mais tu veux savoir ce qu'en pense ton/ta camarade. Demande-lui comment il/elle trouve ces vêtements.

D. Le gilet écossais sans manches. Très mode, il ajoute une petite note colorée à toute tenue. Réalisé en 50% acrylique, 45% laine et 5% autres fibres.
Rouge : 231.6946.
3 tailles : 34/36, 38/40, 42/44
42,50 €

G. La chemise à rayures. Col boutonné, poche poitrine à rabat boutonné, poignets à patte capucin, empiècement dos double avec pli creux et lichette. Entretien facile : elle est en 80% coton, 20% polyester.
Prune : 261.0111. Bleu : 271.0112.
Vert : 271.0115. Mousse : 271.0118.
4 encolures :   37/38 26 €
39/40, 41/42 28 €   43/44   29 €

I. Les bottes en cuir. Doublée en synthétique. Demi-semelle intérieure synthétique. Semelle extérieure en élastomère. Talon : 8 cm.
6 pointures :   36, 37, 38, 39, 40, 41
Noir : 521.2376.   73 €
Verni noir : 521.2379.   80 €

14 Quel style!

Parlons Demande à ton/ta camarade ce qu'il/elle pense de ces différents styles. Est-ce que tu es d'accord?

15 Un style tout nouveau

a. Ecrivons Tu es styliste de mode. Avec tes camarades, crée une nouvelle ligne de vêtements. Dessine trois ensembles.

b. Ecrivons Avec tes camarades, faites votre publicité.
Ecrivez une description de votre nouvelle ligne de vêtements. Créez un slogan pour attirer l'attention de vos clients potentiels.

grunge   baba   B.C.B.G.   punk

Comment dit-on...?

Asking which one(s); pointing out and identifying people and things

To ask which one(s):

> **Quelle** jupe est-ce que tu préfères?
> Tu aimes ces chemises? **Laquelle** est-ce que tu vas acheter?
> Tu essaies un jean? **Lequel?**

To point out and identify things:

> **Ça, c'est** la jupe que je préfère.
> Moi, j'aime bien **ces** chaussures-**là**.
> Je préfère **celles-là**. *. . . those.*
> **Celui du** garçon là-bas. *The one . . .*
> Tu n'aimes pas **le vert?**

To point out and identify people:

> Regarde **celui avec** les lunettes!
> *. . . the one (man/boy) with . . .*
> **Celle qui** parle à la vendeuse.
> *The one (woman/girl) who . . .*
> Tu vois **la fille au** pull bleu?
> *. . . the girl with/wearing the . . .*
> **Là-bas, le garçon qui** porte un pantalon rouge. *Over there, the boy who . . .*

Cahier d'activités, p. 40, Act. 7

16 La mode en ville

Ecoutons Pendant que Julien et Marc attendent devant le cinéma, ils parlent des vêtements que portent les jeunes qui passent. De qui est-ce qu'ils parlent?

Sylvain   Michèle   Valentin   Annette

The interrogative and demonstrative pronouns

• When you want to ask *which one(s),* use the appropriate interrogative pronoun to refer to the noun.

	masculine	*feminine*
singular	**lequel?**	**laquelle?**
plural	**lesquels?**	**lesquelles?**

—Je vais acheter ce pantalon.
—**Lequel?**
—Je trouve qu'ils sont moches, ces gants.
—**Lesquels?**

• When you want to say *this one, that one, these,* or *those,* use the appropriate demonstrative pronoun to refer to the noun.

	masculine	*feminine*
singular	**celui-là**	**celle-là**
plural	**ceux-là**	**celles-là**

Moi, je vais acheter **celui-là.** (ce sac-là)
Celle-là? Oui, je l'aime bien, mais elle coûte trop cher! (cette jupe-là)
Oh, je déteste **ceux-là!** Qu'est-ce qu'ils sont moches! (ces gilets-là)
Tu n'aimes pas **celles-là?** Moi je les adore! (ces bottes-là)

> Grammaire supplémentaire, pp. 114–115, Act. 1–3

> Cahier d'activités, p. 40, Act. 8

> Travaux pratiques de grammaire, pp. 35–37, Act. 13–17

---

17 ### Grammaire en contexte

Ecoutons Ecoute ces conversations qui ont lieu dans une boutique de mode. De quoi est-ce qu'on parle?

> des bottes
> un caleçon
> des hauts talons
> une jupe écossaise

18 ### Grammaire en contexte

Lisons/Ecrivons Fabrice cherche un cadeau d'anniversaire pour sa sœur. Il ne sait pas quoi acheter. Djamila lui donne des conseils. Complète leur conversation avec un pronom interrogatif ou démonstratif.

DJAMILA Pourquoi tu ne lui achètes pas des bottes? Qu'est-ce que tu penses de ces bottes-là?

FABRICE ___1___ ?

DJAMILA Les blanches. Elles sont chic, non?

FABRICE Moi, je préfère ___2___ -là.

DJAMILA Bon, d'accord. Et ces gants-là? C'est une bonne idée, des gants, non?

FABRICE ___3___ ?

DJAMILA ___4___ -là, les noirs.

FABRICE Oui, ils sont classe; mais, euh, je ne sais pas...

DJAMILA Oh, regarde! J'adore ce col roulé. Qu'en penses-tu?

FABRICE Je ne le vois pas. C'est ___5___ ?

DJAMILA ___6___ -là, à côté du pull bleu foncé. Tu vois, là-bas?

FABRICE Oui, il est vachement bien! Je le prends!

19 Le rôle de la mode

Lisons Lis la question de Sélima et les réponses de quelques jeunes. Ensuite, réponds aux questions.

J'écris cette lettre pour savoir ce que vous pensez de la mode d'aujourd'hui. Je trouve qu'au lycée, beaucoup de filles portent des vêtements vraiment vulgaires, par exemple des pattes d'eph ou des mini-jupes trop courtes. A mon avis, c'est vraiment affreux! Moi, je préfère mettre des trucs plus sobres, comme par exemple un caleçon avec un tee-shirt forme tunique ou un col roulé. J'aime bien ce genre de vêtements parce que c'est confortable. Et vous, qu'est-ce que vous en pensez?
Sélima

Bonjour, Sélima. Personnellement, je pense que tu as raison. Moi aussi, j'aime les vêtements simples. Je trouve que les gens s'habillent souvent de façon vraiment ringarde ou vulgaire. Ils achètent leurs vêtements dans les boutiques à la dernière mode et c'est pour ça qu'ils pensent qu'ils sont hyper cool. En fait, ils n'ont pas de personnalité et ils ne peuvent pas créer leur propre look. C'est dommage.
Stéphanie

Sélima, tu ne dois pas juger les gens d'après leurs vêtements. Nous avons tous des goûts différents, et c'est ça qui rend le monde intéressant. Moi, par exemple, j'aime les vêtements délirants, surtout les hauts talons. Je porte toujours des bijoux et je me maquille tous les jours. C'est mon style. Mais je respecte les filles qui préfèrent mettre des trucs plus sérieux. Toi aussi, tu dois apprendre à respecter les autres!
Florence

Salut, Sélima. Je voudrais répondre à ta question. A mon avis, la mode d'aujourd'hui est super et c'est très important de la suivre, surtout quand on est jeune. C'est un moment où on peut porter ce qu'on veut. Après, quand on travaille, c'est différent. Il faut mettre des vêtements sérieux tout le temps et c'est vraiment pas marrant. C'est pour ça que je pense qu'il faut profiter de notre jeunesse et s'amuser avec la mode.
Caroline

1. Quelle est la différence entre les vêtements de Sélima et ceux de ses camarades?
2. Dans les trois réponses à Sélima, qui est d'accord et qui n'est pas d'accord avec elle?
3. Quelles raisons donnent les filles qui ne sont pas d'accord avec Sélima?
4. Avec qui est-ce que tu es d'accord? Pourquoi?

20 Regarde les gens qui passent!

a. Ecrivons Rémi et Céline sont à la terrasse d'un café. Ils regardent les passants et ils font des commentaires sur leurs vêtements. Imagine ce qu'ils disent et écris leur conversation.

b. Parlons Echange ton dialogue avec celui d'un(e) camarade. Travaillez ensemble pour faire un seul dialogue, puis jouez ce dialogue.

CHAPITRE 4   Des goûts et des couleurs

PANORAMA CULTUREL

Quel est ton style de vêtements préféré?

We asked people for their ideas on fashion and personal style. Here's what they had to say.

Sylviane,
Martinique

«J'aime surtout les vêtements... j'aime surtout les matières. J'aime beaucoup le coton, le lin, les matières naturelles, parce que, bon, on vit dans un pays où il fait très chaud et il faut pouvoir supporter la chaleur. Et j'aime beaucoup aussi les couleurs, parce que bon, je vis dans un pays ensoleillé, donc les couleurs sont des choses très importantes.»

Est-ce que c'est important d'être à la mode?

«Oui, c'est important d'être à la mode, parce que, bon, nous en Martinique, on a quand même ce côté un petit peu français et européen où on aime beaucoup les vêtements et on aime beaucoup se montrer.»

Céline,
Viêt-nam

«J'aime tout ce qui est hors du commun. Enfin... qui est pas tellement banal mais qui... qu'on peut pas voir tous les jours, quoi.»

Est-ce que c'est important d'être à la mode?

«Ça dépend. Je veux dire... Il y a certaines filles qui s'habillent mais qui n'ont rien à l'intérieur, qui n'ont pas un esprit très beau à l'intérieur. C'est pas très beau à l'intérieur. Donc, elles ont besoin de bien s'habiller. Mais enfin, ça dépend.»

Mélanie,
Québec

«Moi, c'est un bon gilet, puis un jean(s), c'est toujours ça que je porte. Des fois, je peux porter d'autres sortes de pantalons, pas de jeans, mais... un bon chandail et puis je suis bien là-dedans. Il faut que je sois confortable. Si je ne suis pas confortable, je ne le porterai pas.»

Qu'en penses-tu?

1. Avec qui est-ce que tu es d'accord? Pourquoi?
2. Quelles raisons ces personnes donnent pour expliquer leur opinion de la mode?
3. Est-ce que tu penses que c'est important de suivre la dernière mode? Pourquoi ou pourquoi pas?

Remise en train ▪ *Chacun son style!*

Perrine Oh, ça va être super ce soir!

Larissa Je parie que Loïc va venir...

Perrine Je crois pas! Il déteste le heavy metal.

Larissa Ah oui, c'est vrai. Il est tellement B.C.B.G., tu trouves pas?

Perrine Eh! Tu penses que je devrais mettre du mascara?

Larissa Mmm... non. C'est trop tape-à-l'œil.

Perrine Ah! Et mon rouge à lèvres orange, tu le trouves trop tape-à-l'œil aussi?

Larissa Je ne sais pas, moi. Qu'est-ce que tu mets?

Perrine Ben, soit ma mini-jupe noire avec un débardeur vert, soit ma robe violette.

---

21 ## Tu as compris?

1. De quoi parlent Perrine et Larissa?
2. Pour quelle occasion est-ce qu'elles se préparent?
3. Comment est-ce qu'elles se préparent?
4. Pourquoi est-ce que Perrine a changé de coiffure?
5. Est-ce que Larissa aime la nouvelle coiffure de Perrine?

22 ## Vrai ou faux?

1. Perrine et Larissa se préparent à sortir.
2. Larissa a déjà choisi ce qu'elle va mettre pour aller au concert.
3. Les stylistes de Biguine ne font pas de coupes bizarres.
4. Perrine s'est fait couper les cheveux comme d'habitude.
5. Perrine va mettre sa mini-jupe noire avec son débardeur vert.

23 ## Choisis le bon mot

Complète chaque phrase avec l'expression qui convient.

1. Larissa trouve le mascara de Perrine trop _____ .
2. Perrine veut mettre du _____ orange pour aller avec sa robe violette.
3. Larissa va emprunter _____ de Perrine.
4. Les cheveux de Perrine sont _____ et _____ .
5. Chez Biguine, il y avait un garçon aux cheveux _____ .

tape-à-l'œil	frisés
verts	l'ombre à paupières
rouge à lèvres	orange

Larissa	Alors, je dirais le rouge à lèvres orange si tu mets ta robe violette. Et moi? Je me demande ce que je vais mettre... Oh, dis donc! Elle est géniale, ton ombre à paupières!
Perrine	Tu peux l'emprunter, si tu veux.
Larissa	Merci. Décidément, j'aime vraiment tes cheveux comme ça!
Perrine	Tu crois? Je suis allée chez Biguine hier. Je voulais juste me faire couper les cheveux comme d'habitude. Mais quand j'ai vu les autres clients! Ils avaient des coupes dingues!
Larissa	Ah oui?
Perrine	Ouais. Il y en avait une qui avait les cheveux tondus d'un côté, et longs et raides de l'autre. Un autre avait une coupe à la Mohawk.
Larissa	C'est pas vrai!
Perrine	Je te jure! Et il avait même les cheveux teints en vert.
Larissa	Et c'est pour ça que tu as décidé de te faire friser et teindre en orange?
Perrine	Ben oui. Tu es sûre que c'est pas trop bizarre?

Larissa	Mais non! L'orange te va très bien!
Perrine	Ouais! Justement, j'ai pensé que ça irait bien avec mon rouge à lèvres et avec ma robe violette.

Cahier d'activités, p. 42, Act. 10–11

24 Cherche les expressions

In *Chacun son style!*, what expressions do Perrine and Larissa use to . . .

1. tell who they think will be at the concert?
2. ask for advice?
3. ask for an opinion?
4. give an opinion?
5. pay a compliment?
6. respond to a compliment?
7. express disbelief?
8. reassure a friend?

Note culturelle

En général, les Français ont tendance à s'habiller simplement et avec une touche personnelle. Les femmes et les jeunes filles ne se maquillent pas toujours et elles ont tendance à préférer les coiffures simples. Elles ne portent pas beaucoup de bijoux. Quand une femme porte de grosses boucles d'oreilles, elle porte rarement un bracelet ou un collier imposant. En général, les hommes ont aussi un style sobre et portent rarement de grosses bagues et des ceintures à grosses boucles.

25 Et maintenant, à toi

Quelle coupe de cheveux est-ce que tu préfères? Est-ce que tu as l'air plus ou moins sérieux(-euse) que les jeunes dans *Chacun son style!*?

Deuxième étape

Objectives Paying and responding to compliments; reassuring someone

go.
hrw
.com

WA3 FRANCOPHONE
EUROPE-4

Vocabulaire

la frange

les cheveux frisés

les cheveux courts

les cheveux longs et raides

une queue de cheval

la coiffeuse (le coiffeur)

une moustache

une coupe

un shampooing

les cheveux en brosse

une barbe	*a beard*	**(se faire)**	*(to give yourself)*
les cheveux teints	*dyed/colored hair*	**une permanente**	*a perm*
un chignon	*a bun*	**se friser**	*to curl (hair)*
une coupe au carré	*a square cut*	**se maquiller**	*to put on make-up*
une natte	*a braid*	**se raser**	*to shave*
des pattes	*sideburns*	**se teindre**	*to dye (hair)*

Travaux pratiques de grammaire, pp. 38–39, Act. 18–21

Cahier d'activités, pp. 43–44, Act. 12–15

26 ### Chez le coiffeur

Ecoutons Qui dit chacune des phrases suivantes, le coiffeur ou le client/la cliente?

27 ### Voilà ma famille

Parlons Dominique te montre une photo de sa famille. Demande-lui qui sont les gens sur la photo. Joue cette scène avec ton/ta camarade.

EXEMPLE —C'est qui, cette femme?

—Laquelle?

—Celle aux cheveux...

—C'est ma...

Si tu as oublié
family vocabulary
va à la page R17

Grammaire

The causative *faire*

- If you want to say that you are *having something done,* use the verb **faire** with the infinitive of the verb that tells what you are having done.

  Je **fais nettoyer** mon costume.
  I'm having my suit cleaned.

  Elle **a fait réparer** ses bottes.
  She had her boots repaired.

- If the verb that tells what you are having done is reflexive, place the reflexive pronoun before the verb **faire.**

  Je **me fais couper** les cheveux. (**se couper**)
  I'm having my hair cut.

  Il **s'est fait raser** la moustache. (**se raser**)
  He had his mustache shaved.

  Tu vas **te faire friser?** (**se friser**)
  Are you going to get your hair curled?

Travaux pratiques de grammaire, p. 40, Act. 22–23

Grammaire supplémentaire, pp. 116–117, Act. 4–7

Cahier d'activités, p. 45, Act. 16

28 Grammaire en contexte

Parlons Qu'est-ce que M. Mouchet fait faire aujourd'hui?

1.

2.

3.

4.

29 Grammaire en contexte

Parlons Ton ami(e) va chez le coiffeur mais ne sait pas comment il/elle veut se faire coiffer. Donne-lui des conseils. Ensuite, changez de rôle.

EXEMPLE
—Qu'est-ce que tu en penses, toi?
—Tu devrais te faire couper les cheveux en brosse.

se couper les cheveux   se friser

se raser la barbe

se teindre

se faire une permanente

À la française

You've already learned that French speakers drop certain words and letters when they speak informally.

C'est pas vrai!   J'le trouve hyper cool!
Je crois pas!   T'as pas l'temps?

They also tend to run certain syllables and words together. Look at the pronunciation of these common phrases:

/shai pa/   (Je ne sais pas.)
/y'en a/   (Il y en a.)
/kes tu/   (Qu'est-ce que tu... ?)
/wes que tu/   (Où est-ce que tu... ?)
/ifait/   (Il fait...)

Remember, though, that it is not correct to write this way.

30 Mannequin d'un jour

Lis cet article et fais les activités suivantes.

a. Lisons Associe les mots AVANT et APRES à ces phrases.

> Elle porte un chemisier blanc.

> Elle a une coupe dégradée.

> Elle porte un pull noir.

> Elle a les cheveux longs et raides.

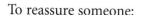

b. Ecrivons Maintenant, imagine que tu es un/une des stylistes de **Mannequin d'un jour.** Tu n'aimes pas le look qui a été conseillé à Liliane. Ecris un paragraphe dans lequel tu suggères une autre coupe de cheveux et d'autres vêtements pour Liliane.

AVANT

Les cheveux raides avec peu de volume, une peau fine et fragile.

PREMIERE ETAPE

LA COUPE DE CHEVEUX

Les cheveux de Liliane sont coupés sur une base de carré. Ils sont ensuite effilés tout autour de son visage. La frange est dégradée pour donner un effet déstructuré à l'ensemble de la coiffure (Coiffure réalisée par Arnaud pour Franck Provost)

DEUXIEME ETAPE

LE MAQUILLAGE

Application d'une poudre libre abricot pour faire ressortir son teint. Ses sourcils sont redessinés au crayon. Ensuite, pour agrandir son regard, pose d'un crayon noir sur les paupières supérieures et inférieures, avec une touche de mascara noir sur les cils supérieurs. Avec, pour la touche finale, un blush framboise coordonné au rouge à lèvres.

APRES

Un caleçon noir avec un petit pull chaussette très mode, et des bottines coordonnées (Vêtements et chaussures offerts par La Blanche Porte).

Comment dit-on...?

Paying and responding to compliments; reassuring someone

To pay a compliment:

Je te trouve très bien comme ça.
Ça fait très bien.
C'est tout à fait toi.
Ça va avec tes yeux.
Ça te va comme un gant.
It fits you like a glove.
Que tu es jolie **avec ça!**
You really look . . . in that!
C'est assorti à ton pull.
That matches . . .

To respond to a compliment:

Ça te plaît vraiment?
Tu crois?
C'est gentil.
Oh, c'est un vieux truc.
This old thing?
Oh, tu sais, je ne l'ai pas payé(e) cher.

To reassure someone:

Crois-moi, c'est tout à fait toi.
Je t'assure, c'est réussi. *Really, . . .*
Fais-moi confiance, c'est très classe.
Trust me, . . .

Je ne dis pas ça pour te faire plaisir.
I'm not just saying that.

CD-ROM DISC 1

Grammaire supplémentaire, p. 116, Act. 5

Cahier d'activités, pp. 45–46, Act. 17–20

31 Tu crois?

Ecoutons Ecoute ces conversations. Est-ce que ces gens répondent à un compliment ou est-ce qu'ils rassurent quelqu'un?

32 **On bavarde!**

Lisons Mets en ordre les éléments de chacune des conversations que tu entends à cette boum.

a. Oui, elle te plaît?
Ah, tu t'es acheté une nouvelle jupe?
Je la trouve jolie. Elle va bien avec ton chemisier.
C'est gentil. Tu sais, je ne l'ai pas payée cher.

b. Euh, non.
En tout cas, c'est tout à fait toi!
Moi, je te trouve très bien comme ça.
Dis donc, il est nouveau, ton coupe-vent?
Oh, c'est un vieux truc.

c. Tu crois?
Oui, ça me va comment?
Dis-moi, tu t'es maquillée!
Je t'assure, ça va bien avec tes yeux.
Ça te va très bien.

d. Ah oui?
Tiens, tu es allée chez le coiffeur!
Ça te va très bien.
Comment tu trouves?
Je t'assure, c'est tout à fait toi.

e. Ça va avec ton style.
Oui. Qu'en penses-tu?
Vraiment?
Tu t'es fait couper les cheveux?
Fais-moi confiance, c'est très réussi.

33 **Un nouveau look**

a. **Parlons** Ton/ta camarade te téléphone pour te dire qu'il/elle s'est fait couper les cheveux. Il/Elle te raconte son rendez-vous chez le coiffeur.

b. **Parlons** Tu rencontres ton/ta camarade. Tu lui fais des compliments sur sa coupe de cheveux. Tu dois le/la rassurer parce qu'il/elle n'est pas certain(e) qu'il/elle aime ce nouveau style.

34  **De l'école au travail**

Parlons Imagine that you work as an intern on the set of a TV talk show. You are responsible for taking care of the guests and making sure they are comfortable before their appearance on the show. One of the guests is a famous French actress who is nervous about her appearance and asks for your opinion of what she's wearing. She shows you different outfits and asks which ones you prefer. Offer her reassurance and tell her which outfit you think she should wear and why. Act out this scene with your partner, then switch roles.

CHRISTIAN LACROIX
COLLECTION
HAUTE-COUTURE
AUTOMNE-HIVER

«Il y a incontestablement chez moi l'envie d'un vête-ment net, épuré, structuré. Après les formes souples de ces dernières saisons, la mode se reconstruit. Les hanches sont dessinées, la taille étranglée avec des corselets. La jupe-cloche s'évase pour donner à la silhouette une forme sa-blier que souligne encore le retour de l'épaule. Bref, un structuré léger, qui ne verse jamais dans la roideur, et dont les matières très élaborées, les ornements, les détails de broderies servent encore à gommer tout ce qu'il pourrait avoir d'autoritaire. Tout en ayant le sentiment de demeurer fidèle à moi-même, cette collection me paraît à des années-lumière de l'an passé.»

HAUTE-COUTURE
AUTOMNE-HIVER

DIX
Trois-quart silhouetté en satin jade. Sweater en plumes rouges et roses. Jupe en velours incarnat.

ONZE
Veste cintrée en tweed artisanal bleu, bordeaux et argent à poignets de renard rouge. T-shirt en crêpe cyclamen brodé d'un collier trompe-l'œil. Jupe en velours pourpre.

DOUZE
Veste-corset en tissage artisanal pourpre et mordoré à poignets brodés. Pantalon masculin en lainage marine fileté de rouge.

PRET-A-PORTER
AUTOMNE-HIVER

QUARANTE-TROIS
Bustier en patches de maille et dentelle naturelle. Jupe longue en dentelle noire et or.

QUARANTE-QUATRE
Parka en cuir noir argenté à parements de Mongolie et brodé d'ex-votos. Mini-jupe de dentelle argent sur fuseau de velours noir à bandes dorées.

QUARANTE-CINQ
Parka en cuir «platine».

QUARANTE-SIX
Veste trapèze gansée à motifs de chenille «cœurs» noir et blanc. Liquette et pantalon large en crêpe imprimé «d'étoile» coordonné.

Stratégie pour lire
If a reading seems difficult at first, you can use your deductive reasoning skills to develop meaning. Start with a word you know and use it to figure out the words and phrases around it. How are they related to the familiar word? Do they modify it, like an adjective or adverb? Do they show its action, like a verb? Once you understand whole phrases, link them together into longer passages. By building on what you know, you can turn a difficult reading into something coherent and understandable.

A. What is this reading selection about? Who is Christian Lacroix?

B. What kind of vocabulary do you expect to find in this type of reading?

C. What are the names of the three collections of clothing? What do the names suggest about the type of clothing you would find in each collection?

D. On pages 110 and 111, what information do you find in the paragraphs? In the short, numbered items?

PRET-A-PORTER
AUTOMNE-HIVER

QUATRE-VINGT-TROIS
Caraco de taffetas «chaîne» fleuri bleu pastel brodé d'or et bordé de dentelle noire.

QUATRE-VINGT-QUATRE
Sweater de maille artisanale orné d'arabesques de gomme cuivrée et empierrée. Jupe de taffetas orange à fleurs chinoises sur jupon de taffetas à carreaux.

QUATRE-VINGT-CINQ
Bustier de maille artisanale orné d'arabesques de gomme cuivrée et empierrée à manches et basques de mousseline rousse. Jupe à trois étages en patches de taffetas bordé de dentelle.

BAZAR
AUTOMNE-HIVER

SEPT
Blouson en satin imper à col de peau lainée. Gilet XVIIIe en peau lainée. Pull ras-du-cou en shetland. Jeans surteint.

HUIT
Coupe-vent en satin imper. Veste de gardian en velours gansé. Gilet de gardian en velours gansé. Chemise cintrée en jean. Jupon en madras de laine.

NEUF
Mini-blouson en satin imper et gilet de peau lainée. Gilet en shetland rayé. Col roulé en shetland rayé. Jupon en madras de laine contrasté.

BAZAR DE CHRISTIAN LACROIX
AUTOMNE-HIVER

«Cette collection «Bazar» n'a pas été pensée comme une ligne secondaire, «bis» ou «ter» mais comme une ligne complémentaire à la fois «autonome» et faite pour coexister avec le Prêt-à-Porter et même la Couture (une cliente de Haute-Couture vient souvent faire ses essayages en jeans et en T-shirt : autant qu'ils viennent de chez nous !) et pourquoi pas imaginer, ce n'est pas pour moi une utopie, une femme dont la tenue serait composée d'éléments des trois lignes confondues (Haute-Couture, Prêt-à-Porter et Bazar). Enfin, en tant que styliste, je ressentais le besoin de préparer le prochain millénaire en prouvant que la Maison Christian Lacroix, symbolique des années 80 qui l'ont vue naître, pouvait avoir sa propre version des années 90 et 2000, parler à la rue sans rien perdre de ses racines (le Sud, le métissage des cultures, l'histoire revisitée, toujours d'actualité).»

E. Lequel de ces adjectifs n'est pas utilisé par Christian Lacroix pour décrire sa collection de Haute Couture?

> net
> structuré
> souple
> léger
> élaboré
> autoritaire

F. How does Lacroix feel about clothing from his three lines being worn together?

G. Can you tell which descriptions match the outfits in the four sketches?

H. How would you describe these clothes?

> jupe en velours pourpre
> sweater de plumes
> parka en cuir noir
> mini-jupe de dentelle
> argent
> veste trapèze
> jupe à trois étages

I. What kind of information is given on page 112?

J. Give examples of what elements make up the look of each of Lacroix's lines.

LISONS!

COLLECTION HAUTE-COUTURE

FORMES
Vestes cintrées, épaulées et parfois corsetées, longues, silhouettées ou même étriquées. Jupes «trapèze», «cloche» ou ondulées. Quelques pantalons. Tuniques fluides, robes souples et corolles architecturées pour le cocktail, grandes jupes libres ou crinolines craquantes à minces hauts très précieux le soir, quelques fourreaux.

ORNEMENTS
Plumes, fourrures et dorures. Patches, pochoirs et peintures. Tubes, paillettes et sequins de music-hall, night-club et fête foraine dégradés, nacrés et irisés. Broderies orientalisantes.

ACCESSOIRES
Variations sur les chapeaux d'homme. Bijoux composites autour du cou. Sacs minuscules en bandoulière. Bottes, richelieus et sandales.

MATIERES
Cachemire, tweeds artisanaux et plumes, maille enrichie, jerseys enluminés et velours travaillés. Faille froissée, satin duchesse et brocarts métallisés. Dentelles toujours. Soies peintes, ombrées ou changeantes.

Christian Lacroix

Q : Quelles sont les qualités que vous revendiquez chez les femmes qui sont fidèles au style Lacroix ?
C.L. : La liberté qu'elles prennent d'être différentes. Ma cliente n'est pas de celles qui cherchent à passer inaperçues. Elle étonne, elle détone, elle choque, au meilleur sens du terme. Parce qu'avant tout, elle est libre. Sans doute nous inscrivons-nous dans une évolution générale de la mode. Il me semble cependant qu'aujourd'hui les notions de passé, de présent, de futur sont dépourvues de signification. Le mot contemporain a bien vieilli en ce qui concerne le goût. Désormais, l'élégance la plus pointue mélange toutes les époques, tous les styles, toutes les catégories de vêtements, et même les catégories de prix.

PRET-A-PORTER

TISSUS
Mohair, tweeds artisanaux, rayures masculines, écossais, velours vieilli ou frappé d'or, crêpes, tulles de laine et georgette imprimés, satin damassé oriental, soies reliéfées, mousseline ombrée, taffetas «chaîne», cuirs platines ou pyrogravés, fausse fourrure et dentelles métalliques.

ACCESSOIRES
Chapeaux composites, bijoux ethniques, collants-dentelles, étoles patchworks, «guillies», boots et escarpins à talons aiguilles, ornements de cheveux, clous, ex-votos, passementeries, arabesques d'or et de sequins, motifs de gomme cuivrée empierrée.

FORMES
Manteaux folkloriques trenches, parkas ethniques, vestes étriquées, cardigans «historiques», smokings en patchworks de noirs, panoplies militaires, mini-kilts ou maxi-jupes «châlet», les robes sont des tuniques et parfois des maillots du soir.

MOTIFS
Carreaux et rayures, tartans, cachemires et fleurs géantes, peaux de bête et camouflage, bouquets chinois, tapis et tapisseries, pochoirs de dentelle.

BAZAR

ACCESSOIRES
Chapeaux de cuir et bérets jacquard, gants tricotés ou imprimés, gourmettes, bracelets, sautoirs, boucles d'oreilles, pendentifs et boutons de manchettes «Lettres, croix et clochettes», jambières et collants-dentelles, ceintures, «colliers-de-chien» et «poignets-de-force» en peau lainée, mouchoirs à breloques.

MATIERES
Du nylon matelassé ou non, du drap caban, des lainages à carreaux, des rayures masculines, du satin, du crêpe, de la peau, du jean, des tweeds, de la maille, du jersey et du tissu-cravate.

CHAUSSURES
Bottes hautes lacées à bouts ronds en cuir frappé chocolat ou noir. Richelieux à semelle crantée et talon bobine en cuir frappé ou en satin et vernis noir. Mocassins effilés à bouts carrés en satin et vernis noir ou en cuir frappé.

K. Classe chaque objet dans la catégorie à laquelle il appartient.

chapeaux de cuir	collants-dentelles
lainages à carreaux	fleurs géantes
bottes hautes lacées	robes souples
plumes, fourrures et dorures	

M. How does Christian Lacroix characterize his average client?

N. D'après Lacroix, comment peut-on définir l'élégance? Et toi? Comment est-ce que tu la définis?

L. Recherche la racine de ces adjectifs pour en deviner le sens.

1. métallisé
2. argenté
3. doré
4. lainé
5. épaulé
6. bordé

Cahier d'activités, p. 47, Act. 21

CHAPITRE 4   Des goûts et des couleurs

Ecrivons!

La Mode en l'an 2025

Tu viens de voir un exemple de mode créée par un grand couturier français. Dans l'activité suivante, tu vas pouvoir imaginer la mode du futur. On est en 2025. Tu es journaliste de mode pour l'émission **Paris branché** et tu dois faire un reportage sur la mode actuelle.

A. Préparation

1. Qu'est-ce qu'on porte en l'an 2025? Quel est le look à la mode? Pour t'en faire une idée, pose-toi les questions suivantes.

> **Stratégie pour écrire**
> Sometimes it's hard to come up with ideas for writing about an imaginary situation. One good way to jump-start your imagination is to ask yourself questions about the topic. For example, if you're asked to write about an imaginary place, you might ask yourself: How are the people there different from us? What's important to them? What do they do? Where do they live? How do they dress? Asking yourself these kinds of questions is a great way to generate ideas and help you get started. Don't be afraid to turn your imagination loose!

   a. Comment est-ce que le monde a changé? Comment sont les gens en 2025? Comment est-ce que cela influence leurs goûts?
   b. Est-ce qu'il y a de nouveaux tissus ou de nouvelles matières dont on peut faire des vêtements?
   c. Est-ce qu'il y a des styles du passé qui reviennent à la mode?

2. Choisis un genre de vêtements particulier pour ton reportage, par exemple, les vêtements de soirée, les vêtements de sport ou les vêtements préférés des adolescents.

B. Rédaction

Fais un brouillon de ton reportage.

1. Décris le type de vêtements que tu as choisi. N'oublie pas d'ajouter quelques informations sur...

   a. le style général des vêtements : décontracté, classique, habillé, sportif, etc.
   b. les couleurs et les motifs
   c. les tissus et les matières
   d. les endroits où on porte ce genre de vêtements
   e. le prix de ces vêtements
   f. le genre de boutiques ou de magasins où on peut les acheter

2. A la fin du reportage, parle des catégories suivantes pour compléter le look.

   a. accessoires
   b. chaussures

3. Fais quelques dessins des vêtements que tu as décrits pour illustrer ton reportage.

C. Evaluation

1. Relis ton brouillon. Est-ce que tu peux ajouter quelques détails pour rendre ton reportage plus intéressant?
2. Corrige la grammaire, l'orthographe et le vocabulaire et rédige la version finale de ton reportage.
3. Devant la classe, joue le rôle du/de la journaliste et présente ton reportage à la télé.

Grammaire supplémentaire

Première étape   **Objectives** Asking for and giving opinions; asking which one(s); pointing out and identifying people and things

1 Virginie demande l'avis de son ami(e) avant d'acheter certaines choses. Complète les conversations avec les pronoms interrogatifs et démonstratifs qui conviennent. (**p. 101**)

— Comment tu trouves ce col roulé violet?

— ___1___ ?

— ___2___ !

— Bof, je n'aime pas tellement.

— Qu'est-ce que tu penses de ces lunettes de soleil?

— ___3___ ?

— ___4___ !

— Elles sont hyper cool!

— J'aime bien ces hauts talons!

— ___5___ ?

— ___6___ !

— Ah oui, ils sont sensass!

— Tu aimes cette mini-jupe écossaise?

— ___7___ ?

— ___8___ !

— Mais non, elle est affreuse!

2 Valentin a été convoqué à un entretien d'embauche. Il demande à son ami Guy de lui donner des conseils sur quoi porter. Complète les phrases suivantes avec les pronoms interrogatifs et démonstratifs qui conviennent. (**p. 101**)

VALENTIN   Je ne sais pas quoi mettre. Qu'est-ce que tu en penses, toi?

GUY   Mets ton costume en laine!

VALENTIN   ____1____ ? Le gris à rayures?

GUY   Oui, ____2____. Il fait très sérieux.

VALENTIN   Et comme chemise, qu'est-ce que je mets?

GUY   ____3____. Elle te va très bien.

VALENTIN   Tu penses qu'il faut mettre une cravate?

GUY   Bien sûr!

VALENTIN   Ben, alors, ____4____ est-ce que je mets? La rouge à pois ou la bleue en soie?

GUY   Tu devrais mettre ____5____. L'autre est trop tape-à-l'œil.

VALENTIN   Bon, ben, qu'est-ce qu'il me faut encore? Ah, oui, des chaussures!

GUY   Tu n'as qu'à mettre ____6____.

VALENTIN   ____7____ ? Les bleues ou les noires?

GUY   Les noires. Elles ont l'air très confortables.

3 Bella demande à sa mère si elle peut mettre certaines choses. Complète chaque réponse de sa mère avec un pronom interrogatif et un pronom démonstratif. (**p. 101**)

EXEMPLE   **BELLA**   Je peux mettre mon caleçon?
MAMAN   **Lequel?** Le noir? Ah non, pas question! Je veux que tu mettes **celui-là.**

1.   BELLA   Ça te dérange si je mets mes bottes?
   MAMAN   _____ ? Tes bottes lacées noires? Mais ça va pas! Je veux que tu mettes _____.

2.   BELLA   Est-ce que je peux mettre une robe?
   MAMAN   _____ ? La robe à col en V? Absolument pas! Je veux que tu mettes _____.

3.   BELLA   Je peux mettre mes boucles d'oreilles?
   MAMAN   _____ ? Celles que Mémé t'a données? Pas question! Je veux que tu mettes _____.

4.   BELLA   Ça te dérange si je mets mon blouson?
   MAMAN   _____ ? Ton blouson en cuir? Mais non, c'est pas possible! Je veux que tu mettes _____.

5.   BELLA   J'aimerais bien mettre mes hauts talons...
   MAMAN   _____ ? Tes hauts talons noirs? Pas question! Je veux que tu mettes _____.

6.   BELLA   Est-ce que je peux mettre une jupe?
   MAMAN   _____ ? La mini-jupe orange? Absolument pas! Je veux que tu mettes _____.

GRAMMAIRE SUPPLÉMENTAIRE

Grammaire supplémentaire

WA3 FRANCOPHONE EUROPE-4

DISC1

Deuxième étape   **Objectives** Paying and responding to compliments; reassuring someone

4 Tu rends visite à Lian qui habite dans un vieux manoir. Tu lui demandes qui s'occupe du bâtiment et du jardin. Donne les réponses de Lian en utilisant le **faire** causatif et l'infinitif du verbe qui convient. (**p. 107**)

EXEMPLE   —Qui lave les vitres?
              —**On les fait laver.**

1. Qui enlève la neige?
2. Qui arrose la pelouse?
3. C'est ton père qui tond la pelouse, non?
4. Dis, c'est toi qui ramasses les feuilles?
5. Ton petit frère doit enlever les mauvaises herbes, non?

5 Tes amis te demandent ce que tu penses de leur nouveau look. Choisis la réponse appropriée. (**pp. 98, 107**)

1. Je me suis fait raser la moustache.
   a. Oh, c'est un vieux truc.
   b. Que tu es bien avec ça!
   c. C'est tout à fait ton style.

2. Regarde mes nouvelles bottes. Tu les aimes?
   a. Oh, je ne les ai pas payées cher.
   b. Je trouve qu'elles font très classe.
   c. Je ne te dis pas ça pour te faire plaisir.

3. Comment tu trouves ma coupe de cheveux?
   a. C'est assorti à tes yeux.
   b. C'est tout à fait toi.
   c. Ça te va comme un gant.

4. Qu'est-ce que tu penses de mon pull?
   a. Il te va comme un gant.
   b. Oh, c'est un vieux truc.
   c. Tu crois? C'est gentil.

6 Qu'est-ce que les personnes suivantes vont se faire faire? Réponds en utilisant le **faire** causatif et une des expressions proposées. (**p. 107**)

se faire une permanente

se couper les cheveux

se laver les cheveux tous les jours

se raser

se teindre les cheveux

EXEMPLE Claude aime avoir les cheveux très propres.
Il va se faire laver les cheveux tous les jours.

1. Fabienne voudrait avoir les cheveux violets.
2. Je n'aime pas avoir de moustache.
3. Liliane et Caroline aimeraient bien avoir les cheveux frisés.
4. Aziz et moi, nous préférons les cheveux courts.

7 Florence te conseille de faire faire certaines choses avant d'aller à un défilé de mode. Ecris ses conseils en utilisant **il faut que,** une forme du verbe **faire** et les expressions entre parenthèses. (**p. 107**)

EXEMPLE (réparer ses bottines) **Il faut que tu fasses réparer tes bottines.**

1. (nettoyer la jupe en velours pourpre)
2. (laver le débardeur imprimé)
3. (se maquiller)
4. (se couper la frange)
5. (se faire une queue de cheval)

GRAMMAIRE SUPPLÉMENTAIRE

Mise en pratique

Visit Holt Online
go.hrw.com
KEYWORD: WA3 FRANCOPHONE EUROPE-4
Self-Test

CD-ROM DISC 1

1 Lis ce que ces jeunes Françaises disent à propos de leur look. Ensuite, écoute bien. Est-ce que c'est Stéphanie ou Elodie qui parle?

Stéphanie

2 €

look

«J'aime tout ce qui est rétro et surtout les vêtements dans le style des années 70. J'adore mélanger tous les styles; des pattes d'eph avec un bustier en cuir ou une mini-jupe écossaise rouge avec une fausse fourrure violette, par exemple. Je mélange des fringues que je trouve aux puces avec des vêtements ultra-chic.»

15 €

40 €

Beauté

«Je change de make-up tous les jours selon mon humeur. En variant les couleurs, je deviens sage ou capricieuse, classique ou extravagante. Le soir, j'adore les tons violets et les faux cils pour faire ressortir mes yeux. Pour dessiner le contour de ma bouche, je mets un rouge à lèvres violet ou rouge. Le jour, je préfère ne pas mettre trop de make-up, juste un fond de teint clair et de la poudre transparente avec un rouge à lèvres mat. »

look

«Moi, je suis une fille de la campagne. Mon style est plutôt «nature». Je préfère les vêtements en laine, les jupes et les robes longues et les pochettes style péruvien, par exemple. Comme je passe la plupart de mon temps libre à la campagne, j'aime aussi porter de gros pulls et des jeans. Ces vêtements sont parfaits pour faire des balades avec mes chiens. »

Elodie

Beauté

«A mon avis, la beauté c'est la simplicité, alors je ne mets pas de make-up le jour. Le soir, si je sors avec des copains, je mets un peu de rouge à lèvres beige. C'est suffisant! Pour avoir les cheveux impeccables, je les lave tous les matins avec un shampooing de Jean-Claude Biguine. Je ne mets jamais de parfum et les déodorants parfumants, ce n'est pas mon truc. »

38 €

25 €

12 €

2

a. Tu travailles pour un magazine de mode français. Tu vas interviewer une célébrité sur son look. Joue cette scène avec ton/ta camarade. Puis, changez de rôle.

b. Ecris ton article pour le magazine. N'oublie pas de dire quels sont les vêtements préférés de la célébrité, comment il/elle préfère se coiffer et pourquoi.

3

a. Ton ami(e) a un entretien d'embauche. Il/Elle ne sait pas quoi mettre. Discute avec lui/elle d'un ensemble possible. Dis-lui ce que tu penses de ses idées et il/elle va aussi te donner son opinion.

b. Ton ami(e) a choisi quelque chose à mettre. Il/Elle l'essaie pour voir si ça lui va bien. Fais-lui des compliments et rassure-le/-la.

4 Qu'est-ce que tu penses du look de ces mannequins français? Avec ton/ta camarade, parle de leurs vêtements et de leur look.

Brian porte un pantalon en coton blanc cassé extra large et une chemise rouge et blanche à carreaux. Comme chaussures, il porte des bottines en daim marron. Sur la tête, il a noué un bandana blanc et bleu qui apporte une note d'originalité à son style cool et confortable.

Patrice porte une veste et un gilet en lin gris clair, un pantalon en lin gris foncé, une chemise en coton, une cravate en soie rayée et un chapeau en paille. Le tout, création Hermès®

5 ## Jeu de rôle

With group members, create outfits to present in a fashion show. Make sketches of outfits and ask other group members their opinions. Then, decide together which outfits you're going to present and write descriptions of them. During the fashion show, take turns being models and the commentator who describes the clothing. As the audience, your classmates will point out the outfits that they find interesting and tell what they think of them. They'll also write down their opinions of each outfit. Which outfits are the most popular?

Que sais-je?

Can you use what you've learned in this chapter?

Can you ask for and give opinions?
p. 98

1 How would you ask your friend's opinion of these items?

1.   2.   3.

Can you ask which one(s)?
p. 100

2 How would you give your opinion of the items in number 1 if you liked them? If you disliked them?

3 Your friend is pointing out some things she likes, but you can't tell which one(s) she's talking about. How do you ask?

1.   2.   3.

Can you point out and identify people and things?
p. 100

4 How would your friend answer your questions in number 3?

5 How would you identify the following people if you didn't know their names?

1.   2.

Can you pay and respond to compliments?
p. 108

6 How would you compliment a friend on an article of clothing?

7 How would you respond if someone complimented you on your clothing?

Can you reassure someone? p. 108

8 What would you say to reassure a friend who is uncertain about a new haircut or article of clothing?

Première étape

Asking for and giving opinions

Qu'est-ce que tu penses de... ?	What do you think of . . .?
Qu'en penses-tu?	What do you think of it?
J'aime bien ce genre de...	I like this type of . . .
Je trouve qu'ils/ elles font...	I think they look . . .
Ça fait vraiment cloche!	That looks really stupid!

Clothing and styles

un caleçon	leggings
un collant	panty hose, tights
un col roulé	a turtleneck sweater
un costume	a man's suit
des gants (m.)	gloves
un gilet	a vest
des hauts talons (m.)	high heels
une mini-jupe	a miniskirt

un pendentif	a pendant
un sac	a purse
à col en V	V-necked
à pinces	pleated
à pois	polka-dot
à rayures	striped
écossais(e)	plaid
en laine	wool
en soie	silk
forme tunique	tunic style

Describing clothing or hairstyles

affreux(-euse)	hideous
classe	classy
délirant(e)	wild
élégant(e)	elegant, sophisticated
hyper cool	super cool
ringard(e)	corny
sérieux(-euse)	conservative
sobre	plain
tape-à-l'œil	gaudy
vulgaire	tasteless

Asking which one(s)

Quel(s)/ Quelle(s)... ?	Which . . .?
Lequel/Laquelle?	Which one?
Lesquels/ Lesquelles?	Which ones?

Pointing out and identifying people and things

Celui-là/Celle-là.	That one.
Ceux-là/Celles-là.	Those.
Celui du...	The one . . .
Celui avec...	The one (man/boy) with . . .
Celle qui...	The one (woman/ girl) who . . .
La fille au...	The girl in the/ with the . . .
Là-bas, le garçon qui...	Over there, the boy who . . .

Deuxième étape

Paying and responding to compliments

Que tu es... avec ça!	You really look . . . in that!
Ça te va comme un gant.	That fits you like a glove.
C'est assorti à...	That matches . . .
Oh, c'est un vieux truc.	This old thing?
Oh, tu sais, je ne l'ai pas payé(e) cher.	Oh, it wasn't expensive.

Reassuring someone

Crois-moi, ...	Believe me, . . .
Je t'assure, ...	Really, . . .
Fais-moi confiance, ...	Trust me, . . .
Je ne dis pas ça pour te faire plaisir.	I'm not just saying that.

Hair and hair styles

une barbe	a beard
les cheveux	hair
courts	short
frisés	curly
longs	long
raides	straight
teints	dyed
en brosse	a crew cut
un chignon	a bun
un coiffeur/une coiffeuse	a hair stylist/barber
une coupe	a haircut
une coupe au carré	a square cut
la frange	bangs
une moustache	a mustache
une natte	a braid
des pattes (f.)	sideburns
une permanente	a perm

une queue de cheval	a pony tail
un shampooing	a shampoo
faire + inf.	to have (something) done
se friser	to curl one's hair
se maquiller	to put on make-up
se raser	to shave
se faire une permanente	(to give oneself) a perm

Allez, viens en Afrique francophone!

	Le Maroc	La Tunisie	Le Sénégal	La République centrafricaine
Population	30.122.000	9.593.000	9.987.000	3.512.000
Superficie (km²)	459.000	154.000	197.000	622.000
Capitale	Rabat	Tunis	Dakar	Bangui
Spécialités	pastilla, thé à la menthe	couscous, tajine	maffé, chawarma	dengbé

Autres états et régions francophones : l'Algérie, le Bénin, le Burkina Faso, le Burundi, le Cameroun, les Comores, le Congo, la Côte d'Ivoire, Djibouti, le Gabon, la Guinée, l'île Maurice, le Mali, la Mauritanie, Madagascar, Mayotte, le Niger, la République démocratique du Congo, la Réunion, le Ruanda, les Seychelles, le Tchad, le Togo

go.hrw.com
WA3 FRANCOPHONE AFRICA

DVD VIDEO

CD-ROM DISC 2

Une mosquée en Afrique ▶

L'Afrique francophone

En Afrique, la francophonie ne représente pas tout à fait la culture traditionnelle française telle qu'on la trouve en Europe. La langue française a été introduite par les colons français. Dans certains de ces pays, le mélange des cultures a été très bien accepté par les populations. Beaucoup de jeunes parlent français et continuent leurs études en France avec l'aide de bourses du gouvernement français; ils rentrent alors dans leur pays avec un diplôme qui leur donne accès à des postes importants. Par contre, dans d'autres pays comme l'Algérie, l'union des cultures ne s'est pas faite aussi parfaitement parce qu'il y a un mouvement très puissant qui cherche à préserver les traditions religieuses et culturelles.

1 Le Sahara
Ce désert recouvre une grande partie de l'Afrique du Nord.

2 Le baobab
C'est un arbre typiquement africain. Souvent, les villages sont construits près d'un baobab.

3 Les Africains
Malgré l'influence de la culture française, les peuples africains sont restés très proches de leurs traditions. Partout en Afrique, les gens portent encore des costumes traditionnels.

4 Les souks
C'est comme ça qu'on appelle les marchés marocains. On y trouve des épices, des légumes et une grande variété de produits artisanaux.

Aux chapitres 5, 6, 7 et 8, tu vas découvrir l'Afrique francophone avec Omar, Moktar, Lucie et Zhora. Omar habite à Dakar, capitale du Sénégal. Avec Moktar, tu vas visiter un souk du Maroc. Puis, tu vas aller en République centrafricaine pour un safari-photo avec Lucie. A la fin de ton voyage, tu vas faire la connaissance de Zhora qui habite en Tunisie, destination touristique très recherchée des Français.

5 La République centrafricaine
Dans ce pays couvert en partie de savanes, on peut voir de nombreux animaux sauvages.

6 Abidjan
Cette métropole de gratte-ciel et de larges avenues est la ville principale de la Côte d'Ivoire.

7 Casablanca
Cette ville marocaine est un grand port artificiel.

5
C'est notre avenir

Objectives

In this chapter you will learn to

Première étape

- ask about and express intentions
- express conditions and possibilities

Deuxième étape

- ask about future plans
- express wishes
- express indecision
- give advice
- request information
- write a formal letter

Visit Holt Online

go.hrw.com

KEYWORD: WA3 FRANCOPHONE AFRICA-5

Online Edition

◀ **La sortie d'une école à Dakar**

Mise en train · *L'avenir, c'est demain*

Cahier d'activités, p. 49, Act. 1–2

Stratégie pour comprendre

L'avenir, c'est dans un ou deux ans. C'est le bac, l'université, le travail, le mariage... Comment est-ce que ces jeunes Sénégalais voient leur avenir après le lycée?

L'année prochaine, j'aurai dix-huit ans et je passerai mon bac. Ensuite, si je le réussis, j'entrerai à l'université. Je voudrais faire des études de médecine. Dans sept ou huit ans, si tout va bien, il se peut que je sois médecin. Bien sûr, si je rencontre une fille que j'aime, il est possible que je me marie et que j'aie des enfants. Mais ça, c'est pour plus tard. Pour l'instant, le principal, c'est de réussir mon bac.

1 **Lamine, 17 ans, Dakar**

J'ai du mal à imaginer mon avenir. Je ne sais pas ce que je ferai après le bac. Peut-être que j'arrêterai mes études et que je travaillerai avec mes parents. Ils ont une boutique de vêtements et ils voudraient que je travaille avec eux. Ça ne m'intéresse pas tellement, mais il faut bien que je gagne de l'argent. Et ici, à Dakar, il y a beaucoup de chômage. Enfin, j'ai encore un an pour réfléchir.

2 **Fatima, 17 ans, Dakar**

Plus tard, j'ai l'intention d'être musicien. J'espère que je serai célèbre, mais bon, je ne rêve pas trop. En tout cas, après mon bac, j'arrêterai mes études et je me consacrerai entièrement à la musique. Je joue déjà du saxophone dans un petit groupe de World Music. C'est mon rêve et je pense que je réussirai. Le seul problème, c'est convaincre mes parents. Je ne sais pas s'ils seront d'accord. Il faut que j'en parle avec eux. Mais j'attendrai le bon moment!

3 **Omar, 16 ans, Dakar**

Après le bac, je pense voyager. Mon frère habite en France et j'irai peut-être le rejoindre. Il m'écrit qu'il aime beaucoup la vie là-bas. Au début, c'était difficile, mais il s'est bien intégré. Il travaille dans une entreprise d'import-export. Il fait venir des vêtements sénégalais. Moi, ça me plairait bien comme travail. J'aime beaucoup la mode. Ici, c'est difficile pour une fille de trouver du travail. Mais ce ne sera pas facile d'obtenir un permis de travail pour la France. Et puis, mes parents ne sont pas d'accord. Ils pensent qu'il vaut mieux rester dans son pays que d'aller vivre dans un autre pays. Alors, il faudra que j'attende d'être majeure. Quand j'aurai dix-huit ans, je prendrai une décision.

4 **Safiétou, 16 ans, Dakar**

5 **Ousmane, 18 ans, Saint-Louis**

Moi, quand j'aurai vingt et un ans, je passerai immédiatement mon permis de conduire pour être chauffeur de taxi, comme mon père. J'aime beaucoup conduire. Et puis, dans un taxi, on rencontre des tas de gens, des touristes, surtout. Je discute beaucoup avec mon père, il aime son métier. Je crois que ça me plaira aussi. Je ne sais pas si je ferai ça toute ma vie, mais, pour l'instant, ça m'intéresse.

Après le bac, moi, j'ai décidé de partir en vacances un mois pour me reposer du lycée! J'ai l'intention d'aller à la plage et de jouer au volley avec les copains. Après, je ferai une école de commerce à Dakar. Là-bas, j'habiterai chez mon oncle. Quand je serai à Dakar, je tiens à aller au cinéma et au concert parce qu'ici, quand on veut sortir, il n'y a pas grand-chose. C'est une petite ville, avec un seul lycée et assez peu de distractions. Une fois en ville, je compte travailler, bien sûr, mais aussi m'amuser! Après, quand j'aurai mon diplôme de l'école de commerce, je chercherai du travail dans une banque. C'est ça qui m'intéresse.

6 **Penda, 17 ans, Joal-Fadiout**

1 Tu as compris?

1. A quel moment de leur vie ces personnes écrivent leur lettre?
2. Ces lettres répondent à quelles questions?
3. Qu'est-ce que ces jeunes veulent faire?

2 C'est qui?

Associe les jeunes de *L'avenir, c'est demain* aux projets qu'ils ont pour l'avenir.

Lamine

Penda

Safiétou

Ousmane

partir en vacances   travailler dans une banque

passer son permis de conduire

aller en France

faire une école de commerce

être chauffeur de taxi   faire des études de médecine

travailler avec son frère

3 Vrai ou faux?

1. Fatima est contente à l'idée de travailler dans la boutique de ses parents.
2. Omar veut arrêter ses études et se consacrer à sa musique.
3. Le frère de Safiétou vend des vêtements sénégalais en France.
4. Les parents de Safiétou veulent bien qu'elle habite chez son frère.
5. Ousmane serait content de pouvoir rencontrer des touristes.
6. Penda pense chercher du travail dans une entreprise d'import-export.

4 Cherche les expressions

What expressions do the teenagers in *L'avenir, c'est demain* use to . . .

1. express a condition?
2. express a possibility?
3. express indecision?
4. express an intention?
5. express an obligation?
6. express interest in something?

Note culturelle

L'emploi est très limité pour les jeunes Sénégalais, et surtout pour ceux qui n'habitent pas dans les villes. La plupart des gens travaillent dans l'agriculture et, en général, les jeunes sont tenus de travailler aux champs, comme leurs parents. Même si légalement, les enfants doivent faire six ans d'école au minimum, en réalité environ 55% des enfants sénégalais vont à l'école primaire et 10% à l'école secondaire. Très peu de jeunes Sénégalais vont à l'université.

5 Et maintenant, à toi

Qu'est-ce que tu penses faire après le lycée? Est-ce que tu vas faire comme un des jeunes de *L'avenir, c'est demain?*

Rencontre culturelle

Qu'est-ce que tu sais du Sénégal? Pour t'en faire une meilleure idée, regarde ces photos.

Un marché en plein air

Dakar, la capitale du Sénégal

L'arachide est le produit agricole principal.

La musique traditionnelle est toujours populaire.

La pêche est une activité très importante.

On peut acheter des masques dans les marchés d'artisans.

Qu'en penses-tu?

1. Quelle impression est-ce que ces photos donnent du Sénégal?
2. D'après ces photos, quelles sont certaines activités sénégalaises? Est-ce que tu penses que d'autres pays francophones participent à ces activités? Et les gens de ta région?

Savais-tu que... ?

Le Sénégal est un pays d'Afrique occidentale qui comprend beaucoup de groupes ethniques, comme les Wolofs, les Serers, les Dialos et les Toucouleurs. Beaucoup de Sénégalais vivent à Dakar, la capitale et le centre économique et commercial du Sénégal. Mais plus de la moitié de la population vit à la campagne et pratique des coutumes vieilles de centaines d'années. Un chef ou un groupe de doyens gouverne chaque village et prend des décisions pour toute la communauté. L'agriculture est la ressource économique principale du Sénégal. Les Sénégalais, jeunes et vieux, participent aux récoltes, à l'élevage et à la pêche. A la ville comme à la campagne, les traditions séné-galaises se retrouvent dans l'art, l'artisanat, la musique et la danse. Il y a même des sports de tradition purement sénégalaise, comme par exemple, la lutte sans frappe, qu'on pratique dans les villages depuis le dix-septième siècle.

Vocabulaire

Regarde ce que le père d'Adja a fait dans sa jeunesse.

A dix-huit ans, il **a réussi son bac.**

Ensuite, il **a fait son service militaire.**

Puis, à vingt et un ans, il **a passé son permis de conduire.**

Après, il **est entré à l'université.**

Il **a fini ses études.**

Il **a été** deux mois **au chômage.**
He was unemployed. . .

Ensuite, il **a trouvé un travail.**

A vingt-sept ans, il **s'est marié.**

Et, à vingt-neuf ans, il **a eu une fille,** Adja.

arrêter ses études

choisir un métier   *to choose a career*

faire un apprentissage   *to do an apprenticeship*

faire une école technique

obtenir son diplôme

quitter sa famille   *to leave home*

Cahier d'activités, p. 50, Act. 3

Travaux pratiques de grammaire, pp. 41–42, Act. 1–4

6 Qui parle?

Ecoutons Ecoute le père d'Adja et ses amis parler de leurs souvenirs de jeunesse et décide si la personne qui parle est le père d'Adja ou non.

Comment dit-on...?

Asking about and expressing intentions; expressing conditions and possibilities

To ask about intentions:

Qu'est-ce que tu as l'intention de faire en juillet?

Qu'est-ce que tu comptes faire cet été?
What do you plan to do . . . ?

Qu'est-ce que tu penses faire après le bac?

Qu'est-ce que tu vas faire l'année prochaine?

To express intentions:

J'ai l'intention de partir en vacances.

Je compte passer mon permis cet été.
I'm planning on . . .

Après le bac, **je pense** travailler.

Je tiens à continuer mes études.
I really want to . . .

To express conditions:

Si je réussis mon bac, j'entrerai à l'université. *If . . . ,*

Si j'habite à Dakar, je chercherai un travail.

To express possibilities:

Peut-être que je travaillerai. *Maybe . . .*

*****Il se peut que** je fasse un apprentissage.
It might be that . . .

*****Il est possible que** je fasse des études de médecine. *It's possible that . . .*

*Note that you use the subjunctive with the expressions **Il se peut que** and **Il est possible que.**

Cahier d'activités, pp. 50–51, Act. 4–6

Grammaire supplémentaire, p.148, Act. 1

---

7 **Projets d'avenir**

Ecoutons Ecoute ces jeunes qui parlent de leurs projets pour après le lycée. Qui a l'intention de...

1. se marier?
2. trouver un travail?
3. faire un apprentissage?
4. entrer à l'université?
5. prendre un appartement?
6. faire son service militaire?
7. partir en vacances?
8. quitter sa famille?

Séka Prosper

Prisca

Angèle

Tu te rappelles?

Do you remember the forms of the subjunctive that you learned in Chapter 3? Take the **-ent** off of the present tense **ils/elles** form of the verb and add the endings **-e, -es, -e, -ions, -iez, -ent.** Remember that some verbs have irregular stems, but use the regular endings. Have you noticed some new uses of the subjunctive?

Travaux pratiques de grammaire, pp. 43–44, Act. 5–7

8 **Il se peut que je...**

Parlons Qu'est-ce que Bertille pense faire après le lycée? Complète ses phrases.

1.

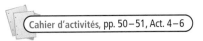

Il se peut que je...

2.

3.

4.

The future

You've learned to use **aller** with an infinitive to say that you are *going to do* something. Now you will learn how to say that you *will do* something.

> Je **prendrai** une décision.   Il **retrouvera** des amis.
> *I will make . . .*   *He'll meet . . .*

- To form the future tense of most verbs, add the endings **-ai, -as, -a, -ons, -ez, -ont** to the infinitive. If the infinitive ends in **-re**, drop the final **e** before you add the endings.

> Je **parlerai** français.   Nous **voyagerons** au Sénégal.
> Tu **choisiras** un métier.   Vous **sortirez** après minuit.
> Il/Elle/On **vendra** des fruits. Ils/Elles **prendront** une décision.

- Verbs that have a spelling change in the present tense have the same change in their future stem.

> j'**achète** → j'**achèterai**   elle **appelle** → elle **appellera**

- Some irregular verbs have a special stem to which you add the regular endings. Here are some of the most common ones:

aur- (avoir)	**fer-** (faire)	**ser-** (être)
deviendr- (devenir)	**ir-** (aller)	**verr-** (voir)
devr- (devoir)	**pourr-** (pouvoir)	**viendr-** (venir)
enverr- (envoyer)	**saur-** (savoir)	**voudr-** (vouloir)

> Je **ferai** mes devoirs.   On **viendra** à neuf heures.

Grammaire supplémentaire, pp.148–149, Act. 2–4

Cahier d'activités, p. 52, Act. 8–9

Travaux pratiques de grammaire, pp. 45–48, Act. 8–13

9 Grammaire en contexte

Ecrivons Christine adore deviner l'avenir des autres! Complète sa conversation avec son cousin Gérard.

GÉRARD Dis, Christine, à ton avis, qu'est-ce que je ___1___ (devenir)?

CHRISTINE D'abord, tu ___2___ (réussir) ton bac.

GÉRARD Et après?

CHRISTINE Après ça, tu ___3___ (entrer) à l'université.

GÉRARD Ah non! J'en ai marre des études! Je ___4___ (chercher) un travail.

CHRISTINE Non, tu ___5___ (finir) tes études à l'université.

GÉRARD Et pourquoi? Qu'est-ce que je ___6___ (faire) après?

CHRISTINE Si tu finis, tu ___7___ (être) peut-être diplomate.

GÉRARD Mais je ne veux pas être diplomate.

CHRISTINE Et pourquoi pas? Comme, ça, tu ___8___ (pouvoir) voyager partout.

GÉRARD Euh...

CHRISTINE Tu ___9___ (aller) dans beaucoup de pays étrangers. Tu ___10___ (voir) le monde entier, quoi. Tu ___11___ (apprendre) beaucoup de langues...

GÉRARD Oui, ça pourrait être intéressant, mais j'ai l'intention de me marier. Est-ce que j'___12___ (avoir) des enfants?

CHRISTINE Oui. Et ta famille ___13___ (vivre) avec toi.

GÉRARD Et on ___14___ (acheter) une grande maison?

CHRISTINE Oui! Ce ___15___ (être) nécessaire à cause de tes sept enfants!

10 Grammaire en contexte

Parlons Safiétou et Penda se marieront cet été. Imagine leur vie pendant les vingt années à venir.

Elle . . .

quitter sa famille
travailler comme
    professeur
écrire un livre
aller en France

Il . . .

finir ses études
chercher un travail
devenir banquier
avoir une barbe
faire un apprentissage

Ils . . .

avoir des enfants
acheter une maison
prendre des vacances
    chaque année
faire un voyage en
    Amérique

11 Grammaire en contexte

Parlons Qu'est-ce qu'Adjoua fera si elle rend visite à son frère à Paris?

1.

3.

2.

4.

12 Tes phrases à toi

Parlons/Ecrivons Fais des phrases pour décrire ce que tes amis et toi ferez peut-être après le lycée.

Moi, je
Mes amis
Un(e) de mes ami(e)s
Mes amis et moi, nous

choisir un métier
se marier
prendre un appartement
entrer à l'université
chercher du travail

dormir jusqu'à midi
entrer dans une école technique
gagner de l'argent
voyager beaucoup

13 Leurs projets d'avenir

Ecrivons/Parlons Avant le bac, ces jeunes disent à leurs parents ce qu'ils veulent faire plus tard. Avec ton/ta camarade, écris les dialogues entre ces jeunes et un de leurs parents. Puis, jouez ces scènes.

Chakib rêve de devenir footballeur professionnel.

Aïcha hésite entre aller à l'université et travailler comme vendeuse.

Marina veut trouver un travail et habiter à Dakar.

Farouk ne sait pas ce qu'il veut faire.

Remise en train ▪ *Passe ton bac d'abord!*

Omar Zidane habite à Dakar, au Sénégal. Pour lui, c'est bientôt la fin du lycée. Qu'est-ce qu'il va faire après? Il a une discussion à ce sujet avec ses parents.

Mme Zidane   Alors, Omar? Tu as réfléchi? Tu sais ce que tu veux faire après ton bac?

Omar   Euh, oui. J'aimerais faire de la musique.

Mme Zidane   De la musique!

Omar   Oui, du saxophone. Je voudrais faire une école de musique.

M. Zidane   Tu ferais mieux d'entrer à l'université pour faire des études sérieuses.

Omar   Pourquoi? C'est pas sérieux, la musique?

Mme Zidane   Tu sais bien, il n'y a pas beaucoup de débouchés. Il y a tellement de groupes. Tu ferais mieux de devenir médecin ou ingénieur, ou...

Omar   Mais, maman, si je ne réussis pas à percer, je pourrai toujours devenir professeur de musique.

M. Zidane   Tu sais, ce n'est pas très bien payé, professeur.

Omar   Et alors? Ce n'est pas l'argent qui m'intéresse, c'est la musique!

Mme Zidane   Ecoute, il faut d'abord que tu penses à ton bac. Après, on verra. Mais il faut que tu réfléchisses sérieusement. Musicien, c'est une profession difficile.

Omar   Un jour, je serai célèbre. Et quand on me demandera comment je suis devenu musicien, je dirai : «Ça a été très dur. Mes parents ne voulaient pas que je fasse de la musique!»

14   Tu as compris?

1. De quoi parlent Omar et ses parents?
2. Qu'est-ce qu'Omar voudrait faire?
3. Pourquoi ses parents sont inquiets?
4. Qu'est-ce que Dana conseille à Omar?
5. Quels types d'informations Omar donne dans sa lettre?
6. Quels types d'informations est-ce qu'il demande?

15   Mais moi, je veux!

Décide si c'est Omar ou ses parents qui diraient les phrases suivantes, puis récris leur conversation.

a. Un jour, je serai célèbre.

b. La musique, c'est un métier difficile.

c. Tu ferais mieux de devenir médecin ou ingénieur.

d. C'est pas sérieux, la musique?

e. Si je ne réussis pas, je pourrai toujours devenir professeur de musique.

f. Professeur de musique, ce n'est pas bien payé.

h. Il n'y a pas de débouchés. Il y a trop de groupes.

g. Il faudrait que tu fasses des études sérieuses.

i. Ce n'est pas l'argent qui m'intéresse.

Quelques jours plus tard, Omar parle à son amie Dana de sa conversation avec ses parents.

Omar Tu sais, j'ai parlé avec mes parents.

Dana Ah oui? Et qu'est-ce qu'ils ont dit?

Omar Eh bien, ils ne veulent pas que je fasse de la musique.

Dana Pourquoi?

Omar Ils disent qu'il n'y a pas de débouchés.

Dana Tu leur as expliqué que tu pouvais devenir professeur de musique?

Omar Oui. Mais ils veulent que je réfléchisse. Bref, ils ne sont pas d'accord.

Dana Tu sais, tu devrais te renseigner auprès d'une école de musique. Peut-être qu'avec plus d'informations, tu pourrais convaincre tes parents.

Omar Tu as raison, je vais me renseigner un peu mieux.

Omar a finalement écrit une lettre à une école de musique pour avoir plus de renseignements.

Omar Zidane
28, rue Vincent
Dakar

Dakar, le 12 mai

Monsieur le Directeur,

Je me permets de vous écrire parce que j'ai entendu parler de votre école. J'aimerais beaucoup faire des études de musique après mon baccalauréat. Je joue du saxophone depuis cinq ans. Actuellement, je fais partie d'un groupe de World Music, mais j'aimerais me perfectionner. Auriez-vous l'amabilité de m'envoyer des renseignements sur votre école? Je voudrais savoir quels cours sont offerts, le prix, la durée de la formation et quand les cours commencent. Vous serait-il possible de m'envoyer une brochure?

Avec mes remerciements anticipés, veuillez accepter, Monsieur le directeur, l'expression de mes salutations respectueuses.

Omar Zidane

Cahier d'activités, p. 54, Act. 12

16 Cherche les expressions

According to **Passe ton bac d'abord!**, what expressions would you use to . . .

1. ask about someone's plans?

2. express a wish?

3. give advice?

4. express an obligation?

5. begin a letter?

6. request information?

7. end a letter?

17 Et maintenant, à toi

Et toi? Est-ce que tu as déjà parlé de ton avenir avec tes parents? Est-ce que vous êtes d'accord?

Quel métier aimerais-tu faire?

We asked some young people about their plans for the future. Here's what they had to say.

Marieke,
France

«Plus tard, j'aimerais beaucoup faire du journalisme parce que j'aime bien enfin... écrire. Beaucoup. J'adore écrire, donc ça serait plutôt dans la presse. Et parce que... le contact, j'aime beaucoup. Je m'intéresse beaucoup à l'actualité. Enfin, c'est quelque chose que... Analyser, critiquer, j'aime beaucoup ça.»

Rodolphe,
Martinique

«J'aurais aimé être avocat international. Parce que, à mon avis, c'est un métier qui est intéressant. Et puis, bon, comme je m'intéresse aux langues, donc, je pense que ça peut me permettre de pratiquer. Dans dix ans, j'imagine ma vie avec optimisme, assez bien. Je me vois vivre d'une manière assez bien, avec une situation fixe et une bonne situation.»

Mélanie,
Québec

«J'aimerais être reporter pour un journal, ou encore être vétérinaire; c'est très différent, mais c'est deux choses que j'aime beaucoup. J'aimerais être chroniqueuse sportive. Chroniqueur sportif, j'aimerais beaucoup ça. Et puis, le problème, c'est qu'en médecine vétérinaire, il faut avoir des très bonnes notes. C'est ce qui m'empêche un peu d'aller là-dedans. C'est trop exigeant.»

Qu'en penses-tu?

1. Quels sont les projets que font ces jeunes?
2. Est-ce que les professions qu'ils mentionnent t'intéressent?
3. Quelles professions t'intéressent? Pourquoi?

Deuxième étape

Objectives Asking about future plans; expressing wishes; expressing indecision; giving advice; requesting information; writing a formal letter

go.
hrw
.com

WA3 FRANCOPHONE
AFRICA-5

Vocabulaire

Quel métier est-ce que tu choisiras?

CD-ROM
DISC **2**

un ingénieur

un médecin

un plombier

un tailleur

un acteur/une actrice	
un agent de police/ un policier	*a police officer*
un(e) architecte	
un(e) avocat(e)	*a lawyer*
un chauffeur	
un(e) comptable	*an accountant*
un(e) dentiste	
un écrivain	*a writer*
un homme/ une femme d'affaires	*a businessman/woman*
un(e) infirmier(-ière)	*a nurse*

un instituteur/ une institutrice	*an elementary school teacher*
un(e) journaliste	
un(e) mécanicien(ne)	
un(e) ouvrier(-ière)	*a worker*
un(e) pharmacien(ne)	
un pilote	
un professeur	
un(e) secrétaire	
un(e) serveur(-euse)	
un(e) technicien(ne)	

Cahier d'activités,
p. 55, Act. 13–14

Travaux pratiques de grammaire,
pp. 49–50, Act. 14–17

DE BONS CONSEILS

The names of some careers in French have traditionally had only a masculine form. You can use the masculine form to refer to both women and men: **C'est un médecin** (*He* or *she is a doctor*). If you want to make it clear that you're talking about a woman, you can add the word **femme** to the masculine form: **C'est une femme médecin.**

Note culturelle

Les pays francophones offrent des stages de formation professionnelle officiels et non-officiels aux jeunes qui ne vont pas à l'université. Au Sénégal, les adultes ont la responsabilité d'enseigner leur métier aux jeunes membres de leur famille. Souvent, les jeunes ne gagnent pas d'argent pendant leur apprentissage. Ce transfert de connaissances professionnelles d'une génération à l'autre est très important dans un pays comme le Sénégal où il y a beaucoup de chômeurs.

 18 ### C'est quel métier?

Ecoutons Ecoute ces conversations et identifie les métiers des personnes qui parlent.

C'est un(e)...

Il est/Elle est...

19 Devinettes

Parlons Réfère-toi au vocabulaire de la page 139 pour deviner le métier des personnes suivantes.

1. M. Laval vend des médicaments.
2. Pierrick conduit la voiture d'une star de cinéma.
3. Mme Martel dessine des plans de maison pour ses clients.
4. Paul porte un uniforme bleu et il fait respecter la loi.
5. Les élèves de Maryline ont sept ans.

20 Qui suis-je?

Parlons Choisis une profession et décris-la. Ton/ta camarade devinera quel métier tu décris.

EXEMPLE — Je m'occupe des malades.
— Tu es médecin?
— Oui.

21 Mon journal

Ecrivons Quels sont les métiers qui t'intéressent? Pourquoi? Est-ce que tu as déjà décidé de ce que tu feras plus tard?

Vocabulaire à la carte

un(e) assistant(e) social(e)	*a social worker*
un(e) banquier(-ière)	
un(e) dessinateur(-trice)	*a commercial artist*
un(e) diplomate	
un(e) électricien(ne)	
un(e) fonctionnaire	*a government employee*
un juge	
un mannequin	*a model*
un(e) menuisier(-ière)	*a carpenter*
un(e) programmeur(-euse)	
un(e) psychiatre	*a psychiatrist*
un(e) scientifique	
un soldat	*a soldier*
un(e) vétérinaire	

Comment dit-on...?

Asking about future plans; expressing wishes; expressing indecision; giving advice

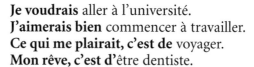

To ask about future plans:

Tu sais ce que tu veux faire?
Do you know what you want to do?
Tu as des projets? *Do you have plans?*
Qu'est-ce que tu veux faire plus tard?
What do you want to do . . . ?

To express wishes:

Je voudrais aller à l'université.
J'aimerais bien commencer à travailler.
Ce qui me plairait, c'est de voyager.
Mon rêve, c'est d'être dentiste.
My dream is to . . .

To express indecision:

Pas vraiment.
Je ne sais pas trop.
Non, je me demande.
Je n'en ai aucune idée. *I have no idea.*
J'ai du mal à me décider.
I'm having trouble deciding.
Je ne sais plus ce que je veux.
I don't know what I want anymore.

To give advice:

Tu n'as qu'à trouver un travail.
All you have to do is . . .
Tu devrais te renseigner.
Tu ferais mieux/bien de penser à ton bac.
Il faudrait que tu écrives à l'école de musique. *You ought to . . .*
Il vaudrait mieux que tu travailles.
It would be better if . . .

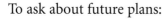

Cahier d'activités, pp. 55–56, Act. 15–16

---

22 **Tu sais ce que tu vas faire?**

Ecoutons Est-ce que ces gens savent ce qu'ils vont faire ou est-ce qu'ils hésitent?

 23 **Tu ferais bien de...**

Parlons Ton/ta camarade te parle de ce qu'il/elle voudrait faire. Donne-lui des conseils. Changez de rôle.

EXEMPLE —Ce qui me plairait, c'est de parler russe.
—Tu n'as qu'à trouver un travail en Russie.

DESIR
aller à l'université
acheter une voiture
être acteur/actrice
arrêter ses études
passer son permis de conduire
quitter sa famille
apprendre à jouer du piano
se marier
devenir musicien(ne)
écrire un roman
???

CONSEILS
attendre un peu
étudier
choisir un métier pratique
chercher un emploi
prendre des leçons de conduite
y réfléchir
aller à l'université
obtenir un diplôme
???

Grammaire

The conditional

Generally, you use the conditional in French when you want to tell what you *would* do under certain conditions. You might also use the conditional to be polite. Look at these examples:

Il **gagnerait** beaucoup d'argent comme médecin. *He would earn . . .*
Si j'avais plus de temps, j'**étudierais** avec Marthe.
  If I had more time, I would study . . .
Je **voudrais** des renseignements, s'il vous plaît. *I would like . . .*

• To make the forms of the conditional, start with the same stem you use to make the future tense, but add the endings of the imperfect: **-ais, -ais, -ait, -ions, -iez, -aient.** Remember to drop the **-e** from infinitives ending in **-re.**

Je **choisirais** \
Tu **choisirais** } le bleu.
Il/Elle/On **choisirait** /

Nous **dirions** \
Vous **diriez** } la vérité.
Ils/Elles **diraient** /

Grammaire supplémentaire, pp. 150–151, Act. 5–7

Cahier d'activités, pp. 56–57, Act. 17–19

• The future and the conditional have the same irregular stems. (See page 134.)

Je **serais** content de continuer mes études.
Tu **ferais** bien d'étudier.

Travaux pratiques de grammaire, pp. 51–52, Act. 18–20

24 **Grammaire en contexte**

Lisons Antoine, le correspondant français de ta classe, te demande des conseils au sujet de ses études. Complète son message avec le conditionnel des verbes entre parenthèses.

Bientôt le bac! Après le bac, ma sœur et moi, nous ___**1**___ (vouloir) aller à l'université. Ma sœur ___**2**___ (aimer) faire des études de médecine. Moi, je crois que l'archéologie m'___**3**___ (intéresser), mais mes parents ne sont pas d'accord. Ils ___**4**___ (aimer) que j'étudie le droit. Ils disent que je ___**5**___ (trouver) un travail plus facilement et que je ___**6**___ (gagner) plus d'argent. Ils ont peut-être raison, mais moi, je veux voyager. Si j'étais archéologue, je ___**7**___ (pouvoir) aller en Egypte et en Grèce. Je ___**8**___ (rencontrer) aussi beaucoup de gens. Je pense que je ___**9**___ (être) plus heureux. Et toi, qu'est-ce que tu ___**10**___ (faire) à ma place?

25 **Grammaire en contexte**

Ecrivons Réponds au message d'Antoine de l'activité 24. Dis-lui ce que tu ferais, si tu étais à sa place. Tu peux aussi lui donner d'autres conseils et suggérer plusieurs métiers qui pourraient aussi l'intéresser. Utilise le conditionnel dans ta réponse.

Comment dit-on...?

Requesting information; writing a formal letter

To request information:

Pourriez-vous m'envoyer des renseignements sur votre école?
Would you send me some information about . . . ?
Je voudrais savoir quels cours sont offerts.
Vous serait-il possible de m'envoyer une brochure sur votre école?
Would it be possible for you to . . . ?

To begin a formal letter:

Monsieur/Madame,
En réponse à votre lettre du...
In response to your letter of . . .
Suite à notre conversation téléphonique,...
Following our phone conversation, . . .

To end a formal letter:

Je vous prie d'agréer, Monsieur/Madame,
l'expression de mes sentiments distingués.
Very truly yours, . . .

Cahier d'activités, p. 58, Act. 21

26 **Au téléphone**

Ecoutons Ecoute Armenan qui téléphone à une école technique. Mets les phrases suivantes dans l'ordre d'après la conversation.

a. Elle demande quels sont les frais d'inscription.

b. Armenan veut savoir quels cours elle pourrait suivre.

c. L'employé demande l'adresse d'Armenan.

d. Elle demande à quelle heure les cours sont offerts.

e. Elle demande à l'employé de lui envoyer une brochure.

f. Elle demande quand les cours commencent.

g. L'employé répond à l'appel d'Armenan.

You've already learned several ways to form questions. A formal way to form questions is to reverse the order of the subject and the verb. Notice that you place a hyphen between the verb and the subject pronoun and that you insert a **-t-** between a verb that ends with a vowel and **il/elle/on**.

Comment **allez-vous**, monsieur?
Pourriez-vous me dire où se trouve la gare?
Va-t-il à Paris?

Inversion occurs in literature, in formal letters or speeches, and in very polite conversations, but it is not used often in conversational speech.

Grammaire supplémentaire, p. 151, Act. 8–9

Travaux pratiques de grammaire, p. 53, Act. 21

---

27 ## Grammaire en contexte

Ecrivons Récris ces phrases d'une façon plus polie en utilisant l'inversion.

1. Est-ce que tu peux me donner des conseils?
2. Vous pourriez me rapporter des timbres?
3. Elles ont combien de sœurs?
4. Il veut du café?
5. Est-ce qu'elle joue du piano?
6. Vous avez reçu ma lettre?
7. Il va à la bibliothèque?
8. Tu peux me téléphoner plus tard?

28 ## Une lettre officielle

Lisons/Ecrivons Un de tes camarades veut passer une année dans un lycée français. Il te demande de l'aider à écrire une lettre à M. Durand, le directeur des échanges franco-américains. Remplace les parties soulignées par des mots ou expressions plus polis.

> (1) <u>Bonjour,</u>
>
> Je vous écris parce que (2) <u>je veux</u> obtenir des renseignements sur les échanges franco-américains. (3) <u>Vous pourriez</u> me donner des informations sur les lycées français? Quand (4) <u>est-ce que je dois</u> m'inscrire? (5) <u>Vous avez</u> des brochures? (6) <u>Est-ce que vous pouvez</u> m'en envoyer une?
>
> Merci d'avance.
> (7) <u>Au revoir.</u>

29 ## Pourriez-vous me renseigner?

Parlons Tu voudrais passer ton permis de conduire. Téléphone à une auto-école pour demander combien ça coûte, à quelles heures et quels jours les cours sont offerts et comment s'inscrire. Joue cette scène avec ton/ta camarade.

30 **De l'école au travail**

 Ecrivons Ecris une lettre à une université ou à une école technique. Avant de l'écrire, réfléchis à ce que tu voudrais faire plus tard comme métier. Dans ta lettre, présente-toi, parle du métier qui t'intéresse et demande des renseignements. N'oublie pas d'utiliser les formules de politesse.

L'Enfant noir

A. Scan the first paragraph. Who is the narrator? What information have you learned in Chapter 5 that might be important to understanding the narrator's point of view?

B. Knowing who the narrator is, what do you think you'll read about in the story?

C. How important an occasion is this for Laye, his family, and his village? How do you know?

D. What advice does Laye's father give him? What does he expect from him?

L'Enfant noir

J'avais quinze ans, quand je partis pour Conakry. J'allais y suivre l'enseignement technique à l'école Georges Poiret, devenue depuis le Collège technique.

Je quittais mes parents pour la deuxième fois. Je les avais quittés une première fois aussitôt après mon certificat d'études, pour servir d'interprète à un officier qui était venu faire des relevés de terrain dans notre région et en direction du Soudan. Cette fois, je prenais un congé beaucoup plus sérieux.

Depuis une semaine, ma mère accumulait les provisions. Conakry est à quelque 600 kilomètres de Kouroussa et, pour ma mère, c'était une terre inconnue, sinon inexplorée, où Dieu seul savait si l'on mange à sa faim.

La veille de mon départ, un magnifique festin réunit dans notre concession marabouts et féticheurs, notables et amis et, à dire vrai, quiconque se donnait la peine de franchir le seuil, car il ne fallait, dans l'esprit de ma mère, éloigner personne : il fallait tout au contraire que des représentants de toutes les classes de la société assistassent au festin, afin que la bénédiction qui m'accompagnerait fût complète.
— Que la chance te favorise ! Que tes études soient bonnes ! Et que Dieu te protège !

Je passai une triste nuit. J'étais très énervé, un peu angoissé aussi, et je me réveillai plusieurs fois.

Ma mère me réveilla à l'aube, et je me levai sans qu'elle dût insister. Je vis qu'elle avait les traits tirés, mais elle prenait sur elle, et je ne dis rien : je fis comme si son calme apparent me donnait réellement le change sur sa peine. Mes bagages étaient en tas dans la case.

—Cours vite faire tes adieux maintenant ! dit ma mère.

J'allai dire au revoir aux vieilles gens de notre concession et des concessions voisines, et j'avais le cœur gros. Ces hommes, ces femmes, je les connaissais depuis ma plus tendre enfance, depuis toujours je les avais vus à la place même où je les voyais, et aussi, j'en avais vu disparaître : ma grand-mère paternelle avait disparu ! Et reverrais-je tous ceux auxquels je disais à présent adieu ?

Quand je revins près de ma mère et que je l'aperçus en larmes devant mes bagages, je me mis à pleurer à mon tour. Je me jetais dans ses bras et je l'étreignis.

—Mère ! criai-je.

Je l'entendais sangloter, je sentais sa poitrine douloureusement se soulever.

—Mère, ne pleure pas ! dis-je. Ne pleure pas !

Mais je n'arrivais pas moi-même à refréner mes larmes et je la suppliai de ne pas m'accompagner à la gare, car il me semblait qu'alors je ne pourrais jamais m'arracher à ses bras. Elle me fit signe qu'elle y consentait.

Mon père m'avait rapidement rejoint et il m'avait pris la main, comme du temps où j'étais encore enfant. Je ralentis le pas : j'étais sans courage, je sanglotais éperdument.

—Allons ! allons ! mon petit, dit-il. N'es-tu pas un grand garçon ?

Mais sa présence même, sa tendresse même — et davantage encore maintenant qu'il me tenait la main — m'enlevaient le peu de courage qui me restait, et il le comprit.

—Je n'irai pas plus loin, dit-il. Nous allons nous dire adieu ici : il ne convient pas que nous fondions en larmes à la gare, en présence de tes amis; et puis je ne veux pas laisser ta mère seule en ce moment : ta mère a beaucoup de peine ! J'en ai beaucoup aussi. Nous avons tous beaucoup de peine, mais nous devons nous montrer courageux. Sois courageux ! Mes frères, là-bas, s'occuperont de toi. Mais travaille bien ! Travaille comme tu travaillais ici. Nous avons consenti pour toi des sacrifices; il ne faut point qu'ils demeurent sans résultat.

Dans la cour, où l'on me donna les premières indications, au dortoir, où j'allai ranger mes vêtements, je trouvai des élèves venus comme moi de Haute-Guinée, et nous fîmes connaissance; je ne me sentis pas seul. Un peu plus tard, nous entrâmes en classe. Nous étions, anciens et nouveaux, réunis dans une même grande salle. Je me préparai à mettre les bouchées doubles, songeant à tirer déjà quelque parti de l'enseignement qu'on donnerait aux anciens, tout en m'en tenant évidemment au mien propre; mais presque aussitôt je m'aperçus qu'on ne faisait pas grande différence entre anciens et nouveaux : il semblait plutôt qu'on s'apprêtait à répéter aux anciens, pour la deuxième, voire pour la troisième fois, le cours qu'on leur avait seriné dès la première année. « Enfin, on verra bien ! » pensai-je; mais j'étais néanmoins troublé : le procédé ne me paraissait pas de bon augure.

Pour commencer, on nous dicta un texte très simple. Quand le maître corrigea les copies, j'eus peine à comprendre qu'elles pussent fourmiller de tant de fautes. C'était, je l'ai dit, un texte très simple, sans surprises, où pas un de mes compagnons de Kouroussa n'eût trouvé occasion de trébucher. Après, on nous donna un problème à résoudre; nous fûmes très exactement deux à trouver la solution ! J'en demeurai atterré : était-ce là l'école où j'accéderais à un niveau supérieur ? Il me sembla que je retournais plusieurs

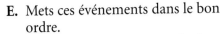

E. Mets ces événements dans le bon ordre.
1. Laye se plaint à son oncle de sa nouvelle école.
2. La mère de Laye lui dit au revoir.
3. Laye commence à penser que les cours sont trop faciles.
4. Laye quitte son village pour aller à Conakry.
5. L'oncle de Laye lui conseille de rester à Conakry.
6. Il y a une grande fête pour souhaiter bonne chance à Laye.
7. Laye dit au revoir à son père.

F. Vrai ou faux?
1. La nouvelle école de Laye est si proche du village qu'il peut rendre visite à ses parents pendant les week-ends.
2. Dès la fin de la première semaine, Laye est déçu par sa nouvelle école.
3. Laye trouve que les cours sont trop difficiles.
4. L'oncle de Laye lui dit qu'il devrait être fier d'apprendre à travailler de ses mains.
5. La famille de Laye considère que les études sont très importantes.
6. Laye est très content de quitter sa famille.

G. Associe les mots de la colonne de gauche à ceux de la colonne de droite qui y sont apparentés.

refréner	zèbre
je ralentis	perdre
fourmiller	travailler
zébrées d'éraflures	lent
travailleur	fourmi
éperdument	frein

H. En te référant au contexte et à la racine des mots, associe chaque mot de la colonne de gauche à son équivalent de la colonne de droite.

1. franchir le seuil
2. éloigner
3. larmes
4. refréner
5. ralentis le pas
6. éperdument
7. fourmiller
8. zébrées
9. travailleur

a. arrêter
b. à rayures
c. quelqu'un qui travaille
d. ne pas permettre d'entrer
e. être plein de
f. ce qui sort des yeux quand on pleure
g. tristement
h. marche moins vite
i. entrer

I. How does Laye's view of education differ from his uncle's?

J. Que veut dire l'oncle de Laye par "une carrière de gratte-papier"? Quelles professions appartiennent à cette catégorie?

K. Quel conseil l'oncle de Laye lui donne-t-il? Pourquoi lui donne-t-il ce conseil?

L. If you found yourself in a similar situation, would your reaction be similar to or differ from Laye's?

M. Does your community place the same importance on education as Laye's family and community? Why or why not?

Cahier d'activités, p. 59, Act. 22

années en arrière, que j'étais assis encore dans une des petites classes de Kouroussa. Mais c'était bien cela : la semaine s'écoula sans que j'eusse rien appris. Le dimanche, je m'en plaignis vivement à mon oncle :

—Rien ! je n'ai rien appris, mon oncle ! Tout ce qu'on nous a enseigné, je le savais depuis longtemps. Est-ce la peine vraiment d'aller à cette école ? Autant regagner Kouroussa tout de suite !

—Non, dit mon oncle; non ! Attends un peu !

—Il n'y a rien à attendre ! J'ai bien vu qu'il n'y avait rien à attendre !

—Allons ! Ne sois pas si impatient ! Es-tu toujours si impatient ? Cette école où tu es, peut-être bien est-elle à un niveau trop bas pour ce qui regarde l'enseignement général, mais elle peut te donner une formation pratique que tu ne trouveras pas ailleurs. N'as-tu pas travaillé dans les ateliers ?

Je lui montrai mes mains : elles étaient zébrées d'éraflures, et les pointes des doigts me brûlaient.

—Mais je ne veux pas devenir un ouvrier ! dis-je.

—Pourquoi le deviendrais-tu ?

—Je ne veux pas qu'on me méprise !

—Écoute-moi attentivement, dit mon oncle. Tous les élèves venant de Kouroussa ont toujours dédaigné l'école technique, toujours ils ont rêvé d'une carrière de gratte-papier. Est-ce une telle carrière que tu ambitionnes ? Une carrière où vous serez perpétuellement treize à la douzaine ? Si réellement ton choix s'est fixé sur une telle carrière, change d'école. Mais dis-toi bien ceci, retiens bien ceci : si j'avais vingt ans de moins, si j'avais mes études à refaire, je n'eusse point été à l'École normale; non ! j'aurais appris un bon métier dans une école professionnelle : un bon métier m'eût conduit autrement loin !

—Mais alors, dis-je, j'aurais aussi bien pu ne pas quitter la forge paternelle !

—Tu aurais pu ne pas la quitter. Mais, dis-moi, n'as-tu jamais eu l'ambition de la dépasser ?

Or j'avais cette ambition; mais ce n'était pas en devenant un travailleur manuel que je la réaliserais; pas plus que l'opinion commune, je n'avais de considération pour de tels travailleurs.

—Mais qui te parle de travailleur manuel ? dit mon oncle. Un technicien n'est pas nécessairement un manuel et, en tout cas, il n'est pas que cela : c'est un homme qui dirige et qui sait, le cas échéant, mettre la main à la pâte. Or les hommes qui dirigent des entreprises, ne savent pas tous mettre la main à la pâte, et ta supériorité sera là justement. Crois-moi : demeure où tu es !

Ecrivons!

Une lettre de candidature

Tu as vu une annonce dans le journal pour un emploi qui t'intéresse. Comment poser ta candidature? En général, les employeurs demandent un **curriculum vitae (C.V.)** et une **lettre de motivation.** Maintenant, tu vas écrire une lettre de candidature pour un emploi. Dans cette lettre, il faut convaincre l'employeur que tu es le meilleur candidat/la meilleure candidate pour le poste.

> ### 🖊 **Stratégie** pour écrire
> Details and structure are two of the most important elements in persuasive writing. To be as convincing as possible, you must choose facts and examples that will have the greatest impact on your audience. Try to predict your readers' concerns and address them. The structure of your argument also influences the effectiveness of your writing. Begin with your second-best points, followed by the weakest ones, and then put your strongest arguments last. Your most convincing argument will have a bigger impact if it is the last thing your audience reads.

A. Préparation

1. Parmi ces emplois, choisis celui qui t'intéresserait le plus :

   a. apprenti cuisinier dans un restaurant français

   b. photographe stagiaire *(trainee)* dans une agence de mannequins

   c. employé saisonnier *(seasonal)* aux Nations-Unies

   d. serveur dans le café d'un grand hôtel

   e. apprenti journaliste pour le journal *Le Monde*

   f. secrétaire stagiaire bilingue dans un cabinet d'avocats

2. Fais une liste de tes qualifications et qualités (tu peux les imaginer) pour persuader l'employeur de ton expérience et de ton intérêt.

3. Pense à ce dont l'employeur a besoin. Est-ce qu'il y a d'autres détails que tu pourrais ajouter pour donner une image positive de toi à l'employeur?

4. Mets en ordre les détails que tu as écrits et termine avec les points les plus forts de ton argumentation pour avoir le maximum d'effet.

B. Rédaction

Fais le brouillon de ta lettre. N'oublie pas les formules de politesse nécessaires.

En réponse à votre annonce parue dans ...	*In reply to your advertisement in . . .*
poser sa candidature pour un emploi	*to apply for a position*
une entrevue	*an interview*
Veuillez trouver ci-joint mon curriculum vitae.	*Please find enclosed my résumé.*
Dans l'attente de votre réponse, ...	*I look forward to hearing from you.*

C. Evaluation

1. Compare ta lettre à celles que tu as vues dans le chapitre:

   a. Est-ce que tu montres que tu possèdes toutes les qualifications nécessaires pour l'emploi?

   b. Est-ce que ses détails et sa structure rendent ta lettre convaincante?

   c. Est-ce que ton style est adéquat?

2. Rédige la version finale de ta lettre. N'oublie pas de corriger les fautes d'orthographe, de grammaire et de vocabulaire.

3. Donne ta lettre à un petit groupe de camarades qui jouent le rôle des employeurs. Ils vont la lire et dire si tu les as persuadés de t'accorder une entrevue.

Grammaire supplémentaire

CD-ROM
DISC **2**

Visit Holt Online
go.hrw.com
KEYWORD: WA3 FRANCOPHONE AFRICA-5
Jeux Interactifs

Première étape   **Objectives** Asking about and expressing intentions;
expressing conditions and possibilities

1 La mère de Mamadou lui dit ce qu'elle veut qu'il fasse de sa vie. Finis ses phrases avec l'expression suggérée par l'image. Attention! Tu vas devoir employer le subjonctif dans certaines phrases. (**p. 133**)

1. Mon fils, je veux que tu _____.

2. C'est essentiel si tu veux _____ comme prof.

3. Après, je voudrais que tu _____.

4. Puis, tu peux _____. Le rêve de tous les parents, c'est de devenir des grands-parents.

2 Une conseillère d'orientation demande à des étudiants ce qu'ils vont faire après le bac. Utilise les expressions entre parenthèses pour écrire leurs réponses. N'oublie pas de mettre les verbes au futur. (**p. 134**)

EXEMPLE   —Ousmane, qu'est-ce que vous comptez faire si vous réussissez au bac? (aller dans une école technique)
   —**J'irai dans une école technique.**

1. Omar et Adja, qu'est-ce que vous avez l'intention de faire en septembre? (passer son permis de conduire)

2. Et Penda, qu'est-ce qu'il va devenir s'il n'obtient pas de permis de travail pour la France? (être chauffeur de taxi, comme son père)

3. Et Lamina et Chakib, qu'est-ce qu'ils ont l'intention de faire après le lycée? (faire du journalisme)

4. Et Bertille, qu'est-ce qu'elle pense faire? (chercher du travail dans une entreprise d'import-export)

5. Qu'est-ce que tu veux faire quand tu prendras ta retraite? (se consacrer à la musique)

3 Karine imagine l'avenir de Marisa. Qu'est-ce qu'elle lui raconte? Complète ses phrases en utilisant une des expressions de la boîte et le futur du verbe qui convient. (**p. 134**)

entrer dans une école de commerce

rejoindre son frère à Dakar

trouver un travail dans une banque

obtenir son diplôme

réussir au bac

devenir ministre des Finances

avoir un enfant

se marier

faire un voyage aux Etats-Unis

gagner beaucoup d'argent

1. A dix-huit ans, <u>tu réussiras au bac.</u>

2. Après, _____

3. Tu _____

4. Et _____

5. Ensuite, _____

6. Et _____

7. A trente ans, _____

8. Et _____

4 Tes amis ne savent pas trop quoi faire après le bac. Dis-leur ce qui va se passer s'ils décident de faire certaines choses plutôt que d'autres. (**p. 134**)

EXEMPLE   —J'hésite entre quitter ma famille et travailler dans la boutique de mes parents.
                  —**Si tu quittes ta famille, tu ne travailleras pas dans la boutique de tes parents.**

1. Nous hésitons entre prendre un appartement et faire construire une maison.

2. J'hésite entre écrire un roman et créer une B.D.

3. Karim hésite entre faire un apprentissage et entrer à l'université.

4. J'hésite entre me consacrer à la médecine et devenir chroniqueur sportif.

5. Nous hésitons entre avoir un enfant et voyager.

6. Malika et sa sœur hésitent entre partir en vacances et prendre des leçons de conduite.

7. Jocelyne hésite entre aller à l'université et travailler dans le café de ses parents.

Grammaire supplémentaire

Deuxième étape

Objectives Asking about future plans; expressing wishes; expressing indecision; giving advice; requesting information; writing a formal letter

5 Tes amis te racontent ce qu'ils aiment faire. Dis-leur ce que tu ferais après le bac si tu étais eux. Utilise **si j'étais toi** et une des expressions de la boîte. (**p. 141**)

> faire des études de médecine vétérinaire
>
> aller en Angleterre
>
> aller voir la conseillère d'orientation
>
> travailler son saxophone
>
> devenir pilote
>
> commencer par faire des films vidéo
>
> devenir mécanicien

EXEMPLE
—J'aime réparer les vieilles voitures.
—**Si j'étais toi, je deviendrais mécanicien.**

1. Je voudrais faire partie d'un groupe de World Music.
2. Comme j'aimerais faire du cinéma!
3. Ce qui me plairait, c'est de soigner les animaux.
4. Ce qui m'intéresse, c'est d'avoir un bon travail.
5. Ce qui me plaît, c'est de voyager.
6. J'aimerais bien parler anglais.

6 Tu viens de recevoir une lettre de Prune. Remplis les blancs avec le conditionnel des verbes entre parenthèses. (**p. 141**)

> Mon rêve, c'est d'aller en Afrique! Si je pouvais, j' __1__ (aller) voir Penda, mon meilleur ami. Il habite Dakar, la capitale du Sénégal. On __2__ (se promener) partout dans la ville. S'il faisait trop chaud, on __3__ (pouvoir) se baigner dans la mer. Penda me __4__ (présenter) sa famille. Sa mère et ses sœurs m' __5__ (apprendre) à faire des plats sénégalais. Peut-être que nous __6__ (faire) les courses dans un marché en plein air; j' __7__ (aimer) bien faire ça. L'ambiance des marchés doit être fantastique, à mon avis! Le week-end, les cousins de Penda nous __8__ (emmener) écouter de la musique traditionnelle dans leur village. Qu'est-ce qu'on __9__ (s'amuser)! Avant de rentrer en France, j' __10__ (acheter) un balafon à Penda pour le remercier. Penda, c'est un vrai musicien! Il __11__ (adorer) ça, c'est sûr.

7 Complète chaque phrase avec une des expressions de la boîte. N'oublie pas de mettre le verbe au conditionnel. (**p. 141**)

devenir dentiste   chercher un emploi

quitter sa famille   se marier

être riche   l'adorer   passer son permis de conduire

1. Si je trouvais un appartement à Thiès, …
2. Si nous avions un enfant, …
3. Si tu tombais amoureux, …
4. Si vous vous spécialisiez dans les dents, …
5. Si mes parents gagnaient à la loterie, …
6. Si Mounia prenait des leçons de conduite, …
7. Si j'étais au chômage, …

8 Récris les questions suivantes. Utilise l'inversion dans chacune. (**p. 143**)

1. Est-ce qu'elles sont femmes d'affaires?
2. Il sait ce qu'il veut faire après le bac?
3. Est-ce que vous voulez venir avec nous chez le conseiller d'orientation?
4. Tu veux devenir diplomate, Eric?
5. Est-ce que je pourrais aller à l'université, à ton avis?
6. Nous passons le bac le 28 juin?
7. Est-ce qu'il joue du saxophone?

9 Utilise les fragments suivants pour créer des questions en utilisant l'inversion. (**p. 143**)

1. pouvoir / tu / des conseils / donner / me
2. vous / des renseignements / envoyer / je / que / vous / vouloir
3. nous / quand / partir / pour Dakar
4. préférer / ils / policiers / devenir / avocats / ou
5. passer / permis / il / été / son / cet / de conduire
6. se trouver / l'école de commerce / savoir / où / elles
7. elle / être / architecte
8. compter / faire / vous / après le bac / un apprentissage

1 Ecoute la conversation de Karim et Sandrine et dis si les phrases suivantes sont vraies ou fausses.

1. Karim a réussi son bac.

2. Sandrine compte entrer à l'université.

3. Sandrine ne va pas quitter sa famille.

4. Karim sait ce qu'il veut faire plus tard.

5. Karim a l'intention de continuer ses études.

6. Sandrine conseille à Karim de s'inscrire dans une école technique.

7. Karim voudrait un travail où il puisse rencontrer des gens.

8. Sandrine conseille à Karim de lire un article dans le journal.

2 Lis l'article que Sandrine a donné à Karim. Puis, réponds aux questions.

1. What sort of preparation did these young people receive?

2. According to the school's director, what is the purpose of this program?

3. What does the director expect of the graduates?

4. Who attends this school?

HOTELLERIE -P.B. SAMB
De nouveaux professionnels sur le marché

Une trentaine d'élèves de diverses nationalités de l'Ecole de Formation Hôtelière et Touristique ont reçu vendredi soir leur diplôme.

Tous les candidats ayant réussi cette année, le ministre du Tourisme a félicité la direction et les professeurs de l'école, ainsi que les responsables d'entreprises qui ont contribué à leur formation en les encadrant au niveau des stages pratiques.

Les candidats de cuisine et pâtisserie, restaurant et gestion hôtelière reçoivent une formation de deux ou trois ans axée sur des disciplines relatives à un enseignement pratique doublée de techniques professionnelles, scientifiques, d'expression française ou de langues étrangères.

Il s'agit de «mettre à la disposition des industries hôtelières et touristiques des agents compétents et efficaces», selon le directeur de l'école. En leur souhaitant bonne chance dans leur vie professionnelle, le directeur les a invités à exercer «le plus beau métier du monde avec passion et un plaisir quotidien».

L'EFHT reçoit, en effet, chaque année, outre les élèves sénégalais, des ressortissants d'autres pays africains.

3 C'est le premier jour d'apprentissage de Karim à l'hôtel. Son supérieur lui a dit de prendre les messages et de répondre aux questions par écrit. Ecoute le message de M. Loukour et fais une liste de ses demandes. Puis, choisis la lettre que Karim lui enverra.

En réponse à votre demande, veuillez trouver ci-joint les renseignements que vous nous avez demandés. Notre village-hôtel se trouve au centre de la ville, proche des musées et des meilleurs restaurants. Le climat de la région est très doux et permet beaucoup d'activités de plein air dont la liste se trouve dans la brochure ci-jointe. En vous remerciant d'avance de votre attention, veuillez agréer, Monsieur, l'expression de nos salutations distinguées.

Suite à votre appel téléphonique du 20 juin, nous vous envoyons les renseignements que vous nous avez demandés. Notre établissement offre les sports suivants : tennis, planche à voile, pirogue et pêche. Sachez également que tous nos bungalows sont climatisés, comme vous pourrez le constater dans la brochure que vous trouverez ci-jointe. En vous remerciant d'avance de votre attention, nous vous prions d'agréer, Monsieur, l'expression de nos sentiments respectueux.

4 Lis ces lettres que quelques jeunes Sénégalais ont envoyées à un magazine de jeunes francophones. Ecris des réponses que tu enverras au magazine. Compare tes réponses à celles de ton/ta camarade.

Je vous écris parce que j'ai un petit problème. Je ne sais vraiment pas quoi faire. Je vais bientôt passer le bac et je n'ai aucune idée pour mon avenir. Mes parents me proposent de travailler dans leur boutique de disques, mais ça ne m'intéresse pas beaucoup. Je préférerais continuer mes études. Mais pour quoi faire? Je suis bonne en langues et je suis nulle en maths. Est-ce que vous avez des conseils à me donner?

Marisa

J'ai 17 ans. Je vais passer le bac à la fin de l'année. J'aimerais bien continuer mes études, mais j'hésite. Mes parents n'ont pas beaucoup d'argent. Quand je serai à l'université, il faudra qu'ils continuent à m'aider financièrement. Je ne sais pas quoi faire. Peut-être que je devrais commencer à travailler? Est-ce que quelqu'un a le même genre de problème? Répondez-moi.

Yasser

J'aimerais faire du cinéma, mais mes parents ne veulent pas. Ils sont tous les deux médecins. Ils préféreraient que j'entre à l'université et que je fasse des études de médecine. Ils disent qu'il n'y a pas d'avenir dans le cinéma. Pourtant j'ai déjà fait plusieurs films vidéo. Mais je ne sais pas à qui les montrer. Je ne sais même pas s'ils sont bons ou mauvais. Si j'avais l'avis de quelqu'un, je pourrais prendre une décision.

Mamadou

5 ## Jeu de rôle

Talk to a parent about what you're thinking of doing after high school. Explain what you want to do with your future and why. Your parent is not very happy with your choice and tries to discourage you from it. Try to convince him or her. Change roles.

Que sais-je?

Can you use what you've learned in this chapter?

Can you ask about and express intentions?
p. 133

1 How would you ask a friend what he or she plans to do after graduation?

2 How would you tell what you plan to do?

Can you express conditions and possibilities?
p. 133

3 How would you tell someone what you will do, given these conditions?
1. Si je me marie,...
2. Si j'entre à l'université,...
3. Si je gagne de l'argent,...
4. Si je trouve un travail,...

4 How would you tell someone that you might do these things?

1.   2.   3.

Can you ask about future plans? p. 140

5 How would you ask someone about his or her future plans?

Can you express wishes? p. 140

6 How would you tell what you would like to do in the future?

Can you express indecision? p. 140

7 How would you express indecision about your future plans?

Can you give advice?
p. 140

8 How would you advise a friend who . . .

> failed an exam?
> doesn't have any pocket money?
> would like to go to college?
> wants to be a teacher?
> is uncertain about his or her choice of profession?

Can you request information and write a formal letter?
p. 142

9 How would you request information about courses, costs, and so forth from a school or university?

10 How would you write the closing of the letter in number 9?

Vocabulaire

Première étape

Asking about and expressing intentions

Qu'est-ce que tu penses faire?	What do you think you'll do?
Qu'est-ce que tu as l'intention de faire?	What do you intend to do?
Qu'est-ce que tu comptes faire?	What do you plan to do?
Je pense...	I think I'll . . .
Je compte...	I'm planning on . . .
Je tiens à...	I really want to . . .

Expressing conditions and possibilities

Si . . . ,	If . . . ,
Peut-être que...	Maybe . . .
Il se peut que...	It might be that . . .
Il est possible que...	It's possible that . . .

Future choices and plans

arrêter/finir ses études	to stop/finish one's studies
avoir un enfant	to have a child
choisir un métier	to choose a career
entrer à l'université	to start college
être au chômage	to be unemployed
faire un apprentissage	to do an apprenticeship
faire une école technique	to go to a technical school
faire son service militaire	to do one's military service
obtenir son diplôme	to get one's diploma
se marier	to get married
passer son permis de conduire	to get one's driver's license
quitter sa famille	to leave home
réussir son bac	to pass one's baccalaureat exam
trouver un travail	to find a job

Deuxième étape

Asking about future plans

Tu sais ce que tu veux faire?	Do you know what you want to do?
Tu as des projets?	Do you have plans?
Qu'est-ce que tu veux faire...?	What do you want to do . . . ?

Expressing wishes

J'aimerais bien...	I'd really like . . .
Ce qui me plairait, c'est de...	What I would like is to . . .
Mon rêve, c'est de...	My dream is to . . .

Expressing indecision

Je ne sais pas trop.	I really don't know.
Non, je me demande.	No, I wonder.
Je n'en ai aucune idée.	I have no idea.
J'ai du mal à me décider.	I'm having trouble deciding.
Je ne sais plus ce que je veux.	I don't know what I want anymore.

Giving advice

Tu n'as qu'à...	All you have to do is . . .
Tu ferais mieux/ bien de...	You would do better/well to . . .
Il faudrait que tu...	You ought to . . .
Il vaudrait mieux que...	It would be better if . . .

Careers

un acteur/une actrice	an actor/an actress
un agent de police/ un policier	a police officer
un(e) architecte	an architect
un(e) avocat(e)	a lawyer
un chauffeur	a driver
un(e) comptable	an accountant
un(e) dentiste	a dentist
un écrivain	a writer
un homme/une femme d'affaires	a businessman/ woman
un(e) infirmier(-ière)	a nurse
un ingénieur	an engineer
un(e) instituteur (-trice)	an elementary school teacher
un(e) journaliste	a journalist
un(e) mécanicien(ne)	a mechanic
un médecin	a doctor
un(e) ouvrier(-ière)	a worker
un(e) pharmacien(ne)	a pharmacist
un pilote	a pilot
un plombier	a plumber
un(e) secrétaire	a secretary
un(e) serveur (-euse)	a server
un tailleur	a tailor
un(e) technicien(ne)	a technician

Requesting information

Pourriez-vous m'envoyer des renseignements sur...?	Could you send me information on . . . ?
Je voudrais savoir...	I would like to know . . .
Vous serait-il possible de...?	Would it be possible for you to . . . ?

Writing a formal letter

Monsieur/Madame,	Sir/Madam,
En réponse à votre lettre du...	In response to your letter of . . .
Suite à notre conversation téléphonique,...	Following our telephone conversation, . . .
Je vous prie d'agréer, Monsieur/Madame, l'expression de mes sentiments distingués.	Very truly yours, . . .

6

Ma famille, mes copains et moi

Objectives

-In this chapter you will learn to

Première étape

- make, accept, and refuse suggestions
- make arrangements
- make and accept apologies

Deuxième étape

- show and respond to hospitality
- express and respond to thanks
- quarrel

Visit Holt Online

go.hrw.com

KEYWORD: WA3 FRANCOPHONE AFRICA-6

Online Edition ◆

◀ **Le thé à la menthe dans une famille marocaine**

Mise en train · *Naissance d'une amitié*

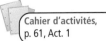

Cahier d'activités, p. 61, Act. 1

Stratégie pour comprendre

The Simenot family is visiting the city of Fez, in Morocco. Look at the photos to find out what they're doing there. Where does the scene take place? Then look at the characters' names. Is Moktar a typical French name? Can you guess what the situation is before reading the dialogue?

1

M. Simenot	Qu'est-ce que vous voulez voir?
Mme Simenot	Moi, j'aimerais bien voir les magasins de poteries et de tapis.
M. Simenot	Bonne idée.
Raphaël	Moi, je préférerais me promener. Ça vous embête si on se sépare?
Mme Simenot	Pas du tout. Mais comment on fait pour se retrouver?
M. Simenot	On peut se donner rendez-vous devant la Porte Boujeloud.
Raphaël	D'accord. A quatre heures, ça va?
M. Simenot	Bon, ça va.

2

Moktar	Bonjour. Tu es français?
Raphaël	Oui.
Moktar	Je m'appelle Moktar. Et toi?
Raphaël	Raphaël.
Moktar	Tu as vu mes beaux tapis? Ils sont pas chers.
Raphaël	Je te remercie, mais je n'ai pas d'argent. Je viens juste ici pour visiter.
Moktar	Tu es en vacances?
Raphaël	Oui.
Moktar	Ça te dit de prendre un thé?
Raphaël	Je te remercie, mais...
Moktar	Tu sais, au Maroc, il ne faut jamais refuser un thé.
Raphaël	Alors, j'accepte.

3

Moktar	Tiens.
Raphaël	Merci... Aïe! C'est brûlant!
Moktar	Excuse-moi, j'aurais dû te prévenir. C'est comme ça qu'on boit le thé au Maroc. Très chaud.
Raphaël	C'est délicieux. Qu'est-ce que tu mets dedans?
Moktar	De la menthe.
Raphaël	Tu travailles ici?
Moktar	Oui, je tiens la boutique quand mes parents sont absents. Ils sont allés acheter des tapis dans le sud.

CHAPITRE 6   Ma famille, mes copains et moi

Raphaël	Tu ne vas plus au lycée?
Moktar	Non, j'ai arrêté à seize ans. J'ai l'intention de continuer l'affaire de mes parents... Alors, comment tu trouves le Maroc?
Raphaël	Tu sais, nous sommes arrivés hier seulement. Mais pour l'instant, je trouve les gens très accueillants.
Moktar	Vous allez rester à Fès?
Raphaël	Quelques jours seulement. Après, on compte aller à Marrakech.
Moktar	C'est chouette, Marrakech. C'est un peu bruyant, mais c'est très animé. Tu aimeras beaucoup.
Raphaël	Qu'est-ce qu'il y a à voir à Fès?
Moktar	Oh, des tas de choses. C'est d'une richesse! Vous devriez aller voir le Dar el Makhzen. C'est un immense palais où le roi réside quand il vient à Fès. Les portes sont magnifiques.
Raphaël	Ah oui?
Moktar	Oui. Et surtout, je vous conseille d'aller vous promener sur la place du Vieux Méchouar. C'est très sympa. Il y a des danseurs, des conteurs, des musiciens…

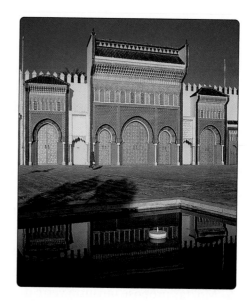

4
Raphaël	Je ne sais pas si on aura le temps.
Moktar	Encore du thé?
Raphaël	Volontiers... Dis-moi, quelle heure il est?
Moktar	Quatre heures.
Raphaël	Oh là là! Excuse-moi, j'ai rendez-vous avec mes parents. Je suis déjà en retard…

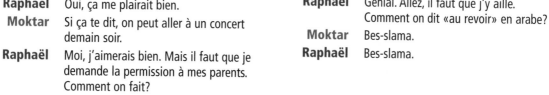

5
Moktar	Qu'est-ce que tu fais demain? Tu as des projets?
Raphaël	Non, je suis libre. Je n'ai rien de prévu.
Moktar	Si tu veux, on peut se revoir.
Raphaël	Je veux bien.
Moktar	Ça t'intéresse d'aller écouter de la musique marocaine?
Raphaël	Oui, ça me plairait bien.
Moktar	Si ça te dit, on peut aller à un concert demain soir.
Raphaël	Moi, j'aimerais bien. Mais il faut que je demande la permission à mes parents. Comment on fait?

Moktar	On peut se téléphoner. Vous êtes à l'hôtel?
Raphaël	Oui, on est à l'hôtel Moussafir.
Moktar	Bon. Je te téléphone demain matin. Et si tes parents sont d'accord, on peut se retrouver à l'hôtel en fin d'après-midi.
Raphaël	Génial. Allez, il faut que j'y aille. Comment on dit «au revoir» en arabe?
Moktar	Bes-slama.
Raphaël	Bes-slama.

1 Tu as compris?

1. Que fait la famille Simenot à Fès?
2. Pourquoi Raphaël se sépare de ses parents?
3. Où est-ce qu'il rencontre Moktar? Pourquoi est-ce que Moktar parle à Raphaël?
4. Qu'est-ce que les deux garçons décident de faire?

2 Mets dans le bon ordre

Mets ces phrases dans le bon ordre d'après *Naissance d'une amitié.*

1. Moktar propose un thé à Raphaël.
2. Raphaël demande l'heure à Moktar.
3. Moktar apprend à Raphaël un mot en arabe.
4. Moktar dit à Raphaël ce qu'il devrait voir à Fès.
5. Moktar dit qu'il va téléphoner à Raphaël à l'hôtel Moussafir.
6. Moktar propose un autre verre de thé à Raphaël.

3 Alors, raconte!

Les parents de Raphaël lui posent des questions sur Moktar. Complète leur conversation.

MME SIMENOT	Qu'est-ce qu'il fait dans la médina?
RAPHAEL	Il...
M. SIMENOT	Il ne va pas au lycée?
RAPHAEL	Non, il...

MME SIMENOT	Qu'est-ce qu'il veut faire plus tard?
RAPHAEL	Il...
M. SIMENOT	Qu'est-ce qu'il t'a conseillé de voir à Fès?
RAPHAEL	Il...

4 Ça, c'est le Maroc!

Trouve les choses suivantes dans *Naissance d'une amitié.*

1. quelque chose à voir à Fès
2. une boisson typiquement marocaine
3. un objet artisanal marocain typique
4. un endroit où on trouve des danseurs
5. une expression en arabe

Note culturelle

Au Maroc, comme dans d'autres pays d'Afrique du Nord, le marchandage fait partie du rituel commercial. Les Occidentaux sont habitués à des prix fixes, mais les marchands arabes fixent leurs prix avec l'idée que les clients vont marchander. Ils prévoient que les clients vont offrir la moitié du prix annoncé, ou même moins!

5 Cherche les expressions

What does Moktar or Raphaël say to . . .

1. offer tea?
2. accept an offer?
3. apologize?
4. give advice?
5. ask about someone's plans?
6. make a suggestion?
7. accept a suggestion?
8. arrange to meet someone?

6 Et maintenant, à toi

Raconte comment tu as rencontré un(e) de tes ami(e)s. Tu étais où? Dans quelle situation?

Comment dit-on...?

Making, accepting, and refusing suggestions

To make a suggestion:

> **Ça t'intéresse d'**aller écouter de la musique?
> *Would you be interested in . . . ?*
> **Ça te plairait de** visiter le musée?
> *Would you like to . . . ?*
> **Tu ne voudrais pas** aller te promener dans la médina?

To accept a suggestion:

> **Ce serait sympa.** *That would be nice.*
> Oui, **ça me plairait beaucoup.**
> *I'd like that a lot.*
> Si, **j'aimerais bien.**

To refuse a suggestion:

> Impossible, **je suis pris(e).** *I'm busy.*
> **J'aimerais bien, mais** je n'ai pas le temps.
> *I'd like to, but . . .*
> **C'est gentil, mais j'ai un rendez-vous.**
> *That's nice of you, but I've got an appointment.*

 Cahier d'activités, p. 62, Act. 2

---

7 ### Invitation refusée ou acceptée?

Ecoutons Ecoute ces conversations. Est-ce que ces personnes refusent ou acceptent les suggestions qu'on leur fait?

8 ### Qu'est-ce qu'il propose?

Parlons Fahmi voudrait sortir ce week-end. Qu'est-ce qu'il propose à son ami Youssef? Utilise différentes expressions.

a.

b.

c.

d.

e.

f.

9 Tu es libre ce week-end?

Ecrivons Tu es en classe. Tu veux proposer à ton/ta camarade de faire quelque chose ce week-end. Ecris-lui un petit mot et passe-lui le bout de papier. Il/Elle te répond sur la même feuille.

Comment dit-on...?

Making arrangements

To make arrangements:

Comment est-ce qu'on fait?
How should we work this out?
Quand est-ce qu'on se revoit?
When are we getting together?

Où est-ce qu'on se retrouve?
A quelle heure est-ce qu'on se donne rendez-vous?
What time are we meeting?

Cahier d'activités, p. 62, Act. 4

10 Le rendez-vous de Malika

 Ecoutons Malika et Rachida se donnent rendez-vous. Quand est-ce qu'elles vont se retrouver? Où? Qu'est-ce qu'elles vont faire?

Travaux pratiques de grammaire, pp. 54–55, Act. 1–2

 Si tu as oublié reflexive verbs *va à la page R47.*

Grammaire

Reciprocal verbs

In addition to their reflexive meanings, the pronouns **se, nous,** and **vous** also have a reciprocal meaning. They mean (*to/for/at*) *each other* when added to a verb.

On **se** revoit l'année prochaine?
Will we see each other next year?

Vous **vous** êtes rencontrés sur la place?
Did you meet each other on the square?

- Make the past participle agree with the reciprocal pronoun when the pronoun is the direct object of the verb.

  Nous **nous** sommes rencontrés hier.
  We met (each other) yesterday.

- You don't change the past participle if the reciprocal pronoun is the indirect object of the verb. Some verbs that take an indirect object are **dire, parler, téléphoner, demander, écrire, offrir,** and **conseiller.**

  Ils **se** sont parlé. (*to each other*)
  Nous **nous** sommes écrit. (*to each other*)

Grammaire supplémentaire, p. 178, Act. 1–2

Cahier d'activités, p. 63, Act. 5–6

Travaux pratiques de grammaire, pp. 55–57, Act. 3–7

11 Grammaire en contexte

Ecrivons Complète le petit mot que ton ami Ivan t'a envoyé avec les formes des verbes entre parenthèses.

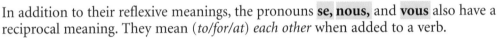

Hier, j'ai fait la connaissance d'une fille super. On ___1___ (se rencontrer) à la piscine. Nous ___2___ (se regarder) pendant un moment et puis on ___3___ (se parler). Comme on voulait vraiment ___4___ (se revoir), je lui ai demandé si ça lui plairait d'aller au café avec moi. Malheureusement, elle était prise. Alors, nous ___5___ (se donner) rendez-vous samedi prochain. Sophie, Marc et toi, vous allez bien au ciné samedi? On peut venir avec vous? À quelle heure vous ___6___ (se retrouver) là-bas?

12 **Grammaire en contexte**

Parlons Raconte l'histoire d'amour de Laure et Vincent d'après les images suivantes.

1. se voir

2. se téléphoner

3. se donner rendez-vous

4. se disputer

5. se quitter

6. se réconcilier

13 **Grammaire en contexte**

Ecrivons Ecris quelques phrases pour décrire tes rapports avec trois ou quatre des personnes suivantes.

1. ton/ta meilleur(e) ami(e)
2. tes parents
3. ton/ta petit(e) ami(e)
4. tes grands-parents
5. tes profs
6. ton frère/ta sœur

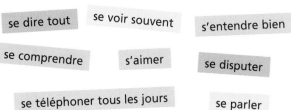

se dire tout   se voir souvent   s'entendre bien

se comprendre   s'aimer   se disputer

se téléphoner tous les jours   se parler

14 **On se téléphone?**

Parlons Tu as rencontré un garçon/une fille intéressant(e) et tu voudrais le/la revoir. Pose-lui des questions pour fixer un rendez-vous. Joue cette scène avec un(e) camarade.

A la française

French speakers use the subject pronoun **on** more often than **nous**, especially in informal speech. Try using **on** when you mean *we*: **On s'aime.** *(We love each other.)*. If you need to emphasize *we*, you can say **Nous, on...**

Nous, on aime les escargots. Pas toi? *We like escargots. Don't you?*

Making and accepting apologies

To make an apology:

> **Je m'excuse d'**être en retard.
> *I'm sorry for . . .*
> **Je suis vraiment désolé(e) d'**avoir
> oublié de te téléphoner.
> **Pardonne-moi de** ne pas avoir répondu.
> *Pardon me for . . .*
> **Je m'en veux d'**avoir dit ça.
> *I feel bad that . . .*

To accept an apology:

> **Ce n'est pas grave.**
> **Ça ne fait rien.**
> **Il n'y a pas de mal.**
> **Ne t'inquiète pas.** *Don't worry about it.*
> **Ça arrive à tout le monde.** *It happens to everybody.*

> Cahier d'activités, p. 64, Act. 8

15 **Ce n'est pas grave.**

Ecoutons Ecoute ces dialogues. Est-ce qu'on s'excuse ou est-ce qu'on répond à une excuse?

Grammaire

The past infinitive

A verb following a conjugated verb other than **avoir** or **être** must be an infinitive. The infinitives you've used so far are present infinitives. Infinitives may also express past time: Je suis désolé **d'avoir oublié** *(to have forgotten)*. To make the past infinitive, use **avoir** or **être** in the infinitive and the past participle of the verb. Use **être** with the verbs that require **être** in the **passé composé.**

> Je m'excuse d'**être arrivé(e)** trop tard. *I'm sorry I arrived too late.*
> Je suis vraiment désolée de m'**être réveillée** si tard. *I'm really sorry I woke up so late.*
> Je m'en veux de ne pas **avoir dit** au revoir. *I feel bad that I didn't say goodbye.*

> Grammaire supplémentaire, p. 179, Act. 3

> Cahier d'activités, p. 65, Act. 9

> Travaux pratiques de grammaire, pp. 58–59, Act. 8–11

16 **Grammaire en contexte**

Parlons Aïcha ne s'est pas très bien comportée *(didn't behave well)* la semaine dernière. Comment est-ce qu'elle s'excusera auprès de tout le monde?

1. Elle a perdu le livre de français de son amie.
2. Elle a oublié son rendez-vous avec Jean-Marc.
3. Elle s'est disputée avec sa mère.
4. Elle est arrivée en classe en retard.
5. Elle n'a pas téléphoné à son amie.
6. Elle a répété le secret de sa meilleure amie.

17 **Mon journal**

Ecrivons Décris tes rapports avec ton/ta meilleur(e) ami(e). Comment est-il/-elle? Comment es-tu? Pourquoi est-ce que vous vous entendez bien? Est-ce qu'il y a quelque chose que tu n'aimes pas chez lui/elle et qu'il/elle n'aime pas chez toi?

Qu'est-ce qui est important dans la vie?

We asked some people what's important to them. Here's what they told us.

Viviane,
Côte d'Ivoire

«Dans la vie, pour moi, ce qui compte, ce sont les parents. D'abord, il faut leur obéir, être à leur service, faire ce qui est mieux, ce qu'ils aiment.»

Stanislas,
France

«Ce qui est important, c'est des... A mon avis, ce qui est important, c'est des relations avec des gens, l'argent, parce qu'il en faut et bien vivre, la qualité de vie.»

Micheline,
Belgique

«Trouver justement un métier qu'on aime. Il faut réussir. Pour réussir, il faut être heureux. Et pour être heureux, il faut trouver un métier qu'on aime. Il faut être heureux dans sa famille, d'une façon ou d'une autre. Ça peut être être marié, ne pas être marié. Ça n'a pas d'importance... Et vivre aussi dans un pays qu'on aime.»

Qu'est-ce qui est important dans le choix d'une profession?

«Il faut l'aimer. Il faut aimer le métier que l'on choisit, et si on l'aime pas, il faut avoir le courage de changer rapidement.»

Qu'en penses-tu?

1. D'après chacune de ces personnes, qu'est-ce qui est important?
2. Avec qui est-ce que tu es d'accord? Pourquoi?
3. Est-ce que tu n'es pas d'accord avec quelqu'un? Pourquoi?
4. D'après toi, quelles autres choses sont importantes dans la vie?

Remise en train · *Ahlên, merhabîn*

Moktar et Raphaël sont allés au concert. Le lendemain, la famille Moussa accueille la famille Simenot chez elle.

Moktar	Ça me fait plaisir de te voir.
Raphaël	Moi aussi.
Moktar	Je vous présente mes parents.
M. Simenot	Madame.
Mme Moussa	Ahlên, merhabîn.
Moktar	Ma mère vous souhaite la bienvenue.
M. Moussa	Bonjour. Entrez, s'il vous plaît.
M. Simenot	Vous êtes bien aimable.
Moktar	Mettez-vous à l'aise.
Raphaël	Papa, il faut retirer tes chaussures.
M. Simenot	Ah, excusez-moi. Je suis navré.
M. Moussa	Ça ne fait rien. Vous savez, c'est la coutume ici, mais si ça vous gêne, ce n'est pas important.
M. Simenot	Non, non, pas du tout.
M. Moussa	Qu'est-ce que je vous sers? Vous savez, ici, nous ne servons pas d'alcool. Mais nous avons des jus de fruit et, bien sûr, du thé à la menthe.
Mme Simenot	Je prendrais bien du thé.
M. Simenot	Oui, ça ira très bien.
Raphaël	Pour moi aussi, s'il vous plaît.
M. Moussa	Asseyez-vous, je vous en prie.
M. Simenot	Merci.

Amina apporte le thé.

Amina	Bonjour.
M. Moussa	Ma fille, Amina...
Moktar	Fais gaffe. Amina a le chic pour renverser le thé.
Amina	Oh, ça va, hein! C'est pas moi qui ai renversé la cafetière hier.

18 Tu as compris?

1. Où est la famille Simenot?
2. Qu'est-ce qui se passe quand les Simenot arrivent?
3. De quoi parlent les deux familles?
4. Où est-ce que les Moussa invitent les Simenot?
5. Pourquoi les Simenot hésitent à accepter l'invitation des Moussa?
6. Quelles sont les principales phases d'un mariage marocain?

19 Vrai ou faux?

1. On sert du thé à la menthe.
2. Amina renverse souvent le thé.
3. C'est Amina qui a commencé la dispute.
4. Les Simenot ont deux enfants.
5. Amina va se marier demain.
6. La mariée porte une coiffe très élaborée.

20 Qu'est-ce qu'ils font?

Trouve dans le dialogue des phrases pour décrire les situations suivantes.

1.

2.

3.

4.

Moktar	Rapporteuse!
M. Moussa	Ça suffit, les enfants!
Amina	C'est lui qui a commencé.
M. Simenot	Euh... et vous avez d'autres enfants?
M. Moussa	Nous avons huit enfants. Tous sont mariés sauf Moktar et Amina. Et vous?
M. Simenot	Nous avons un autre fils, Jean. Il va se marier en août.
M. Moussa	Félicitations. Au fait, nous allons au mariage de ma cousine demain. Vous voulez venir avec nous?
Mme Simenot	Oh, non. C'est pour la famille.
M. Moussa	Mais non! Pas du tout. Ils seront ravis de vous avoir!
Mme Simenot	Bon, si vous pensez vraiment qu'on ne dérange pas.

A la fête de mariage...

Raphaël	Oh, c'est bon, ça! Qu'est-ce que c'est?
Moktar	Ça, c'est de la pastilla.
Raphaël	C'est fait avec du poulet?
Moktar	Non, c'est du pigeon. Il y a aussi des amandes.
Raphaël	Mmm... J'adore! Dis donc, c'est quand, la cérémonie?

Moktar	Il n'y a pas vraiment de cérémonie comme chez toi. D'abord, la famille de l'homme demande la main de la femme... , puis, les fiancés signent un contrat. Ensuite, le fiancé donne des cadeaux à sa future femme.
Raphaël	Et après?
Moktar	Et puis, on fait la fête.
Raphaël	Oh, dis donc, ta cousine, qu'est-ce qu'elle a sur la tête?
Moktar	Les mariées marocaines ont toujours des coiffes très élaborées.
Raphaël	Cool. Je parie que le mariage de mon frère ne sera pas aussi chouette.

Cahier d'activités, p. 66, Act. 10–11

21 C'est le Maroc?

Après avoir lu **Ahlên, merhabîn,** est-ce que ces traditions te semblent marocaines ou non?

1. En général, les gens sont très accueillants.
2. On préfère boire du thé glacé.
3. On offre des boissons alcoolisées aux invités.
4. On retire ses chaussures en entrant dans une maison.
5. Les mariées s'habillent de façon très simple.
6. La cérémonie de mariage a lieu dans une église.
7. On mange du pigeon.

22 Cherche les expressions

What do the Moussa and Simenot families say to . . .

1. welcome someone?
2. introduce someone?
3. offer something to drink?
4. ask someone to sit down?
5. tell someone to be careful?
6. accuse someone of being a tattletale?
7. express congratulations?
8. ask what something is?

23 Et maintenant, à toi

Comment est-ce qu'on accueille des invités dans ton pays? Est-ce que ça se fait comme au Maroc, ou est-ce que c'est différent?

Est-ce que tu connais le Maroc? Regarde les photos suivantes pour découvrir quelques caractéristiques de ce pays.

Casablanca, la plus grande ville du Maroc

Fès, centre spirituel, intellectuel et artistique du Maroc

Les artisans marocains sont renommés.

Les belles plages des côtes méditerranéenne et atlantique

Le quartier des tanneurs de cuir

Qu'en penses-tu?

1. Quelle impression ces photos donnent du Maroc?

2. Quelles sont les différences et les similarités entre le Maroc et les Etats-Unis?

Savais-tu que... ?

Le Maroc est un pays montagneux situé sur la côte nord-ouest de l'Afrique. Ce pays a de magnifiques plages sur la côte atlantique et sur la côte méditerranéenne. L'arabe est la langue officielle du Maroc, mais beaucoup de Marocains parlent aussi français. La plupart des Marocains sont d'origine arabe ou berbère. Les Berbères sont au Maroc depuis très longtemps et les Arabes s'y sont installés au 7e siècle après Jésus-Christ. Ils ont introduit l'islam dans la culture marocaine. Maintenant, le Maroc est un pays presque entièrement musulman; dans tous les villages marocains, il y a une mosquée. Les Marocains sont célèbres dans toute l'Afrique du Nord et en Europe pour la qualité de leur artisanat. Dans les marchés arabes, appelés souks, on peut acheter des tapis, des poteries, des produits en cuir et des objets en cuivre. Dans les villages, il y a souvent un seul marché, mais dans les grandes villes comme Fès ou Marrakech, il y a des marchés spécialisés, comme, par exemple, les souks de tapis et de poterie.

Comment dit-on...?

Showing and responding to hospitality; expressing and responding to thanks

To welcome someone:

Ça me fait plaisir de vous voir.
I'm happy to see you.
Entrez, je vous en prie. *Come in, please.*
Donnez-moi votre manteau. *Give me . . .*
Mettez-vous à l'aise. *Make yourself comfortable.*
Asseyez-vous. *Sit down.*

To respond:

Moi aussi.

Merci.
Vous êtes bien aimable.
C'est gentil.

To offer food or drink:

Je vous sers quelque chose?
Can I offer you something?
Qu'est-ce que je peux vous offrir?
What can I offer you?

To respond:

Je prendrais bien un verre de thé.
I'd like some . . .
Vous auriez des biscuits? *Would you have . . . ?*

To express thanks:

Merci bien/mille fois.
Je vous remercie. *Thank you.*
C'est vraiment très gentil de votre part.

To respond to thanks:

De rien.
Je vous en prie.
(Il n'y a) pas de quoi.
C'est tout à fait normal. *You don't have to thank me.*

Cahier d'activités, p. 67, Act. 12

Grammaire supplémentaire, p. 179, Act. 4

---

24 **Chez M. Ben Assouan**

 Ecoutons Ecoute M. Ben Assouan qui accueille ses invités. Choisis l'image qui correspond à ce qu'il dit.

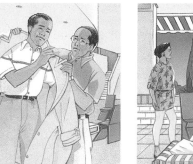

a.

b.

c.

d.

Note culturelle

L'hospitalité est un concept très important dans les cultures nord-africaines. C'est un honneur de recevoir des invités, et même une famille qui n'a pas beaucoup d'argent prend grand soin de ses invités. La tradition est de servir du thé à la menthe. C'est mal élevé de refuser le thé et on peut en accepter plusieurs verres.

25 Merci infiniment!

Lisons On te remercie. Choisis la réponse appropriée.

1. Merci bien de m'avoir prêté ton cardigan. J'avais tellement froid!

   a. Vous êtes bien aimable!
   b. De rien.
   c. Tu as toujours froid!

2. Je vous remercie de m'avoir répondu si vite.

   a. Ne vous inquiétez pas.
   b. Mettez-vous à l'aise.
   c. Je vous en prie.

3. Si tu ne m'avais pas aidé, j'aurais raté l'examen. Je ne sais pas comment te remercier!

   a. Fais tes devoirs tous les jours!
   b. C'est tout à fait normal!
   c. Ils sont difficiles, ces examens.

4. Dis donc, on m'a donné le job. Merci mille fois. C'était vraiment gentil de ta part!

   a. Ne sois pas en retard!
   b. Tu aimeras ce travail.
   c. Il n'y a pas de quoi.

26 Méli-mélo!

Lisons M. Fikri rend visite à son collègue. Mets leur conversation dans le bon ordre.

«Donnez-moi votre manteau.»
«Mettez-vous à l'aise.»
«Ça me fait plaisir de vous voir.»
«Qu'est-ce que je peux vous offrir?»
«Entrez, je vous en prie.»
«Bien sûr.»

«Vous auriez du thé?»
«Moi aussi.»
«Vous êtes bien aimable.»
«Merci.»
«C'est gentil.»

27 Merci mille fois!

Ecrivons Ecris un petit mot de remerciement à ton/ta camarade qui...

t'a invité(e) à sa boum.   t'a conseillé(e).   t'a envoyé une carte postale.   t'a donné un C.D.

Voilà la photo de ma famille que tu m'as demandée. Je t'explique qui est tout le monde. La vieille dame, ce n'est pas ma grand-mère, c'est mon **arrière-grand-mère**, Teta. Elle est **veuve**. A côté d'elle, il y a mon père et ma mère. Leurs parents sont morts. Mon père est **le petit-fils** de Teta. Tu te rends compte comme elle est vieille? Bon, il y a aussi ma sœur, Souad. Elle est **mariée**. Là, à côté de moi, c'est son **mari** Karim. De l'autre côté, c'est mon frère, Hassan. C'est **l'aîné**. Il a 25 ans. Il est **célibataire**. Il ne veut pas se marier! Et moi, tu vois, je suis le **benjamin**. Alors, tout le monde attend ton arrivée avec impatience. Tu seras reçu comme un roi.

l'aîné(e) *the oldest child*

l'arrière-grand-mère *great-grandmother*

l'arrière-grand-père *great-grandfather*

le/la benjamin(e) *the youngest child*

le/la cadet(te) *the younger child*

les jumeaux/jumelles *twins*

le neveu *nephew*

la nièce *niece*

la petite-fille *granddaughter*

le petit-fils *grandson*

célibataire *single*

divorcé(e)

marié(e)

mort(e)

veuf/veuve *widowed*

Cahier d'activités, pp. 68–69, Act. 13–14

Travaux pratiques de grammaire, pp. 60–62, Act. 12–17

28 **La famille d'Ahmed**

Ecoutons Ahmed a invité Eric chez lui. Ecoute leur conversation et décide quelle photo représente la famille d'Ahmed.

a.

b.

29 Les relations frères-sœurs

Lisons/Ecrivons Lis ces remarques de quelques jeunes francophones et complète les phrases ci-dessous.

Said
Je peux parler de mes ennuis à ma grande sœur et je peux aussi lui emprunter de l'argent. On se fait confiance. Après la mort de mon père, je ne pouvais pas m'arrêter de pleurer et ma sœur venait toujours essayer de me réconforter dans ma chambre.

Gilles
Mon grand frère m'interdit d'aller dans sa chambre mais lui, il vient toujours fouiller dans la mienne. Il s'imagine qu'il peut me donner des ordres parce qu'il est l'aîné!

Hélène
Mes frères et sœurs doivent aller au lit plus tôt que moi parce qu'ils sont plus jeunes. Mais si je rentre plus tard que prévu quand je sors, mes parents ne sont pas contents parce qu'ils disent que je donne le mauvais exemple aux petits.

Djamila
Pour énerver ma sœur quand on regarde la télé ensemble, je change de chaîne sans lui demander son avis.

Sylvie
Mes deux frères me font tout le temps des blagues et m'embêtent quand je parle au téléphone avec mes copains. Et quand je fais mes devoirs, ils font beaucoup de bruit juste pour m'embêter.

1. _____ ne peut pas faire ses devoirs parce que ses frères font du bruit.
2. La sœur de _____ est compréhensive et elle l'aide à résoudre ses problèmes.
3. Quand _____ veut embêter sa sœur, elle change de chaîne sans lui demander.
4. Le frère de _____ entre souvent dans sa chambre pour fouiller dans ses affaires.
5. _____ n'aime pas avoir à donner l'exemple à ses petits frères et sœurs.

30 Mettez-vous à l'aise!

Parlons Ta famille a organisé une soirée. Tu accueilles les invités. Ils te remercient. N'oublie pas de présenter tes amis à chaque membre de ta famille. Joue cette scène avec tes camarades. Changez de rôle.

31 Ma famille

Ecrivons Complète les phrases suivantes avec le mot qui convient.

1. Mon arrière-grand-père est mort en mille neuf cent quatre-vingt-cinq. Alors, mon arrière-grand-mère est _____.
2. Mes grands-parents ont dix petits-fils et douze _____.
3. Michèle a dix-huit ans. Sa sœur Sophie a seize ans et son frère Joseph a quatorze ans. Elle est _____ et Joseph est _____.
4. Mon oncle Ali n'est pas marié. Il préfère rester _____.
5. La grand-mère de ma mère, c'est mon _____.
6. Mes cousines Yamilé et Rachida ont toutes les deux dix-sept ans. Elles sont _____.

jumelles   arrière-grand-père
marié   célibataire
petites-filles   veuve   veuf
l'aînée   arrière-grand-mère
la benjamine   le benjamin

Quarreling

To accuse someone:

> **Rapporteur(-euse)!** *Tattletale!*
> **Pleurnicheur(-euse)!** *Crybaby!*
> **Tricheur(-euse)!** *Cheater!*
> **Tu m'énerves, à la fin!** *You're really bugging me!*
> **Tu es vraiment casse-pieds!** *You're such a pain!*
> **Tu me prends la tête!** *You're driving me crazy!*

To justify a quarrel:

> **C'est toujours la même chose!**
> **C'est lui/elle qui a commencé!**
> **Il/Elle m'a traité(e) d'imbécile!**
> *He/She called me a . . . !*
> **C'est toujours moi qui prends!**
> *I'm always the one who gets blamed!*

To respond to an accusation:

> **Oh, ça va, hein?** *Oh, cut it out!*
> **Arrête!**
> **Ça suffit!**
> **Tu le fais exprès?** *Are you doing that on purpose?*
> **Mêle-toi de tes oignons!** *Mind your own business!*
> **Fiche-moi la paix!** *Leave me alone!*
> **Casse-toi!** *Get out of here!*
> **Tant pis pour toi!** *Tough!*

> Cahier d'activités, p. 70, Act. 15–17

> Grammaire supplémentaire, pp. 180–181, Act. 6–7

A la française

You might hear some of these expressions exchanged between siblings or close friends, and they might even be used in a joking manner. However, as a non-native French speaker, you should be very careful with these expressions. Using these expressions with or around people you don't know very well could be considered rude, inappropriate, or even hostile.

32 **Les enfants terribles**

 Ecoutons Ecoute ces disputes. Comment est-ce qu'elles ont commencé? A ton avis, est-ce que c'est la faute de Moktar ou d'Amina?

33 **Arrête!**

 Parlons Ton frère/Ta sœur t'énerve quand il/elle fait les choses ci-dessous. Tu le lui dis, et ça provoque une dispute. Joue ces scènes avec ton/ta camarade.

- emprunter tes C.D. sans te le demander
- se moquer de toi devant tes amis
- changer de chaîne alors que tu regardes quelque chose à la télé
- monopoliser le téléphone
- entrer dans ta chambre et fouiller dans tes affaires
- abîmer tes affaires

34 **De l'école au travail**

 Parlons Une famille française t'a engagé(e) comme baby-sitter et tu trouves que les enfants que tu gardes sont insupportables. Tes camarades, qui jouent le rôle des enfants, se disputent tout le temps. Tu dois les empêcher de se disputer mais ils se justifient chaque fois.

Les Trois femmes du roi

Une nuit, le roi dit à son vizir :
- Allons faire le tour de la ville pour voir si tout est tranquille.

Ils se promènent. Les gens dorment ; il n'y a personne dans les rues. Tout à coup, ils voient de la lumière qui passe sous la porte d'une maison.
- Qui a encore sa lampe allumée à cette heure-ci ? dit le roi.

Ils s'arrêtent, mettent l'oreille contre la porte et écoutent ce que l'on dit derrière. Une jeune fille parle et dit à ses sœurs :
- Si le roi m'épousait, je pourrais faire manger tous les gens du pays avec un seul plat de couscous.

Une autre dit :
- S'il m'épousait, je pourrais habiller tous les gens du pays avec un seul morceau de tissu.
- Moi, dit la voix la plus jeune, je lui donnerais un garçon et une fille et ils auraient des cheveux d'argent.

Le lendemain, le roi envoie des gens à la maison où il a entendu du bruit.

Le père des jeunes filles est un homme vieux et pauvre. En entendant frapper à la porte, il demande :
- Qui frappe ?
- Viens ! Le roi veut te parler. Le père a très peur. Il se demande pourquoi le roi veut le voir. Il demande à ses filles :

- Est-ce que vous avez parlé à des gens ? Est-ce que vous vous êtes disputées avec quelqu'un ?
- Non, père, n'aie pas peur ! disent-elles. Nous ne connaissons personne. Nous ne nous sommes disputées avec personne. Jamais nous ne sommes sorties de la maison.

Le vieillard sort et, tremblant de peur, suit les gens qui l'emmènent chez le roi.
- Bon vieillard, lui dit le roi. As-tu des filles ?
- Oui, Seigneur.
- Combien ?
- Trois.
- Veux-tu me les donner en mariage ? Je veux me marier avec toutes les trois, comme cela est permis par Dieu et son Prophète.
- Avec plaisir, ô Roi ! répond le père. Je n'ai pas trouvé de bergers pour devenir leurs maris et toi, Roi, tu les veux toutes les trois !

Le roi fait faire les fêtes du mariage et fait amener ses trois femmes à son palais.

Un jour, le roi dit à l'une de ses trois femmes :
- Tu as dit un jour que, si le roi t'épousait, tu pourrais faire manger tous les gens du pays avec un seul plat de couscous. Fais ce plat de couscous, je veux voir si tu as dit vrai.
- Je ferai ce couscous, ô Roi. Donne-moi seulement un demi-sac de farine.

Le lendemain, quand la femme a reçu du roi un demi-sac de farine, elle envoie quelqu'un acheter un sac de sel. Puis elle fait le couscous en mettant pour chaque part de farine deux parts de sel. Après elle le fait cuire. Alors le roi dit à tous les

---

Stratégie pour lire

Stories set in your own culture are easy to understand because you can relate to them. When you read a story set in another country, however, you may be misled if you assume that the society and customs there are exactly the same as where you live. In order to best understand a story, think about the culture that it represents. What do you know that can help you? If you're not familiar with the country in the story, you may want to find out more about it. Taking the cultural context of a story into account will enable you to understand it better and will make it more enjoyable, too.

Les Trois femmes du roi

A. What fairy tales do you remember from your childhood? What characters or themes are usually found in children's stories?

B. Do you imagine that stories from other cultures are the same as or different than those told in the United States? Why?

C. Où sont le roi et son vizir ? Qu'est-ce qu'ils entendent ?

D. What is the father's reaction to being called in to see the king? What does this tell you about the relationship between the king and his subjects?

E. When questioned by their father, why do the daughters insist that they have not even left the house? Why would that be important? Is that something important in your culture?

gens de venir et toute la grande maison est pleine. Il apporte le plat, le pose au milieu de la grande salle et invite tout le monde à manger. Mais chaque fois que quelqu'un prend une boulette de couscous, il la crache aussitôt parce qu'elle est trop salée. Les serviteurs disent :

- Mangez, messieurs !

Mais ils ont peur que le roi se mette en colère et ils répondent :

- Non, merci, nous en avons mangé beaucoup, c'est très bon, mais nous n'avons plus faim.

Et ils repartent tous chez eux sans dire que le couscous est trop salé. Quand ils sont partis, le roi voit que le plat est encore plein. Il est très heureux et dit :

- Dieu est avec moi ! Ma femme a dit vrai.

Il veut manger un peu de couscous et le crache lui aussi. Il se met en colère et va trouver sa femme :

- Tu as menti! Personne n'a mangé de ce couscous. Il était trop salé.

- Oui, mais tous les invités ont dit qu'ils en avaient mangé et qu'ils n'avaient plus faim !

- C'est vrai, tu n'as pas menti, répond le roi.

Un autre soir, il dit à son autre femme :

- Tu as dit un jour que, si le roi t'épousait, tu pourrais habiller tous les gens du pays avec un seul morceau de tissu. Fais cela, je le veux !

- Donne-moi un morceau de tissu, ô Roi, et tu verras que j'ai dit vrai.

Le lendemain matin, pendant que le roi appelle tous les gens, la femme coupe le tissu en petits bouts très fins. Puis elle se met au-dessus de la porte de la ville et dit au roi de faire passer tous les gens l'un derrière l'autre. Alors, elle laisse tomber sur chacun d'eux un petit bout de tissu que chacun attrape à la main. Quand ils sont passés, les gens disent au revoir au roi et rentrent chez eux sans rien dire. Ils n'osent pas dire qu'on s'est moqué d'eux parce qu'ils ont peur d'avoir la tête coupée. Le roi dit à sa femme :

- Tu n'as pas habillé tous les gens du pays !

- Si ! Chacun a eu sa part et ils sont tous partis contents.

- C'est vrai ; tu n'as pas menti !

La troisième femme, la plus jeune, avait dit :

- Si le roi m'épousait, je lui donnerais un garçon et une fille et ils auraient des cheveux d'argent.

Elle a peur que le roi se rappelle ce qu'elle a dit. Elle prie Dieu chaque jour et enfin, un enfant grandit dans son ventre. Ses sœurs pensent :

- Le roi va préférer notre sœur à cause de cet enfant. Que faire ?

Elles demandent conseil à une vieille qui leur dit :

- Attendez ! Je vous aiderai.

Quand l'enfant va naître, les deux sœurs appellent la vieille. Elle arrive avec une grande boîte dans laquelle elle a caché deux petits chiens. Elle dit qu'elle va soigner la maman et entre dans la chambre. Deux enfants naissent, un garçon et une fille, et ils ont tous les deux des cheveux d'argent. Alors la vieille prend les deux enfants ; elle les met dans la boîte et, à leur place, elle met les deux petits chiens. Puis elle va dire au roi :

F. Quelles sont les remarques qui n'ont pas été faites par les trois filles?

«Si le roi m'épousait...

a. je pourrais habiller tous les gens du pays avec un seul morceau de tissu.»

b. je pourrais construire des logements pour tous les gens du pays avec un seul bout de bois.»

c. je lui donnerais des enfants avec des cheveux d'argent.»

d. je pourrais changer la paille en or.»

e. je pourrais faire manger tous les gens avec un seul plat de couscous.»

G. Look over the first story and find some examples of cultural differences. How does this information affect your understanding of the story?

H. What did the first and second wives do when asked to fulfill their vows? Why didn't the people of the kingdom complain? What was the king's reaction?

I. Pourquoi est-ce que les deux premières épouses sont jalouses de la troisième? Que font-elles?

J. Vrai ou faux?

1. Les enfants ont des cheveux d'argent.

2. Le roi fait enfermer sa femme dans un donjon.

3. Les deux enfants vont en bateau au pays du pêcheur et de sa femme.

4. Le pêcheur est très heureux de trouver les enfants.

5. Les enfants savent depuis leur naissance qu'ils sont les enfants du roi.

- Votre femme a eu deux enfants, mais ils ressemblent à des chiens !

Alors le roi se met en colère et donne l'ordre d'enfermer sa femme dans la cage où vivent tous les chiens de la maison. Les sœurs et la vieille la conduisent à la cage et là, elle mange et vit avec les bêtes. La vieille va jeter à la mer la grosse boîte où sont les deux enfants. La mer emporte la boîte très loin, vers un pays où vivent un pêcheur et sa femme. Un jour le pêcheur, qui est dans son bateau, voit la boîte. Il s'approche, ouvre la boîte et voit deux petits enfants, avec des cheveux qui brillent comme le soleil. Il rentre chez lui très heureux, montre les enfants à sa femme et tous deux décident de les garder et de les élever. Les enfants grandissent heureux. Ils étudient le Coran et aident le pêcheur et sa femme dans leur travail.

Mes amis, vous voulez connaître la fin de l'histoire. Eh bien, écoutez !

Un jour, les deux enfants se disputent avec d'autres enfants. Ceux-ci leur disent :
- Vous êtes des étrangers ! Le pêcheur et sa femme ne sont pas vos parents. Ils vous ont trouvés dans une boîte sur la mer.

Alors les deux enfants, très tristes, disent au revoir en pleurant au pêcheur et à sa femme et s'en vont en bateau, très loin, sur la mer. Ils arrivent dans le pays du roi ; et là, ils ont beaucoup d'aventures et beaucoup de malheurs.

Un jour, le roi entend dire qu'il y a dans son pays deux jeunes gens qui ont des cheveux d'argent. Il se rappelle ce que lui a dit sa troisième femme autrefois et il les fait chercher. Quand les deux jeunes gens arrivent devant lui, il leur demande :
- Qui sont vos parents ?
- Nous ne les connaissons pas. Nous avons été trouvés un jour, il y a quinze ans, dans une grande boîte très loin d'ici sur la mer.
Alors le roi leur tend les bras et s'écrie :
- C'est vous ! Vous êtes mes enfants ! Il y a quinze ans, quand vous êtes nés, on m'a dit que vous ressembliez à des chiens, et j'ai fait jeter votre mère dans une cage !

Et aussitôt il donne l'ordre qu'on aille chercher leur mère et qu'on jette les deux sœurs à sa place dans la cage aux chiens.

Les deux jeunes gens vivent alors heureux auprès du roi et de leur mère. Mais ils n'oublient pas le pêcheur et sa femme et leur envoient souvent de riches cadeaux.

La Petite Maison

Un homme construit une petite maison dans un endroit très étroit. Des gens passent et lui disent :
- Ta maison est trop petite !
Il leur répond :
- Vous dites que ma maison est trop petite, mais je serais content si je pouvais un jour la remplir de vrais amis.

K. Why do you think the third wife was treated so harshly? How do you think her punishment was chosen? What punishments would be the most humiliating to people in your culture?

L. How are the children finally reunited with their real father?

M. Qu'arrive-t-il aux deux enfants et à leur mère à la fin de l'histoire ? Est-ce que le dénouement de cette histoire te semble juste ?

La Petite Maison

N. What is the message of this little story? How does your knowledge of Moroccan culture help you better understand its point?

O. Quelle histoire as-tu préférée ? Pourquoi ? Est-ce que tu connais des histoires semblables à celles-ci ?

P. Quelle est la morale de ces deux histoires ?

Q. Thinking back to stories you remember from your childhood, do they reflect American culture? Why or why not?

Cahier d'activités, p. 71, Act. 18

Ecrivons!

Une histoire d'attitude

Les histoires que tu viens de lire parlent des relations entre les gens. Maintenant, c'est à toi d'écrire une histoire où tu expliques comment, à ton avis, les gens devraient se comporter les uns envers les autres.

A. Préparation

D'abord, pense à la façon dont les gens agissent les uns envers les autres.

1. Fais un tableau pour organiser tes idées clairement.

   a. Divise ton tableau en deux colonnes : *Positive* et *Negative*.

   b. Remplis chaque colonne avec des choses que les gens font souvent, comme, par exemple, *Lying* ou *Being honest.*

   c. Examine ton tableau. Choisis quelque chose que tu voudrais mettre en valeur dans ton histoire.

2. Imagine le scénario de ton histoire.

   a. Qui est ton personnage principal? Quelle est son attitude?

   b. Quelles vont être les conséquences des actions du personnage principal sur les autres personnages?

   c. Est-ce que le personnage principal va être récompensé pour ses bonnes actions ou bien est-ce qu'il sera puni pour ses mauvaises actions?

3. Esquisse *(Outline)* les événements principaux de ton histoire.

> ### ✎ Stratégie pour écrire
> No matter what the topic or purpose for writing, a writer must organize his or her ideas in a logical way. Many writers find graphic devices to be useful tools for organizing ideas. Time lines, charts, and diagrams are all examples of graphic devices that can help writers to visualize their ideas and clarify their thinking. The type of graphic device you choose will depend on what you're writing about. For example, a time line depicts a chronological progression of events, a comparison-and-contrast chart shows how two things are similar and different, and a flow chart shows the different steps involved in a process. When starting out on a writing task, try using a graphic device appropriate to your topic to help you organize your thoughts.

B. Rédaction

Maintenant, fais un brouillon de ton histoire. N'oublie pas...

1. de décrire en détails le comportement de ton personnage principal.

2. d'expliquer les conséquences que ses actions ont sur les autres.

3. de bien montrer le rapport entre l'attitude du personnage principal et la fin de ton histoire.

C. Evaluation

1. Lis ton histoire à ton/ta camarade. Réfléchissez aux questions suivantes.

   a. Est-ce que l'histoire est claire? Est-ce qu'elle suit un ordre logique?

   b. Est-ce que c'est une histoire intéressante? Est-ce que tu pourrais ajouter des détails pour la rendre plus vivante?

2. Corrige les fautes d'orthographe, de grammaire et de vocabulaire.

3. Ecris la version finale de ton histoire.

Grammaire supplémentaire

Première étape

Objectives Making, accepting, and refusing suggestions; making arrangements; making and accepting apologies

1 Mets les verbes entre parenthèses au passé composé. N'oublie pas de faire l'accord du participe passé, s'il y a lieu. (**p. 162**)

> Pendant leurs vacances à Fès, Béatrice et Christian ___1___ (se promener) dans la médina. Ils ___2___ (se disputer) et ils ___3___ (se quitter). Quelques heures plus tard, ils ___4___ (se retrouver) par hasard sur la place du Vieux Méchouar. Ils ont décidé de se réconcilier. Puis, ils ___5___ (se dire) des mots d'amour et ils ___6___ (s'embrasser). A minuit, ils ___7___ (s'offrir) des bagues de fiançailles. Le lendemain matin, ils ___8___ (se marier) et le soir même, on a fait la fête à l'hôtel Moussafir.

2 Réponds aux questions de Rachid selon l'exemple. N'oublie pas de mettre les verbes au futur. (**p. 162**)

EXEMPLE
—Tu vas me téléphoner demain?
—**Oui, on se téléphonera.** or **Oui, nous nous téléphonerons.**

1. Tu me parleras plus tard?
2. Je te verrai ce soir?
3. Tu penses que Babette va écrire à Marie?
4. A ton avis, est-ce que Théo va quitter Laure?
5. Tu es sûr que tu vas te réconcilier avec Clarisse?
6. Tu crois que je vais m'entendre avec ton père?
7. Tu penses que Georges et Claire vont se marier?
8. A ton avis, est-ce que Karine va donner un cadeau à Manon?

3 Hier, Ismaïl a rendu visite aux parents de Selwa. Il s'est très mal comporté. Maintenant, il s'excuse auprès de son amie. Ecris ses excuses en utilisant **Je m'excuse** et l'infinitif passé du verbe qui convient. (**p. 164**)

EXEMPLE   —Tu n'as même pas dit bonjour à ma mère!
              —**Je m'excuse de ne pas avoir dit bonjour à ta mère.**

1. Tu n'as pas retiré tes chaussures!

2. Tu n'as pas enlevé ton chapeau!

3. Tu n'as pas bu ton thé à la menthe!

4. Tu as renversé la théière!

5. Tu as parlé tout le temps!

6. Tu as embêté le bébé!

7. Tu n'es pas arrivé à l'heure!

Deuxième étape   **Objectives** Showing and responding to hospitality; expressing and responding to thanks; quarreling

4 Moktar a invité Raphaël chez ses parents qui habitent à Fès. Raphaël remercie Moktar de son hospitalité en utilisant **Merci de** et l'infinitif passé dans chaque phrase. (**pp. 164, 169**)

EXEMPLE   Moktar a présenté sa famille à Raphaël.
              Merci de m'avoir présenté ta famille.

1. Moktar a offert un jus de fruit à Raphaël.

2. Moktar lui a montré la boutique de tapis de ses parents.

3. Moktar lui a fait goûter des cornes de gazelle.

4. Moktar lui a appris à dire «au revoir» en arabe.

5. Moktar a invité Raphaël au mariage de sa cousine.

6. Moktar lui a conseillé d'aller voir le Dar el Makhzen.

7. Moktar lui a donné un souvenir.

GRAMMAIRE SUPPLÉMENTAIRE

Grammaire supplémentaire

WA3 FRANCOPHONE
AFRICA-6

5 Pauline raconte à Cécile comment la mère de son amie Soumia l'a reçue chez elle. Lis les descriptions de Pauline et imagine sa conversation avec la mère de Soumia. (**p. 169**)

EXEMPLE PAULINE Je lui ai demandé si elle avait du jus de fruit.
PAULINE **Vous auriez du jus de fruit?**

1. PAULINE Elle m'a dit d'entrer.
   LA MÈRE _____

2. PAULINE Elle était contente de me voir.
   LA MÈRE _____

3. PAULINE Elle m'a offert à boire.
   LA MÈRE _____

4. PAULINE Je l'ai remerciée.
   PAULINE _____

5. PAULINE Elle a répondu à mes remerciements.
   LA MÈRE _____

6 Saïd et Sélima sont frère et sœur. Ecris les réponses de Sélima aux questions de Saïd. Utilise les expressions entre parenthèses. N'oublie pas de mettre le verbe au conditionnel. (**pp. 141, 173**)

EXEMPLE —Qu'est-ce que tu ferais si je me moquais de toi devant tes amies?
(te tirer les cheveux)
—Je te tirerais les cheveux!

1. Qu'est-ce que tu ferais si je venais fouiller dans ta chambre?
(te demander de partir)

2. Qu'est-ce que tu ferais si je t'ennuyais pendant que tu parlais au téléphone?
(te dire de me ficher la paix)

3. Qu'est-ce que tu ferais si je lisais tes lettres?
(te conseiller de te mêler de tes oignons)

4. Qu'est-ce que tu ferais si je bavardais pendant que tu regardais la télé?
(te dire de la fermer)

5. Qu'est-ce que tu ferais si je racontais ce que tu as fait à Maman?
(te traiter de rapporteur)

6. Qu'est-ce que tu ferais si je te prenais le C.D. que tu viens d'acheter?
(te demander de me le rendre immédiatement)

7 Fatima et sa sœur Parvine se disputent tout le temps. Complète leurs conversations avec l'expression appropriée. (**p. 173**)

1. FATIMA Je vais dire à Maman que tu as cassé son beau vase.
   PARVINE _____!

2. PARVINE Quand on joue aux cartes, c'est toujours moi qui gagne!
   FATIMA _____!

3. LA MERE Fatima, sois gentille avec ta petite sœur.
   FATIMA _____!

4. PARVINE Tiens, tu as reçu une carte de Mansour. Qu'est-ce qu'il t'écrit?
   FATIMA _____!

5. PARVINE Aïe! Arrête! Tu me tires les cheveux! J'ai mal!
   FATIMA _____!

6. PARVINE Je ne trouve plus le tee-shirt que tu m'as prêté...
   FATIMA Tu perds toujours ce que je te prête!
   _____?

7. FATIMA Maman est fâchée parce que j'ai eu 5 à mon interro de maths.
   PARVINE _____! Tu n'avais qu'à étudier!

8. PARVINE Je peux t'accompagner chez Aziz?
   FATIMA Non! _____!

Mise en pratique

 Martin vient de trouver un nouvel ami, Ali, à Marrakech. Ecoute leur conversation et réponds aux questions suivantes.

1. Lesquelles des activités suivantes est-ce qu'Ali propose à Martin?
   a. d'aller au souk el-Kebir
   b. de déjeuner chez lui
   c. de prendre un jus d'orange
   d. d'aller voir le palais de la Bahia
   e. d'aller à la place Jemaa-el-Fna

2. Lesquelles des suggestions d'Ali est-ce que Martin accepte?

3. A quelle heure est-ce qu'ils se donnent rendez-vous?

4. Où est-ce qu'ils se retrouvent?
   a. sur la place Jemaa-el-Fna   b. au palais de la Bahia   c. sur la place de Bâb Fteuh

La place Jemaa-el-Fna : Le matin, Jemaa-el-Fna est un immense marché. Cela va des délicieux jus d'orange pressés, aux épices et aux herbes médicinales, en passant par les écrivains publics à l'ombre de leur parapluie noir, et les diseuses de bonne aventure. Puis, peu à peu les vendeurs d'eau font leur apparition. Quand la chaleur se fait moins forte, les principaux acteurs entrent en scène : charmeurs de serpents au son de leur flûte, danseurs gnaouas tournant comme des derviches au son des tambourins, vendeurs de fripes étalant leurs frusques sur le sol, restaurants ambulants avec roulante et brasero. Les pickpockets sont à la fête, principalement autour des conteurs qui attirent grand nombre de badauds.

Les souks : Pénétrer seul dans les souks relève de l'exploit, car rares sont ceux qui parviennent à échapper aux guides insistants. Voici quelques conseils :
- Suivre un groupe de touristes et faire semblant d'être avec eux, du moins pour les premiers mètres du parcours, les plus difficiles.
- Ne pas porter de tee-shirts ou de sacs évoquant des marques connues de voyagistes. Sinon, vous êtes sûr d'être repéré immédiatement.

Le minaret de la Koutoubia : la Tour Eiffel locale. Tout le monde le connaît et il sert de point de repère. Son décor est différent sur chaque face. Sa tour, aussi haute que celles de Notre-Dame de Paris, est couronnée d'un lanternon surmonté de quatre boules dorées. La légende voudrait nous faire croire qu'elles sont d'or pur et que l'influence des planètes leur permet de tenir en équilibre !

La mosquée de la kasbah : se repère aisément grâce à son minaret aux entrelacs de couleur turquoise qui se détachent du ciel. Vous ne pourrez rien voir d'autre puisque la mosquée, dont la salle de prière ne comprend pas moins de onze nefs, est réservée aux musulmans.

Les tombeaux saadiens : Ouvert de 8h30 à 12h et de 14h30 à 17h30 ou 18h. Fermé le mardi. Joli mausolée de Moulay Ahmed el-Mansour, mort de la peste à Fès en 1603, et qui repose, entouré de ses fils, sous une coupole de cèdre doré que supportent douze colonnes de marbre de Carrare. Le jardin est un havre de paix.

Le palais de la Bahia : Visite, obligatoirement accompagnée d'un guide, de 8h30 à 12h et de 14h30 à 18h. Ces horaires peuvent toutefois varier selon la saison. Construite vers 1880, cette riche demeure princière est un chef-d'œuvre de l'art marocain. Sur plus de 8 ha, des appartements superbement décorés débouchent sur des patios fleuris.

A voir aussi: Le souk des Teinturiers, le souk Chouari (bois), le souk du Cuivre, le souk Smata (cuir), le souk des Bijoutiers, le souk el-Kebir (cuir), le souk Zrabia (caftans, tapis), les kissarias (vêtements, étoffes).

2 Lis ces extraits d'un guide français sur ce qu'on peut voir à Marrakech et réponds aux questions suivantes.

1. What are some things you might see if you visit the **place Jemaa-el-Fna?** What should you be aware of?

2. What kind of souks could you visit? What problem might you run into when going into this area? What does the guidebook suggest you do?

3. With what monument could you compare the **minaret de la Koutoubia?** Why?

4. What can you see at the **tombeaux saadiens?**

5. Which of the sites is a masterpiece of Moroccan art? Do you need a guide?

3 A Marrakech, tu as rencontré quelqu'un avec qui tu voudrais faire un tour de la ville. Propose-lui de visiter des endroits qui sont mentionnés dans le guide. Il/Elle va aussi faire des suggestions. Décidez ensemble de ce que vous allez faire pendant votre séjour. N'oubliez pas de fixer les jours, les heures et les endroits où vous allez vous retrouver.

4 Avec un partenaire, imagine une situation où ton/ta meilleur(e) ami(e) a fait quelque chose qui t'a rendu(e) furieux/furieuse. Vous vous disputez et il/elle s'excuse. Comme il/elle est vraiment désolé(e), tu acceptes ses excuses. Créez un dialogue, puis jouez cette situation.

5 Ton correspondant marocain vient bientôt passer une année aux Etats-Unis. Il voudrait savoir si les Américains sont aussi accueillants que les Marocains. Ecris-lui une lettre où tu lui expliques comment on accueille les gens dans la région où tu habites.

6 ## Jeu de rôle

You're going to a cousin's wedding. Act out the following scenes with classmates.

- When you arrive at your cousin's house, his family greets you and tries to make you feel at home.

- The night before the wedding, your cousin's fiancée shows up looking angry. They have a quarrel. They make up, however, and apologize to each other and to you.

- On the day of the wedding, there are some family members attending whom you don't know. Your cousin tells you who they are and introduces you.

Félicitations pour votre mariage

MISE EN PRATIQUE

WA3 FRANCOPHONE
AFRICA-6

Can you use what you've learned in this chapter?

Can you make, accept, and refuse suggestions?
p. 161

1 How would you suggest the following activities to a friend?

1.   2.   3.

2 How would you accept the suggestions in number 1?

3 How would you refuse the suggestions in number 1?

Can you make arrangements?
p. 162

4 You and your friend have decided to do one of the activities pictured above. What would you say to make the necessary arrangements?

Can you make and accept apologies?
p. 164

5 You've just broken your best friend's CD player. How do you apologize?

6 How would you accept the apology in number 5?

Can you show and respond to hospitality?
p. 169

7 What would you say to your guests when . . .
a. they've just arrived at your home?
b. you've taken their coats and they're standing inside the doorway?
c. you'd like to offer them something to eat or drink?

8 How would you respond as a guest in each of the situations in number 7?

Can you express and respond to thanks?
p. 169

9 How would you thank these people?
a. A good friend lends you a new CD.
b. A stranger stops to help pick up some things you've dropped.

10 How would you respond if you were the people in number 9?

Can you quarrel?
p. 173

11 What would you say in the following situations?
a. Your sister is annoying you while you try to do your homework.
b. You get in trouble for something your classmate did.
c. Your little brother enters your room and starts looking through your things.

Première étape

Making, accepting, and refusing suggestions

Ça t'intéresse de... ?	Would you be interested in . . .?
Ça te plairait de... ?	Would you like to . . .?
Tu ne voudrais pas... ?	Wouldn't you like to . . .?
Ce serait sympa.	That would be nice.
Ça me plairait beaucoup.	I'd like that a lot.
Je suis pris(e).	I'm busy.

J'aimerais bien, mais...	I'd like to, but . . .
C'est gentil, mais j'ai un rendez-vous.	That's nice of you, but I've got an appointment.

Making arrangements

Comment est-ce qu'on fait?	How should we work this out?
Quand est-ce qu'on se revoit?	When are we getting together?

A quelle heure est-ce qu'on se donne rendez-vous?	What time are we meeting?

Making and accepting apologies

Je m'excuse de...	I'm sorry for . . .
Pardonne-moi de...	Pardon me for . . .
Je m'en veux de...	I feel bad that . . .
Ça arrive à tout le monde.	It happens to everybody.
Ne t'inquiète pas.	Don't worry about it.

Deuxième étape

Showing and responding to hospitality

Entrez, je vous en prie.	Come in, please.
Ça me fait plaisir de vous voir.	I'm happy to see you.
Donnez-moi...	Give me . . .
Mettez-vous à l'aise.	Make yourself comfortable.
Asseyez-vous.	Sit down.
Vous êtes bien aimable.	That's kind of you.
Je vous sers quelque chose?	Can I offer you something?
Qu'est-ce que je peux vous offrir?	What can I offer you?
Je prendrais bien...	I'd like some . . .
Vous auriez... ?	Would you have . . . ?

Expressing and responding to thanks

Merci bien/mille fois.	Thank you very much.
Je vous remercie.	Thank you.
C'est vraiment très gentil de votre part.	That's very nice of you.
De rien.	You're welcome.

Je vous en prie.	You're very welcome.
(Il n'y a) pas de quoi.	It's nothing.
C'est tout à fait normal.	You don't have to thank me.

Family relationships

l'aîné(e)	the oldest child
l'arrière-grand-mère	great-grandmother
l'arrière-grand-père	great-grandfather
le/la benjamin(e)	the youngest child
le/la cadet(te)	the younger child
les jumeaux/jumelles	twins
le neveu	nephew
la nièce	niece
la petite-fille	granddaughter
le petit-fils	grandson
célibataire	single
divorcé(e)	divorced
marié(e)	married
mort(e)	dead
veuf/veuve	widowed

Quarreling

Rapporteur(-euse)!	Tattletale!
Pleurnicheur(-euse)!	Crybaby!
Tricheur(-euse)!	Cheater!
Tu m'énerves, à la fin!	You're really bugging me!
Tu es vraiment casse-pieds!	You're such a pain!
Tu me prends la tête!	You're driving me crazy!
Oh, ça va, hein?	Oh, cut it out!
Arrête!	Stop!
Ça suffit!	That's enough!
Tu le fais exprès?	Are you doing that on purpose?
Mêle-toi de tes oignons!	Mind your own business!
Fiche-moi la paix!	Leave me alone!
Casse-toi!	Get out of here!
Tant pis pour toi!	Tough!
C'est toujours la même chose!	It's always the same!
C'est lui/elle qui a commencé!	He/She started it!
Il/Elle m'a traité(e) de... !	He/She called me a . . . !
C'est toujours moi qui prends!	I'm always the one who gets blamed!

Un safari-photo

Objectives

In this chapter you will learn to

Première étape

- make suppositions
- express doubt and certainty
- ask for and give advice

Deuxième étape

- express astonishment
- caution someone
- express fear
- reassure someone
- express relief

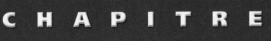
Visit Holt Online
go.hrw.com
KEYWORD: WA3 FRANCOPHONE AFRICA-7
Online Edition

◀ **Un safari-photo en Afrique**

Mise en train • *Un safari, ça se prépare!*

Cahier d'activités,
p. 73, Act. 1

Stratégie pour comprendre

Look at the title of this episode and at the photos. Can you guess the gist of this story? What are the characters planning? Why is the adult character on the phone? Why is the boy thinking of a doctor?

1

Lucie   Oh, dis donc! Regarde les éléphants!

Joseph   Oh, oui! Ils sont super! Ça serait chouette d'aller en Afrique. On verrait des tas d'animaux sauvages.

Lucie   Je parie qu'il y a des lions et des tigres partout!

Joseph   Tu sais, je ne crois pas qu'il y ait de tigres en Afrique.

Lucie   Ah, bon... Alors, Papa, on va en Afrique pour les vacances? On pourrait faire un safari.

Pour se cacher dans la savane, la girafe a des taches brunes.

2   **M. Zokoue**   Ah! Bravo! Ma fille veut tuer des éléphants maintenant!

Lucie   Mais non, Papa! Un safari-photo, bien sûr! Les safaris, c'est illégal! Et puis, tu sais bien que je déteste qu'on tue les animaux!

L'éléphant va boire. Avec sa trompe, il pompe 100 litres d'eau par jour.

3   **Joseph**   Du calme, du calme. On a compris.

M. Zokoue   De toute façon, ça coûte très cher, les safaris.

Lucie   Oh, allez, quoi!

M. Zokoue   Et puis, ça doit être très dangereux...

Joseph   Mais non, tout le monde va en Afrique maintenant. Et puis, ça serait chouette d'aller en République centrafricaine puisque c'est là où Pépé est né.

Lucie   Tu imagines si on pouvait aller dans son village pour voir comment c'est...

Joseph   Je me demande si on a encore de la famille là-bas... Tu crois qu'ils mangent des araignées?

Lucie   Ça doit être cool!

M. Zokoue   Bon, bon... on verra.

4 Lucie et Joseph ont persuadé leur père d'aller en République centrafricaine. Il est maintenant nécessaire qu'ils organisent leur voyage.

M. Zokoue Bon. Si on veut faire un safari cette année, il faut que je prenne les billets maintenant. Ça vous dit toujours?

Lucie Bien sûr que ça me dit!

M. Zokoue Et toi, Joseph?

Joseph Moi aussi... mais...

M. Zokoue Qu'est-ce qu'il y a?

Joseph Euh, je me demande s'il y aura des moustiques.

Lucie Oh, ils ne vont pas te manger, hein?

M. Zokoue Joseph a raison. Les moustiques sont féroces en Afrique. Ils peuvent transmettre des maladies. Il faudra bien se protéger.

Joseph Tu vois!

M. Zokoue Ah! Au fait, je dois appeler l'ambassade pour savoir ce qu'on doit faire avant de partir.

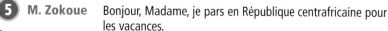

5 **M. Zokoue** Bonjour, Madame, je pars en République centrafricaine pour les vacances.

L'employée Oui?

M. Zokoue Quelles sont les vaccinations obligatoires?

L'employée Eh bien, il faut que vous vous fassiez vacciner contre la fièvre jaune.

M. Zokoue Est-ce qu'il faut un traitement particulier pour le paludisme?

L'employée Oui, pour ça vous devriez consulter un médecin.

M. Zokoue Merci beaucoup. Au revoir.

Lucie Alors, qu'est-ce qu'elle a dit? On doit se faire vacciner?

M. Zokoue Oui, c'est obligatoire.

Joseph Quoi! Une piqûre!

M. Zokoue J'ai bien peur que ce soit nécessaire.

6 **Joseph** Ah non, alors!

Lucie Quel trouillard, je t'assure!

M. Zokoue Ecoutez, c'est simple, les enfants. Pas de piqûre, pas de safari!

7 Enfin, avant de partir, il faut que M. Zokoue et ses enfants fassent leurs valises.

Joseph Tu crois que je devrais prendre des cassettes?

M. Zokoue Je ne crois pas que ce soit la peine. Tu n'auras pas le temps de les écouter. Mais n'oublie pas ton appareil-photo.

Lucie Tu seras trop occupé à tuer les moustiques pour écouter de la musique.

Joseph Oh, arrête! On ne te demande rien! Papa, tu penses que je prends un pull?

M. Zokoue Oui, il vaut mieux. Tu en auras peut-être besoin. Il peut faire froid la nuit.

Lucie Est-ce qu'on emporte de la crème solaire?

M. Zokoue Bien sûr. Il va faire très chaud. Il faut aussi qu'on achète de la lotion anti-moustique. Surtout, c'est très important qu'on emporte une trousse de premiers soins avec des pansements, un désinfectant et des comprimés pour purifier l'eau.

Lucie Eh ben! C'est vraiment l'aventure!

1 Tu as compris?

1. Où va la famille Zokoue pour les vacances?
2. Qu'est-ce que les Zokoue vont faire pendant les vacances?
3. Pourquoi M. Zokoue hésite à partir?
4. Qu'est-ce que Lucie et Joseph disent à leur père pour le persuader de partir en vacances?
5. Qu'est-ce qu'ils doivent faire avant de partir en vacances?

2 Qui dit quoi?

Est-ce que c'est Lucie, Joseph ou M. Zokoue qui parle?

1. «Je parie qu'il y a des lions et des tigres partout!»
2. «De toute façon, ça coûte très cher, les safaris. Et puis, ça doit être très dangereux.»
3. «Euh, je me demande s'il y aura des moustiques.»
4. «Quel trouillard, je t'assure!»
5. «Ecoutez, c'est simple. Pas de piqûre, pas de safari!»

3 Qu'est-ce qu'on emporte?

D'après *Un safari, ça se prépare!,* lesquels de ces objets est-ce que les Zokoue vont emporter en Afrique? Pourquoi?

une robe	un pull	des cassettes
de la lotion anti-moustique		des bottes
de la crème solaire		des pansements
	des comprimés	
de l'aspirine		un appareil-photo

4 Mets dans le bon ordre

Mets ces phrases dans le bon ordre d'après *Un safari, ça se prépare!*

1. Lucie et Joseph proposent de passer les vacances en République centrafricaine.
2. Les Zokoue font leurs valises.
3. Lucie et Joseph lisent un article sur l'Afrique.
4. Joseph se demande s'il y aura des moustiques.
5. M. Zokoue téléphone à l'ambassade.

5 Cherche les expressions

What do Lucie, Joseph, and M. Zokoue say to . . .

1. point out something?
2. make a supposition?
3. express doubt?
4. make a strong objection?
5. reassure someone?
6. express necessity?
7. ask for advice?
8. give advice?

6 Et maintenant, à toi

Est-ce que tu aimerais faire un safari-photo? Pourquoi ou pourquoi pas? Quels animaux est-ce que tu aimerais voir?

Note culturelle

Il y a beaucoup d'animaux sauvages en République centrafricaine. Dans le nord du pays, il y a la savane où on peut voir des lions, des léopards, des buffles, des éléphants, des hyènes et des antilopes. Dans le sud, la forêt tropicale abrite une des dernières colonies de gorilles d'Afrique. Dans la forêt, on trouve aussi beaucoup de chimpanzés, d'autres types de singes et des écureuils géants. Au bord des rivières, il y a des hippopotames, des crocodiles et des rhinocéros. Dans tout le pays, on peut voir de nombreuses espèces d'oiseaux, de serpents, de chauves-souris et de papillons. La République centrafricaine est un vrai paradis zoologique.

Rencontre culturelle

Qu'est-ce que tu sais sur la République centrafricaine? Pour t'en faire une meilleure idée, regarde ces photos.

Bangui est une grande ville moderne.

Les ouvriers agricoles récoltent des grains de café, l'un des produits d'exportation essentiels.

Les traditions africaines sont observées lors de nombreuses cérémonies.

L'Oubangui, source de vie

Qu'en penses-tu?

1. Quelles impressions ces photos te donnent de la République centrafricaine?
2. D'après ces photos, quelles sont les activités des habitants de la République centrafricaine? Quels sont leurs moyens de subsistance?

Savais-tu que... ?

La République centrafricaine est située à l'intérieur de l'Afrique. Elle partage ses frontières avec le Cameroun, le Congo, la République démocratique du Congo, le Soudan et le Tchad. La rivière Oubangui joue un rôle important dans l'économie de la République centrafricaine. Elle fournit l'eau douce et permet la pêche et le transport de produits d'exportation comme les diamants, le café, le bois et le coton. La République centrafricaine est composée de nombreux groupes ethniques comme les Mbakas, les Bandas et les Mandjas. Il y a aussi les Pygmées, un des plus anciens groupes ethniques d'Afrique. C'est un peuple de petite taille qui habite dans la forêt tropicale. Le français est la langue officielle du gouvernement centrafricain et du système éducatif, mais le sangho est la langue nationale. C'est la langue la plus parlée en République centrafricaine.

Vocabulaire

CD-ROM DISC 2

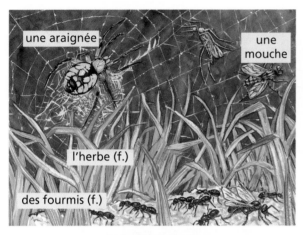

une araignée
une mouche
un oiseau
l'herbe (f.)
des fourmis (f.)

la forêt tropicale

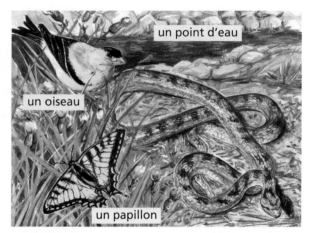

un point d'eau
un papillon

la savane

un arbre   la brousse   un moustique   une rivière   un serpent   la végétation tropicale

Travaux pratiques de grammaire, pp. 63–64, Act. 1–3

Cahier d'activités, p. 74, Act. 2

7 Forêt ou savane?

Ecoutons Ecoute ces touristes qui visitent la République centrafricaine. Est-ce qu'ils se trouvent dans la forêt tropicale ou dans la savane?

8 Mais il y a plein de bêtes!

Parlons Complète la conversation entre Joseph et Lucie en employant les images données.

JOSEPH Un safari, c'est une bonne idée, mais il y a tellement d'insectes! Ecoute! Il y a des centaines de . On peut attraper le paludisme, tu sais.

LUCIE Bon. On peut se faire vacciner.

JOSEPH Et puis, il y a des et des . Je parie qu'il y a même des scorpions!

LUCIE Il faut que tu fasses attention, c'est tout.

JOSEPH Tu sais bien que j'ai peur des . Et n'oublie pas les tsé-tsé. On pourrait mourir, quoi.

LUCIE Ecoute! Si tu veux, tu peux toujours rester à la maison!

Making suppositions; expressing doubt and certainty

To make a supposition:

> **On pourrait sûrement** faire une balade
> s'il fait beau.
> **Je parie qu'**il y a des serpents.
> **Ça doit être** magnifique.
> *It must be . . .*
> **Il doit y avoir** des lions.
> *There must be . . .*

To express doubt:

> **Ça m'étonnerait qu'**il y ait des ours.
> *I'd be surprised if . . .*
> **Je ne suis pas sûr(e) que** ce soit une bonne
> idée. *I'm not sure that . . .*
> **Je ne suis pas certain(e) qu'**il y fasse chaud la
> nuit. *I'm not certain that . . .*
> **Je ne pense pas qu'**on puisse sortir de la Jeep®.
> *I don't think that . . .*

To express certainty:

> **Je suis certain(e) qu'**il y aura des lions.
> *I'm certain that . . .*
> **Je suis sûr(e) qu'**il y pleut beaucoup.
> *I'm sure that . . .*
> **Je sais qu'**il y a des moustiques.
> **Je suis convaincu(e) que** c'est dangereux.
> *I'm convinced that . . .*

> Cahier d'activités,
> pp. 74–75, Act. 3

Note de grammaire

How do you know which verb form to use
after new expressions you learn?

- If there's only one subject, the second verb
  is in the infinitive: Je sais **prendre** des
  photos.
- If there are two clauses, with a different
  subject in each clause, you'll have to
  decide whether the second verb should be
  in the subjunctive or indicative mood.

  > Je sais qu'il y **a** des moustiques.
  > Ça m'étonnerait qu'il y **ait** des ours.

- Look for patterns to help you decide
  which verb form to use. For example,
  expressions used to express doubt usually
  take the subjunctive. Expressions that convey certainty usually take the indicative.

> Travaux pratiques de
> grammaire, p. 65, Act. 4

> Grammaire supplémentaire,
> p. 208, Act. 1

9 ### Doute ou certitude?

Ecoutons Ecoute les remarques de ces gens.
Est-ce qu'ils expriment une certitude ou un
doute?

10 ### Grammaire en contexte

Parlons Ton ami(e) te propose de faire un
safari, mais ça ne te dit pas trop. Vous discutez de votre voyage éventuel en imaginant
comment ça serait.

> **EXEMPLE** —Je parie que (qu')...
> —On pourrait sûrement...
> —Ça doit être...
> —Il doit y avoir...

formidable.

goûter des plats africains.

il y a des
serpents venimeux.

voir des chutes
d'eau impressionnantes.

photographier
de beaux animaux.

il y a des moustiques.

rencontrer des
gens intéressants.

intéressant.

des forêts magnifiques.

il y a des araignées.

il fait trop chaud.

En partant pour un safari, il ne faut pas oublier d'emporter...

Travaux pratiques de grammaire, pp. 65–66, Act. 5–6

Cahier d'activités, p. 75, Act. 4

CD-ROM DISC 2

un appareil-photo

de la lotion anti-moustique

une trousse de premiers soins

des pellicules (f.)

un imperméable

un désinfectant

des pansements (m.)

une gourde

un caméscope et des cassettes (f.)

des lunettes (f.) de soleil

de la crème solaire

une torche

des jumelles (f.)

une carte de crédit

un passeport

des chèques (m.) de voyage

11 Le message de Mathieu

Ecoutons Mathieu laisse un message sur le répondeur de Frédéric pour lui rappeler ce qu'il doit emporter pour le safari. Fais une liste de six choses qu'il ne doit pas oublier.

12 N'oublie pas!

Parlons Sabine se prépare pour partir faire un safari. Elle te demande de regarder sa liste et de lui dire ce qu'elle a oublié.

caméscope, cassettes
appareil-photo, pellicules
jumelles
chaussures de marche
torche
lotion anti-moustique
chapeau
crème solaire
lunettes de soleil
trousse de premiers soins
gourde
passeport
chèques de voyage

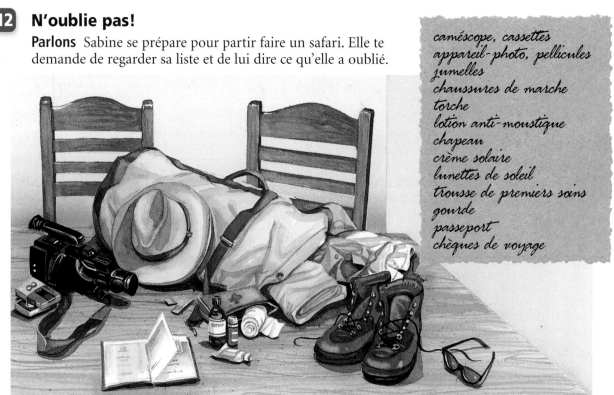

Comment dit-on...?

Asking for and giving advice

To ask for advice:

> **Tu crois que je devrais** emporter des jumelles?
> *Do you think I should . . . ?*

> **Tu penses qu'il vaudrait mieux** se faire vacciner?
> *Do you think it'd be better to . . . ?*

To respond:

> **Je crois que ça vaut mieux.**
> *I think that's better.*
> **A mon avis, c'est plus sûr.**
> *In my opinion, it's safer.*
> **Ce n'est pas la peine.** *It's not worth it.*
> **Je ne crois pas que ce soit utile.**
> *I don't think it's worthwhile.*

To give advice:

> **Il faudrait que** tu prennes de la lotion anti-moustique. *You ought to . . .*
> **Il est très important que** tu emportes une trousse de premiers soins.
> **Il est essentiel que** tu te fasses vacciner.
> **Il est nécessaire que** tu prennes un imperméable et des bottes.

> Cahier d'activités, p. 76, Act. 5

---

13 ### Préparatifs pour l'Afrique

Ecoutons Dans une agence de voyages, tu entends cette conversation entre un client et l'employée. D'après l'employée, lesquels de ces préparatifs sont nécessaires pour aller en République centrafricaine?

14 ### Cher Justin

Ecrivons Ton correspondant, Justin, qui habite en République centrafricaine, va venir passer un mois chez toi. Il t'a envoyé cette lettre pour te demander ce qu'il doit faire comme préparatifs avant son départ. Ecris-lui une lettre et réponds à ses questions en utilisant les expressions de **Comment dit-on... ?**

> se faire vacciner
>
> acheter des bottes
>
> obtenir un visa
>
> prendre son passeport
>
> emporter une trousse de premiers soins
>
> prendre un manteau
>
> consulter un médecin
>
> emporter de la lotion anti-moustique
>
> acheter une valise
>
> acheter des jumelles

> Bonjour de Bangui!
> Hier, j'ai appris la bonne nouvelle. Je pars pour les Etats-Unis le mois prochain. Je ne sais pas trop quoi prendre. Est-ce que tu peux me donner des conseils pour les préparatifs? Est-ce que je dois demander un visa à l'ambassade américaine? Je n'ai pas encore mon passeport non plus. Tes amis parlent français? A ton avis, est-ce que je dois prendre un dictionnaire? Et comme vêtements, tu penses qu'il vaudrait mieux que je prenne des pulls et des manteaux ou des shorts et des tee-shirts? Est-ce que je dois aller voir un docteur avant de partir? Il y a beaucoup d'insectes chez toi? Tu crois que je devrais prendre de la lotion anti-moustique? Réponds-moi vite!
>
> A bientôt,
> Justin

Grammaire

Using the subjunctive

You've already learned to use the subjunctive after expressions of *wishing* and *obligation*. You also use the subjunctive after many expressions of . . .

necessity:
> **Il est nécessaire qu'on se fasse vacciner.**
> **Il est essentiel que...**
> **Il est important que...**
> **Il faudrait que...**
> **Il vaudrait mieux que...**

doubt:
> **Je ne crois pas qu'il y ait des tigres.**
> **Je ne pense pas que...**
> **Ça m'étonnerait que...**
> **Je ne suis pas sûr(e) que...**
> **Je ne suis pas certain(e) que...**

possibility:
> **Il est possible que ce soit dangereux.**
> **Il se peut que...**

emotion:
> **Je suis désolé(e) que tu ne puisses pas venir.**
> **Je suis heureux(-euse) que...**
> **J'ai peur que...**

Travaux pratiques de grammaire, pp. 66–67, Act. 7

Si tu as oublié **the subjunctive** va à la page 69.

Cahier d'activités, pp. 76–77, Act. 6–8

Grammaire supplémentaire, pp. 208–209, Act. 2–4

Travaux pratiques de grammaire, pp. 67–68, Act. 8–9

---

15 ### Grammaire en contexte

Parlons Lucie et Joseph parlent de leur voyage en Afrique. Choisis une proposition qui pourrait compléter chaque phrase ci-dessous.

1. «Il faudrait que(qu')...
2. «Je suis sûr(e) que(qu')...
3. «Je suis désolé(e) que(qu')...
4. «J'ai peur que(qu')...
5. «Il se peut que(qu')...
6. «Je crois bien que(qu')...

il y a de beaux animaux.»

tu restes dans la jeep.»

on se fasse vacciner.»

tu ne puisses pas venir.»

on partira en safari.»

il fasse trop chaud.»

on va goûter des plats africains.»

---

16 ### On part en Afrique!

a. Parlons Tu veux faire un safari, mais tu dois convaincre ton ami(e) qui n'a pas très envie de t'accompagner. Dis-lui ce que tu crois que vous pourrez y faire et y voir.

b. Parlons Vous avez décidé de faire le safari! Maintenant, discutez de ce qu'il faut que vous fassiez avant de partir. Demande à ton ami(e) ce que tu devrais emporter.

PANORAMA CULTUREL

Quelle est l'image de ta région?

Cities, regions, and even countries can have a reputation. We wanted to know what people thought of specific places. Here's what they told us.

Emmanuel,
France

«La réputation de la Provence, c'est d'être un peu, surtout à Marseille, d'être un peu bagarreur, d'être un peu «m'as-tu-vu». C'est-à-dire, de se montrer un peu. C'est vrai que c'est souvent le cas à Marseille, hein. Parce que c'est souvent des jeunes qui font ça... Mais les vrais Marseillais sont pas comme ça, quoi.»

Betty,
Martinique

«Bon alors, les étrangers pensent que la Martinique est une île merveilleuse où il fait toujours très beau, où on peut pratiquer des sports nautiques comme le surf, le ski nautique, où le sable est fin et chaud et où on peut vivre des expériences nouvelles avec un compagnon quelquefois. Ils pensent que la Martinique est une île très accueillante ou très chaleureuse aussi, où il est bon de vivre.»

Christian,
France

«Ben, en fait, nous [les Français] sommes un peuple assez libre et nous avons inventé la démo-cratie. Et je crois que beaucoup de pays nous envient notre système politique, d'autre part, bien que ce soit pas un système parfait.»

Qu'en penses-tu?

1. Quelle est la réputation de ta région? Est-ce que tu penses que cette réputation est justifiée? Pourquoi ou pourquoi pas?

2. Quel pays étranger est-ce que tu voudrais visiter? Comment est-ce que tu imagines ce pays?

3. Est-ce que tu es d'accord avec ce que disent les gens interviewés? Pourquoi ou pourquoi pas?

Remise en train · *Le safari, c'est l'aventure!*

Les Zokoue sont maintenant en République centrafricaine dans le parc national Bamingui-Bangoran, accompagnés par un guide.

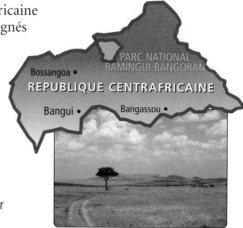

1 **M. Zokoue** Oh! Regardez comme c'est beau, les enfants!

Lucie Est-ce que les animaux sont protégés ici?

Le guide Oui, la chasse est illégale. Malheureusement, il y a des braconniers. C'est pour ça qu'on doit surveiller la réserve en permanence.

Joseph Des braconniers? Qu'est-ce qu'ils tuent comme animaux?

Le guide Eh bien, les éléphants pour leur ivoire, les singes et les guépards pour leur fourrure et les rhinocéros pour leur corne.

Lucie C'est dégoûtant! Ça me rend malade!

2 **Lucie** Eh, tu as vu?

Joseph Non, qu'est-ce que c'était?

Lucie Une gazelle... Vous pourriez arrêter la voiture, s'il vous plaît? J'aimerais prendre une photo.

Joseph Tu es folle! Reste ici, c'est dangereux!

M. Zokoue Méfie-toi, Lucie, j'ai peur qu'il y ait des lions.

Le guide N'ayez pas peur. S'il y avait un lion, la gazelle le sentirait et elle s'enfuirait.

3 **Lucie** Vous avez entendu?

Joseph Quoi?

Lucie Ces bruits horribles! Ces cris! Je me demande ce que c'est.

Le guide Ne vous en faites pas, ce sont des singes. On ne les voit pas facilement. Ils se cachent dans les arbres... Tenez, vous les voyez, là?

Lucie Ah oui! Oh, super!

---

17 **Tu as compris?**

1. Où est la famille Zokoue? Qu'est-ce qu'elle fait?
2. Qu'est-ce qui inquiète Lucie?
3. Qu'est-ce que Lucie veut prendre en photo?
4. Où est-ce que les singes se cachent?
5. Qu'est-ce qui inquiète Joseph?
6. Qu'est-ce qui se passe quand Lucie essaie de photographier le rhinocéros?

18 **Vrai ou faux?**

1. La chasse est illégale dans les réserves.
2. Les singes chantent de belles chansons.
3. Le lion laisse les meilleurs morceaux à ses petits.
4. On chasse les rhinocéros pour leur corne.
5. Les gnous sont les animaux les plus forts de la brousse.
6. Les rhinocéros vont plus vite que les voitures.

4 **M. Zokoue** Regardez là-bas! Une famille de lions!

Lucie Qu'est-ce qu'ils mangent?

Le guide Un gnou, sûrement.

Lucie Mais, c'est horrible!

Joseph Mais non, c'est la loi de la nature. Les plus forts mangent les plus faibles.

M. Zokoue Vous avez vu comme le lion se garde les meilleurs morceaux? C'est vraiment le roi des animaux!

5 **Joseph** Oh, dis donc! C'est dingue! Qu'est-ce qu'ils sont gros, ces éléphants! Euh, qu'est-ce qu'on ferait si on tombait en panne au milieu du troupeau?

Le guide On ne ferait rien. J'appellerais la base et on attendrait. Mais j'espère que ça ne nous arrivera pas parce que les éléphants sont imprévisibles. Ils pourraient nous attaquer s'ils avaient peur.

Joseph Euh... Vous êtes sûr que vous avez fait le plein d'essence avant de partir?

6 **M. Zokoue** Regardez, il y a un rhinocéros là-bas.

Lucie Vous pourriez vous arrêter, s'il vous plaît?

Le guide Faites attention, les rhinocéros peuvent charger.

M. Zokoue Tu ferais peut-être mieux de rester dans la jeep pour prendre ta photo.

Le guide Ne vous inquiétez pas, je le surveille... Mais restez près de nous.

Lucie D'accord.

Lucie se prépare à prendre une photo du rhinocéros.

Lucie Souris, petit rhino... Souris.

Le guide Attention, remontez vite!

Lucie Mais quoi?

M. Zokoue Remonte, Lucie, dépêche-toi! Le rhinocéros charge!

Lucie Aïe! Aïe! Aïe!

Le guide Ne paniquez pas, mais remontez vite.

Elle remonte dans la voiture.

Le guide Accrochez-vous! On va aller très vite!

Joseph Ben, dis donc! On l'a échappé belle!

Lucie Chouette alors! Comme dans les films!

Cahier d'activités, p. 78, Act. 9

19 ## Ils sont comment, les animaux?

Associe chaque animal à sa description.

Le singe...	est le roi des animaux.
L'éléphant...	est imprévisible.
La gazelle...	peut charger.
Le rhinocéros...	vit dans les arbres.
Le lion...	sent le lion quand il arrive.

20 ## Cherche les expressions

How do the people in *Le safari, c'est l'aventure!* . . .

1. express disgust?
2. give a warning?
3. reassure someone?
4. express astonishment?
5. express relief?

21 ## Et maintenant, à toi

Quels animaux est-ce que tu voudrais voir si tu faisais un safari-photo en Afrique?

Vocabulaire

CD-ROM DISC 2

Le guépard est l'animal le plus rapide : quand il poursuit sa proie, il peut courir à une vitesse de 110 km/h.

L'éléphant (m.), l'animal le plus **lourd** de la terre, a de grandes oreilles plates, des défenses en ivoire et une longue trompe dont il se sert pour boire et pour se laver. L'éléphant utilise aussi sa trompe pour ramasser ou attraper ce qu'il veut manger.

La girafe est un grand mammifère roux et beige. Grâce à son très long cou, elle réussit à attraper les feuilles tout en haut des arbres.

Le rhinocéros est un gros herbivore qui possède une ou deux **cornes** qu'il utilise pour donner des coups aux autres rhinocéros avec qui il se bat. Les rhinocéros sont chassés par les braconniers pour leurs cornes.

L'hippopotame (m.) est un énorme animal dont le nom veut dire "cheval du fleuve". Il est très à l'aise dans l'eau où il se baigne dans la journée. Puis le soir, il sort de l'eau pour chercher sa nourriture.

Le lion est souvent appelé le roi des animaux. Il passe la plupart de son temps à dormir. Quand la lionne a attrapé **une proie**, le lion vient manger les meilleurs morceaux, puis c'est le tour des lionnes et enfin, celui des lionceaux.

Le singe passe la plupart de son temps dans les arbres. Il est très agile et il peut se balancer ou sauter d'un arbre à l'autre rapidement et très facilement.

Le zèbre ressemble beaucoup au cheval, mais il a des rayures noires et blanches grâce auxquelles il peut se cacher dans la brousse.

Travaux pratiques de grammaire, p. 69, Act. 10–11

Cahier d'activités, pp. 79–80, Act. 10–11

22 Quel animal?

Ecrivons Complète ces phrases avec le nom de l'animal approprié.

1. _____ utilise sa trompe pour boire.
2. L'animal qui court le plus vite est _____.
3. Quand deux _____ se battent, ils utilisent leurs cornes.
4. _____ est un très gros animal qui adore se baigner dans l'eau.
5. C'est dans les arbres que _____ passent la plupart de leurs journées.
6. _____ a une belle robe blanche et noire à rayures.
7. Le cou de _____ est presque aussi long que son corps.
8. On appelle souvent _____ le roi des animaux.

Vocabulaire à la carte

une antilope	
une autruche	*an ostrich*
un babouin	*a baboon*
un flamant	*a flamingo*
une gazelle	
un gorille	
une hyène	*a hyena*
un vautour	*a vulture*

23 Qu'il est féroce, le lion!

Parlons D'après toi, quel est l'animal le plus... ?

> féroce   méchant   laid   courageux   fort
> agile   mignon   lourd   rapide
> dangereux   timide   intelligent

 24 Devine!

Parlons Décris un animal sans le nommer. Ton/ta camarade va deviner de quel animal tu parles.

Comment dit-on...?

Expressing astonishment

Oh, dis donc! *Wow!*
Ça alors! *How about that!*
C'est pas vrai!
Ouah! *Wow!*
C'est le pied! *Cool! Neat!*
Tiens! Regarde un peu! *Hey! Check it out!*
Qu'est-ce qu'elle **est** grande, cette girafe!
  How . . . he/she/it is!

C'est fou comme elle va vite, cette gazelle!
  I can't believe how . . . !
Quel paysage incroyable!
Tu as vu comme il est gros, l'hippopotame?
  Did you see how . . . ?
Je n'ai jamais vu un aussi gros éléphant.

Cahier d'activités, p. 81, Act. 12

 25 Quelle est leur réaction?

Ecoutons Ecoute les remarques de ces gens qui visitent la savane. Est-ce qu'ils expriment leur étonnement ou non?

A la française

French speakers often begin a sentence with a subject pronoun, like **il, elle,** or **ça,** and then repeat the noun subject at the end of the sentence for emphasis. Look at these examples: **C'est fou comme il est grand, cet éléphant!** or **Ça doit être magnifique, la savane.**

 26 Ouah!

Ecrivons Voici des photos de ton safari que tu vas envoyer à ta famille et à tes amis. Décris chaque scène et exprime ton étonnement à propos de chaque scène.

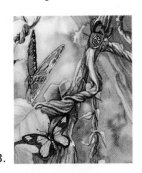

1.   2.   3.   4.

27 Mon journal

Ecrivons Imagine un voyage plein d'aventures. Où est-ce que tu irais? Qu'est-ce que tu y ferais? Quels animaux tu verrais? Comment est-ce que ça serait?

Si tu as oublié the conditional va à la page 141.

Travaux pratiques de grammaire, p. 70, Act. 12–13

Cautioning someone; expressing fear; reassuring someone; expressing relief

To caution someone:

> **Je vous signale que** les animaux peuvent charger. *I'm warning you that* . . .
> **Il serait plus prudent de** rester dans la voiture. *It would be wiser to* . . .
> **Faites attention/gaffe!** *Look out!*
> **Attention aux** araignées!
>   *Watch out for* . . .!
> **Méfiez-vous!** *Be careful!*
> **Ne bougez pas.** *Don't move.*

To express fear:

> **J'ai très peur des** lions.
> **J'ai peur que** ce soit un serpent.
> **J'ai la frousse!** *I'm scared to death!*

To reassure someone:

> **Ne vous en faites pas.**
> **N'ayez pas peur.** *Don't be afraid.*
> **Calmez-vous!**
> **Pas de panique!**

To express relief:

> **On a eu de la chance!** *We were lucky!*
> **Ouf! On a eu chaud!**
>   *Whew! That was a real scare!*
> **On l'a échappé belle!** *That was close!*

Cahier d'activités, p. 81, Act. 13

28 **Dans la savane**

a. Ecoutons Ecoute les remarques de ces gens qui explorent la savane. Est-ce qu'ils avertissent ou rassurent quelqu'un?

b. Ecoutons Maintenant, écoute ces gens et dis s'ils expriment leur peur ou leur soulagement.

29 **Du calme!**

Lisons Choisis la réponse appropriée pour rassurer la personne qui a fait les remarques suivantes.

1. «Oh! Il y a des araignées! J'ai très peur des araignées.»

   a. Les araignées sont méchantes.   **b.** Regarde un peu!   **c.** N'ayez pas peur.

2. «Voilà, on s'est perdus et il fait déjà nuit. J'ai la frousse!»

   a. Rapporteur!   **b.** Ne t'en fais pas!   **c.** On a eu chaud!

3. «Tu as entendu? J'ai peur que ce soit un lion.»

   a. Quel lion énorme!   **b.** On l'a échappé belle.   **c.** Pas de panique!

30 **Attention!**

Parlons Qu'est-ce que tu dirais pour avertir ces gens?

1.

2.

3.

4.

Irregular subjunctive forms

You've already learned some verbs that have irregular stems in the subjunctive. Here are some others.

- To form the subjunctive of the verb **pouvoir,** add the regular subjunctive endings to the stem **puiss-.**

  Je ne pense pas qu'on **puisse** toucher les animaux.

- To form the subjunctive of the verb **aller,** add the regular endings to the stems **all-** (for the **nous** and **vous** forms) and **aill-** (for all other forms).

que j'**aille**	que nous **allions**
que tu **ailles**	que vous **alliez**
qu'il/elle/on **aille**	qu'ils/elles **aillent**

  Je ne veux pas que tu **ailles** en Afrique.
  J'ai peur que vous **alliez** trop vite.

- All the subjunctive forms of the verbs **être** and **avoir** are irregular.

que je **sois**	que nous **soyons**	que j'**aie**	que nous **ayons**
que tu **sois**	que vous **soyez**	que tu **aies**	que vous **ayez**
qu'il/elle/on **soit**	qu'ils/elles **soient**	qu'il/elle/on **ait**	qu'ils/elles **aient**

  Il a peur que ce **soit** trop dangereux.
  Je ne pense pas qu'il y **ait** d'orignaux.

  Cahier d'activités, p. 82, Act. 14

  Grammaire supplémentaire, pp. 210–211, Act. 5–8

  Travaux pratiques de grammaire, pp. 71–72, Act. 14–16

31 **Grammaire en contexte**

Ecrivons Fabien et Suzanne parlent d'un voyage qu'ils pourraient faire avec leurs amis. Complète leur conversation en mettant les verbes au subjonctif.

FABIEN Ben moi, j'ai peur que ce ___1___ (être) dangereux!

SUZANNE Moi aussi. Il se peut qu'il y ___2___ (avoir) des serpents!

FABIEN Oui. Et il est fort possible que les animaux ___3___ (être) féroces.

SUZANNE Bien sûr. Je ne crois pas qu'on ___4___ (pouvoir) sortir de la voiture.

FABIEN Sans doute pas. Il faudra que tu ___5___ (prendre) tes photos de l'intérieur de la voiture.

SUZANNE En plus, mes parents ne voudront pas que j'y ___6___ (aller). Ils auraient trop peur.

FABIEN Et n'oublie pas qu'il est nécessaire qu'on se ___7___ (faire) vacciner.

SUZANNE Bon, ben, finalement, je ne crois pas que ce ___8___ (être) une bonne idée!

32 **De l'école au travail**

 Ecrivons Imagine que tu travailles dans un zoo et qu'on t'a demandé de créer une nouvelle brochure pour la visite du zoo. Dessine une carte du zoo qui montre l'endroit où les animaux vivent. Pour chaque animal, décris son style de vie.

LE CIMETIERE DES ELEPHANTS

Autrefois, le peuple des éléphants vivait au bord de la rivière Sankourou. Il avait pour roi le puissant et sage Khoro. Un jour, le petit tisserin s'est posé sur la défense de Khoro et lui a raconté, tout effrayé :

«Hélas, puissant Khoro ! C'est terrible ! Une foule d'êtres noirs à deux pattes est arrivée dans notre pays. Ils possèdent de drôles d'objets qui tuent. Ils s'étendent partout et dévastent tout sur leur passage.»

Khoro a souri : « Je connais ces êtres. Ce sont les hommes. Ils sont petits et ne sont pas très forts. Leurs armes ne peuvent pas transpercer l'épaisse peau des éléphants.»

Cependant, peu de temps après, Khoro a cessé de sourire. Les hommes noirs n'étaient ni très grands, ni très forts, mais ils étaient nombreux. Certes, leurs armes ne pouvaient transpercer l'épaisse peau des éléphants.

Toutefois, une flèche bien lancée pouvait tuer un éléphant, si elle le frappait à l'œil. Les hommes brûlaient les forêts pour en faire des champs. En outre, une terrible sécheresse éprouvait le pays. Les éléphants étaient aux abois. Ils mouraient de faim et par les armes des hommes noirs. C'est alors que le puissant Roi des Eléphants a rassemblé ses sujets et leur a dit :

«Cette terre n'est plus bénie des dieux. La famine et les hommes noirs nous font souffrir. Nous devons partir d'ici. Nous irons vers le soleil couchant. Notre route sera droite, comme l'était jusqu'à présent notre vie. Nous passerons sur tout ce qui se trouvera sur notre chemin, que ce soient les marécages ou les hommes noirs. Nous sommes peut-être un petit peuple, mais chacun de nous est plus fort que dix fois dix singes. Nous atteindrons notre but. Il n'en reste pas moins que ce pays a toujours été notre terre. Aussi, nous y reviendrons quelques jours chaque année, le premier mois qui suit la saison des pluies. Ainsi, nos enfants le connaîtront, les vieux et

---

Stratégie pour lire

Understanding linking words can help you see the connection between ideas. Some common French linking words are **pourtant** *(yet)*, **cependant** *(however)*, **néanmoins** *(nevertheless)*, **alors** *(so, therefore)*, and **ainsi** *(thus, in this way)*. Linking words can connect ideas in several different ways. They can continue or expand on an idea, show a cause-and-effect relationship, or express a contradiction. Notice how the linking word functions in this example: **Ce travail est dangereux. Il faut cependant le faire.** As you begin to read more sophisticated texts in French, paying attention to the linking words will help you to understand not only the events of the story, but also the more subtle relationship of ideas.

LE CIMETIERE DES ELEPHANTS

A. Who are the «**peuple**» that this story is about? Who is Khoro?

B. Who are «**les êtres noirs à deux pattes**»? What problem do they present? Why isn't Khoro worried about them at first?

C. Lequel de ses événements n'a rien à voir avec l'arrivée des humains?

Les hommes brûlaient les forêts.

Il y avait une terrible sécheresse.

Une tornade a détruit leur terre.

Les hommes noirs tuaient les éléphants.

les malades pourront y vivre leurs derniers instants.»

Ainsi a parlé le puissant Khoro, et il en a été comme il a dit. Le passage des éléphants ressemblait à celui d'une tornade : les arbres ont été arrachés, les champs piétinés, les villages détruits. Beaucoup d'hommes ont péri. La force des éléphants était effrayante.

Cela s'est passé il y a longtemps, très longtemps, mais chaque année, les éléphants continuent à emprunter le même chemin pour montrer leur ancienne patrie à leurs petits et pour que les vieux puissent y mourir. Depuis ce temps, on ne trouve plus de cadavres d'éléphants dans la forêt car ceux-ci vont mourir sur les bords de la rivière Sankourou. Là se trouve leur cimetière bien que personne ne sache l'endroit exact.

LA TORTUE ET LE LEOPARD

Les enfants étaient agités à cause du formidable chasseur qui était passé par leur village ce matin-là. Ce qui les avait impressionnés le plus, c'était la quantité de gris-gris qu'il portait sur lui.

«Quand je serai grand, moi aussi je serai chasseur !» a dit l'un des enfants.

Son oncle, qui l'avait entendu, lui a dit : «Si tu veux vraiment devenir un grand chasseur, il te faudra apprendre beaucoup de choses. Tu devras savoir construire des pièges efficaces pour duper les animaux que tu voudras attraper ; ils sont intelligents,

tu sais, et ce n'est pas aussi facile que tu crois de les capturer.»

«Oh, raconte-nous une histoire de pièges !» dit le petit garçon. Les autres enfants voulaient aussi que l'oncle leur raconte une histoire. «Oui, raconte-nous une histoire! Raconte-nous une histoire !»

Voici ce que l'oncle leur a raconté :

Un jour, Dame Tortue, perdue dans ses pensées, rentrait joyeusement chez elle. En d'autres mots, elle traînait sa carapace un peu plus vite que d'habitude. Mais, elle n'avançait pas très vite car elle s'arrêtait constamment pour sentir une fleur sauvage par ici, ou pour manger un bouton de fleur par là. Elle aurait dû faire attention à des choses plus importantes. Ainsi, sur son chemin, il y avait comme un grand tapis de feuilles de palmier qu'un serpent svelte traversait. Sans réfléchir, la tortue le suivait quand, tout à coup, les feuilles ont cédé sous elle. Boum! Elle est tombée dans le piège que les chasseurs d'un village alentour avaient creusé au milieu du chemin.

Grâce à sa carapace très dure, elle ne s'est pas blessée. Mais comment allait-elle sortir de ce piège ? Elle savait bien qu'elle devait s'échapper avant le lendemain matin si elle ne voulait pas finir dans la soupe du village.

Alors, Dame Tortue a commencé à réfléchir sérieusement. Elle réfléchissait toujours quand elle a

D. Find three examples of linking words in *Le Cimetière des éléphants.* What purpose does each of these words serve? How does it connect one idea with another?

E. Quelle décision Khoro prend-il pour sauver ses sujets?

F. Find the sentence that begins «**Aussi, nous y reviendrons...** » near the end of the last paragraph on page 204. In this sentence, **aussi** doesn't mean *also*. Figure out what it means from the way it connects that sentence to the ones before.

G. Quelles raisons donne Khoro pour retourner chaque année au pays des éléphants?

H. Cite les effets du passage des éléphants.

I. Mets ces événements dans le bon ordre.

Les éléphants partent du bord de la rivière.

Les éléphants reviennent à la rivière pour mourir.

Les hommes font souffrir les éléphants.

Les hommes arrivent à la rivière.

Le roi Khoro parle à ses sujets.

J. What phenomenon is explained in the last paragraph?

Cahier d'activités, p. 83, Act. 16

entendu un grand boum... C'était un magnifique léopard, grand, languissant, souple et féroce qui venait de tomber dans le piège, lui aussi. Son grognement montrait bien qu'il n'appréciait pas le stratagème que les chasseurs avaient utilisé pour le capturer.

Dame Tortue pensait plus vite qu'elle ne marchait. Avant que le léopard ne la remarque, elle s'est mise à crier d'une voix hautaine : «Mais qu'est-ce que tu fais ici, et qui t'a enseigné de pareilles manières ? Tu n'as donc jamais appris qu'on ne s'invite pas chez une dame, comme ça ?»

Le léopard s'est retourné et a regardé Dame Tortue d'un air stupéfait.

«Tu ne sais donc pas que je ne reçois jamais après la tombée de la nuit ?» a continué la tortue. «Sors d'ici, espèce de voyou tacheté !»

C'était plus que le léopard ne pouvait supporter d'une vieille dame aussi laide. Avec un grognement féroce, il a saisi la tortue et l'a lancée en l'air d'un grand coup de patte. «Sors de ce trou toi-même, espèce de vieille gourde osseuse au cou ridé !» il lui a crié. «Je fais ce que je veux !»

«Merci beaucoup, grand léopard» a doucement répondu la tortue de là où elle avait atterri. «Je te conseille d'économiser tes forces pour demain, quand les chasseurs viendront te chercher. Bonne nuit !»

Dame Tortue est alors partie, soulagée et reconnaissante d'avoir eu autant de chance. Elle était aussi très fière d'avoir si bien su échapper à la fois aux chasseurs et au léopard.

LA TORTUE ET LE LEOPARD

K. Name three things Dame Tortue is doing at the beginning of the story. How do her actions lead her to fall into the trap?

L. Who falls into the trap next?

M. Réfère-toi au contexte et aux illustrations pour deviner le sens de ces mots.

carapace

un piège

trou

cédé

lancée

N. Comment fait Dame Tortue pour se libérer?

O. What advice does Dame Tortue give the leopard? Why does she feel clever at the end of the story?

P. Vrai ou faux?
   1. Dame Tortue faisait attention à son chemin en rentrant chez elle.
   2. Le léopard est tombé dans le piège avant la tombée de la nuit.
   3. Dame Tortue a imaginé un stratagème pour sortir du piège.
   4. Le léopard a gentiment aidé Dame Tortue à sortir du piège.
   5. Le léopard était obligé d'attendre les chasseurs pour sortir du piège.
   6. Dame Tortue n'est pas très maligne.

Q. What lessons does the story suggest?

R. Name three elements that are common to both tales. How is the subject of hunting treated differently in the two stories? Why? How do you feel about hunting?

Ecrivons!

Une histoire d'animaux

Tu viens de lire deux histoires d'animaux. Dans ces histoires, les animaux ont des personnalités distinctes, avec des qualités et des défauts propres aux humains. Maintenant toi aussi, tu vas écrire une histoire avec des animaux qui ont des caractéristiques humaines. Tu vas utiliser tes personnages pour raconter ton histoire.

A. Préparation

1. Quel type d'histoire est-ce que tu préfères raconter?

   a. Tu peux écrire un mythe. Comme *Le Cimetière des éléphants,* ton mythe devra expliquer le comportement particulier d'un groupe d'animaux.

   b. Tu peux choisir d'écrire une fable comme *La Tortue et le léopard.* Il doit y avoir, dans ta fable, une morale que tu veux enseigner aux autres.

   c. Si tu préfères, tu peux créer l'histoire de ton choix, à condition qu'elle ait des animaux pour personnages.

2. Imagine l'intrigue de ton histoire. Qu'est-ce qui se passera?

3. Qui vont être les personnages de ton histoire? Fais une courte description de chacun des personnages principaux et explique son rôle dans l'histoire.

4. Fais une liste où tu notes les événements dans l'ordre où ils arriveront. Assure-toi que tu n'as pas oublié d'événements importants.

> **Stratégie pour écrire**
>
> Sequencing, the way you put the events of a story in order, is an important part of storytelling. The action in a story should proceed logically, with no gaps or jumps to break the reader's attention. Sequencing words such as **d'abord, ensuite, puis,** and **enfin** are useful in relating the order of events in a story. Linking words such as those you learned on page 204 can help you relate one sentence to another. Proper sequencing of your sentences and ideas will create a smooth narrative flow in a story.

B. Rédaction

1. Fais un brouillon de ton histoire en suivant ton plan. Vérifie que tu as suivi un ordre logique dans l'action de l'histoire.

2. Utilise quelques-uns des mots suivants pour montrer l'ordre des événements.

au début	puis	cependant	néanmoins
d'abord	ensuite	mais	en fait
pendant que	après	alors	parce que
quand	à la fin	et	

3. Pour lier les différentes idées et rendre ton histoire plus agréable à lire, utilise certains des mots ci-dessus.

C. Evaluation

1. Relis ton brouillon.

   a. Est-ce que tu as raconté les événements principaux de l'histoire dans un ordre logique?

   b. Est-ce que tu as utilisé des mots de liaison entre les différents événements?

2. Vérifie la grammaire et l'orthographe de ton histoire et fais les corrections nécessaires.

3. Donne ton histoire à un(e) camarade de classe. Est-ce que le but de l'histoire est clair?

Grammaire supplémentaire

Première étape **Objectives** Making suppositions; expressing doubt and certainty; asking for and giving advice

1 Pour chacune des phrases suivantes, choisis le verbe approprié et dis si l'animal décrit est l'éléphant ou le léopard. (**p. 193**)

EXEMPLE Cet animal peut (grimpe/<u>grimper</u>) dans un arbre. **le léopard**

1. Je trouve qu'il (a/avoir) une belle fourrure, cet animal.
2. Je crois que cet animal (est/être) végétarien. Il ne mange que des plantes.
3. Cet animal aime (passe/passer) la nuit à chasser. Il dort pendant la journée.
4. On dit que cet animal aime (mange/manger) des cacahouètes.
5. Je pense que cet animal (est/être) le plus lourd de la terre.
6. Cet animal aime (mange/manger) de la viande.
7. On dit que cet animal (a/avoir) une peau très épaisse.
8. Je pense que cet animal (est/être) moins gros qu'un lion, mais aussi féroce.

2 Ta petite sœur Marie essaie de te décourager d'aller en République centrafricaine avec un(e) ami(e). Tu lui réponds en utilisant **ça m'étonnerait que** et le subjonctif du verbe qui convient. (**p. 196**)

EXEMPLE —Je suis sûre que vous aurez la fièvre jaune!
  —**Ça m'étonnerait que nous ayons la fièvre jaune.**

1. Je suis sûre qu'il fera très froid la nuit!
2. Je suis certaine que vous ne verrez pas de papillons!
3. Je parie que vous ne rencontrerez pas de gens intéressants!
4. A mon avis, vous ne trouverez pas d'éléphants dans la savane!
5. Je suis convaincue que vous n'apprendrez pas le sangho!
6. Je suis sûre qu'on ne se reverra plus!
7. Je suis sûre que des bêtes féroces vous attaqueront.
8. Je parie que vous tomberez en panne au milieu de la savane.

3 Mme Jacob est au téléphone avec sa fille Agnès qui va bientôt aller à Bangui. Mets les verbes entre parenthèses au présent de l'indicatif ou au subjonctif. (p. 196)

—Agnès, chérie, il faudrait que tu __1__ (faire) ta valise, quand même!......

—Qu'est-ce que tu dis? Tu ne sais pas quoi prendre! Bon, ben, il doit faire très chaud là-bas, non? Alors, il est essentiel que tu __2__ (prendre) des vêtements légers......

—Comment? Ah oui, tu as raison. Il est fort possible que la chaleur __3__ (être) intense! Il est donc nécessaire que tu __4__ (emporter) de la crème solaire et un chapeau.....

—Qu'est-ce que tu dis, chérie? Mais, je n'en sais rien, moi! Il vaudrait mieux que tu __5__ (appeler) l'ambassade. Je suis certaine qu'il __6__ (falloir) prendre son passeport, mais pour le visa... Ah, Agnès, chérie, j'avais presque oublié! Je suis sûre que tu __7__ (pouvoir) attraper des tas de maladies là-bas. Il est important que tu te __8__ (protéger). En fait, il vaudrait mieux que tu te __9__ (faire) vacciner...

—Tu dis? Tu as déjà consulté un médecin. Ah bon, Dieu merci!

4 Inès et Milo font un safari au parc national Bamingui-Bangoran. Complète leurs conversations avec le subjonctif des verbes entre parenthèses. (p. 196)

LE GUIDE   Comme il y a beaucoup de braconniers, il est nécessaire que nous __1__ (garder) la réserve.

INES   Est-ce qu'il se peut que les braconniers __2__ (tuer) les éléphants, si vous ne les surveillez pas?

INES   Je voudrais que tu __3__ (faire) une photo des lions, mais il faudrait d'abord que tu __4__ (arrêter) la voiture.

MILO   Tu veux que j'__5__ (arrêter) la voiture? Pas question! J'ai peur que les lions nous __6__ (manger).

MILO   Fais gaffe! J'entends des singes! Il se peut qu'ils nous __7__ (attaquer)!

INES   Je ne pense pas, mais il vaudrait mieux qu'on __8__ (rester) dans la voiture.

INES   Regarde là-bas! Des gazelles! Qu'est-ce qu'elles sont belles!

MILO   Mais tais-toi! J'ai peur qu'elles nous __9__ (entendre)!

MILO   Tu as vu? Un rhinocéros! Si on allait lui dire bonjour?

INES   Mais ça va pas, toi! Il faut que nous __10__ (rester) assez loin. Il est fort possible qu'il __11__ (charger)!

Grammaire supplémentaire

Deuxième étape

Objectives Expressing astonishment; cautioning someone; expressing fear; reassuring someone; expressing relief

5 Qu'est-ce qui se passe dans *Le Cimetière des éléphants?* Safiétou et Ababacar ne sont pas d'accord. Complète les passages suivants en utilisant **Je ne pense pas que** et le subjonctif du verbe qui convient. (**p. 203**)

EXEMPLE —Khoro, c'est le roi des hommes!
—**Je ne pense pas qu'il soit le roi des hommes.**

1. Le petit tisserin a très envie d'accueillir les hommes.
2. Khoro fait confiance aux hommes.
3. Les hommes sont gentils avec les éléphants.
4. Les éléphants peuvent rester dans leur pays.
5. Les éléphants vont vers le soleil levant.
6. Les éléphants font attention à tout sur leur chemin.
7. Les éléphants sont heureux de voir arriver les hommes.
8. Les armes des hommes ne présentent aucun danger pour les éléphants.
9. Cela s'est passé l'année dernière.
10. On sait exactement où se trouve le cimetière des éléphants.

6 Complète les phrases suivantes avec le subjonctif d'**être** ou de **pouvoir**, selon le cas. (**p. 203**)

1. Il est essentiel que nous _____ conscients de la surexploitation de la nature.
2. Je ne pense pas qu'il _____ inutile de lutter contre la chasse illégale des rhinocéros.
3. Il est important que tu _____ membre du WWF.
4. Ça m'étonnerait qu'on _____ arrêter le transport illicite de perroquets.
5. Il faudrait que vous _____ plus concernés par ces problèmes.
6. Je ne pense pas que nous _____ sauver toutes les espèces végétales qui sont en voie de disparition.
7. Il est important qu'on _____ éviter le massacre des éléphants.
8. Il est essentiel que les lois de protection de l'environnement _____ plus strictes.
9. Je ne suis pas certain que les Chinois _____ sauver le panda.
10. Ça m'étonnerait qu'on _____ sauver le tigre en Inde.

7 Fais des phrases avec les mots suivants. Mets le verbe au subjonctif, s'il le faut.
(**p. 203**)

1. Il est important que / les enfants / avoir des responsabilités
2. Camille / avoir peur que / vous / avoir des soucis
3. Ses parents / avoir peur que / elle avoir un accident
4. Je sais que / il y faire / très chaud
5. Ça m'étonnerait que / tu / avoir 18 ans
6. Il se peut que / je / aller te voir à Bangui
7. Je ne pense pas que / nous / avoir faim après ce dîner
8. Il est possible que / nous / aller nous promener en bateau sur l'Oubangui
9. Je veux bien que / tu / aller me chercher un café
10. Je suis convaincu que / ce / être trop dangereux
11. Il est fort possible que / ils /aller en Afrique cet été

8 Complète chacune des devinettes suivantes avec le verbe qui convient. Ensuite, regarde les images et donne le nom de l'animal décrit en français. Attention! Certaines phrases contiennent un verbe au subjonctif. (**p. 203**)

EXEMPLE Je ne pense pas que cet animal **soit** (être) végétarien. **Le guépard**

1. Cet animal aime _____ (passer) toute la journée dans l'eau.
2. Je ne pense pas que ces animaux _____ (pouvoir) voler.
3. Je crois que ces animaux _____ (aimer) beaucoup les fleurs.
4. Je ne crois pas que tu _____ (pouvoir) courir aussi vite que cet animal.
5. Ça m'étonnerait que ces animaux _____ (manger) de la viande.
6. Je sais que ces animaux _____ (pouvoir) voler.

Mise en pratique

CD-ROM DISC 2

Visit Holt Online
go.hrw.com
KEYWORD: WA3 FRANCOPHONE AFRICA-7

Self-Test

1 En Afrique, un gardien d'une réserve que tu visites te donne ce dépliant. Lis-le et réponds aux questions suivantes.

PLUS JAMAIS ÇA!

Savez-vous que 3 200 espèces animales et 40 000 espèces végétales sont menacées d'extinction? Le commerce international de la vie sauvage est la deuxième cause de disparition de celles-ci. Malgré la réglementation existante, un négoce illégal important persiste. Pour lutter contre celui-ci, un bureau TRAFFIC vient d'être créé en France. Agissez avec lui, aidez-le...

WWF

■ LES FAITS

Dans le monde entier, singes, éléphants, rhinocéros, félins, crocodiles, perroquets, tortues... sont tués pour leur peau, leurs plumes, leur ivoire, ou capturés vivants : Pour 1 animal vendu jusqu'à 20 meurent durant la capture et les transports. Le bénéfice tiré du trafic illicite de la vie sauvage représente 1/3 du commerce total et profite à une «mafia» internationale. Les collectionneurs, les touristes contribuent à la sur-exploitation de la faune et de la flore sauvages qui participe à l'appauvrissement des pays en développement.

WWF / Ken Hillman

■ LES RISQUES

Pour la vie sauvage : Dans le monde 3 200 espèces animales sont menacées d'extinction et 40 000 espèces végétales sont en voie de disparition.
Pour l'homme : Le trafic d'animaux véhicule des maladies transmissibles à l'homme ou aux animaux domestiques et d'élevage. Certains animaux sont porteurs de la rage, de la fièvre jaune...

■ LES SOLUTIONS

Prise de conscience : Vous êtes concerné! Vous êtes la meilleure arme contre la surexploitation de la vie sauvage et de son trafic. Evitez d'acheter : ivoire, corail, écailles de tortue, peaux et fourrures, insectes, objets en plume, animaux sauvages, vivants ou empaillés. Réfléchissez, renseignez-vous!

AIDEZ-NOUS A PROTEGER LA VIE

1. What is this brochure about?
2. According to the brochure, why are these animals hunted?
3. Who contributes to the problem besides poachers? How?
4. What risks to people and to animals are mentioned?
5. What does the brochure recommend that each person do to help solve the problem?

☐ Je désire participer à la lutte contre le commerce illégal de la vie sauvage et verse un don de :
☐ 100 F   ☐ 200 F   ☐ 500 F et +
☐ Je désire devenir membre du WWF
En étant membre, je reçois la Revue PANDA (au moins 4 fois l'an) et le PANDA Nouvelles (4 à 6 fois l'an)
☐ Mlle ☐ Mme ☐ M. ☐ Famille ☐ Firme

Nom

Prénom

Rue, No

No postal   Localité

Année de naissance   Signature
(au-dessous de 16 ans, celle du répondant)

☐ Je m'intéresse aux activités de la section WWF de ma région et désire une information à ce sujet.
☐ J'aimerais également devenir membre de la section WWF de ma région qui agit (par des travaux pratiques) pour la protection de la nature locale. Cotisation annuelle supplémentaire à celle du WWF Suisse: max. Fr.5.- (pour les jeunes membres de moins de 20 ans pas de supplément).

2 Après avoir lu le dépliant, tu veux faire quelque chose pour la protection des animaux. Ecris une lettre à tes camarades où tu leur expliques ce qu'il faut faire pour sauver les animaux.

3 Ecoute Roger qui montre à sa classe les diapositives de son voyage en Afrique. Quels endroits l'ont vraiment impressionné?

a.

b.

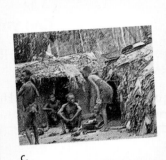
c.

d.

e.

f.

4 Tu vas faire un safari avec ton ami(e). Tu lui décris comment sera le paysage et quels animaux vous pourrez y voir, d'après toi. Il/Elle s'est renseigné(e) et te dit s'il/si elle croit que tu as raison. Faites aussi une liste de ce qu'il faut faire avant de partir et de ce qu'il faut emporter. Si ton ami(e) oublie quelque chose, fais-lui des suggestions.

5 Imagine que tu es dans la brousse africaine. Ecris tes aventures des trois premiers jours. Ensuite, raconte-les à ton/ta camarade.

6 **Jeu de rôle**

You and your friends are camping in a reserve. Suddenly, you hear noises that sound like gunshots. Wondering what the noises could be, you decide to go see what's happening. As you come over a hill, you see poachers. Knowing that you could be in danger, you leave immediately. When you reach a village, you look for a phone to call the reserve patrol. Act out this scene with your classmates. At the appropriate times remember to:

- express fear
- warn your friends
- make suppositions
- reassure one another
- express your relief

Que sais-je?

Can you use what you've learned in this chapter?

Can you make suppositions? p. 193

1 How would you make suppositions about what you would see on a safari?

Can you express doubt and certainty? p. 193

2 How would you express your doubt or certainty about seeing the following animals on safari in Africa?

1.   2.   3.   4.

Can you ask for and give advice? p. 195

3 How would you ask if these items are necessary for a trip?

1.   2.   3.

4 How would you tell a friend whether or not the items in number 3 are necessary for . . .

1. a trip to Africa?   **2.** a trip to the North Pole?

Can you express astonishment? p. 201

5 How would you express your feelings about something really impressive?

Can you caution someone? p. 202

6 How would you warn people in these situations?

1. A friend is about to step out into a busy street without looking.

2. A relative is traveling to a country where the mosquitoes carry malaria.

3. A friend is approached by a mean dog.

Can you express fear? p. 202

7 How would you express fear of . . .

1. snakes and spiders?   **2.** a horror movie you're watching?

Can you reassure someone? p. 202

8 How would you reassure someone who is afraid of the things in number 7?

Can you express relief? p. 202

9 How would you express your relief at . . .

1. not getting bitten by a mean dog?

2. not getting a bad grade at school?

Making suppositions

On pourrait sûrement...	We'd be able to . . . for sure.
Ça doit être...	It must be . . .
Il doit y avoir...	There must be . . .

Expressing doubt and certainty

Ça m'étonnerait que...	I'd be surprised if . . .
Je (ne) suis (pas) sûr(e) que...	I'm (not) sure that . . .
Je (ne) suis (pas) certain(e) que...	I'm (not) certain that . . .
Je ne pense pas que...	I don't think that . . .
Je sais que...	I know that . . .
Je suis convaincu(e) que...	I'm convinced that . . .

Rainforest and savannah

une araignée	a spider
un arbre	a tree
la brousse	the brush
une fourmi	an ant
l'herbe (f.)	grass
une mouche	a fly
un oiseau	a bird
un papillon	a butterfly
le paysage	scenery
un point d'eau	a watering hole
une rivière	a river
la savane	the savannah
un serpent	a snake
la végétation tropicale	tropical vegetation

Asking for and giving advice

Tu crois que je devrais... ?	Do you think I should . . .?
Tu penses qu'il vaudrait mieux... ?	Do you think it'd be better to . . .?
Je crois que ça vaut mieux.	I think that's better.
A mon avis, c'est plus sûr.	In my opinion, it's safer.
Ce n'est pas la peine.	It's not worth it.

Je ne crois pas que ce soit utile.	I don't think it's worthwhile.
Il faudrait que...	You ought to . . .
Il est très important que...	It's very important that . . .
Il est essentiel que...	It's essential that . . .
Il est nécessaire que...	It's necessary that . . .

Packing for a safari

un caméscope	a camcorder
une carte de crédit	a credit card
de la crème solaire	sunscreen
un désinfectant	disinfectant
une gourde	a canteen
des jumelles (f.)	binoculars
des pansements (m.)	bandages
une pellicule	a roll of film
une torche	a flashlight

Deuxième étape

Expressing astonishment

Oh, dis donc!	Wow!
Ça alors!	How about that!
Ouah!	Wow!
C'est le pied!	Cool! Neat!
Tiens! Regarde un peu!	Hey! Check it out!
C'est fou comme... !	I can't believe how . . .!
Tu as vu comme... ?	Did you see how . . .?
Je n'ai jamais vu un(e) aussi...	I've never seen such a . . .
Qu'est-ce qu'il/ elle est... !	How . . . he/she/ it is!

African animals

une corne	a horn
un éléphant	an elephant
une girafe	a giraffe
un guépard	a cheetah
un hippopotame	a hippopotamus
un lion	a lion
lourd(e)	heavy
la proie	the prey
un rhinocéros	a rhinoceros
un singe	a monkey
une trompe	a trunk
un zèbre	a zebra

Cautioning and reassuring someone

Je vous signale que...	I'm warning you that . . .
Il serait plus prudent de...	It would be wiser to . . .
Faites attention/ gaffe!	Look out!
Attention à... !	Watch out for . . .!

Méfiez-vous!	Be careful!
Ne bougez pas.	Don't move.
N'ayez pas peur.	Don't be afraid.
Calmez-vous!	Calm down!
Pas de panique!	Don't panic!

Expressing fear and relief

J'ai très peur de (que)...	I'm very afraid of (that) . . .
J'ai la frousse!	I'm scared to death!
On a eu de la chance!	We were lucky!
Ouf! On a eu chaud!	Whew! That was a real scare!
On l'a échappé belle!	That was close!

8

La Tunisie, pays de contrastes

Objectives

In this chapter you will learn to

Première étape

- ask someone to convey good wishes
- close a letter
- express hopes or wishes
- give advice

Deuxième étape

- complain
- express annoyance
- make comparisons

Visit Holt Online

go.hrw.com

KEYWORD: WA3 FRANCOPHONE AFRICA-8

Online Edition

◀ La médina de Sousse en Tunisie

Mise en train · *Bisous de Nefta*

Cahier d'activités, p. 85, Act. 1

Stratégie pour comprendre

Before reading the letter, notice the photos and their captions. What do you think Zohra is telling Aïcha about her life in Nefta? Skim the letter and find positive and negative aspects of Zohra's life there that she mentions.

Ils récoltent des dattes.

Chère Aïcha,

Ce soir, il y a un coucher de soleil génial. La lumière se reflète dans les branches des palmiers. Tout est super calme. Je pense à toi, dans ta grande ville. Est-ce qu'il y a des couchers de soleil comme ça à Tunis? J'aimerais tellement que tu sois là. Tu es ma confidente et c'est avec toi que je m'amuse le mieux. Ça serait sympa si tu pouvais venir pendant les vacances. Moi, c'est sûr, je ne pourrai pas aller te voir à Tunis. Quelle barbe! C'est la saison des dattes. Si tu venais, on pourrait les cueillir ensemble. Et puis, le soir, on se baladerait sur l'avenue Bourguiba ou dans la palmeraie. On irait discuter sous les arbres de la Corbeille. On se lèverait tôt le matin pour aller voir le soleil se lever! Et puis, toutes les deux, on s'occuperait des moutons et on aiderait Maman aussi. Tu sais, elle est super fatiguée en ce moment. Ça serait vraiment chouette.

Regarde ce beau coucher de soleil!

Voilà nos moutons!

Qu'est-ce qu'elle est fatiguée, Maman!

C'est très tranquille, Nefta.

Mais, bon, peut-être que tu as d'autres projets. Je vais te dire un secret : dans deux ans, après mon bac, j'aimerais bien étudier l'archéologie à l'université de Tunis. Enfin, il faut d'abord que j'en parle à Papa et Maman. J'ai peur qu'ils disent non. Il faudrait que j'arrive à les convaincre. Tu les connais, ils sont architraditionnels. Pour eux, une fille n'a pas besoin de faire d'études. A la place, ils voudraient que je me marie et que je m'occupe de ma maison et de mes enfants. Maman m'a même trouvé un mari! Elle voudrait que j'épouse Mustafa, le fils des voisins. Il est gentil, mais il est loin d'être mon prince charmant! Et puis je n'ai que dix-sept ans et j'aimerais quand même bien avoir le droit de choisir mon mari moi-même! Ça, tu vois, c'est un truc que Maman ne comprend pas. Elle, elle s'est mariée à quatorze ans. Ce sont ses parents qui lui ont choisi son mari. Et, toute sa vie, elle s'est occupée de nous et de la maison. Encore maintenant, c'est elle qui fait tout à la maison. Elle va chercher l'eau au puits, elle porte le bois sur sa tête, elle fait la cuisine. Elle veut que je fasse comme elle. Tu as de la chance d'avoir des parents modernes, toi!
Bon, il faut que je te laisse. Bisous à oncle Khaled et tante Brigitte, et à Rachid aussi. Dis-leur que je pense à eux et que je vais leur écrire. Maman et Papa vous embrassent tous très fort. A bientôt.

Zohra

P.S. Au fait, merci pour ta carte. La vue de Tunis était super. C'est quand même beau, la Tunisie! Ecris-moi vite! Grosses bises.

Les femmes travaillent tout le temps.

Me voilà avec Ahmed et Hassan.

1 Tu as compris?

1. A qui est-ce que Zohra écrit?
2. A quel moment de la journée elle écrit?
3. Qu'est-ce que Zohra aime là où elle habite?
4. Qu'est-ce qu'elle n'aime pas dans sa vie en famille?
5. Quel secret Zohra confie à Aïcha?
6. Qu'est-ce qu'elle demande à Aïcha de faire?

2 Vrai ou faux?

1. Aïcha est la sœur de Zohra.
2. Nefta est au nord de la Tunisie.
3. Il y a de beaux couchers de soleil à Nefta.
4. Aïcha habite un petit village calme.
5. Tunis est plus grand que Nefta.
6. A Tunis, il y a une université.
7. Zohra veut faire des études de médecine.

3 C'est qui?

A ton avis, qui pourrait dire les phrases suivantes? Zohra ou ses parents?

1. «Ce qui est important, c'est de faire des études.»
2. «Les femmes doivent s'occuper de la maison.»
3. «Une fille devrait se marier très jeune.»
4. «Pour une femme, c'est inutile de faire des études.»
5. «Il faut qu'une femme puisse choisir son mari.»
6. «Mustafa serait un bon mari.»

4 Qu'est-ce qu'elle a dit?

Aïcha dit à sa mère qu'elle a reçu une lettre de Zohra. Complète leur dialogue avec des mots de la lettre.

AICHA   J'ai reçu une lettre de Zohra. Elle vous _____ bien fort.

SA MERE   C'est gentil. Comment va sa mère?

AICHA   Elle est _____ .

SA MERE   Est-ce que Zohra va venir nous voir?

AICHA   Elle ne pourra pas. C'est la saison des _____ .

SA MERE   Est-ce qu'elle sait ce qu'elle veut faire après son bac?

AICHA   Elle veut _____ . Mais elle a peur que ses parents disent non. Tu sais, ils sont _____ .

SA MERE   Je vais leur en parler. Si elle venait à Tunis, elle pourrait habiter avec nous.

AICHA   Super, je le lui dirai. A propos, elle m'invite chez elle pour les vacances. Elle dit qu'on pourrait _____ . Je peux y aller?

SA MERE   Si tu as de bonnes notes.

5 Cherche les expressions

What expressions does Zohra use in her letter to . . .

1. express a wish?
2. express an obligation?
3. express a concern?
4. convey good wishes to someone?
5. thank someone?
6. end her letter?

6 Et maintenant, à toi

Est-ce que tu préfères que tes parents soient plutôt traditionnels, comme ceux de Zohra, ou plutôt modernes, comme ceux d'Aïcha? Pourquoi?

Qu'est-ce que tu sais sur la Tunisie? Pour t'en faire une meilleure idée, regarde ces photos.

Le Tunis moderne : une ville pleine d'activité

Les chameaux sont utilisés pour le labour des terres.

Le Tunis ancien : la médina avec ses marchés traditionnels

On voit encore l'influence française en Tunisie.

Dans le sud, les oasis accueillent nomades et touristes.

Qu'en penses-tu?

1. Quelles impressions ces photos te donnent de la Tunisie?
2. Sur ces photos, quels différents types de Tunisiens est-ce que tu peux identifier?

Savais-tu que... ?

La Tunisie est un petit pays d'Afrique du Nord constitué de montagnes, de prairies et de désert. Beaucoup de Tunisiens vivent en ville, sur la côte et dans le nord du pays, où le climat est propice à l'agriculture. La majorité de la population tunisienne est arabe, mais la population la plus ancienne est berbère. Tunis, la capitale, est à la fois une cité ancienne et le centre industriel, politique et culturel du pays. La partie ancienne de Tunis, appelée médina, est constituée de petites rues étroites, de boutiques et de marchés en plein air. Le quartier moderne de la ville a de grands immeubles et des boulevards bordés d'arbres. La Tunisie a été un protectorat français pendant soixante-quinze ans. L'influence française est présente dans l'architecture des bâtiments gouvernementaux et dans le style des parcs, des restaurants et des cafés. L'arabe est la langue officielle de la Tunisie, mais le français est toujours présent dans les écoles, l'administration et le commerce.

Comment dit-on...?

Asking someone to convey good wishes; closing a letter

To ask someone to convey good wishes:

> **Embrasse** ta tante **pour moi.**
> *Give . . . a kiss for me.*
> **Fais**-lui/-leur **mes amitiés.**
> *Give . . . my regards.*
> **Salue**-le/-la/-les **de ma part.**
> *Tell . . . hi for me.*
> **Dis**-lui **que je vais** lui écrire.
> **Dis**-lui **que je pense à** elle/lui.

To close a letter:

> **Bien des choses** à tes parents.
> *All the best to . . .*
> **Je t'embrasse bien fort.**
> *Hugs and kisses.*
> **Grosses bises.** *Hugs and kisses.*
> **Bisous** à tes cousins. *Kisses to . . .*

Cahier d'activités, p. 86, Act. 2

Grammaire supplémentaire, p. 238, Act. 1

---

7 **Salue-le de ma part**

Ecoutons Indique les dialogues où quelqu'un transmet ses amitiés.

8 **Fais nos amitiés à la famille!**

Ecrivons Djamil va rendre visite à plusieurs membres de sa famille cet été. Ses parents veulent leur faire leurs amitiés. Complète chacune de leurs recommandations avec des mots ou expressions du **Comment dit-on... ?**

1. Quand tu arrives, _____ tes grands-parents pour moi.

2. N'oublie pas de dire à Karim que je vais _____ écrire.

3. Quand tu verras tes cousins, _____ de notre part.

4. Tu vas rendre visite à Habib et Salima? _____ nos amitiés.

5. Et quand tu verras oncle Aziz, salue-_____ de ma part.

6. Et n'oublie pas de dire à tante Zohra que je _____ à elle.

9 **Embrasse tout le monde pour nous!**

Parlons Habib va passer ses vacances chez ses cousins. Imagine la conversation qu'il a avec sa famille avant de partir. Joue cette scène avec ton/ta camarade.

10 **On pense à toi**

Ecrivons Ecris une lettre à un(e) camarade qui passe six mois chez ses grands-parents en Tunisie. Raconte-lui les dernières nouvelles et n'oublie pas de transmettre les amitiés de tes camarades de classe.

En Tunisie, on pratique encore des activités traditionnelles.

On fait de l'artisanat (m.), de la poterie,

des tapis (m.),

des objets (m.) en cuivre

et des bijoux (m.).

On fait la cueillette (harvest) des dattes (f.),

des figues (f.)

et des olives (f.).

On cultive le blé.

On élève (raise) des chameaux (m.),

des moutons (m.)

et des chèvres (f.).

On donne à manger aux poules (f.).

On trait les vaches (f.).

> Cahier d'activités, pp. 86–87, Act. 3–5

> Travaux pratiques de grammaire, pp. 73–74, Act. 1–3

11 Comme chez nous

Lisons Lesquelles des activités du **Vocabulaire** sont aussi bien américaines que tunisiennes?

12 Notre vie en Tunisie

Ecoutons Karim rend visite à ses cousins en Tunisie. Amira lui montre où ils habitent. Quelles images est-ce que tu associes à leurs conversations?

a.

b.

c.

d.

e.

f.

g.

Note culturelle

La Tunisie est un mélange remarquable d'ancien et de moderne. D'un côté, dans les villes tunisiennes, on peut voir de grands immeubles, des aéroports et des transports en commun. Les gens conduisent des voitures de sport, utilisent des ordinateurs et s'habillent à la dernière mode parisienne. D'un autre côté, dans la campagne tunisienne, le style de vie n'a pas beaucoup changé au cours des siècles. La population rurale vit en partie de l'élevage de chèvres et de moutons. Les nomades se déplacent à travers le pays avec leurs troupeaux de chameaux. Ils s'arrêtent pour boire aux mêmes oasis où s'arrêtaient leurs ancêtres il y a mille ans.

13 Qu'est-ce qu'on y fait?

Parlons Regarde cette carte. Dis ce qu'on voit et ce qu'on fait en Tunisie selon les régions.

Expressing hopes or wishes; giving advice

To express a hope or wish:

Si seulement je pouvais,
  j'habiterais à la campagne.
    If only I could, . . .
Si j'avais le choix, j'irais à l'université.
    If I had the choice, . . .
Si c'était possible, j'habiterais
  à Tunis.   *If it were possible, . . .*
Ça serait chouette si je pouvais danser.
    It would be great if . . .
Qu'est-ce que j'aimerais partir en vacances!
    I'd really like to . . .

Ça serait chouette si je pouvais aller en Tunisie!

To give advice:

Si c'était moi, je chercherais du travail.
    If it were me, . . .
Si j'étais toi, j'en parlerais avec mes parents.
    If I were you, . . .
A ta place, j'irais à la campagne.
    If I were in your place, . . .

---

14 **Qu'est-ce qu'ils disent?**

Ecoutons Ecoute ces dialogues. Est-ce que les gens parlent de ce qu'ils aimeraient faire ou est-ce qu'ils donnent des conseils?

Grammaire

Si clauses

To say that *if* something *were* so, something else *would* happen, begin one part, or clause, of your sentence with **si** *(if)* and put the verb in the imperfect; in the other clause, put the verb in the conditional.

Si elle **habitait** dans une grande ville, elle **serait** plus stressée.
If she lived in a big city, she would be more stressed.

• You don't always have to begin your sentence with the **si** clause.

Ça **serait** chouette **si** j'**habitais** à la campagne.

Grammaire supplémentaire,
pp. 238–240, Act. 2–5

Cahier d'activités,
p. 88, Act. 6–7

Travaux pratiques de grammaire,
pp. 76–77, Act. 7–9

Travaux pratiques de grammaire,
pp. 74–75, Act. 4–6

Si tu as oublié **the imperfect** va à la page R49.

---

15 **Grammaire en contexte**

Parlons Fais des phrases avec les éléments suivants. **Si j'allais... je...**

photographier des animaux sauvages   au Maroc   acheter de la dentelle   en France

  manger du couscous   acheter une montre   au Sénégal   manger du chocolat

visiter le Louvre   boire du thé   en Tunisie   en Suisse   visiter des ruines romaines

en Belgique   emporter des vêtements légers   en République centrafricaine   acheter un tapis

---

16 **Grammaire en contexte**

Parlons Qu'est-ce qu'ils rêvent de faire?

Si je pouvais, je(j')...

1.   2.   3.   4.

17 **Grammaire en contexte**

Parlons Parle d'un problème avec ton/ta camarade. Il/Elle te conseillera.

EXEMPLE   —J'ai besoin d'argent.

        —Si j'étais toi, je chercherais du travail.

Je suis déprimé(e).

J'ai mal à la tête.

Mon/ma meilleur(e) ami(e) ne me parle plus.

Je ne m'entends pas bien avec mes parents.

Je suis toujours fatigué(e).

Je n'ai rien à mettre pour la boum.

J'ai raté mes examens.

18 **Je pense à toi**

Ecrivons Ecris une lettre à ton/ta correspondant(e) tunisien(ne) pour lui dire ce que vous feriez s'il/si elle venait chez toi.

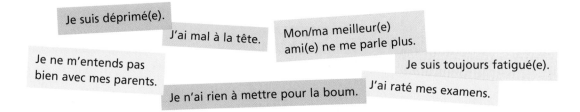

Chère Aïcha,
Je serais tellement contente si tu venais me voir. Je pourrais te montrer ma ville. D'abord, on irait...

19 **Te voilà de retour!**

Parlons Ton ami(e) et sa famille reviennent d'un voyage en Tunisie. Il/Elle te parle de ce qu'ils y ont fait. Pose-lui des questions sur le pays et dis-lui ce que tu voudrais faire si tu y allais. Avant de le/la quitter, transmets tes amitiés à sa famille.

Cette ville a beaucoup évolué?

We asked some people how their cities have changed since they've been living there. Here's what they told us.

Gilles,
France

«Ouais, énormément, elle [Paris] change tous les jours, et je m'intéresse énormément à la ville. Je fais des choses particulières. Je prends des photos, justement. Chaque fois qu'un immeuble est détruit, je viens le prendre en photo avant qu'il n'existe plus et que soit reconstruit un truc qui ne soit pas beau, quoi. Donc, j'essaie de, justement, garder des traces de la vie de Paris, et je suis assez nostalgique du vieux Paris des années 1900 jusqu'à 1940.»

Sylviane,
Martinique

«La Martinique a énormément changé. Je dois dire que je suis née en Martinique. J'ai passé la plupart de mon enfance en Martinique. J'ai beaucoup voyagé, mais justement, lors de mes voyages, de mes différents voyages, on voit quand même des évolutions complètement différentes. L'art de vivre martiniquais est en train de s'européaniser et c'est dommage quelque part.»

Pierre,
Québec

«Dû à l'automation, l'informatique, aujourd'hui, les gens sont obligés d'aller dans des grands centres pour continuer à gagner leur vie. Parce que l'évolution, comme vous savez, a tout transformé au niveau de tous les pays.»

Qu'en penses-tu?

1. De quelles sortes de changements est-ce que ces gens parlent? Est-ce que ta région connaît les mêmes types de changements? Comment est-ce que ces changements ont influencé le style de vie des gens?

2. Choisis une ville du monde francophone qui t'intéresse. Recherche l'histoire de cette ville pour savoir comment elle était il y a 50 ou 100 ans.

Remise en train · *Salut de Tunis*

CD 8 Tr. 9

Aïcha répond vite à la lettre de Zohra.

Quelle chaleur!
Et quelle pollution!

Que c'est bruyant, les
grandes villes!

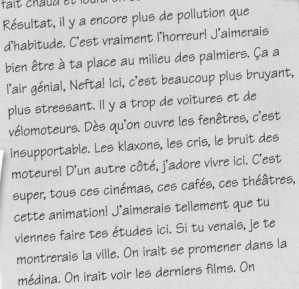

Chère Zohra,
Merci pour ta lettre. Elle m'a fait super plaisir. Qu'est-ce que tu as de la chance! Moi aussi, j'aimerais voir de beaux couchers de soleil. Ici, à Tunis, il fait chaud et lourd en ce moment. Résultat, il y a encore plus de pollution que d'habitude. C'est vraiment l'horreur! J'aimerais bien être à ta place au milieu des palmiers. Ça a l'air génial, Nefta! Ici, c'est beaucoup plus bruyant, plus stressant. Il y a trop de voitures et de vélomoteurs. Dès qu'on ouvre les fenêtres, c'est insupportable. Les klaxons, les cris, le bruit des moteurs! D'un autre côté, j'adore vivre ici. C'est super, tous ces cinémas, ces cafés, ces théâtres, cette animation! J'aimerais tellement que tu viennes faire tes études ici. Si tu venais, je te montrerais la ville. On irait se promener dans la médina. On irait voir les derniers films. On

20 Tu as compris?

1. De quoi est-ce qu'Aïcha se plaint?
2. Quelles sont les différences entre l'endroit où Aïcha habite et l'endroit où Zohra habite?
3. Qu'est-ce qu'Aïcha veut faire pour aider sa cousine?
4. Quelle nouvelle Aïcha apprend à Zohra?

21 Comment est-elle?

Choisis parmi les phrases à droite celles qui décrivent le mieux Aïcha.

> Elle aime le cinéma.
>
> Elle n'aime pas Tunis.
>
> Elle est dynamique.
>
> Elle est musulmane.
>
> Elle aimerait avoir des parents plus traditionnels.
>
> Elle veut travailler.
>
> Elle ne sort jamais.
>
> La pollution la dégoûte.
>
> Elle aime la nature.
>
> Elle cherche un mari.

s'amuserait bien, tu sais. Essaie de convaincre tes parents. Remarque, je les comprends. Pour eux, c'est pas normal qu'une fille veuille travailler. C'est contre la tradition. Tu sais ce que je vais faire? Je vais demander à Papa et Maman s'ils peuvent parler à tes parents. Je suis sûre qu'ils pourront les convaincre. Heureusement que je n'ai pas ces problèmes avec eux. S'ils voulaient choisir mon mari à ma place, ils m'entendraient! Tout ce qu'ils demandent, c'est que je me marie avec un musulman. Ben, ça, on verra! Pour l'instant, ce qui m'intéresse, moi, c'est de gagner ma vie! Au fait, je ne t'ai pas dit? Figure-toi que j'ai un petit ami. Il s'appelle Chakib. Je crois que tu l'aimerais beaucoup. C'est un poète. Il écrit des poésies géniales. Je pourrais te parler de lui pendant des heures. Bon, je te laisse. Tu sais, je voudrais bien venir te voir pendant les vacances, mais c'est impossible. J'ai trouvé un job pour l'été. Je vais travailler au festival de Tunis. Ça me plaît bien et ça me fera un peu d'argent. C'est vraiment bête, mais j'espère qu'on se verra quand même bientôt. Bien des choses à tes parents et à tes frères. Grosses bises.

Aïcha

Tunis, c'est super animé!

C'est génial de se promener dans la médina.

Voilà Chakib, c'est un vrai poète!

22 Cherche les expressions

Cahier d'activités, p. 90, Act. 11–12

What does Aïcha say in her letter to . . .

1. express envy?
2. express a wish?
3. complain?
4. compare Tunis and Nefta?
5. express certainty?
6. break some news?
7. express an impossibility?
8. excuse herself?
9. end her letter?

23 La vie à Tunis

D'après Aïcha, quels sont les avantages de Tunis? Quels en sont les inconvénients?

24 Et maintenant, à toi

Où est-ce que tu habites? En ville comme Aïcha ou à la campagne comme Zohra? D'après toi, quels sont les avantages et les inconvénients des deux?

Vocabulaire

un immeuble

un arrêt de bus

une place de stationnement

un embouteillage

une foule

un vélomoteur

un passage pour piétons

un trottoir

le bruit *noise*   **la circulation** *traffic*   **des gens mal élevés** *impolite people*

des gens pressés *people in a hurry*   **un gratte-ciel** *a skyscraper*   **la pollution** *pollution*

Cahier d'activités, p. 91, Act. 13

Travaux pratiques de grammaire, pp. 78–79, Act. 10–13

25 Où sont-ils?

Ecoutons Ecoute ces remarques. Est-ce que les gens sont à la campagne ou à la ville?

26 C'est pas vrai!

Ecrivons Zohra rend visite à Aïcha. Complète leur conversation avec les mots du **Vocabulaire.**

ZOHRA   Oh dis donc, qu'est-ce qu'ils sont grands, ____1____ !

AICHA   Oui, un peu plus et on se croirait à New York, non?

ZOHRA   Oui, tu as raison. Ailleurs, ____2____ sont beaucoup moins grands. Eh, regarde un peu cet homme, là-bas, sur ____3____ ! Tu as vu comme il crie!

AICHA   Tu sais, il y a ____4____ partout, mais j'ai l'impression qu'il y en a encore plus dans les grandes villes qu'ailleurs! Oh là là! Cette circulation, c'est vraiment l'horreur! Oh non! Encore ____5____ ! On ne va jamais arriver à l'heure!

ZOHRA   Ben, j'espère qu'en arrivant là-bas, on va trouver ____6____ facilement.

AICHA   Ça m'étonnerait! Le parking n'est pas très grand.

ZOHRA   Attention! Cette femme est en plein milieu de la route!

AICHA   Incroyable! Il y a ____7____ là, à dix mètres, mais non, elle traverse à côté!

ZOHRA   Bon, restons calmes! On est presque au musée.

Comment dit-on...?

Complaining; expressing annoyance

To complain:

C'est l'horreur!
This is just horrible!
C'est insupportable, à la fin!
I won't put up with this!
J'en ai ras le bol!
I've really had it!
Je commence à en avoir marre!
I've just about had it!

To express annoyance at someone:

Non mais, vous vous prenez pour qui?
Who do you think you are?
Surtout ne vous gênez pas! *Well just go right ahead!*
Ça va pas, non?!
Are you out of your mind?!
Ça commence à bien faire, hein?
Enough is enough!
Dites donc, ça vous gênerait de bouger?
Hey, do you think you can . . .?

Cahier d'activités, p. 92, Act. 14–15

---

27 La vie en ville

Ecoutons Ecoute ces remarques. Est-ce que ces gens sont contents d'habiter en ville?

28 Ne t'énerve pas!

Ecoutons Ecoute l'intonation des phrases suivantes et répète-les.

A la française

You've learned that changing the pitch of your voice when you speak is called *intonation*. French speakers use different intonations to express emotions such as excitement or annoyance, just as English speakers do. The same words can mean something completely different when spoken with a different intonation. Remember to pay attention to intonation when you learn new expressions.

29 Ras-le-bol!

Ecrivons Nabil et Farid achètent leurs billets de train pour aller chez leurs cousins à la campagne. Imagine et écris leur dialogue d'après les images.

1.

2.

3.

30 Ça va pas, non?!

Parlons Il y a des gens qui t'embêtent en faisant les choses indiquées à droite. Tu leur demandes poliment d'arrêter, mais ils refusent. Qu'est-ce que tu leur dis? Joue cette scène avec tes camarades.

monopolise un téléphone public.

te pousse dans le métro.

met la radio très fort.

fume là où c'est interdit.

te marche sur les pieds.

parle très fort au cinéma.

DEUXIEME ETAPE

deux cent trente et un **231**

Making comparisons

Dans mon village, **ce n'était pas comme ça.** . . . *it wasn't like this.*
Ici, c'est stressant, **tandis que** chez moi, c'est tranquille. *Here . . . , whereas . . .*
A la campagne, il y a **moins d'**embouteillages. . . . *less/fewer . . .*
A Tunis, il y a **plus de** bruit. . . . *more . . .*
Tunis est **plus** grand **que** Nefta.
Nefta est une ville **moins** bruyante **que** Tunis.

> Cahier d'activités,
> p. 93, Act. 16

31 ## On se dispute

Lisons/Parlons Latifa et Mona vont passer leurs vacances ensemble. Latifa veut aller dans une grande ville mais Mona préfère aller à la campagne. Elles se disputent. Qui fait les remarques suivantes, Latifa ou Mona?

«Il y a plus de choses à voir.»

«Et puis, c'est plus tranquille!»

«En tout cas, c'est plus animé.»

«Peut-être, mais c'est moins stressant.»

«Mais il y a moins de pollution.»

«Oui, mais il y a moins de monde.»

«D'accord, mais c'est moins ennuyeux!»

Grammaire

The comparative

- To compare nouns, use **plus de, moins de,** and **autant de** *(as many/much)* before the noun. Use **que** or **qu'** *(than)* to continue the comparison.

  Il fait **plus de** bruit **que** l'autre voisin.
  Elle a **moins d'**argent **que** son frère.
  Tu achètes **autant de** livres **que** moi.

- To compare adjectives and adverbs, use **plus, moins,** or **aussi** *(as)*. Remember to make the adjectives agree with the nouns they refer to.

  Les gens sont **plus** pressés en ville **qu'**à la campagne.
  Mon village est **moins** pollué **que** la ville.
  La campagne est **aussi** intéressante **que** la ville.

- English uses only one word, *better,* as the comparative of both the adjective *good* and the adverb *well.* There are two words for *better* in French.

  You use **meilleur(e)(s)** to say that something *is better* than something else.
    Les fruits sont **meilleurs** à la campagne **qu'**en ville.
  You use **mieux** to say that something is *done better.*
    On mange **mieux** à la campagne **qu'**en ville.

> Grammaire supplémentaire,
> pp. 240–241, Act. 6–9

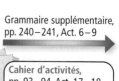

> Cahier d'activités,
> pp. 93–94, Act. 17–18

> Travaux pratiques
> de grammaire,
> pp. 80–81, Act. 14–16

32 **Grammaire en contexte**

Parlons Utilise les mots suivants pour créer des phrases qui comparent la ville et la campagne.

EXEMPLE   moins / chèvre / vache
           A la ville, il y a moins de chèvres et de vaches qu'à la campagne.

1. plus / embouteillage
2. avoir / autant / ami
3. moins / gens mal élevés / gens pressés
4. bon / fruit / légume
5. moins / air pollué / bruit
6. plus / musée / cinéma
7. moins / intéressant / magasin
8. gens / être / moins / stressé

33 **Grammaire en contexte**

Lisons/Parlons M. Fouad habite Tunis, mais il a passé sa jeunesse à la campagne et celle-ci lui manque. Continue son monologue.

EXEMPLE   —Oh, les gens étaient plus polis. Il y avait moins de stress. Et en plus...

vie	nourriture
problèmes	voisins
pollution	bruit
voitures	emploi
gens	stress
campagne	temps libre

pressé	travailleur
simple	bon
difficile	amusant
cher	compliqué
grand	pollué
sympa	énervant
tranquille	bruyant

Note culturelle

Dans les grandes villes tunisiennes, on porte des vêtements traditionnels et contemporains. Quelquefois, on porte même les deux styles ensemble. Les hommes s'habillent souvent à l'occidentale mais portent un chapeau typiquement arabe appelé **chéchia** (f.). Les femmes tunisiennes combinent souvent leurs vêtements modernes avec un grand voile traditionnel qu'elles utilisent quelquefois pour porter des provisions et même leurs bébés.

34 **Mon journal**

Ecrivons Est-ce que tu habites en ville ou à la campagne? Compare l'endroit où tu vis avec un autre endroit, plus grand ou plus petit.

35 **De l'école au travail**

Parlons You're working at the information desk of an international government agency for the summer. A French-speaking person has arrived late for an appointment due to traffic and parking problems. He or she will have to wait another two hours for a later appointment and is very frustrated. Act out this scene with a partner, then change roles.

ENFANCE D'UNE FILLE

Edouard décroche le téléphone :

- Une petite fille, crie le correspondant... Tu as une petite fille !
- Merci, dit Edouard.
- Une très mignonne petite fille ! précise le correspondant. *Mabrouk* !
- Merci, répète Edouard.

Il raccroche. Pendant une quinzaine de jours, chaque fois qu'on lui demandera si sa femme a accouché, Edouard, mon père, répondra sans sourciller :

« Pas encore... C'est pour bientôt... Mais pas encore... »

Quinze jours pour se faire à l'idée qu'il a cette malchance : une fille...

Puis il finira par se persuader qu'après tout, il a sauvé l'honneur, puisqu'il a déjà un fils aîné. Alors, il avouera enfin :

« Eh bien oui ! Elle a accouché : c'est une fille... »

La fille, c'est moi.

Ainsi commence l'aventure...

J'étais toute gosse quand on m'a raconté l'histoire de ma naissance. Ce déclic du téléphone raccroché, ce « mabrouk » crispé, je me souviens les avoir entendus résonner comme un glas. Ils m'ont poursuivie longtemps et continuent de me poursuivre. Ils me disaient la malédiction d'être née femme. Comme un glas, et en même temps, comme un appel, un départ. Je crois que la révolte s'est levée très tôt en moi. Très dure, très violente. Sans aucun doute indispensable pour faire face à ce clivage que j'ai retrouvé dans toute ma vie : j'étais une femme dans un monde pour hommes.

Aussi loin que remontent mes souvenirs, tout, dans mon enfance, dans mon éducation, dans mes études, dans ce qui était permis ou défendu, devait me rappeler que je n'étais née que femme. Ma sœur et moi, nous n'avons absolument pas été élevées comme nos frères.

Notre éducation procédait de ce découpage saignant : « Toi, tu es une fille. Il faut que tu apprennes la cuisine, le ménage. Et tu te marieras, le plus vite possible. Lui, c'est un garçon. Il faut, - on en trouvera les moyens, à tout prix - qu'il fasse des études, qu'il gagne bien sa vie. » Le mariage d'un garçon, c'est affaire personnelle. Le mariage d'une fille, c'est l'affaire des parents : cela ne la regarde pas. D'ailleurs, nos parents nous l'expliquaient : la naissance d'une fille représente une responsabilité épouvantable. Il faut bien sûr l'assumer. Il faut surtout s'en décharger sur un mari, le plus rapidement possible.

Je crois que ma mère a mis un certain acharnement, peut-être inconscient, à maintenir ce clivage. Comme si, au fond, elle voulait reproduire ce qu'elle avait subi. Mon père aussi. Mais d'une certaine manière, il était plus neutre, il avait plus de recul, il était *l'homme*.

Stratégie pour lire

When you read in French, do you sometimes concentrate so much on understanding vocabulary and grammar that you lose track of what the reading itself is about? To solve this problem, first find the main idea, usually located near the beginning of the reading. Then think about how the different parts of the reading relate to the main idea. Do the subtopics act as definitions, summaries, paraphrases, or illustrations of the main topic? Are they results or consequences of the main idea, or even causes of it?

A. In the paragraph that begins **J'étais toute gosse...,** find the sentence that gives the main idea of the reading.

B. How does the first passage relate to the main idea? Why does the author relate the story of her birth?

C. What are three things Gisèle was told that a girl is supposed to do?

D. According to the author, which of the following does NOT describe how women were treated or how they felt?

> asphyxiées   blessées   sacrifiées
> privilégiées   opprimées

CHAPITRE 8   La Tunisie, pays de contrastes

Victime de son éducation, ma mère a été mariée à moins de quinze ans. A seize ans, elle avait son premier enfant. Blessée, donc, mais fière, fière de sa maternité et fière de ses blessures, comme certains martyrs. Opprimée dans son plus jeune âge, niée dès son existence, passant sans transition, de la terrible autorité de mon grand-père, authentique *paterfamilias* de tribu, à celle de mon père, son mari, tout naturellement, elle opprimait à son tour.

Quand je refusais de me marier, à seize ans, elle me disait : « A ton âge, moi j'avais des enfants. » A travers moi, elle voulait revivre sa vie. Comme pour la justifier. Je comprends très bien cette démarche. Perpétuer les choses provoque toujours moins de heurts que vouloir les changer.

C'est quand nos études ont pris une certaine importance que j'ai ressenti la discrimination. Après le certificat d'études, il a été question que mon frère continue. Dans la famille, on était décidé à se priver de tout pour qu'il ait un diplôme. Pendant ce temps, j'avais progressé toute seule. Mais ça n'avait jamais intéressé personne. Mon frère n'était pas très bon élève, en cinquième. Il avait des colles. Il truquait. Il imitait, sur les bulletins scolaires, la signature paternelle. Et moi, je continuais mon chemin. Je réussissais. Mais personne ne me demandait quoi que ce soit. Au fond, personne ne s'en apercevait.

A dix ans, je savais déjà qu'il ne fallait pas compter sur un effort financier de mes parents pour m'aider à aller au lycée qui était payant. Et même assez cher. Je m'étais renseignée. J'avais appris qu'il existait un concours des bourses, uniquement ouvert à une certaine catégorie sociale d'élèves. Celle à laquelle j'appartenais : les élèves pauvres. Pour réussir, il fallait faire un très bon score. J'ai donc passé cet examen. J'ai même été reçue en tête, autant que je me souvienne. J'obtenais de très bonnes notes, mais elles passaient toujours inaperçues. J'arrivais pour dire : « Je suis première en français. » C'était le moment même où se déclenchait un drame parce que mon frère était dernier en mathématiques. Il était homme et son avenir d'homme occupait toute la place. A en être asphyxiée. Toute l'attention était tournée vers lui. Je ne suis même pas sûre qu'on m'entendait quand je parlais de mes professeurs et de mes cours. Il m'a fallu accumuler beaucoup de succès, réussir mes examens de licence à la faculté pour que mes parents commencent à dire : « C'est pas mal, ce qu'elle fait. Après tout, peut-être est-elle un cas un peu particulier? » Mais à l'époque, ça ne les intéressait pas, c'était secondaire.

Vint le moment où il fallut me décider au mariage. En clair, me marier, c'était arrêter mes études. A l'époque, ma mère aurait beaucoup souhaité me faire épouser un marchand d'huiles, fort riche et sympathique au demeurant. Il avait trente-cinq ans. Moi, j'en avais seize. C'était tout à fait dans les normes du mariage, en Tunisie.

Je ne voulais pas me marier. Je voulais étudier.

E. What kind of life had Gisèle's mother known? How are her experiences reflected in the way she raised her daughter?

F. Qui dirait les choses suivantes, Gisèle ou son frère?

« Je devais ranger, faire la vaisselle. »

« Tout le monde se prive pour que j'aie une éducation. »

« Mon mariage, c'est l'affaire de mes parents. »

« Personne ne s'intéresse à mon éducation. »

G. Pourquoi est-ce que l'auteur nous parle du genre d'étudiant qu'était son frère? En quoi cela a-t-il rapport avec le sujet?

H. Que pense Gisèle du mariage traditionnel, arrangé par les parents? Comment sa mère réagit-elle?

I. How did Gisèle save money for her education? Why is this significant, in relation to the main idea?

J. How does the author feel about her family today? Does she blame them for the way she was raised?

Je revois toujours ma mère mettre son doigt sur sa tempe et dire : « Gisèle, elle ne veut pas se marier, elle veut étudier... », comme pour expliquer par ce geste : « Elle ne tourne pas rond cette fille! Elle est vraiment bizarre! » On a pensé que cela me passerait.

Mon frère avait redoublé deux fois. Je l'ai donc très vite rattrapé. On s'est finalement retrouvés dans la même classe. C'est à ce moment-là qu'il a quitté le lycée. Renvoyé je crois.

Mes parents ont enregistré cet échec toujours sans commentaire à mon égard. Je me demande cependant si mes succès n'ont pas été considérés, à ce moment-là, comme quelque chose de néfaste. Je bouleversais une règle établie, un ordre. Alors que personne ne s'occupait de moi, que je continue de progresser mais discrètement, comme dans une routine quotidienne, passe encore. Mais que je me fasse remarquer en coiffant au poteau l'homme, l'aîné de la famille, celui à qui on devait passer le flambeau de l'honneur, c'était trop!

L'offensive pour me marier s'est alors faite plus dure, car il fallait rétablir le processus : je me mariais, j'arrêtais mes études et mes parents continuaient à faire des sacrifices pour mon frère. Je me souviens même d'un fait important, compte tenu de notre niveau de vie : on est allé jusqu'à payer au garçon des leçons particulières de mathématiques. Cela représentait pour nous un luxe inouï.

Quelques années plus tard, c'est moi qui donnais des leçons particulières, au fils d'un avocat chez lequel mon père faisait des remplacements de secrétaire. J'étais en seconde, au lycée. Avec ces leçons de mathématiques et de latin, je voulais mettre de l'argent de côté : j'avais décidé que j'irais à l'université en France et je savais que personne ne m'aiderait. C'était assez symbolique : mon frère avait besoin de leçons particulières ; moi, j'en donnais et je gagnais déjà le pouvoir d'apprendre.

Ce que je dis ici peut paraître dur à l'égard d'êtres auxquels je reste *affectivement* très liée, mais j'essaie d'être objective, de dire comment les choses se sont passées. Cela ne change rien à ce que j'éprouve pour ma mère, ma sœur, mon père, ces *victimes*. Je ne veux pas les accabler. Je voudrais les éclairer, de l'*intérieur*. J'explique pour eux et pour moi, l'aliénation qui fut la *nôtre*, qui reste, en grande partie, la leur. Je dénonce. D'une certaine manière, je les réhabilite aussi. De toutes manières, je viens d'eux, de ce milieu, et je ne l'oublie pas. Moi, j'étais déterminée à aller mon chemin, que ça plaise ou non. Et mon chemin passait d'abord par cette envie démesurée que j'avais de lire, d'apprendre, de connaître.

LES TUNISIENNES EN MARCHE

L'avocate et militante Gisèle Halimi a déjà relaté une anecdote significative entourant sa naissance. Son père, dont elle deviendra l'enfant préféré, mit quinze jours à accepter que son deuxième enfant fut une fille. C'était en 1927. En Tunisie. Aujourd'hui, il est fréquent de lire dans le carnet mondain des trois quotidiens de Tunis des faire-part de naissance ainsi rédigés : La famille est comblée par la nouveau-née... Inès a donné plus de joie à sa famille... Une jolie poupée prénommée Khaoula est venue égayer le foyer de... En 1994, en Tunisie, les petites filles ne sont plus une malédiction.

C'est le Président Habib Bourguiba qui, dans la foulée de l'indépendance, a entrepris de moderniser les lois. Le 13 août 1956, il promulgue le Code du statut personnel, véritable révolution qui fait de la femme une adulte en lui donnant un statut et des droits juridiques... A partir de là, les femmes, conscientes de leur existence, commencent à se regrouper en associations avec lesquelles il faudra désormais compter.

La Tunisienne, comparée à ses sœurs marocaines et algériennes, avance d'un pas allégé et rapide. « La Tunisie s'est toujours distinguée par une ouverture et un appel — aussi bien des hommes que des femmes — vers une législation plus favorable à ces dernières. »

K. A ton avis, doit-on traiter différemment les garçons et les filles?

L. The excerpt on the right is from a magazine article. How much time has passed since the events related by Gisèle Halimi in *Enfance d'une fille?* What changed during her lifetime?

M. Quel changement a eu lieu en Tunisie en 1956? Fais une liste de trois conséquences que ce changement a apporté dans la vie des femmes tunisiennes.

N. Quel était la situation des femmes aux Etats-Unis dans les années vingt? Comment cette situation a-t-elle changé?

Cahier d'activités, p. 95, Act. 20

Ecrivons!

Un récit familial

Dans ce passage de *La Cause des femmes,* l'auteur Gisèle Halimi décrit les difficultés qu'elle a eu à grandir dans une famille tunisienne traditionnelle. Maintenant, tu vas écrire un récit familial. Parle de ta propre famille, d'une famille imaginaire ou d'une famille de la télé.

> **Stratégie pour écrire**
>
> Brainstorming is a useful technique for generating ideas for your writing. In brainstorming, you quickly write down all the ideas that pop into your head when you think about your topic. Write single words or short phrases instead of complete sentences, and don't worry about whether the ideas are good or bad, relevant, or too far-fetched. It may even help to give yourself a time limit of thirty seconds or a minute to jot down all your thoughts. Once you've finished, evaluate your ideas: keep the best ones and add information, examples, and details where needed.

A. Préparation

1. Avant de commencer à écrire, réponds aux questions suivantes pour déterminer si la famille de ton choix est traditionnelle ou moderne.

   a. Est-ce que les deux parents travaillent?

   b. Est-ce qu'ils s'occupent tous les deux des enfants?

   c. Est-ce que les enfants bénéficient d'une certaine indépendance?

   d. Comment est-ce que les parents partagent les tâches ménagères?

   e. S'il y a des enfants des deux sexes, est-ce que les corvées domestiques sont partagées de façon équitable entre les filles et les garçons?

   f. Est-ce que les garçons et les filles ont les mêmes droits et les mêmes responsabilités?

   g. Qu'est-ce que les parents espèrent pour l'avenir de leurs enfants? L'université? Une carrière professionnelle? Le mariage? Est-ce qu'ils espèrent les mêmes choses pour les garçons et pour les filles?

2. Maintenant, décide si cette famille est traditionnelle, moderne ou un mélange des deux. Ecris tes idées sur ce sujet pendant à peu près dix minutes. Trouve des exemples qui montrent si cette famille est plutôt traditionnelle ou plutôt moderne.

3. Relis ce que tu as écrit pour en garder l'essentiel. Fais un plan pour organiser tes idées principales. Si possible, ajoute des détails et d'autres informations appropriées.

B. Rédaction

Fais un brouillon de ton récit familial en suivant ton plan.

C. Evaluation

1. Fais une évaluation de ton récit. Est-ce que tu as bien suivi ton plan?

2. Est-ce que ton argumentation est logique? Est-ce que tu as clairement expliqué pourquoi tu trouves que cette famille est moderne ou traditionnelle? As-tu choisi de bons exemples?

3. Relis ton récit. Fais attention...

   a. à l'accord des sujets avec les verbes.

   b. aux accents.

   c. à l'orthographe.

   d. à la position et à l'accord des adjectifs.

4. Fais les changements nécessaires.

Grammaire supplémentaire

Première étape　**Objectives** Asking someone to convey good wishes; closing a letter; expressing hopes or wishes; giving advice

1　Remplace les mots en caractères gras avec le pronom d'objet direct ou indirect, selon le cas. (**pp. 46, 222**)

1. Dis bonjour **à ton père** de ma part.
2. Embrasse **ta tante** pour moi.
3. Donne des bisous **à tes cousins** pour moi.
4. Salue **ton père** pour moi.
5. Dis **à ta grand-mère** que je vais écrire bientôt.
6. Fais mes amitiés **à tes parents.**
7. Dis **à Mamie** que je pense à elle.

2　D'abord, lis ce que dit Zohra. Ensuite, complète ce que Didier dit. N'oublie pas de mettre le verbe à l'imparfait. (**p. 225**)

| EXEMPLE | DIDIER | **Ça serait chouette si j'avais des parents architraditionnels!** |
| | ZOHRA | C'est pas si chouette que ça d'avoir des parents archi-traditionnels! |

1. DIDIER　Ça serait chouette si ma mère…
   ZOHRA　C'est pas si chouette que ça d'aller chercher l'eau au puits.
2. DIDIER　Ça serait chouette si ma sœur…
   ZOHRA　C'est pas si chouette que ça de porter le bois sur sa tête.
3. DIDIER　Ça serait chouette si mon père…
   ZOHRA　C'est pas si chouette que ça d'élever des moutons.
4. DIDIER　Ça serait chouette si Leïla et toi, vous…
   ZOHRA　C'est pas si chouette que ça de faire des tapis.
5. DIDIER　Ça serait chouette si mes oncles…
   ZOHRA　C'est pas si chouette que ça de cultiver des dattes.
6. DIDIER　Ça serait chouette si moi, je…
   ZOHRA　C'est pas si chouette que ça de devoir traire les vaches.
7. DIDIER　Ça serait chouette si ma sœur et moi, nous…
   ZOHRA　C'est pas si chouette que ça de faire la cueillette des figues.
8. DIDIER　Ça serait chouette si mes parents…
   ZOHRA　C'est pas si chouette que ça de donner à manger aux chameaux.

3 Qu'est-ce que ces personnes feraient si elles habitaient dans les villes tunisiennes suivantes? Réponds en utilisant **si** et l'imparfait d'**habiter** dans la première partie de chaque réponse et le conditionnel du verbe qui convient dans la deuxième. (**p. 225**)

EXEMPLE   Je / Sfax / cultiver des olives
Si j'habitais à Sfax, je cultiverais des olives.

1. Nous / Bizerte / aller à la pêche avec notre oncle Rachid
2. Selwa / Carthage / se promener souvent parmi les ruines romaines
3. Vous / Tozeur / manger des dattes à tous les repas
4. Tu / Kairouan / faire de la poterie
5. Je / Douz / garder les moutons de mon frère aîné
6. Moussa et Yasmine / Sousse / voir de très beaux couchers de soleil

4 Complète ces phrases avec l'imparfait ou le conditionnel, selon le cas. (**pp. 13, 141, 225**)

EXEMPLE   Si je ____ (visiter) la médina, je ____ (acheter) des objets en cuivre.
Si je visitais la médina, j'achèterais des objets en cuivre.

1. Si je/j' ____ (aller) en Tunisie, je/j' ____ (acheter) des tapis.

2. Si je/j' ____ (habiter) dans une ferme, je/j' ____ (donner) à manger aux poules.

3. Si je/j' ____ (aller) dans un restaurant à Sfax, je/j' ____ (manger) des olives.

4. Si je/j' ____ (être) dans le désert, je/j' ____ (regarder) un beau coucher de soleil.

5. Si je/j' ____ (visiter) la Tunisie, je/j' ____ (faire) beaucoup de photos.

Grammaire supplémentaire

CD-ROM
DISC 2

go.
hrw
.com
WA3 FRANCOPHONE
AFRICA-8

5 Samir te raconte ce qui lui plaît et ce qu'il aimerait faire. Dis-lui ce que tu ferais si tu étais lui. Dans chaque phrase, utilise **à ta place** et une des expressions de la boîte. N'oublie pas de mettre les verbes au conditionnel. **(p. 225)**

> emprunter une djellaba à son père
> trouver un travail
> partir en vacances
> acheter un caméscope
> aller dans la médina
>
> essayer le couscous
> chercher une petite amie
> visiter les ruines de Carthage
> parler à mes parents

EXEMPLE　　—Ce qui me plaît, c'est le Tunis ancien.
　　　　　　　　—A ta place, j'irais dans la médina.

1. Qu'est-ce que j'aimerais me marier!
2. Je m'intéresse à l'histoire romaine.
3. Ce qui m'intéresse, c'est de gagner ma vie.
4. Je trouve ça très cool, les vêtements traditionnels!
5. Si seulement je pouvais faire une vidéo sur Tunis!
6. Ce qui me plaît, c'est de goûter la cuisine locale.
7. Ce que je voudrais, c'est me reposer.
8. Ce qui serait cool, c'est d'avoir mon propre appartement.

Deuxième étape
Objectives Complaining; expressing annoyance; making comparisons

6 Fais des comparaisons dans les phrases suivantes. Remarque qu'il y a des phrases avec des noms et des expressions contenant des adverbes et des adjectifs. **(p. 232)**

EXEMPLE　　　Il y a ... habitants à Tunis ... à Nefta.
　　　　　　　　　Il y a plus d'habitants à Tunis qu'à Nefta.

1. En , c'est ... pollué ... au .

2. En Tunisie, il y a ...  ... aux Etats-Unis.

3. Les  sont ... animés ... les

4. Dans ma famille, il y a ... ... filles.

7 Gisèle te parle de son enfance. Utilise les fragments donnés et **plus de... que** ou **moins de... que,** selon le cas. N'oublie pas de mettre les verbes à l'imparfait. (**p. 232**)

EXEMPLE   les hommes / avoir (+) droits / les femmes
Les hommes avaient plus de droits que les femmes.

1. les filles / avoir (+) choses à faire / les garçons
2. ma sœur et moi, nous / avoir (−) liberté / notre frère
3. je / avoir (+) succès à l'école / mon frère
4. je / réussir à (+) examens / lui
5. A 16 ans, ma mère / avoir (+) enfants / moi
6. Mes parents / avoir (−) argent / les parents de mes camarades

8 Fais des phrases selon l'exemple. Pour chaque phrase, utilise **plus... que, moins... que,** ou **aussi... que** et un des adjectifs de la boîte. (**p. 232**)

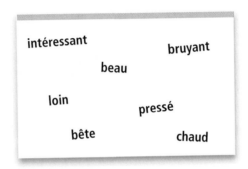

intéressant   bruyant
        beau
loin   pressé
    bête   chaud

EXEMPLE   vêtements en laine (+) vêtements en coton
Les vêtements en laine sont plus chauds que les vêtements en coton.

1. moutons (+) chèvres
2. gens à la campagne (−) gens en ville
3. films tunisiens (=) films français
4. la campagne (−) la ville
5. poteries bleues (+) poteries blanches

9 Remplis les blancs avec **mieux** ou la forme correcte de **meilleur.** (**p. 232**)

AICHA   J'en ai marre de Tunis! La pollution et les embouteillages, c'est l'horreur!

ALI   Ne t'en fais pas trop! C'est bientôt les vacances! Ça te fera du bien! Tu iras ____**1**____, je t'assure!

AICHA   Si on allait à Nefta! Ça te dirait? L'air (m.) y est ____**2**____ qu'à Tunis. On dormirait chez mon cousin!

ALI   Ça serait chouette! Là-bas, on dort ____**3**____. On y mange ____**4**____. Bref, on va ____**5**____.

Mise en pratique

1 Lis cette brochure et réponds aux questions suivantes.

Tunis s'affirme Capitale. Non seulement aux yeux des touristes qui y trouvent shopping et distractions sportives et culturelles, mais en tant que centre politique, administratif, économique moderne. Siège d'organisations internationales, Tunis accueille également de nombreux congrès tout au long de l'année. Le festival de Carthage et les Journées cinématographiques et théâtrales, qui prennent également pour cadre les vestiges de la prestigieuse cité antique, sont l'occasion de rencontres internationales réputées. Tunis est une ville de caractère. Tunis a une âme. L'âme de Tunis, c'est à travers le contact, la discussion, le travail des habitants que le visiteur peut la deviner.

P•O•I•N•T•S   F•O•R•T•S

En Ville
...Perspective Avenue Bourguiba, depuis la Place de l'Afrique. Centre National de l'Artisanat.
...Parc du Belvédère : panorama, zoo, piscine
...Dans la Médina : la Grande Mosquée, les souks couverts, terrasses de marchands de tapis ; mosquée Sidi Youssef ; musée lapidaire.
...Sidi Bou Khrissan ; musée des Arts et des Traditions populaires

En Banlieue
...Carthage : colline de Byrsa : panorama ; musée national ; quartier de l'Odéon. Les thermes d'Antonin et le musée de plein air ; le tophet ; les ports et le musée de la mer de Salammbô.
...La Marsa-Gammarth et le «Café Saf-Saf» ; les plages, les installations hôtelières et touristiques. Musée du Bardo. Chelles antiques.

1. According to the brochure, what might you do or see in Tunis?
2. Other than tourism, what are some possible reasons for visiting Tunis?
3. What does the brochure recommend as a way to discover the "soul of Tunis"?
4. How is Tunis important to Tunisian politics?
5. What places of interest near Tunis are mentioned in the brochure?

2 Tu vas passer six mois avec une famille tunisienne. Tu dois décider où tu voudrais habiter. On t'a donné le choix entre une grande ville et un petit village à la campagne. Avec ton/ta camarade, parle de ce qu'il y a à faire et à voir là-bas. Compare les deux endroits. Ton/Ta camarade te donnera des conseils.

3 Hoda parle de ce qu'elle désire faire cet été, mais elle a des problèmes. Leïla lui propose des solutions. Fais une liste de trois des souhaits de Hoda et des conseils que Leïla lui donne.

4 Relis la **Rencontre culturelle** et les **Notes culturelles** du chapitre et puis, trouve les mots qui décrivent...

1. un peuple qui vivait en Tunisie avant l'arrivée des Arabes.
2. une sorte de chapeau que les hommes portent en Tunisie.
3. la langue officielle de la Tunisie.
4. le vieux quartier d'une ville où il y a beaucoup de souks.

5
a. Tu es parti(e) en Tunisie il y a deux semaines. Ecris une carte postale à tes camarades de la classe de français. N'oublie pas de transmettre tes amitiés à tes autres copains.

b. Après trois mois en Tunisie, un magazine tunisien te demande d'écrire un article sur tes impressions du pays. Ecris un récit de ce que tu as fait et décris ce que tu as vu. N'oublie pas de comparer les diverses régions que tu as visitées.

6 ## Jeu de rôle

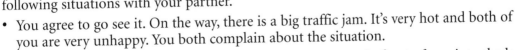

You're visiting a friend who lives in a very big city. Your friend wants to show you one of the city's famous attractions. Act out the following situations with your partner.

- You agree to go see it. On the way, there is a big traffic jam. It's very hot and both of you are very unhappy. You both complain about the situation.
- You finally arrive at your destination, but someone zooms in front of you into the last parking space. You express your annoyance.
- You and your friend stand in line to get tickets and someone cuts in front of you. You're both furious!
- Finally you get to go in, but a few minutes later, someone announces that the attraction is about to close. Now you've really had it!

WA3 FRANCOPHONE
AFRICA-8

Can you use what you've learned in this chapter?

Can you ask someone to convey good wishes? p. 222

1 A friend who has been visiting you is about to go back home to her family. What would you say to send your best wishes?

Can you close a letter? p. 222

2 How would you end a letter to a friend?

Can you express hopes or wishes? p. 225

3 How would you express a wish to . . .
1. travel in Africa?   2. buy a new car?   3. go to college?

Can you give advice? p. 225

4 What advice would you give to a friend . . .
1. who's having trouble with a school subject?
2. whose parents are very strict?
3. who wants to live in another country?

Can you complain? p. 231

5 What would you say to complain if you were in these situations?

1.   2.   3.

Can you express annoyance? p. 231

6 How would you express your annoyance if . . .
1. someone shoved in front of you as you were boarding the bus?
2. someone grabbed an item from you that you wanted to buy?
3. the people behind you at the movies were talking loudly during the film?

Can you make comparisons? p. 232

7 How would you compare the following?
1. your favorite and least favorite school subjects
2. the last two movies you saw
3. two places where you've lived or have visited

Première étape

Asking someone to convey good wishes

Embrasse... pour moi.	Give . . . a kiss for me.
Fais mes amitiés à...	Give . . . my regards.
Salue... de ma part.	Tell . . . hi for me.
Dis à... que je vais lui écrire.	Tell . . . that I'm going to write.
Dis à... que je pense à elle/lui.	Tell . . . that I'm thinking about her/him.

Closing a letter

Bien des choses à...	All the best to . . .
Je t'embrasse bien fort.	Hugs and kisses.
Grosses bises.	Hugs and kisses.
Bisous à...	Kisses to . . .

Traditional life

le(s) bijou(x) (m.)	jewelry
un chameau	a camel
une chèvre	a goat
le cuivre	brass, copper
cultiver le blé	to grow wheat
une datte	a date
élever	to raise
faire de l'artisanat (m.)	to make crafts
faire la cueillette	to harvest (fruits)
une figue	a fig
un mouton	a sheep
une olive	an olive
la poterie	pottery
une poule	a chicken
un tapis	a rug
traire les vaches (f.)	to milk the cows

Expressing hopes or wishes

Si seulement je pouvais,...	If only I could, . . .
Si j'avais le choix,...	If I had a choice, . . .
Si c'était possible,...	If it were possible, . . .
Ça serait chouette si...	It would be great if . . .
Qu'est-ce que j'aimerais... !	I'd really like to . . . !

Giving advice

Si c'était moi, ...	If it were me, . . .
Si j'étais toi, ...	If I were you, . . .
A ta place, ...	If I were in your place, . . .

Deuxième étape

City life

un arrêt de bus	a bus stop
le bruit	noise
la circulation	traffic
un embouteillage	a traffic jam
une foule	a crowd
les gens mal élevés	impolite people
les gens pressés	people in a hurry
un gratte-ciel	a skyscraper
un immeuble	a building
un passage pour piétons	a pedestrian crossing
une place de stationnement	a parking place
la pollution	pollution
un trottoir	a sidewalk
un vélomoteur	a moped

Complaining

C'est l'horreur!	This is just horrible!
C'est insupportable, à la fin!	I won't put up with this!
J'en ai ras le bol!	I've really had it!
Je commence à en avoir marre!	I've just about had it!

Expressing annoyance

Non mais, vous vous prenez pour qui?	Who do you think you are?
Non mais, surtout, ne vous gênez pas!	Well just go right ahead!
Ça va pas, non?!	Are you out of your mind?!

Ça commence à bien faire, hein?	Enough is enough!
Dites donc, ça vous gênerait de... ?	Hey, do you think you can . . .?

Making comparisons

Ce n'était pas comme ça.	It wasn't like this.
Ici, ... tandis que...	Here . . ., whereas . . .
moins de... que	fewer . . . than . . .
plus de... que	more . . . than . . .
autant de... que...	as many/as much . . . as
plus... que...	more . . . than . . .
moins... que...	less . . . than . . .
aussi... que...	as . . . as . . .

Allez, viens en Amérique francophone!

	Le Québec	La Louisiane	La Guadeloupe
Population	7.138.000	4.372.000	426.493
Superficie (km²)	1.667.926	125.625	1.709
Villes importantes	Montréal Québec	La Nouvelle-Orléans Baton Rouge Lafayette	Pointe-à-Pitre
Spécialités	ragoût de boulettes, tourtière, tarte à la ferlouche	jambalaya, soupe au gombo, écrevisses à l'étouffée	crabes farcis, boudin créole, acras de morue

Autres états et régions francophones :
la Nouvelle-Angleterre (région des Etats-Unis), Haïti, la Martinique, Saint-Pierre-et-Miquelon, la Guyane française

go.hrw.com WA3 FRANCOPHONE AMERICA
DVD VIDEO
CD-ROM DISC 3

▶ **Une maison du Vieux Carré, à La Nouvelle-Orléans**

L'Amérique francophone

Il y a 11 millions de francophones sur le continent américain. Dans les régions francophones, l'influence de la culture française est très évidente. Mais, en raison de l'éloignement de la France, chaque région a développé sa propre identité culturelle et linguistique. Par exemple, les Québécois ont une interprétation différente de certains mots et ils ont inventé d'autres mots et expressions pour les choses qui n'existaient pas en France. Les langues créoles des Antilles combinent des éléments du français, de l'anglais, de l'espagnol et des langues africaines. Le «cajun» de Louisiane est un mélange de français et d'anglais, mais aussi d'espagnol, d'allemand, de langues africaines et de langues indiennes d'Amérique.

Visit Holt Online

go.hrw.com

KEYWORD: WA3 FRANCOPHONE AMERICA

Activités Internet

1 **Vermilionville**
C'est un village acadien de Louisiane qui a été reconstitué pour les touristes.

2 **Le Vieux Carré**
Ce quartier de La Nouvelle-Orléans, avec ses balcons en fer forgé et ses bougainvilliers, attire beaucoup de touristes, en particulier pendant la saison de mardi gras.

3 **Les Cajuns**
Dans la région des bayous, au sud de Baton Rouge et de Lafayette, la musique, la cuisine et la langue sont «cajuns».

4 **Montréal**
C'est une grande métropole à l'américaine qui a préservé ses racines françaises.

5 **Le marché de Pointe-à-Pitre**
Comme dans les autres villes des Antilles, ce marché de Guadeloupe est très coloré.

Aux chapitres 9, 10, 11 et 12 tu vas aller sur le continent américain. D'abord, tu vas visiter Montréal, une ville du Québec qui est la deuxième ville francophone du monde. Ensuite, avec Pascal, tu vas découvrir la plongée sous-marine à la Guadeloupe, une île des Antilles françaises. Pour finir, tu vas accompagner Simon à Lafayette, en Louisiane, pour y découvrir les écrevisses et le jazz.

6 **La Soufrière**
C'est un volcan actif de la Guadeloupe.

7 **Les chutes de Carbet**
Elles sont au milieu de la forêt tropicale de la Guadeloupe.

9
C'est l'fun!

Objectives

In this chapter you will learn to

Première étape

- agree and disagree
- express indifference
- make requests

Deuxième étape

- ask for and make judgments
- ask for and make recommendations
- ask about and summarize a story

Visit Holt Online

go.hrw.com

KEYWORD: WA3 FRANCOPHONE AMERICA-9

Online Edition

◀ La place Jacques-Cartier, à Montréal

Mise en train · *La télé, ça se partage*

Cahier d'activités, p. 97, Act. 1

Stratégie pour comprendre
Take a quick look at the photos on these two pages to decide what this episode is all about. The title will also help you to figure it out. Judging by the expressions on the characters' faces, how do you think they feel? Can you guess why? Scan through the dialogue for familiar words to help you guess the context.

1

Fabien Qu'est-ce qu'il y a ce soir à la télé?

Danielle C'est le troisième épisode d'*Emilie, la passion d'une vie*.

19 h 30	20 h 00	20 h 30	21 h 00
Ma maison	Sous un ciel variable		Enjeux
Zap	Emilie, la passion d'une vie		Pour tout dire...
Le Grand Journal		Détecteurs de mensonges	Visa santé
Piment fort	Cinéma : La Chèvre		
			Columbo : Jeux d'ombre

2

Fabien Qu'est-ce que c'est, ça?

Danielle C'est un feuilleton super. C'est l'histoire d'une jeune fille, Emilie, qui vit au Québec au début du siècle...

Fabien Tu te fiches de moi? Ça a l'air mortel, ton truc! Tu me passes le programme, s'il te plaît... ? Eh! Il y a *La Chèvre*, avec Gérard Depardieu!

Danielle Pas question! Moi, je veux regarder *Emilie*.

Fabien Toi, tu ferais mieux de faire tes devoirs. C'est plus important.

Danielle Tu parles! J'ai une idée, on n'a qu'à tirer à pile ou face.

Fabien Euh, tu crois? Je n'ai jamais de chance, moi.

Danielle C'est la seule solution... Alors, pile ou face?

3

Fabien Si je dis pile, ça va être face, et si je dis face, ça va être pile, alors je dis... face!

Danielle Pile! T'as perdu!

Fabien C'est pas vrai! C'est toujours la même chose!

Danielle T'inquiète pas, tu pourras le voir, ton film. Tu n'as qu'à l'enregistrer.

Ce soir-là, devant la télévision...

4

Fabien	Ça y est, j'ai mis le magnétoscope en route!
Danielle	Chut, le feuilleton commence!
Fabien	J'espère que je n'ai pas raté le début.
Danielle	Mais tais-toi, enfin!
Fabien	C'est Emilie, celle-là?
Danielle	Non, c'est une villageoise. Emilie est plus jeune... Tiens, c'est elle.
Fabien	Elle est pas terrible.
Danielle	Ça te dérangerait de me laisser regarder tranquillement?
Fabien	Et lui, qui c'est?
Danielle	C'est Ovida.
Fabien	Pourquoi est-ce qu'ils se disputent?
Danielle	Parce qu'ils s'aiment.
Fabien	C'est vraiment nul, ton feuilleton.
Danielle	Bon, si tu ne peux pas te taire, va réviser tes maths et fiche-moi la paix!
Fabien	Oh! Ça va! La télé est à tout le monde.

Un quart d'heure plus tard...

5

Fabien	Zut, la pub! C'est vraiment barbant, à la fin. Ils coupent toujours les films au meilleur moment.
Danielle	Au contraire, c'est pour créer du suspense.
Fabien	Moi, ces pubs pour des lessives ou des céréales, ça m'énerve!
Danielle	Moi, pas du tout. Ça ne me dérange pas. Ça permet de faire une petite pause. Et puis il y a de bonnes pubs. Tiens, regarde celle-là. Elle est chouette, tu trouves pas?
Fabien	Tu rigoles! Tu es vraiment une esclave de la pub, toi!
Danielle	Mais non! Je m'informe, c'est tout. C'est toi qui as tort de tout critiquer comme ça!

6

Fabien	Bon, ça recommence? J'en ai marre, moi.
Danielle	Quoi?
Fabien	Eh bien, ton feuilleton, là, *Emilie.*
Danielle	Ah! Parce que ça t'intéresse maintenant?
Fabien	Pas du tout, mais je trouve ça tellement bête que ça me fait rire.
Danielle	Quel hypocrite!
Fabien	Pense ce que tu veux, je m'en fiche!
Danielle	Ben...
Fabien	Tais-toi, ça reprend! Monte un peu le son, on n'entend rien.

1 Tu as compris?

1. Qu'est-ce que Fabien et Danielle font?
2. Qu'est-ce que Danielle veut regarder à la télévision? Et Fabien?
3. Comment est-ce qu'ils décident du programme qu'ils vont regarder?
4. Quel compromis est-ce que Danielle suggère?
5. Que pensent Danielle et Fabien des publicités à la télévision?
6. Est-ce que Fabien change d'opinion? Comment?

2 Qui dit quoi?

Est-ce que c'est Fabien ou Danielle qui parle?

«Tu peux enregistrer ton film.»

«Ah! Parce que ça t'intéresse maintenant?»

«Ton feuilleton, il a l'air mortel!»

«C'est bien, la pub. Ça permet de faire une petite pause.»

«Ça m'énerve, la pub!»

3 Fais ton choix

1. *Emilie, la passion d'une vie* est...
   a. une publicité.
   b. un feuilleton.
   c. un film avec Gérard Depardieu.
2. Danielle suggère à Fabien...
   a. d'aller voir *La Chèvre* au cinéma.
   b. d'aller réviser ses maths.
   c. de regarder *Emilie* avec elle.
3. Quand Danielle et Fabien tirent à pile ou face,...
   a. Danielle gagne.
   b. Fabien gagne.
   c. ils perdent la pièce.
4. Selon Danielle, Emilie et Ovida se disputent parce qu'ils...
   a. ne veulent pas regarder la même émission à la télé.
   b. se détestent.
   c. s'aiment.
5. Pour Fabien, la publicité, c'est...
   a. bon pour permettre une petite pause.
   b. bien pour créer du suspense.
   c. nul.

Note culturelle

La radio et la télévision canadiennes reflètent la diversité des cultures que l'on trouve dans le pays. Il y a deux chaînes nationales de télévision, une en français et une en anglais. Il y a également des chaînes de télévision privées comme CTV (en anglais) et TVA (en français). Les stations de radio, elles aussi, offrent des programmes dans les deux langues. Parfois, certains programmes sont même diffusés en dialecte inuit ainsi qu'en de nombreuses autres langues parlées par des Canadiens venus de différentes régions du monde.

4 Cherche les expressions

What expressions do Fabien and Danielle use to . . .

1. summarize a plot?
2. disagree?
3. give advice?
4. ask someone to be quiet?
5. express annoyance?
6. express indifference?

5 Et maintenant, à toi

Est-ce que ça t'arrive souvent de te disputer avec quelqu'un pour la télé?

Rencontre culturelle

Qu'est-ce que tu sais sur Montréal? Pour t'en faire une meilleure idée, regarde ces photos.

Les petites rues du Vieux-Montréal sont pleines de charme.

Montréal est aussi un grand port.

Montréal est une ville ultra-moderne et dynamique.

Montréal est un centre artistique et culturel.

Les habitants de Montréal apprécient les activités de plein air.

Qu'en penses-tu?

1. Quelle impression ces photos te donnent de Montréal?
2. Qu'est-ce que tu pourrais faire si tu habitais à Montréal?

Savais-tu que... ?

Montréal est la seconde ville francophone du monde, mais la plupart de ses habitants parlent aussi anglais. C'est le centre des affaires de la province de Québec. Montréal est aussi un grand port, bien qu'il se trouve à 450 kilomètres de l'océan Atlantique! En plus d'être un des centres économiques du Canada, Montréal est une ville qui bouge grâce à une vie culturelle riche en activités. Chaque année, Montréal accueille le Festival international de jazz. Son industrie cinématographique et musicale se développe un peu plus chaque jour. Montréal propose aussi beaucoup d'activités sportives et de plein air. Le quartier le plus populaire de Montréal est sans doute le Vieux-Montréal avec ses boutiques, ses cafés et ses ruelles pavées. Dans ces ruelles, les artistes exposent leurs toiles et les musiciens, danseurs et jongleurs partagent leurs talents avec les passants.

Vocabulaire

Qu'est-ce qu'il y a à la télé ce soir?

CD-ROM DISC 3

un feuilleton

une série

un vidéoclip

les informations (f.)

la météo

un documentaire

une publicité

un magazine télévisé

un dessin animé

une émission de variétés

un jeu télévisé

un reportage sportif

Cahier d'activités, p. 98, Act. 2

Travaux pratiques de grammaire, pp. 82–83, Act. 1–4

6 Le programme ce soir

 Ecoutons Ecoute le programme de la soirée. De quel genre d'émissions est-ce que l'annonceur parle?

1. *Le Canada en guerre*
2. *Vive la rentrée*
3. *Pour tout dire*
4. *Ce soir*
5. *Des chiffres et des lettres*
6. *Tintin et le lac aux requins*
7. *Ad lib*

7 Devine!

Parlons Choisis l'émission ou le programme qui correspond à chacune des descriptions suivantes.

1. Les candidats choisissent des lettres et essaient de deviner des mots.
2. C'est pour essayer de vendre quelque chose.
3. On y décrit le temps qu'il va faire dans la région où on habite.
4. Ça peut parler de la vie des animaux en Afrique, par exemple.
5. On sait ce qui se passe dans le monde en regardant ce programme.
6. Les groupes y chantent leurs dernières chansons.
7. Ça peut raconter l'histoire de deux jeunes qui s'aiment.

8 Sondage

Parlons/Ecrivons Ton/ta correspondant(e) canadien(ne) t'a demandé quelles émissions les jeunes Américains regardent. Demande à tes camarades ce qu'ils regardent le plus souvent. Note les deux émissions les plus populaires pour trois catégories du **Vocabulaire**. Compare tes notes avec celles de ton/ta camarade.

 9 Mon journal

Ecrivons Quels genres d'émissions est-ce que tu préfères regarder? Pourquoi?

Comment dit-on...?

Agreeing and disagreeing; expressing indifference

To express agreement:

> **Je suis d'accord avec toi.**
> **Moi aussi,** j'aime bien les feuilletons.
> **Moi non plus,** je n'aime pas la pub.
> **Tu as raison.**
> **Tu l'as dit!** *You said it!*
> **Tout à fait!** *Absolutely!*

To express disagreement:

> **Pas du tout.**
> **Tu parles!** *No way!*
> **Tu te fiches de moi?** *Are you kidding me?*
> **Tu rigoles!** *You're joking!*
> **Tu as tort.**

To express indifference:

> **Je m'en fiche.** *I don't give a darn.*
> **Ça m'est vraiment égal.**
> *It's really all the same to me.*
> **Peu importe.** *It doesn't matter much.*

Si tu as oublié **expressing opinions** va à la page R14.

Cahier d'activités, p. 99, Act. 4

 10 La publicité

Ecoutons Ecoute ces gens qui parlent de la publicité. Est-ce que la personne qui répond est d'accord, pas d'accord ou indifférente?

 11 C'est cool, les vidéoclips!

Parlons Est-ce que tu as vu le dernier vidéoclip de ces stars? Qu'est-ce que tu en penses? Parles-en avec ton/ta camarade qui te dira s'il/si elle est d'accord avec toi.

> Jewel Garth Brooks Wallflowers U2
> Shania Twain Ricky Martin Céline Dion
> Gipsy Kings R.E.M. Paula Cole MC Solaar

 12 Tu rigoles!

Ecrivons/Parlons Fais une liste de quatre émissions que tu aimes et de quatre autres que tu n'aimes pas. Montre ta liste à ton/ta camarade et donne-lui ton opinion sur chaque émission. Il/Elle va te dire s'il/si elle est d'accord et pourquoi.

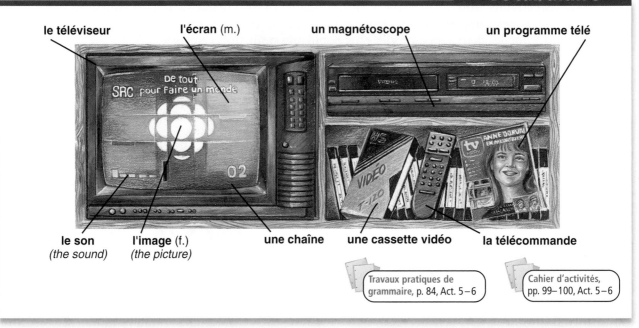

le téléviseur — **l'écran** (m.) — **un magnétoscope** — **un programme télé**

De tout SRC pour faire un monde

VIDÉO

ANNE DORVAL

02

le son
(the sound) — **l'image** (f.)
(the picture) — **une chaîne** — **une cassette vidéo** — **la télécommande**

> Travaux pratiques de grammaire, p. 84, Act. 5–6

> Cahier d'activités, pp. 99–100, Act. 5–6

---

13 ## Voilà comment on fait

Parlons Explique comment enregistrer une émission. Complète le texte en t'inspirant des images.

Alors, d'abord, il faut que tu vérifies l'heure de l'émission dans le . Ensuite,

allume ton . Puis, choisis la qui t'intéresse. Mets une

 dans ton . Quand tu as l' sur l' , prends ta et appuie

sur le bouton «enregistrement».

Negative expressions

Ne... rien *(nothing)* and **ne... pas encore** *(not yet)* are placed around the conjugated verb, just like **ne... pas, ne... plus,** and **ne... jamais.**

> Je **ne** peux **rien** entendre.   Ça **n'**a **pas encore** commencé.

When you use **ne... personne** in the **passé composé, personne** immediately follows the past participle:

> Elle **n'**a rencontré **personne** au cinéma.

Notice the placement of **rien** and **personne** when they are used as subjects:

> **Personne ne** regardait la télé.   **Rien n'**est tombé.

Notice the placement of **ne... aucun(e)** *(no, not any)*, **ne... ni... ni...** *(neither . . . nor . . .)*, and **ne... nulle part** *(nowhere)*:

> Je **n'**ai **aucune** chance.   Il **n'**aime **ni** les feuilletons **ni** les drames.
> **Ni** mon frère **ni** ma sœur **n'**aime la télé.
> Je **ne** vois la télécommande **nulle part.**

> Grammaire supplémentaire, pp. 272–273, Act. 1–3 →

> Cahier d'activités, p. 100, Act. 7

> Travaux pratiques de grammaire, pp. 85–86, Act. 7–9

14 **Grammaire en contexte**

Lisons Quelles sont les réponses appropriées aux questions suivantes?

1. Qu'est-ce qu'il y a après le film?
2. Est-ce que le film est fini?
3. Tu veux voir un film ou un feuilleton?
4. Tu as trouvé quelque chose à voir?
5. Où est la télécommande?

a. Non, il n'a pas encore commencé.
b. Non, il n'y a aucun programme intéressant en ce moment!
c. Je ne sais pas. Je ne la vois nulle part.
d. Ni l'un ni l'autre. Je préfère voir un reportage.
e. Il n'y a plus rien. C'est la fin des programmes.

Note de grammaire

Although the expression **ne... que** may look similar to the negative expressions you've learned, it has the positive meaning of *only*. When you use **ne... que,** you place **ne** before the conjugated verb and **que** immediately before the word or phrase it refers to.

Il **ne** regarde **que** le sport.
He watches only sports.

Il **ne** regarde la télé **qu'**avec ses amis.
He watches TV only with his friends.

 Travaux pratiques de grammaire, p. 86, Act. 10

Grammaire supplémentaire, p. 273, Act. 4

---

15 **Grammaire en contexte**

Parlons Lisette et Gisèle parlent au téléphone. Choisis une des expressions négatives ou **ne... que** pour compléter leur conversation.

LISETTE Hier soir, j'ai regardé *Les Meilleures Intentions.* Tu l'as vu, toi?

GISELE Non, je ▭▭▭ ai ▭▭▭ regardé hier. Je ▭▭▭ regarde la télé ▭▭▭ le samedi soir parce que je ▭▭▭ ai ▭▭▭ le temps depuis que je travaille.

LISETTE Moi non plus. J'ai trop de devoirs à faire en ce moment.

GISELE Je ▭▭▭ ai ▭▭▭ vu le nouveau vidéoclip de Céline Dion. Tu l'as vu, toi?

LISETTE Euh, non. Je ▭▭▭ ai vu ▭▭▭ celui de Céline ▭▭▭ celui de Roch Voisine.

GISELE Dis donc, Lisette, tu veux aller au cinéma?

LISETTE Je voudrais bien, mais je ▭▭▭ peux aller ▭▭▭ cet après-midi. Je dois étudier.

Comment dit-on...?

Making requests

To ask someone to be quiet:

Chut! *Shhh!*
Tais-toi! *Be quiet!*
Ne parle pas si fort. *Don't speak so loudly.*
Tu pourrais faire moins de bruit?
    Could you make less noise?
Vous pourriez vous taire, s'il vous plaît?
    Could you please be quiet?

To ask someone to adjust the volume:

Baisse le son. *Turn down the volume.*
Monte le son, on n'entend rien.
    Turn up the volume.

 Cahier d'activités, p. 101, Act. 9

---

16 **Qu'est-ce qu'on demande?**

Ecoutons Ecoute ces conversations. Dans lesquelles est-ce qu'on demande à quelqu'un de se taire?

---

17 Qu'est-ce qu'ils disent?

Parlons Qu'est-ce que ces personnes peuvent dire pour faire taire ces gens qui font du bruit?

1.   2.   3.   4.

18 Alors, là!

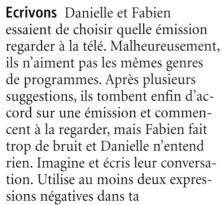

Ecrivons Danielle et Fabien essaient de choisir quelle émission regarder à la télé. Malheureusement, ils n'aiment pas les mêmes genres de programmes. Après plusieurs suggestions, ils tombent enfin d'accord sur une émission et commencent à la regarder, mais Fabien fait trop de bruit et Danielle n'entend rien. Imagine et écris leur conversation. Utilise au moins deux expressions négatives dans ta conversation.

Si tu as oublié **quarreling** va à la page R9.

19 Jeu de rôle

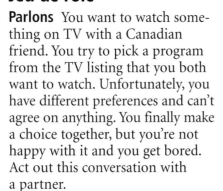

Parlons You want to watch something on TV with a Canadian friend. You try to pick a program from the TV listing that you both want to watch. Unfortunately, you have different preferences and can't agree on anything. You finally make a choice together, but you're not happy with it and you get bored. Act out this conversation with a partner.

SAMEDI 10 SEPTEMBRE   19:30   20:30

RO 15 17 24 30 45
OMNI SCIENCE (R) 81045
Anim.: Claire Pimparé.
Documentaires scientifiques
Sujets: la perception des couleurs; les couleurs de la vie; encres et peintures.
22 STAR TREK: DEEP SPACE NINE (R) 85478 (1h)
24 NATIONAL GEOGRAPHIC 76774
MYSTERIES OF MANKIND. Documentaire sur les études de l'évolution de l'homme, effectuées par Louis et Mary Leakey, Richard Leakey et Jane Goodall. (1h)
33 AUSTIN CITY LIMITS 4169229
Inv.: *Garrison Keillor* et *The Hopeful Gospel Quartet*. (1h)
57 THE EDITORS 960671
TV5 JOURNAL TÉLÉVISÉ DE FRANCE 2 149045
TMN FOREVER YOUNG 857710 (2h)
RDS CARNET DE PLONGÉE (R) 326213
MP FAX 662652
Anim.: Marie-Josée D'Amours.
Un collage rock des événements culturels et artistiques d'ici et d'ailleurs. (1h)
En reprise à 3h00 et dimanche. 10h30.
CF DE JEUNE EN JEUNE 319923
YTV ARE YOU AFRAID OF THE DARK? 616652
TVI WATATATOW 7144126
19:30 **SE ZOOM** 2710497
CBC 4 5 6 THE JUBILEE YEARS (R) 2861 Inv.: *Gunther Buchta*, chorégraphe de l'émission Don Messer's Jubilee. (1h)
5 RESCUE 911 6322923
6 CANADIAN WILDERNESS JOURNAL 147107
8 JEOPARDY! 4061861
CTV 8 13 ELLEN 22738
Comédie avec Ellen DeGeneres.
8 THE GOLDEN GIRLS 497923
10 SISKEL & EBERT 7789887
Les primeurs au cinéma.
13 MURPHY BROWN 7684233
57 KEEPING UP APPEARANCES 965126
Comédie. Hyacinth cherche à impressionner un voisin, directeur du cercle d'opéra de la région.
TV5 À COMMUNIQUER 135300
RDS LA BOXE TOP RANK À RDS (PD) 199497
Combat à communiquer. (1h30)
20:00 **3 8 DR. QUINN, MEDICINE WOMAN (R)** 2687 (1h)
CBC 4 5 6 THE CFL ON CBC (D) 372590
Football de la CFL. Les Rough Riders d'Ottawa reçoivent les Tiger-Cats de Hamilton. (3h)
5 THE FRESH PRINCE OF BEL-AIR 1828942
SPÉCIAL. Rétrospective des 99 premiers épisodes de "The Fresh Prince of Bel-Air" animée par Jeffrey Townes accompagné de la distribution de l'émission.

8 13 22 THE ABC FAMILY MOVIE 98942
■■■ HUMOUR ☑DRAME ☐ACTION ☐VIOLENCE ☐
POISON IVY (6) É.-U 1985. Comédie de L. Elikann avec Michael J. Fox, Nancy McKeon et Robert Klein. — Les mésaventures des moniteurs et des enfants dans une colonie de vacances. — Téléfilm au traitement peu inspiré. Situations grotesques. Mise en scène banale. Interprétation peu naturelle. – A. (2h)
CTV 8 13 DR. QUINN, MEDICINE WOMAN (R) 50720 Western avec Jane Seymour.
10 VICTORY OVER VIOLENCE 5321395
SPÉCIAL. (1re de 2). Anim.: Walter Cronkite. Dossier sur la criminalité aux États-Unis, le pays le plus violent du monde industrialisé où, en moyenne, il se commet 24 500 meurtres par année. (2h) Suite demain, 19h00.
CTV 12 BEVERLY HILLS, 90210 78590
DÉBUT. Feuilleton avec Jason Priestly, Jennie Garth et Kathleen Robertson. — Brandon et Kelly tentent de garder leur relation secrète; Steve fait la connaissance d'un joueur de football lors du vol de retour de ses vacances; Donna explique à Kelly qu'entre elle et David, c'est bel et bien fini; Dylan, de retour du Mexique, renoue avec ses mauvaises habitudes; Andrea et Jesse s'installent avec leur nouveau bébé; les Walsh accueillent un nouveau venu dans la maison. (1h)
24 TVO: ONE DAY IN THE LIFE 89294
Émission spéciale permettant aux auditeurs de voir comment est gérée la station de télévision TV Ontario. (1h)
33 KEEPING UP APPEARANCES 1826584
Comédie avec Patricia Routledge et Clive Swift. — Hyacinth est éblouie par un militaire à la retraite qu'elle compare à l'amiral Nelson lui-même.
57 AS TIME GOES BY 728949
Comédie. Jean passe le week-end seule à la maison.
RDS LES CANADIENS:
DÉFI DES GÉNÉRATIONS (PD) 408861
Dans le cadre d'un tournoi de balle molle amical, les joueurs, d'hier et d'aujourd'hui, du Canada se rencontrent.
MP CONCERTPLUS / DEPECHE MODE: DEVOTIONAL 755316
Depeche Mode interprète des extraits de Songs of Faith and Devotion et quelques-uns de ses nombreux succès tels Condemnation, I Feel You (2h)
En reprise à 4h00 et dimanche. 12h00.
YTV SATURDAY FAMILY CLASSICS 978039
NO DESSERT DAD, 'TIL YOU MOW THE LAWN. Comédie avec Joanna Kerns, Robert Hayes et Richard Moll. — Les enfants de la famille Cochran arrivent à changer le caractère de leurs parents par le biais de l'hypnose. (2h)
TVI ROULETTE VIP 7226774
20:30 **5 THE MOMMIES (R)** 1814749
Comédie avec Caryl Kristensen et Marilyn Kentz. — Barb consulte un thérapeute suite à

46 *TV 7 JOURS*

Quel genre de film préfères-tu?

We asked people about the kinds of movies they like. Here's what they told us.

Catherine,
Québec

«J'aime beaucoup les comédies. J'aime aussi les choses historiques, mais je regarde souvent les films pour leurs acteurs. Quand il y a des acteurs qui m'intéressent, je regarde les films. Et puis j'aime, en tout cas... Je suis une des rares qui aiment vraiment les films français. J'aime beaucoup.»

Sébastien,
France

«Les films que je préfère, ce sont les films de science-fiction, Steven Spielberg, parce que j'adore les effets spéciaux, tout ce qui touche au grandiose. Sinon, j'aime bien aussi les comédies, comédies françaises. Je trouve ça assez drôle, et voilà.»

Jennifer,
France

«J'aime bien tous les films, de préférence les films d'action, les films sur les problèmes de tous les jours, sur les problèmes plus importants.»

Qu'en penses-tu?

1. Qui aime les mêmes films que toi?

2. Quels films francophones est-ce que tu as vus? Est-ce qu'ils sont différents des films américains? Si oui, de quelle manière?

3. Où est-ce que tu peux aller pour voir des films étrangers près de chez toi?

Remise en train · *D'accord, pas d'accord*

Vendredi, à Montréal, à la sortie du lycée...

1 **Fabien** Qu'est-ce que tu vas faire, ce week-end?

Dina Ma cousine vient à Montréal. J'aimerais bien l'emmener au cinéma, mais je ne sais pas trop quoi aller voir. Qu'est-ce que tu as vu comme bons films récemment?

Fabien De bien, j'ai vu *L'Union sacrée.*

Dina Ah, oui? J'en ai beaucoup entendu parler. C'était comment?

Fabien C'était super. Tu devrais aller le voir, je suis sûr que ça te plairait. C'est un film policier avec Patrick Bruel et Richard Berry. C'est plein d'action et de suspense; et en plus, c'est drôlement bien fait. Et puis, les acteurs sont super et on ne s'ennuie pas une seconde.

Dina Ça a l'air pas mal. C'est quoi exactement, l'histoire?

Fabien Alors, tu vois, Berry fait partie des services secrets. Bruel, lui, il est flic. Au début, ils ne s'aiment pas du tout, mais ils sont obligés de travailler ensemble pour arrêter des terroristes. Voilà, je ne t'en dis pas plus. Je t'assure, il faut vraiment que tu ailles voir ce film.

2 **Marie** De quel film est-ce que tu parles?

Fabien De *L'Union sacrée.*

Marie Bof... c'est pas terrible!

Fabien Ah non, je ne suis pas d'accord. J'ai trouvé ça très bien, moi.

Marie Toi, de toute façon, tu aimes tous les films avec Patrick Bruel.

Fabien Et alors? Il est génial comme acteur!

20 Tu as compris?

1. De quoi est-ce que ces adolescents parlent?
2. Est-ce qu'ils sont d'accord?
3. Quels conseils est-ce que Dina décide de suivre?

21 C'est quel film?

Indique le film dont on parle.

«C'est un film policier.»

«C'est avec Patrick Bruel.»

«C'est une comédie.»

«C'est avec Gérard Depardieu.»

«C'est un drame.»

«C'est réalisé par Luc Besson.»

«C'est avec Chuck Norris.»

«C'est un film de karaté.»

3 Marie   Bof. En tout cas, moi, je te conseille plutôt d'aller voir *Mon père, ce héros* avec Gérard Depardieu.

Fabien   Alors ça, c'est vraiment nul!

Marie   N'importe quoi. C'est très drôle.

Dina   De quoi ça parle?

Marie   Ça parle d'une adolescente qui est en vacances avec son père dans une île. Elle rencontre un garçon super mignon et elle lui fait croire que son père est son petit ami.

Fabien   En tout cas, moi, j'ai trouvé ça plutôt lourd et je n'ai pas ri une seule fois.

Marie   Ne l'écoute pas. C'est vraiment marrant.

4 Adrien   Tu devrais plutôt aller voir *Sidekicks*.

Dina   Qu'est-ce que c'est?

Adrien   C'est l'histoire d'un garçon qui a des problèmes avec les autres enfants du quartier. Dans ses rêves, il vit toutes sortes d'aventures avec son idole, Chuck Norris. A la fin, il décide de prendre des leçons de karaté.

Marie   Ça m'étonnerait que Dina veuille voir un film de karaté!

Adrien   Et pourquoi pas? Il y a beaucoup d'action et c'est très bien fait.

5 Marie   Moi, je lui conseille plutôt *Le Grand Bleu*. C'est un film de Luc Besson, un drame.

Adrien   Il paraît que c'est très mauvais. C'est long, c'est ennuyeux, c'est...

Dina   Bon, euh, écoutez, merci pour vos conseils. Finalement, je crois que je ferais mieux de réfléchir et de choisir moi-même!

Cahier d'activités, p. 102, Act. 11

22 **Vrai ou faux?**

1. Dans *L'Union sacrée*, Bruel et Berry travaillent ensemble pour arrêter des terroristes.
2. Dans *Mon père, ce héros*, le père croit que sa fille va se marier avec un garçon super mignon.
3. Dans *Sidekicks*, Chuck Norris est prof de karaté.
4. *Le Grand Bleu* est un film court mais plein d'action et de suspense.
5. Dina décide d'aller voir *Le Grand Bleu*.

23 **Cherche les expressions**

What expressions do the teenagers use in *D'accord, pas d'accord* to . . .

1. ask someone to recommend a film?
2. make a recommendation?
3. make a positive judgment?
4. make a negative judgment?
5. ask what a movie is about?
6. summarize a movie?

24 **Et maintenant, à toi**

Quels genres de films est-ce que tu aimes? Quel est ton film préféré?

Deuxième étape

Objectives Asking for and making judgments; asking for and making recommendations; asking about and summarizing a story

WA3 FRANCOPHONE AMERICA-9

Vocabulaire

un film d'action
    d'aventures
    d'espionnage *(spy)*
    de guerre *(war)*
    d'horreur
    de science-fiction

un film classique
    étranger *(foreign)*
    historique
    policier

une comédie
une comédie musicale
un drame
une histoire d'amour
un western

Cahier d'activités, p. 103, Act. 12–13

Travaux pratiques de grammaire, p. 87, Act. 11

---

25 **Il y en a pour tous les goûts**

Lisons/Parlons Devine de quel genre de film il s'agit.

1. C'est drôle.
2. Il y a de beaux costumes du XVIe siècle.
3. Ça se passe dans l'espace.
4. Un détective cherche l'auteur d'un crime.
5. Le personnage principal est un monstre.
6. Il y a des sous-titres en anglais.

26 **Qu'est-ce qu'on joue?**

Lisons Lis ces résumés de films. A quel genre appartient chaque film?

Note culturelle

Pendant très longtemps, l'industrie cinématographique canadienne a souffert de la compétition du cinéma hollywoodien. Maintenant, le Canada est un des plus gros producteurs de films documentaires et non-commerciaux. L'Office national du film du Canada a déjà produit près de 20 000 films de fiction, documentaires et dessins animés. Leurs qualités artistiques et techniques sont reconnues grâce à des films comme *Mon Oncle Antoine* et *Le Château de sable* qui ont été récompensés par différents festivals dans le monde entier. Le Festival des films du monde de Montréal est un des plus importants festivals internationaux.

PONT DE LA RIVIERE KWAI (LE) — Amér.,coul. (57). De David Lean : Pendant la deuxième guerre mondiale, les Japonais capturent des soldats anglais et les forcent à travailler à la construction d'un pont de chemin de fer. Le Colonel Nicholson, qui au départ refuse de coopérer, finit par voir ce pont comme une source de fierté et un symbole de réussite personnelle. Mais un commando envoyé par l'état-major anglais s'apprête à détruire le pont. Avec Alec Guinness, William Holden.

VIEILLE DAME ET LES PIGEONS (LA) — Can., Dessin animé, coul. (94). De Alison Snowden et David Fine : Paris, années 60. Un policier affamé découvre dans un square une vieille dame qui nourrit les pigeons de mets succulents. Un film d'une grande originalité qui mêle humour et cruauté. Au même programme : 'L'Anniversaire de Bob'.

AMI AFRICAIN (L') — Amér., coul. (94). De Stewart Raffill : Au nord du Kenya, des touristes sont pris en otages par des braconniers, tueurs d'éléphants. La protection inattendue du chef des troupeaux parviendra-t-elle à sauver deux jeunes gens en fuite? Avec Jennifer McComb, Ashley Hamilton, Timothy Ackroyd, Mohamed Nangurai.

SITCOM — Franç., coul. (98). De François Ozon : Dans une famille bourgeoise ultra-classique, le père a ramené un soir un rat de laboratoire à la maison. Depuis cet événement anodin, le fils, un étudiant introverti, et sa sœur aînée se comportent de manière fort étrange... Conçue comme un sitcom (unité de lieu), cette farce fait preuve d'un mauvais goût absolu et d'un humour noir dérangeant. Une bombe indispensable dans le cinéma français. Avec Evelyne Dandry, François Marthouret, Marina De Van, et Adrian De Van.

PATRIOTES (LES) — Franç., coul. (93). De Eric Rochant : A 18 ans, Ariel Brenner, d'origine juive, quitte Paris et sa famille pour entrer dans les rangs du Mossad où il va être initié à l'art de la manipulation. Avec Yvan Attal, Richard Masur, Allen Garfield, Yossai Banai, Nancy Allen, Maurice Bénichou, Hippolyte Girardot, Jean-François Stévenin, Christine Pascal, Bernard Le Coq, Roger Mirmont, Myriem Roussel, Sandrine Kiberlain.

LA POMME — Iran., coul. (98). De Samira Makhmalbaf : Dans un quartier pauvre de Téhéran, des familles dénoncent aux services sociaux un homme qui séquestre ses fillettes depuis leur naissance...Le réalisateur iranien Mohsen Makhmalbaf au scénario et au montage laisse sa place derrière la caméra à sa fille de 18 ans, qui s'inspire d'un fait divers pour son premier film. Avec Massoumeh Naderi, Zahra Naderi, Ghorbanali Naderi, Azizeh Mohamadi, et Zahra Saghrisaz.

Comment dit-on...?

Asking for and making judgments; asking for and making recommendations

To ask for judgments:

C'était comment?
Comment tu as trouvé ça?

To make a positive judgment:

Ça m'a beaucoup plu. *I liked it.*
J'ai trouvé ça amusant/pas mal.
Il y avait de bonnes scènes d'action.
Je ne me suis pas ennuyé(e) une seconde.
Ça m'a bien fait rire.
It really made me laugh.

To make a negative judgment:

C'est nul/lourd. *It's no good/dull.*
C'est un navet.
Ça n'a aucun intérêt.
It's not interesting at all.
Je n'ai pas du tout aimé.
Ça ne m'a pas emballé(e).
It didn't do anything for me.
Je me suis ennuyé(e) à mourir.
I was bored to death.

To ask someone to recommend a movie:

Qu'est-ce que tu as vu comme bon film?
Qu'est-ce qu'il y a comme bons films en ce moment?

To recommend a movie:

Tu devrais aller voir *La Chèvre.*
Je te recommande *Au revoir les enfants.*
Va voir *Les Visiteurs,* **c'est génial comme film.**
C'est à ne pas manquer! *Don't miss it!*

To advise against a movie:

Ne va surtout pas voir *Ça reste entre nous.*
Evite d'aller voir *La Famille Pierrafeu®.*
Avoid seeing . . .
N'y va pas!
Ça ne vaut pas le coup! *It's not worth it!*

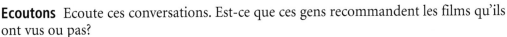 Cahier d'activités, p. 104, Act. 14

---

27 C'était comment?

 Ecoutons Ecoute ces conversations. Est-ce que ces gens recommandent les films qu'ils ont vus ou pas?

28 De bons conseils

Lisons/Parlons Quelques personnes ont fait des recommandations à propos des films qu'elles ont vus. Choisis une phrase dans la boîte de droite pour compléter chaque phrase à gauche.

«Oh, ça m'a beaucoup plu.
«Ça m'a bien fait rire.
«Oh! C'est nul.
«Il y a de beaux costumes.
«Ça n'a aucun intérêt.
«Ça ne m'a pas emballé.

Ça ne vaut pas le coup!»
Je te le recommande.»
C'est à ne pas manquer!»
Evite d'aller le voir.»
N'y va pas!»
Tu devrais aller le voir.»

29 Qu'est-ce qu'il y a comme bons films?

Parlons Quelqu'un dans ton groupe a envie d'aller voir un film. Chaque élève lui en recommande un. Pour chaque film, les autres disent s'ils sont du même avis ou non. S'ils ne sont pas d'accord, ils lui disent d'éviter ce film et en recommandent un autre.

DEUXIEME ETAPE

deux cent soixante-cinq **265**

Asking about and summarizing a story

To ask what a story is about:

De quoi ça parle?
Comment est-ce que ça commence?
How does it begin?
Comment ça se termine? *How does it end?*

Cahier d'activités,
p. 105, Act. 15

To summarize a story:

Ça parle d'un pays où il y a une guerre civile.
C'est l'histoire d'une femme qui joue
du piano.
Il s'agit d'un homme au chômage.
It's about . . .
Ça se passe en France. *It takes place . . .*
Au début, ils ne s'aiment pas.
At the beginning, . . .
A ce moment-là, il tombe malade.
At that point, . . .
A la fin, sa femme revient. *At the end, . . .*

---

30 **De quoi ça parle?**

Ecoutons Ecoute Fabrice, un jeune Canadien, qui parle d'un film qu'il a vu. Ensuite, dis
si les phrases suivantes sont vraies ou fausses.

1. Ça se passe près de Montréal.
2. C'est l'histoire d'un jeune homme qui s'appelle Chomi.
3. Ça parle d'un jeune homme qui est malade.
4. Au début de l'histoire, Chomi passe tout son temps avec Coyote.
5. A la fin de l'histoire, Olive est très fâchée.

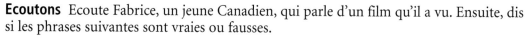
Grammaire

Relative pronouns

To make longer, more sophisticated sentences, you can join two or more clauses by
using the relative pronouns **qui** *(who, that)* and **que** *(whom, that, which)*. Use **qui** as the
<u>subject</u> of a clause and **que** as the <u>object</u> of a clause.

- Since **qui** acts as a subject, it is usually followed by a verb. Since **que** acts as an object,
  it is normally followed by a subject.

  C'est l'histoire d'une femme **qui** est très grande. *(who)*
  Ça, c'est la femme **que** tu as a rencontrée au café. *(whom)*

- English speakers often leave out the pronoun *that*, but French speakers must use its
  equivalent, **que.**

  Il n'a pas aimé le film **que** nous avons vu.
  He didn't like the movie (that) we saw.

- Drop the **e** from **que** before a vowel sound. Never drop the **i** from **qui.**

  Elle a aimé le poème **qu'**elle a lu. C'est elle **qui** écrit les poèmes.

- Use the word **dont** if you mean *whose* or *about/of/from whom* or *which.*

  Tu connais l'actrice **dont** il parle? *(about whom)*
  Ça, c'est le garçon **dont** la sœur est une actrice célèbre. *(whose)*

Grammaire supplémentaire,
pp. 273–275, Act. 5–9

Cahier d'activités,
pp. 105–106, Act. 16–17

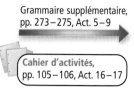
Travaux pratiques
de grammaire,
p. 88, Act. 12–13

---

31 **Grammaire en contexte**

Lisons/Parlons Complète chacune des phrases suivantes.

1. Le film...
2. C'est l'histoire de deux hommes...
3. La dame...
4. La comédie musicale...
5. Ça parle d'un petit garçon....
6. Je n'ai pas encore vu le drame...

a. dont tu parles est actrice.
b. qui passe au Trianon est nulle.
c. que Sophie recommande.
d. qui partent vivre en Afrique.
e. que j'ai vu hier est amusant.
f. dont le chien a disparu.

32 **C'est l'histoire de...**

Ecrivons/Parlons Fabien raconte l'intrigue d'un film qu'il recommande à Dina. Complète son récit avec **qui, que** ou **dont**.

C'est l'histoire d'un médecin ▬▬▬ fuit. Un soir, il arrive chez lui et découvre ▬▬▬ sa femme a été tuée par un homme ▬▬▬ il ne connaît pas l'identité et ▬▬▬ n'a qu'un bras. Personne ne veut croire ▬▬▬ cet homme existe vraiment. C'est le médecin ▬▬▬ est accusé du meurtre. Il est arrêté. Dans le bus ▬▬▬ conduit les prisonniers à la prison, il y a une bagarre ▬▬▬ cause un accident. Le bus est sur le point d'exploser et tout le monde s'échappe. Mais le médecin essaie de sauver quelqu'un ▬▬▬ les mains sont attachées au siège par des menottes. Après, il s'enfuit et il devient «le fugitif» ▬▬▬ la police recherche pendant le reste du film. Bon, je ne t'en dis pas plus. Va le voir. C'est génial comme film!

C'est l'histoire d'un savant. Ce savant s'appelle Frankenstein. Pendant ses études de médecine, Frankenstein rencontre un homme. Cet homme lui parle de ses expériences secrètes pour créer un être humain. Mais, avant de mourir, l'homme dit à Frankenstein de ne pas poursuivre les expériences. L'homme lui avait parlé de ces expériences. Le jeune savant refuse de prendre ces conseils au sérieux. Frankenstein se sert de ces secrets pour créer un être humain. Cet être humain est un monstre. Le monstre est furieux. Le corps et le visage sont horribles. D'abord, il ne comprend pas d'où il vient. Puis, il trouve le journal du savant. Frankenstein avait laissé le journal dans la poche de son manteau. Le monstre est très laid. Il le sait. Et personne ne l'aime. Il demande à Frankenstein de lui créer une compagne. Cette compagne lui ressemble. Je ne te raconte pas la fin... Tu verras. C'est assez terrifiant, mais c'est génial!

33 **C'est à ne pas manquer!**

Ecrivons Un de tes camarades écrit à son correspondant pour lui expliquer l'intrigue d'un film qu'il a vu. Récris sa lettre en liant les phrases avec des pronoms relatifs quand c'est possible.

34

De l'école au travail

Parlons You work for a Canadian TV station and you're responsible for proposing the new fall prime-time programs. Pick programs you think the public will like. Make a timetable of programs that you'll present to your supervisors. For each program, be prepared to give the type of show, a title, a summary, and the names of the actors who'll be in it.

FIERRO...L'ETE DES SECRETS
SYNOPSIS

Les trois enfants d'une famille de Buenos Aires passent leurs vacances d'été à la ferme de leur grand-père dans la Pampa argentine. Pour le petit Felipe, neuf ans, c'est le bonheur parfait : un nouveau petit chiot et les gâteries de son grand-père. Pour Daniel, 12 ans, c'est l'occasion de prouver qu'il est un homme, en réussissant à dompter un cheval sauvage. Quant à Laura, 13 ans, elle n'est plus une fillette, mais pas encore une femme. Comment va-t-elle aborder l'adolescence dans ce monde traditionnellement macho? Le grand-père Federico, un homme fier et buté, devra exorciser ses vieux principes pour conserver l'amour de ses petits-enfants qui grandissent et surtout celui de Laura. *FIERRO... l'été des secrets* raconte la fin de l'enfance, ses joies, ses passions, les difficultés de grandir et de vieillir.

Film intelligent qui ne sous-estime pas les jeunes, *Fierro... l'été des secrets* confirme une fois de plus la qualité et l'originalité des CONTES POUR TOUS.

— Paul Toutant
RADIO-CANADA

Des paysages superbes, des images très belles et une histoire qui retient l'attention non seulement des jeunes, mais aussi des grands.

— Claude Bergeron
LE NOUVELLISTE

Tous les aspects de ce film sont d'une qualité exceptionnelle: la photographie superbe de Thomas Vamos, la musique admirable de Osvaldo Montes, la réalisation parfaitement maîtrisée de André Melançon, le scénario tout en finesse de Geneviève Lefèbvre, le jeu parfait des comédiens.

—Prat
VARIETY

Stratégie pour lire

Actively picture in your mind what you are reading—the setting, the way the characters look and are dressed, their actions and speech. Visualization enables you to create a context for what you are reading. If you come across a word you don't know, you can use this context to figure out the meaning of the word.

A. Read the synopsis of the story and answer the following questions.

1. Where does the story take place? At what time of year?

2. Who are the main characters in the story and how are they related to one another?

3. What will be significant for Daniel and for Laura this summer?

4. What is the difference between **grandir** and **vieillir**? To which characters do these words apply?

B. Look over the first dozen lines of the scene and answer these questions.

1. Which parts of the scene are the stage directions? What added information do they give?

2. What information is given by the words in parentheses next to each speaker's name?

C. Why did Federico have the colt Ruano brought to the ranch?

83. INT. JOUR. SALLE A MANGER

Federico termine son café. Il s'apprête à sortir. Daniel entre.

DANIEL : Ils viennent d'amener Ruano.

Federico se lève en souriant. Il se dirige vers le vestibule.

FEDERICO : J'ai pensé que ça serait plus facile pour toi de le dompter ici.

Daniel s'assoit.

FEDERICO (se méprenant) : Repose-toi un peu aujourd'hui ; tu continueras demain.

Il monte quelques marches d'escalier.

DANIEL : Je ne le monterai pas demain.

FEDERICO : Prends le temps qu'il te faut.

DANIEL : Je ne veux plus le dompter.

Federico s'arrête au milieu de l'escalier.

FEDERICO (surpris) : Qu'est-ce que tu veux dire ?

DANIEL (ferme) : Je ne veux plus le dompter.

Federico le dévisage un moment en silence. Arrivée de Felipe qui vient de la cuisine, suivi d'Anna. Ils se tiennent dans l'encadrement de la porte.

FEDERICO : C'est à cause de l'accident ?

DANIEL : Non, pas du tout.

FEDERICO : Explique-toi.

DANIEL : Ce cheval-là n'est pas pour moi.

FEDERICO : C'est toi qui l'as choisi.

Daniel garde le silence, les yeux dans le vague. Federico poursuit.

FEDERICO : C'est pas possible. Tu ne vas pas te laisser dominer par un cheval... Pas toi...

Laura sort de sa chambre et s'approche de la rambarde de l'escalier. Elle assiste à la conversation.

Daniel ne répond toujours pas.

FEDERICO : Il te fait peur ? C'est ça ?

Daniel lève les yeux et soutient le regard de son grand-père.

DANIEL (ferme) : J'ai pas peur !

FEDERICO : Je ne comprends pas, Daniel... (Un temps.) Je ne comprends pas... Si ce n'est pas de la peur, c'est quoi ? ... de la lâcheté ?

ANNA : Federico !

Daniel s'est durci sous l'accusation.

DANIEL : Tu ne peux pas comprendre. J'ai essayé...

FEDERICO (le coupant) : Puis, au premier obstacle, tu démissionnes !

DANIEL (ferme) : On n'est pas fait pour aller ensemble, c'est tout.

FEDERICO : C'est trop facile !

DANIEL (il hausse le ton) : Non, c'est pas facile !

D. Which of the following is NOT a synonym for **dompter?**

dominer	se soumettre	imposer sa volonté

E. What reason does Daniel give for not wanting to continue trying to break Ruano?

   a. He's afraid of the horse because of an accident.

   b. He's found another horse he prefers.

   c. He and the horse just aren't meant for each other.

F. How does Federico react when Daniel refuses to break the horse?

G. How does Laura intervene? Why? Does Federico pay any attention to her?

H. How does Federico treat the people he loves, according to Laura?

I. Name two things Federico does as a result of Laura's outburst.

J. To whom does each of these statements refer?

«Ça ne te regarde pas.»

«Tu me déçois beaucoup.»

«Je ne veux plus le dompter.»

«Tu nous aimes comme tu aimes ton cheval.»

«Tu veux dompter les gens que tu aimes aussi?»

«On n'est pas fait pour aller ensemble.»

FEDERICO : Tu me déçois, Daniel... Tu me déçois beaucoup.

Il ne bouge pas. Laura intervient.

LAURA (indignée mais pas agressive) : T'as pas le droit de lui dire ça.

FEDERICO : Ça, ça ne te regarde pas. Tais-toi !

ANNA : Federico, calme-toi. Tu vas pas faire une scène pour un cheval ?

FEDERICO (voix sourde) : Ne vous mêlez pas de ça. C'est à Daniel que je parle.

Il descend l'escalier.

FEDERICO (à Daniel) : Si tu n'es pas capable d'imposer ta volonté, tu ne seras pas capable de mener ta vie ! Comprends-tu ? Tu n'as pas le choix ; ou tu t'imposes, ou tu te soumets.

Laura descend l'escalier à son tour. Sa voix tremble un peu.

LAURA : Et les gens que tu aimes ? Tu veux les dompter aussi ? C'est ça ?

Federico l'ignore, il continue à s'adresser à Daniel.

FEDERICO : Comprends-tu ?

Laura a atteint le bas de l'escalier. D'un geste impulsif, elle pousse la potiche qui se trouve sur la colonne de l'escalier. La lourde potiche s'effondre avec fracas. Tout le monde sursaute.

LAURA (furieuse) : Ecoute-moi !

Federico se retourne. Felipe et Daniel

regardent Laura, stupéfaits. Elle a l'air d'une furie.

LAURA : Pourquoi ? Pourquoi tu fais ça ? Tu dis que tu veux qu'on soit heureux, mais tu décides toujours pour nous... Tu nous aimes comme tu aimes ton cheval ; va à droite, va à gauche, arrête... Puis quand on fait pas comme tu veux, ça ne fait pas ton affaire ! Pourquoi tu fais ça ? J'en ai assez, moi.

Federico la regarde un moment ; il est blême.

FEDERICO (les dents serrées) : Moi aussi j'en ai assez. Je ne veux plus rien entendre de toi. T'es pas bien ici ? Alors, tu fais tes bagages et tu pars par le prochain train. Et je t'interdis de sortir de ta chambre jusqu'à ton départ. Tu retournes à Buenos Aires !

FELIPE (à voix basse) : Comme grand-maman...

Seul Federico l'a entendu. Il lui jette un regard étrange. Il se tourne alors vers Daniel :

FEDERICO : Toi, on se reparlera ce soir.

Il se dirige vers la porte extérieure et la claque.

K. Réfère-toi au contexte pour deviner le sens de ces mots de vocabulaire.

apprivoiser	buté	aborder
démissionner		la rambarde
	blême	
dévisager		la lâcheté

L. According to Federico, why must a person be able to impose his will on others? What does this reveal about his character?

M. Why do you think Federico finds it more difficult to deal with his grandchildren as they grow up?

N. Nomme quelques conflits typiques auxquels sont confrontés les adultes et les adolescents lorsque les adolescents grandissent et deviennent plus indépendants.

O. Formez des groupes de quatre étudiants. Chaque groupe choisit un conflit décrit dans l'activité N. Deux étudiants jouent le rôle de l'adolescent et doivent faire une liste d'arguments défendant leur point de vue. Les deux autres prennent le parti des parents. Chaque personne présente son point de vue et ensemble ils essaient de trouver différentes solutions au(x) conflit(s).

Cahier d'activités, p. 107, Act. 19

Ecrivons!

Un scénario de télévision

Maintenant que tu as lu une scène de *Fierro... l'été des secrets,* tu vas pouvoir devenir scénariste à ton tour. Avec un/une camarade, écrivez une petite scène pour une série télévisée dans laquelle deux personnages essaient de résoudre un désaccord.

Stratégie pour écrire

A good writer will be careful to maintain consistency in all aspects of writing: mood, point of view, characterization, tone, and so on. For example, a menacing character in a horror story probably wouldn't say something humorous right in the middle of a scary scene. Likewise, a current slang expression would sound out of place in the script of a historical movie. To keep your work consistent, keep to the plan you made before you began to write; when you've finished your writing, read it over and check for things that seem illogical, out of place, or out of character.

A. Préparation

1. Choisissez le genre de série que vous voulez créer : une comédie, un drame, une série policière. Est-ce que vous voulez que votre série soit sérieuse ou drôle?

   a. Qu'est-ce qui se passe dans votre série?

   > un mari et sa femme
   > une famille
   > un enfant et ses parents
   > deux jeunes qui sont dans la même équipe de sport
   > deux personnes qui travaillent au même endroit
   > un garçon et une fille qui sortent ensemble
   > deux bons/bonnes ami(e)s

   b. Qui sont les personnages principaux? Ci-dessus, tu trouveras quelques exemples possibles.
   - Faites une liste d'adjectifs pour décrire les personnalités de vos personnages.
   - Rédigez ensuite une brève description de chaque personnage.

   c. Quel genre de relation ont les personnages? Est-ce qu'ils s'entendent bien ou pas? Quel problème ont-ils? Choisissez ce qui va se passer dans la scène que vous allez écrire.

2. Jouez votre scène. Improvisez un dialogue adapté à votre scène. Prenez des notes.

B. Rédaction

1. En utilisant vos notes, faites un plan de votre script. Puis, vérifiez que...

   a. le problème des personnages est présenté de façon claire.

   b. les réactions et les commentaires des personnages sont appropriés à la fois au contexte et à leur personnalité.

2. Rédigez votre dialogue en suivant le plan que vous avez fait.

3. Après avoir écrit le dialogue, ajoutez-y des instructions de mise en scène.

C. Evaluation

1. Quand vous avez terminé, relisez votre scène et répondez aux questions suivantes.

   a. Est-ce que le dialogue est réaliste?

   b. Est-ce que les réactions des personnages sont appropriées à leur personnalité et au contexte de l'histoire?

2. Vérifiez la grammaire et l'orthographe de votre histoire et faites les corrections nécessaires.

Grammaire supplémentaire

CD-ROM
DISC **3**

Visit Holt Online

go.hrw.com

KEYWORD: WA3 FRANCOPHONE AMERICA-9

Jeux Interactifs

Première étape
Objectives Agreeing and disagreeing; expressing indifference; making requests

1 Crée une question pour chacune des réponses de Nora. (**p. 258**)

EXEMPLE
Je ne vais nulle part ce week-end.
Où est-ce que tu vas ce week-end?

1. Non, il ne m'a rien montré.
2. Non, je n'en ai jamais vu.
3. Je ne parle à personne.
4. Non, je n'en ai aucune idée.
5. Non, je n'aime ni les pubs ni les vidéoclips.
6. Non, je ne suis jamais allé(e) à Paris.
7. Ils ne vont nulle part ce week-end.
8. Non, Marie ne connaît personne ici.
9. Anne n'a ni frère ni sœur.
10. Non, je ne vois le programme télé nulle part.

2 Choisis la photo qui correspond à chaque phrase. (**p. 258**)

a.

Samedi	Dimanche
2	**3**
9	10
16	17

b.

c.

d.

1. Tu sais ce qui est arrivé à Caro? C'est parce qu'elle ne fait jamais ses devoirs.
2. Ce sont les jours où personne ne va à l'école.
3. Ni l'eau couleur turquoise ni les fruits exotiques de cet endroit ne l'intéressaient. Il voulait aller en Russie pendant les vacances d'hiver.
4. Tu ne verras ça nulle part.

3 Ça fait trois jours que Sophie est à Montréal. Elle n'y a pas fait grand-chose. Ecris ses réponses aux questions de Cora en utilisant une des expressions de la boîte dans chaque réponse. (**p. 258**)

> ne... nulle part   ne... pas encore
>
> ne... ni... ni...
>
> ne... personne   ne... rien

1. Tu es déjà allée te promener dans le Vieux-Montréal?
2. Tu as rencontré des gens intéressants au Festival des films du monde?
3. Tu as vu *L'Union sacrée* et *Le Grand Bleu?*
4. Tu as regardé le feuilleton à la télé ce matin?
5. Tu es allée au cinéma hier soir?

4 Amélie, la petite sœur de ton copain Xavier, te parle des habitudes de son frère. Complète ses remarques en utilisant **ne... que,** le verbe qui convient et l'expression entre parenthèses. (**p. 259**)

EXEMPLE   Ça m'étonnerait qu'il regarde un documentaire à la télé.
(des films d'action)
D'habitude, il ne regarde que des films d'action à la télé.

1. Ça m'étonnerait qu'il regarde les informations avec toi. (des dessins animés)
2. Ça m'étonnerait qu'il lise des romans. (des B.D.)
3. Ça m'étonnerait qu'il écoute Céline Dion. (MC Solaar)
4. Ça m'étonnerait qu'il choisisse la chaîne qui t'intéresse. (les chaînes qui l'intéressent)
5. Ça m'étonnerait qu'il te parle de ses problèmes. (à son poisson rouge!)

Deuxième étape   **Objectives** Asking for and making judgments; asking for and making recommendations; asking about and summarizing a story

5 Complète les phrases suivantes avec les mots proposés. Choisis la réponse la plus logique pour chaque phrase. (**p. 266**)

> les enfants sont devenus médecins
>
> il est amoureux   le fils était en prison
>
> le fils était pirate

1. La femme dont _____ pleurait tous les jours. Elle était si seule!
2. La femme dont _____ avait plein de bijoux cachés dans son jardin.
3. La femme dont _____ était fière de sa famille.
4. Ça, c'est la femme dont _____ . Il ne parle que d'elle!

GRAMMAIRE SUPPLÉMENTAIRE

deux cent soixante-treize   **273**

6 Pour chacune des phrases suivantes, choisis le pronom relatif qui convient (**qui, que** ou **dont**). Ensuite, relis les phrases et donne le nom du film dont il s'agit d'après l'illustration. (**p. 266**)

1. Dans ce film, il s'agit d'un Texan _____ s'énerve quand les gens du village ne sont pas gentils avec son cheval. Nom du film : _____

2. Dans ce film, les personnages _____ il s'agit sont un couple de danseurs de New York. Nom du film : _____

3. C'est l'histoire d'un type _____ on cherche parce qu'il a volé des documents secrets à l'ambassade de Russie. Nom du film : _____

4. L'animal _____ ce film parle est une sorte de dinosaure gigantesque et furieux. Nom du film : _____

5. A la fin, on voit sur une chaise le masque _____ le criminel a porté pendant tout le film. Nom du film : _____

6. Le meurtrier est un personnage _____ on ne connaît l'identité qu'à la fin du film. Nom du film : _____

7. Ça parle d'un lézard géant _____ attaque une ville du Québec. Nom du film : _____

8. La femme _____ la mission est racontée dans ce film est capitaine d'un vaisseau spatial. Nom du film : _____

7 Pour savoir ce qu'Eliane te dit, fais des phrases logiques avec les éléments des deux colonnes. (**p. 266**)

1. Il est sympa, le restaurant
2. Il était rigolo, le garçon
3. Il m'a fait penser à un acteur
4. J'ai bien aimé la boisson
5. Il est où, le livre
6. Ça te dirait d'aller voir le film

a. qu'il t'a donné?
b. qu'il nous a offerte.
c. dont il nous a parlé?
d. qui est venu nous retrouver.
e. qu'on a trouvé au centre-ville.
f. dont j'oublie le nom.

8 Pierre et Axcelle sont allés au Festival des films du monde. Axcelle pose beaucoup de questions et Pierre lui répond. Utilise **qui** ou **que** selon le cas. (**p. 266**)

EXEMPLE   **AXCELLE**   Ce festival attire des gens du monde entier, non?
                PIERRE   **Oui, c'est un festival qui attire des gens du monde entier.**

1. Dis! Tu aimes bien cette actrice-là?
2. C'est pas vrai! Ce film a été réalisé par des jeunes?
3. Mais dis donc! Cet étudiant-là vient de débuter sa carrière dans le cinéma?
4. Tu préfères ce genre de film, non?
5. Ce réalisateur-là t'a beaucoup marqué?
6. Tu rigoles! Tu aimerais bien interviewer cette star-là?

9 Complète les phrases suivantes avec **qui, que** ou **dont**. (**p. 266**)

1. *L'Ami africain* raconte l'histoire de touristes _____ sont pris en otage par des braconniers.
2. *Le Pont de la rivière Kwaï*, c'est le film _____ je t'ai parlé l'autre jour.
3. *Les Patriotes?* Tu ne t'en souviens pas? Mais c'est le film français _____ nous avons vu l'année dernière à Montréal!
4. *Mon père, ce héros* parle d'une fille _____ fait croire à un garçon que son père est son petit ami. Bizarre, non?
5. *La Reine Margot*, c'est le film _____ j'ai conseillé à Jacques.
6. *Henry V* parle de la conquête de la France par les Anglais. C'est un film _____ te plairait!
7. *Roméo et Juliette*, c'est le film de Zeffirelli _____ je préfère.
8. L'acteur _____ j'ai oublié le nom joue dans *Madame Doubtfire*.

1 Ecoute la conversation entre Didier et Simone. Ensuite, mets le résumé de leur conversation dans le bon ordre.

a. Didier demande à Simone de se taire.

d. Simone n'aime pas les films d'horreur.

b. Didier n'aime pas les histoires d'amour.

e. Simone et Didier sont d'accord.

c. Simone recommande un film à Didier.

f. Didier veut la télécommande.

2  **Parlons** Ton/ta camarade va te raconter l'intrigue d'un film. Essaie de deviner de quel film il s'agit. Changez de rôle. N'oubliez pas d'utiliser **qui, que** et **dont**.

3 Lis le texte et réponds aux questions à la page suivante.

LE FESTIVAL DES FILMS DU MONDE DE MONTRÉAL

Le Festival des films du monde de Montréal a lieu tous les ans du 22 août au 2 septembre. Cette année, c'est la dix-huitième édition. Au programme, présentations des films, rencontres avec les stars et attribution des prix. Nous avons voulu partager cet événement haut en couleurs avec vous. Pour cela, Pierre Arnaud est allé interviewer Emma Halvick du magazine *Canada Cinéma*.

▶ Quand a lieu le Festival des films du monde de Montréal?
- Le festival se déroule du 22 août au 2 septembre.

▶ Quel genre de films est-ce qu'on peut voir au festival et combien y a t-il de présentations?
- C'est un festival où l'on peut voir plus de deux cents films du monde entier, avec chaque année, un hommage rendu à un pays en particulier. Cette année, par exemple, c'est la Turquie.

▶ Combien de catégories différentes de films est-ce qu'il y a?
- Il y a neuf catégories de films. On peut voir toutes sortes de films : des comédies, des drames, des films d'espionnage, des films de guerre. Bref, il y en a pour tous les goûts.

▶ C'est la première fois que vous êtes chargée de couvrir ce festival?
- Non, c'est la deuxième année que je viens. Avec autant de plaisir que la première année, d'ailleurs. Vous savez, j'adore le cinéma, alors pour moi, c'est formidable d'avoir l'occasion de faire un reportage sur un festival du cinéma.

▶ Qu'est-ce qui vous plaît tant dans un festival du cinéma?
- Tout me plaît. J'ai l'occasion de voir des films étrangers que je ne pourrais pas voir ailleurs. Et puis, c'est merveilleux de pouvoir rencontrer et interviewer toutes ces stars.

▶ Combien de films voyez-vous en moyenne chaque année? Et quel est votre genre de films préféré?

- En général, je vois une trentaine de films. Personnellement, je préfère les films historiques. Cette année, j'ai vu un très bon film martiniquais. Ça se passe au début du siècle et ça parle de la vie d'une famille qui possède une plantation de canne à sucre. C'est à ne pas manquer, à mon avis.

▶ Quelle est la star qui vous a le plus marquée cette année?
- Carole Bouquet, je crois. Elle est très impressionnante, surtout dans son dernier film. C'est un drame qui raconte l'histoire d'une femme qui a beaucoup de problèmes.

▶ Comment fonctionne le jury? Qui en sont les membres?
- Le jury est composé de six personnes plus le président. D'ailleurs, cette année, c'est Carole Bouquet qui est présidente. Les membres sont soit des acteurs, soit des producteurs, soit des réalisateurs, soit des critiques de cinéma. Après avoir vu les films en compétition, ils délibèrent jusqu'à ce qu'ils aient attribué les prix.

1. What kinds of movies are shown at the Montreal film festival?

2. What does Emma Halvick particularly like about being at the festival?

3. What type of movie was Carole Bouquet in? What is it about?

4. What type of movies does Emma Halvick say she likes best? What was the story of the movie from Martinique that Emma Halvick says she saw? Does she recommend it?

 4 Ton ami(e) et toi, vous vous trouvez à Montréal au moment du Festival des films du monde. Vous regardez passer toutes les stars et vous discutez des films dans lesquels elles jouent. Dites ce que vous en pensez et si vous les recommandez.

 5 Tu es critique de cinéma et tu es au Festival des films du monde avec un/une collègue qui travaille pour la même revue que toi. Choisissez un film à critiquer. Toi, tu écris une critique positive et ton/ta camarade en écrit une négative. Présentez vos critiques à la classe.

6 ## Jeu de rôle

You're a journalist at the **Festival des films du monde** in Montreal. Interview a star. He/She will tell you about a new movie he/she has just made: what kind of movie it is, what it's about, what other actors/actresses are in it, and what he/she thinks about it. Remember to ask his/her opinion of other movies at the festival. Act out this scene with a classmate. Change roles.

Que sais-je?

Can you use what you've learned in this chapter?

Can you agree and disagree?
p. 257

1 You and a friend have just seen a movie together. Your friend thought the movie was great. How would you express your agreement with your friend?

2 How would you say that you disagree with your friend's opinion of the movie?

Can you express indifference?
p. 257

3 Your friend wants to know which TV show you want to watch next. What do you say if you really have no preference?

Can you make requests?
p. 259

4 How would you ask the people in these situations to be quiet?

> You're at a movie, and the people behind you are talking loudly.

> You're talking on the telephone, and your brother has the TV turned up too loud.

> You're trying to watch a TV show, and your little sister is making noise.

Can you ask for and make judgments?
p. 265

5 What would you say to ask a friend her opinion of a TV program you've just seen together?

6 How would you answer the question in number 5 if you liked the program?

7 How would you answer the question in number 5 if you disliked the program?

Can you ask for and make recommendations?
p. 265

8 How would you ask a friend to recommend a movie?

9 How would you recommend a movie you've just seen to a friend?

10 What would you say if your friend wanted to go see a movie you thought was terrible?

Can you ask about and summarize a story?
p. 266

11 How do you ask a friend what a movie is about?

12 How would you tell someone about the last movie you saw?

Première étape

Agreeing and disagreeing

Tu as raison.	You're right.
Tu l'as dit!	You said it!
Tout à fait!	Absolutely!
Tu parles!	No way!
Tu te fiches de moi?	Are you kidding me?
Tu rigoles!	You're joking!
Tu as tort.	You're wrong.

Expressing indifference

Je m'en fiche.	I don't give a darn.
Peu importe.	It doesn't matter.
ne... aucun(e)	no . . .
ne... ni... ni...	neither . . . nor . . .
ne... nulle part	nowhere
ne... que	only
ne... personne	no one
ne... rien	nothing

Television programming

un dessin animé	a cartoon
un documentaire	a documentary
une émission de variétés	a variety show
un feuilleton	a soap opera
les informations (f.)	the news
un jeu télévisé	a game show
un magazine télévisé	a magazine show
la météo	the weather report
une publicité	a commercial
un reportage sportif	a sportscast
une série	a series
un vidéoclip	a music video

The television

une cassette vidéo	a videocassette
une chaîne	a channel
l'écran (m.)	the screen
l'image (f.)	the picture
un magnétoscope	a videocassette recorder
un programme télé	a TV guide/listing
le son	the sound
la télécommande	the remote
le téléviseur	the television set

Making requests

Chut!	Shhh!
Tais-toi!	Be quiet!
Ne parle pas si fort.	Don't speak so loudly.
Tu pourrais faire moins de bruit?	Could you make less noise?
Vous pourriez vous taire, s'il vous plaît?	Could you please be quiet?
Baisse/Monte le son.	Turn down/ up the volume.

Deuxième étape

Asking for and making judgments

C'était comment?	How was it?
Comment tu as trouvé ça?	How did you like it?
Ça m'a beaucoup plu.	I liked it a lot.
J'ai trouvé ça amusant/pas mal.	It was funny/not bad.
Il y avait de...	There were . . .
Je ne me suis pas ennuyé(e) une seconde.	I wasn't bored a second.
Ça m'a bien fait rire.	It really made me laugh.
C'est nul/lourd.	It's no good/dull.
C'est un navet.	It's trash.
Ça n'a aucun intérêt.	It's not interesting at all.
Je n'ai pas du tout aimé.	I didn't like it at all.
Ça ne m'a pas emballé(e).	It didn't do anything for me.
Je me suis ennuyé(e) à mourir.	I was bored to death.

Asking for and making recommendations

Qu'est-ce que tu as vu comme bon film?	What good movies have you seen?
Qu'est-ce qu'il y a comme bons films en ce moment?	What good movies are out now?
Tu devrais aller voir...	You should go see . . .
Je te recommande...	I recommend . . .
Va voir... , c'est génial comme film.	Go see . . ., it's a great movie.
C'est à ne pas manquer!	Don't miss it!
N'y va pas!	Don't go!
Ne va surtout pas voir...	Really, don't go see . . .
Evite d'aller voir...	Avoid seeing . . .
Ça ne vaut pas le coup!	It's not worth it!

Types of movies

une comédie	a comedy
une comédie musicale	a musical
un drame	a drama
un film d'espionnage	a spy film
de guerre	a war movie
étranger	a foreign film
historique	a historical movie

Asking about and summarizing a story

De quoi ça parle?	What's it about?
Comment est-ce que ça commence?	How does it start?
Comment ça se termine?	How does it end?
Ça parle de...	It's about . . .
C'est l'histoire de...	It's the story of . . .
Il s'agit de...	It's about . . .
Ça se passe...	It takes place . . .
Au début,...	At the beginning, . . .
A ce moment- là,	At that point, . . .
A la fin, ...	At the end, . . .

CHAPITRE

10
Rencontres
au soleil

Objectives

In this chapter you will learn to

Première étape

- brag
- flatter
- tease

Deuxième étape

- break some news
- show interest
- express disbelief
- tell a joke

Visit Holt Online

go.hrw.com

KEYWORD: WA3 FRANCOPHONE AMERICA-10

Online Edition

◀ **Le monde aquatique est riche à la Guadeloupe.**

deux cent quatre-vingt-un **281**

Mise en train · *La plongée, quelle aventure!*

Stratégie pour comprendre

Have you ever gone scuba diving or snorkling? Can you guess what kind of conversation goes on between people who have watched sea life in its natural environment and those who haven't? In this episode, Pascal has a chance to brag about his first experience under water.

1

Pascal	Salut, Maxime! Ça va?
Maxime	Très bien. Et toi? Tu as passé un bon week-end?
Pascal	Excellent. Devine ce que j'ai fait.
Maxime	Je ne sais pas.
Pascal	De la plongée.
Maxime	Ah oui? De la plongée sous-marine?
Pascal	Oui. C'était la première fois.
Maxime	Alors, comment tu as trouvé ça?
Pascal	Génial. Au début, j'avais un peu peur, mais une fois dans l'eau... Ouah! Regarde un peu les deux filles là-bas. Si on allait leur parler? Je les ai déjà vues hier. Elles ont l'air sympas.
Maxime	Ouais, pourquoi pas?
Pascal	Excusez-moi, mesdemoiselles, on s'est pas déjà rencontrés quelque part?

2

Brigitte	Euh... non, je crois pas.
Pascal	Ah bon, pourtant... je dois sûrement confondre avec quelqu'un d'autre. Au fait, moi, c'est Pascal. Et lui, c'est Maxime.
Brigitte	Bonjour. Moi, c'est Brigitte et ma copine, c'est Angèle.
Maxime	Vous êtes d'ici?
Brigitte	Non, on habite à Paris. On est là pour les vacances.
Maxime	Il fait beau aujourd'hui.
Brigitte	Oui, un peu chaud, mais bon.
Pascal	Je disais juste à Maxime que ce week-end, j'avais fait de la plongée.

3

Angèle	Ah oui? Mais c'est dangereux ça, non?
Pascal	Oh non. C'est fastoche, ça.
Angèle	Tu es descendu à quelle profondeur?
Pascal	Oh, à une quinzaine de mètres. Au fond de la mer, j'ai vu des poissons magnifiques, de toutes les couleurs, des étoiles de mer, d'énormes crabes. Et puis, vous ne devinerez jamais ce que j'ai vu.

282 *deux cent quatre-vingt-deux*   CHAPITRE 10   Rencontres au soleil

4   **Angèle**   Raconte!

   Pascal   Un requin!

   Angèle   C'est pas vrai!

   Pascal   Si, je t'assure. Il est même passé à moins de deux mètres de moi.

   Angèle   Pas possible! Dis donc, tu as dû avoir peur, non?

   Pascal   Oh, tu sais, j'en ai vu d'autres.

   Angèle   Tu en as, du courage!

   Pascal   C'est pas pour me vanter, mais moi, j'adore l'aventure.

   Brigitte   Oh, je t'en prie!

   Pascal   Enfin, bref, je me suis approché du requin et j'ai essayé de lui faire peur. D'ailleurs, ça a marché. Il m'a regardé et il est parti.

5   **Angèle**   Alors là, tu m'épates!

   Pascal   Si ça vous intéresse, on peut faire de la plongée ensemble.

   Angèle   Oh ça serait chouette! Tu pourrais m'apprendre...

   Brigitte   Euh, je ne crois pas qu'on ait le temps.

   Angèle   Mais, Brigitte...

   Brigitte   Au fait, tu as vu quelle heure il est? Il faut qu'on rentre à l'hôtel. Bon. Ben, à plus tard, hein?

   Pascal   Vous savez, on vient souvent par ici. Comme ça, si vous nous cherchez...

Brigitte et Angèle s'en vont.

   Brigitte   Non, mais tu es amoureuse ou quoi?

   Angèle   Lâche-moi, tu veux? Il a l'air sympa, c'est tout. Et vachement courageux en plus.

6   **Brigitte**   Réveille-toi un peu! Il essayait de nous impressionner, c'est tout. Il n'arrêtait pas de se vanter.

   Angèle   Qu'est-ce que tu en sais? Moi, en tout cas, je crois qu'il était sincère.

   Brigitte   Oh! Arrête de délirer!

Pendant ce temps-là...

   Pascal   C'est dommage. Je crois que j'avais mes chances avec Angèle.

   Maxime   Non mais, tu t'es pas regardé?

7   **Pascal**   Ben quoi? Elle est folle de moi, cette fille. Je crois que je vais essayer de la revoir.

   Maxime   Oh, ça va. Je parie que tu n'en es même pas capable.

   Pascal   Tu me crois pas? Eh ben, on va voir!

1 Tu as compris?

1. Où sont Maxime et Pascal?
2. De quoi est-ce qu'ils parlent?
3. Qui est-ce qu'ils rencontrent?
4. De quoi est-ce qu'ils parlent avec les filles?
5. Quelle est l'attitude de Pascal?
6. Comment est-ce que les filles réagissent?
7. Comment finit la conversation?
8. Qu'est-ce que Brigitte pense de l'attitude d'Angèle? Qu'est-ce que Maxime pense de l'attitude de Pascal?

2 Qui dit quoi?

Qui fait les remarques suivantes, Brigitte, Pascal, Angèle ou Maxime?

1. «Elle est folle de moi, cette fille.»
2. «Non, mais tu es amoureuse ou quoi?»
3. «Je crois qu'il était sincère.»
4. «Réveille-toi un peu!»
5. «Non mais, tu t'es pas regardé!»
6. «C'est pas pour me vanter, mais moi, j'adore l'aventure.»
7. «Alors là, tu m'épates!»

3 Mets dans le bon ordre

Mets ces phrases dans le bon ordre d'après *La plongée, quelle aventure!*

1. Brigitte et Angèle s'en vont.
2. Maxime et Pascal engagent la conversation avec les filles.
3. Brigitte se moque (teases) d'Angèle.
4. Pascal se vante devant Angèle et Brigitte.
5. Brigitte coupe la conversation.
6. Angèle est très impressionnée.
7. Pascal propose aux filles de faire de la plongée avec eux.
8. Pascal est allé faire de la plongée.

4 Vrai ou faux?

1. C'est la première fois que Pascal voit Angèle et Brigitte.
2. Maxime demande à Angèle de sortir avec lui.
3. Pascal dit qu'il a vu un requin.
4. Angèle voudrait faire de la plongée.
5. Brigitte est très impressionnée par l'histoire de Pascal.

5 Cherche les expressions

What do the teenagers in *La plongée, quelle aventure!* say to . . .

1. strike up a conversation?
2. brag?
3. show interest?
4. show disbelief?
5. flatter someone?
6. tease someone?
7. respond to teasing?

Note culturelle

La Guadeloupe est formée de plusieurs îles. Il y fait doux toute l'année et la température moyenne est de 80 degrés Fahrenheit sur la côte. Le seul endroit où la température peut descendre jusqu'à 40 degrés est le sommet du volcan la Soufrière. Le climat tropical de la Guadeloupe et sa longue saison des pluies produisent une végétation abondante, avec des mangroves et des forêts denses. La côte est dotée de baies et de plages qui sont particulièrement belles à Basse-Terre, une des îles principales de la Guadeloupe. La température de l'eau autour des îles est propice à une faune aquatique abondante et surtout à beaucoup d'espèces de poissons comme les tarpons et les raies.

6 Et maintenant, à toi

Qu'est-ce que tu penses de la façon dont Pascal et Maxime ont abordé les filles?
Comment est-ce que tu abordes quelqu'un que tu aimerais rencontrer?

Rencontre culturelle

Est-ce que tu connais la Guadeloupe? Regarde les photos suivantes pour découvrir quelques caractéristiques de cette île.

On peut voir des fleurs magnifiques dans la forêt tropicale.

Pointe-à-Pitre, chef-lieu de la Guadeloupe

L'agriculture est un secteur important de l'économie de la Guadeloupe.

La fête des Cuisinières, un événement gastronomique haut en couleurs

La musique fait partie de la vie quotidienne.

Qu'en penses-tu?

1. Quelle impression ces photos te donnent de la Guadeloupe?
2. D'après ces photos, quelles sont certaines activités des Guadeloupéens?

Savais-tu que... ?

La Guadeloupe est un groupe d'îles situées dans les Caraïbes, à environ 120 kilomètres au nord de la Martinique. Après sa découverte par Christophe Colomb en 1493, la Guadeloupe est devenue une colonie française. En 1946, elle est devenue un département d'outre-mer (DOM), c'est-à-dire une partie de la France, et ses habitants ont les mêmes droits et avantages que les autres citoyens français. L'agriculture est une ressource importante de la Guadeloupe et les bananes et le sucre représentent la majorité de ses produits d'exportation. La musique et la danse jouent un rôle très important dans la culture guadeloupéenne. La fête des Cuisinières est un événement annuel où les cuisinières locales défilent dans les rues en costumes colorés avec des plats délicieux qu'elles ont préparés.

Première étape

Objectives Bragging; flattering; teasing

go.
hrw
.com

WA3 FRANCOPHONE
AMERICA-10

Vocabulaire

L'île de la Guadeloupe est réputée pour la beauté de ses fonds marins.

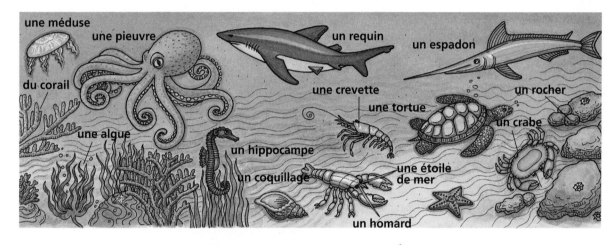

une méduse
une pieuvre
un requin
un espadon
du corail
une crevette
un rocher
une tortue
une algue
un crabe
un hippocampe
un coquillage
une étoile de mer
un homard

Cahier d'activités, p. 110, Act. 2–3

Travaux pratiques de grammaire, p. 89, Act. 1–2

7 ## Les fonds marins

Parlons Parmi ce que tu vois dans le **Vocabulaire,** qu'est-ce qu'on peut manger? Qu'est-ce qui est vivant? De quoi est-ce qu'on peut avoir peur?

8 ## Les vacances de Dianne

 Ecoutons Dianne montre des diapos de ses vacances à la Guadeloupe à ses camarades de classe. De quelle diapo est-ce qu'elle parle?

a.   b.   c.   d.

e.   f.   g.   h.

9 **Raconte**

Ecrivons Pascal raconte à Maxime ce qu'il a vu quand il a plongé. Complète leur conversation d'après les images.

MAXIME Ça s'est bien passé, la plongée?

PASCAL C'était super.

MAXIME Qu'est-ce que tu as vu?

PASCAL Ben, d'abord, j'ai vu des qui mangeaient. Sur les , il y avait beaucoup

de et d' .

MAXIME Et quoi d'autre?

PASCAL Ensuite, on est passés par un endroit où il y avait beaucoup d' .

On m'a dit que c'est là qu'il y a des , mais je n'en ai pas vu.

Après quelques mètres, on est arrivés à un récif de . C'était beau.

MAXIME Tu as vu de gros poissons?

PASCAL Bien sûr. De loin, on a vu un , et puis il y avait une

 qui est passée tout près de moi.

MAXIME Cool!

PASCAL Et juste avant de partir, on a vu un .

MAXIME C'est pas vrai!

PASCAL Si. C'était hyper cool. On m'a dit qu'il n'était pas dangereux.

Par contre, une m'a piqué! Ça m'a fait
vraiment mal.

10 **C'est cool, la plongée**

Ecrivons Tu as fait de la plongée pendant tes vacances à la Guadeloupe. Ecris une carte postale à tes camarades pour leur raconter ce que tu as vu.

Comment dit-on...?

Bragging; flattering

To brag:

C'est fastoche, ça! *That's so easy!*
C'est pas pour me vanter, mais...
　I'm not trying to brag, but . . .
Oh, j'en ai vu d'autres. *I've done/seen
　bigger and better things.*
C'est moi, le/la meilleur(e).
　I'm the best.
C'est moi qui nage **le mieux.**
　I . . . the best.

To flatter someone:

Tu es fortiche/calé(e). *You're really
　strong/good at that.*
Alors là, tu m'épates! *I'm really impressed!*
Tu en as, du courage. *You've really got
　courage.*
Tu es vraiment le/la meilleur(e).
Tu es le garçon **le plus** cool **que je connaisse.**
　You're the . . . -est . . . I know.

Cahier d'activités, p. 111, Act. 4–5

11 Qui se vante?

 Ecoutons Ecoute ces conversations. Est-ce que c'est le garçon ou la fille qui se vante?

12 C'est pas pour me vanter, mais...

 Ecrivons Bernard est très fier de lui. Il parle avec son cousin de ce qu'il a fait ou sait faire. Imagine et écris ce que Bernard dit. Utilise les mots et expressions proposés. Puis, écris ce que son cousin pourrait répondre pour flatter Bernard.

C'est pas pour me vanter, mais...	...., c'est fastoche, ça!	danser
faire de la plongée et voir une pieuvre énorme		C'est moi, le meilleur...
avoir 18 à l'interro de français	faire du deltaplane	C'est moi qui... le mieux...

Grammaire

The superlative

To make the superlative forms in French, you just use the comparative forms along with the appropriate definite articles.

Adjectives:

Ce coquillage est **le plus grand.** Celui-ci est **le moins grand.**
This shell is the biggest.   *This one is the smallest.*

Ce sont **les meilleures** régions pour la plongée.
These are the best regions for diving.

Si tu as oublié the forms of the comparative va à la page 232.

Travaux pratiques de grammaire, p. 90, Act. 3–4

• If the adjective usually precedes the noun, put the superlative construction and the adjective before the noun.

Gilles est **le plus grand** garçon de l'équipe.
Gilles is the tallest boy on the team.

• If the adjective usually follows the noun, put the article in front of the noun and repeat it in front of the superlative construction.

Le requin est **le** poisson **le plus** dangereux du monde.
The shark is the most dangerous fish in the world.

• Notice that you use **de** to say *in/of* after the superlative.

Tu es **la** fille **la plus** courageuse **de** notre classe.
You're the most courageous girl in our class.

Grammaire supplémentaire, pp. 302–303, Act. 1–4

• Don't forget to make the articles and adjectives agree with the nouns.

Adverbs:

• In a superlative construction with an adverb, always use the article **le.**

C'est Brigitte qui court **le plus vite.** *Brigitte runs the fastest.*
C'est Pascal qui court **le moins vite.** *Pascal runs the slowest.*
C'est moi qui chante **le mieux.** *I sing the best.*

Cahier d'activités, pp. 111–112, Act. 6–7

Travaux pratiques de grammaire, pp. 91–92, Act. 5–7

13 **Grammaire en contexte**

Ecrivons Complète les phrases suivantes avec le superlatif des adjectifs et des adverbes entre parenthèses.

> **EXEMPLE** Ces algues sont sûrement _____ (−/long) de toutes.
> Ces algues sont sûrement les moins longues de toutes.

1. C'est Elodie qui nage _____ (−/vite).
2. Le requin est l'animal marin _____ (+/dangereux).
3. De nous tous, c'est Martin qui parle français _____ (+/bien).
4. A mon avis, c'est cette étoile de mer qui est _____ (+/mignon).
5. Les hippocampes sont vraiment les animaux _____ (+/bizarre).
6. _____ (+/beau) plages sont à l'ouest de l'île.
7. Regarde un peu cette tortue! Ça doit être _____ (+/gros) de toutes.
8. Je n'aime pas trop ces coquillages-là. Ce sont _____ (−/joli).

14 **Grammaire en contexte**

Parlons Fais des phrases pour dire comment ces animaux sont, à ton avis.

> **EXEMPLE** La tortue est l'animal marin le moins rapide.

| mignon |
| gros |
| bizarre |
| dangereux |
| moche |
| rapide |
| beau |

15 **Grammaire en contexte**

Parlons Pascal croit qu'il fait tout mieux que les autres. Qu'est-ce qu'il pourrait dire à propos des activités suivantes pour impressionner une fille?

> **EXEMPLE** De tous les garçons, c'est moi qui chante le mieux.

| parler anglais | conduire | danser |
| sauter | chanter | nager | s'habiller |

| bien | haut |
| prudemment | vite |

16 **L'endroit le plus beau du monde**

 Parlons Pendant tes vacances à la Guadeloupe, tu téléphones à ton ami(e) pour lui dire ce que tu as fait et vu. Tu es impressionné(e), donc tu exagères. Tu es fier/fière de toi et tu te vantes un peu. Joue cette scène avec ton/ta camarade. Changez de rôle.

Teasing

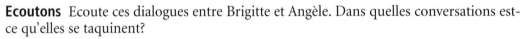

To tease someone:

Tu es amoureux/amoureuse **ou quoi?** *Are you . . . or what?*
Non mais, tu t'es pas regardé(e)! *If you could see how you look!*
Réveille-toi un peu! *Get with it!*
Tu en rates pas une, toi! *You don't miss a thing, do you? (sarcastic)*
Arrête de délirer! *Stop being so silly!*

To respond to teasing:

Lâche-moi, tu veux? *Will you give me a break?*
Je t'ai pas demandé ton avis. *I didn't ask your opinion.*
Oh, ça va, hein! *Oh, give me a break!*
Qu'est-ce que tu en sais? *What do you know about it?*
Ça peut arriver à tout le monde. *It could happen to anyone.*
Et toi, arrête de m'embêter! *Stop bothering me!*

> Cahier d'activités, p. 113, Act. 9–10

17 **Lâche-moi, tu veux?**

Ecoutons Ecoute ces dialogues entre Brigitte et Angèle. Dans quelles conversations est-ce qu'elles se taquinent?

18 **Qu'est-ce que tu en sais?**

Lisons Ton/Ta meilleur(e) ami(e) se moque de toi. Choisis la bonne réponse pour te défendre.

1. Tu en rates pas une, toi!
   a. Mais le bus n'est pas arrivé à l'heure.
   b. Ben, ça peut arriver à tout le monde!
   c. Oui, c'est vrai. J'ai raté un autre examen.

2. Tu es amoureux/amoureuse ou quoi?
   a. J'en ai vu d'autres.
   b. Je ne suis jamais tombé(e) amoureux/amoureuse.
   c. Lâche-moi, tu veux?

3. Arrête de délirer!
   a. Mais c'est amusant de délirer!
   b. Et toi, arrête de m'embêter!
   c. Oh, c'est fastoche, ça!

4. Non, mais tu t'es pas regardé(e)!
   a. Je t'ai pas demandé ton avis.
   b. Je n'ai pas de miroir.
   c. Si, je suis très beau/belle.

5. Réveille-toi un peu!
   a. Je n'ai pas de réveil.
   b. Oh, j'ai sommeil.
   c. Oh, ça va, hein!

19 **C'est fastoche, la plongée**

Ecrivons Ces jeunes viennent de faire de la plongée. Ils parlent de ce qu'ils ont vu. Pendant la conversation, ils se vantent, se flattent et se taquinent. Ecris leur conversation.

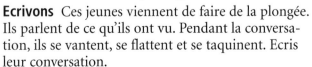

PANORAMA CULTUREL

Tu peux décrire une de tes journées typiques?

We asked some students to describe a typical school day. Here's what they told us.

Epie, Côte d'Ivoire

«Je me réveille à cinq heures. Je me lave. Je fais ma toilette. Je m'habille. Je prends mon petit déjeuner, puis je prends la route de l'école. Arrivée à l'école, je vais en classe. Nous faisons les cours et, à midi, je repars à la maison. Puis, je regarde la télévision et puis, je mange. Dans l'après-midi, je vais me coucher. Si on a cours le soir, je repars à l'école, et puis je reviens. Le soir, j'étudie et puis, je vais dormir.»

Marie, France

«Je me lève vers six heures et demie. Je vais dans la salle de bains. Je me lave un petit peu. Je m'habille. Après, je vais donner à manger à mes chevaux. Après, je déjeune, puis ma mère, elle m'emmène avec mes petites sœurs à l'école. Après, la matinée, on travaille. A midi, je mange en ville avec des copines ou des copains, et l'après-midi, je retourne à l'école, et ma mère vient me chercher le soir à six heures. Et après, je me baigne ou je regarde la télé et après, je vais travailler. Et le soir, je mange et après, je donne à manger à mes chevaux et à mon chien, et je vais me coucher.»

Evelyne, France

«En semaine, ben, je me lève vers six heures et demie. Je fais ma toilette. Je m'habille et je vais déjeuner. Je prends le bus et j'arrive ici à huit heures, enfin, un peu avant huit heures. Je vais en cours de huit heures à midi. Je mange en vitesse de midi à une heure. Après, de une heure à six heures j'ai cours. A six heures, je prends le bus et j'arrive à sept heures à la maison. Et après, je mange, je travaille ou je regarde la télé et puis, je vais me coucher.»

Qu'en penses-tu?

1. Est-ce que les habitudes de ces élèves diffèrent de celles des élèves américains? Comment?
2. Laquelle de ces élèves a des habitudes comparables aux tiennes?

Remise en train · *Des nouvelles de Guadeloupe*

Joëlle écrit à une amie, Marie-France, qui a quitté la Guadeloupe il y a quelques mois. Elle lui raconte tout ce qui s'est passé depuis son départ. Et il s'en est passé des choses!

20 Tu as compris?

1. Pourquoi est-ce que Joëlle écrit sa lettre?
2. Quelles nouvelles est-ce qu'elle annonce à Marie-France?
3. Où est-ce qu'elle va envoyer sa lettre?

21 C'est qui?

Dans la lettre de Joëlle, trouve le nom d'une personne qui...

1. a raté son bac.
2. s'est mariée.
3. s'est disputée avec son petit ami.
4. a participé à un relais.
5. s'est cassé la jambe.

22 Trouve la suite!

Complète les phrases suivantes avec les mots dans la boîte.

à la Martinique	dans le vieux centre
dans la boutique	à un concert de salsa

1. Hier, Joëlle est allée _____ avec Viviane.
2. Le mari de Julie habite _____.
3. Pour le moment, Michel travaille _____ de son père.
4. Joëlle aimerait pouvoir aller se promener _____ avec Marie-France.

Ma chère Marie-France,

Si tu savais comme tu me manques. Quand je sors de l'école, je me dis, «Tiens, si Marie-France était là, on irait se promener dans le vieux centre ou sur la place des Victoires.» Hier, j'ai pensé à toi. Je suis allée écouter un concert de salsa. Tu aurais adoré ça. Tout le monde était debout et dansait! J'y suis allée avec Viviane. Je ne t'ai pas dit? Elle et Paul se sont fâchés. Ils ne se parlent plus depuis trois mois. Paul me téléphone et me parle de Viviane, et Viviane ne me parle que de Paul. Au fait, tu savais que Prosper s'était cassé la jambe? Il est tombé en faisant une randonnée à la Soufrière. Je suis allée le voir à l'hôpital. Il a le moral, mais il a eu peur. Tu connais la dernière? Figure-toi que Julie, la soeur de Raoul, s'est mariée. Non, mais, tu te rends compte! Elle n'a que vingt ans. Je n'ai jamais vu son mari mais j'ai entendu dire qu'il est sympa. Il est martiniquais et je crois qu'elle va aller habiter avec lui à Fort-de-France. Ah, et puis tu connais la meilleure? Tiens-toi bien. Michel a raté son bac. Je me demande vraiment comment il a fait. Il avait toujours de super notes. Il a dû paniquer le jour de l'examen. Il va le repasser cette année. Mais en attendant, il travaille dans la boutique de son père. Le pauvre! Lui qui voulait se lancer dans l'informatique! Comme tu vois, depuis que tu es partie, beaucoup de choses ont changé. Pour ma part, je n'arrête pas. Je suis vachement occupée. En plus, j'essaie de continuer mon entraînement. Je cours au moins une heure par jour. Je ne t'ai pas dit? On a gagné un relais où il y avait les meilleures athlètes des Antilles. C'est génial, non? Ecris-moi vite pour me raconter ce que tu fais à Lyon. J'espère qu'il ne fait pas trop froid. Ici, comme tu peux l'imaginer, il fait un temps super. On va à la plage tous les week-ends. Je te laisse. Gros bisous.

Joëlle

Cahier d'activités, p. 114, Act. 11

Note culturelle

En Guadeloupe, les gens prennent plaisir à se parler. Par exemple, quand ils se rencontrent dans la rue, ils n'hésitent pas à avoir de longues conversations au sujet de leur vie, des dernières nouvelles ou de la famille. Un échange rapide du genre «Salut! Comment ça va? A bientôt!» peut être considéré mal élevé.

23 Vrai ou faux?

1. Viviane et Paul se sont réconciliés.
2. Joëlle trouve que Julie était trop jeune pour se marier.
3. Michel veut étudier l'informatique.
4. Joëlle va à la plage tous les jours.
5. Beaucoup de choses ont changé.

24 Cherche les expressions

What expressions does Joëlle use to . . .

1. say she misses someone?
2. describe a hypothetical situation?
3. break some news?
4. make a supposition?
5. express pity?
6. end her letter?

25 Et maintenant, à toi

Est-ce que tu as des amis qui ont déménagé? Est-ce que tu leur écris quelquefois? Qu'est-ce que tu leur dis dans tes lettres?

Vocabulaire

Depuis que Marie-France a quitté la Guadeloupe, il s'en est passé des choses!

Luc **s'est fiancé.**

Etienne **s'est acheté un vélomoteur.**

Mireille **s'est fait mal au dos** en faisant du cheval.

Lucien **a embouti la voiture** de son père.

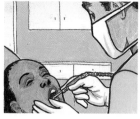

Thérèse **s'est fait enlever les bagues.**

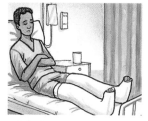

Michel **s'est cassé les jambes.**

Julien et Bruno **se sont bagarrés.**

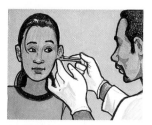

Ophélia **s'est fait percer les oreilles.**

avoir des boutons *to have acne*
déménager *to move*

perdre du poids *to lose weight*
prendre des leçons de conduite *to take driving lessons*

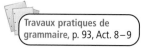
Travaux pratiques de grammaire, p. 93, Act. 8–9

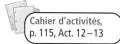
Cahier d'activités, p. 115, Act. 12–13

---

26 ## Depuis ton départ...

Ecoutons Sabine téléphone à son amie qui a déménagé pour lui donner des nouvelles. Regarde les jeunes dans le **Vocabulaire.** De qui est-ce qu'elle parle?

27 ## Qu'est qui s'est passé?

Lisons/Ecrivons Lis les phrases suivantes et décide ce qui est arrivé à chaque fille.

1. Paula n'habite plus à Lyon.
2. Julie a de très belles dents.
3. Iman est allée chez le docteur.
4. Dina ne prend plus le bus.
5. Chloé porte une très jolie bague.

a. Elle s'est fait mal au bras.
b. Elle s'est acheté un vélomoteur.
c. Elle a déménagé.
d. Elle s'est fiancée.
e. Elle s'est fait enlever les bagues.

Si tu as oublié **reciprocal verbs** *va à la page 162.*

Breaking some news; showing interest; expressing disbelief

To break some news:

Tu savais que...?
Tu connais la dernière? *Have you heard the latest?*
J'ai entendu dire que... *I've heard that . . .*
Figure-toi que... *Can you imagine that . . .*
Si tu avais vu ce qu'elle portait! *If you could have seen . . .*

To show interest:

Raconte! *Tell me!*
Oh là là!
Qui t'a dit ça? *Who told you that?*
Et alors?

To express disbelief:

Mon œil! *No way!*
Je n'en reviens pas. *I don't believe it.*
N'importe quoi! *Yeah, right!*

Cahier d'activités, p. 116, Act. 14

---

28 **Les dernières nouvelles**

Ecoutons Tu entends les conversations suivantes à la cantine. Dans quelles conversations est-ce qu'on donne des nouvelles?

29 **Je n'en reviens pas**

Parlons Invente trois nouvelles incroyables en t'aidant des expressions proposées. Ensuite, annonce ces nouvelles à ton/ta camarade en utilisant les phrases dans le **Comment dit-on...?** Il/Elle va exprimer des doutes.

---

s'acheter une voiture de sport   rencontrer une fille super

gagner à la loterie   se disputer à une boum   prendre des leçons de conduite

tomber amoureux   se bagarrer   se fiancer   se faire mal à la main

---

Grammaire

The past perfect

In English you use the past perfect tense to say that something happened even farther in the past than some other event. This tense is called the **plus-que-parfait** in French and you use it the same way in French as in English.

Elle m'a dit ce qu'il **avait fait.** *She told me what he had done.*

• To form the **plus-que-parfait,** you use the **imparfait** of **avoir** or **être** and add the past participle.

j' **avais dit**	j' **étais allé(e)**
tu **avais dit**	tu **étais allé(e)**
il/elle/on **avait dit**	il/elle/on **était allé(e)(s)**
nous **avions dit**	nous **étions allé(e)s**
vous **aviez dit**	vous **étiez allé(e)(s)**
ils/elles **avaient dit**	ils/elles **étaient allé(e)s**

Grammaire supplémentaire, pp. 304–305, Act. 5–6

Cahier d'activités, p. 117, Act. 16–17

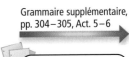
Travaux pratiques de grammaire, pp. 94–95, Act. 10–12

• The rules for agreement of past participles are the same as for the **passé composé.**

---

30 **Grammaire en contexte**

Ecrivons Juliette raconte à Lucie ce qui est arrivé à leurs amis. Complète leur conversation en utilisant le passé composé ou le plus-que-parfait.

JULIETTE Tu connais la dernière? Benoît et Delphine ont cassé.

LUCIE C'est pas vrai! Qui t'a dit ça? Raconte!

JULIETTE Delphine. Elle m'a dit qu'elle (voir) Benoît au café avec une autre fille. Alors, elle lui (téléphoner) et elle lui (demander) s'il (se trouver) une nouvelle petite amie. Il a répondu qu'il (inviter) cette fille au café parce qu'elle (venir) de Martinique pour voir son frère. Mais Delphine ne l'a pas cru, alors elle lui a dit qu'elle en (finir) avec lui et qu'elle aussi (rencontrer) quelqu'un d'autre. Mais, tu vois, je lui ai dit que j'(parler) avec le frère de Benoît et qu'il (ne pas mentir).

LUCIE Qu'est-ce qui (arriver)?

JULIETTE Elle était fâchée. Elle a refusé de m'écouter.

31 **Grammaire en contexte**

Parlons Ta correspondante guadeloupéenne t'a envoyé une lettre. Elle te raconte tout ce qui s'est passé cette année. Tes camarades sont curieux. Raconte-leur ce qu'elle a écrit dans sa lettre. Utilise le plus-que-parfait.

Elle m'a dit que...

Je suis tombée malade.

J'ai été opérée.

Je suis allée à l'hôpital.

J'ai obtenu une bourse.

Je suis entrée à l'université.

J'ai perdu du poids.

Je suis partie en vacances.

Je me suis trouvé un petit ami.

Je me suis acheté une voiture.

J'ai travaillé pendant l'été.

32 **Grammaire en contexte**

Ecrivons Ton ami Eric a passé une très mauvaise journée hier. Ecris un petit mot à un(e) ami(e) pour lui raconter ce qui est arrivé à Eric. Utilise les expressions proposées et le plus-que-parfait.

Eric a passé une journée horrible hier. Il m'a dit qu'il était arrivé à l'école en retard et...

ne pas étudier assez et rater son interro de géo	emboutir la voiture de ses parents
se disputer avec Martin et se bagarrer à la récréation	
se faire mal à la jambe pendant le cours de gym	
rentrer très tard à la maison et être privé de sortie	

33 **N'importe quoi!**

Parlons Parle à ton/ta camarade des dernières aventures des personnages d'un feuilleton ou d'une série télévisée que tu connais.

Comment dit-on...?

Telling a joke

To bring up a joke:

> **J'en connais une bonne.**
> *I've got a good one.*
> **Est-ce que tu connais l'histoire de... ?**
> *Do you know the one about . . .?*

To relate a joke:

> **Quelle est la différence entre... et... ?**
> **Quel est le point commun entre... et... ?**
> *What do . . . and . . . have in common?*
> **C'est l'histoire d'un mec qui...**
> *It's about a guy who . . .*

To continue a story:

> **... et alors, il dit que...** *. . . so he says . . .*
> **... et l'autre lui répond...** *. . . and the other one answers . . .*

To respond to a joke:

> **Elle est bien bonne!** *That's a good one!*
> **Elle est nulle, ta blague!** *What a bad joke!*

Cahier d'activités, p. 118, Act. 19

Grammaire supplémentaire, p. 305, Act. 7

---

34 ## Elle est bien bonne!

 Ecoutons Ecoute ces conversations et dis si c'est le début, le milieu ou la fin d'une blague.

A la française

Can you guess which of the phrases in the **Comment dit-on... ?** on page 295 this gesture expresses?*

35 ## Méli-mélo!

Lisons Joëlle raconte une blague à Viviane. Mets leur conversation dans le bon ordre.

«Et alors, il dit que les Français sont vraiment nuls.»

«Il y a un Texan à Paris avec sa femme. Il regarde la tour Eiffel, d'un air étonné.»

«J'en connais une bonne.»

«Tu connais l'histoire du Texan à Paris?»

«Parce que ça fait cent ans qu'ils ont mis ce derrick, et ils n'ont toujours pas obtenu de pétrole!»

«Non.» «Raconte!»

«Elle est bien bonne!»

«Et alors?» «Ben, pourquoi?»

36 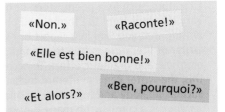 **De l'école au travail**

 Parlons Tu es animateur/animatrice de l'émission de radio *Les Bruits qui courent* et tu interviewes des vedettes sur les derniers événements extravagants de leur vie. Tes camarades vont jouer le rôle des personnalités interviewées. Questionne-les sur les derniers cancans qui courent à leur sujet dans les journaux à sensation.

¡যা যা ५০*

Tout au fond de la mer chaude des Caraïbes, dans une maison entourée d'une véranda, vit une famille d'étoiles de mer : la famille Micabwa.

O'gaya, la fille aînée, n'est toujours pas rentrée; pourtant là-haut, à l'horizon, le soleil a déjà mis sa robe de chambre sanguine.

Toute la famille est à table : papa Micabwa mange de bon appétit et Fia, sa fille cadette, se ressert de la salade d'algues.

L'horloge siffle neuf coups. Maman Micabwa aime bien cette horloge qu'ils ont rapportée de leur dernier voyage aux îles Galapagos. L'horloge? C'est un énorme coquillage bleuté, un coquillage-temps. Comment sait-il l'heure? Nul ne le sait. Au neuvième coup, les coraux de la porte tintinnabulent : O'gaya, gracieuse étoile de mer, passe sous la pierre de lumière.

Papa Micabwa s'installe sous la véranda, dans son fauteuil à bascule pour boire une tisane d'anémones sauvages. La petite sœur s'éclipse dans sa chambre et revient, pailletée d'argent.

- Maman, je vais danser avec...

La fin de sa phrase est couverte par le vrombissement d'une superbe coquille Saint-Jacques pilotée par un jeune poulpe :

- Bonsoir, papa Micabwa, je vous enlève Fia pour la soirée.

- Ne l'enlace pas trop avec tous tes bras, lui répond malicieusement papa Micabwa.

Fia envoie un baiser à son père, la Saint-Jacques démarre dans un tourbillon de sable. Papa Micabwa reste songeur, il pense à O'gaya : «Il faudra que je lui parle : elle a l'air triste ces temps-ci.»

Maman Micabwa et O'gaya sortent toutes les deux sous la véranda. O'gaya s'installe sur les marches et maman Micabwa dans sa berceuse. Les étoiles luisent doucement dans l'eau de la nuit. O'gaya soupire :

- Je voudrais tant être une *étoile de ciel.*

Papa et maman Micabwa sursautent :

- Que dis-tu?

O'gaya se tourne vers eux et répète :

- Je voudrais tant être une *étoile de ciel.*

O'GAYA

A. Avant de lire l'histoire d'O'gaya, regarde les illustrations. Où cette histoire se passe-t-elle? Quelles créatures en sont les caractères principaux?

B. Dans le fond de quelle mer vit la famille Micabwa?

   a. la mer Méditerranée

   b. la mer des Caraïbes

   c. la mer Egée

C. Que fait la famille Micabwa au début de l'histoire? Qui n'est pas là?

D. Vrai ou faux?

   1. O'gaya mange avec sa famille.

   2. Fia est la fille aînée de la famille.

   3. L'ami de Fia est un poulpe.

   4. Le père d'O'gaya s'inquiète pour elle.

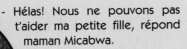

- Hélas! Nous ne pouvons pas t'aider ma petite fille, répond maman Micabwa.

- Mais, ajoute papa Micabwa, je connais la tortue millénaire Man Dou, elle pourrait te conseiller.

Déjà, O'gaya saute de joie :

- Pourrais-je partir dès demain?

Papa et maman Micabwa sourient tendrement :

- Mais, bien sûr ma chérie, tu pourras partir demain.

Le lendemain matin, O'gaya est si excitée qu'elle n'arrive pas à boire son lait d'éponge. Elle embrasse ses parents et part. Papa et maman Micabwa ne sont pas trop inquiets; l'heure est venue pour O'gaya de grandir et de vivre ses rêves. La voilà partie! Elle avance vite, quand, tout à coup, une rangée de dents lui barre la route.

- Hé ! Où va-t-on ainsi, sans plus se gêner? Vous prenez mon domaine pour un jardin public peut-être? demande Morfyo le requin. O'gaya frissonne, rassemble son courage et répond :

- M. Morfyo, je rêvais, et je suis entrée par hasard sur vos terres.

- Et à quoi rêves-tu, petite impudente?

- Je rêve d'être une *étoile de ciel.* Et je vais voir si la tortue Man Dou peut m'aider!

Morfyo éclate de rire et des milliers de bulles se forment autour de lui.

- Ecoute, petite, des «comme toi», je n'en ai jamais vu. Vouloir vivre dans le ciel ! Je n'en crois pas mes ouïes!

O'gaya n'essaie pas de fuir et fait face au requin :

- Allez-vous me manger M. Morfyo ? demande-t-elle.

- Et en plus, tu as de l'audace ! Décidément, petite, tu m'es bien sympathique. Allez, je t'emmène, grimpe sur mon dos !

Le redoutable requin, son habit noir décoré d'une étrange fleur, O'gaya, se dirige sans hésitation vers la demeure de la tortue Man Dou.

Sur le chemin, ils croisent des poissons-pipelettes en pleine conversation qui, de stupeur, restent bouche-bée.

Morfyo dépose O'gaya à la porte de Man Dou. La petite étoile de mer descend quelques marches et dans un bassin de sable, elle voit une énorme tortue à la carapace brune et jaune comme les gorgones-éventail.

- Man Dou ! Man Dou ! appelle-t-elle timidement.

Une tête apparaît hors de la carapace, deux yeux d'or fondu la fixent.

E. Find five details that the author uses to draw an analogy between the Micabwa family and a human family.

F. Qu'est-ce qu'O'gaya rêve de devenir?

G. The turtle Man Dou is a thousand years old. Why do O'gaya's parents send her to speak to the turtle? What does this tell you about this culture's attitude toward its elders?

H. Quelle est la première créature qu'elle rencontre?

I. What do you think **Je n'en crois pas mes ouïes !** means? If **ouïe** means *hearing* and **ouïes** means *gills,* what pun has the shark made?

J. Quelles sont les qualités d'O'gaya que le requin admire?

K. What metaphor is found in the sentence that begins **Le redoutable requin...** ?

L. What simile do you find in the paragraph that begins **Morfyo dépose O'gaya...** ?

M. Recherche ces mots de vocabulaire et réfère-toi au contexte pour deviner leur sens.

tintinnabulent	frissonne
vrombissement	se pelotonne
tourbillon	frémit
luisent	tisse
grimpe	

N. What kind of creature is Man Kya? What deal does O'gaya make with Man Kya to realize her dream?

O. What metaphor is used to describe Man Kya's strange collection?

LISONS!

- Il faut que cela soit bien important pour que tu oses me réveiller !

- Oh! Oui, Man Dou, je voudrais être une *étoile de ciel*.

Man Dou cligne des yeux :

- Une étoile de ciel! Je ne peux rien faire pour toi, mais va voir l'araignée d'eau, Man Kya, elle n'habite pas loin d'ici. Bonne chance!

Man Dou se pelotonne à nouveau dans sa carapace.

O'gaya s'en va. Elle n'est pas longue à trouver la demeure de Man Kya, un antre de fougères marines.

- Man Kya, êtes-vous là?

- Oui, oui, entrez donc, j'arrive.

O'gaya soulève un rideau de longues et lourdes algues de goémon : elle se retrouve face à l'araignée d'eau.

- Que désires-tu petite? demande-t-elle d'une voix aigrelette.

- Etre une *étoile de ciel*.

- Une étoile de ciel ! Drôle d'idée; enfin, si tu le désires ! Connais-tu le prix de mes services ?

- Non, répond O'gaya, étonnée.

- Pour ce que tu me demandes, le tarif est de deux yeux.

- Mes yeux ? dit d'une voix angoissée O'gaya.

- Oui, viens voir mon jardin!

Elle sort, O'gaya la suit. Dans l'enclos, poussent des coraux ; pendus aux branches, des yeux les regardent, fruits étranges et colorés.

- Que penses-tu de ma belle collection ? Alors, que décides-tu?

O'gaya frémit, mais son rêve est trop profondément gravé en elle pour être effacé par le temps. Elle accepte le marché et donne ses yeux. Alors, l'araignée d'eau Man Kya tisse une échelle avec le fil magique qu'elle sécrète.

L'ouvrage terminé, elle souffle trois notes dans une énorme conque. A la troisième note, un grand oiseau, une frégate noire, plonge. Elle lui met les deux boucles de l'échelle dans le bec et lui ordonne de les accrocher à un croissant de lune. La frégate remonte donc à la surface; l'échelle se déroule dans toute sa splendeur argentée.

Man Kya guide O'gaya et lui souhaite bon voyage.

La petite étoile de mer se hisse sur l'échelle, fil à fil, jusqu'au ciel.

Alors le soir, doux comme un baiser, se pose sur la mer chaude des Caraïbes; dans la maison du fond de l'eau, papa et maman Micabwa, assis sous la véranda, pensent tendrement à O'gaya.

Soudain, un reflet inattendu attire leur attention, ils se lèvent et regardent : tout là-haut, une petite étoile luit dans l'eau de la nuit.

P. Mets ces événements dans le bon ordre.

> Man Kya souffle trois notes dans une énorme conque.

> O'gaya se hisse sur l'échelle jusqu'au ciel.

> Un oiseau accroche l'échelle à un croissant de lune.

> O'gaya donne ses yeux à l'araignée d'eau.

> Man Kya tisse une échelle.

Q. What simile do you find in the paragraph that begins **Alors le soir,... ?**

R. Why is personification an essential part of this story?

S. What need do you think O'gaya's dream expresses? What qualities are necessary for her to attain her dream?

T. Qu'est-ce que tu rêves de devenir quand tu seras adulte? Qu'est-ce que tu penses devoir faire pour réaliser ce rêve? Serais-tu prêt(e) à faire un grand sacrifice pour réaliser ce rêve, si nécessaire?

Cahier d'activités, p. 119, Act. 20

Une transformation incroyable!

Il y a beaucoup de façons de raconter une histoire. La même suite d'événements peut paraître très différente selon le format et le style de la présentation. Dans cette activité, tu vas raconter l'histoire d'Ogaya à la manière des journaux à sensation. Décris les événements en les exagérant et essaie de rendre ton histoire aussi dramatique et intéressante que possible.

> **Stratégie pour écrire**
> Style is a general term for the characteristics of a piece of writing. The style in which you write will usually be determined by what you are writing. For example, an academic paper requires a formal and objective tone, a high level of language, and a strict organization. A letter to a friend is informal, usually with slang expressions and a very loose organization. Advertising style often produces short, crisp sentences with words that appeal to the emotions. It's important that you use the accepted style for a type of writing, since violating that style might be considered unacceptable or ineffective.

A. Préparation

1. Avec ton/ta camarade, essayez de répondre aux questions suivantes.

   a. A quoi ressemble un journal à sensation? Est-ce que tu en connais? Qu'est-ce qui le rend différent d'un journal normal?

   b. Quels genres d'événements et de citations est-ce qu'on trouve dans les articles des journaux à sensation? Quelle sorte de photos est-ce qu'on peut y voir?

   c. Cherche la définition du mot *sensationalism* dans un dictionnaire anglais. En quoi est-ce que ces journaux font appel au sensationnalisme?

2. Fais un plan des événements principaux de l'histoire d'O'gaya.

B. Rédaction

1. Rédige le brouillon de ton histoire dans le style qu'utilisent les journaux à sensation.

   a. Regarde ton plan. Mets l'accent sur les parties de l'histoire qui sont les plus intéressantes.

   b. Choisis des mots que tu peux utiliser pour que l'histoire soit plus dramatique et plus sensationnelle.

   c. Change un peu les faits et exagère les détails pour rendre ton histoire plus dramatique.

   d. Illustre ton récit avec des citations réelles ou imaginaires.

C. Evaluation

1. Après avoir fini ton brouillon, relis ce que tu as écrit.

   a. Est-ce que tu as bien raconté ton histoire dans un style journalistique au lieu de simplement répéter les faits?

   b. Est-ce que ton récit est réellement intéressant et dramatique?

2. Rédige la version finale de ton article en prenant soin de corriger l'orthographe, la grammaire et le vocabulaire.

3. Illustre ton histoire avec des photos bizarres et peu crédibles telles que celles qu'on peut trouver dans un journal à sensation. Tu peux soit faire des dessins, soit découper des photos dans un vrai magazine.

Grammaire supplémentaire

Première étape   **Objectives**   Bragging; flattering; teasing

1   Fais des phrases avec les mots suivants. Utilise le superlatif de l'adjectif qui convient dans chaque phrase. (**p. 288**)

> **EXEMPLE**   La Guadeloupe / île paradisiaque / la mer des Caraïbes
> **La Guadeloupe est l'île la plus paradisiaque de la mer des Caraïbes!**

1. Ses habitants / les gens / accueillant / le monde
2. Sa végétation / la végétation / luxuriant / la région
3. Son climat / le climat / agréable / les tropiques
4. Ses hôtels / les hôtels / luxueux / que j'aie jamais vus
5. Ses plages / les plages / beau / les Antilles
6. Ses animaux marins / créature / bizarre / le monde
7. Ses restaurants / les restaurants / bon / la région
8. Son corail / le corail / coloré / les Antilles
9. Son carnaval / le carnaval / connu / les Antilles
10. L'île de Basse-Terre / l'île / grand / la Guadeloupe
11. La fête des Cuisinières / la fête / important / l'île
12. Ses coquillages / les coquillages / beau / que j'aie vus

2 Maurice, ton ami guadeloupéen, te parle de sa famille. Complète ses remarques en utilisant le superlatif de l'adjectif qui convient et ... **que je connaisse.** (**p. 288**)

EXEMPLE   Ma sœur Martine est une fille très courageuse.
En fait, c'est la fille la plus courageuse que je connaisse!

1. Mon frère Prosper est un plongeur très prudent. En fait, …

2. Mes cousins Rose et Pierre sont des enfants très timides. En fait, …

3. Mon père est un homme très sérieux. En fait, …

4. Ma mère est une femme très intelligente. En fait, …

5. Mon cousin Yves est un joueur de football très doué. En fait, …

3 Tes amis sont les meilleurs et ils le savent bien! Complète les dialogues suivants en utilisant le superlatif qui convient. (**p. 288**)

EXEMPLE   —Vraiment, Fabien! C'est toi qui danse le mieux!
—Oui, c'est moi, le meilleur!

1. Janine, c'est toi qui nages le plus vite!

2. Lisette et Laure, c'est vous qui conduisez le plus prudemment!

3. C'est moi qui cours le plus lentement, je sais bien!

4. C'est Viviane qui finit le plus vite!

5. C'est Gilles et Monique qui lisent le plus vite.

6. C'est Noël qui étudie le plus sérieusement.

4 Complète les dialogues suivants en utilisant le superlatif qui convient. (**p. 288**)

EXEMPLE   BRIGITTE Maxime conduit très prudemment!
PASCAL Oui, mais c'est moi qui **conduis le plus prudemment!**

1. BRIGITTE   Qu'est-ce qu'il saute haut, Eric!
PASCAL   Oui, mais c'est moi qui…

2. BRIGITTE   C'est fou ce que Maryse nage vite!
PASCAL   Oui, mais c'est moi qui…

3. BRIGITTE   A mon avis, Suzanne s'habille très bien.
PASCAL   Oui, mais c'est moi qui…

4. BRIGITTE   Comme il court vite, ce garçon!
PASCAL   Oui, mais c'est moi qui…

5. BRIGITTE   C'est fou comme Isabelle parle bien anglais.
PASCAL   Oui, mais c'est moi qui…

Deuxième étape

Objectives Breaking some news; showing interest; expressing disbelief; telling a joke

5 La grand-mère guadeloupéenne d'Ophélia vient de te raconter l'histoire d'O'gaya, l'étoile de mer qui voudrait être une étoile de ciel. Ophélia veut savoir si tu as compris. Complète la conversation suivante avec le plus-que-parfait des verbes entre parenthèses. (**p. 295**)

OPHELIA Dis! Tu as bien compris qu'O'gaya ___**1**___ (aller) voir Man Dou la tortue parce qu'elle voulait être une étoile de ciel?

TOI Ah oui. Et j'ai compris qu'elle ___**2**___ (rencontrer) Morfyo le requin.

OPHELIA Très bien! Mais est-ce que tu savais qu'O'gaya ___**3**___ (demander) au requin s'il allait la manger?

TOI Non.

OPHELIA Et tu ne savais pas non plus que le requin lui ___**4**___ (dire) qu'il la trouvait sympathique?

TOI Je n'en avais aucune idée.

OPHELIA Mais tu as dû quand même comprendre que le requin l'___**5**___ (emmener) sur son dos?

TOI Ah, oui. Et que la tortue ___**6**___ (proposer) à O'gaya d'aller voir l'araignée d'eau.

OPHELIA Pas mal.... Hmm... Voyons... Est-ce que tu as compris qu'O'gaya ___**7**___ (devoir) donner ses yeux à l'araignée d'eau?

TOI Oui, ça j'ai bien compris. Et je crois avoir compris que l'araignée ___**8**___ (tisser) une échelle et l'___**9**___ (accrocher) à la lune.

OPHELIA C'est ça! Et à la fin de l'histoire? Tu sais ce qui s'est passé?

TOI Si je ne me trompe pas, ta grand-mère a dit qu'O'gaya ___**10**___ (monter) jusqu'au ciel sur l'échelle?

OPHELIA Oui, c'est ça!

6 Crée des questions avec les mots suivants. Commence chaque question par **Vous saviez que...** N'oublie pas de mettre le verbe au plus-que-parfait. (**p. 295**)

EXEMPLE   Chantal et Frédéric / se quitter
Vous saviez que Chantal et Frédéric s'étaient quittés?

1. Serge / aller à la boum de Bénédicte déguisé en Batman
2. Ousmane et Milo / écrire une nouvelle chanson
3. Blanche et Jonathan / se marier
4. Michael Jordan / faire une pub pour des pizzas
5. Agnès / se casser le bras
6. Harrison et Margot / se fiancer
7. Chloé / emboutir la voiture de ses parents
8. Adamou et moi / se bagarrer

7 Ton copain Raphaël te raconte une blague, mais il mélange tout et tu ne comprends rien. Remets sa blague dans le bon ordre. (**p. 297**)

«Un petit Marseillais dit à sa mère : »

«Et sa mère lui répond : »

« Une souris grosse comme un éléphant! »

« Maman! Je viens de voir une souris énorme! »

« Ecoute, ça fait trente-six mille fois que je te dis de ne pas exagérer! »

1. _____
2. _____
3. _____
4. _____
5. _____

1 Ecoute ces conversations entre Nathalie et son frère Nicolas. Qui est-ce qui se moque de l'autre, Nathalie ou Nicolas?

2 Lis cet article du site «La Faune sous-marine de la Guadeloupe.» Ensuite, réponds aux questions à la page 307.

La Guadeloupe

La Faune sous-marine de la Guadeloupe

Avec la mer Rouge et les lagons du Pacifique, les Antilles possèdent les fonds sous-marins les plus spectaculaires du monde.

Un site protégé a été créé autour des Ilets Pigeon en face de Malendure sur la Basse-Terre, où même les non-sportifs peuvent admirer les beautés sous-marines à bord de bateaux à fonds de verre.

Mais en Guadeloupe, nul besoin d'être un plongeur émérite pour pouvoir admirer le spectacle des poissons multi-colores, un simple masque et un tuba vous permettent d'explorer les récifs coralliens présents sur pratiquement toutes les plages et souvent même dans une eau peu profonde, mais toujours chaude et limpide.

Les coraux aux noms souvent poétiques comme Gorgones en forme d'éventails jaunes, bruns ou violets, Cornes d'Elans, Pâte à Chaux, Cerveaux de Vénus méritent la visite à eux seuls.

Mais autour d'eux zigzague une foule de poissons de toutes les couleurs: les Sergents-majors jaunes et bleus, les Poissons-Papillons avec un deuxième œil fictif, les Poissons-perroquets, les Poissons-coffres, les Soleils écarlates, les Poissons-lunes, les Poissons-scorpions, les Balistes ...

Sur le sable vous pourrez voir des oursins blancs, les seuls comestibles ici, des étoiles de mer ou un des nombreux coquillages dont les Lambis, les Casques ou les Tritons sont les plus grandes espèces.

Les eaux de la Guadeloupe n'ont pratiquement pas d'habitants dangereux, il faut toutefois éviter les épines des oursins noirs non-comestibles, le Corail de Feu orange qui provoque des brûlures, les rares Méduses, la Murène et le Barracuda.

En haute mer, lors d'une sortie de pêche au gros, les Frégates vous indiquent des Dorades, des Thazards, des Thons, des Espadons, des Raies Manta et de temps en temps un Requin-marteau ou une famille de Cachalots et vous pourrez admirer le spectacle magnifique des poissons volants, les Exocets.

Respectez la mer !

La tentation est grande de cueillir des fragments de corail. Sachez que la récolte de coraux vivants est interdite - un récif met des dizaines d'années à se reconstituer ! Respectez les réglementations de capture de tortues et de langoustes, il n'y a que de cette façon que ce paradis aquatique le restera encore pour de nombreuses années.

1. If you don't like to scuba dive, how can you see the under-sea beauty of the Antilles?

2. What are **Cerveaux de Vénus** and **Gorgones?**

3. According to this article, what edible delicacies are found on the beaches of Guadeloupe?

4. What are two kinds of fish the article mentions? Two kinds of shells?

5. What dangerous marine life does the article mention?

6. Are you allowed to take pieces of live coral? Why or why not?

 Ton/ta correspondant(e) guadeloupéen(ne) voudrait avoir des nouvelles des Etats-Unis. Ecris-lui une lettre dans laquelle tu lui racontes les dernières nouvelles sur quelques célébrités.

 Choisis une des situations suivantes. Tu te vantes. Si ton/ta camarade est impressionné(e), il/elle va te flatter. S'il/Si elle ne l'est pas, il/elle va te taquiner. Changez de rôle.

> Tu as une nouvelle voiture.
>
> Tu es le/la meilleur(e) dans un sport.
>
> Tu as fait de la plongée.
>
> Tu as fait du deltaplane.
>
> Tu as piloté un avion.
>
> Tu as les meilleures notes de la classe.

Jeu de rôle

Your French class is having a party in honor of your pen pal from Guadeloupe, who is visiting. At the party, you'll break some news, tell jokes, brag, flatter, and tease each other. With a group of your classmates, write out a script for this scene and act it out. Remember to include the following situations.

• Each of you makes up two bits of news to tell the others.
• The pen pal talks about what it's like in Guadeloupe. He/She makes up an event to brag about. The others flatter him/her.
• Each of you teases one of your friends.

Que sais-je?

Can you use what you've learned in this chapter?

Can you brag?
p. 287

1 What would you say to brag in the following situations?
1. You finish an assignment before everyone else.
2. You win a race.
3. You get the highest grade on a test.

Can you flatter?
p. 287

2 What would you say to flatter a person if he/she were . . .
1. really athletic?
2. a good student?
3. very artistic?

Can you tease?
p. 290

3 What would you say to tease the people in these situations?
1. Your friend seems to have a crush on someone.
2. Your brother gets dressed to go out on a date and none of his clothes match.
3. You're playing tennis with a friend who keeps missing the ball.

4 How would you respond to the teasing in number 3?

Can you break some news?
p. 295

5 What would you say to tell a friend what happened to these people?

  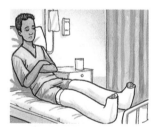

Can you show interest? p. 295

6 How would you show interest in something a friend was saying?

Can you express disbelief? p. 295

7 What would you say if you didn't believe what your friend was telling you?

Can you tell a joke?
p. 297

8 How would you introduce a joke?

9 What would you say if you heard a joke you liked?

10 What would you say if the joke were bad?

Première étape

Bragging

C'est fastoche, ça!	*That's so easy!*
C'est pas pour me vanter, mais...	*I'm not trying to brag, but . . .*
Oh, j'en ai vu d'autres.	*I've done/seen bigger and better things.*
C'est moi, le/la meilleur(e).	*I'm the best.*
C'est moi qui... le mieux.	*I . . . the best.*

Flattering

Tu es fortiche/ calé(e).	*You're really strong/good at that.*
Alors là, tu m'épates!	*I'm really impressed!*
Tu en as, du courage.	*You've really got courage.*
Tu es vraiment le/la meilleur(e).	*You're really the best.*

Tu es le/la... le/la plus... que je connaisse.	*You're the . . .-est . . . I know.*

Sea life

une algue	*seaweed*
un coquillage	*a shell*
du corail	*coral*
un crabe	*a crab*
une crevette	*a shrimp*
un espadon	*a swordfish*
une étoile de mer	*a starfish*
un hippocampe	*a seahorse*
un homard	*a lobster*
une méduse	*a jellyfish*
une pieuvre	*an octopus*
un requin	*a shark*
un rocher	*a rock*
une tortue	*a turtle*

Teasing

Tu es amoureux/ amoureuse ou quoi?	*Are you in love or what?*

Non mais, tu t'es pas regardé(e)!	*If you could see how you look!*
Réveille-toi un peu!	*Get with it!*
Tu en rates pas une, toi!	*You don't miss a thing, do you? (sarcastic)*
Arrête de délirer!	*Stop being so silly!*
Lâche-moi, tu veux?	*Will you give me a break?*
Je t'ai pas demandé ton avis.	*I didn't ask your opinion.*
Oh, ça va, hein!	*Oh, give me a break!*
Qu'est-ce que tu en sais?	*What do you know about it?*
Ça peut arriver à tout le monde.	*It could happen to anyone.*
Et toi, arrête de m'embêter!	*Stop bothering me!*

Deuxième étape

Everyday life

s'acheter quelque chose	*to buy oneself something*
avoir des boutons	*to have acne*
se bagarrer	*to fight*
se casser le/la...	*to break one's . . .*
déménager	*to move*
emboutir la voiture	*to wreck the car*
se faire enlever les bagues	*to get one's braces off*
se faire mal à...	*to hurt one's . . .*
se faire percer les oreilles	*to get one's ears pierced*
se fiancer	*to get engaged*
perdre du poids	*to lose weight*
prendre des leçons de conduite	*to take driving lessons*

Breaking some news

Tu savais que... ?	*Did you know that . . . ?*

Tu connais la dernière?	*Have you heard the latest?*
J'ai entendu dire que...	*I've heard that . . .*
Figure-toi que...	*Can you imagine that . . .*
Si tu avais vu... !	*If you could have seen . . . !*

Showing interest

Oh là là!	*Oh, wow!*
Qui t'a dit ça?	*Who told you that?*
Raconte!	*Tell me!*
Et alors?	*And then?*

Expressing disbelief

Mon œil!	*No way!*
Je n'en reviens pas.	*I don't believe it.*
N'importe quoi!	*Yeah, right!*

Telling a joke

J'en connais une bonne.	*I've got a good one.*

Est-ce que tu connais l'histoire de... ?	*Do you know the one about . . . ?*
Quelle est la différence entre... et... ?	*What's the difference between . . . and . . . ?*
Quel est le point commun entre... et... ?	*What do . . . and . . . have in common?*
C'est l'histoire d'un mec qui...	*It's about a guy who . . .*
... et alors, il dit que...	*. . . so he says . . .*
... et l'autre lui répond...	*. . . and then the other one answers . . .*
Elle est bien bonne!	*That's a good one!*
Elle est nulle, ta blague!	*What a bad joke!*

11
Laissez les bons temps rouler!

Objectives

In this chapter you will review and practice how to

Première étape

- ask for confirmation
- ask for and give opinions
- agree and disagree

Deuxième étape

- ask for explanations
- make observations
- give impressions

Visit Holt Online

go.hrw.com

KEYWORD: WA3 FRANCOPHONE AMERICA-11

Online Edition

◀ **La Nouvelle-Orléans pendant le carnaval**

Mise en train · *L'Arrivée à Lafayette*

Cahier d'activités,
p. 121, Act. 1

Stratégie **pour comprendre**

Simon Laforest is French. He's just arrived in Lafayette, Louisiana, to spend Easter with his American cousins. Judging by the photos, what is Simon discovering in Lafayette?

1

M. Laforest	Si je me souviens bien, tu es né à Paris.
Simon	Oui, c'est ça.
M. Laforest	Et tu habites toujours à Montpellier?
Simon	Oui, oui...
M. Laforest	Et comment va ta famille?
Simon	Oh, ça va...
M. Laforest	Et ta grand-mère? Elle est toujours aussi marrante?
Simon	Oh, vous savez, elle, rien ne l'arrête.

M. Laforest Je me souviens d'elle, quand elle est venue ici. J'avais onze ans. Je garde un très bon souvenir d'elle. Elle dansait rudement bien sur la musique cajun! Et puis, je l'ai revue quand nous sommes venus chez vous, à Montpellier.

Simon	Vous savez, j'ai toujours le petit alligator en peluche que vous m'aviez offert.
M. Laforest	Ah, oui?
Simon	C'était en quelle année, déjà?
M. Laforest	Si je me souviens bien, c'était en 1982. Tu devais avoir deux ou trois ans. Tu es bien né en 1980?
Simon	Oui, c'est ça.
M. Laforest	Ta sœur, elle, elle n'était pas encore née. Comment elle s'appelle, déjà?
Simon	Félicie.
M. Laforest	Est-ce que tu connais l'histoire de notre famille?

2 **Simon** Euh, non. Papa me l'a racontée, mais j'ai oublié.

M. Laforest Tu vois, au XVIIIème siècle, nos ancêtres ont dû quitter l'Acadie. Un des frères Laforest, Clément, est venu habiter en Louisiane; l'autre, Hubert, est parti en France. Nous, nous sommes les descendants de Clément. Et ta famille descend d'Hubert.

3 **Anne** Oh, Papa! On peut parler d'autre chose? Du présent, par exemple? Tu sais, Simon, ici, il y a plein de choses à faire. Il y a des tas de festivals. Tiens, rien que ce mois-ci, il y a le Festival International de Louisiane, ici, à Lafayette, le Festival de l'Ecrevisse à Breaux Bridge et le Jazz and Heritage Festival à La Nouvelle-Orléans.

4 **Anne**   Tu aimes le jazz, toi?

Simon   Oui, c'est super!

Anne   Génial! Moi aussi! Je vis pour le jazz. Mon rêve, c'est de devenir musicienne professionnelle de jazz.

Simon   Tu joues de quoi?

Anne   De la trompette.

Simon   Chouette! Moi, je joue de la batterie. Tu aimes le rock aussi?

Anne   Euh, pas tellement. Je trouve que c'est trop bruyant, trop violent...

Simon   Tu rigoles! Tu as seize ans et tu n'aimes pas le rock?

Anne   Ben non. J'aime mieux la dance. Qu'est-ce que tu en penses, toi?

Simon   Oh, c'est nul!

Anne   Tu trouves? Bon, on peut toujours écouter du jazz ensemble, puisque tu aimes ça.

Simon   D'accord.

5 **M. Laforest**   Tu sais, Simon, on a tout un programme pour toi. Pour commencer, on pourrait aller au Village Acadien.

Simon   Qu'est-ce que c'est?

M. Laforest   C'est un musée en plein air qui présente les traditions acadiennes, la manière dont vivaient nos ancêtres, leur histoire...

Anne   Oui, c'est pas mal. Mais surtout la semaine prochaine, on va aller au Festival international de Louisiane. Tu vas voir, c'est vraiment cool! Il y aura...

M. Laforest   Voilà. On est arrivés. Bienvenue chez nous.

1 Tu as compris?

1. Quelle relation est-ce qu'il y a entre Simon, Anne et Mr. Laforest?
2. Où est-ce que leur conversation se passe?
3. De quoi parle M. Laforest?
4. De quoi parle Anne?
5. Quels intérêts est-ce que Simon et Anne ont en commun?
6. Qu'est-ce que M. Laforest et Anne veulent faire visiter à Simon?

2 Qui suis-je?

Qui dirait les phrases suivantes, M. Laforest, Anne ou Simon?

> Je joue de la batterie parce que j'adore le rock.

> Je voudrais que Simon s'amuse bien pendant son séjour.

> Je voudrais raconter à Simon l'histoire de notre famille.

> Le rock? Ça ne me branche pas tellement. C'est trop bruyant.

> Je rêve d'aller à La Nouvelle-Orléans et de devenir musicienne de jazz.

> Qu'est-ce que c'est, le Village Acadien?

3 Vrai ou faux?

1. M. Laforest a visité Montpellier en 1982.
2. La grand-mère de Simon ne sort plus.
3. M. Laforest a oublié le nom de la sœur de Simon.
4. La famille de Simon descend de Clément.
5. Anne et Simon vont écouter du rock ensemble.
6. Le Village Acadien est l'endroit où les musiciens cajuns habitent.
7. Il n'y a que deux grands festivals en Louisiane chaque année.

4 Cherche les expressions

What expressions do the people in *L'Arrivée à Lafayette* use to . . .

1. ask for confirmation?
2. give a positive opinion?
3. agree?
4. give a negative opinion?
5. disagree?
6. ask for an explanation?
7. welcome someone?

5 Et maintenant, à toi

Est-ce que tu as déjà voyagé dans un endroit que tu ne connaissais pas? Pourquoi est-ce que tu y es allé(e)? Qu'est-ce que tu y as fait et vu?

Note culturelle

«Laissez les bons temps rouler!» est une expression populaire en Louisiane et il y a une bonne raison pour ça. Les Louisianais semblent être nés pour faire la fête et toutes les excuses sont bonnes pour célébrer la nourriture, la musique et la danse. Il y a des danses hebdomadaires appelées « fais do-do » et des festivals qui célèbrent le riz, les écrevisses ou les patates douces. Mardi gras est sans aucun doute la plus grande de ces fêtes et la plus fastueuse de toutes. Il commence par une succession de bals et de soirées. Le dernier mardi avant le carême marque la fin de la fête qui se termine avec des parades très colorées et le carnaval.

Septembre
Festival du Zydeco du Sud-Ouest de la Louisiane à Plaisance • Festival du Canard à Gueydan, Festival de la Crevette et du Pétrole Louisianais à Morgan City • Festivals Acadiens à Lafayette • Festival et Foire de la Canne à Sucre à New Iberia • Festival de la "Grenouille" à Rayne

Octobre
Festival du Bétail à Abbeville • Festival de l'Héritage et de la Musique Cajun à Lafayette • Festival du Coton et "Tournoi de la Ville Platte" • Festival du Folklore Louisianais à Eunice • Festival International du Riz à Crowley • Festival de la "Patate Douce" à Opelousas

Qu'est-ce que tu sais sur la Louisiane? Pour t'en faire une meilleure idée, regarde les photos.

Les écrevisses sont un plat typique de Louisiane.

Il y a de nombreux bayous en Louisiane.

C'est à La Nouvelle-Orléans que le jazz est né.

Le Café du Monde à La Nouvelle-Orléans

On peut visiter de magnifiques plantations.

Qu'en penses-tu?

1. Quelle impression ces photos te donnent de la Louisiane?
2. Quelles différences culturelles sont illustrées sur ces photos?

Savais-tu que… ?

L'héritage français de la Louisiane remonte à 1682. A cette époque, l'explorateur Cavelier de la Salle a annexé des millions d'hectares de terre en Amérique du Nord, y compris la Louisiane actuelle, au nom de la France. Au début des années 1700, la Louisiane était une colonie prospère. Sa capitale, La Nouvelle-Orléans, était un centre culturel et politique important. En 1803, la France a vendu le territoire maintenant appelé Louisiane aux Etats-Unis. L'influence française y est restée très forte et a été renforcée par la présence et la culture des colons venus d'Acadie, au Canada. Les Acadiens se sont installés dans le sud de la Louisiane quand les Anglais les ont chassés du Canada dans les années 1750. On appelle leurs descendants les «Cajuns», du mot «Acadien». La langue cajun est un mélange de formes françaises, d'idiomes anglais, espagnols et allemands et de langues africaines et indiennes.

Comment dit-on...?

Asking for confirmation

To ask for confirmation:

Vous habitez toujours à Bordeaux?
Do you still live . . .?
Il y a **bien** trois garçons dans ta famille? *. . . , right?*
Comment elle s'appelle, **déjà?** *. . . again?*
Ta mère a cinquante ans, **c'est ça?**
. . . , right?

Si je me souviens bien, tu es né en 1984.
If I remember correctly, . . .
Si je ne me trompe pas, tu as 16 ans.
If I'm not mistaken, . . .

Cahier d'activités, p. 122, Act. 2–3

Grammaire supplémentaire, p. 332, Act. 2–3

---

6 ### Réunion des anciens élèves

Ecoutons Tu es à la réunion des anciens élèves de ton lycée. Tu entends les conversations suivantes. Dans quelles conversations est-ce que ces gens vérifient des informations?

---

7 ### Méli-mélo!

Ecrivons Agnès et Julie ne se sont pas vues depuis longtemps. Récris leur conversation dans le bon ordre.

«Vous êtes bien trois sœurs?»

«Si je me souviens bien, elle va à l'université, c'est ça?»

«Tu habites toujours Abbeville?»

«Et l'aînée, comment elle s'appelle, déjà?»

«Oui, avec ma famille.»

«Si je ne me trompe pas, la benjamine s'appelle Jacqueline.»

«Non. Elle s'appelle Audrey.»

«Mais non. Elle est toujours chez nous. Elle travaille.»

«Edith.»

«Oui, c'est ça.»

---

8 ### Ça fait longtemps!

Parlons A une soirée de ton club de français, tu vois un(e) camarade de classe de l'année dernière. Pose-lui des questions pour vérifier ce que tu te rappelles à son sujet. Changez de rôle.

Si tu as oublié
renewing old acquaintances
va à la page 9.

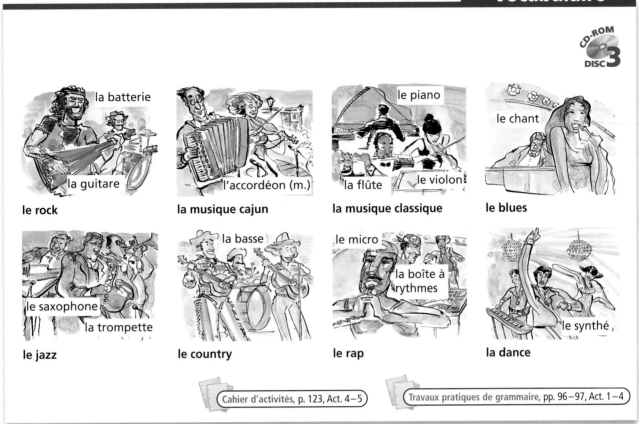

la batterie

la guitare

le rock

l'accordéon (m.)

la musique cajun

le piano

la flûte

le violon

la musique classique

le chant

le blues

le saxophone

la trompette

le jazz

la basse

le country

le micro

la boîte à rythmes

le rap

le synthé

la dance

Cahier d'activités, p. 123, Act. 4–5

Travaux pratiques de grammaire, pp. 96–97, Act. 1–4

9 Une oreille musicale

a. Ecoutons Identifie le genre des extraits de musique suivants.

b. Ecoutons Identifie l'instrument que tu entends.

10 De quoi est-ce qu'on joue?

Parlons/Ecrivons Regarde ce studio de musique. Qu'est-ce qu'il y a comme instruments? Quels genres de musique est-ce qu'on pourrait produire ici?

Note culturelle

Il y a trois types de musique associée à la Louisiane : la musique cajun, la musique zydeco et le jazz. Les Acadiens ont apporté la musique folklorique française. Cette musique est devenue la musique cajun qui utilise l'accordéon, le violon et le triangle. Les musiciens noirs américains ont créé une variante de la musique cajun avec le son du frottoir et des cuillères. C'est la musique zydeco. Le jazz est sans doute la plus grande contribution musicale que les Etats-Unis ont apportée au monde de la musique. Né à La Nouvelle-Orléans, le jazz est une combinaison de musiques africaines, religieuses et de fanfares.

11 **Qu'est-ce qu'on y entend?**

Parlons A ton avis, quels genres de musique seraient appropriés dans les situations à droite?

à une soirée	à la mi-temps d'un match
au coin de la rue	dans un restaurant
à un mariage	à un rodéo
dans une discothèque	au bal annuel du lycée

12 **Devine!**

Parlons Pense à un musicien/une musicienne célèbre. Ensuite, dis aux autres élèves le genre de musique auquel il/elle est associé(e). Les autres élèves te posent des questions pour essayer de deviner qui c'est. Changez de rôle.

Comment dit-on...?

Asking for and giving opinions; agreeing and disagreeing

To ask for an opinion:

Comment tu trouves ça, le jazz?
Tu n'aimes pas la dance?
Ça te plaît, le rap?
Qu'est-ce que tu penses du blues?
Ça te branche, le country?
 Are you into . . . ?

To give a positive opinion:

Je trouve ça hyper cool.
Si, j'aime beaucoup.
Ça me plaît beaucoup.
Ça m'éclate. *I'm wild about it.*
Je n'écoute que ça.
 That's all I . . .

To give a negative opinion:

Je trouve ça nul.
Je n'aime pas du tout.
Ça ne me plaît pas du tout.
Je n'aime pas tellement ça.
Ça ne me branche pas trop.
 I'm not into that.

To agree:

Je suis d'accord avec toi.
Moi aussi, j'aime bien le jazz.
Moi non plus, je n'aime pas
 la dance.
Ça, c'est sûr.
 That's for sure.
Tu as raison.

To disagree:

Pas du tout.
Tu parles!
Tu rigoles!
Tu délires ou quoi?
 *Are you crazy
 or what?*
N'importe quoi!

Grammaire supplémentaire,
p. 332, Act. 3

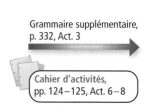

Cahier d'activités,
pp. 124–125, Act. 6–8

13 **J'aime, je n'aime pas**

 Ecoutons Ecoute Anne et Simon parler de musique. Quels genres de musique est-ce que Simon aime? Est-ce qu'Anne est d'accord ou pas?

14 **Quelle musique écoutez-vous?**

Lisons Lis ces lettres que quelques francophones ont envoyées à un magazine de jeunes et réponds aux questions suivantes.

1. What kinds of music do these teenagers like? What are their favorite groups?
2. Give five reasons why music is important to these teenagers.
3. What words do they use to describe the music they like?
4. List some places where French teenagers can listen to music.
5. Which teenager plays an instrument? Which one likes to dance?

"La musique m'accompagne dans la vie" «La musique me détend quand je suis stressée, me tonifie quand je suis déprimée, me repose quand je suis à bout... Bref, elle m'accompagne dans tous les moments de ma vie. Mon chanteur préféré, c'est Bob Marley, même s'il est mort quand j'étais très jeune. Il nous a laissé un souvenir impérissable, indémodable : sa voix, magique, planante, pleine de messages et d'émotions. J'adore le reggae et je dirais presque que je n'écoute que ça : UB 40, Tonton David... et d'autres.»
Marie-Laure, Challans

"La musique est un langage universel" «Salut Hervé, La musique tient une très grande place dans ma vie. Ce que j'écoute principalement c'est le hard rock, le funk et le rock tout simplement, qu'il soit américain, anglais, irlandais et bien sûr français. Car la musique est un langage universel. Je joue de la guitare, et la musique est mon passe-temps, que ce soit en l'écoutant ou en la produisant de mes propres mains. Avec elle, on peut danser, se relaxer ou se défouler. On peut aussi y trouver un moyen de découvrir sa personnalité. Moi, par exemple, j'adore les groupes comme Pearl Jam et les Smashing Pumpkins. Ce sont tous des groupes grunges et ils représentent ma génération. J'aime partager cette musique avec mes amis.»
Raphaëlle, Pointe-à-Pitre (Guadeloupe)

"Tous aiment me voir danser" «Cher Hervé, J'adore la musique et j'ai un CD de Queen, mais je préfère la techno-dance! J'écoute East 17 et Ace of Base. Au collège, pendant la cantine, il y a plusieurs foyers ouverts : le foyer vidéo, le CDI, la permanence et... le foyer musique! Je suis un bon danseur alors après le repas, je fonce au foyer musique pour danser... Tout le monde aime me voir danser. Je me suis fait beaucoup d'amis comme ça... »
Yoann, Quimper

15 **Ça te branche?**

Parlons Demande à ton/ta camarade ce qu'il/elle aime comme genre de musique. Quels sont ses compositeurs, chanteurs, musiciens ou groupes préférés?

16 **Tu connais?**

a. **Ecrivons** Imagine que tu es français(e). Tu as entendu parler de quelques nouveaux groupes américains. Tu voudrais les connaître. Ecris une lettre à ton/ta correspondant(e) américain(e) pour lui demander qui ils sont et s'il/si elle les aime.

b. **Parlons** Echange ta lettre avec celle de ton/ta camarade. Il/Elle jouera le rôle de ton/ta correspondant(e). Il/Elle va lire ta lettre et y répondre.

17 **Mon journal**

Ecrivons Est-ce que la musique est importante pour toi? Quels genres de musique préfères-tu? Quand est-ce que tu en écoutes? Avec qui? Pourquoi?

A la française

English speakers must use a direct object pronoun with verbs such as *like* or *love: Jazz? I love it!* When speaking informally to peers, French speakers often do not use an object pronoun, especially if what they're referring to is not a physical object: **Tu aimes le jazz, toi? Moi, j'adore!** or **Le rock? Moi, je n'aime pas trop.**

Remise en train ▪ *Un festival cajun*

Les Laforest ont emmené Simon au Festival international de Louisiane. Dans la rue, ils s'arrêtent devant un groupe de musique cajun.

1 **Anne** Dis, Simon, ça te branche vraiment, cette musique?

Simon Oh, c'est pas mal. Pourquoi? Qu'est-ce que tu proposes d'autre?

Anne Ben, on pourrait aller écouter du jazz.

Simon Oui, si tu veux.

Anne Papa, Maman, ça vous embête si Simon et moi, on va se balader de notre côté?

M. Laforest Non, pas du tout. On peut se retrouver plus tard au restaurant.

Anne et Simon sont maintenant dans un petit café où un groupe de jazz est en train de jouer.

2 **Anne** Alors, qu'est-ce que tu en penses?

Simon C'est vraiment le pied. Ce qui est intéressant, c'est que ce genre de jazz est vraiment différent de ce qu'on entend en France. Comment est-ce qu'on appelle ça, déjà?

Anne Dixieland.

Simon Ah, oui. C'est ça.

Anne Tu sais, si ça te plaît vraiment, on pourrait peut-être aller au festival de jazz à La Nouvelle-Orléans. C'est la semaine prochaine.

Simon Ça serait super!

3 **Anne** On pourrait se promener dans le Vieux Carré et aller manger des beignets au Café du Monde. Tu en as entendu parler?

Simon Oui, bien sûr.

Anne Et je pourrais te montrer un de mes endroits préférés, le musée du jazz... Oh là là! Tu as vu l'heure?

Simon Ah, oui. On devait retrouver tes parents à huit heures, non?

Anne Oui, au Randol's. On y va?

---

18 ## Tu as compris?

1. A quel événement assiste la famille Laforest?

2. Pourquoi est-ce qu'Anne et Simon partent de leur côté?

3. Qu'est-ce qu'Anne veut montrer à Simon à La Nouvelle-Orléans?

4. Où est-ce qu'ils retrouvent M. et Mme Laforest pour dîner? Quel genre d'endroit est-ce que c'est?

5. Pourquoi est-ce qu'Anne est embarrassée?

19 ## Mets dans le bon ordre

Mets ces phrases dans le bon ordre d'après *Un festival cajun.*

1. Les Laforest dansent.

2. Simon et Anne écoutent du jazz.

3. Simon hésite entre le gombo et le jambalaya.

4. Anne propose à Simon d'aller visiter La Nouvelle-Orléans.

5. Anne et Simon arrivent au restaurant.

6. Anne a honte.

Au restaurant Randol's, Simon et les Laforest sont en train de regarder la carte.

4 **M. Laforest** Qu'est-ce que tu veux, Simon?

Simon Je ne sais vraiment pas quoi prendre. Tout me tente.

M. Laforest Pourquoi tu ne prends pas une spécialité d'ici? Du gombo, par exemple?

Simon Qu'est-ce que c'est?

Mme Laforest C'est une soupe.

Simon Qu'est-ce qu'il y a dedans?

Mme Laforest C'est à base d'okras et de riz avec des crevettes et du crabe. C'est assez épicé.

M. Laforest Simon, pourquoi tu n'essaies pas le jambalaya? C'est du riz avec du jambon, des saucisses, des crevettes et du crabe. C'est délicieux.

Simon Euh, je vous laisse choisir pour moi.

Bienvenue chez Randol's où nous servons les meilleurs fruits de mer du pays cadjin. Restaurant favori des habitants de la région, Randol's, c'est le bon temps à la mode cadjine!

Une abondance de mets cadjins vous attendent chez Randol's, réputé pour ses crabes cuits à la vapeur. La cuisson à la vapeur conserve toute la saveur et nos épices-maison apportent une touche bien cadjine.

Un peu plus tard, toujours au restaurant...

5 **Mme Laforest** Ça y est, le groupe de zydeco commence à jouer! Comment tu trouves ça, Simon?

Simon J'aime bien, mais je préfère quand même le jazz.

Mme Laforest Tiens, Boudreaux, si on montrait un peu à Simon comment on danse chez nous?

M. et Mme Laforest se lèvent et vont danser.

6 **Anne** Oh, la honte! C'est pas vrai!

Simon Ben quoi? Au moins, ils s'amusent! Et puis, ils dansent pas si mal que ça!

Anne Oh, tu sais, il paraît que c'est de famille.

Simon Tiens, on dirait que tu as entendu parler de ma grand-mère, toi aussi!

Cahier d'activités, p. 126, Act. 9

20 ## Cherche les expressions

What do Simon, Anne, or her parents say to . . .

1. ask for an opinion?
2. make a suggestion?
3. ask for permission?
4. make an observation?
5. ask for an explanation?
6. express indecision?
7. give an impression?
8. express embarrassment?

21 ## Et maintenant, à toi

Est-ce que tu es déjà allé(e) à un festival? C'était comment? Est-ce qu'il y a un festival là où tu habites? C'est un festival de quoi? Qu'est-ce qu'on peut y faire et y manger?

Comment est-ce qu'on fait la fête ici?

We asked people to talk to us about parties and celebrations. Here's what they had to say.

Sandra,
Martinique

«En Martinique, on fait la fête tout le temps, tous les week-ends déjà, c'est la fête. Par contre, on a de très grandes fêtes qui sont d'une part le Carnaval, qui est une très grande fête nationale ici en Martinique et dans la Caraïbe, et c'est au mois de février. On a trois jours de Carnaval pleins, avec des vidés, des gens dans la rue qui dansent, et le soir, avec des soirées extraordinaires, etc. Nous avons aussi la fête de Noël, qui est aussi une fête qui marche bien ici, où il y a pas mal de festivités et d'activités.»

Clémentine,
France

«Alors, la fête... On fait la fête. On trouve toujours quelque chose à fêter, même s'il n'y en a pas vraiment. Donc, on sort le soir ou des fois les week-ends. On est souvent entre copains, nombreux. Soit on fait des soirées chez d'autres copains, soit on sort dans des discothèques ou bien au restaurant.»

Jennifer,
France

«Quand je fais la fête, premièrement, j'invite mes amis. Je les appelle par téléphone. On se retrouve chez moi ou chez quelqu'un d'autre. Puis, on achète à manger, des boissons, et on discute toute la soirée. On s'amuse. On danse.»

Qu'en penses-tu?

1. Quels événements est-ce que ces personnes célèbrent?
2. Quand tu fais la fête avec tes amis ou ta famille, qu'est-ce que tu fais? Qu'est-ce qui est différent de ou similaire à ce que les personnes interviewées font?

Comment dit-on...?

Asking for explanations

To ask for an explanation:

> **Qu'est-ce que c'est?**
> **Comment est-ce qu'on appelle ça?**
> **Qu'est-ce que ça veut dire,** «zydeco»?
> *What does . . . mean?*
> **Qu'est-ce qu'il y a dans** le po-boy?
> **Comment est-ce qu'on fait** le gombo?
> **D'où vient le mot** «cajun»?
> *Where does the word . . . come from?*
> **Comment on dit** «dix» en anglais?

> EUH, QU'EST-CE QUE C'EST?

Cahier d'activités, p. 127, Act. 10

Grammaire supplémentaire, p. 333, Act. 4–5

22

Qu'est-ce que tu veux dire?

Ecoutons Ecoute ces personnes parler de leurs séjours en Louisiane. Dans quelles conversations est-ce qu'on demande à quelqu'un d'expliquer quelque chose?

23

Qu'est-ce que c'est?

Lisons Trouve les bonnes réponses aux questions de Simon.

1. Qu'est-ce que c'est, le zydeco?

2. Comment est-ce qu'on appelle ce sandwich?

3. D'où vient le mot «cajun»?

4. Qu'est-ce qu'il y a dans le jambalaya?

5. Qu'est-ce que ça veut dire, «cocodrie»?

6. Comment on dit «La Nouvelle-Orléans» en anglais?

A la française

French-speaking people rarely use the passive voice (a sentence construction in which the subject <u>receives</u> the action instead of <u>doing</u> it). For expressions such as *French is spoken here, What is that called?* or *How is gumbo made?* use **on** and a verb in the active voice: **On parle français ici, Comment est-ce qu'on appelle ça? Comment est-ce qu'on fait le gombo?**

a. On appelle ça un «po-boy.»

b. C'est un genre de musique.

c. Il y a du riz et du jambon.

d. New Orleans.

e. Ça vient du mot «acadien».

f. Ça veut dire «alligator».

24 Qu'est-ce que ça veut dire?

Lisons/Parlons Tu ne sais pas ce que sont les choses suivantes sur ces publicités. Demande à ton/ta camarade de te donner des explications. Varie les expressions que tu utilises.

> le two-step
> le zydeco
> l'origine du mot «cajun»
> le Festival international de Louisiane
> le jambalaya

1. **Venez danser le two-step au** *Café des artistes*

2. **Du 28 avril au 17 mai, ne manquez pas le Festival International de Louisiane**

3. *Restaurant Prejean's.* *Spécialités louisianaises, po-boys, écrevisses, jambalaya...*

4. *Musique zydeco toute la nuit au...* **Randol's** SEAFOOD & RESTAURANT LAFAYETTE, LA.

5. **Venez à l'Acadian Village, vous verrez comment vivaient les Cajuns au siècle dernier**

Si tu as oublié foods va à la page R18.

Travaux pratiques de grammaire, p. 98, Act. 5–6

Vocabulaire

La Cuisine Cajun

Le po-boy : la spécialité de la Louisiane la plus connue et la moins chère. C'est en fait un sandwich qui peut contenir du poisson, **des écrevisses** (f.), des huîtres, de la viande... Il constitue un repas à lui tout seul.

Des huîtres cuites Bienville (au jambon et aux champignons) ou **Rockefeller (aux épinards)** (m.): Elles sont plus grosses qu'en France et presque pas **salées**.

Le gombo : la grande spécialité régionale. C'est une soupe faite à base **d'okras** (m.) avec du riz, **des crevettes** (f.), **du crabe** et **des épices** (f.). En hiver, **l'andouille** (f.) et le poulet remplacent souvent les crabes et les crevettes.

Le jambalaya : une autre des grandes spécialités louisianaises, est préparée à partir d'une énorme quantité de riz à laquelle on ajoute du jambon, du poulet, **des saucisses** (f.), du porc frais, des crevettes et du crabe.

Les crustacés : la véritable attraction de la Louisiane. Les Cajuns connaissent plusieurs recettes pour préparer les crabes, crevettes et écrevisses qui abondent dans les eaux du delta : **en bisque** (f.), **à la vapeur**, le plus souvent **frits**. La meilleure préparation : **au court-bouillon**. On vous apporte généralement un plateau d'un kilo de ces braves bêtes, épicées à souhait.

Des poissons : les eaux des bayous et celles du golfe du Mexique fournissent de nombreuses espèces, dont l'omniprésent catfish que les Louisianais savent préparer de nombreuses façons, **farci au** crabe, par exemple.

Des desserts : les Cajuns sont très amateurs de **pouding au pain** (m.), genre de pain perdu truffé aux **raisins secs** (m.).

Cahier d'activités, pp. 127–129, Act. 11–15

Travaux pratiques de grammaire, pp. 99–100, Act. 7–9

Grammaire supplémentaire, p. 334, Act. 6

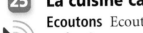

25 La cuisine cajun

 Ecoutons Ecoute Simon et Anne parler de la cuisine cajun. De quel plat est-ce qu'ils parlent?

a.

b.

c.

d.

e.

f.

26 Comment on appelle ce plat, déjà?

 Lisons Ton ami(e) ne sait pas quoi choisir au restaurant où vous dînez à La Nouvelle-Orléans. Il/Elle ne se souvient plus du nom des plats qu'il/elle aime. Lis ses descriptions et choisis la spécialité que chacune décrit.

1. C'est un sandwich aux écrevisses.
2. C'est une soupe dans laquelle il y a du riz, des okras et du crabe.
3. C'est délicieux. Il y a du riz, du jambon et du porc dedans.
4. Ce sont des crustacés très épicés cuits au court-bouillon.
5. C'est un dessert excellent plein de raisins secs.
6. C'est un hors-d'œuvre avec des épinards dedans.

a. du pouding au pain
b. des écrevisses
c. un po-boy
d. des huîtres Rockefeller
e. du gombo
f. du jambalaya

27 Ça a l'air bon

Parlons Choisis quelques plats du **Vocabulaire** à la page 324. Demande à ton/ta camarade s'il/si elle les a déjà goûtés ou voudrait les goûter. Il/Elle va te donner son opinion. Dis-lui si tu es d'accord et si tu voudrais les goûter.

28 Qu'est-ce qu'il y a dedans?

 Parlons Ton club de français a décidé de faire une fête cajun. Tu vas préparer des plats cajuns avec tes amis. Discutez de ce que vous voudriez cuisiner et de ce que vous devez acheter. Faites une liste des plats et des ingrédients. Joue cette scène avec tes camarades.

DEUXIEME ETAPE

trois cent vingt-cinq **325**

Comment dit-on...?

Making observations; giving impressions

To make an observation:

Ce qui est incroyable, **c'est** les épices.
Ce qui saute aux yeux, c'est les couleurs des costumes. *What catches your eye is . . .*
Ce qui me branche vraiment, c'est le jazz.
Ce que je trouve super, c'est mardi gras.
Ce que j'adore/j'aime, c'est voir les gens danser.

To give an impression:

On dirait que les Cajuns aiment bien s'amuser. *It looks like . . .*
Il me semble que les bâtiments sont vieux. *It seems to me that . . .*
J'ai l'impression que le blues est populaire ici.
Ils ont l'air d'aimer danser. *They seem to . . .*

---

29 **Impression ou observation?**

Ecoutons Ecoute Elise parler de son séjour en Louisiane. Dans quelles conversations est-ce qu'elle donne une impression ou fait une observation?

Tu te rappelles?

Do you remember the pronouns **ce qui** and **ce que**?

- **Ce qui** is a subject, and it is usually followed directly by a verb.

  Ce qui est incroyable, c'est leurs masques.
  Tu ne comprends pas **ce qui** est important.

- **Ce que** is an object, and it is usually followed directly by a subject.

  Ce que j'adore, c'est le jazz.
  Je ne sais pas **ce qu'**elle fait.

Grammaire supplémentaire, pp. 334–335, Act. 8–10

Cahier d'activités, p. 130, Act. 16–17

Travaux pratiques de grammaire, pp. 100–101, Act. 10–12

---

30 **Ce qui m'a plu...**

Lisons/Parlons Michelle parle du voyage de sa famille en Louisiane. Fais six ou sept phrases en employant les mots suivants.

| Ce que Ce qui | était incroyable, m'a plu, j'ai trouvé super, m'a ennuyée, je ne comprends pas, mon frère a adoré, est génial, | c'était les alligators. c'était les beignets. c'était la cuisine. c'était l'histoire des Acadiens. c'était la musique. c'était le musée. c'est pourquoi on porte des masques pendant mardi gras. c'était de se promener dans le Vieux Carré. c'est le marché français. c'était de manger au Café du Monde. |

31 Grosses bises de Louisiane

Ecrivons Marianne est allée en Louisiane pour rendre visite à ses cousins. Elle a écrit cette lettre à sa meilleure amie en France. Complète sa lettre avec **ce qui** ou **ce que**.

Salut Hélène,

Ça va? Moi, ça va très bien. C'est super, la Louisiane! Tu avais raison. Voilà _____ j'ai fait pendant les trois premiers jours. Le premier jour, on m'a emmenée à un festival. On a écouté du jazz. C'était super. Tu sais _____ j'ai mangé? Une tarte aux écrevisses. _____ m'étonne, c'est que j'ai trouvé ça très bon. Puis, le deuxième jour, on a loué un canoë pour faire un tour du Bassin de l'Atchafalaya. Tu ne devineras jamais _____ s'est passé. Un alligator s'est approché de nous. _____ je ne comprends pas, c'est pourquoi le guide l'a encouragé à venir plus près. Il avait l'air d'avoir faim! _____ m'a fait peur, c'est qu'il est venu tout près de moi. Mais, évidemment, le guide savait _____ il faisait, et l'alligator ne nous a pas attaqués. Puis, le troisième jour, on est allés visiter une planta- tion. _____ était vraiment super, c'était les meubles d'époque, et puis, tu sais _____ on a vu dehors? Des champs de cannes à sucre. Demain, on va voir le chêne d'Evangéline. C'est l'arbre du célèbre poème de Longfellow. _____ est encore plus intéressant, c'est que c'est un des plus vieux arbres des Etats-Unis. Bon, je t'écrirai à nouveau la semaine prochaine.

32 Ce qui saute aux yeux,...

Ecrivons Pendant tes vacances en Louisiane, tu as pris beaucoup de photos. Avant de les envoyer à des amis, écris tes impressions et tes observations au verso. Utilise **ce qui, ce que** et les expressions de **Comment dit-on...?** dans tes phrases.

a.

b.

c.

d.

33 **De l'école au travail**

Ecrivons Tu es journaliste pour un magazine de tourisme. Tu viens de rentrer d'un voyage en Louisiane. Ecris un article où tu donnes tes impressions et où tu fais des observations sur la Louisiane. N'oublie pas de parler des endroits que tu as visités, de la musique que tu as écoutée et de la cuisine que tu as goûtée.

Froumi et Grasshopper

Wilson "Ben Guiné" Mitchell
(from *Cajun and Creole Folktales*)

Ah, *well*, et ça semble vrai, tout ça, vous comprends? Une froumi travaille tout l'été. Il t'apé ramasser des quoi et pi il emplit une maison. Il mandé Grasshopper, comme ça, li dit, "Comment ça se fait to viens pas aider moi? Mo pourras donne toi quelque chose."

"O!" Grasshopper dit, "O non!" Li dit, "Moi, mo pas gain le temps pour embêter avec toi!" Li dit, "Mo joue l'accordéon pour mon *living.*"

Froumi dit, "*All right, go ahead,* mais," li dit, "mo va, quand li parti, sauterelle, commencer mettre du manger à côté." Li met.

Et là, *well,* quand ça rivé dans l'hiver, il y avait la glace. Tout quelque chose té glacé! Vous comprends ça? Tout quelque chose té glacé! Froumi li, té dans sa maison.

Grasshopper cogné, "Tac, tac, tac."

Li dit, "Hé, hé, hé, *who's there?*"

Li dit, "C'est moi, Grasshopper, *let me in!*"

Froumi dit, "To pas connais comment mo dis toi dans l'été-là? Mo travaille avec vous

Stratégie pour lire

A dialect is a form of a language used in a certain area or by a certain group of people. It may differ from the standard language in grammar, vocabulary, spelling, and pronunciation. If you are reading a text written in a dialect and you come across a word you don't recognize, ignore the grammatical ending and focus on understanding the root of the word. Look for recurring patterns in grammar and vocabulary and figure them out, using contextual clues. Dialects are often influenced by other languages. Look for words and expressions that are borrowed or translated directly. Familiar French words may be used with different meanings in a dialect. Remember that your goal is to understand the main message.

A. Preview the illustrations, titles, and organization of the readings.

1. What kinds of texts are these?

2. Who are the main characters?

Froumi et Grasshopper

B. Creole languages often originate when the speakers of two or more different languages try to communicate with each other. The creole spoken in Louisiana is obviously influenced by standard French, but it follows its own unique rules. Before you read *Froumi et Grasshopper*, skim the text and see if you can find examples of . . .

1. how subject-verb agreement in Creole is different from standard French.

autres. T'étais apé jouer la musique. *O poor Grasshopper, go and play for your living!*" Li frémé sa petite porte, "Cabô!" Li té couché dans sa maison et Grasshopper té gelé. Yé trouvé li en haut les cannes maïs. C'est pas vrai, ça? Hein? Li travaille tout le temps l'été, mais quand ça fait froid, vous p'alé oir li. Vous peux passer en haut où li gain nique-là. Li dans sa maison, li. Mais Grasshopper, li dans l'été, c'est là li n-homme. C'est là li n-homme. Ça apé jouer, mais quand ça fait frette-là, li gelé, li voulait rentrer, mais Froumi dit li, "O non! Peux pas vini. O non!" Et ça semble vrai, hein? Il n'y a rien qu'est plus malin qu'une froumi, mais ça qu'est plus bête qu'un *grasshopper?*"

2. grammatical forms or sentence structures used in Creole that are not used in standard French.

3. Creole words or phrases that have been formed by dropping a syllable from a word or phrase in standard French.

C. Est-ce que tu peux trouver l'équivalent français des expressions créoles que tu as rencontrées dans le texte?

1. vini
2. mandé
3. mo
4. li
5. frémé
6. ça fait frette
7. to

a. tu/toi
b. fermer
c. il
d. il fait froid
e. demander
f. je/moi
g. venir

D. Vrai ou faux?

1. La sauterelle a aidé la fourmi tout l'été.
2. La fourmi joue de l'accordéon.
3. On a retrouvé la sauterelle gelée sur un épi de maïs.
4. La fourmi ne laisse pas la sauterelle entrer dans sa maison.

E. D'après ce que tu as appris dans ce chapitre, en quoi est-ce que Froumi et Grasshopper sont-ils le reflet de la culture de la Louisiane?

La Cigale et la fourmi

F. Now you're going to read a version of the same fable written by La Fontaine in the seventeenth century. What do you think will be different in this version?

La Cigale et la fourmi
(La Fontaine)

La cigale, ayant chanté
　　　Tout l'été,
Se trouva fort dépourvue
Quand la bise fut venue :
Pas un seul petit morceau
De mouche ou de vermisseau.
Elle alla crier famine
Chez la fourmi sa voisine,
La priant de lui prêter
Quelque grain pour subsister
Jusqu'à la saison nouvelle.
«Je vous paierai, lui dit-elle,
Avant l'Oût, foi d'animal,
Intérêt et principal.»
La fourmi n'est pas prêteuse;
C'est là son moindre défaut.
«Que faisiez-vous au temps chaud?
Dit-elle à cette emprunteuse.
—Nuit et jour à tout venant
Je chantais, ne vous déplaise.
—Vous chantiez? j'en suis fort aise :
Eh bien! dansez maintenant.»

G. Ordonne ces événements dans l'ordre dans lequel ils apparaissent dans la fable.

La fourmi refuse d'aider la cigale.

La cigale chante.

La cigale n'a plus rien à manger.

La fourmi demande à la cigale ce qu'elle faisait tout l'été.

La cigale vient frapper à la porte de la fourmi pour lui demander à manger.

H. Qui, de la fourmi ou de la cigale, ferait les commentaires suivants?

1. Il faut travailler dur pendant l'été.

2. J'aime m'amuser et je ne pense pas au lendemain.

3. Je vous donnerai de l'argent plus tard si vous me donnez à manger.

4. Vous n'auriez pas dû chanter tout l'été.

5. Maintenant que l'hiver est là, j'ai faim et froid.

I. Relis les deux fables. En quoi sont-elles semblables? En quoi diffèrent-elles?

J. What is the moral of these fables? What do you think of the ant's behavior? What would do you have done in her place? Why?

K. Now rewrite the story from the ant's or the cicada/grasshopper's point of view. You may retell the events in the form of an interview, a short story, a poem, or a letter to a friend.

Cahier d'activités, p. 131, Act. 18

Un poète en herbe

Réfléchis aux poèmes que tu viens de lire. Qu'est-ce qui différencie un poème d'une nouvelle ou d'un essai? Les poèmes mettent souvent l'accent sur une expérience, une émotion, un objet ou une personne en particulier. Ils utilisent des techniques poétiques et montrent le sens caché des choses. Dans cette activité, tu vas pouvoir créer ton propre poème ou ta propre chanson.

Stratégie pour écrire

Writers of poetry use a variety of techniques to communicate emotion and meaning, and to create interesting effects with the sounds of language. They use figurative language and **imagery**, words or phrases that appeal to the senses, to create vivid or startling descriptions of a subject. **Rhyme** is often associated with poetry, but there are other effective means of using sounds to convey feeling and mood, such as **repetition** and **rhythm**. Try experimenting with these poetic techniques and see how they add to the depth and intensity of your poetry or song lyrics.

A. Préparation

1. D'abord, choisis le sujet de ton poème. Tu peux parler d'...
   a. une personne qui joue un rôle important dans ta vie.
   b. un objet que tu aimes beaucoup ou que tu trouves original.
   c. un moment particulier de ta vie, important ou non.
   d. une expérience intéressante que tu as vécue.

2. Pour faire la description de ce que tu as choisi comme sujet, fais une liste d'adjectifs et de verbes pour décrire les caractéristiques particulières de ton sujet.

3. Pour parler de tes sentiments ou de tes émotions, fais une liste de mots ou d'images pour exprimer la joie, la solitude, l'appartenance...

B. Rédaction

1. Fais un brouillon de ton poème/ta chanson. Souviens-toi que ton but principal est de décrire ton sujet de façon vivante et intéressante.

2. Pendant que tu écris ton brouillon, essaie de créer des effets de son intéressants.
   a. Peux-tu utiliser une série de mots qui commencent par le même son?
   b. Peux-tu terminer tes phrases par des mots qui riment?
   c. Peux-tu combiner tes mots de façon à créer un certain rythme?

3. Essaie de faire ressortir les idées principales en répétant certaines phrases importantes.

C. Evaluation

1. Relis ton brouillon. Est-ce que tu as réussi à décrire ton sujet de façon intéressante ou à bien exprimer une émotion? Essaie de remplacer certains mots par des mots plus forts ou par des mots qui décrivent mieux ton sujet.

2. Maintenant, lis ton poème/ta chanson tout haut. Les sonorités sont-elles agréables? Cherche des endroits où tu peux répéter une phrase importante ou ajouter une nouvelle rime. Fais les changements nécessaires.

3. Corrige les fautes d'orthographe et de grammaire, puis rédige la version finale de ton poème/ta chanson. Fais-le/la lire à ton/ta camarade. Si tu as écrit une chanson et que tu as une idée du genre de musique que tu voudrais, chante ta chanson.

Grammaire supplémentaire

Visit Holt Online
go.hrw.com
KEYWORD: WA3 FRANCOPHONE AMERICA-11
Jeux Interactifs

Première étape — **Objectives** Asking for confirmation; asking for and giving opinions; agreeing and disagreeing

1 Complète les phrases suivantes avec les formes correctes des verbes entre parenthèses. Ensuite, relis l'histoire et trouve la phrase qui n'est pas logique dans le contexte de l'histoire. (**p. 316**)

Si je/j' ___1___ (se souvenir) bien, c'était l'automne 76. J'étais ce qu'on appelait à l'époque un «hippie», un baba-cool. D'habitude, je/j' ___2___ (se lever) vers 11 heures du matin, je/j' ___3___ (s'habiller)—je/j' ___4___ (mettre) mon pattes d'eph préféré, bien sûr!—puis je/j' ___5___ (se promener) dans le quartier avec l'espoir de trouver une manif. Mais ce matin-là, j'avais pris rendez-vous chez le coiffeur. Je voulais ___6___ (se faire) faire une permanente. Je/J' ___7___ (se lever) tôt et puis je suis allé au parc, où j'ai passé toute la journée à dormir sur l'herbe. C'était cool. Qu'est-ce que j'étais beau avec les cheveux frisés!

2 Récris les phrases suivantes sur une feuille de papier en mettant les adverbes à la bonne place. (**p. 316**)

1. Tu habites à Baton Rouge? (toujours)
2. Des po-boys, du jambalaya, du pouding au pain. On a mangé pendant les vacances! (bien)
3. Vous êtes à l'adresse indiquée sur la feuille, 12 rue Toulouse? (bien)
4. Si je me souviens, tu avais cinq ans quand tu es venu en Louisiane pour la première fois. (bien)
5. Comment elle s'appelle? (déjà)
6. Tu l'as traversé, le pont sur le lac Pontchartrain? (déjà)

3 Marie-Line demande à ses amis quels genres de musique ils aiment. Ecris leurs réponses à l'aide des informations données entre parenthèses. Rappelle-toi qu'avec **aimer, adorer,** etc., tu n'as pas besoin d'un pronom d'objet quand tu parles d'une abstraction. (**p. 318**)

EXEMPLE   —Paul, tu aimes le jazz, toi? (+)
           —Oui, j'adore!

1. Anne et Marc, vous aimez la musique cajun? (+)
2. Ça te plaît, la musique classique? (−)
3. Est-ce que tu aimes le blues? (+)
4. Emile et Jeanne, ça vous plaît, le country? (−)

4 Trouve la question qui correspond à chaque réponse, puis relis les phrases et trouve la
solution de l'énigme parmi les animaux et objets représentés. (**p. 323**)

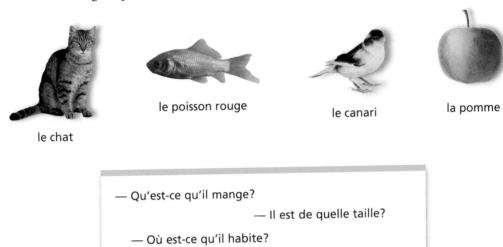

le poisson rouge

le canari

la pomme

le chat

> — Qu'est-ce qu'il mange?
>
> — Il est de quelle taille?
>
> — Où est-ce qu'il habite?
>
> — Qu'est-ce que c'est?

1. _____

— Oh, c'est un animal.

2. _____

— Chez les gens. Il y en a qui sont sauvages, aussi.

3. _____

— Il est tout petit.

4. _____

— Ah, des graines et des insectes!

Ce dont on parle, c'est du/de la _____ .

5 Maintenant, à toi de poser les questions! Ecris une question pour chaque réponse ci-
dessous. (**p. 323**)

EXEMPLE   Je l'ai traité d'imbécile parce qu'il m'énervait.
          Pourquoi tu as traité ton frère d'imbécile?

1. Tu sais bien qu'on a cours à une heure!

2. C'est en octobre.

3. Mon actrice préférée, c'est Sandrine Bonnaire. Elle est géniale.

4. C'est un nom qui vient de l'anglais. Ça veut dire «amusement».

5. Mais je n'ai rien fait, moi!

6. Il y a de la farine, du sucre, du beurre et des œufs dedans.

7. En français, on appelle cet animal un «guépard».

Grammaire supplémentaire

WA3 FRANCOPHONE
AMERICA-11

6 Mets les lettres suivantes dans le bon ordre pour trouver ce qui est sur la liste de commissions de Cédric. Ecris chaque mot avec son article partitif. Pour trouver ce que Cédric va préparer, arrange les lettres soulignées. (**pp. 19, 324**)

EXEMPLE   SNABANE   **des bananes**

1. N̲ARFIE̲
2. FŒS̲U̲
3. T̲ILA
4. CURE̲S̲

5. ELI̲HU
   et un B̲OL A MELAN̲G̲ER...
6. Cédric will be making: des _ _ _ _ _ _ _ _ _

7 Complète les phrases suivantes avec les mots proposés pour faire des phrases logiques. Ensuite, donne ton opinion sur chaque phrase (**d'accord** ou **pas d'accord**). (**p. 266, 326**)

> **a.** me dégoûte. J'aime les autres ingrédients de la pizza.
>
> **b.** je préfère! Ils sont trop beaux!
>
> **c.** on fait à l'école est toujours intéressant.
>
> **d.** aiment regarder des matches de tennis à la télé.

1. Dans ma famille, il n'y a que mes frères qui...
2. Il n'y a que le fromage qui...
3. De tous les chiens, c'est les colleys que/qu'
4. Le travail que/qu'...

8 Récris les phrases suivantes en utilisant **ce qui** or **ce que**, selon le cas. (**p. 326**)

EXEMPLE   Ça me branche, la musique cajun!
           Ce qui me branche, c'est la musique cajun!

1. J'adore les crustacés!
2. Le jazz me plaît vraiment!
3. La cuisine créole, je trouve ça incroyable!
4. J'aime les vieux meubles!
5. Les champs de canne à sucre sautent aux yeux!

9 Hier soir, Maya est sortie avec Zinedine. Maintenant, elle te raconte leur rendez-vous. Remplis les blancs avec **ce qui** or **ce que** selon le cas. (**p. 326**)

1. Devine _____ s'est passé!

2. Tu sais _____ il m'a dit?

3. _____ je trouve charmant, c'est son sourire!

4. _____ me plaît, c'est sa façon de s'habiller!

5. _____ saute aux yeux, c'est ses beaux cheveux!

6. Tu ne devineras jamais _____ il m'a offert!

10 Pour chaque phrase, donne la forme appropriée du verbe entre parenthèses. Ensuite, identifie une illustration pour l'accompagner. (**p. 326**)

a.

b.

c.

d.

1. On _____ (dire) que ces Louisianais savent bien s'amuser!

2. Il me semble que je/j' _____ (entendre) quelque part la légende d'un bayou plein de bêtes féroces.

3. Ils ont l'air de bien _____ (connaître) leurs instruments.

4. Quand on la regarde de loin, on a l'impression qu'elle _____ (être) hantée.

1 Lis ces recettes et réponds aux questions suivantes.

BEIGNETS DE BANANE

2 grosses bananes bien mûres, écrasées
1 tasse (250 ml.) de farine tamisée
2 cuillères à thé (10 ml.) de poudre à pâte
1 gros œuf

¼ tasse (60 ml.) de lait
1 cuillère à thé (5 ml.) de sucre
1 cuillère à thé (5 ml.) d'essence de vanille
Pincée de sel
Huile

Dans un bol à mélanger, mettre la farine, le sucre, la poudre à pâte et le sel. Battre l'œuf avec le lait et la vanille. Incorporer à la farine et bien mélanger. Ajouter les bananes et bien mélanger à nouveau. Mettre 1 pouce (2.5 cm) d'huile dans une poêle épaisse et chauffer à environ 375°F (190°C). Laisser tomber la pâte par cuillerées dans l'huile chaude et frire jusqu'à ce que les beignets soient bruns et dorés, en les tournant pour les frire également. Retirer et égoutter sur du papier absorbant. Saupoudrer de sucre en poudre.

CREVETTES ET JAMBON JAMBALAYA

2 livres (1 kg.) de crevettes, décortiquées et déveinées
1 tasse (250 ml.) de jambon, haché gros
1 piment vert, haché fin
½ tasse (125 ml.) de céleri, haché fin
2 tasses (500 ml.) de tomates, hachées
1 gros oignon, haché fin

1 gousse d'ail, émincée
2 cuillères à table (30 ml.) de persil, émincé
6 cuillères à thé (28 g.) de beurre
1 feuille de laurier (retirer avant de servir)
3 tasses (750 ml.) de riz bouilli chaud
1 cuillère à thé (5 ml.) de sel
6 gouttes de Tabasco®

Dans une poêle épaisse, faire fondre 4 cuillères à thé (20 g.) de beurre à feu doux et sauter le piment, le céleri, l'oignon et le persil pour qu'ils soient transparents et légèrement brunis. Ajouter les tomates, l'ail et la feuille de laurier. Brasser constamment. Ajouter le sel et le Tabasco et cuire jusqu'à ce que le mélange commence à bouillir. Baisser le feu et mijoter 20 minutes, pour que le mélange épaississe. Dans une autre poêle, sauter les crevettes et le jambon dans 2 cuillères à thé (10 g.) de beurre. Quand les crevettes sont fermes et rosées, ajouter au mélange de tomates et cuire 5 minutes de plus. Ajouter le riz. Brasser pour bien mélanger jusqu'à ce que le riz soit bien enrobé et qu'il ait absorbé la sauce. Servir immédiatement.

1. Est-ce que ces phrases sont vraies ou fausses?
   1. Les beignets de bananes sont frits.
   2. On a besoin de beurre pour faire les deux recettes.
   3. Pour faire les beignets, il faut d'abord mélanger les bananes avec le lait.
   4. Il n'y a pas de légumes dans le jambalaya.
   5. Pour faire le jambalaya, il faut de la viande et du riz.

2. Quelle recette on choisit si on...
   1. veut manger un bon dessert?
   2. aime les crustacés?
   3. a envie de manger quelque chose qui est épicé?

2 Mathieu et Nadine décident ce qu'ils vont faire pendant leur visite en Louisiane. Ecoute leur conversation et mets les événements dans le bon ordre.

Mathieu demande à Nadine son opinion sur ce qu'elle mange.

Nadine propose d'aller au Village Acadien.

Nadine fait une observation.

Mathieu en donne une opinion négative.

Mathieu donne son impression sur la cuisine cajun.

Mathieu demande une explication au sujet du Village Acadien.

Mathieu demande une explication au sujet du gombo.

3 Tu vas faire un voyage de cinq jours en Louisiane avec tes camarades. Où est-ce que tu veux aller? Qu'est-ce que tu veux faire? Fais des suggestions. Tes camarades vont te donner leur opinion. S'ils ne sont pas d'accord, ils vont proposer quelque chose d'autre. Quand vous aurez décidé, faites un programme de ce que vous allez faire chaque jour.

4 Tu es en Louisiane et tu as quelques questions à poser à l'employé(e) de l'office de tourisme. Tu lui demandes de t'expliquer les mots suivants. Si tu crois les connaître, vérifie que tu as raison.

«jambalaya»	«zydeco»
«Atchafalaya»	
«cajun»	«gombo»
«po-boy»	
«fais do-do»	«mardi gras»

5 **Jeu de rôle**

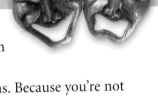

You're visiting friends in southern Louisiana. They take you to a Cajun restaurant and dance hall. Act out the following scenes with your partners.

a. You don't know what to order, so your friends make suggestions. Because you're not familiar with the foods they suggest, you ask for some explanation. After you taste what you've ordered, your friends want to know what you think. Give your opinion and add an observation about Cajun food.

b. At the dance hall, you and your friends discuss your music preferences. When the live band starts to play, you don't know what kind of music it is. You ask your friends. They tell you and then ask you what you think of the music and dancing. Give them your impressions.

MISE EN PRATIQUE

trois cent trente-sept **337**

CD-ROM
DISC **3**

WA3 FRANCOPHONE
AMERICA-11

Can you use what you've learned in this chapter?

Can you ask for confirmation?
p. 316

1 You run into someone you haven't seen in a long time. How would you ask for confirmation about . . .
1. his or her brother's name?
2. where he or she lives?
3. his or her age?
4. where he or she goes to school?

Can you ask for and give an opinion?
p. 318

2 How would you ask a friend's opinion of your favorite music?

3 How would you express your opinions about the following types of music?

> le rock   la musique classique   le rap
> le jazz   le country

Can you agree and disagree?
p. 318

4 A friend gives an opinion about a CD you've just bought. How would you express your agreement?

5 What do you say if you don't agree with your friend?

Can you ask for explanations?
p. 323

6 What do you say to ask . . .
1. what something is?
2. what something is called?
3. what something means?
4. what ingredients are in a dish?
5. how to say something in French?

Can you make observations?
p. 326

7 What observations would you make about . . .
1. your town?
2. your school?
3. a place you visited?
4. learning French?

Can you give impressions?
p. 326

8 How would you give your impressions of these situations?

1.

2.

3.

Première étape

Asking for confirmation

toujours... ?	still . . . ?
bien... ?	really . . . ?
..., déjà?	. . . again?
Si je me souviens bien,...	If I remember correctly, . . .
Si je ne me trompe pas,...	If I'm not mistaken, . . .

Musical instruments

l'accordéon (m.)	the accordion
la basse	the bass (guitar)
la batterie	the drums
la boîte à rythmes	the drum machine
le chant	singing
la flûte	the flute
la guitare	the guitar

le micro (le microphone)	the mike (the microphone)
le piano	the piano
le saxophone	the saxophone
le synthé (le synthétiseur)	the synthesizer
la trompette	the trumpet
le violon	the violin

Kinds of music

le blues	blues
le country	country music
la dance	dance music
le jazz	jazz
la musique cajun	Cajun music
la musique classique	classical music
le rap	rap
le rock	rock

Asking for and giving opinions

Qu'est-ce que tu penses de... ?	What do you think of . . . ?
Ça te branche,... ?	Are you into . . . ?
Ça m'éclate.	I'm wild about it.
Je n'écoute que ça.	That's all I listen to.
Ça ne me branche pas trop.	I'm not into that.

Agreeing and disagreeing

Ça, c'est sûr.	That's for sure.
Tu délires ou quoi?	Are you crazy or what?

Deuxième étape

Asking for explanations

Qu'est-ce que c'est?	What's that?
Comment est-ce qu'on appelle ça?	What is that called?
Qu'est-ce que ça veut dire,... ?	What does . . . mean?
Qu'est-ce qu'il y a dans... ?	What's in . . . ?
Comment est-ce qu'on fait... ?	How do you make . . . ?
D'où vient le mot... ?	Where does the word . . . come from?
Comment on dit... ?	How do you say . . . ?

Cajun food

à la vapeur	steamed
l'andouille (f.)	andouille sausage
au court-bouillon	boiled

les crustacés (m.)	shellfish
les écrevisses (f.)	crawfish
en bisque	bisque
les épices (f.)	spices
les épinards (m.)	spinach
farci(e) (à)	stuffed (with)
frit(e)	fried
le gombo	gumbo
le jambalaya	jambalaya
des okras (m.)	okra
le po-boy	po-boy sandwich
le pouding au pain	bread pudding
les raisins secs	raisins
salé(e)	salty
les saucisses (f.)	sausages

Making observations

Ce qui est intéressant/ incroyable, c'est...	What's interesting/ incredible is . . .

Ce qui saute aux yeux, c'est...	What catches your eye is . . .
Ce qui me branche vraiment, c'est...	What I'm really crazy about is . . .
Ce que je trouve super, c'est...	What I think is super is . . .
Ce que j'adore/ j'aime, c'est...	What I love/like is . . .

Giving impressions

On dirait que...	It looks like . . .
Il me semble que...	It seems to me that . . .
J'ai l'impression que...	I have the impression that . . .
Ils ont l'air de...	They seem to . . .

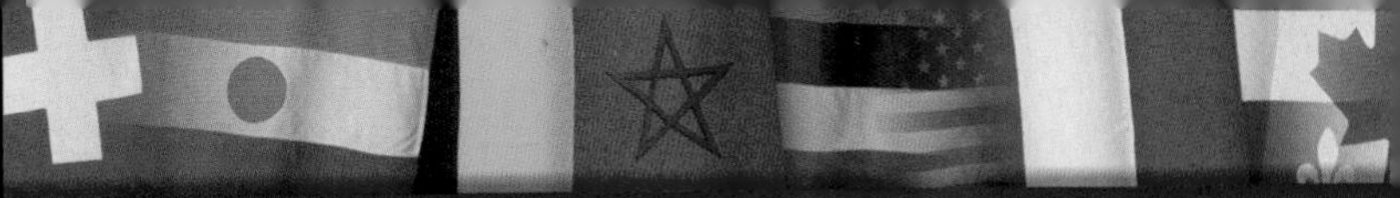

CHAPITRE 12

Echanges sportifs et culturels

Objectives

In this chapter you will review and practice how to

Première étape

- express anticipation
- make suppositions
- express certainty and doubt

Deuxième étape

- inquire
- express excitement and disappointment

Visit Holt Online
go.hrw.com
KEYWORD: WA3 FRANCOPHONE AMERICA-12
Online Edition

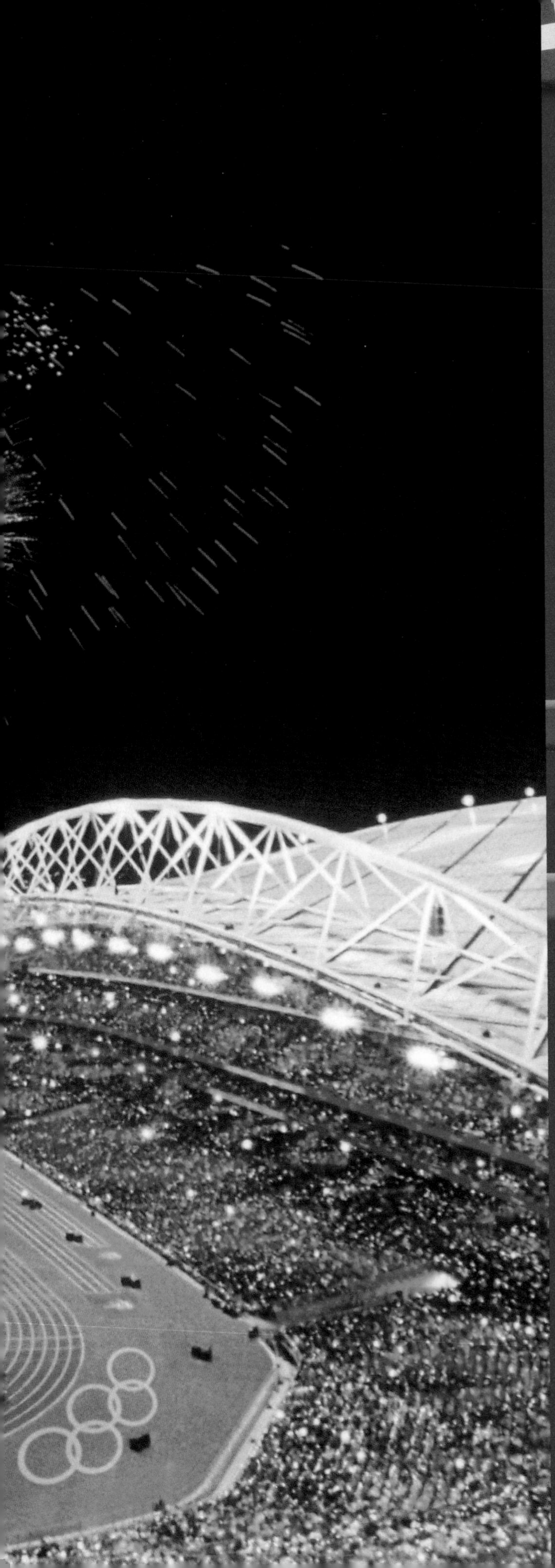

◀ **Un stade pendant les Jeux olympiques**

Mise en train · *A nous les Jeux olympiques!*

Cahier d'activités, p. 133, Act. 1

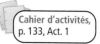

Stratégie pour comprendre

Have you ever encouraged someone who was participating in a competition? What do people say when they're not sure about winning? What can you say to reassure them? Before reading these four exchanges, look at the photos and flags. Can you guess where each athlete comes from and what sport he or she practices?

1 Lisette téléphone à Julie pour lui souhaiter bonne chance aux Jeux olympiques.

Lisette Allô, Julie? Alors, tu es prête pour le grand départ?

Julie Ne m'en parle pas! J'ai un trac fou!

Lisette T'en fais pas. Ça va aller.

Julie Je suis vraiment impatiente de partir. Tu sais, c'est ma première compétition olympique. Je me demande comment ça sera. En tout cas, je suis sûre que ça va être impressionnant.

Lisette Moi, je parie que tu vas gagner la médaille d'or!

Julie Tu parles! Ça m'étonnerait. Il doit y avoir des tas d'escrimeuses beaucoup plus fortes que moi, des championnes qui ont plus d'expérience. Surtout les Allemandes! Je suis certaine que c'est elles qui vont gagner. Si je suis au meilleur de ma forme, je pourrai peut-être arriver en demi-finale. Ça serait déjà très bien.

Lisette Oh, arrête. Si tu penses comme ça, tu ne gagneras rien du tout. Un conseil : répète trois fois «C'est moi la meilleure!»

Julie C'est moi la meilleure, c'est moi la meilleure, c'est moi la meilleure!

Lisette Voilà. Très bien.

Julie En tout cas, il me tarde d'assister aux épreuves d'athlétisme. Tu imagines un peu! Tous les meilleurs athlètes du monde réunis! Vivement que j'arrive! Au moins, j'aurai cette consolation si je ne gagne pas...

Lisette Oh non! Tu ne vas pas recommencer! Je parie que tout va très bien se passer. Allez. Je t'embrasse et bonne chance!

2 Ali entre dans la chambre de son frère Youssef qui est en train de faire ses valises.

Ali Salut. Alors, tu as tout ce qu'il te faut?

Youssef Oui, je crois.

Ali Pense à prendre ton maillot.

Youssef Très drôle! Je serai le seul plongeur olympique sans maillot!

Ali Alors, tu as le trac?

Youssef Oh, tu sais, c'est pas pour me vanter, mais je crois que j'ai mes chances.

Ali Oh, arrête de délirer! Tu as vu qui est en compétition? L'Américain, là, il a beaucoup plus d'expérience que toi. C'est la troisième fois qu'il participe aux Jeux olympiques. Ça m'étonnerait que tu le battes.

Youssef Tu es vraiment encourageant, toi. Ça arrive souvent que les plus jeunes concurrents gagnent, tu sais.

Ali Ouais. Bon, ben... bonne chance, hein.

3 A sa dernière séance d'entraînement avant de partir, Ophélia discute avec son entraîneur.

M. Duval	Eh bien, Ophélia? Tu n'as pas l'air en forme.
Ophélia	Oh, je ne sais pas. Ça fait tellement longtemps que je m'entraîne. Ça doit être le stress, sûrement.
M. Duval	Allez! Encore un effort! C'est pas la mer à boire. Tu y es presque! Tu imagines si Marie-José Pérec parlait comme ça? Tu ferais mieux de te concentrer sur ton entraînement. Tu sais ce que je dis toujours...
Ophélia	Oui, je sais : «On n'arrive à rien sans rien.»
M. Duval	C'est ça. Et n'oublie pas que, même si c'est beaucoup de travail maintenant, tu seras vraiment heureuse quand tu seras sur le podium.
Ophélia	Oui, je sais. Ça va sûrement être génial. Il y aura des champions de tous les pays... Ça sera chouette de parler à des Africains... Je n'ai jamais rencontré d'Africains. Et puis, il me tarde d'aller aux Etats-Unis... Je me demande s'il y a beaucoup d'Américains qui parlent français, parce que mon anglais n'est pas terrible...
M. Duval	Oui. Enfin, n'oublie quand même pas l'entraînement.
Ophélia	Ça, je sais que je peux compter sur vous pour me le rappeler!

4 Mademba est à l'aéroport avec sa famille qui lui dit au revoir avant son départ pour les Etats-Unis.

Mme Kaussi	Tu es sûr que tu as tout ce qu'il te faut?
Mademba	Mais oui, Maman. T'en fais pas.
Mme Kaussi	Fais attention. Tu sais ce qu'on dit. Ça peut être dangereux de se promener aux Etats-Unis...

Mademba	N'aie pas peur. Tu sais, je suis champion de lutte! Je sais me défendre!
Mme Kaussi	Bon. Mais quand même, méfie-toi. Et laisse ton argent dans ta chambre.
Mademba	Mais Maman, les Etats-Unis, c'est civilisé! Je parie que je vais me faire des tas de copains tout de suite. Il doit y avoir plein de francophones en compétition.
Adjouba	Et n'oublie pas que tu m'as promis de demander un autographe à Lu Li.
Mademba	Oui, oui. Je sais. Je ferai de mon mieux mais je ne suis pas certain de pouvoir la voir.
Adjouba	Pourquoi? Tu ne vas pas aller voir les épreuves de gymnastique?
Mademba	Tu sais, ça m'étonnerait que j'aie le temps. J'ai mon entraînement et puis je veux voir autant de matches de basket que possible. Bon. Je dois y aller. Dès que je serai installé, je vous appellerai.
Mme Kaussi	Allez! Au revoir, mon petit, et bonne chance! On est fiers de toi.
Adjouba	Envoie-nous une carte postale dès que tu pourras... Et n'oublie pas de me rapporter quelque chose.
Mademba	Oui, oui! Allez, à bientôt!

1 Tu as compris?

1. Où est-ce que ces jeunes vont?
2. Quand et où est-ce que chaque conversation se passe?
3. Quels sont les sentiments de Julie à propos de sa compétition? Et ceux de Youssef?
4. De quoi parle l'entraîneur avec Ophélia?
5. Que pense la famille de Mademba de son voyage aux Etats-Unis?

2 Qui dit quoi?

Quel(le) jeune fait ces remarques dans *A nous les Jeux olympiques?*

> Tu sais, je suis champion de lutte! Je sais me défendre.

> Ça sera chouette de parler à des Africains.

> Si je suis au meilleur de ma forme, je pourrai peut-être arriver en demi-finale.

> Il doit y avoir des tas d'escrimeuses beaucoup plus fortes que moi.

> Je me demande s'il y a beaucoup d'Américains qui parlent français, parce que mon anglais n'est pas terrible.

> Oh, tu sais, c'est pas pour me vanter, mais je crois que j'ai mes chances.

3 Vrai ou faux?

1. Julie compte gagner la médaille d'or.
2. Elle n'a pas envie de voir d'autres sports.
3. Youssef a oublié son maillot de bain.
4. Il a un trac fou.
5. Youssef pense que le plongeur américain va gagner.
6. M. Duval dit à Ophélia d'arrêter de s'entraîner et de se reposer.
7. Ophélia voudrait rencontrer beaucoup de gens aux Jeux olympiques.
8. Mademba compte assister à beaucoup d'épreuves de gymnastique.

4 Cherche les expressions

What do the people in *A nous les Jeux olympiques!* say to . . .

1. reassure someone?
2. express anticipation?
3. make a supposition?
4. express doubt?
5. brag?
6. tease?
7. encourage someone?
8. give advice?
9. caution someone?

5 Et maintenant, à toi

Est-ce que tu as déjà participé à une compétition ou à un événement sportif? Comment est-ce que tu t'es préparé(e)? Est-ce que tu étais inquiet/inquiète, impatient(e), sûr(e) de toi?

Note culturelle

Les événements sportifs internationaux, comme les Jeux olympiques ou les coupes du monde, sont l'occasion de réunir des sportifs de tous les pays dans un cadre amical. De tels événements permettent de promouvoir la compréhension et l'acceptation des différences entre les peuples. Parmi les événements sportifs liés au monde francophone, il y a le Tour de France qui est sans doute la compétition cycliste la plus renommée; il y a aussi le rallye Paris-Dakar, course automobile et moto qui relie les capitales de la France et du Sénégal. Le tournoi de tennis de Roland-Garros, connu aux Etats-Unis sous le nom de *French Open,* est aussi célèbre.

Vocabulaire

Cahier d'activités, pp. 134–135, Act. 2–5

Travaux pratiques de grammaire, p. 103, Act. 3–5

le basket-ball

le ballon
le panier

l'escrime (f.)

l'escrimeur (euse)
l'épée (f.)
le masque
la tenue

le base-ball

le bâton
le casque
le lanceur
la balle
le frappeur

la gymnastique

les barres (f.) asymétriques
les anneaux (m.)
la poutre
l'entraîneur (m.)

l'athlétisme (m.)

le saut à la perche
le lancer du disque
la course de fond
le saut en longueur

le plongeon acrobatique (plonger)

le plongeoir

l'aviron (m.)

les rames (f.)

le tir à l'arc (tirer)

l'arc (m.)
la flèche

l'haltérophilie (f.)

les haltères (m.)

la boxe
le cyclisme

l'équitation (f.)
le judo

la lutte
la natation

Si tu as oublié
sports
va à la page R18.

Travaux pratiques de grammaire, p. 102, Act. 1-2

6 Aux Jeux olympiques

Ecoutons Ecoute les conversations de ces spectateurs aux Jeux olympiques. A quelles épreuves est-ce qu'ils assistent?

7 Quel sport?

Lisons Associe ces objets à leurs images. Pour quel sport est-ce qu'ils sont nécessaires?

1. une épée   3. un bâton   5. une poutre   7. des anneaux   9. des haltères
2. une rame   4. une flèche   6. un panier   8. un masque   10. un casque

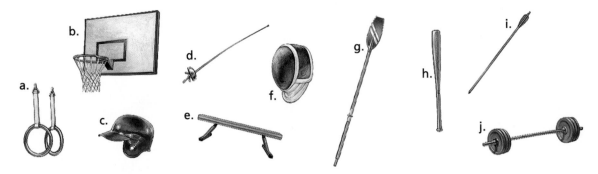

8 Sportez-vous bien!

Lisons Regarde ce tableau et réponds aux questions suivantes.

BASKETBALL	GYMNASTIQUE	TIR A L'ARC	ESCRIME
QUI	**QUI**	**QUI**	**QUI**
Les plus grands sont favorisés. Les «pivots» américains (joueur central autour de qui pivote le jeu) mesurent au moins 2,10 m (1,90 m pour les femmes).	Sport en soi, la gym est aussi la préparation à tous les sports (vélo, tennis, ski...). Bien courir, bien lacer ses chaussures, bien respirer, c'est de la gym !	Ceux qui sont précis dans leurs gestes ou veulent le devenir.	Ceux qui ont le sens de l'observation, de la volonté, qui aiment prendre des décisions rapides.
QUOI	**QUOI**	**QUOI**	**QUOI**
Un ballon (600 g environ), des paniers, un terrain de 24 m sur 13 m où s'affrontent deux équipes de cinq joueurs.	Avec ou sans accessoires (barres, anneaux, agrès, ballon...), avec ou sans musique, seul ou à plusieurs.	Un arc, droit ou démontable, assorti à votre taille et à votre force. Des flèches proportionnelles à la longueur de vos bras. Des cibles.	Des chaussures de sport, un vieux gant, une salle où l'on vous prêtera, la première année, fleuret, masque et veste.
POURQUOI	**POURQUOI**	**POURQUOI**	**POURQUOI**
Un jeu plein de vivacité, qui peut s'interpréter décontracté, comme les chaussures qui portent son nom.	Pour se décontracter, bouger avec aisance, lutter contre le mal de dos ou le ras-le-bol scolaire, mieux vivre dans sa tête, grâce à un corps flexible comme un élastique.	Un sport qui monte : olympique depuis 1972. Se pratique en salle et au grand air.	Pour apprendre à se défendre dans la vie, avec adresse et politesse.

1. Trouve un sport...
   a. qui est une bonne préparation pour tous les sports.
   b. qui est bien pour ceux qui sont précis dans leurs gestes.
   c. où les plus grands sont favorisés.
   d. pour ceux qui aiment prendre des décisions rapides.

2. Qu'est-ce qu'il te faut pour faire...

   de la gymnastique?

   de l'escrime?   du basket?

   du tir à l'arc?

9 Qu'est-ce que tu en dis?

Parlons Ton ami(e) pense essayer un nouveau sport. Il/Elle te demande ton opinion. Tu lui donnes des conseils.

EXEMPLE —Je pense faire du plongeon acrobatique. Qu'est-ce que tu en dis?

—Si j'étais toi, je ferais plutôt de la natation. C'est moins dangereux.

a.

b.

dangereux | fatigant
cool
ennuyeux | intéressant
dur
facile | génial
amusant
cher | bon pour la santé

c.

d.

e.

10 Sondage

Parlons Ton correspondant français voudrait savoir quels sports sont les plus populaires chez toi. Fais un sondage dans ta classe. Demande à tes camarades de nommer par ordre de préférence cinq sports qu'ils aiment faire et cinq sports qu'ils aiment regarder à la télé. Compare tes résultats à ceux de tes camarades.

11 Mon journal

Ecrivons Est-ce que le sport est important pour toi? Pourquoi ou pourquoi pas? Qu'est-ce que tu fais comme sport? Pourquoi est-ce que tu aimes ce sport?

Comment dit-on...?

Expressing anticipation; making suppositions; expressing certainty and doubt

To express anticipation:

> **Il me tarde de** voir les épreuves de judo.
> *I can't wait to . . .*
> **Je suis vraiment impatient(e) de** partir!
> **Vivement que je** reçoive ma première
> médaille d'or! *I just can't wait to . . .*
> **Dès que je serai là-bas,** je mangerai un hot-dog.
> *As soon as I get there, . . .*
> **Quand je verrai** mes athlètes préférés, je
> leur demanderai un autographe.

To express certainty:

> **Je suis sûr(e)/certain(e) que** le basket-ball
> va être super.
> **Ça, c'est sûr.**
> **Je n'en ai aucun doute.** *I have no doubt
> (of it).*

To make a supposition:

> **Ça doit être** cool!
> **Il doit y avoir** beaucoup de francophones.
> **Je parie que** les Russes vont gagner.
> **On pourra sûrement** rencontrer des gens
> intéressants.

To express doubt:

> **Je ne suis pas sûr(e)/certain(e) que**
> les escrimeurs français puissent gagner.
> **Je ne pense/crois pas qu'**on puisse obtenir
> de places pour la gymnastique.
> **Ça m'étonnerait qu'**il gagne la médaille d'or.

> Cahier d'activités,
> p. 136, Act. 6–7

> Grammaire supplémentaire,
> p. 360, Act. 2

---

12 **Vivement les Jeux!**

Ecoutons Séverine part aux
Etats-Unis. Elle discute avec son
frère en faisant ses valises.
Indique les conversations où elle
fait une supposition et celles où
elle exprime son impatience.

DE BONS CONSEILS

The suffix **-eur/-euse** generally indicates a person who does
the action a verb expresses. If **plonger** means *to dive*, who is
a **plongeur**? You know the verb **jouer** means *to play*. How
would you say *a player*? What are the words for the people
who do these activities: **nager, sauter, courir, tirer, recevoir?**

> Grammaire supplémentaire,
> p. 361, Act. 5

Grammaire

The future after *quand* and *dès que*

You've learned that you generally use the future tense in French in the
same way as you do in English. However, when talking about a future
event in French, you use the future tense following the conjunctions
quand and **dès que,** whereas in English, you use the present tense.
Look at these examples:

> Je serai heureuse **quand** je **serai** sur le podium.
> *I'll be happy when I am on the podium.*

> Je vais lui demander son autographe **dès que** je le **verrai.**
> *I'm going to ask for his autograph as soon as I see him.*

> Grammaire supplémentaire,
> p. 360–361, Act. 3–4

> Cahier d'activités,
> p. 137, Act. 8

> Travaux pratiques de
> grammaire, p. 104, Act. 6–7

13 Grammaire en contexte

Lisons/Ecrivons Un ami t'a envoyé ce message électronique. Complète le message avec les verbes entre parenthèses.

```
Bientôt les Jeux! Je suis vraiment impatient de partir. Dès que
je ___1___ (trouver) le temps, je te ___2___ (téléphoner) pour te
raconter comment c'est. Je veux voir plein de choses là-bas.
Mon équipe va devoir beaucoup s'entraîner, mais quand on ___3___
(pouvoir), nous ___4___ (aller) voir les épreuves d'escrime. On
adore tous ça dans l'équipe! Marc et Sophie sont sûrs de ren-
contrer ton athlète préféré. Sophie m'a dit que quand ils le
___5___ (voir), ils lui ___6___ (demander) un autographe pour
toi. Et dès que je l'___7___ (avoir), je te l'___8___ (envoyer).
Alors, envoie-moi ton adresse dès que tu ___9___ (pouvoir). Bon,
je dois te laisser. A bientôt.
                                                    Pierrick
```

14 Grammaire en contexte

Lisons/Parlons Nadine essaie d'imaginer comment ça sera aux Jeux olympiques. Qu'est-ce qu'elle dit? Utilise les mots et expressions pour faire des phrases complètes.

1. quand/athlète préféré/je/
   demander/voir/lui/autographe/je

3. parier que/je/la médaille d'or
   de judo/gagner/je

2. impatient/voir/vraiment/aller/
   épreuves de natation/être/je

4. je/dès que/sympa/je/beaucoup de/
   arriver/francophones/rencontrer

15 C'est trop cool!

Parlons Tu as gagné un voyage pour aller voir un de ces événements sportifs et tu te demandes comment ça sera. Ton/Ta camarade te donnera son avis. Tu lui diras si tu crois qu'il/elle a raison. Changez de rôle.

le Superbowl	le Tour de France
Wimbledon	la Coupe du monde
le rallye Paris-Dakar	Roland-Garros

16 Que faire aux Jeux olympiques?

Ecrivons Imagine que tu es un(e) athlète et que tu vas participer aux Jeux olympiques pour la première fois. Ecris une lettre à ton/ta meilleur(e) ami(e) pour lui dire ce que tu veux faire et voir là-bas et comment tu penses que ça sera.

Remise en train · *Un rendez-vous sportif et culturel*

Quelques-uns des athlètes participant aux Jeux olympiques sont allés voir la finale de basket-ball.

1 **Mademba** You beg my pardon, madame, is it lane euh, vingt-deux?

Yvonne Yes. Tu peux me parler en français, si tu veux. Je suis du Canada.

Mademba Super! Je m'appelle Mademba. Je suis du Sénégal. Je suis ici pour la lutte. Et toi?

Yvonne Moi, c'est Yvonne. Je joue au volley.

Mademba Au fait, c'est quoi, le score?

Yvonne Trente à vingt-sept pour les Etats-Unis.

Mademba Oh, zut alors! Allez, les Russes!

Yvonne Ah, non! Je suis pour les Américains, moi. Ils sont vraiment bons. Dis, tu as vu leur match contre les Brésiliens?

Mademba Oui, je l'ai vu à la télé avant de venir.

Yvonne Vous avez la télé au Sénégal?

Mademba Bien sûr. Et on a aussi des téléphones, des ordinateurs, des voitures, des avions... Il n'y a pas que des petits villages au Sénégal, il y a aussi des grandes villes modernes comme Dakar, par exemple.

Yvonne Oh, pardon. Tu dois penser que je suis vraiment stupide.

2 **Mademba** Non, pas du tout. Beaucoup de gens pensent comme toi. Je trouve ça dommage que les gens ne s'intéressent pas à la culture des autres.

Yvonne Oui, c'est vraiment bête. On a vraiment de la chance d'être ici. Tu sais, j'aimerais bien que tu me racontes comment c'est dans ton pays. Dis donc, après le match, on peut aller manger quelque chose et discuter?

Mademba Ça serait super. Et comme ça, tu pourras me parler du Canada.

Yvonne D'accord.

17 Tu as compris?

1. Quel est le sujet de ces conversations?
2. Quelles sont les choses qu'Hélène veut faire à la Guadeloupe?
3. Pourquoi est-ce qu'Yvonne est embarrassée?
4. Qu'est-ce que Julie et Jean-Paul ont particulièrement aimé de leur expérience des Jeux olympiques.

18 Mets dans le bon ordre

Mets dans le bon ordre les événements d'*Un rendez-vous sportif et culturel*.

Yvonne donne le score à Mademba.

Mademba parle de son pays.

Mademba rencontre Yvonne.

Mademba cherche son siège.

Yvonne fait une gaffe.

Mademba encourage les Russes.

Ophélia et Hélène passent leur dernière soirée aux Jeux à la finale de basket.

3 **Hélène** Dis donc, il est super, ce match. A ton avis, qui va gagner?

Ophélia Je ne sais pas.

Hélène Qu'est-ce qu'il y a? Tu as l'air triste.

Ophélia Un peu, oui. Demain tu vas rentrer chez toi et moi aussi. On ne se verra plus.

Hélène C'est vrai. Mais je vais t'écrire et t'envoyer plein de photos.

Ophélia Moi aussi. Tu sais, je ne t'oublierai pas. Et puis, tu dois absolument venir passer un mois chez moi cet été. D'accord?

4 **Hélène** Pas de problème. Il me tarde de voir la Guadeloupe. Ça sera super de voir les belles plages et les forêts tropicales. Et puis, je veux aussi me balader dans les marchés, rencontrer plein de gens et danser le zouk.

Ophélia Et moi, je suis vraiment impatiente de voir toutes les montagnes couvertes de neige qu'il y a chez toi, en Suisse. N'oublie pas que tu dois m'apprendre à skier.

A la mi-temps, Julie et Jean-Paul échangent leurs impressions des Jeux.

5 **Jean-Paul** Alors, Julie, ça fait comment d'avoir eu la médaille d'or?

Julie C'est trop cool! Mais j'arrive toujours pas à y croire.

Jean-Paul Félicitations. Tu étais vraiment impressionnante.

Julie Arrête, tu vas me faire rougir. J'ai eu de la chance, c'est tout.

Jean-Paul Moi, par contre, qu'est-ce que j'ai pu être nul! On va se moquer de moi en Belgique. Quelle angoisse!

Julie Ne t'en fais pas! Ça peut arriver à tout le monde!

Jean-Paul C'est vrai. Et puis, tu sais, en venant ici, j'ai rencontré des gens super et j'ai pu apprendre toutes sortes de choses sur leurs pays.

Julie Oui, moi aussi. Et je pense que ça sera le meilleur souvenir que je garderai de ces Jeux olympiques.

19 **Vrai ou faux?**

1. Yvonne est pour les Russes.
2. Il y a de grandes villes modernes au Sénégal.
3. Mademba voudrait connaître le Canada.
4. Ophélia est impatiente de faire du ski.
5. Hélène ne s'intéresse pas du tout à la culture des autres.
6. Julie n'est même pas arrivée en finale.
7. Jean-Paul n'a pas aimé les Jeux olympiques.

20 **Cherche les expressions**

What do the people in *Un rendez-vous sportif et culturel* say to . . .

1. give their name and nationality?
2. inquire about someone's country?
3. root for a team?
4. express embarrassment?
5. express excitement?
6. congratulate someone?
7. express disappointment?

21 **Et maintenant, à toi**

Est-ce que tu as déjà rencontré des gens d'un autre pays? Qu'est-ce que tu as appris sur leur pays?

Cahier d'activités, p. 138, Act. 10

Deuxième étape

Objectives Inquiring; expressing excitement and disappointment

go.
hrw
.com

WA3 FRANCOPHONE
AMERICA-12

Vocabulaire

Regarde les gens que Julie a rencontrés aux Jeux olympiques.

CD-ROM
DISC 3

Je viens d'**Algérie**.

Je viens de **Côte d'Ivoire**.

Je viens de **Belgique**.

Je viens de **Guadeloupe**.

Je viens de **Tunisie**.

Je viens du **Niger**.

Je viens du **Maroc**.

Je viens de **Suisse**.

Je viens du **Sénégal**.

Je viens d'**Haïti**.

Je viens du **Canada**.

Je viens de **République centrafricaine**.

l'Afrique (f.) du Sud   le Brésil   les Etats-Unis (m.)   le Mexique
l'Allemagne (f.)   la Chine   l'Italie (f.)   la République démocratique du Congo
l'Angleterre (f.)   l'Espagne (f.)   le Japon   la Russie

Cahier d'activités,
p. 139, Act. 11

Travaux pratiques de grammaire,
pp. 105–106, Act. 8–10

Grammaire supplémentaire,
p. 362, Act. 6

22 **C'est typique de chez nous!**

Parlons Dans quel pays est-ce qu'on peut voir les choses suivantes?

a.

b.

c.

d.

e.

f.

g.

Tu te rappelles?

Do you remember how to say *in* or *to* a country? Use **au** before masculine countries and **en** before feminine countries. Use **en** before any country starting with a vowel and **aux** before all plural countries.

Grammaire supplémentaire,
p. 363, Act. 7–8

Travaux pratiques de grammaire, pp. 106–107, Act. 11–13

23 **Si tu allais...**

 Parlons Après le lycée, ton/ta camarade voudrait voyager. Tu lui proposes des endroits où aller. Il/Elle te dira comment il/elle pense que ça sera là-bas. Dis si tu es d'accord.

EXEMPLE —**Si tu allais au Brésil, tu pourrais voir l'Amazone.**
—**Je parie que c'est sauvage, là-bas.**
—**Oui, c'est sûr.**

visiter le Kremlin   voir des éléphants
voir la tour Eiffel   visiter la Tour de Londres
aller à Berlin   voir des temples
voir des pyramides mayas   visiter le Vatican
voir la Grande Muraille de Chine

Comment dit-on...?

Inquiring

To inquire about someone's country:

Tu viens d'où?
C'est comment, la vie là-bas?
Qu'est-ce qu'on y mange?
On porte des pagnes chez toi?
Vous avez/Il y a des téléviseurs chez vous?
Qu'est-ce qui est typique de chez toi?

Cahier d'activités, pp. 140–141, Act. 12–13

---

24 **Au village olympique**

 Ecoutons Ecoute ces conversations qui ont lieu au village olympique. Est-ce que ces gens posent des questions sur le pays de quelqu'un ou sur autre chose?

25 **Méli-mélo!**

Lisons/Parlons Crée un dialogue entre deux athlètes qui se rencontrent aux Jeux olympiques.

«Chouette! C'est comment, la vie là-bas?»

«Tu habites dans une maison?»   «Tu viens d'où?»

«Qu'est-ce qu'on y mange?»

«C'est fascinant! Qu'est-ce qu'il y a d'autre?»

«Salut. Je m'appelle Dianne. Et toi?»

«Oui, moi, j'habite dans une maison en ville, mais mes parents habitent dans une case au village.»

«Ce qui est typique de chez nous, c'est les cassaves.»

«C'est super.»   «Moi, c'est Koli.»

«De République centrafricaine.»

26 **C'est comment, la vie là-bas?**

 Ecrivons Pendant leur séjour au village des Jeux olympiques, ces jeunes francophones se rencontrent à la cantine. Ils voudraient connaître d'autres pays. Ils vont se poser des questions et faire des suppositions. Imagine et écris leurs dialogues.

Quelle est l'image d'une personne typique de cette région?

We talked to people about the image others have of a typical person from their region or country. Here's what they told us.

Christian,
France

«Ah! Un Français typique, c'est un Français atypique. Il n'y a pas de Français typique. Peut-être, ce qui fait la particularité des Français, c'est que... ils ont du mal à être... à se ressembler, comme les autres. Nous sommes individualistes.»

Taki,
Côte d'Ivoire

«L'Ivoirien typique, c'est celui-là qui aime la paix, parce que... Ici, la paix, on le dit souvent, est une seconde religion. Donc, l'Ivoirien typique pour moi, c'est celui-là qui est imprégné de l'idée de paix. C'est celui-là qui aime son prochain et qui est tolérant, donc, envers son prochain.»

Micheline,
Belgique

«Le Belge typique est un... [Il] aime les moules et [les] frites. Il est rigolo. Il aime la vie. Et par contre, c'est pas toujours très vrai parce qu'en fait, il y en a de sinistres qui n'aiment pas rire du tout. Il a aussi un accent bizarre, disent les Français, qui se moquent beaucoup d'eux.»

Qu'en penses-tu?

1. Quelle image as-tu des Français en général? des Suisses? des Belges? des habitants d'Afrique francophone? et des Antillais? Sur quoi bases-tu ton opinion?

2. A ton avis, quelle image est-ce que les étrangers ont des Américains? D'où viennent ces idées?

27 C'est pareil qu'ici?

Parlons Choisis un pays d'un des chapitres du livre. Imagine que tu es un(e) athlète de ce pays qui participe aux Jeux olympiques. Tu y rencontres un(e) Américain(e) qui va te poser des questions sur ton pays. Tu vas aussi lui poser des questions sur les Etats-Unis. Joue cette scène avec ton/ta camarade, puis changez de rôle.

Comment dit-on...?

Expressing excitement and disappointment

To express excitement:

> **Génial!**
> **C'est trop cool!**
> **J'arrive pas à y croire!**
>   *I can't believe it!*
> **C'est pas possible!**
> **C'est vraiment le pied!**
> **Youpi!** *Yippee!*

To express disappointment:

> **Les boules!** *Darn!*
> **J'en ai vraiment marre!**
> **J'ai vraiment pas de chance.**
> **C'est pas juste.** *It's not fair.*
> **Quelle angoisse!** *This is the worst!*
> **Qu'est-ce que je peux être nul(le)!**
>   *I can't do anything right!*

> Cahier d'activités, pp. 141–142, Act. 14–15

28 Figure-toi que...

Ecoutons Ecoute ces jeunes qui téléphonent chez eux pour raconter à leurs parents ce qui leur est arrivé aux Jeux olympiques. Est-ce qu'ils ont gagné ou perdu?

29 Qu'est-ce qu'ils disent?

Parlons Qu'est-ce que ces jeunes athlètes disent à propos de ce qui leur est arrivé aux Jeux olympiques?

1.   2.   3.   4.

30 C'est pas possible!

Ecrivons Imagine que tu as participé aux Jeux olympiques. Ecris une carte postale à un(e) ami(e). Dis-lui comment la compétition s'est passée pour toi et qui tu as rencontré d'intéressant.

31

 De l'école au travail

Parlons You're working as an intern for a local TV news station, and you're helping a reporter interview some of the francophone athletes. Remember to ask them questions about where they are from and how they did in the competition.

Le Sport et le monde francophone

La naissance de l'Olympisme moderne a eu lieu en 1894, avec la création du Comité Olympique, consécration des efforts de Pierre de Coubertin. Le développement des activités physiques était alors très encouragé par le gouvernement républicain français qui voulait créer une élite forte. Mais, même si depuis le début des Jeux olympiques modernes, les francophones ont contribué à leur succès, l'influence de la France et des francophones n'est pas assez reconnue dans le monde du sport. Voici le portrait de plusieurs athlètes francophones qui méritent bien nos applaudissements pour leurs accomplissements hors du commun.

Les Jeux olympiques en chiffres

Le nombre de sports présents aux Jeux olympiques est en constante augmentation. En 1896, à Athènes, il y avait seulement 9 sports en compétition. En 1948, à Londres, il y avait 17 sports et à Atlanta en 1996, 26. En l'an 2000, à Sydney, il y avait 28 sports. Comme le nombre de sports augmente, le nombre de médailles distribuées augmente aussi. A Sydney, on a distribué 300 médailles d'or, soit 29 de plus qu'à Atlanta et 43 de plus qu'à Barcelone.

Nombre de médailles que les Français ont gagnées pendant les derniers Jeux olympiques d'été :

Atlanta 1996 : 15 médailles d'or
7 médailles d'argent
15 médailles de bronze

Sydney 2000 : 13 médailles d'or
14 médailles d'argent
11 médailles de bronze

Brigitte Guidal

La France possède depuis quelques années une bonne équipe de canoë-kayak. Dans l'équipe, on peut citer Brigitte Guidal qui a gagné sa première médaille olympique à Sydney après huit années de compétition de haut niveau. Cependant, cette médaille d'argent n'est pas sa première bonne performance au niveau mondial en canoë-kayak. Elle a été sacrée championne du monde en 1997 et championne d'Europe en l'an 2000.

Stratégie pour lire

While each chapter of this book has presented a single reading strategy, in reality you'll usually use a combination of strategies to help you understand and get more out of what you read. For example, if you're reading an autobiographical story written by a person from a different country, it will be important to identify the narrator's point of view and to take the cultural context of the story into account. In addition, you may need to use some of the comprehension strategies you've learned, such as using linking words, contextual clues, and deductive reasoning, in order to understand new words and the relationship of ideas in the reading. The style of the reading may require you to use strategies for understanding literary techniques or dialect, or for relating the subtopics to the main idea. Whatever type of reading you're faced with, remember that you have a variety of strategies available for meeting the challenges it presents.

Hicham El Guerrouj

Hicham El Guerrouj est né au Maroc en 1974. Depuis le milieu des années 1990, il domine la course de fond du 1500 mètres sur les pistes d'athlétisme du monde. Il a été sacré champion du monde du 1500 mètres en 1997 et 1998. Malgré sa domination, Hicham El Guerrouj n'a pas encore réussi à conquérir le titre olympique. A Atlanta, il a échoué au dernier tour de piste lorsqu'il est tombé. En l'an 2000, à Sydney, le Kenyan Noah Ngeny l'a battu d'un quart de seconde. Malgré ça, Hicham El Guerrouj reste sans doute l'un des meilleurs coureurs de fond de tous les temps.

Laura Flessel

On la surnomme la «guêpe». Née à la Guadeloupe en 1971, Laura Flessel n'a pas volé son surnom. Elle a commencé l'escrime lorsqu'elle n'avait que six ans. En 1990, elle a passé son baccalauréat et est partie pour la France métropolitaine où elle est entrée à l'INSEP. En 1996, elle a remporté la médaille d'or à l'épée aux Jeux olympiques d'Atlanta. En 1998 et 1999, elle a remporté deux titres de championne du monde. Cependant, aux Jeux olympiques de Sydney, elle a dû se contenter de la médaille de bronze. En plus d'être une sportive de haut niveau, Laura Flessel doit aussi concilier sa carrière professionnelle dans le tourisme d'affaires avec son rôle de maman.

Christine Arron

En 1998, la performance de Christine Arron aux 17èmes Championnats d'Europe d'athlétisme a fait oublier l'absence de Marie-José Pérec. Arron a battu le record d'Europe en remportant le titre continental à l'épreuve du 100 mètres à Budapest, en 10 secondes 73. Cette victoire constitue la troisième meilleure performance mondiale de tous les temps.

Philippe Couprie

Il est l'un des meilleurs spécialistes mondiaux de course en fauteuil roulant. Il fait partie du Pontoise Olympique Club, un club dédié à la course en fauteuil qui est célèbre pour les excellents athlètes qu'il regroupe (Moustapha Badid fait aussi partie de ce club). Philippe Couprie a été sept fois champion de France de semi-marathon, une fois deuxième, et il a obtenu le record de France du 1500 mètres en juin 1996, à Paris, puis à nouveau, aux Jeux olympiques d'Atlanta. Parmi ses autres exploits, on peut noter un titre de vice-champion olympique de marathon à Séoul, en 1988, et le record du monde de marathon à Boston, en 1989. Pour ce qui est de distances plus courtes, Philippe Couprie a été vice-champion du monde du 1500 mètres à Göteborg en 1995, champion olympique du 4 x 400 mètres à Atlanta en 1996 et il a obtenu la médaille de bronze du 1500 mètres aux Jeux olympiques d'Atlanta. En l'an 2000, à Sydney, il a encore obtenu une médaille pour le 4 fois 400 mètres, mais cette fois, une médaille d'argent.

Le Sport et le monde francophone

A. Preview the articles on the first two pages of the reading. What are they about? How is the information organized?

B. Now, make predictions about the articles based on your preview. What kind of information and vocabulary do you expect to find?

C. According to the introduction and the photographs, what are some of the sports and sporting events that French-speakers have played important roles in?

D. Qui était Pierre de Coubertin? Que lui doit-on?

E. Quel(le) athlète…
  1. a gagné une médaille d'or olympique?
  2. a gagné sa première médaille olympique à Sydney?
  3. a été champion du monde du 1500 mètres?
  4. a été sept fois champion de France de semi-marathon?
  5. a commencé à pratiquer son sport à l'âge de six ans?
  6. a battu le record du monde de marathon à Boston?

F. Dans quel sport est-ce que Laura Flessel excelle? Pourquoi l'appelle-t-on «la guêpe», à ton avis?

ALLEZ, LES BLEUS!

La période de grâce des «Bleus» a commencé en 1998 lorsqu'ils ont gagné la Coupe du monde. Elle a continué en l'an 2000 avec leur victoire pendant la Coupe d'Europe. Si la France a largement dominé le Brésil pendant la Coupe du monde en gagnant par trois buts à zéro, elle a eu beaucoup de mal à battre l'Italie lors de la finale de la Coupe d'Europe. Ce n'est que pendant les prolongations que la France a réussi à gagner grâce au but en or de Trézéguet.

Après la victoire de la France face au Brésil, plusieurs millions de supporters ont manifesté leur joie et leur enthousiasme dans les rues de Paris et de la France entière. On n'avait pas vu cela depuis la Libération (1945). La même manifestation de joie et d'enthousiasme a éclaté de nouveau après la victoire finale des "Bleus" contre l'Italie pendant la Coupe d'Europe.

Deux personnalités du monde du football

Zinedine Zidane

Zinedine Zidane, surnommé «Zizou», est peut-être le footballeur français le plus connu depuis Michel Platini. Pendant la finale de la Coupe du monde, il a marqué de la tête 2 des 3 buts. Malgré sa popularité, Zizou est très modeste et préfère parler de ses coéquipiers plutôt que de ses propres exploits.

Fabien Barthez

L'équipe de France de football doit aussi beaucoup de ses succès à son gardien de but, Fabien Barthez. Il aime dire que certains jours, il se sent invincible. Il est aussi le porte-bonheur de l'équipe. Plusieurs joueurs de l'équipe de France vont toucher le crâne rasé de Barthez avant chaque match pour se porter chance.

LE HANDBALL

Qu'est-ce qu'on appelle «handball» en France? C'est un sport d'équipe qui se pratique en salle avec un ballon à la main. Chaque équipe est composée de sept joueurs, dont un gardien de but. C'est un sport rapide et physique qui se pratique dans de nombreux pays européens et d'Afrique du Nord.

Le handball est de plus en plus populaire en France grâce à l'équipe nationale qui a gagné deux titres de champion du monde sur trois finales disputées depuis 1990. Ainsi, l'équipe de France de handball, surnommée les «Barjots», a remporté le titre de champion du monde en 1995. Les «Costauds» de 2001 ont remporté le titre mondial (28-25) face à la Suède qui domine la compétition depuis plusieurs années. Le joueur le plus connu de l'équipe de handball française est le capitaine de l'équipe, Jackson Richardson. Richardson vient de la Réunion et a participé aux différentes Coupes du monde depuis 1993. En 1995, il a été élu meilleur joueur après la victoire de la France.

Allez, les Bleus!
Le Handball

G. De quoi parlent ces articles? Quel type d'informations tu penses trouver dans ces articles?

H. De quelle manière les fans français ont-ils célébré la victoire de leur équipe nationale? Est-ce que les Américains célèbrent les victoires de leurs équipes sportives de la même manière?

I. Vrai ou faux?

1. Pour leur porter chance, les coéquipiers de Barthez lui touchent la tête.

2. Les fans français ont surnommé leur équipe les «Rouges».

3. Zidane n'a pas bien joué lors de la finale de la Coupe du monde.

4. La finale de la Coupe du monde 1998 a eu lieu entre la France et les Etats-Unis.

5. Zidane a partagé son succès avec ses coéquipiers.

J. Comment est-ce que le handball qu'on pratique en France diffère du handball qu'on pratique plus souvent aux Etats-Unis. A quels sports est-ce que le handball (version française) ressemble?

K. Combien de ces athlètes sont-ils connus aux Etats-Unis? D'après toi, pourquoi la presse américaine ne parle pas souvent des athlètes étrangers?

Cahier d'activités, p. 143, Act. 17

Ecrivons!

Un article de magazine

Tu viens de lire des articles sur des athlètes internationaux, plus ou moins connus. Beaucoup de gens admirent les athlètes pour leur endurance, leur détermination et leur force de caractère qui leur a permis de devenir les meilleurs de leur sport. Dans cette activité, tu vas écrire un article de magazine sur un(e) athlète que tu admires ou que tu trouves intéressant(e).

> ### ✎ Stratégie pour écrire
> Of course you know that doing research is important for writing a research paper, but it can also be necessary for other kinds of writing. Whether it's a movie scene, a tourist brochure, an article, or a letter to the editor, all writing requires complete and accurate information. You may have access to more traditional research materials, such as the card catalogue and the periodicals index, or more modern ones, such as online information services and reference works stored on CD-ROM. Whatever the sources and types of information available to you, don't hesitate to do the research necessary to make your writing accurate as well as interesting.

A. Préparation

1. Choisis une personne que tu admires et au sujet de laquelle tu pourras trouver des informations.
2. Fais des recherches sur cette personne.
   a. Sélectionne des sources d'informations. Tu peux peut-être trouver ces informations dans des livres, des magazines ou des articles de journaux à la bibliothèque de ton école ou à la bibliothèque municipale.
   b. Lis toutes les informations que tu as trouvées et prends des notes ou fais des photocopies de ce que tu peux utiliser.
3. Organise les informations que tu as trouvées.
   a. Fais des catégories, comme par exemple, **Education, Entraînement** ou **Succès.**
   b. Fais un plan de ton article. Mets les catégories que tu as choisies dans l'ordre où elles apparaîtront dans ton article. Ensuite, organise les informations que tu as trouvées sous la forme de paragraphes.

B. Rédaction

1. Fais un brouillon de ton article en suivant le plan que tu as fait.
2. Vérifie que tu as bien utilisé toutes les informations que tu voulais. Consulte à nouveau les sources d'informations que tu as utilisées pour trouver des détails que tu pourrais ajouter.
3. S'il le faut, aide-toi d'un dictionnaire anglais-français pour traduire en français certaines des informations que tu as trouvées.
4. Trouve des photos pour illustrer ton article. Ecris une légende *(caption)* pour chaque photo et donne un titre à ton article.

C. Evaluation

1. Relis ton article et pose-toi les questions suivantes.
   a. Est-ce que tu as bien suivi ton plan?
   b. Est-ce que tu as trouvé des informations intéressantes pour ton article?
   c. Est-ce que tu as parlé des faits les plus importants de la vie de cet(te) athlète?
   d. Est-ce qu'il y a d'autres détails sur cet(te) athlète qui pourraient intéresser tes lecteurs?
2. Rédige la version finale de ton article en n'oubliant pas de corriger les fautes d'orthographe, de grammaire et de vocabulaire.

Grammaire supplémentaire

Visit Holt Online
go.hrw.com
KEYWORD: WA3 FRANCOPHONE AMERICA-12
Jeux Interactifs

Première étape

Objectives Expressing anticipation; making suppositions; expressing certainty and doubt

1 Complète les phrases suivantes avec le conditionnel et l'imparfait. (**pp. 13, 121, 347**)

1. Si je _____ (avoir) le temps, je _____ (faire) de la natation.
2. Ça m' _____ (étonner) si les Français ne _____ (gagner) pas le match.
3. S'il _____ (faire) plus de musculation, il _____ (être) plus musclé.
4. Si nous _____ (faire) plus d'entraînement, nous _____ (recevoir) une médaille d'or.
5. Si vous _____ (faire) plus d'effort, vous _____ (réussir).

2 Remplis les blancs avec la forme correcte des verbes entre parenthèses. (**pp. 133, 203, 348**)

1. Les basketteurs français? J'ai peur qu'ils _____ (se faire) battre par les Américains.
2. Ça m'étonnerait qu'il _____ (se cogner) la tête! C'est le meilleur plongeur du monde!
3. Il se peut qu'elle _____ (rater) son tir. Elle a l'air d'avoir le trac.
4. Il faudrait que tu _____ (voir) la différence entre le crawl et le papillon. Sinon, tu ne comprendras rien aux épreuves de natation!
5. Je ne pense pas que vous _____ (arriver) en finale. Vous n'avez vraiment pas de chance!
6. Je ne crois pas qu'ils _____ (pouvoir) nous battre. Nous sommes les meilleurs!

3 Complète la conversation suivante avec le futur des verbes entre parenthèses. (**p. 348**)

DOMINIQUE J'__1__ (avoir) le trac dès que je __2__ (voir) la piscine!

BRUNO Tu __3__ (aller) mieux dès que tu __4__ (commencer) à t'échauffer!

BENOIT Marie-José __5__ (gagner) la plupart des épreuves dès qu'elle __6__ (apprendre) à rester calme.

BRUNO La foule __7__ (être) en délire dès que vous __8__ (entrer)!

DOMINIQUE Oui. Et on __9__ (jouer) l'hymne national de votre pays dès que vous __10__ (être) sur le podium!

BENOIT Nous __11__ (battre) les Américains dès que nous __12__ (commencer) à nous concentrer sur notre entraînement.

4 Réponds en utilisant **Tu seras contente quand** et le futur du verbe qui convient. (**p. 348**)

    EXEMPLE   —Il me tarde d'aller aux Jeux olympiques!
                     —Tu seras contente quand tu iras aux Jeux olympiques!

1. Il me tarde de commencer l'entraînement!
2. Il me tarde d'entrer en compétition!
3. Il me tarde de gagner la médaille d'or!
4. Il me tarde d'être sur le podium!
5. Il me tarde de rencontrer d'autres champions!
6. Il me tarde de voir les épreuves d'athlétisme!

5 Marie et Yvonne sont aux Jeux olympiques. Marie connaît tout sur les athlètes qui y participent. Yvonne pose les questions suivantes à Marie. Réponds aux questions d'Yvonne et dis quel genre d'athlète ils sont. Utilise le superlatif dans tes phrases. (**pp. 252, 348**)

    EXEMPLE   —Est-ce qu'il joue au base-ball?
                     —Oui, c'est le meilleur joueur de base-ball du monde.

1. Il joue au basket?

2. Est-ce qu'elle nage le crawl?

3. Est-ce qu'il court?

4. Est-ce qu'elle fait de l'escrime?

Deuxième étape

Objectives Inquiring; expressing excitement and disappointment

6 Ces jeunes viennent de quel pays? Ecris des phrases avec le verbe **venir** pour dire de quel pays ou de quelle région ils viennent. **(p. 352)**

EXEMPLE   le Japon
            Elle vient du Japon.

1. l'Algérie

_____

2. Le Canada

_____

3. La France

_____

4. La Martinique

_____

5. Haïti

_____

6. Les Etats-Unis

_____

7 Chacun de ces jeunes vient du pays nommé à côté de son nom. Ecris six petites conversations en suivant le modèle donné dans l'exemple ci-dessous. **(p. 352)**

EXEMPLE   Babette / Brésil — **Moi, je viens du Brésil.**
                                      — **C'est comment, la vie au Brésil?**

1. Tara / Tunisie
2. Saïd / Sénégal
3. Marco / Mexique
4. Mounia / Maroc
5. Inès / Martinique
6. Estrella / Espagne

8 Où est-ce qu'il faut aller pour faire les choses suivantes? Réponds en utilisant **il faudrait aller** et un des pays proposés ci-dessous. **(p. 352)**

la Belgique	l'Algérie	le Maroc
	la Tunisie	la Suisse
l'Italie		
le Sénégal		la France
la République centrafricaine		le Canada
	les Etats-Unis	

EXEMPLE   Pour boire du thé à la menthe, il faudrait aller...
                    au Maroc.

1. Pour faire du ski, il faudrait aller…
2. Pour manger des gaufres, il faudrait aller…
3. Pour faire un safari, il faudrait aller…
4. Pour faire la cueillette des dattes, il faudrait aller…
5. Pour acheter une montre, il faudrait aller…
6. Pour manger des spaghettis, il faudrait aller…
7. Pour visiter la tour Eiffel, il faudrait aller...
8. Pour admirer les maisons du Vieux Carré en Louisiane, il faudrait aller...
9. Pour voir les beaux marchés de Dakar, il faudrait aller...
10. Pour visiter les ruines romaines de Carthage, il faudrait aller...

Mise en pratique

CD-ROM
DISC 3

Visit Holt Online

go.hrw.com

KEYWORD: WA3 FRANCOPHONE AMERICA-12

Self-Test ⬍

1 Lis cet article et réponds aux questions suivantes.

Les Jeux olympiques de l'antiquité à nos jours

Les Jeux olympiques de l'antiquité avaient lieu à Olympie en Grèce, tous les quatre ans, depuis l'an 776 av. J. C. jusqu'à leur interdiction par l'empereur Théodose Ier en 394 de notre ère. A l'origine, il n'y avait qu'une épreuve, une course de vitesse, et le vainqueur recevait une couronne de feuilles d'olivier comme récompense. D'autres épreuves de course furent ajoutées au fil du temps, ainsi que d'autres sports, comme la boxe et la lutte. Parmi les épreuves plus inhabituelles, il y avait la course en armure et la course de chars tirés non pas par des chevaux mais par deux mules. Avec le temps les récompenses devinrent plus recherchées et il y eut même des pots de vin, des cas de corruption et de boycottage.

S'inspirant des Jeux olympiques originaux, exempts de corruption, le baron français Pierre de Coubertin conçut les Jeux olympiques modernes. Il lança l'idée publiquement pour la première fois en 1892, puis passa les trois années et demie qui suivirent à rallier des soutiens. L'intérêt le plus fort se manifesta en Grèce et il fut donc décidé d'organiser les premiers Jeux olympiques à Athènes. Le terme "Olympiade" désigne la période de quatre années consécutives qui séparent deux éditions des Jeux. La première Olympiade de l'ère moderne débuta par les Jeux de 1896 à Athènes. Les Olympiades et les Jeux olympiques se calculent à partir de cette année-là, même si les Jeux n'ont pas eu lieu au cours d'une Olympiade donnée. Le terme "Olympiade" ne s'applique pas aux Jeux olympiques d'hiver.

Le premier comité international olympique (avec Pierre de Coubertin, assis à gauche)

Vrai ou faux?

1. La lutte faisait partie des premiers Jeux olympiques.

2. La course de mules a fait partie des Jeux olympiques à une période donnée.

3. Pierre de Coubertin est le père des Jeux olympiques modernes.

4. Le terme « Olympiade » ne s'applique pas aux Jeux olympiques d'hiver.

5. Les sports pratiqués pendant les Jeux olympiques modernes sont les mêmes que ceux des premiers Jeux olympiques.

6. Les premiers Jeux olympiques modernes ont eu lieu en 1892.

2 Ecoute Marion qui montre à ses amis les photos qu'elle a prises aux Jeux olympiques. De quelle photo est-ce qu'elle parle?

a.

b.

c.

d.

e.

f.

g.

h.

3 Tes camarades et toi, vous allez assister aux Jeux olympiques. Il faut que vous choisissiez à l'avance les événements que vous voulez voir pour pouvoir acheter des places. Dis à tes camarades quels sports il te tarde de voir. Ils/Elles vont parler de ce qu'ils/elles voudraient voir. Essayez de vous mettre d'accord pour pouvoir y aller tous ensemble.

4 Un magazine français va offrir un voyage aux Jeux olympiques à la personne qui écrira le meilleur essai sur la raison pour laquelle elle voudrait y aller. Ecris un essai. N'oublie pas de parler des épreuves auxquelles tu voudrais assister et de mentionner les gens que tu voudrais rencontrer. Décris comment tu imagines que ça sera.

5 **Jeu de rôle**

You and your partner are Olympic athletes. Choose the sports that you play and the countries you represent. Then, act out the following situations.

a. Imagine you're meeting each other in the Olympic village for the first time. Ask questions to find out about each other's country and interests.

b. You meet again on the last day. Tell each other how your competitions went. (One of you did very well and one of you did poorly.) Talk about your other experiences and what you enjoyed about the Games.

Can you use what you've learned in this chapter?

Can you express anticipation?
p. 348

1 How would you express your anticipation if you were . . .
1. going to watch the Olympic games?
2. about to be an exchange student in Switzerland?
3. traveling to a foreign country?

Can you make suppositions?
p. 348

2 What suppositions can you make about the following situations?
1. Your school team is going to compete in a state tournament.
2. You have to tell your best friend you've lost his/her leather jacket.
3. You're going to spend the summer working in a store.

Can you express certainty and doubt?
p. 348

3 Your friend asks you the following questions. How would you express your certainty?

> Est-ce que l'équipe de basket-ball américaine va gagner la médaille d'or?

> Est-ce qu'il y a une interro de maths demain?

> Est-ce que c'est une bonne idée d'étudier une langue étrangère?

4 How would you express doubt about the situations in number 3?

Can you inquire?
p. 353

5 You've just been introduced to an exchange student from a foreign country. What questions would you ask to find out . . .
1. what life is like in that country?
2. what people eat and wear there?
3. what is typical there?

Can you express excitement and disappointment?
p. 355

6 How would you express your excitement if . . .
1. your school's basketball team won the state championship?
2. you got a perfect grade on a very difficult test?
3. you received a birthday card with a $100 check inside?

7 How would you express your disappointment if . . .
1. you just missed first place in a competition?
2. you arrived late and found that your friends had left without you?
3. you received a lower grade than you had expected on a test?

Première étape

Sports and equipment

les anneaux (m.)	the rings
l'arc (m.)	the bow
l'aviron (m.)	rowing
la balle	the ball
le ballon	the ball
les barres (f.) asymétriques	the uneven parallel bars
le bâton	the bat
la boxe	boxing
le casque	the helmet
la course de fond	long-distance running
le cyclisme	cycling
l'entraîneur (m.)	the coach
l'épée (f.)	the epee/the sword
l'escrime (f.)	fencing
l'escrimeur(-euse)	fencer
la flèche	the arrow
le frappeur	the batter

la gymnastique	gymnastics
les haltères (f.)	weights
l'haltérophilie (f.)	weightlifting
le judo	judo
le lancer du disque	the discus throw
le lanceur	the pitcher
la lutte	wrestling
le masque	the mask
le panier	the basket
le plongeoir	the diving board
le plongeon acrobatique	diving
plonger	to dive
la poutre	the balance beam
le saut à la perche	the pole vault
le saut en longueur	the long jump
les rames (f.)	oars

la tenue	the outfit
le tir à l'arc	archery
tirer	to shoot

Expressing anticipation

Il me tarde de...	I can't wait to . . .
Je suis vraiment impatient(e) de... !	I can hardly wait to . . . !
Vivement que je... !	I just can't wait to . . . !
Dès que je serai là-bas,...	As soon as I get there, . . .
Quand je verrai...	When I see . . .

Expressing certainty and doubt

Ça, c'est sûr.	That's for sure.
Je n'en ai aucun doute.	I have no doubt of it.

Deuxième étape

Places of origin

l'Afrique (f.) du Sud	South Africa
l'Algérie (f.)	Algeria
l'Allemagne (f.)	Germany
l'Angleterre (f.)	England
la Belgique	Belgium
le Brésil	Brazil
le Canada	Canada
la Chine	China
la Côte d'Ivoire	the Republic of Côte d'Ivoire
l'Espagne (f.)	Spain
les Etats-Unis (m.)	the United States
la Guadeloupe	Guadeloupe
Haïti (m.)	Haiti
l'Italie (f.)	Italy
le Japon	Japan
le Maroc	Morocco
le Mexique	Mexico
le Niger	Niger
la République centrafricaine	the Central African Republic

la République démocratique du Congo	the Democratic Republic of Congo
la Russie	Russia
le Sénégal	Senegal
la Suisse	Switzerland
la Tunisie	Tunisia

Inquiring

Tu viens d'où?	Where are you from?
C'est comment, la vie là-bas?	What's life like there?
Qu'est-ce qu'on y... ?	What do you . . . there?
On... chez toi?	Do people . . . where you're from?
Vous avez/Il y a... chez vous?	Do you have/Are there . . . where you're from?
Qu'est-ce qui est typique de chez toi?	What's typical of where you're from?

Expressing excitement and disappointment

C'est trop cool!	That's too cool!
J'arrive pas à y croire!	I can't believe it!
C'est pas possible!	No way!
C'est vraiment le pied!	That's really neat!
Youpi!	Yippee!
Les boules!	Darn!
J'en ai vraiment marre!	I'm sick of this!
J'ai vraiment pas de chance.	I'm so unlucky.
C'est pas juste.	It's not fair.
Quelle angoisse!	This is the worst!
Qu'est-ce que je peux être nul(le)!	I just can't do anything right!

Reference Section

Summary of Functions

Function is another word for the way in which you use language for a specific purpose. When you find yourself in a certain situation, such as in a restaurant, in a grocery store, or at school, you'll want to place an order, or make a purchase, or talk about your class schedule. In order to communicate in French, you have to "function" in the language.

Each chapter in this book focuses on language functions. You can easily find them in boxes labeled **Comment dit-on... ?** The other features in the chapter—grammar, vocabulary, and culture notes—support the functions you're learning.

Here is a list of the functions presented in the *Allez, viens!* program and their French expressions. You'll need them in order to communicate in a wide range of situations. Following each function are the numbers of the level, chapter, and page where the function was first introduced.

SOCIALIZING

Greeting people I Ch. 1, p. 22
Bonjour.   Salut.

Saying goodbye I Ch. 1, p. 22
Salut.   A bientôt.
Au revoir.   A demain.
A tout à l'heure.   Tchao.

Asking how people are I Ch. 1, p. 23
(Comment) ça va?   Et toi?

Telling how you are I Ch. 1, p. 23
Ça va.
Super!
Très bien.
Comme ci comme ça.
Bof.
Pas mal.
Pas terrible.

Expressing thanks I Ch. 3, p. 90
Merci.   A votre service.

III Ch. 6, p. 169
Merci bien/mille fois.
Je vous remercie.
C'est vraiment très gentil de votre part.

Responding to thanks III Ch. 6, p. 169
De rien.
Je vous en prie.
(Il n'y a) pas de quoi.
C'est tout à fait normal.

Extending invitations I Ch. 6, p. 179
Allons... !   Tu viens?
Tu veux... ?   On peut...

Accepting invitations I Ch. 6, p. 179
Je veux bien.
Pourquoi pas?
D'accord.
Bonne idée.

Refusing invitations I Ch. 6, p. 179
Désolé(e), je suis occupé(e).
Ça ne me dit rien.
J'ai des trucs à faire.
Désolé(e), je ne peux pas.

Identifying people I Ch. 7, p. 203
C'est...   Voici...
Ce sont...   Voilà...

II Ch. 11, p. 313
Tu connais... ?   Bien sûr. C'est...
Je ne connais pas.

Introducing people I Ch. 7, p. 207
C'est...
Je te/vous présente...
Très heureux (heureuse).   (FORMAL)

Renewing old acquaintances III Ch. 1, p. 9
Ça fait longtemps qu'on ne s'est pas vu(e)s.
Ça fait...
Depuis...
Je suis content(e) de te revoir.
Qu'est-ce que tu deviens?
Quoi de neuf?
Toujours la même chose!
Rien (de spécial).

Seeing someone off I Ch. 11, p. 336
Bon voyage!   Amuse-toi bien!
Bonnes vacances!   Bonne chance!

Asking someone to convey good wishes
III Ch. 8, p. 222

Embrasse... pour moi.
Fais mes amitiés à...
Salue... de ma part.
Dis à... que je vais lui écrire.
Dis à... que je pense à lui/elle.

Closing a letter   **III Ch. 8, p. 222**

Bien des choses à...
Je t'embrasse bien fort.
Grosses bises.
Bisous à...

Welcoming someone   **II Ch. 2, p. 37**

Bienvenue chez moi/chez nous.
Faites/Fais comme chez vous/toi.
Vous avez/Tu as fait bon voyage?

Responding to someone's welcome   **II Ch. 2, p. 37**

Merci.   Oui, excellent.
C'est gentil de   C'était fatigant!
   votre/ta part.

Showing hospitality   **III Ch. 6, p. 169**

Entrez, je vous en prie.
Ça me fait plaisir de vous voir.
Donnez-moi votre...
Mettez-vous à l'aise.
Asseyez-vous.
Je vous sers quelque chose?
Qu'est-ce que je peux vous offrir?

Responding to hospitality   **III Ch. 6, p. 169**

Vous êtes bien   C'est gentil.
   aimable.   Je prendrais bien...
Moi aussi.   Vous auriez... ?

Extending good wishes   **II Ch. 3, p. 79**

Bonne fête!
Joyeux (Bon) anniversaire!
Bonne fête de Hanoukkah!
Joyeux Noël!
Bonne année!
Meilleurs vœux!
Félicitations!
Bon voyage!
Bonne route!
Bon rétablissement!

Congratulating someone   **II Ch. 5, p. 143**

Félicitations!   Bravo!
Chapeau!

EXCHANGING INFORMATION

Asking someone's name and giving yours
I Ch. 1, p. 24

Tu t'appelles comment?
Je m'appelle...

Asking and giving someone else's name
I Ch. 1, p. 24

Il/Elle s'appelle comment?
Il/Elle s'appelle...

Asking someone's age and giving yours
I Ch. 1, p. 25

Tu as quel âge?   J'ai... ans.

Inquiring   **III Ch. 12, p. 353**

Tu viens d'où?
C'est comment, la vie là-bas?
Qu'est-ce qu'on y... ?
On... chez toi?
Vous avez/Il y a... chez vous?
Qu'est-ce qui est typique de chez toi?

Asking for information (about classes)
I Ch. 2, pp. 55, 58

Tu as quels cours... ?   Vous avez... ?
Tu as quoi... ?   Tu as... à quelle heure?

(at a store or restaurant)   **I Ch. 3, p. 94**

C'est combien?

(about travel)   **II Ch. 6, p. 172**

A quelle heure est-ce que le train (le car) pour...
   part?
De quel quai... ?
A quelle heure est-ce que vous ouvrez (fermez)?
Combien coûte... ?
C'est combien, l'entrée?

(about movies)   **II Ch. 11, p. 320**

Qu'est-ce qu'on joue comme films?
Ça passe où?
C'est avec qui?
Ça commence à quelle heure?

(about places)   **II Ch. 4, p. 102**

Où se trouve... ?
Qu'est-ce qu'il y a... ?
C'est comment?

II Ch. 12, p. 348

Qu'est-ce qu'il y a à faire... ?
Qu'est-ce qu'il y a à voir... ?

Giving information (about classes)
I Ch. 2, p. 55

Nous avons...   J'ai...

(about travel)   **II Ch. 6, p. 172**

Du quai...
Je voudrais...
Un... , s'il vous plaît.
... tickets, s'il vous plaît.

(about movies)   **II Ch. 11, p. 320**

On joue...   C'est avec...
Ça passe à...   A...

SUMMARY OF FUNCTIONS

(about places) **II Ch. 12, p. 348**
... se trouve...   Il y a...
On peut...

Telling when you have class **I Ch. 2, p. 58**
à... heure(s)   à... heure(s) quarante-
à... heure(s) quinze   cinq
à... heure(s) trente

Writing a formal letter **III Ch. 5, p. 142**
Monsieur/Madame,
En réponse à votre lettre du...
Suite à notre conversation téléphonique,...
Je vous prie d'agréer, Monsieur/Madame,
l'expression de mes sentiments distingués.

Requesting information **III Ch. 5, p. 142**
Pourriez-vous m'envoyer des renseignements
   sur... ?
Je voudrais savoir...
Vous serait-il possible de... ?

Asking for confirmation **III Ch. 11, p. 316**
toujours...   ... , c'est ça?
bien...   Si je me souviens bien,...
... , déjà?   Si je ne me trompe pas,...

Asking for explanations **III Ch. 11, p. 323**
Qu'est-ce que c'est?
Comment est-ce qu'on appelle ça?
Qu'est-ce que ça veut dire,... ?
Qu'est-ce qu'il y a dans... ?
Comment est-ce qu'on fait... ?
D'où vient le mot... ?
Comment on dit... ?

Getting someone's attention **I Ch. 3, p. 90**
Pardon.   Excusez-moi.

I Ch. 5, p. 151
La carte, s'il vous   Madame!
   plaît.   Mademoiselle!
Monsieur!

Ordering food and beverages **I Ch. 5, p. 151**
Vous avez choisi?
Vous prenez?
Je voudrais...
Je vais prendre... , s'il vous plaît.
... , s'il vous plaît.
Donnez-moi... , s'il vous plaît.
Apportez-moi... , s'il vous plaît.
Vous avez... ?
Qu'est-ce que vous avez comme... ?

Ordering and asking for details **III Ch. 1, p. 18**
Vous avez décidé?
Non, pas encore.
Un instant, s'il vous plaît.
Que voulez-vous comme entrée?

Comme entrée, j'aimerais...
Et comme boisson?
Comment désirez-vous votre viande?
Saignant(e).
A point.
Bien cuit(e).
Qu'est-ce que vous me conseillez?
Qu'est-ce que c'est,... ?
..., s'il vous plaît?
Qu'est-ce que vous avez comme... ?

Paying the check **I Ch. 5, p. 155**
L'addition, s'il vous plaît.
Oui, tout de suite.
Un moment, s'il vous plaît.
Ça fait combien, s'il vous plaît?
Ça fait... euros.
C'est combien,... ?
C'est... euros.

Exchanging information (about leisure activities)
I Ch. 4, p. 116
Qu'est-ce que tu fais comme sport?
Qu'est-ce que tu fais pour t'amuser?
Je fais...
Je (ne) fais (pas)...
Je (ne) joue (pas)...

II Ch. 1, p. 12
Qu'est-ce que tu aimes faire?
Qu'est-ce que tu aimes comme
   musique?
Quel(le) est ton/ta... préféré(e)?
Qui est ton/ta... préféré(e)?

Making plans **I Ch. 6, p. 173**
Qu'est-ce que tu   Je vais...
   vas faire... ?   Pas grand-chose.
Tu vas faire quoi... ? Rien de spécial.

Arranging to meet someone **I Ch. 6, p. 183**
Quand (ça)?   et quart
tout de suite   moins le quart
Où (ça)?   moins cinq
devant...   midi (et demi)
au métro...   minuit (et demi)
chez...   vers...
dans...   On se retrouve...
Avec qui?   Rendez-vous...
A quelle heure?   Entendu.
A... heures...
   et demie

III Ch. 6, p. 162
Comment est-ce qu'on fait?
Quand est-ce qu'on se revoit?
A quelle heure est-ce qu'on se donne
   rendez-vous?

R4

Inquiring about future plans I Ch. 11, p. 329
Qu'est-ce que tu vas faire... ?
Où est-ce que tu vas aller... ?

Asking about intentions III Ch. 5, p. 133
Qu'est-ce que tu penses faire?
Qu'est-ce que tu as l'intention de faire?
Qu'est-ce que tu comptes faire?

Asking about future plans III Ch. 5, p. 140
Tu sais ce que tu veux faire?
Tu as des projets?
Qu'est-ce que tu veux faire plus tard?

Sharing future plans I Ch. 11, p. 329
J'ai l'intention de...   Je vais...

Expressing intentions III Ch. 5, p. 133
Je pense...   Je compte...
Je tiens à...   J'ai l'intention de...

Expressing conditions and possibilities
III Ch. 5, p. 133
Si... Il se peut que...
      Peut-être que...   Il est possible que...

Describing and characterizing people
I Ch. 7, p. 209
Il/Elle est comment? Il/Elle est...
Ils/Elles sont   Ils/Elles sont...
   comment?

II Ch. 1, p. 10
avoir... ans   Je suis...
J'ai...   Il/Elle est...
Il/Elle a...   Ils/Elles sont...
Ils/Elles ont...

II Ch. 12, p. 358
Il/Elle avait faim.   J'étais...
Il/Elle avait l'air...

Describing a place II Ch. 4, p. 102
dans le nord/sud/est/ouest
plus grand(e) que
moins grand(e) que
charmant(e)
coloré(e)
vivant(e)

II Ch. 12, p. 358
Il y avait...   Il était...

Making a telephone call I Ch. 9, p. 276
Bonjour.
Je suis bien chez... ?
C'est...
(Est-ce que)... est là, s'il vous plaît?

(Est-ce que) je peux parler à... ?
Je peux laisser un message?
Vous pouvez lui dire que j'ai téléphoné?
Ça ne répond pas.
C'est occupé.

Answering a telephone call I Ch. 9, p. 276
Allô?
Bonjour.
Qui est à l'appareil?
Une seconde, s'il vous plaît.
Bien sûr.
Vous pouvez rappeler plus tard?
D'accord.
Ne quittez pas.

Asking others what they need I Ch. 3, p. 82
Qu'est-ce qu'il te (vous) faut pour... ?

I Ch. 8, p. 238
De quoi est-ce que tu as besoin?
Qu'est-ce qu'il te faut?

Expressing need I Ch. 8, p. 238
Il me faut...   J'ai besoin de...

(shopping) I Ch. 10, p. 301
Oui, vous avez... ?
Je cherche quelque chose pour...
J'aimerais... pour aller avec...

Making purchases II Ch. 3, p. 66
C'est combien, s'il vous plaît?
Combien coûte(nt)... ?
Combien en voulez-vous?
Je voudrais...
Je vais (en) prendre...
Ça fait combien?

Inquiring (shopping) I Ch. 10, p. 301
(Est-ce que) je peux vous aider?
Vous désirez?
Je peux l'(les) essayer?
Je peux essayer... ?
C'est combien,... ?
Ça fait combien?
Vous avez ça en... ?

Asking which one(s) III Ch. 4, p. 100
Quel(s)/Quelle(s)... ?
Lequel/Laquelle/Lesquels/Lesquelles?

Pointing out and identifying people and things
III Ch. 4, p. 100
Ça, c'est...   Celui avec...
Celui-là/Celle-là.   Celle qui...
Ceux-là/Celles-là.   La fille au...
Le vert.   Là-bas, le garçon qui...
Celui du...

Pointing out places and things I Ch. 12, p. 361

Voici...   Là, tu vois, c'est...
Regarde, voilà...   Ça, c'est...
Là, c'est...

Pointing out where things are II Ch. 2, p. 43

A côté de...   à gauche de
Il y a...   à droite de
en face de   près de

Asking where things are III Ch. 2, p. 47

Vous pourriez me dire où il y a... ?
Pardon, vous savez où se trouve... ?
Tu sais où est/sont... ?

Telling where things are III Ch. 2, p. 47

Par là, au bout du couloir.
Juste là, à côté de...
En bas.
En haut.
Au fond.
Au rez-de-chaussée.
Au premier étage.
A l'entrée de...
En face de...

Asking for advice (about directions)
I Ch. 12, p. 366

Comment est-ce qu'on y va?

Asking for directions I Ch. 12, p. 371

Pardon,... , s'il vous plaît?
Pardon,... . Où est... , s'il vous plaît?
Pardon,... . Je cherche... , s'il vous plaît.

III Ch. 2, p. 37

La route pour... , s'il vous plaît?
Comment on va à... ?
Où se trouve... ?

Giving directions I Ch. 12, p. 371

Vous continuez jusqu'au prochain feu rouge.
Vous tournez...
Vous allez tout droit jusqu'à...
Prenez la rue... , puis traversez la rue...
Vous passez devant...
C'est tout de suite à...

II Ch. 2, p. 49

Traversez...
Prenez...
Puis, tournez à gauche dans/sur...
Allez (continuez) tout droit.
sur la droite (gauche)

II Ch. 12, p. 348

C'est au nord/au sud/à l'est/à l'ouest de...
C'est dans le nord/le sud/l'est/l'ouest.

III Ch. 2, p. 37

Pour (aller à)... , vous suivez la... pendant à peu
    près... kilomètres.
Vous allez voir un panneau qui indique l'entrée
    de l'autoroute.
Vous allez traverser...
Après... , vous allez tomber sur...
Cette route va vous conduire au centre-ville.
Vous allez continuer tout droit, jusqu'à...

Inquiring about past events I Ch. 9, p. 269

Tu as passé un bon week-end?

I Ch. 9, p. 270

Qu'est-ce que tu as fait... ?
Tu es allé(e) où?
Et après?
Qu'est-ce qui s'est passé?

I Ch. 11, p. 337

Tu as passé un bon... ?
Ça s'est bien passé?
Tu t'es bien amusé(e)?

II Ch. 5, p. 139

Comment ça s'est passé?
Comment s'est passée ta journée (hier)?
Comment s'est passé ton week-end?
Comment se sont passées tes vacances?

II Ch. 6, p. 164

C'était comment?   Ça t'a plu?
Tu t'es amusé(e)?

III Ch. 1, p. 9

C'était comment, tes vacances?
Ça c'est bien passé?
Comment ça c'est passé?

Exchanging information (about vacations)
III Ch. 1, p. 10

Est-ce que tu es resté(e) ici?
Oui, je suis resté(e) ici tout le temps.
Non, je suis parti(e)...
Quand est-ce que tu y es allé(e)?
J'y suis allé(e) début/fin...
Avec qui est-ce que tu y es allé(e)?
J'y suis allé(e) seul(e)/avec...
Tu es parti(e) comment?
Je suis parti(e) en...
Où est-ce que tu as dormi?
A l'hôtel.
Chez...
Quel temps est-ce qu'il a fait?
Il a fait un temps...
Il a plu tout le temps.

Relating a series of events I Ch. 9, p. 270

D'abord,...   Ensuite,...
Après,...

Je suis allé(e)...
Et après ça...
Enfin,...

II Ch. 1, p. 20
Puis,...

II Ch. 4, p. 111
Après ça,...
Finalement,...
Vers... ,

Asking what things were like **II Ch. 8, p. 226**
C'était comment?
C'était tellement différent?

Describing what things were like **II Ch. 8, p. 226**
C'était...   Il y avait...
La vie était plus... ,
 moins...

Asking what a place was like **III Ch. 1, p. 12**
Qu'est-ce qu'il y avait à voir?
Qu'est-ce qu'il y avait à faire?
Il y avait… ?
Il faisait… ?

Describing what a place was like **III Ch. 1, p. 12**
Il faisait…
... est situé(e)...

Reminiscing **II Ch. 8, p. 229**
Quand j'étais petit(e),...
Quand il/elle était petit(e),...
Quand j'avais... ans,...

Telling what or whom you miss **II Ch. 8, p. 225**
Je regrette...
... me manque.
... me manquent.
Ce qui me manque, c'est...

Asking about a story **III Ch. 9, p. 266**
De quoi ça parle?
Comment est-ce que ça commence?
Comment ça se termine?

Beginning a story **II Ch. 9, p. 267**
A propos,...

Continuing a story **II Ch. 9, p. 267**
Donc,...   C'est-à-dire que...
Alors,...   ... , quoi.
A ce moment-là,... ... , tu vois.
Bref,...

Ending a story **II Ch. 9, p. 267**
Heureusement,...
Malheureusement,...
Finalement,...

Summarizing a story **II Ch. 11, p. 326**
De quoi ça parle?
Ça parle de...
Qu'est-ce que ça raconte?
C'est l'histoire de...

III Ch. 9, p. 266
Il s'agit de...   Au début,...
A la fin,...   A ce moment-là,...
Ça se passe,...

Breaking some news **II Ch. 9, p. 263**
Tu connais la nouvelle?
Tu ne devineras jamais ce qui s'est passé.
Tu sais qui... ?
Tu sais ce que... ?
Devine qui...
Devine ce que...

III Ch. 10, p. 295
Tu savais que... ?
Tu connais la dernière?/Tu ne connais pas la
 dernière?
J'ai entendu dire que...
Figure-toi que...
Si tu avais vu...

Showing interest **II Ch. 9, p. 263**
Raconte!
Aucune idée.
Dis vite!

III Ch. 10, p. 295
Oh là là!
Qui t'a dit ça?
Et alors?

Telling jokes **III Ch. 10, p. 297**
J'en connais une bonne.
Est-ce que tu connais l'histoire de... ?
Quelle est la différence entre... et... ?
Quel est le point commun entre... et... ?
C'est l'histoire d'un mec qui...
... et alors, il dit que...
... et l'autre lui répond...
Elle est bien bonne!
Elle est nulle, ta blague!

EXPRESSING FEELINGS AND EMOTIONS

Expressing likes and preferences about things
I Ch. 1, p. 26
J'aime (bien)...   J'aime mieux...
J'adore...   Je préfère...

I Ch. 5, p. 154
C'est...

Expressing dislikes about things I Ch. 1, p. 26
Je n'aime pas...

I Ch. 5, p. 154
C'est...

Telling what you'd like and what you'd like to do
I Ch. 3, p. 85
Je voudrais...
Je voudrais acheter...

Telling how much you like or dislike something
I Ch. 4, p. 114

Beaucoup.	Pas du tout.
Pas beaucoup.	surtout
Pas tellement.	

Inquiring about likes and dislikes I Ch. 5, p. 154
Comment tu trouves ça?

Hesitating I Ch. 10, p. 310
Euh... J'hésite.
Je ne sais pas.
Il/Elle me plaît, mais il/elle est...
                                    c'est...

Making a decision I Ch. 10, p. 310
Vous avez décidé de prendre... ?
Vous avez choisi?
Vous le/la/les prenez?
Je le/la/les prends.
Non, c'est trop cher.

Expressing indecision I Ch. 11, p. 329
J'hésite.
Je ne sais pas.
Je n'en sais rien.
Je n'ai rien de prévu.

III Ch. 1, p. 17
Tout me tente.
Je n'arrive pas à me décider.
J'hésite entre... et...

III Ch. 5, p. 140
Pas vraiment.
Je ne sais pas trop. Non, je me demande.
Je n'en ai aucune idée.
J'ai du mal à me décider.
Je ne sais plus ce que je veux.

Making suppositions III Ch. 7, p. 193
On pourrait sûrement...
Ça doit être...
Je parie que...
Il doit y avoir...

Expressing disbelief and doubt II Ch. 6, p. 168
Tu plaisantes!   C'est pas vrai!

Pas possible!	N'importe quoi!
Ça m'étonnerait!	Mon œil!

III Ch. 10, p. 295
Je n'en reviens pas.

Expressing doubt III Ch. 7, p. 193
Ça m'étonnerait que...
Je ne suis pas sûr(e) que...
Je ne suis pas certain(e) que...
Je ne pense pas que...

Expressing certainty III Ch. 7, p. 193
Je suis certain(e) que...
Je suis sûr(e) que...
Je sais que...
Je suis convaincu(e) que...

III Ch. 12, p. 348
Ça, c'est sûr.
Je n'en ai aucun doute.

Expressing hopes and wishes I Ch. 11, p. 329
J'ai envie de...
Je voudrais bien...

III Ch. 5, p. 140
J'aimerais bien...
Ce qui me plairait, c'est de...
Mon rêve, c'est de...

III Ch. 8, p. 225
Si seulement je pouvais,...
Si j'avais le choix,...
Si c'était possible,...
Ça serait chouette si...
Qu'est-ce que j'aimerais... !

Expressing anticipation III Ch. 12, p. 348
Il me tarde de...
Je suis vraiment impatient(e) de/d'... !
Vivement que j'arrive!
Dès que je serai là-bas,...
Quand je verrai...

Asking how someone is feeling II Ch. 2, p. 38
Pas trop fatigué(e)?
Vous n'avez pas/Tu n'as pas faim?
Vous n'avez pas/Tu n'as pas soif ?

Telling how you are feeling II Ch. 2, p. 38
Non, ça va.
Si, un peu.
Si, je suis crevé(e).
Si, j'ai très faim/soif!
Si, je meurs de faim/soif!

Expressing concern for someone II Ch. 5, p. 135
Ça n'a pas l'air d'aller.
Qu'est-ce qui se passe?

Qu'est-ce qui t'arrive?
Raconte!

II Ch. 7, p. 189
Quelque chose ne va pas?
Qu'est-ce que tu as?
Tu n'as pas l'air en forme.

Sympathizing with someone **II Ch. 5, p. 141**
Oh là là!
C'est pas de chance, ça!
Pauvre vieux (vieille)!

Sharing confidences **I Ch. 9, p. 279**
J'ai un petit problème.
Je peux te parler?
Tu as une minute?

II Ch. 10, p. 286
Je ne sais pas quoi faire.
Qu'est-ce qu'il y a?
Je t'écoute.
Qu'est-ce que je peux faire?

Consoling others **I Ch. 9, p. 279**
Ne t'en fais pas!
Je t'écoute.
Ça va aller mieux!
Qu'est-ce que je peux faire?

II Ch. 5, p. 141
Courage!
T'en fais pas.
C'est pas grave.

Expressing satisfaction **II Ch. 5, p. 139**
Ça s'est très bien passé!
C'était...
   incroyable!
   super!
   génial!
Quelle journée (formidable)!
Quel week-end (formidable)!

Expressing frustration **II Ch. 5, p. 139**
Quelle journée!
Quel week-end!
J'ai passé une journée épouvantable!
C'est pas mon jour!
Tout a été de travers!

Expressing impatience **III Ch. 2, p. 40**
Mais, qu'est-ce que tu fais?
Tu peux te dépêcher?
Grouille-toi!
On n'a pas le temps!
Je suis vraiment impatient(e) de...

Expressing annoyance **III Ch. 8, p. 231**
Non mais, vous vous prenez pour qui?
Non mais, surtout, ne vous gênez pas!

Ça va pas, non?!
Ça commence à bien faire, hein?
Dites donc, ça vous gênerait de... ?

Complaining **II Ch. 7, p. 189**
Je ne me sens pas bien.
Je suis tout(e) raplapla.
J'ai mal dormi.
J'ai mal partout!

II Ch. 12, p. 354
Je crève de faim!   Je suis fatigué(e).
Je meurs de soif!   J'ai peur de...

III Ch. 8, p. 231
C'est l'horreur!
C'est insupportable, à la fin!
J'en ai ras le bol!
Je commence à en avoir marre!

Quarreling **III Ch. 6, p. 173**
Rapporteur(-euse)!
Pleurnicheur(-euse)!
Tricheur(-euse)!
Tu m'énerves, à la fin!
Tu es vraiment casse-pieds!
Tu me prends la tête!
Oh, ça va, hein?
Arrête!
Ça suffit!
Tu le fais exprès?
Mêle-toi de tes oignons!
Fiche-moi la paix!
Casse-toi!
Tant pis pour toi!
C'est toujours la même chose!
C'est lui/elle qui a commencé!
Il/Elle m'a traité(e) de... !
C'est toujours moi qui prends!

Expressing discouragement **II Ch. 7, p. 198;**
II Ch. 12, p. 354
Je n'en peux plus!
J'abandonne.
Je craque!

Offering encouragement **II Ch. 7, p. 198**
Allez!
Encore un effort!
Tu y es presque!
Courage!

Expressing disappointment **III Ch. 12, p. 355**
Les boules!
J'en ai vraiment marre!
J'ai vraiment pas de chance.
C'est pas juste.
Quelle angoisse!
Qu'est-ce que je peux être nul(le)!

SUMMARY OF FUNCTIONS

Expressing excitement **III Ch. 12, p. 355**
Génial!
C'est trop cool!
J'arrive pas à y croire!
C'est pas possible!
C'est vraiment le pied!
Youpi!

Expressing astonishment **III Ch. 7, p. 201**
Oh, dis donc!
Ça alors!
C'est pas vrai!
Ouah!
C'est le pied!
Qu'est-ce que... !
Quel... !
Tiens! Regarde un peu!
C'est fou comme... !
Tu as vu comme... ?
Je n'ai jamais vu un(e) aussi...

Expressing fear **III Ch. 7, p. 202**
J'ai très peur de...   J'ai peur que...
J'ai la frousse!

Expressing relief **III Ch. 7, p. 202**
On a eu de la chance!
Ouf! On a eu chaud!
On l'a échappé belle!

PERSUADING

Asking for recommendations (about movies)
III Ch. 9, p. 265
Qu'est-ce que tu as vu comme bon film?
Qu'est-ce qu'il y a comme bons films en ce
moment?

Making recommendations (about movies)
III Ch. 9, p. 265
Tu devrais aller voir...
Je te recommande...
Va voir... , c'est génial comme film.
C'est à ne pas manquer!
N'y va pas!
Ça ne vaut pas le coup!
Ne va surtout pas voir...
Evite d'aller voir...

(about food) **I Ch. 5, p. 148**
Prends...   Prenez...

III Ch. 1, p. 17
Tu devrais prendre...
Pourquoi tu ne prends pas... ?
Essaie...

Asking for suggestions **II Ch. 1, p. 18**
Qu'est-ce qu'on fait?

II Ch. 4, p. 106
Qu'est-ce qu'on peut faire?

Making suggestions **I Ch. 4, p. 122**
On... ?

I Ch. 5, p. 145
On va... ?
On fait... ?
On joue... ?

I Ch. 12, p. 366 *(how to get somewhere)*
On peut y aller...
On peut prendre...

II Ch. 1, p. 18
Si tu veux, on peut...
On pourrait...
Tu as envie de... ?
Ça te dit de... ?

II Ch. 4, p. 106
On peut...
Si on allait... ?

II Ch. 8, p. 237
Si on achetait... ?
Si on visitait... ?
Si on jouait... ?

III Ch. 6, p. 161
Ça t'intéresse de... ?
Ça te plairait de... ?
Tu ne voudrais pas... ?

Accepting suggestions **I Ch. 4, p. 122**
D'accord.   Allons-y!
Bonne idée.   Oui, c'est...

III Ch. 6, p. 161
Ce serait sympa.
Ça me plairait beaucoup.
J'aimerais bien.

Turning down suggestions **I Ch. 4, p. 122**
Non, c'est...
Ça ne me dit rien.
Désolé(e), mais je ne peux pas.

III Ch. 6, p. 161
C'est gentil, mais j'ai un rendez-vous.
Impossible, je suis pris(e).
J'aimerais bien, mais...

Responding to suggestions **II Ch. 1, p. 18**
D'accord.
C'est une bonne/excellente idée.
Je veux bien.
Je ne peux pas.
Non, je préfère...
Pas question!
Ça ne me dit rien.

R10

II Ch. 8, p. 237

Bof.

Non, je ne veux pas.

Comme tu veux.

Making excuses **I Ch. 5, p. 145**

Désolé(e). J'ai des devoirs à faire.

J'ai des courses à faire.

J'ai des trucs à faire.

J'ai des tas de choses à faire.

II Ch. 10, p. 291

J'ai quelque chose à faire.

Je n'ai pas le temps.

Je suis très occupé(e).

C'est impossible.

(school) **II Ch. 5, p. 143**

..., c'est pas mon fort.

J'ai du mal à comprendre.

Je suis pas doué(e) pour...

Giving reasons **II Ch. 5, p. 143**

Je suis assez bon (bonne) en...

C'est en... que je suis le/la meilleur(e).

..., c'est mon fort!

Asking for permission **I Ch. 7, p. 213**

(Est-ce que) je peux... ?

Tu es d'accord?

III Ch. 3, p. 68

J'aimerais...

Tu veux bien que je... ?

Ça te dérange si... ?

Giving permission **I Ch. 7, p. 213**

Oui, si tu veux.

Pourquoi pas?

Oui, bien sûr.

D'accord, si tu... d'abord...

III Ch. 3, p. 68

Ça va pour cette fois.

Oui, si...

Refusing permission **I Ch. 7, p. 213**

Pas question!   Non, tu dois...

Non, c'est impossible.   Pas ce soir.

III Ch. 3, p. 68

Tu n'as pas le droit de...

Ce n'est pas possible.

Expressing obligation **III Ch. 3, p. 68**

Il faut que tu... d'abord.

Tu dois...

Reprimanding someone **II Ch. 5, p. 143**

C'est inadmissible.

Tu dois mieux travailler en classe.

Tu ne dois pas faire le clown en classe!

Ne recommence pas.

Making requests **I Ch. 3, p. 80**

Tu as... ?   Vous avez... ?

I Ch. 8, p. 240

Tu peux... ?   Tu me rapportes... ?

I Ch. 12, p. 364

Est-ce que tu peux... ?

Tu pourrais passer à... ?

III Ch. 9, p. 259

Chut!

Tais-toi!

Ne parle pas si fort.

Tu pourrais faire moins de bruit?

Vous pourriez vous taire, s'il vous plaît?

Baisse/Monte le son.

Responding to requests **I Ch. 3, p. 80**

Voilà.

Je regrette.

Je n'ai pas de...

Accepting requests **I Ch. 8, p. 240**

Pourquoi pas?

Bon, d'accord.

Je veux bien.

J'y vais tout de suite.

I Ch. 12, p. 364

D'accord.   Si tu veux.

Declining requests **I Ch. 8, p. 240**

Je ne peux pas maintenant.

Je regrette, mais je n'ai pas le temps.

J'ai des tas de choses (trucs) à faire.

I Ch. 12, p. 364

Désolé(e), mais je n'ai pas le temps.

Asking a favor **I Ch. 12, p. 364**

Est-ce que tu peux... ?

Tu me rapportes... ?

Tu pourrais passer à... ?

II Ch. 10, p. 291

Tu peux m'aider?

Tu pourrais... ?

Ça t'ennuie de... ?

Ça t'embête de... ?

Granting a favor **II Ch. 10, p. 291**

Avec plaisir.   Bien sûr que non.

Bien sûr.   Pas du tout.

Pas de problème.

Telling someone what to do **I Ch. 8, p. 240**

Rapporte-moi...   Achète(-moi)...

Prends...   N'oublie pas de...

Asking for food II Ch. 3, p. 72
Je pourrais avoir... , s'il vous (te) plaît?
Vous pourriez (tu pourrais) me passer... ?

Offering food I Ch. 8, p. 247
Tu veux... ?   Tu prends... ?
Vous voulez... ?   Encore du/de la... ?
Vous prenez ... ?

II Ch. 3, p. 72
Voilà.
Vous voulez (tu veux)... ?
Encore... ?
Tenez (tiens).

Accepting food I Ch. 8, p. 247
Oui, s'il vous (te) plaît.
Oui, avec plaisir.
Oui, j'en veux bien.

II Ch. 3, p. 72
Oui, je veux bien.

Refusing food I Ch. 8, p. 247
Non, merci.
Non, merci. Je n'ai plus faim.
Je n'en veux plus.

II Ch. 3, p. 72
Merci, ça va.
Je n'ai plus faim/soif.

Asking for advice I Ch. 9, p. 279 *(general)*
A ton avis, qu'est-ce que je fais?
Qu'est-ce que tu me conseilles?

II Ch. 10, p. 286
A ton avis, qu'est-ce que je dois faire?
Qu'est-ce que tu ferais, toi?

II Ch. 1, p. 15
Qu'est-ce que je dois... ?

III Ch. 7, p. 195
Tu crois que je devrais... ?
Tu penses qu'il vaudrait mieux... ?

(about clothes) I Ch. 10, p. 300
Je ne sais pas quoi mettre pour...
Qu'est-ce que je mets?

(about directions) I Ch. 12, p. 366
Comment est-ce qu'on y va?

(about gifts) II Ch. 3, p. 76
Tu as une idée de cadeau pour... ?
Qu'est-ce que je pourrais offrir à... ?

Giving advice I Ch. 9, p. 279
Oublie-le/-la/-les!
Téléphone-lui/-leur!

Tu devrais...
Pourquoi tu ne... pas?

I Ch. 10, p. 300
Pourquoi est-ce que tu ne mets pas... ?
Mets...

II Ch. 1, p. 15
Pense à prendre...   Prends...
N'oublie pas...

II Ch. 3, p. 76
Offre-lui (leur) ...
Tu pourrais lui (leur) offrir...
... , peut-être.

II Ch. 7, p. 197
Tu dois...   Tu ferais bien de...
Tu n'as qu'à...

II Ch. 10, p. 286
Invite-le/-la/-les.   Parle-lui/-leur.
Dis-lui/-leur que...   Ecris-lui/-leur.
Explique-lui/-leur.   Excuse-toi.

II Ch. 12, p. 356
Evite de...
Tu ne devrais pas...
Ne saute pas...

III Ch. 5, p. 140
Tu ferais mieux de...
Il faudrait que tu...
Il vaudrait mieux que...

III Ch. 7, p. 195
Je crois que ça vaut mieux.
A mon avis, c'est plus sûr.
Ce n'est pas la peine.
Je ne crois pas que ce soit utile.
Il faudrait que...
Il est très important que...
Il est essentiel que...
Il est nécessaire que...

III Ch. 8, p. 225
Si c'était moi,...
Si j'étais toi,...
A ta place,...

Justifying your recommendations II Ch. 7, p. 202
C'est bon pour toi.
Ça te fera du bien.
C'est mieux que de...

Accepting advice II Ch. 3, p. 76
Bonne idée!
C'est original.

Tu as raison.
D'accord.

Rejecting advice II Ch. 3, p. 76
C'est trop cher.
C'est banal.
Ce n'est pas son style.
Il/Elle en a déjà un(e).

II Ch. 7, p. 197
Je ne peux pas.
Non, je n'ai pas très envie.
Non, je préfère...
Pas question!
Je n'ai pas le temps.
Ce n'est pas mon truc.

Advising against something II Ch. 7, p. 202
Evite de...
Ne saute pas...
Tu ne devrais pas...

Cautioning someone III Ch. 7, p. 202
Je vous signale que...
Il serait plus prudent de...
Faites gaffe!
Faites attention!
Attention à... !
Méfiez-vous!
Ne bougez pas.

Forbidding III Ch. 3, p. 75
Il est interdit de...
Veuillez ne pas...
Prière de ne pas...
Interdiction de...
Défense de...

Reproaching someone II Ch. 10, p. 294
Tu aurais dû...
Tu aurais pu...

III Ch. 3, p. 78
Vous (ne) devriez (pas)...
Tu as tort de...
Ce n'est pas bien de...
Tu ferais mieux de ne pas...

Justifying your actions III Ch. 3, p. 78
Je suis quand même libre, non?
Tout le monde fait pareil.
Je ne suis pas le/la seul(e) à...

Rejecting others' excuses III Ch. 3, p. 78
Pense aux autres.
Ce n'est pas une raison.
Ce n'est pas parce que tout le monde... que tu
   dois le faire.

Reminding I Ch. 11, p. 333
N'oublie pas...
Tu n'as pas oublié... ?
Tu ne peux pas partir sans...
Tu prends... ?

Reassuring someone I Ch. 11, p. 333
Ne t'en fais pas.
J'ai pensé à tout.
Je n'ai rien oublié.

II Ch. 8, p. 225
Tu vas t'y faire.
Fais-toi une raison.
Tu vas te plaire ici.
Tu vas voir que...

III Ch. 2, p. 40
Ça ne va pas prendre longtemps!
Sois patient(e)!
On a largement le temps!
Il n'y a pas le feu.
Du calme, du calme.

III Ch. 4, p. 108
Crois-moi.
Je t'assure.
Fais-moi confiance.
Je ne dis pas ça pour te faire plaisir.

III Ch. 7, p. 202
Ne vous en faites pas!
N'ayez pas peur.
Calmez-vous!
Pas de panique!

Apologizing II Ch. 10, p. 294
C'est de ma faute.
Excuse-moi.
Désolé(e).
J'aurais dû...
J'aurais pu...
Tu ne m'en veux pas?

III Ch. 6, p. 164
Je m'excuse de...
Je suis vraiment désolé(e) de...
Pardonne-moi de...
Je m'en veux de...

Accepting an apology II Ch. 10, p. 294
Ça ne fait rien.
C'est pas grave.
Il n'y a pas de mal.
T'en fais pas.
Je ne t'en veux pas.

III Ch. 6, p. 164
Ne t'inquiète pas.
Ça arrive à tout le monde.

EXPRESSING ATTITUDES AND OPINIONS

Agreeing I Ch. 2, p. 54
Oui, beaucoup.
Moi aussi.
Moi non plus.

III Ch. 9, p. 257

Je suis d'accord   Tu l'as dit!
 avec toi.   Tout à fait!
Tu as raison.

III Ch. 11, p. 318
Ça, c'est sûr.

Disagreeing I Ch. 2, p. 54
Moi, non.   Moi, si.
Pas moi.   Non, pas trop.

III Ch. 9, p. 257
Pas du tout.
Tu parles!
Tu te fiches de moi?
Tu rigoles!
Tu as tort.

III Ch. 11, p. 318
Tu délires ou quoi?
N'importe quoi!

Asking for opinions I Ch. 2, p. 61
Comment tu trouves... ?
Comment tu trouves ça?

I Ch. 10, p. 306
Il/Elle me va... ?
Il/Elle te (vous) plaît... ?
Tu aimes mieux... ou... ?

III Ch. 4, p. 98
Tu n'aimes pas... ?
Elle/Il te plaît,... ?
Qu'est-ce que tu penses de... ?
Qu'en penses-tu?

III Ch. 11, p. 318
Ça te branche,... ?
Ça te plaît,... ?

Expressing opinions I Ch. 2, p. 61
C'est...

I Ch. 9, p. 269
Oui, très chouette.
Oui, excellent.
Oui, très bon.
Oui, ça a été.
Oh, pas mauvais.

C'était épouvantable.
Très mauvais.

I Ch. 11, p. 337
C'était formidable!
Non, pas vraiment.
C'était un véritable cauchemar!
Je suis embêté(e).

II Ch. 11, p. 324
C'est drôle/amusant.
C'est une belle histoire.
C'est plein de rebondissements.
Il y a du suspense.
On ne s'ennuie pas.
C'est une histoire passionnante.
Je te le/la recommande.
Il n'y a pas d'histoire.
Ça casse pas des briques.
C'est...
 trop violent.   un navet.
 trop long.   du n'importe quoi.
 déprimant.   gentillet, sans plus.
 bête.

III Ch. 4, p. 98
Je le/la trouve...
Je l'aime bien.
Elle/Il me plaît beaucoup.
C'est très bien, ça.
J'aime bien ce genre de...
Je ne l'aime pas tellement.
Elle/Il ne me plaît pas du tout.
Je trouve qu'ils/elles font...
Ça fait vraiment...

III Ch. 11, p. 318
Je trouve ça...
Si, je l'aime beaucoup.
Ça me plaît beaucoup.
Ça m'éclate.
Je n'écoute que ça.
Ça ne me branche pas trop.

Wondering what happened and offering possible explanations II Ch. 9, p. 260
Je me demande...   Je crois que...
A mon avis,...   Je parie que...
Peut-être que...

Accepting explanations II Ch. 9, p. 260
Tu as peut-être raison.   Ça se voit.
C'est possible.   Evidemment.

Rejecting explanations II Ch. 9, p. 260
A mon avis, tu te trompes.
Ce n'est pas possible.
Je ne crois pas.

R14

Asking for judgments III Ch. 9, p. 265
C'était comment?
Comment tu as trouvé ça?

Making judgments III Ch. 9, p. 265
Ça m'a beaucoup plu.
J'ai trouvé ça pas mal/amusant.
Il y avait de...
Je ne me suis pas ennuyé(e) une seconde.
Ça m'a bien fait rire.
C'est nul/lourd.
C'est un navet.
Ça n'a aucun intérêt.
Je n'ai pas du tout aimé.
Ça ne m'a pas emballé(e).
Je me suis ennuyé(e) à mourir.

Making observations III Ch. 11, p. 326
Ce qui est incroyable, c'est...
Ce qui saute aux yeux, c'est...
Ce qui me branche vraiment, c'est...
Ce que je trouve super, c'est...
Ce que j'adore/j'aime, c'est...

Giving impressions III Ch. 11, p. 326
On dirait que...
Il me semble que...
J'ai l'impression que...
Ils ont l'air de...

Making comparisons III Ch. 8, p. 232
Ce n'était pas comme ça.
Ici,... tandis que...   moins de... que
plus de... que   autant de... que...
plus... que...   moins... que...
aussi... que...

Bragging III Ch. 10, p. 287
C'est fastoche, ça!
C'est pas pour me vanter, mais moi,...
Oh, j'en ai vu d'autres.
C'est moi, le/la meilleur(e).
C'est moi qui... le mieux.

Flattering III Ch. 10, p. 287
Tu es fortiche/calé(e).
Alors là, tu m'épates!
Tu en as, du courage.
Tu es vraiment le/la meilleur(e).
Tu es le/la... le/la plus... que je connaisse.

Teasing III Ch. 10, p. 290
Tu es amoureux(-euse) ou quoi?
Non mais, tu t'es pas regardé(e)!
Réveille-toi un peu!
Tu en rates pas une, toi!
Arrête de délirer!

Responding to teasing III Ch. 10, p. 290
Lâche-moi, tu veux?
Je t'ai pas demandé ton avis.
Oh, ça va, hein!
Qu'est-ce que tu en sais?
Ben, ça peut arriver à tout le monde.
Et toi, arrête de m'embêter!

Paying a compliment (about clothing)
I Ch. 10, p. 306
C'est tout à fait ton/votre style.
Il/Elle te (vous) va très bien.
Il/Elle va très bien avec...
Je le/la/les trouve...
C'est parfait.

II Ch. 2, p. 44
Il/Elle est vraiment bien, ton/ta...
Il/Elle est cool, ton/ta...

(about food) II Ch. 3, p. 72
C'est vraiment bon!
C'était délicieux!

(about clothing) III Ch. 4, p. 108
Je te trouve très bien comme ça.
Ça fait très bien.
Que tu es... avec ça!
C'est tout à fait toi.
C'est assorti à...
Ça te va comme un gant.
Ça te va très bien!

Responding to compliments II Ch. 2, p. 44
Tu trouves?
C'est vrai? (Vraiment?)
C'est gentil!

II Ch. 3, p. 72
Ce n'est pas grand-chose.

III Ch. 4, p. 108
Ça te plaît, vraiment?
Tu crois?
Oh, c'est un vieux truc.
Oh, tu sais, je ne l'ai pas payé(e) cher.

Criticizing I Ch. 10, p. 306
Il/Elle ne te (vous) va pas du tout.
Il/Elle ne va pas du tout avec...
Il/Elle est (Ils/Elles sont) trop...
Je le/la/les trouve...

Expressing indifference II Ch. 6, p. 164
C'était...
    assez bien.
    comme ci comme ça.
    pas mal.
Mouais.
Plus ou moins.

III Ch. 9, p. 257
Je m'en fiche.
Ça m'est vraiment égal.
Peu importe.

Emphasizing likes **II Ch. 4, p. 108**
Ce que j'aime bien, c'est...
Ce que je préfère, c'est...
Ce qui me plaît, c'est (de)...

Emphasizing dislikes **II Ch. 4, p. 108**
Ce que je n'aime pas, c'est...
Ce qui m'ennuie, c'est (de)...
Ce qui ne me plaît pas, c'est (de)...

Expressing dissatisfaction **II Ch. 6, p. 164**
C'était...
    ennuyeux.
    mortel.
    nul.
    sinistre.
Sûrement pas!
Je me suis ennuyé(e).

III Ch. 1, p. 9
C'était pas terrible.
Pas trop bien.
Ça ne s'est pas très bien passé.

Expressing enthusiasm **II Ch. 6, p. 164**
C'était...
    magnifique.
    incroyable.
    superbe.
    sensass.
Ça m'a beaucoup plu.
Je me suis beaucoup amusé(e).

III Ch. 1, p. 9
C'était chouette!
Ça s'est très bien passé!
Super!

III Ch. 2, p. 45
Qu'est-ce que c'est... !
Ce que c'est bien!
C'est... comme tout!
Ça me branche!

Expressing boredom **III Ch. 2, p. 45**
Ça m'embête!
Ça me casse les pieds!
Ça m'ennuie à mourir!

This list presents vocabulary words that you've already learned in the Level 1 and Level 2 books, but may have forgotten. You may want to use them when you're working on the activities in the textbook and in the workbooks. If you can't find the words you need here, try the English-French and French-English vocabulary lists beginning on page R55.

Clothing and Accessories

un anorak	*ski jacket*
des baskets (f.)	*sneakers*
un blouson	*jacket*
des bottes (f.)	*boots*
des boucles d'oreilles (f.)	*earrings*
un bracelet	*bracelet*
un cardigan	*sweater*
une casquette	*cap*
une ceinture	*belt*
un chapeau	*hat*
des chaussettes (f.)	*socks*
des chaussures (f.)	*shoes*
une chemise	*shirt (men's)*
un chemisier	*shirt (women's)*
une cravate	*tie*
une écharpe	*scarf*
un foulard	*scarf*
des gants (m.)	*gloves*
un imperméable	*raincoat*
un jean	*pair of jeans*
une jupe	*skirt*
des lunettes (f.) de soleil	*sunglasses*
un maillot de bain	*bathing suit*
un manteau	*coat*
une montre	*watch*
un pantalon	*(pair of) pants*
un portefeuille	*wallet*
un pull	*pullover sweater*
une robe	*dress*
des sandales (f.)	*sandals*
un short	*pair of shorts*
un sweat-shirt	*sweatshirt*
un tee-shirt	*T-shirt*
une veste	*suit jacket, blazer*

Fabrics and Colors

blanc(he)(s)	*white*
bleu(e)(s)	*blue*
en cuir	*leather*
en coton	*cotton*
en jean	*denim*
gris(e)(s)	*grey*
jaune(s)	*yellow*
marron (inv.)	*brown*
noir(e)(s)	*black*
orange (inv.)	*orange*
rose(s)	*pink*
rouge(s)	*red*
vert(e)(s)	*green*
violet(te)(s)	*purple*

Describing Clothes

à la mode	*in style*
branché(e)(s)	*cool*
chic	*chic*
court(e)(s)	*short*
démodé(e)(s)	*out of style*
grand(e)(s)	*big*
horrible(s)	*terrible*
large(s)	*baggy*
mignon(ne)(s)	*cute*
moche(s)	*ugly*
petit(e)(s)	*small*
rétro	*old-fashioned*
sensass	*fantastic*
serré(e)(s)	*tight*

Family Members

le beau-père	*stepfather, father-in-law*
la belle-fille	*stepdaughter, daughter-in-law*
la belle-mère	*stepmother, mother-in-law*
le cousin (la cousine)	*cousin*
le demi-frère	*half-brother/stepbrother, brother-in-law*
la demi-sœur	*half-sister/stepsister, sister-in-law*
l'enfant (unique)	*(only) child*
la femme	*wife*

la fille	daughter
le fils	son
le frère	brother
la grand-mère	grandmother
le grand-père	grandfather
le mari	husband
la mère	mother
l'oncle (m.)	uncle
le parent	parent, relative
le père	father
la sœur	sister
la tante	aunt

Foods and Beverages

les ananas (m.)	pineapple
les avocats (m.)	avocados
la baguette	French bread
les bananes (f.)	bananas
le beurre	butter
le bœuf	beef
le café	coffee
les carottes (f.)	carrots
les céréales (f.)	cereal
les champignons	mushrooms
un chocolat chaud	hot chocolate
les citrons	lemons
un coca	cola
la confiture	jam
les crevettes (f.)	shrimp
les croissants (m.)	croissants
un croque-monsieur	toasted ham and cheese sandwich
une eau minérale	mineral water
les escargots (m.)	snails
la farine	flour
les fraises (f.)	strawberries
les frites (f.)	French fries
le fromage	cheese
le fruit	fruit
les fruits (m.) de mer	seafood
le gâteau	cake
la glace	ice cream
les gombos (m.)	okra
les goyaves (f.)	guavas
les haricots (m.)	beans
les haricots verts (m.)	green beans
un hot-dog	hot dog
les huîtres (f.)	oysters
un jus d'orange	orange juice
un jus de pomme	apple juice
un jus de raisin	grape juice
le lait	milk
les légumes	vegetables
une limonade	sparkling lemon soda
le maïs	corn
les mangues (f.)	mangoes

les noix de coco (f.)	coconuts
les œufs (m.)	eggs
les oignons (m.)	onions
les oranges (f.)	oranges
le pain	bread
les papayes (f.)	papayas
les pâtes (f.)	pasta
le pâté	pâté
les pêches (f.)	peaches
les petits pois (m.)	peas
la pizza	pizza
les poires (f.)	pears
le poisson	fish
les pommes (f.)	apples
les pommes de terre (f.)	potatoes
le porc	pork
le poulet	chicken
du raisin	grapes
une religieuse	cream puff pastry
le riz	rice
le rôti de bœuf	roast beef
la salade	salad
des salades	heads of lettuce
un sandwich	sandwich
le saucisson	salami
le sel	salt
le sucre	sugar
un steak-frites	steak and French fries
la tarte	pie
les tomates (f.)	tomatoes
la viande	meat
la volaille	poultry
le yaourt	yogurt

Sports

faire de l'aérobic	to do aerobics
faire du jogging	to jog
faire de la musculation	to lift weights
faire du patin à glace	to ice-skate
faire de la randonnée	to go hiking
faire du roller en ligne	to in-line skate
faire du ski	to ski
faire du ski nautique	to water-ski
faire du vélo	to bike
faire de la voile	to go sailing
jouer au foot(ball)	to play soccer
jouer au football américain	to play football
jouer au golf	to play golf
jouer au hockey	to play hockey
jouer au tennis	to play tennis
jouer au volley(-ball)	to play volleyball

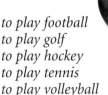

This list presents extra vocabulary words you're not responsible for on tests and that you may want to use when you're working on the activities in the textbook and in the workbooks. If you can't find the words you need here, try the English-French and French-English vocabulary lists beginning on page R55.

Adjectives

calm	*calme*
cheerful	*joyeux (joyeuse)*
cultured	*cultivé(e)*
discrete	*discret (discrète)*
easy to get along with	*facile à vivre*
enthusiastic	*enthousiaste*
exasperating	*exaspérant(e)*
generous	*généreux (généreuse)*
honest	*honnête*
hypocritical	*hypocrite*
independent	*indépendant(e)*
likable	*aimable*
loves to party	*fêtard(e)*
moody	*versatile*
not with it	*pas futé(e)*
obnoxious	*pénible*
open	*ouvert(e)*
polite	*poli(e)*
pretentious	*prétentieux (prétentieuse)*
quick-witted	*vif (vive)*
reserved	*réservé(e)*
selfish	*égoïste*
sensitive	*sensible*
sincere	*sincère*
snobbish	*snob*
sociable	*sociable*
spontaneous	*spontané(e)*
talkative	*bavard(e)*
understanding	*compréhensif (compréhensive)*
weird	*bizarre*

Adventurous Activities

to fly a plane	*piloter un avion*
to go bungee jumping	*faire du saut à l'élastique*
to go mountain-climbing	*faire de l'alpinisme*
to go on a photo safari	*aller faire un safari-photo*
to go parachuting	*sauter en parachute*
to go rafting	*faire la descente d'une rivière*
to go rock-climbing	*faire de l'escalade*
to go skydiving	*sauter en chute libre*
to go spelunking	*faire de la spéléologie*
to go surfing	*faire du surf*
to race cars	*faire des courses de voitures*
to ride in a helicopter	*faire un tour en hélicoptère*

At the Beach

to build sandcastles	*faire des châteaux de sable*
to feed the seagulls	*nourrir les mouettes* (f.)
to float	*flotter*
to get sunburned	*attraper un coup de soleil*
to look for seashells	*chercher/ramasser des coquillages*
to play in the waves	*sauter/jouer dans les vagues*
to put on suntan lotion	*mettre de la crème solaire*
to sunbathe	*prendre un bain de soleil*
to walk along the shore	*se promener au bord de la mer*

Cars and Driving

accident	*un accident*
airbag	*un airbag*
antifreeze	*de l'antigel* (m.)
battery	*la batterie*
to brake	*freiner*
brake pedal	*la pédale de frein*
bumper	*le pare-chocs*
car seat	*le siège*
clutch	*la pédale d'embrayage*

dashboard	le tableau de bord
entrance ramp	l'entrée de l'autoroute (f.)
fender	l'aile (f.)
gas pedal	la pédale d'accélération
to get a ticket	avoir un P.V. (procès-verbal)
headlights	les phares (m.)
hood	le capot
horn	le klaxon
hubcap	l'enjoliveur (m.)
jack	le cric
license plate	la plaque d'immatriculation
motor	le moteur
muffler	le silencieux
parking meter	le parcmètre
radiator	le radiateur
rearview mirror	le rétroviseur
seat belt	la ceinture de sécurité
spark plugs	les bougies
speed limit	la vitesse maximale (la vitesse est limitée à...)
to stall	caler
steering wheel	le volant
sticker	un autocollant
stop sign	un stop
tow truck	une dépanneuse
traffic light	un feu (m.) rouge
transmission	la transmission
trunk	le coffre
turn signal	le clignotant
windshield wipers	les essuie-glaces (m.)
to yield	laisser la priorité/céder le passage

Clothing, Fabrics, Colors

ankle boots	des bottines (f.)
beige	beige
bell bottoms	un pattes d'eph
button	un bouton
checked	à carreaux
collar	un col
colorful	coloré(e), vif/vive
dark	foncé(e)
eyeglasses	des lunettes (f.)
flowered	à fleurs
gold	doré(e)
handkerchief	un mouchoir
khaki	kaki
lace	la dentelle
light	clair(e)
linen	en lin, en toile

loafers	des mocassins (m.)
nylon	en nylon
pajamas	un pyjama
printed	imprimé(e)
short/long sleeved	à manches courtes/longues
sleeve	une manche
slippers	des pantoufles (f.)
suede	en daim
suspenders	des bretelles (f.)
tank top	un débardeur
turquoise	turquoise
underwear	les sous-vêtements (m.)
velvet	en velours
windbreaker	un coupe-vent
zipper	une fermeture éclair

Environment

acid rain	la pluie acide
car exhaust	l'échappement (m.)
chemical-free	sans produits chimiques
destruction of the tropical rain forest	la destruction de la forêt tropicale
droughts	les périodes (f.) de sécheresse
endangered species	les espèces (f.) en voie de disparition
erosion	l'érosion (f.) du sol
extinct animals	les espèces (f.) disparues
famine	la famine
global warming	le réchauffement de la planète
greenhouse effect	l'effet (m.) de serre
industrial waste	les déchets (m.) industriels
landfills	les décharges (f.)
melting of the polar ice caps	la fonte des glaces polaires
nuclear waste	les déchets (m.) nucléaires
organic foods	la nourriture biologique
overpopulation	la surpopulation
ozone layer	la couche d'ozone
pesticides	les pesticides (m.)
pollution	la pollution

Farm Life

barn	une grange
cage	une cage
chicken coop	un poulailler
fence	une barrière, une clôture
to get up before dawn	se lever à l'aube
to groom the horses	toiletter les chevaux
to mill cotton	filer le coton
pen	un enclos
to plant crops	planter des cultures
to plow the fields	labourer les champs
to raise cattle	élever du bétail
stable	une écurie
to take the crops to market	aller vendre les produits agricoles au marché
tractor	un tracteur
trough	un abreuvoir (drink), une auge (food)
truck	un camion

Foods and Beverages

asparagus	des asperges (f.)
bacon	du bacon
bland	fade
Brussels sprouts	des choux (m.) de Bruxelles
cabbage	du chou
cauliflower	du chou-fleur
chestnut	un marron
cookie	un biscuit
cucumber	un concombre
cutlet	une escalope
doughnut	un beignet
duck	un canard
eggplant	une aubergine
fried eggs	des œufs (m.) au plat
garlic	de l'ail (m.)
grapefruit	un pamplemousse
hard-boiled egg	un œuf dur
honey	du miel
hot (spicy)	fort(e), piquant(e)
juicy	(fruit) juteux (-euse); (meat) moelleux (-euse); tendre
lamb	l'agneau (m.)
liver	du foie
margarine	de la margarine
marshmallows	des guimauves (f.)
mayonnaise	de la mayonnaise
melon	un melon
mustard	de la moutarde
nuts	des noix (f.)
onion	un oignon

peanut butter	du beurre de cacahouètes
pepper	(spice) du poivre; (vegetable) un poivron
pickle	un cornichon
popcorn	du pop-corn
potato chips	des chips (f.)
raspberry	une framboise
salmon	du saumon
scrambled eggs	des œufs brouillés
shellfish	des fruits de mer (m.)
soft-boiled egg	un œuf à la coque
spicy	relevé(e)
syrup	du sirop
tasty	savoureux (savoureuse)
veal	du veau
watermelon	une pastèque
zucchini	une courgette

In a Restaurant

bowl	un bol
chef	le chef
to clear the plates	enlever les assiettes
cup	une tasse
fork	une fourchette
glass	un verre
host/hostess	le maître d'hôtel
knife	un couteau
napkin	une serviette
pepper shaker	la poivrière
plate	une assiette
to refill the glass	remplir le verre
reservation	une réservation
salt shaker	la salière
saucer	la soucoupe
serving tray	le plateau
spoon	une cuillère
tablecloth	la nappe
tip	un pourboire

Friendship

to be sorry	être désolé(e)
to confide in someone	se confier à quelqu'un
to feel guilty	se sentir coupable

ADDITIONAL VOCABULARY

R21

to get along with someone	bien s'entendre avec quelqu'un
to help someone do something	aider quelqu'un à faire quelque chose
to make friends	se faire des amis
to meet after school	se retrouver après l'école
to misunderstand	mal comprendre
to take the first step	faire le premier pas
to talk with friends	discuter avec des amis
to trust someone	avoir confiance en quelqu'un

Leisure Activities

to build a fire	faire un feu
to collect butterflies	faire la collection de papillons
to collect rocks	collectionner les/ramasser des pierres
to collect stamps	collectionner les timbres
to fly a kite	faire voler un cerf-volant
to go to a botanical garden	aller au jardin botanique
to go to a concert	aller au concert
to go to a festival	aller à un festival
to go to an art exhibit	aller voir une exposition
to paint	faire de la peinture
to pick wildflowers	cueillir des fleurs sauvages
to play cards	jouer aux cartes
to play checkers	jouer aux dames
to play chess	jouer aux échecs
to rent movies	louer des vidéos
to ride a skateboard	faire du skate-board
to sew	coudre; faire de la couture
to sing around the campfire	chanter autour du feu de camp
to visit friends	rendre visite à des amis

Makeup and Toiletries

aftershave lotion	la lotion après-rasage
bath towels	les serviettes de toilette (f.)
blowdryer	le séchoir à cheveux
brush	une brosse (à cheveux)
comb	un peigne

conditioner	l'après-shampooing (m.); le conditionneur
cotton balls	des boules (f.) de coton; le coton à démaquiller
cover stick	le correcteur de teint
dental floss	le fil dentaire
deodorant	le déodorant
eyeshadow	l'ombre (f.) à paupières
foundation	le fond de teint
hair gel	le gel
hair mousse	la mousse
hairspray	la laque
hand lotion	la crème pour les mains
lipstick	le rouge à lèvres
mascara	le mascara

mouthwash	le bain de bouche
razor	le rasoir
rouge	le fard à joues
shampoo	le shampooing
shaving cream	la crème à raser
soap	le savon
toothbrush	la brosse à dents
toothpaste	le dentifrice
tweezers	la pince à épiler
washcloth	le gant de toilette

Musical Instruments and Equipment

acoustic guitar	une guitare acoustique
CD player	un lecteur de CD
cello	un violoncelle
clarinet	une clarinette
cymbals	des cymbales (f.)
electric guitar	une guitare électrique
harp	une harpe
headphones	un casque, des écouteurs (m.)
hit (song)	un tube
mandolin	une mandoline
oboe	un hautbois
speakers	des enceintes (f.), des baffles (m.)
trombone	un trombone
tuba	un tuba
to turn on	allumer
turntable	une platine
Walkman®	un walkman; un baladeur

Nature

bushes	*des buissons (m.)*
cave	*une grotte*
cliff	*une falaise*
date palm	*un dattier*
desert	*le désert*
dunes	*les dunes (f.)*
dust	*la poussière*
fields	*des champs (m.)*
insects	*les insectes (m.)*
jungle	*la jungle*
leaves	*les feuilles (f.)*
mud	*la boue*
oasis	*une oasis*
palm tree	*un palmier*
plains	*une plaine*
plateau	*un plateau*
sand	*le sable*
stream	*un ruisseau*
swamp	*un marais*
valley	*une vallée*
vines	*les plantes grimpantes (f.)*
volcano	*un volcan*
waves	*les vagues (f.)*

Professions

archaeologist	*un(e) archéologue*
athlete	*un(e) athlète*
banker	*un(e) banquier(-ière)*
businessman/ businesswoman	*un homme d'affaires (une femme d'affaires)*
carpenter	*un menuisier*
commercial artist	*un(e) dessinateur(-trice)*
dancer	*un(e) danseur(-euse)*
diplomat	*un(e) diplomate*
editor	*un(e) rédacteur(-trice)*
electrician	*un(e) électricien(ne)*
fashion model	*un mannequin*
homemaker	*un homme au foyer (une femme au foyer)*
insurance agent	*un agent d'assurances*
judge	*un juge*
manager (of a company)	*le/la directeur(-trice); (of a store or restaurant) le/la gérant(e)*
painter	*un peintre*
programmer	*un(e) programmeur(-euse)*
psychiatrist	*un(e) psychiatre*
real-estate agent	*un agent immobilier*
scientist	*un(e) scientifique, un(e) chercheur(-euse)*

social worker	*un(e) assistant(e) social(e)*
soldier	*un soldat*
surgeon	*un(e) chirurgien(ne)*
truck driver	*un routier*
veterinarian	*un(e) vétérinaire*

Sea Life and Exploration

air tank	*une bouteille de plongée*
baracuda	*un barracuda*
claws	*les pinces (f.)*
current	*le courant*
deep water	*l'eau profonde (f.), les hauts-fonds (m.)*
deep-sea fishing	*la pêche hauturière, la pêche en haute mer*
dolphin	*un dauphin*
fins	(diving gear) *les palmes (f.);* (fish) *les nageoires (f.);* (shark) *l'aileron (m.)*
fishing line	*la ligne*
flippers	*les nageoires (f.), les palmes (f.)*
gills	*les ouïes (f.), les branchies (f.)*
high tide	*la marée haute*
piranha	*un piranha*
saltwater	*l'eau (f.) de mer*
scales	*les écailles (f.)*
scuba gear	*l'équipement (m.) de plongée*
scuba mask	*un masque de plongée*
seal	*un phoque*
shallow water	*l'eau peu profonde (f.), les bas-fonds (m.)*
snorkel	*un tuba*
tentacles	*les tentacules (m.)*
tropical fish	*des poissons (m.) tropicaux*
walrus	*un morse*
whale	*une baleine*

TV and Movies

action scenes	*les scènes* (f.) *d'action*
actors	*les acteurs*
actresses	*les actrices*
car chase	*une poursuite de voitures*
costumes	*les costumes* (m.)
digital sound	*le son digital*
direction	*la mise en scène*
director	*le metteur en scène, le réalisateur*
ending	*le dénouement final*
hero	*un héros*
DVD disc	*un DVD*
lighting	*la lumière*
movie soundtrack	*la bande originale d'un film*
producer	*le producteur*
scenery	*les décors* (m.)
sound effects	*le bruitage*
special effects	*les effets* (m.) *spéciaux*
star	*une star, une vedette*
story	*l'histoire* (f.)
stunts	*les cascades* (f.)
villain	*le méchant; le mauvais*

Wild Animals

antelope	*une antilope*
baboon	*un babouin*
bat	*une chauve-souris*
buffalo	*un buffle*
chimpanzee	*un chimpanzé*
crocodile	*un crocodile*
flamingo	*un flamant*
gazelle	*une gazelle*
gorilla	*un gorille*
gnu	*un gnou*
hyena	*une hyène*
leopard	*un léopard*
lizard	*un lézard*
ostrich	*une autruche*
panther	*une panthère*
vulture	*un vautour*

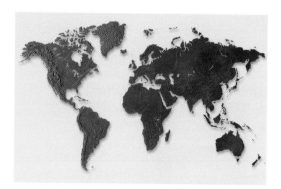

Continents

Africa	*l'Afrique* (f.)
Antarctica	*l'Antarctique* (f.)
Asia	*l'Asie* (f.)
Australia	*l'Australie* (f.)
Europe	*l'Europe* (f.)
North America	*l'Amérique* (f.) *du Nord*
South America	*l'Amérique* (f.) *du Sud*

Countries

Argentina	*l'Argentine* (f.)
Australia	*l'Australie* (f.)
Austria	*l'Autriche* (f.)
Cameroon	*le Cameroun*
Chad	*le Tchad*
Cuba	*Cuba* (no article)
Egypt	*l'Egypte* (f.)
Greece	*la Grèce*
Guinea	*la Guinée*
Holland	*la Hollande*
India	*l'Inde* (f.)
Ireland	*l'Irlande* (f.)
Israel	*Israël* (m.) (no article)
Jamaica	*la Jamaïque*
Jordan	*la Jordanie*
Lebanon	*le Liban*
Libya	*la Libye*
Luxembourg	*le Luxembourg*
Mexico	*le Mexique*
Monaco	*Monaco* (f.) (no article)
Netherlands	*les Pays-Bas* (m.)
North Korea	*la Corée du Nord*
Peru	*le Pérou*
Philippines	*les Philippines* (f.)
Poland	*la Pologne*
Portugal	*le Portugal*
Puerto Rico	*Porto Rico* (no article)
South Korea	*la Corée du Sud*
Syria	*la Syrie*
Turkey	*la Turquie*
Vietnam	*le Viêt-nam*

States

Alabama	*l'Alabama (m.)*
Alaska	*l'Alaska (m.)*
Arizona	*l'Arizona (m.)*
Arkansas	*l'Arkansas (m.)*
California	*la Californie*
Colorado	*le Colorado*
Connecticut	*le Connecticut*
Delaware	*le Delaware*
Florida	*la Floride*
Georgia	*la Géorgie*
Hawaii	*Hawaii (no article)*
Idaho	*l'Idaho (m.)*
Illinois	*l'Illinois (m.)*
Indiana	*l'Indiana (m.)*
Iowa	*l'Iowa (m.)*
Kansas	*le Kansas*
Kentucky	*le Kentucky*
Louisiana	*la Louisiane*
Maine	*le Maine*
Maryland	*le Maryland*
Massachusetts	*le Massachusetts*
Michigan	*le Michigan*
Minnesota	*le Minnesota*
Mississippi	*le Mississippi*
Missouri	*le Missouri*
Montana	*le Montana*
Nebraska	*le Nebraska*
Nevada	*le Nevada*
New Hampshire	*le New Hampshire*
New Jersey	*le New Jersey*
New Mexico	*le Nouveau-Mexique*
New York	*l'Etat de New York*
North Carolina	*la Caroline du Nord*
North Dakota	*le Dakota du Nord*
Ohio	*l'Ohio (m.)*
Oklahoma	*l'Oklahoma (m.)*
Oregon	*l'Orégon (m.)*
Pennsylvania	*la Pennsylvanie*
Rhode Island	*le Rhode Island*
South Carolina	*la Caroline du Sud*
South Dakota	*le Dakota du Sud*
Tennessee	*le Tennessee*
Texas	*le Texas*
Utah	*l'Utah (m.)*
Vermont	*le Vermont*
Virginia	*la Virginie*
Washington	*l'Etat de Washington*
West Virginia	*la Virginie-Occidentale*
Wisconsin	*le Wisconsin*
Wyoming	*le Wyoming*

Cities

Algiers	*Alger*
Brussels	*Bruxelles*
Cairo	*Le Caire*
Geneva	*Genève*
Lisbon	*Lisbonne*
London	*Londres*
Montreal	*Montréal*
Moscow	*Moscou*
New Orleans	*La Nouvelle-Orléans*
Quebec City	*Québec*
Tangier	*Tanger*
Venice	*Venise*
Vienna	*Vienne*

Other Geographical Terms

Alps	*les Alpes (f.)*
Atlantic Ocean	*l'Atlantique (m.),*
	l'océan (m.) Atlantique
border	*la frontière*
capital	*la capitale*
continent	*un continent*
country	*un pays*
English Channel	*la Manche*
hill	*une colline*
lake	*un lac*
latitude	*la latitude*
longitude	*la longitude*
Mediterranean Sea	*la mer Méditerranée*
North Africa	*l'Afrique (f.) du Nord*
the North Pole	*le pôle Nord*
ocean	*l'océan (m.)*
Pacific Ocean	*le Pacifique, l'océan (m.)*
	Pacifique
peninsula	*une presqu'île*
plain	*une plaine*
Pyrenees	*les Pyrénées (f.)*
river	*un fleuve*

Sahara desert	*le désert du Sahara*
sea	*la mer*
the South Pole	*le pôle Sud*
state	*un état*
valley	*une vallée*

Computers

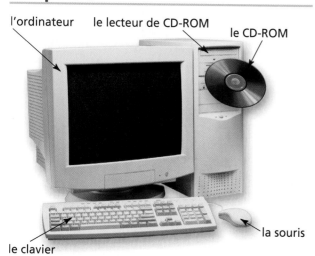

l'ordinateur   le lecteur de CD-ROM

le CD-ROM

la souris

le clavier

CD-ROM	*le CD-ROM, le disque optique compact*
CD-ROM drive	*le lecteur de CD-ROM, l'unité (f.) de CD-ROM*
to click	*cliquer*
computer	*l'ordinateur (m.)*
delete key	*la touche d'effacement*
disk drive	*le lecteur de disquettes, l'unité (f.) de disquettes*

diskette, floppy disk	*la disquette, la disquette souple*
to drag	*glisser, déplacer*
e-mail	*le courrier électronique, la messagerie électronique*
file	*le dossier*
file/folder	*le fichier*
hard drive	*le disque dur*
homepage	*la page d'accueil*
Internet	*Internet (m.)*
keyboard	*le clavier*
keyword	*le mot-clé*
log on	*l'ouverture d'une session, l'ouverture (f.) de session*
modem	*le modem*
monitor	*le moniteur*
mouse	*la souris*
password	*le mot de passe*
to print	*imprimer*
printer	*l'imprimante (f.)*
to quit	*quitter*
to record	*enregistrer*
return key	*la touche de retour*
to save	*sauvegarder, enregistrer*
screen	*l'écran (m.)*
to search	*chercher, rechercher*
search engine	*le moteur de recherche, l'outil (m.) de recherche*
to send	*envoyer*
software	*le logiciel*
Web site	*le site du Web, le site W3*
World Wide Web	*le World Wide Web, le Web, le W3*

Sound	Letter Combination	IPA Symbol	Example
The sounds [y] and [u]	the letter **u** the letter combination **ou**	/y/ /u/	une nous
The nasal sound [ɑ̃]	the letter combination **an** the letter combination **am** the letter combination **en** the letter combination **em**	/ɑ̃/	anglais jambon comment temps
The vowel sounds [ø] and [œ]	the letter combination **eu** the letter combination **eu**	/ø/ /œ/	deux heure
The nasal sounds [ɔ̃], [ɛ̃], and [œ̃]	the letter combination **on** the letter combination **om** the letter combination **in** the letter combination **im** the letter combination **ain** the letter combination **aim** the letter combination **(i)en** the letter combination **un** the letter combination **um**	/ɔ̃/ /ɛ̃/ /œ̃/	pardon nombre cousin impossible copain faim bien lundi humble
The sounds [o] and [ɔ]	the letter combination **au** the letter combination **eau** the letter **ô** the letter **o**	/o/ /ɔ/	jaune beau rôle carotte
The vowel sounds [e] and [ɛ]	the letter combination **ez** the letter combination **er** the letter combination **ait** the letter combination **ais** the letter combination **ei** the letter **ê**	/e/ /ɛ/	apportez trouver fait français neige bête
The glides [j], [w], and [ɥ]	the letter **i** the letter combination **ill** the letter combination **oi** the letter combination **oui** the letter combination **ui**	/j/ /w/ /ɥ/	mieux maillot moi Louis huit
h, th, ch, and gn	the letter **h** the letter combination **th** the letter combination **ch** the letter combination **gn**	/'/ /t/ /ʃ/ /ɲ/	les halls théâtre chocolat oignon
The **r** sound	the letter **r**	/ʀ/	rouge vert

Numbers

LES NOMBRES CARDINAUX

0	zéro	**20**	vingt	**80**	quatre-vingts
1	un(e)	**21**	vingt et un(e)	**81**	quatre-vingt-un(e)
2	deux	**22**	vingt-deux	**82**	quatre-vingt-deux
3	trois	**23**	vingt-trois	**90**	quatre-vingt-dix
4	quatre	**24**	vingt-quatre	**91**	quatre-vingt-onze
5	cinq	**25**	vingt-cinq	**92**	quatre-vingt-douze
6	six	**26**	vingt-six	**100**	cent
7	sept	**27**	vingt-sept	**101**	cent un
8	huit	**28**	vingt-huit	**200**	deux cents
9	neuf	**29**	vingt-neuf	**201**	deux cent un
10	dix	**30**	trente	**300**	trois cents
11	onze	**31**	trente et un(e)	**800**	huit cents
12	douze	**32**	trente-deux	**1.000**	mille
13	treize	**40**	quarante	**2.000**	deux mille
14	quatorze	**50**	cinquante	**3.000**	trois mille
15	quinze	**60**	soixante	**10.000**	dix mille
16	seize	**70**	soixante-dix	**19.000**	dix-neuf mille
17	dix-sept	**71**	soixante et onze	**40.000**	quarante mille
18	dix-huit	**72**	soixante-douze	**500.000**	cinq cent mille
19	dix-neuf	**73**	soixante-treize	**1.000.000**	un million

- The word **et** is used only in 21, 31, 41, 51, 61, and 71.
- **Vingt** (**trente, quarante,** and so on) **et une** is used when the number refers to a feminine noun: **trente et une cassettes.**
- The **s** is dropped from **quatre-vingts** and is not added to multiples of **cent** when these numbers are followed by another number: **quatre-vingt-cinq; deux cents,** *but* **deux cent six.** The number **mille** never takes an **s** to agree with a noun: **deux mille insectes.**
- **Un million** is followed by **de** + a noun: **un million de francs.**
- In writing numbers, a period is used in French where a comma is used in English.

LES NOMBRES ORDINAUX

1er, 1ère	premier, première	**9e**	neuvième	**17e**	dix-septième
2e	deuxième	**10e**	dixième	**18e**	dix-huitième
3e	troisième	**11e**	onzième	**19e**	dix-neuvième
4e	quatrième	**12e**	douzième	**20e**	vingtième
5e	cinquième	**13e**	treizième	**21e**	vingt et unième
6e	sixième	**14e**	quatorzième	**22e**	vingt-deuxième
7e	septième	**15e**	quinzième	**30e**	trentième
8e	huitième	**16e**	seizième	**40e**	quarantième

ADJECTIVES

REGULAR ADJECTIVES

In French, adjectives agree in gender and number with the nouns that they modify. A regular adjective has four forms: masculine singular, feminine singular, masculine plural, and feminine plural.

	Singular	Plural
MASCULINE	un homme **gourmand**	des hommes **gourmands**
FEMININE	une femme **gourmande**	des femmes **gourmandes**

When using the phrase **avoir l'air** + adjective, remember that the adjective agrees in number and gender with the subject, not with **l'air.**

Ma mère avait l'air **fâchée.**   Marc a l'air **déprimé** aujourd'hui.

ADJECTIVES THAT END IN AN UNACCENTED -E

An adjective that ends in an unaccented **-e** has one form for masculine singular and feminine singular. To form the plural of these adjectives, add an **-s** to the singular form.

	Singular	Plural
MASCULINE	un frère **pénible**	des garçons **pénibles**
FEMININE	une sœur **pénible**	des filles **pénibles**

ADJECTIVES THAT END IN -S

When the masculine singular form of an adjective ends in an **-s,** the masculine plural form does not change. The feminine forms follow the rules for regular adjectives.

	Singular	Plural
MASCULINE	un tapis **gris**	des tapis **gris**
FEMININE	une robe **grise**	des robes **grises**

ADJECTIVES THAT END IN -EUX

Adjectives that end in **-eux** do not change in the masculine plural. The feminine singular form of these adjectives is made by replacing the **-x** with **-se.** To form the feminine plural, replace the **-x** with **-ses.**

	Singular	Plural
MASCULINE	un homme **furieux**	des hommes **furieux**
FEMININE	une femme **furieuse**	des femmes **furieuses**

ADJECTIVES THAT END IN -IF

To make the feminine singular form of adjectives that end in **-if,** replace **-if** with **-ive.** To make the plural forms of these adjectives, add an **-s** to the singular forms.

	Singular	Plural
MASCULINE	un garçon **sportif**	des garçons **sportifs**
FEMININE	une fille **sportive**	des filles **sportives**

ADJECTIVES THAT END IN -IEN

To make the feminine singular and feminine plural forms of adjectives that end in **-ien** in their masculine singular form, add **-ne** and **-nes.** Add an **-s** to form the masculine plural.

	Singular	Plural
MASCULINE	un garçon **canadien**	des garçons **canadiens**
FEMININE	une fille **canadienne**	des filles **canadiennes**

ADJECTIVES THAT DOUBLE THE LAST CONSONANT

To make the adjectives **bon, gentil, gros, mignon, mortel, nul,** and **violet** agree with a feminine noun, double the last consonant and add an **-e.** To make the plural forms, add an **-s** to the singular forms. Notice that with **gros,** the masculine singular and masculine plural forms are the same.

SINGULAR						
MASCULINE	bon	gentil	gros	mignon	nul	violet
FEMININE	bonne	gentille	grosse	mignonne	nulle	violette

PLURAL						
MASCULINE	bons	gentils	gros	mignons	nuls	violets
FEMININE	bonnes	gentilles	grosses	mignonnes	nulles	violettes

INVARIABLE ADJECTIVES

Some adjectives such as **marron, orange,** and **super** are invariable.

Il me faut une montre **marron** et des baskets **orange.**

IRREGULAR ADJECTIVES

The following table summarizes the forms of the irregular adjectives **beau, nouveau,** and **vieux.**

	beau	**nouveau**	**vieux**
MASCULINE SINGULAR	un **beau** jardin	un **nouveau** lit	un **vieux** musée
BEFORE VOWEL SOUND	un **bel** homme	un **nouvel** anorak	un **vieil** imperméable
FEMININE SINGULAR	une **belle** maison	une **nouvelle** lampe	une **vieille** gare
MASCULINE PLURAL	de **beaux** jardins	de **nouveaux** lits	de **vieux** musées
FEMININE PLURAL	de **belles** maisons	de **nouvelles** lampes	de **vieilles** gares

POSITION OF ADJECTIVES

In French, adjectives are usually placed after the noun that they modify.

C'est un film **déprimant!**

However, certain adjectives are usually placed before the noun. These adjectives refer to the beauty, age, goodness, or size of the nouns they modify. Some of these adjectives are **beau (belle), bon, grand, jeune, joli, petit,** and **vieux (vieille).**

DEMONSTRATIVE ADJECTIVES

This, that, these, and *those* are demonstrative adjectives. In French, there are two masculine singular forms: **ce** and **cet.** You use **cet** before a masculine singular noun that begins with a vowel sound. Demonstrative adjectives always precede the nouns that they modify.

	Singular Before a Consonant	**Singular Before a Vowel Sound**	**Plural**
MASCULINE	**ce** cadre	**cet** imperméable	**ces** vases
FEMININE	**cette** main	**cette** écharpe	**ces** chansons

POSSESSIVE ADJECTIVES

Possessive adjectives come before the noun that they modify, and agree in number and gender with that noun. Before any singular noun that begins with a vowel sound, use the masculine singular form, **mon ami(e), ton ami(e), son ami(e).**

	Masculine Singular	Feminine Singular	Masc./Fem. Singular Before a Vowel Sound	Masc./Fem. Plural
my	**mon** jardin	**ma** maison	**mon** armoire	**mes** étagères
your	**ton** salon	**ta** cuisine	**ton** anorak	**tes** bottes
his, her, its	**son** tapis	**sa** lampe	**son** imperméable	**ses** mains

The possessive adjectives for *our, your,* and *their* have only two forms, singular and plural.

	Singular	Plural
our	**notre** jardin	**nos** armoires
your	**votre** maison	**vos** chambres
their	**leur** salon	**leurs** posters

ADJECTIVES AS NOUNS

To use an adjective as a noun, add a definite article before the adjective. The article and adjective that you use agree in number and gender with the noun that they replace.

— Tu aimes le tapis bleu ou **le gris?**
  Do you like the blue rug or the grey one?

— J'aime **le bleu.**
  I like the blue one.

— Vous préférez **les bottes noires** ou **les grises?**
  Do you prefer the black boots or the grey ones?

— Je préfère **les noires.**
  I prefer the black ones.

ADVERBS

ADVERBS OF FREQUENCY

To tell how often you do or used to do something, you use adverbs of frequency. Some adverbs of frequency are **de temps en temps** *(from time to time)*, **d'habitude** *(usually)*, **... fois par semaine** *(... time(s) a week)*, **souvent** *(often)*, **quelquefois** *(sometimes)*, **rarement** *(rarely)*, and **ne... jamais** *(never)*.

Most adverbs follow the conjugated verb. **Ne (N') ... jamais** is placed around the conjugated verb. With the **passé composé**, the adverb is placed before the past participle.

> Nathalie téléphone **souvent** à ses amis.

> Je **n'ai jamais** fait de plongée.

> J'ai **beaucoup** mangé.

Adverbs made up of more than one word can be placed at the beginning or the end of a sentence.

> **D'habitude,** je ne mange pas de viande.

> Je fais des abdominaux **trois fois par semaine.**

ARTICLES

INDEFINITE ARTICLES

To refer to whole items, you use the indefinite articles **un, une,** and **des.** Remember that the indefinite articles agree in number and gender with the nouns they modify.

	Singular	Plural
MASCULINE	**un** rôti	**des** œufs
FEMININE	**une** tarte	**des** crevettes

PARTITIVE ARTICLES

To refer to only *some of* or *a portion of* an item, you use the partitive articles **du, de la,** and **de l'. Du** and **de la** modify masculine and feminine singular nouns, respectively. **De l'** is used to modify a masculine or feminine noun that begins with a vowel sound.

> Donne-moi **du** poisson, s'il te plaît.   Je voudrais **de la** mousse au chocolat.

> Tu veux **de l'**omelette, Marc?

NEGATION WITH ARTICLES

When the main verb of the sentence is negated, the indefinite and the partitive articles usually change to **de.** Definite articles remain the same after a negative verb.

> Karim prend **de l'**eau minérale.   —>   Karim ne prend pas **d'**eau minérale.

> Je vais acheter **des** fleurs.   —>   Je ne vais pas acheter **de** fleurs.

> J'ai **le** nouveau C.D. de MC Solaar.   —>   Je n'ai pas **le** nouveau C.D. de MC Solaar.

THE COMPARATIVE

THE COMPARATIVE

To say that there is *more of, less of,* or *as many/much of* something in French, you use **plus de, moins de,** and **autant de** before the noun. You use **que** *(than/as)* to continue the comparison.

Il a **plus d'**argent **que** son frère.   *He has **more** money **than** his brother.*

Un train fait **moins de** bruit **qu'**un avion.   *A train makes **less** noise **than** an airplane.*

J'ai **autant de** livres **que** toi.   *I have **as many** books **as** you.*

To compare adjectives, you use **plus, moins,** or **aussi** *(as).* Just as with nouns, you use **que** to continue the comparison.

Janine est **plus** belle **que** Madeleine.   *Janine is **prettier than** Madeleine.*

Pierre est **moins** grand **que** son frère.   *Pierre is **shorter** (less tall) **than** his brother.*

Gisèle est **aussi** intelligente **que** Marc.   *Gisèle is **as smart as** Marc.*

To say something is *better* than something else, you use **meilleur(e).** Just as with other adjectives, **meilleur(e)** agrees in number and gender with the noun it modifies. To say something is *done better,* you use **mieux.** Since **mieux** is an adverb, it is invariable.

La vie en ville est **meilleure qu'**à la campagne.   Mon père nage **mieux que** moi.

THE SUPERLATIVE

To form the superlative in French, use the comparative forms (**plus, moins, meilleur(e)**) with the appropriate definite articles.

Pierre est **le plus grand** garçon. *(the tallest)*

Cette fille est **la plus intelligente.** *(the smartest)*

Cette glace est **la meilleure.** *(the best)*

If the adjective follows the noun, the article is placed before the noun, then repeated before the superlative construction. Notice also that in the superlative, adjectives agree in gender and number with the nouns they modify.

Mireille est **la fille la plus sportive.**

To say *in/of* after the superlative, place **de** before the collective noun.

Nous sommes **les** étudiants **les plus** sérieux **de** notre classe.

The definite article **le** is used with the comparative forms (**plus, moins, mieux**) to form the superlative with adverbs.

C'est Pascale qui nage **le plus vite.** *(the fastest)*

C'est Paul qui conduit **le moins vite.** *(the slowest)*

C'est moi qui parle français **le mieux.** *(the best)*

INTERROGATIVES

FORMAL AND INFORMAL QUESTIONS

To say *which* or *what,* use the appropriate form of the interrogative adjective **quel** before a noun.

	Singular	Plural
MASCULINE	**Quel** livre?	**Quels** films?
FEMININE	**Quelle** robe?	**Quelles** bottes?

To ask for specific kinds of information, use the following question words:

A quelle heure?	*At what time?*	**Où?**	*Where?*
Avec qui?	*With whom?*	**Quand?**	*When?*

To ask a question in a formal situation, and to ask ask formal yes-or-no questions, use the question words above followed by **est-ce que.**

A quelle heure est-ce que le train part?

Avec qui est-ce qu'on va à la bibliothèque?

Est-ce que vous avez des anoraks?

In informal situations, you may place the question words at the beginning or the end of the question. For yes-or-no questions, simply raise your voice at the end without using **est-ce que.**

Le train part **à quelle heure?**

Avec qui on va à la bibliothèque?

Tu vas acheter cette vieille maison?

INVERSION

The most formal way to ask questions is to use *inversion,* simply inverting the subject and verb and placing a hyphen between them.

Comment **allez-vous,** madame?

Pourriez-vous me dire à quelle heure le train part?

Vend-elle sa voiture?

Quel temps **fait-il?**

When you use inversion with the pronouns **il** and **elle** and a verb that ends in a vowel sound, insert a **-t-** after the verb.

Joue-t-il dans ce film?   **Va-t-elle** au stade?

NEGATION

NEGATIVE EXPRESSIONS

To make a sentence negative in French, you generally place the phrase **ne... pas** around the conjugated verb. However, there are several more specialized negative expressions that may be used as well. Like **ne... pas,** the phrases **ne... plus** *(not anymore)*, **ne... jamais** *(never)*, and **ne... rien** *(nothing)* are placed around the conjugated verb.

> Je **ne** nage **plus.**
>
> Il **n'**a **jamais** fait de randonnée pédestre.
>
> Je **n'**ai **rien** mangé hier.

When the phrase **ne... personne** *(no one)* is used in the **passé composé, personne** is placed after the past participle.

> Je **n'**ai rencontré **personne** au centre commercial.

When **rien** and **personne** are the subject of a sentence, they are placed before **ne** and the conjugated verb.

> **Personne n'**était à la porte.
>
> **Rien n'**est tombé.

As with all negative expressions, the **ne** in **ne... aucun(e)** *(not any)*, **ne... ni... ni...** *(neither . . . nor . . .)*, and **ne... nulle part** *(nowhere)* is placed before the conjugated verb. However, **aucun(e)** is placed immediately before the noun it refers to, **ni** comes immediately before each of the words it refers to, and **nulle part** is placed directly after the word it negates.

> Je **n'**ai **aucune** idée.
>
> Marie **ne** mange **ni** poisson **ni** poulet.
>
> Jacques **n'**a trouvé son livre **nulle part.**

NEGATIVE EXPRESSIONS WITH INFINITIVES

To make an infinitive negative, place the entire negative expression in front of the infinitive.

> Maman a dit de **ne pas** sortir ce soir.
>
> Il essaie de **ne rien** manger avant le dîner.
>
> Nous nous sommes promis de **ne jamais** casser.

NE... QUE

While the expression **ne... que** appears negative, it means *only*. As with the negative expressions, you place the **ne** before the conjugated verb. Place **que** immediately after the verbal expression.

> Je **n'**ai **que** deux dollars.   *I have only two dollars.*
>
> Je **ne** fais de la pêche **qu'**avec mon père.   *I go fishing only with my father.*

NOUNS

PLURAL FORMS OF NOUNS

In French, you make most nouns plural by adding an **-s** to the end of the word, unless the word already ends in **-s** or **-x**. Nouns that end in **-eau** are made plural by adding an **-x**, and nouns that end in **-al** are generally made plural by replacing the **-al** with **-aux.**

	Regular Nouns	-s or -x	-eau	-al
SINGULAR	cadre	tapis	bureau	animal
PLURAL	cadres	tapis	bureaux	animaux

PREPOSITIONS

THE PREPOSITIONS *A* AND *DE*

The preposition **à** means *to, at,* or *in,* and **de** means *from* or *of.* When **à** and **de** precede the definite articles **le** and **les,** they form the contractions **au, aux, du,** and **des.** If they precede any other definite article, there is no contraction.

Nous allons **à la** plage et au zoo.
We're going to the beach and to the zoo.

Tu es loin **du** marché mais près **des** musées.
You're far from the market but near the museums.

	Masculine Article	Feminine Article	Vowel Sound	Plural
à	à + le = **au**	à la	à l'	à + les = **aux**
de	de + le = **du**	de la	de l'	de + les = **des**

De is also used to indicate possession or ownership.

Là, c'est la boulangerie **de** ma tante.
That's my aunt's bakery over there.

C'est le bureau **du** prof.
It's the teacher's desk.

PREPOSITIONS AND PLACES

To say that you're at or going to a place, you need to use a preposition. With cities, use the preposition **à: à Paris.** One notable exception is **en Arles.** When speaking about masculine countries, use **au: au Viêt-nam.** With names of plural countries, use **aux: aux Etats-Unis.** Most countries ending in **-e** are feminine; in these cases, use **en: en Italie. Le Mexique** is an exception. If a country begins with a vowel, like **Inde,** use **en: en Inde.**

Cities	Masculine Countries	Feminine or Masculine Countries that begin with a vowel	Plural Countries
à Nantes à Paris en Arles	**au** Canada **au** Maroc **au** Mexique	**en** Italie **en** Espagne **en** Israël	**aux** Etats-Unis **aux** Philippines **aux** Pays-Bas

PRONOUNS

DEMONSTRATIVE PRONOUNS

Celui-là, celle-là, ceux-là, and **celles-là** are *demonstrative pronouns*. They mean *this one, that one, these,* or *those.* Demonstrative pronouns agree in gender and number with the noun they replace.

— **Quelles bottes** est-ce que tu préfères?   — **Quel stylo** est-ce que tu vas acheter?
— **Celles-là.**   — **Celui-là.**

DIRECT OBJECT PRONOUNS: *LE, LA,* AND *LES*

A direct object is a noun or pronoun that receives the action of the verb. A direct object pronoun replaces a direct object that has already been mentioned. The direct object pronoun agrees in gender and number with the noun it refers to and it is placed in front of the conjugated verb.

— Il mange **la tarte?**

— Oui, il **la** mange.

If the pronoun is the direct object of an infinitive, it precedes the infinitive.

— Tu vas attendre **le bus?**

— Oui, je vais **l'attendre.**

In an affirmative command, the direct object pronoun follows the verb and is connected to it with a hyphen. In a negative command, the pronoun precedes the verb.

— Je voudrais acheter **le pull** bleu.   — Et **la cravate** verte?
— Achète-**le!**   — Ne **l'**achète pas! Elle est horrible!

	Singular	Plural
MASCULINE	le / l'	les
FEMININE	la / l'	les

DIRECT OBJECT PRONOUNS AND THE *PASSE COMPOSE*

When using the direct object pronouns **le, la, l', les, me, te, nous,** and **vous** with the **passé composé,** you must change the spelling of the past participle to agree in number and gender with the preceding direct object pronoun.

— Tu as rangé **ta chambre?**   — Pierre a acheté **les boissons?**
— Oui, je **l'**ai rangée ce matin.   — Non, il ne **les** a pas achetées.

INTERROGATIVE PRONOUNS

Lequel, laquelle, lesquels, and **lesquelles** are called *interrogative pronouns.* You use them to ask *which one(s).* Interrogative pronouns agree in gender and number with the noun they replace.

— Je vais acheter **ce chemisier.**

— **Lequel?**

— Je trouve qu'elles sont ennuyeuses, **ces B.D.**

— **Lesquelles?**

THE PRONOUN *Y*

The pronoun **y** replaces a phrase meaning *to, on, at,* or *in* any place that has already been mentioned and phrases beginning with prepositions of location such as **à, sur, chez, dans,** and **en + a place or thing.** Place **y** before the conjugated verb.

— Elle va **à la confiserie?**

— Oui, elle **y** va.

— On est allés **chez Gilles?**

— Oui, on **y** est allés.

If there is an infinitive in the sentence, **y** precedes the infinitive.

— Tu vas aller **à l'épicerie?**

— Oui, je vais **y** aller.

THE PRONOUN *EN*

The object pronoun **en** can be used to replace phrases that begin with **du, de la, de l',** or **des.** These phrases might refer to activities:

— Tu fais **de la plongée?**

— Non, je n'**en** fais pas.

or to quantities:

— Tu veux **des œufs** pour le dîner? — Est-ce qu'il te faut **du café?**

— Oui, j'**en** veux bien. — Non, j'**en** ai acheté hier.

Like other object pronouns, en precedes the conjugated verb. If the sentence contains an infinitive, **en** is placed between the conjugated verb and the infinitive.

— Nous avons **des crevettes?**

— Non, mais je vais **en** acheter aujourd'hui.

THE REFLEXIVE PRONOUNS

Reflexive pronouns accompany a reflexive verb, a verb whose action is done by the subject to itself. These pronouns reflect the subject, and they change, depending upon the subject of the sentence. The reflexive pronoun **se** is part of the infinitive of a reflexive verb. The verb **se laver** is conjugated below.

Subject	Reflexive Pronoun	se laver
je	me	Je **me** lave.
tu	te	Tu **te** laves.
il/elle/on	se	Il/Elle/On **se** lave.
nous	nous	Nous **nous** lavons.
vous	vous	Vous **vous** lavez.
ils/elles	se	Ils/Elles **se** lavent.

INDIRECT OBJECT PRONOUNS: *LUI* AND *LEUR*

The pronouns **lui** (*to/for him, to/for her*) and **leur** (*to/for them*) replace nouns that are indirect objects of a verb. They replace a phrase that begins with **à** or **pour** followed by a person or people.

The pronoun is placed before the conjugated verb . . .

Tu offres un cadeau **à ta mère?** —> Tu **lui** offres un cadeau?

or before an infinitive, when it is the object of that infinitive.

Je vais offrir des bonbons **à mes amis.** —> Je vais **leur** offrir des bonbons.

In affirmative commands, the pronouns follow the verb and are connected to it with a hyphen.

Offre un cadre **à ta sœur!** —> **Offre-lui** un cadre!

POSITION OF OBJECT PRONOUNS

Object pronouns like **le, la, l', les, lui, leur, me, te, nous, vous, y,** and **en** usually precede the conjugated verb in a sentence.

Tu **me** donnes un cadeau?   Mon livre? Je **l'ai** oublié à l'école.

Paul **leur** parle tout le temps.   Qui **vous** a donné ce bracelet?

In affirmative commands, the object pronoun follows the verb and is connected to it by a hyphen. In this case, **me** and **te** change to **moi** and **toi.** In negative commands, the object pronoun precedes the conjugated verb.

Téléphone-**moi** ce soir!   Donne-**le** à ta sœur!

Ne **me** donne pas de tarte!   N'**y** va pas!

When the object pronoun is the object of an infinitive, it directly precedes the infinitive.

Je voudrais **l'**inviter à la boum.   Tu aurais dû **en** acheter.

Sometimes you will have more than one object pronoun in a sentence. The following table illustrates the correct order of multiple object pronouns in the same sentence.

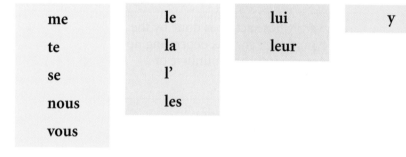

me	le	lui	y	en
te	la	leur		
se	l'			
nous	les			
vous				

Je **le leur** ai donné.   Ne **leur en** achète pas!

VERBS THAT TAKE A DIRECT OR INDIRECT OBJECT

These verbs take a direct object: **appeler, chercher, écouter, payer,** and **regarder.**

These verbs take an indirect object: **apprendre à, conseiller à, demander à, dire à, offrir à, parler à, permettre à, répondre à,** and **téléphoner à.**

IL/ELLE EST VERSUS *C'EST*

Both **il/elle est** and **c'est** can mean *he/she is.* **Il/Elle est** can be used to identify someone's profession or nationality. In this case, no article precedes the noun.

Harrison Ford? **Il est** acteur.   Céline Dion? **Elle est** québécoise.

If **c'est** is used for the same purpose, the noun must be preceded by an appropriate article.

Harrison Ford? **C'est un** acteur.   Céline Dion? **C'est une** québécoise.

When you use both an adjective and a noun, you must use **c'est.**

Céline Dion? **C'est une** chanteuse québécoise.

RELATIVE PRONOUNS: *CE QUI* AND *CE QUE*

The relative pronouns **ce qui** and **ce que** mean *what.* **Ce qui** is the subject of the verb in the clause it introduces:

Ce qui est embêtant, c'est de devoir se coucher très tôt.

Ce qui me plaît, c'est de me promener à la plage.

Ce que is the object of the verb in the clause it introduces and it is usually followed by a subject:

Ce que je n'aime pas, c'est aller à la pêche quand il pleut.

Ce que je préfère, c'est aller au cinéma le week-end.

RELATIVE PRONOUNS: *QUI, QUE,* AND *DONT*

The relative pronouns **qui** and **que** introduce clauses that give more information about a subject that you've already mentioned. **Qui** is the subject of the verb in the clause it introduces. The verb agrees with the person or object in the main clause that it refers to.

Isabelle Adjani est une actrice **qui est** très connue en France.

J'ai deux amis **qui s'appellent** Hervé et Guillaume.

Que is the direct object of the verb in the clause; therefore, it is followed by a subject. When the verb in the clause introduced by **que** is in the **passé composé,** the past participle agrees with the noun that **que** represents. Drop the **-e** from **que** before a vowel sound.

Voici le C.D. **que** je voudrais acheter.

La tente que j'ai **achetée** hier est très chouette!

La Guerre des étoiles est le film **qu'**on a vu.

You use the pronoun **dont** when you mean *whose* or *about/of/from whom* or *which.*

Tu as vu le film **dont** il parle?   *(about which)*

Tu connais la fille **dont** la sœur est actrice?   *(whose)*

VERBS

REGULAR -ER VERBS

To form the present tense of most **-er** verbs, drop the **-er** and add the following endings to the stem:

Subject	aimer *(to like)*	
	Stem	**Ending**
j'		-e
tu		-es
il/elle/on		-e
	aim	
nous		-ons
vous		-ez
ils/elles		-ent

For the **nous** form of the verbs **manger, nager,** and **voyager,** only the **-r** is dropped from the infinitive; the **-e** is retained: **nous mangeons, nous nageons, nous voyageons.** For the **nous** form of **commencer,** the second **c** is changed to a **ç** in the stem: **nous commençons.**

To form the past participle of -er verbs, drop the **-er** from the infinitive and add **-é** to the stem (**aimer —> aimé**).

REGULAR -IR VERBS

To form the present tense of most **-ir** verbs, drop the **-ir** and add the following endings to the stem:

Subject	choisir *(to choose)*	
	Stem	**Ending**
je		-is
tu		-is
il/elle/on		-it
	chois	
nous		-issons
vous		-issez
ils/elles		-issent

Other **-ir** verbs that follow this pattern are **finir, grandir, grossir, maigrir,** and **se nourrir.** To form the past participle of these verbs, you simply drop the **-ir** from the infinitive and add **-i** to the stem (**choisir —> choisi**).

REGULAR -RE VERBS

The present tense of most -**re** verbs is formed by dropping the -**re** and adding the following endings to the stem:

Subject	attendre *(to wait)*	
	Stem	**Ending**
j' tu il/elle/on	attend	-s -s -(no ending)
nous vous ils/elles		-ons -ez -ent

Other -**re** verbs that follow this pattern are **entendre, répondre,** and **perdre.** To form the past participle of these verbs, you simply drop the -**re** from the infinitive and add -**u** to the stem (**attendre —> attendu**).

VERBS LIKE *DORMIR*

These verbs follow a different pattern from the one you learned for regular -**ir** verbs. These verbs have two stems: one for the singular subjects, and another for the plural ones.

	dormir *(to sleep)*	**partir** *(to leave)*	**sortir** *(to go out, to take out)*
je tu il/elle/on	dors dors dort	pars pars part	sors sors sort
nous vous ils/elles	dorm**ons** dorm**ez** dorm**ent**	part**ons** part**ez** part**ent**	sort**ons** sort**ez** sort**ent**
Past Participle	**dormi**	**parti**	**sorti**

IRREGULAR VERBS

The verbs **avoir, être, aller,** and **faire** are irregular because they do not follow the conjugation patterns that **-er, -ir,** and **-re** verbs do.

	avoir (to have)	**être** (to be)
je/j'	ai	suis
tu	as	es
il/elle/on	a	est
nous	avons	sommes
vous	avez	êtes
ils/elles	ont	sont
Past Participle	eu	été

	aller (to go)	**faire** (to do, make)
je	vais	fais
tu	vas	fais
il/elle/on	va	fait
nous	allons	faisons
vous	allez	faites
ils/elles	vont	font
Past Participle	allé	fait

Devoir, pouvoir, and **vouloir** are also irregular. They are usually followed by an infinitive.

	devoir (to have to, must)	**pouvoir** (be able to, can)	**vouloir** (to want)
je	dois	peux	veux
tu	dois	peux	veux
il/elle/on	doit	peut	veut
nous	devons	pouvons	voulons
vous	devez	pouvez	voulez
ils/elles	doivent	peuvent	veulent
Past Participle	dû	pu	voulu

These verbs also have irregular forms.

	dire *(to say)*	**écrire** *(to write)*	**lire** *(to read)*
je/j'	dis	écris	lis
tu	dis	écris	lis
il/elle/on	dit	écrit	lit
nous	disons	écrivons	lisons
vous	dites	écrivez	lisez
ils/elles	disent	écrivent	lisent
Past Participle	dit	écrit	lu

	mettre *(to put, to put on, to wear)*	**prendre** *(to take, to have food or drink)*	**voir** *(to see)*
je	mets	prends	vois
tu	mets	prends	vois
il/elle/on	met	prend	voit
nous	mettons	prenons	voyons
vous	mettez	prenez	voyez
ils/elles	mettent	prennent	voient
Past Participle	mis	pris	vu

conduire *(to drive)*	
je	conduis
tu	conduis
il/elle/on	conduit
nous	conduisons
vous	conduisez
ils/elles	conduisent

The past participle of **conduire** is **conduit. Conduire** uses **avoir** as its helping verb in the **passé composé.**

connaître *(to know, to be acquainted with)*	
je	connais
tu	connais
il/elle/on	connaît
nous	connaissons
vous	connaissez
ils/elles	connaissent

The past participle of **connaître** is **connu. Connaître** uses **avoir** as its helping verb in the **passé composé.** The **passé composé** of **connaître** has a special meaning.

J'**ai connu** Sophie au lycée.   *I met Sophie (for the first time) at school.*

THE VERB *OUVRIR*

While the verb **ouvrir** ends in **-ir,** it is conjugated like a regular **-er** verb.

ouvrir *(to open)*	
j'	ouvre
tu	ouvres
il/elle/on	ouvre
nous	ouvrons
vous	ouvrez
ils/elles	ouvrent

The past participle of **ouvrir** is **ouvert. Ouvrir** uses **avoir** as its helping verb in the **passé composé.**

J'**ai ouvert** la porte pour mon père.

VERBS WITH STEM AND SPELLING CHANGES

Verbs listed in this section are not irregular, but they do have some stem and spelling changes.

	acheter *(to buy)*	**préférer** *(to prefer)*	**promener** *(to walk (an animal))*
je/j'	achète	préfère	promène
tu	achètes	préfères	promènes
il/elle/on	achète	préfère	promène
nous	achetons	préférons	promenons
vous	achetez	préférez	promenez
ils/elles	achètent	préfèrent	promènent
Past Participle	acheté	préféré	promené

The following verbs have different stems for the **nous** and **vous** forms.

	appeler *(to call)*	**essayer** *(to try)*
j'	appelle	essaie
tu	appelles	essaies
il/elle/on	appelle	essaie
nous	appelons	essayons
vous	appelez	essayez
ils/elles	appellent	essaient
Past Participle	appelé	essayé

REFLEXIVE VERBS

French verbs that require a reflexive pronoun are called *reflexive verbs*. The subject of the sentence receives the action of a reflexive verb. The reflexive pronoun must change with the subject, as shown in the table below.

se laver		
je	me	lave
tu	te	laves
il/elle/on	se	lave
nous	nous	lavons
vous	vous	lavez
ils/elles	se	lavent

To make a reflexive verb negative, place **ne... pas** around the reflexive pronoun and the verb. (**Je ne me lève pas tôt le week-end.**)

To make the **passé composé** of a reflexive verb, you use **être** as the helping verb. The past participle must agree in number and gender with the subject when there's no direct object following the verb. (**Elle s'est lavée** but **Elle s'est lavé les mains.**)

se laver			
je	me	suis	lavé(e)
tu	t'	es	lavé(e)
il/elle/on	s'	est	lavé(e)(s)
nous	nous	sommes	lavé(e)s
vous	vous	êtes	lavé(e)(s)
ils/elles	se	sont	lavé(e)s

To make a reflexive verb negative in the **passé composé**, place **ne... pas** around the reflexive pronoun and the helping verb. (**Je ne me suis pas levée tôt samedi.**)

RECIPROCAL VERBS

The pronouns **se, nous,** and **vous** may also be added to any verb to make the verb reciprocal. That is, when you add them to a verb, they mean *(to/for/at) each other.*

Ils **se** parlent souvent.	*They speak to each other often.*
Nous **nous** aimons.	*We love each other.*
Vous **vous** êtes rencontrés hier?	*Did you meet each other yesterday?*

Just as past participles agree with a reflexive pronoun that is the direct object of the verb, the same is true with reciprocal verbs. However, if the pronoun is an indirect object of the verb, there is no agreement.

Nous **nous** sommes vu**s** hier.　　*We saw each other yesterday.*

BUT

Nous **nous** sommes parlé hier.　　*We talked **to** each other yesterday.*

THE IMPERATIVE (COMMANDS)

To make a request or a command of most verbs, use the **tu, nous,** or **vous** form of the present tense of the verb without the subject. Drop the final **-s** from the **tu** form of an **-er** verb.

> **Prends** un jus de fruit!   **Allons** en colonie de vacances!
>
> **Range** ta chambre!   **Faites** le plein, s'il vous plaît.

To make a command negative, simply place **ne... pas** around the verb.

> **Ne** sors **pas** sans ton parapluie!

Place reflexive or object pronouns after the verb in a positive command or suggestion. Place a hyphen between the verb and the pronoun when writing these commands.

> **Dépêchons-nous!**   **Grouille-toi!**

The verb **être** has irregular imperative forms.

> **Sois** gentil! (**tu**)   **Soyons** à l'heure! (**nous**)   **Soyez** patients! (**vous**)

THE NEAR FUTURE *(LE FUTUR PROCHE)*

To say something is going to happen, use the near future (**le futur proche**). It is made up of two parts: the present tense of the verb **aller** and the infinitive of the main verb.

> Je **vais faire** de la plongée demain.   *I'm going to go scuba diving tomorrow.*

To make a sentence in the **futur proche** negative, place **ne... pas** around the conjugated verb (**aller**).

> Monique **ne** va **pas** lire la biographie.   *Monique isn't going to read the biography.*

THE *PASSE COMPOSE* WITH *AVOIR*

The **passé composé** of most verbs is formed with two parts: the present tense form of the helping verb **avoir** and the past participle of the main verb. To form the past participle, use the formulas below. To make a sentence negative, place **ne... pas** around the helping verb **avoir.**

Infinitive	aimer *(to love, to like)*		choisir *(to choose)*		vendre *(to sell)*	
	STEM	**ENDING**	**STEM**	**ENDING**	**STEM**	**ENDING**
Past Participle	aim aimé	-é	chois choisi	-i	vend vendu	-u
Passé Composé	j'ai aimé		j'ai choisi		j'ai vendu	

> J'**ai mangé** au fast-food.   Nous n'**avons** pas encore **choisi** la musique.
>
> Elle **a choisi** un anorak rouge.   Elle **n'a** pas **répondu** à sa lettre.

Some verbs have irregular past participles that do not follow the above formulas.

être	—> été	lire	—> lu	boire	—> bu
avoir	—> eu	faire	—> fait	voir	—> vu
prendre	—> pris	recevoir	—> reçu	mettre	—> mis

THE *PASSE COMPOSE* WITH *ETRE*

Some French verbs use **être** as the helping verb in the **passé composé,** including verbs of motion, like **aller, arriver, descendre, entrer, monter, partir, rentrer, retourner, revenir, sortir, tomber,** and **venir,** and verbs that indicate a state or condition, like **mourir, naître,** and **rester.** When **être** is the helping verb, the past participle has to agree in gender and number with the subject. To make a sentence negative, put **ne... pas** around the helping verb. (**Je ne suis pas allé à l'école hier.**)

aller		
je	suis	allé(e)
tu	es	allé(e)
il/elle/on	est	allé(e)(s)
nous	sommes	allé(e)s
vous	êtes	allé(e)(s)
ils/elles	sont	allé(e)s

Reflexive verbs also use **être** as their helping verb. For more information on the **passé composé** with reflexive verbs, see the heading "Reflexive Verbs," on page R47.

THE *IMPARFAIT*

To talk about what used to happen in the past or to describe what things were like, you use the **imparfait** (imperfect tense). The stem for the imperfect is the **nous** form of the verb in the present tense without **-ons** (écrire —> **nous écrivons** —> **écriv-**). The stem of **-ger** verbs like **manger** keeps the **-e.** The imperfect endings are listed below. To make the imperfect form negative, place **ne... pas** around the verb.

écrire		
	Stem	**Endings**
j'		-ais
tu		-ais
il/elle/on	écriv	-ait
nous		-ions
vous		-iez
ils/elles		-aient

You will often use the verbs **avoir** and **être** in the **imparfait** to talk about the past. The table below gives you the **imparfait** forms of both verbs. Notice that **être** uses the irregular stem **ét-.**

avoir	
j'	**avais**
tu	**avais**
il/elle/on	**avait**
nous	**avions**
vous	**aviez**
ils/elles	**avaient**

être	
j'	**étais**
tu	**étais**
il/elle/on	**était**
nous	**étions**
vous	**étiez**
ils/elles	**étaient**

THE *IMPARFAIT* VS. THE *PASSE COMPOSE*

In French, there are two tenses you can use to talk about the past: the **imparfait** and the **passé composé.** The table below lists the uses of each tense.

Imparfait	Passé Composé

• to describe how things and people were in the past
 	
    Il était petit.
• to describe general conditions or to set the scene
 	
    Il faisait froid.
• to talk about what used to happen or to tell about repeated or habitual actions
 	
    J'allais à l'école le samedi.
• after words that indicate a repeated action in the past, like **toujours, d'habitude, souvent, tous les jours,** and **de temps en temps**
 	
    Je jouais souvent au foot.
• to tell what was going on when something else happened
 	
    Je regardais la télé quand Pierre est arrivé.
• to emphasize that you were in the middle of doing something when something else happened, you can use the expression **être en train de** in the **imparfait** followed by an infinitive
 	
    J'étais en train de manger quand Jacques est arrivé.
• to make a suggestion, you can use the expression **si on** followed by a verb in the **imparfait**
 	
    Si on allait à la plage?
• to tell how someone seemed to be, you can use the expression **avoir l'air** in the **imparfait** followed by an adjective
 	
    Elle avait l'air triste.
• to tell how something was or used to be, use the phrase **c'était** with an adjective
 	
    C'était magnifique!
	• to tell what happened
	
	    Il est tombé.
	• after words that indicate a specific moment in the past, like **un jour, soudain, tout d'un coup, au moment où,** and **une fois**
	
	    Un jour, elle est partie.
	• after words that indicate in which order a series of events occurred, like **d'abord, après, ensuite, enfin,** and **finalement**
	
	    Ensuite, on a payé.
	• to talk about an event that occurred while another action was going on
	
	    Il a téléphoné quand tu dormais.

THE FUTURE TENSE *(LE FUTUR)*

To say you *will do* something, use the future tense. The future tense for most verbs is formed by adding the endings **-ai, -as, -a, -ons, -ez,** and **-ont** to the infinitive. However, if the infinitive ends in **-re,** drop the final **-e** before adding the endings. Verbs that have a spelling change in the present tense have the same change in their future stem.

Je **répondrai** à sa lettre demain. Nous **sortirons** ensemble la semaine prochaine.

Tu **finiras** tes devoirs samedi soir. Vous **prendrez** une décision.

Il/Elle/On **achètera** un cadeau. Ils/Elles **choisiront** un métier.

Some irregular verbs have irregular stems in the future tense, to which are added the regular future endings.

aller —> **ir-**	**envoyer** —> **enverr-**	**savoir** —> **saur-**
avoir —> **aur-**	**être** —> **ser-**	**venir** —> **viendr-**
devenir —> **deviendr-**	**faire** —> **fer-**	**voir** —> **verr-**
devoir —> **devr-**	**pouvoir** —> **pourr-**	**vouloir** —> **voudr-**

Je **serai** très content. Nous **enverrons** les lettres.

Elle **aura** quinze ans. Vous **ferez** la vaisselle cette semaine.

After the prepositions **quand** *(when)* and **dès que** *(as soon as),* use the future tense, unlike English, in which you would use the present tense.

Je serai heureux **quand je verrai** mes parents.

I'll be happy <u>when I see</u> my parents.

THE CONDITIONAL TENSE *(LE CONDITIONNEL)*

To say what you *would do* under certain circumstances, use the conditional tense. You also use the conditional tense to be polite.

J'**achèterais** une nouvelle voiture si j'avais l'argent. *I would buy a new car if . . .*

Je **voudrais** une eau minérale. *I would like . . .*

To form the conditional tense, you use the same stem as the future tense (usually the infinitive) and add the endings for the imperfect (**-ais, -ais, -ait, -ions, -iez, -aient**). If the infinitive ends in **-re,** drop the final **-e** before adding the endings.

Je **vendrais** ma voiture. Nous **prendrions** du café.

Tu **choisirais** la rouge. Vous **diriez** la vérité.

Il/Elle/On **mangerait** du pain. Ils/Elles **achèteraient** une maison.

Verbs that have irregular stems in the future tense use the same irregular stems in the conditional tense. (See "The Future Tense.")

SI CLAUSES

To say that if one thing were so, then another thing would happen *(If I had the money, I would buy a car),* begin one clause of the sentence with **si** followed by the imperfect. The verb in the other clause should be in the conditional:
Si j'avais de l'argent, j'**achèterais** une voiture.

You may also begin your sentence with the conditional clause: J'**achèterais** une voiture si j'**avais** de l'argent.

THE SUBJUNCTIVE (*LE SUBJONCTIF*)

The subjunctive mood of a verb is used in clauses after certain phrases that express *obligation* (**Il faut que..**) or *will* (**vouloir que...**).

To form the present subjunctive of most verbs, drop the **-ent** from the **ils/elles** form of the present tense and add **-e, -es, -e, -ions, iez, -ent.**

disent − ent = dis + e = **dise**	Il faut que **je dise** la vérité.
mettent − ent = mett + es = **mettes**	Maman veut que **tu mettes** tes gants.
répondent − ent = répond + e = **réponde**	Je veux qu'**elle** me **réponde.**
rentrent − ent = rentr + ions = **rentrions**	Il faut que **nous rentrions** avant minuit.
sortent − ent = sort + iez = **sortiez**	Papa ne veut pas que **vous sortiez.**
finissent − ent = finiss + ent = **finissent**	Il faut qu'**ils finissent** leurs devoirs.

Some irregular verbs, like **prendre** and **venir,** have two different subjunctive stems. To form the stem for the **nous** and **vous** forms, drop the **-ons** from the present tense of the **nous** form of the verb and add the subjunctive ending. The stem for the rest of the forms comes from the **ils/elles** form of the present tense.

venons − ons = ven + ions = **venions**   Ma grand-mère veut que **nous venions** chez elle.

prenons − ons = pren + iez = **preniez**   Il faut que **vous preniez** de l'argent.

prennent − ent = prenn + e = **prenne**   Maman veut que **je prenne** mon anorak.

Other irregular verbs, such as **faire,** have one irregular stem, to which you add the subjunctive endings. The stem for faire is **fass-.** The verb **aller** has both an irregular stem and a regular stem. To form the stem for the **nous** and **vous** forms, drop the **-ons** from the present tense of the **nous** form of the verb and add the subjunctive ending. For all other forms, the stem is **aill-. Etre** and **avoir** both have irregular forms in the subjunctive.

		faire	aller	être	avoir
	je(j')	fasse	aille	sois	aie
	tu	fasses	ailles	sois	aies
que(qu')	il/elle	fasse	aille	soit	ait
	nous	fassions	allions	soyons	ayons
	vous	fassiez	alliez	soyez	ayez
	ils/elles	fassent	aillent	soient	aient

EXPRESSIONS REQUIRING THE SUBJUNCTIVE

Phrases requiring the use of the subjunctive express:

obligation:

Il faut qu'on aille au marché.

emotion:

Je suis désolé(e) que tu **sois** malade.
Je suis heureux(-euse) que...
J'ai peur que...

necessity:

Il est nécessaire que tu **fasses** ton lit.
Il est essentiel que...
Il est important que...
Il faudrait que...
Il vaudrait mieux que...

possibility:

Il est possible qu'il **soit** médecin.
Il se peut que...

will:

Je veux que tu **sois** plus patient.

doubt:

Je ne crois pas qu'il **soit** acteur.
Je ne pense pas que...
Ça m'étonnerait que...
Je ne suis pas sûr(e) que...
Je ne suis pas certain(e) que...

The indicative mood is used after expressions of *certainty,* such as **Je sais que...** and **Je suis certain(e) que...** .

THE PAST PERFECT (*LE PLUS-QUE-PARFAIT*)

To say something happened even farther in the past than another event, use the past perfect tense, or the **plus-que-parfait.** To form the **plus-que-parfait,** you use the imperfect form of the appropriate helping verb (**avoir** or **être**) and the past participle of the completed action.

Il m'a dit qu'**il avait fait** ses devoirs.   *He told me that he had done his homework.*

Tu n'as pas dit où **tu étais allé(e).**   *You didn't say where you had gone.*

The same rules for agreement of past participles in the **passé composé** apply to the **plus-que-parfait.**

Je t'ai dit que nous **étions allés** au cinéma.

THE CAUSATIVE *FAIRE*

To say you are *having something done,* use the verb **faire** with the infinitive of the action that is being done.

Je **fais laver** la voiture.   *I'm having the car washed.*

To say you *had* something done, use the **passé composé** of **faire** with the infinitive of the action that was done.

J'**ai fait tondre** la pelouse.   *I had the lawn mowed.*

If the action to be done requires a reflexive verb, the reflexive pronoun precedes the conjugated form of **faire** in the present tense. In the **passé composé,** the reflexive pronoun precedes the helping verb (**être**). In the **futur proche,** place the pronoun before the infinitive **faire.**

Pierre **se** fait couper les cheveux.   *Pierre is having his hair cut.*

Je **me** suis fait laver les cheveux.   *I had my hair washed.*

Nous allons **nous** faire friser.   *We're going to have our hair curled.*

THE PAST INFINITIVE

When you're using a verb construction that requires an infinitive and you wish to express that the action took place in the past, use the past infinitive, which is formed by using the infinitive of the helping verb and the past participle of the main verb.

> Je suis désolé **d'avoir oublié** ton anniversaire.

> Je m'excuse d'**être parti(e)** sans te dire au revoir.

If the past infinitive is reflexive, place the reflexive pronoun before the helping verb (**être**).

> Pardonne-moi de **m'être réveillé(e)** si tard.

THE *PASSE SIMPLE*

Passé simple is a literary tense used to express a fact or an action completed in the past. It is only used in written French. The stem of regular verbs in the **passé simple** is the infinitive minus its ending, **-er, -ir,** or **-re.**

j'écout**ai**	je fin**is**	je vend**is**
tu écout**as**	tu fin**is**	tu vend**is**
il/elle/on écout**a**	il/elle/on fin**it**	il/elle/on vend**it**
nous écout**âmes**	nous fin**îmes**	nous vend**îmes**
vous écout**âtes**	vous fin**îtes**	vous vend**îtes**
ils/elles écout**èrent**	ils/elles fin**irent**	ils/elles vend**irent**

Some verbs have irregular **passé simple** forms.

	aller	**avoir**	**être**	**faire**	**venir**
je(j')	allai	eus	fus	fis	vins
tu	allas	eus	fus	fis	vins
il/elle	alla	eut	fut	fit	vint
nous	allâmes	eûmes	fûmes	fîmes	vînmes
vous	allâtes	eûtes	fûtes	fîtes	vîntes
ils/elles	allèrent	eurent	furent	firent	vinrent

This list includes both active and passive vocabulary in this textbook. Active words and phrases are those listed in boxes labeled **Vocabulaire, Comment dit-on...?, Grammaire,** and **Note de grammaire,** as well as the Vocabulaire section at the end of each chapter. You are expected to know and be able to use active vocabulary. All entries in black heavy type in this list are active. All other words are passive. Passive vocabulary is for recognition only.

The number after each entry refers to the chapter where the word or phrase is introduced. Verbs are given in the infinitive. Phrases are alphabetized by the key word(s) in the phrase. Nouns are always given with an article. If it is not clear whether the noun is masculine or feminine, m. (masculine) or f. (feminine) follows the noun. An asterisk (*) before a word beginning with h indicates an aspirate h.

The following abbreviations are used in this vocabulary: pl. (plural), pp. (past participle), and inv. (invariable).

à *to, in (a city or place),* I, 11; **A bientôt.** *See you soon.* I, 1; **A côté de...** *Next to . . . ,* II, 2; **A demain.** *See you tomorrow.* I, 1; **A point.** *Medium rare.* III, 1; **A propos,...** *By the way, . . . ,* II, 9; **A quelle heure?** *At what time?* I, 6; **A tout à l'heure!** *See you later!* I, 1; **A votre service.** *At your service; You're welcome,* I, 3; **à côté:** Juste là, à côté de... *Right there, next to . . . ,* III, 2; **à droite de** *to the right of,* II, 2; **à gauche de** *to the left of,* II, 2; **à la mode** *in style,* I, 10; **à la** *to, at,* I, 6; à réaction *jet,* III, 3; **A...** *At . . . ,* II, 11; **à la vapeur** *steamed,* III, 11
abandonner: J'abandonne. *I give up.* II, 7
l' abbaye (f.) *abbey,* III, 1
les abdominaux (m.): **faire des abdominaux** *to do sit-ups,* II, 7
abîmer *to damage,* III, 6
aborder *to approach,* III, 10
abriter *to shelter,* III, 7
l' Acadie (f.) *Acadia (area of Canada),* III, 11
acadien(ne) *Acadian,* III, 11
accabler *to blame,* III, 8
l' acceptation (f.) *acceptance,* III, 12
l' accident (m.): **avoir un accident** *to have an accident,* II, 9
l' accompagnement (m.) *side dish, sauce,* III, 2
l' accord (m.): **Bon, d'accord.** *Well, OK.* I, 8; **D'accord, si tu... d'abord.** *OK, if you . . . , first.* I, 7; **D'accord.** *OK.* I, 9; Faites l'accord... *Make the agreement . . . ,* III, 1; **Je ne suis pas d'accord.** *I*

don't agree. I, 7; **Tu es d'accord?** *Is that OK with you?* I, 7
l' **accordéon** (m.) *accordion,* III, 11
accoucher *to give birth,* III, 8
accrocher *to attach,* III, 3
Accrochez-vous! *Hang on!* III, 7
l' accueil (m.) *information desk,* III, 2
accueillant(e) *hospitable,* III, 6
accueillir *to welcome,* III, 6
acheter *to buy,* I, 9; **Achète (-moi)...** *Buy me . . . ,* I, 8; **s'acheter quelque chose** *to buy oneself something,* III, 10
l' acteur (m.) *actor,* III, 5
l' actrice (f.) *actress,* III, 5
l' actualité (f.) *the news,* III, 5
actuel(le) *present-day,* III, 11
l' addition (f.): **L'addition, s'il vous plaît.** *The check please.* I, 5
adorer: Ce que j'adore, c'est... *What I like/love is . . . ,* III, 11; **J'adore...** *I adore . . . ,* I, 1
l' **aérobic** (f.): **faire de l'aérobic** *to do aerobics,* I, 4; II, 7
les aérosols (m.): **utiliser des aérosols** *to use aerosol sprays,* III, 3
les affaires (f.) *business,* III, 5; femme/homme d'affaires *business woman/man,* III, 5; **partager ses affaires** *to share,* III, 3
afin de *in order to,* I, 7
affranchir *to put a stamp on,* III, 3
affreux (affreuse) *hideous,* III, 4
africain(e) (adj.) *African,* II, 11
l' **Afrique** (f.) **du Sud** *South Africa,* III, 12
l' affrontement (m.) *facing,* III, 12
âgé(e) *older,* I, 7
l' **âge** (m.): **Tu as quel âge?** *How old are you?* I, 1
l' agence de voyages (f.) *travel agency,* III, 2
l' agent (m.) **de police** *police officer,* III, 5

agir *to act,* III, 6; **Il s'agit de...** *It's about . . . ,* III, 9
agréer: Je vous prie d'agréer, Monsieur/Madame, l'expression de mes sentiments distingués. *Very truly yours, . . . ,* III, 5
l' aide (f.): à l'aide de *with the help of, using,* III, 3
aider *to help,* II, 8; **(Est-ce que) je peux vous aider?** *May I help you?* I, 10; **aider les personnes âgées** *to help elderly people,* III, 3; **Tu peux m'aider?** *Can you help me?* II, 10
ailleurs *somewhere else,* III, 1; partout ailleurs *everywhere else,* III, 3
aimable: Vous êtes bien aimable. *That's kind of you.* III, 6
aimer *to like,* I, 1; Ce que j'aime, c'est... *What I like/love is . . . ,* III, 11; **Ce que j'aime bien, c'est...** *What I like is . . . ,* II, 4; **Ce que je n'aime pas, c'est...** *What I don't like is . . . ,* II, 4; **J'aime bien...** *I like . . . ,* II, 1; **J'aime mieux...** *I prefer . . . ,* II, 1; **Je n'aime pas...** *I don't like . . . ,* I, 1; **Le prof ne m'aime pas.** *The teacher doesn't like me.* II, 5; **Moi, j'aime (bien)...** *I (really) like . . . ,* I, 1; **Qu'est-ce que tu aimes comme musique?** *What music do you like?* II, 1; **Qu'est-ce que tu aimes faire?** *What do you like to do?* II, 1; **Tu aimes mieux... ou... ?** *Do you prefer . . . or . . . ?* I, 10; **Tu aimes...?** *Do you like . . . ?* I, 1; **J'aimerais bien...** *I'd really like . . . ,* III, 5; **J'aimerais...** *I'd like . . . ,* III, 3; **J'aimerais... pour aller avec...** *I'd like . . . to go with . . . ,* I, 10; **Qu'est-ce que j'aimerais... !** *I'd really like to . . . !* II, 8; **Je n'ai pas du tout aimé.** *I didn't like it at all.* III, 9

l' **aîné(e)** *the oldest child,* III, 6
l' **air** (m.): **avoir l'air...** *to seem . . . ,* II, 9; **Ça n'a pas l'air d'aller.** *Something's wrong.* II, 5; **Elle avait l'air...** *She seemed . . . ,* II, 12; **Ils ont l'air de...** *They look like . . . ,* III, 11; **mettre de l'air dans les pneus** *to put air in the tires,* III, 2; **Tu n'as pas l'air en forme.** *You don't seem too well.* II, 7
aise: Mettez-vous à l'aise. *Make yourself comfortable.* III, 6
aisément *easily,* III, 6
ajouter *to add,* III, 3
l' **album de B.D.** (m.) *comic strip book,* III, 2
l' **algèbre** (f.) *algebra,* I, 2
l' **Algérie** (f.) *Algeria,* III, 12
l' **algue** (f.) *seaweed,* III, 10
l' **Allemagne** (f.) *Germany,* III, 12
l' **allemand** (m.) *German (language),* I, 2
aller *to go,* I, 6; **l'aller simple** (m.) *a one-way ticket,* II, 6; **l'aller-retour** (m.) *a round-trip ticket,* II, 6; **aller à la pêche** *to go fishing,* II, 4; **Ça n'a pas l'air d'aller.** *Something's wrong.* II, 5; **Ça te dit d'aller...?** *What do you think about going . . . ?* II, 4; **Ça va aller mieux!** *It's going to get better!* I, 9; *It'll get better.* II, 5; **On peut y aller...** *We can go there . . . ,* I, 12; **Allez tout droit.** *Go straight ahead.* II, 2; **Allez au tableau!** *Go to the blackboard!* I, 0; **Allez! Come on!** II, 7; **Ça va pas, non?!** *Are you out of your mind?!* III, 8; **Ça va pour cette fois.** *OK, just this once.* III, 3; **Ça va très bien avec...** *It goes very well with . . . ,* I, 10; **N'y va pas!** *Don't go!* III, 9; **Oh, ça va, hein?** *Oh, cut it out!* III, 6; **Allons... Let's go . . .** I, 6; **Allons-y!** *Let's go!* I, 4
les **allergies** (f.): **J'ai des allergies.** *I have allergies.* II, 7
Allô? *Hello?* I, 9
les **allumettes** (f.) *matches,* II, 12
Alors,... So . . . , II, 9; **Ça alors!** *How about that!* III, 7; **Et alors?** *And then?* III, 10
l' **amande** (f.) *almond,* III, 6
ambulant(e) *itinerant,* III, 6
améliorer *to improve,* III, 3
américain(e) *American (adj.),* II, 11
les **amis** (m.) *friends,* I, 1
l' **amitié** (f.) *friendship,* III, 8; **Fais mes amitiés à...** *Give my regards to . . .* III, 8
amoureux(amoureuse) *in love,* II, 9; **tomber amoureux(-euse) (de quelqu'un)** *to fall in love (with someone),* II, 9; **Tu es amoureux (-euse) ou quoi?** *Are you in love or what?* III, 10

amusant(e) *fun,* II, 11; *funny,* I, 7; **J'ai trouvé ça amusant.** *It was funny.* III, 9
les **amuse-gueule** (m.): **préparer les amuse-gueule** *to make party snacks,* II, 10
s'amuser *to have fun,* II, 4; **Qu'est-ce que tu fais pour t'amuser?** *What do you do to have fun?* I, 4; **Amuse-toi bien!** *Have fun!* I, 11; **Je me suis beaucoup amusé(e).** *I had a lot of fun.* II, 6; III, 1; **Tu t'es amusé(e)?** *Did you have fun?* II, 6
l' **ananas** (m.) *pineapple,* I, 8; II, 4
l' **ancêtre** (m./f.) *ancester,* III, 8, 11
ancien(ne) *former,* III, 2; *ancient, old,* III, 7
l' **andouille** (f.) *andouille sausage,* III, 11
l' **anglais** (m.) *English (language),* I, 1
l' **Angleterre** (f.) *England,* III, 12
l' **angoisse** (f.): **Quelle angoisse!** *This is terrible!* III, 12
l' **animateur** (**l'animatrice**) (m./f.) *host,* III, 10
les **animaux** (m.): **nourrir les animaux** *to feed the animals,* II, 12
animé(e) *lively,* II, 8
les **anneaux** (m.) *rings (in gymnastics),* III, 12
l' **année** (f.) *year,* III, 5; **Bonne année!** *Happy New Year!* II, 3
l' **anniversaire** (m.): **Joyeux (Bon) anniversaire!** *Happy birthday!* II, 3
l' **anorak** (m.) *ski jacket,* II, 1
antillais(e) *from the Antilles,* II, 11
l' **antilope** (f.) *antelope,* III, 7
l' **antre** (m.) *cave, lair,* III, 10
août *August,* I, 4
l' **appareil** (m.): **Qui est à l'appareil?** *Who's calling?* I, 9
l' **appareil-photo** (m.) *camera,* I, 11; II, 1
apparaître *to appear,* III, 10
apparenté(e) *related;* **mot apparenté** *cognate,* III, 5
s'appeler: Comment est-ce qu'on appelle ça? *What is that called?* III, 11; **Il/Elle s'appelle comment?** *What's his/her name?* I, 1; **Il/Elle s'appelle...** *His/Her name is . . . ,* I, 1; **Je m'appelle...** *My name is . . . ,* I, 1; **Tu t'appelles comment?** *What's your name?* I, 1
l' **appétit** (m.) *appetite,* III, 10
s'appliquer *to apply oneself,* III, 12
apporter *to bring,* I, 9; **Apportez-moi... , s'il vous plaît.** *Please bring me . . .* I, 5
apprendre *to learn,* I, 0; III, 8
l' **apprentissage** (m.): **faire un apprentissage** *to do an apprenticeship,* III, 5

après: Après ça... *After that . . . ,* II, 4; **Après, je suis sorti(e).** *Afterwards, I went out.* I, 9; **d'après** *from, according to,* III, 10; **Et après?** *And afterwards?* I, 9
l' **après-midi** (m.) *in the afternoon,* I, 2; **l'après-midi libre** *afternoon off,* I, 2
arabe *Arabic,* III, 6
l' **arachide** (f.) *peanut,* III, 1
l' **araignée** (f.) *spider,* III, 7
l' **arbre** (m.) *tree,* III, 7; **planter un arbre** *to plant a tree,* III, 3; **mutiler les arbres** *to deface the trees,* II, 12
l' **arc** (m.) *bow (archery),* III, 12
l' **architecte** (m./f.) *architect,* III, 5
l' **argent** (m.) *silver,* III, 6; **de l'argent** *money,* I, 11
l' **armée** (f.) *army,* III, 2
l' **armoire** (f.) *armoire/wardrobe,* II, 2
arracher *to pull,* III, 5
l' **arrêt** (m.): **arrêt de bus** *bus stop,* III, 8
arrêter: arrêter ses études *to stop one's studies,* III, 5; **Arrête! Stop!** III, 6; **Et toi, arrête de m'embêter! Stop bothering me!** III, 10
l' **arrière-grand-mère** (f.) *great-grandmother,* III, 6
l' **arrière-grand-père** (m.) *great-grandfather,* III, 6
arriver *to arrive,* II, 5; **arriver en retard à l'école** *to arrive late to school,* II, 5; **Ça peut arriver à tout le monde.** *It could happen to anyone.* III, 10; **Ça arrive à tout le monde.** *It happens to everybody.* III, 6; **J'arrive pas à y croire!** *I can't believe it.* III, 12; **Je n'arrive pas à me décider.** *I can't make up my mind.* III, 1; **Qu'est-ce qui t'arrive?** *What's wrong?* II, 5
arroser: arroser le jardin *to water the garden,* III, 3
l' **article** (m.): **article défini** *definite article,* III, 1; **article indéfini** *indefinite article,* III, 1; **article partitif** *partitive article,* III, 1
l' **artisanat** (m.): **faire de l'artisanat** *to make crafts,* III, 8
les **arts** (m.) **plastiques** *art class,* I, 2
l' **aspirateur** (m.): **passer l'aspirateur** *to vacuum,* III, 3
Asseyez-vous! Sit down! I, 0; III, 6
assez *sort of,* II, 9; **assez** *enough,* III, 2; **assez bien** *OK,* II, 6
l' **assiette** (f.): **l'assiette de charcuterie** *plate of pâté, ham, and cold sausage,* III, 1; **assiette de crudités** *plate of raw vegetables with vinaigrette,* III, 1; **assiette de fromages** *a selection of cheeses,* III, 1

l' assistant(e) social(e) *social worker,* III, 5

assister: assister à un spectacle son et lumière *to attend a sound and light show,* II, 6

associer *to associate,* III, 2

assorti: C'est assorti à... *That matches . . . ,* III, 4

assure: Je t'assure. *Really.* III, 4

assurer *to insure,* III, 3

l' atelier (m.) *workshop,* III, 5

l' athlétisme (m.): **faire de l'athlétisme** *to do track and field,* I, 4

l' atout (m.) *asset,* III, 12

atteindre *to reach, to attain,* III, 7

attendre *to wait for,* I, 9

attention: Attention à...! *Watch out for . . . !* III, 7; **Faites attention!** *Watch out!* III, 7

attentionné: être attentionné(e) *to be considerate,* III, 3

atterrir *to land,* III, 7

attirer *to attract,* III, 6

attraper *to catch,* III, 6

au *to, at,* I, 6; *to, in (before a masculine noun),* I, 11; **Au revoir!** *Goodbye!* I, 1; **au métro Saint-Michel** *at the Saint-Michel metro stop,* I, 6; **La fille au...** *The girl in the/with the . . . ,* III, 4; **au fait** *by the way,* III, 6

l' aubaine (f.) *godsend,* III, 12

l' aube (f.) *dawn,* III, 5

l' auberge (f.): **l'auberge de jeunesse** *youth hostel,* II, 2

aucun(e): Ça n'a aucun intérêt. *It's not interesting.* III, 9; **Je n'en ai aucun doute.** *I have no doubt about it.* III, 12; **Aucune idée.** *No idea.* II, 9; **Je n'en ai aucune idée.** *I have no idea.* III, 5

l' audace (f.) *boldness,* III, 10

au-dessus *above,* III, 6

augmenter *to increase,* III, 12

l' augure (m.) *sign, premonition,* III, 5

aujourd'hui *today,* I, 2

aurais: J'aurais dû... *I should have . . . ,* II, 10; **J'aurais pu...** *I could have . . . ,* II, 10; **Tu aurais dû...** *You should have . . . ,* II, 10; **Tu aurais pu...** *You could have . . . ,* II, 10

auriez: Vous auriez...? *Would you have . . . ?* III, 6

aussi *also,* I, 1; **aussi... que...** *as . . . as . . . ,* III, 8; **Je n'ai jamais vu un(e) aussi...** *I've never seen such a . . . ,* III, 7; **Moi aussi.** *Me too.* I, 2

aussitôt *immediately,* III, 6

autant: autant de... que... *as many/as much . . . as . . . ,* III, 8

l' automne (m.) *autumn, fall,* I, 4; **en automne** *in the fall,* I, 4

l' autoroute (f.) *highway,* III, 2

autour *around,* III, 10

autre: ... et l'autre lui répond... *. . . and the other one answers . . . ,* III, 10; **Oh, j'en ai vu d'autres.** *I've seen/done bigger and better things.* III, 10; **Pense aux autres.** *Think about other people.* III, 3

autrefois *in the past,* III, 6

l' autruche (f.) *ostrich,* III, 7

avaler *to swallow,* III, 3

avancer (tu n'avances pas) *you're not going anywhere,* III, 2

avant *before,* III, 1

avancer (tu n'avances pas) *you're not going anywhere,* III, 2

avant *before,* III, 1

avare *greedy,* III, 2

avarié(e) *ruined, spoiled,* III, 2

avec: avec moi *with me,* I, 6; **Avec qui?** *With whom?* I, 6; **C'est avec qui?** *Who's in it?* II, 11; **C'est avec...** *. . . is (are) in it.* II, 11; **J'y suis allé(e) avec...** *I went with . . . ,* III, 1

l' avenir (m.) *the future,* III, 5

avertir *to caution,* III, 7

l' avion (m.): **en avion** *by plane,* I, 12

l' aviron (m.) *rowing,* III, 12

avis: A mon avis,... *In my opinion, . . . ,* II, 9; **A mon avis, c'est plus sûr.** *In my opinion, it's safer.* III, 7; **A mon avis, tu te trompes.** *In my opinion, you're mistaken.* II, 9; **A ton avis, qu'est-ce que je dois faire?** *In your opinion, what should I do?* II, 10; **A ton avis, qu'est-ce que je fais?** *In your opinion, what do I do?* I, 9

l' avocat(e) *lawyer,* III, 5

les avocats (m.) *avocados,* I, 8

avoir *to have* I, 2 ; **avoir (prendre) rendez-vous (avec quelqu'un)** *to have (make) a date (with someone),* II, 9; **avoir 8 en...** *to get an 8 in . . .* II, 5; **avoir des responsabilités** *to have responsibilities,* II, 8; **avoir des soucis** *to have worries,* II, 8; **avoir faim** *to be hungry,* I, 5; **avoir l'air...** *to seem . . . ,* II, 9; III, 11; avoir le chic *to have the knack (of doing something),* III, 6; avoir lieu *to take place,* III, 12; **avoir soif** *to be thirsty,* I, 5; avoir tendance à *to have a tendency to,* III, 4; **avoir un accident** *to have an accident,* II, 9; **avoir... ans** *to be . . . years old,* II, 1; **Oui, vous avez...?** *Yes, do you have . . . ?* I, 10; **Qu'est-ce que vous avez comme...?** *What kind of . . . do you have?* I, 5; **Vous avez...?** *Do you have . . . ?* I, 2; **Quand j'avais... ans,...** *When I was . . . years old, . . . ,* II, 8; **Si j'avais le choix,...** *If I had a choice, . . . ,* III, 8; **Elle avait l'air...** *She seemed . . . ,* II, 12; **Il y avait ...** *There were . . . ,* III, 9

avril *April,* I, 4

baba *hippy,* III, 4

le babouin *baboon,* III, 7

le badaud *person who strolls,* III, 6

se bagarrer *to fight,* III, 10

la bague *ring,* III, 4, 10; **se faire enlever ses bagues** *to get one's braces off,* III, 10

la baguette *long, thin loaf of bread,* I, 12; II, 3

la baie *bay,* III, 10

se baigner *to go swimming,* II, 4

le baiser *kiss,* III, 10

baisser: to lower, III, 11; **Baisse le son.** *Turn down the volume.* III, 9

se balader *to take a walk,* III, 8

le balafon *instrument resembling a large xylophone,* III, 5

le balcon *balcony,* II, 2

la balle *ball,* III, 12

le ballon *ball,* III, 12

banal(e): C'est banal. *That's ordinary.* II, 3

les bananes (f.) *bananas,* I, 8

le bananier *banana tree,* II, 4

la bande dessinée (une B.D.) *a comic book ,* II, 11; bande élastique *elasticized cloth bandage,* III, 3

la banque *bank,* I, 12

le banquier (la banquière) *banker,* III, 5

barbant(e) *boring,* I, 2; **C'était barbant.** *It was boring.* I, 11

la barbe *beard,* III, 4

barjo *nuts, crazy,* III, 12

barrer (la route) *to block (the road),* III, 10

les barres asymétriques (f.) *the uneven parallel bars,* III, 12

bas *low;* **En bas.** *Downstairs.* III, 2

le base-ball *baseball,* I, 4; III, 12

baser sur *to base on,* III, 12

le basket-ball *basketball,* I, 4; III, 12

les baskets (f.) *sneakers,* I, 3; II, 1

la basse *bass (guitar),* III, 11

le bateau *boat,* I, 12; **en bateau** *by boat,* I, 12; **faire du bateau** *to go boating,* I, 11

le bâtiment *building,* III, 8

le bâton *baseball bat,* III, 12; le bâton de marche *walking stick,* III, 3

la batterie *drums,* III, 11

battre *to beat,* III, 12; se battre *to fight,* III, 2

bavard(e) *talkative,* III, 6

bavarder *to chat,* III, 6

B.C.B.G. (abbrev. of bon chic bon genre) *preppy,* III, 4

beau *handsome,* II, 1; **Il fait beau.** *It's nice weather.* I, 4

beaucoup *A lot.* I, 4; **Pas beaucoup.** *Not very much.* I, 4

bébé *childish, stupid,* III, 2
le **bec** *beak,* III, 10
le **beignet** *donut,* III, 11
belge *Belgian,* III, 2
la **Belgique** *Belgium,* III, 12
belle *beautiful,* II, 1; **C'est une belle histoire.** *It's a great story.* II, 11; **On l'a échappé belle!** *That was close!* III, 7
la **belle-mère** *stepmother,* III, 1
le **benjamin (la benjamine)** *the youngest child,* III, 6
berbère *Berber,* III, 6
la **berceuse** *rocking chair,* III, 10
le **berger** *shepherd,* III, 6
le **besoin: De quoi est-ce que tu as besoin?** *What do you need?* I, 8; **J'ai besoin de...** *I need . . . ,* I, 8
bête *stupid,* II, 1
la **bête** *animal, beast,* III, 6
les **bêtises** (f.): **faire des bêtises** *to do silly things,* II, 8
le **beurre** *butter,* I, 8; II, 3
la **bibliothèque** *library,* I, 6; II, 2
bien: bien... *really . . .* III, 11; **Bien des choses à...** *All the best to . . . ,* III, 8; **bien se nourrir** *eat well,* II, 7; **Ça commence à bien faire, hein?** *Enough is enough!* III, 8; **Ça te fera du bien.** *It'll do you good.* II, 7; **c'est bien parce que c'est toi** *just because it's you,* III, 2; **Ce n'est pas bien de...** *It's not good to . . . ,* III, 3; **Ce que c'est bien!** *Isn't it great!* III, 2; **Il/Elle est vraiment bien, ton/ta...** *Your . . . is really great.* II, 2; **J'aime bien...** *I like . . . ,* II, 1; **Je ne me sens pas bien.** *I don't feel well.* II, 7; **J'en veux bien.** *I'd like some.* I, 8; **Je veux bien.** *Gladly.* I, 8; *I'd really like to.* I, 6; **Merci bien.** *Thank you so much.* III, 6; **Moi, j'aime bien...** *I really like . . . ,* I, 1; **Très bien.** *Very well.* I, 1; **Tu ferais bien de ne pas...** *You would do well not to . . . ,* III, 3; **Tu ferais bien/mieux de...** *You would do well/better to . . . ,* III, 5; **Tu veux bien que je...?** *Is it OK with you if I . . . ?* III, 3; **Bien sûr.** *Certainly,* I, 9; *Of course,* I, 3; II, 10; **Bien sûr que non.** *Of course not.* II, 10
les **biens** (m.) *possessions,* III, 3
bientôt: A bientôt. *See you soon.* I, 1
bienvenue: Bienvenue chez moi (chez nous). *Welcome to my home (our home).* II, 2
le **bifteck** *steak,* II, 3
le **bijoutier** *jeweller,* III, 6
les **bijoux** (m.) *jewelry,* III, 8
bilingue *bilingual,* III, 1, 2
le **billet: billet d'avion** *plane ticket,* I, 11; II, 1; **billet de train** *train ticket,* I, 11
la **biographie** *biography,* II, 11
la **biologie** *biology,* I, 2
bis *twice,* III, 4

la **bise** *kiss,* III, 8; **Grosses bises.** *Hugs and kisses.* III, 8
la **bise** *North wind,* III, 11
Bisous à... *Kisses to . . . ,* III, 8
bisque: en bisque *bisque,* III, 11
bizarre *weird,* III, 6
la **blague: Elle est nulle, ta blague!** *What a stupid joke!* III, 10
blanc(he) *white,* I, 3
le **blé: cultiver le blé** *to grow wheat,* III, 8
blesser *to wound,* III, 8
la **blessure** *wound,* III, 8
bleu(e) *blue,* I, 3; II, 1
blond(e) *blond,* I, 7; II, 1
le **blouson** *jacket,* I, 10
le **blues** *blues,* II, 11; III, 11
le **bœuf** *beef,* I, 8
Bof! *(expression of indifference),* I, 1; II, 8
boire *to drink,* III, 6
le **bois** *wood,* III, 1, 6
la **boisson** *drink, beverage,* I, 5; **Et comme boisson?** *And to drink?* III, 1; **Qu'est-ce que vous avez comme boissons?** *What do you have to drink?* I, 5
la **boîte: boîte à rythmes** *drum machine,* III, 11; **boîte de chocolats** *box of chocolates,* II, 3; **une boîte de** *a can of,* I, 8; *box,* III, 1; **les boîtes** (f.) *cans,* III, 3
bon(ne) *good,* I, 5; **Vous avez (Tu as) fait bon voyage?** *Did you have a good trip?* II, 2; **Bon voyage!** *Have a good trip!* I, 11; **Bon, d'accord.** *Well, OK.* I, 8; **C'est bon pour toi.** *It's good for you.* II, 7; **C'est vraiment bon!** *It's good!* II, 3; **Oui, très bon.** *Yes, very good.* I, 9; **pas bon** *not very good,* I, 5; **bon chic bon genre (B.C.B.G.)** *preppy,* III, 4; **bon marché** *cheap,* III, 4; **Bonne chance!** *Good luck!* I, 11; **Bonne idée.** *Good idea.* I, 4; **Bonnes vacances!** *Have a good vacation!* I, 11; **Bonne fête!** *Happy holiday! (Happy saint's day!),* II, 3; **Bonne fête de Hanoukka** *Happy Hannukah,* II, 3; **Bonne idée!** *Good idea!* II, 7; **C'est une bonne (excellente) idée.** *That's a good (excellent) idea.* II, 1; **de bonne humeur** *in a good mood,* II, 9; **Elle est bien bonne!** *That's a good one!* III, 10; **Bon sang!** *Darn!,* III, 2
les **bonbons** (m.) *candies,* II, 3
Bonjour *Hello,* I, 1
le **bonnet** *ski cap,* III, 3
le **bord: au bord de la mer** *to/at the coast,* I, 11; **à bord** *on board,* III, 10
bordé(e) (d'arbres) *lined (with trees),* III, 8
les **bottes** (f.) *boots,* I, 10; II, 1
les **bottines** (f.) *ankle boots,* III, 4
bouche bée *flabbergasted,* III, 10

la **bouchée: bouchées doubles** *double time,* III, 5
la **boucherie** *butcher shop,* II, 3
la **boucle** *buckle, loop,* III, 4, 10; **les boucles d'oreilles** (f.) *earrings,* I, 10
le **boudin** *blood sausage,* III, 3
bouger *to move,* III, 9; **Ne bougez pas.** *Don't move.* III, 7
la **bouillabaisse** *fish soup,* III, 4
bouillir *to boil,* III, 11
la **boulangerie** *bakery,* I, 12; II, 3
la **boule** *ball,* III, 6; **Les boules!** *Darn!* III, 12
la **boulette (de viande)** *ball (meatball),* III, 6
bouleverser *to overturn,* III, 8
la **boum: faire une boum** *to give a party,* II, 10
bouquiner *to read,* III, 2
La Bourse *the stock market,* III, 2; **la bourse** *wallet, scholarship,* III, 2, 10
bousculer *to bump into, to jostle,* III, 3
la **boussole** *compass,* II, 12
le **bout: Par là, au bout du couloir.** *Over there, at the end of the hallway.* III, 2; **le bout** *piece,* III, 6
la **bouteille: une bouteille de** *a bottle of,* I, 8
la **boutique de cadeaux** *gift shop,* II, 3
les **boutons** (m.): **avoir des boutons** *to have acne,* III, 10
la **boxe** *boxing,* III, 12
le **bracelet** *bracelet,* I, 3
le **braconnier** *poacher,* III, 7
branché(e) *trendy,* III, 4
brancher: Ça me branche! *I'm crazy about that!* III, 2; **Ça ne me branche pas.** *I'm not into that.* III, 11; **Ça te branche,...?** *Are you into . . . ?* III, 11; **Ce qui me branche vraiment, c'est...** *What I'm really crazy about is . . . ,* III, 11
le **bras: J'ai mal au bras** *My arm hurts.* II, 7
le **brasero** *brazier,* III, 6
la **brasse** *breaststroke,* III, 12
brasser *to stir,* III, 11
brave *brave,* II, 1
Bravo! *Terrific!* II, 5
Bref,... *Anyway, . . . ,* II, 9
le **Brésil** *Brazil,* III, 12
les **bretelles** (f.) *straps,* III, 3; *suspenders,* III, 4
breton(ne) *Breton, from Brittany,* III, 1
briller *to shine,* III, 6
la **brique: Ça casse pas des briques.** *It's not earth-shattering.* II, 11
briser *to break,* III, 3
bronzé(e) *tan, tanned,* III, 1
la **brosse: les cheveux** (m.) **en brosse** *a crew cut,* III, 4
se brosser: se brosser les dents *to brush one's teeth,* II, 4

le brouillon *rough draft*, III, 3

la brousse *the brush (bushes)*, III, 7

le bruit *noise*, III, 8; **faire du bruit** *to make noise*, III, 3; **Tu pourrais faire moins de bruit?** *Could you make less noise?* III, 9

brûler *to burn*, III, 7

la brûlure *burn*, III, 10

brun(e) *brunette*, I, 7; *dark brown (hair)*, II, 1

bruyant(e) *noisy*, II, 8

le buffle *buffalo*, III, 7

les bulles (f.) *speech bubbles*, III, 2

le bureau *office*, III, 2

le bus: en bus *by bus*, I, 12; **rater le bus** *to miss the bus*, II, 5

le but *goal*, III, 7

C

ça: Ça fait combien, s'il vous plaît? *How much is it, please?* I, 5; **Ça fait combien?** *How much does that make?* II, 3; **Ça fait... euros.** *It's . . . euros.* I, 5; **Ça ne me dit rien.** *That doesn't interest me.*, II, 1; **Ça se voit.** *That's obvious.* II, 9; **Ça te dit d'aller...?** *What do you think about going . . . ?* II, 4; **Ça te dit de...?** *Does . . . sound good to you?* II, 1; **Ça va.** *Fine.* I, 1; **Ça, c'est...** *This is . . . ,* II, 2; **Comment ça s'est passé?** *How did it go?* II, 5; **Et après ça,...** *And after that, . . . ,* I, 9; **Merci, ça va.** *No thank you, I've had enough.* II, 3; **Non, ça va.** *No, I'm fine.* II, 2; **Oui, ça a été.** *Yes, it was fine.* I, 9; **Ça te va comme un gant.** *That fits you like a glove.* III, 4

la cacahouète *peanut*, III, 7

cacher *to hide*, III, 6, 11

le cadeau *gift*, I, 11; **Tu as une idée de cadeau pour...?** *Have you got a gift idea for. . . ?* II, 3; **la boutique de cadeaux** *gift shop*, II, 3

le cadet (la cadette) *the younger child*, III, 1

le cadre *photo frame*, II, 3; *setting*, III, 12

le café *coffee, café*, I, 5; **grains de café** *coffee beans*, III, 7

la cafetière *coffee pot*, III, 6

le caftan *caftan (Oriental clothing)*, III, 6

le cahier *notebook*, I, 3

la calculatrice *calculator*, I, 3

calé: Tu es calé(e). *You're really good at that.* III, 10

le caleçon *leggings*, III, 4

le calme: Du calme, du calme. *Calm down.* III, 2; **Calmez-vous!** *Calm down!* III, 7

le camarade (la camarade) *friend*, III, 2

le caméscope *camcorder*, III, 7

le camion *truck;* **un camion à réaction** *a truck moving at the speed of a jet*, III, 3

la campagne: à la campagne *to/at the countryside*, I, 11

le camping: faire du camping *to go camping*, I, 11; II, 12; **terrain de camping** *campground*, II, 2

le Canada *Canada*, III, 12

canadien(ne) *Canadian* (adj.), II, 11

le canard *duck*, II, 12

le canari *canary*, I, 7

le cancan *gossip*, III, 10

le caniche *poodle*, III, 1

la canne à pêche *fishing pole*, II, 12

le canotage: faire du canotage *to go for a canoe ride*, II, 12

la cantine: à la cantine *at the school cafeteria*, I, 9

le canton *canton, department*, III, 3

la capitale *capital*, II, 4

la capture *catch*, III, 10

car *because*, III, 2

les caractères gras (m.) *bold faced characters*, III, 8

les Caraïbes *Caribbean*, III, 10

la carapace *shell*, III, 7, 10

le cardigan *sweater*, I, 10

le Carême *Lent*, III, 11

la carie *cavity*, III, 3

les carottes (f.) *carrots*, I, 8; **carottes râpées** *grated carrots with vinaigrette dressing*, III, 1

les carreaux (m.): à carreaux *checked*, III, 4

le carrefour: Vous continuez tout droit, jusqu'au carrefour. *Keep going straight ahead up to the intersection.* III, 2

la carte *map*, I, 0; **La carte, s'il vous plaît.** *The menu, please.* I, 5; **la carte postale** *postcard*, III, 1

la carte de crédit *credit card*, III, 7

les cartes (f.): **jouer aux cartes** *to play cards*, I, 4

le cas d'urgence *emergency*, III, 3

la case *hut*, III, 1

le casque *helmet*, III, 12

la casquette *cap*, I, 10

casser (avec quelqu'un) *to break up (with someone)*, II, 9; **Tu es vraiment casse-pieds!** *You're such a pain!* III, 6; **Casse-toi!** *Get out of here!* III, 6; **Ça casse pas des briques.** *It's not earth-shattering.* II, 11; **Ça me casse les pieds!** *That's so boring!* III, 2

se casser... *to break one's . . . ,* II, 7; III, 10

la cassette *cassette tape*, I, 3

la cassette vidéo *videocassette*, III, 9

le cassoulet *bean stew*, III, 1

la cathédrale *cathedral*, II, 2

le cauchemar: C'était un véritable cauchemar! *It was a real nightmare!* I, 11

causer *to chat*, III, 2

CDI (Centre de documentations et d'informations) *library*, III, 11

ce que: Ce que c'est bien! *Isn't it great?* III, 2; **Ce que j'aime bien, c'est...** *What I like is . . . ,* II, 4; **Ce que je n'aime pas, c'est...** *What I don't like is . . . ,* II, 4; **Ce que je préfère, c'est...** *What I prefer is . . . ,* II, 4; **Tu sais ce que tu veux faire?** *Do you know what you want to do?* III, 5; **Tu sais ce que...?** *Do you know what . . . ?* II, 9

ce qui: Ce qui m'ennuie, c'est(de)... *What bothers me is . . . ,* II, 4; **Ce qui me plaît, c'est(de)...** *What I like is . . . ,* II, 4; **Ce qui ne me plaît pas, c'est(de)...** *What I don't care for is . . . ,* II, 4

céder *to give up*, III, 7

le cèdre *cedar*, III, 6

la ceinture *belt*, I, 10; *safety belt*, III, 3

célèbre *famous*, III, 1

célébrer *to celebrate*, III, 11

le céleri rémoulade *grated celery root with mayonnaise and vinaigrette*, III, 1

célibataire *unmarried*, III, 6

celle: Celle qui... *The woman /girl / one who . . . ,* III, 4; **Celle-là.** *That one.* III, 4; **Celles-là** *Those.* III, 4

celui: Celui avec... *The man/guy/one with . . . ,* III, 4; **Celui du...** *The one . . . ,* III, 4; **Celui-là.** *That one.* III, 4

une centaine *a hundred or so;* **des centaines** *hundreds*, III, 5

le centre commercial *mall*, I, 6; *center*, III, 2

le centre-ville *downtown*, III, 2

cependant *however*, III, 12

les céréales (f.) *cereal*, II, 3

certain: Je (ne) suis (pas) certain(e) que... *I'm (not) certain that . . . ,* III, 7

le cervelas *sausage made with pork meat and brains*, III, 1

cesser (de) *to stop, to cease (to do something)*, III, 7

C'est... *It's . . . ,* I, 2; II, 11; *This is . . . ,* I, 7; **C'est comment?** *What's it like?* II, 4; **Ça, c'est...** *This is . . . ,* II, 2; **C'est-à-dire que...** *That is, . . . ,* II, 9

ceux: Ceux-là. *Those.* III, 4

chacun(e) *each*, III, 1

la chaîne *channel*, III, 9

la chaîne stéréo *stereo*, II, 2

la chaise *chair*, I, 0

le châle *shawl*, III, 1

la chaleur *heat*, III, 6

la chambre *bedroom*, II, 2; **ranger ta chambre** *to pick up your room*, I, 7

le chameau *camel*, III, 8

les **champignons** (m.) *mushrooms,* I, 8; III, 11

les **champs** (m.) *fields,* III, 7; **les champs de canne à sucre** (m.) *sugarcane fields,* II, 4

la **chance: Bonne chance!** *Good luck!* I, 11; **C'est pas de chance, ça!** *Tough luck!* II, 5; **J'ai vraiment pas de chance.** *I'm so unlucky.* III, 12; **On a eu de la chance!** *We were lucky!* III, 7

le **chandail** *sweater,* III, 4

changer *to change,* III, 2, 4

la **chanson** *song,* II, 11

le **chant** *singing,* III, 11

chanter *to sing,* I, 9

le **chanteur** *(male) singer,* II, 11

la **chanteuse** *(female) singer,* II, 11

le **chapeau** *hat,* I, 10; **Chapeau!** *Well done!* II, 5

chaque *each,* III, 1

la **charcuterie** *delicatessen,* II, 3; **l'assiette** (f.) **de charcuterie** *plate of pâté, ham, and cold sausage,* III, 1

charmant(e) *charming,* II, 4

le **charmeur de serpents** *snake charmer,* III, 6

la **chasse** *hunting,* III, 7; **la chasse d'eau** *toilet tank,* III, 3

chasser *to hunt, to drive away,* III, 11, 7; **chasser (les idées noires)** *get that gloomy thought out of one's head,* III, 2

le **chat** *cat,* I, 7

châtain *brown (hair),* II, 1

le **château** *castle,* III, 2; **le château fort** *fortified castle,* III, 2

chaud(e): Il fait chaud. *It's hot.* I, 4; **Ouf! On a eu chaud!** *Wow! That was a real scare!* III, 7

le **chauffeur** *driver,* III, 5

les **chaussettes** (f.) *socks,* I, 10

les **chaussures** (f.) *shoes,* I, 10

la **chauve-souris** *bat,* III, 7

la **chéchia** *typical hat worn by some Arab men,* III, 8

le **chef** *leader, chief,* III, 5

le **chef-d'œuvre** *masterpiece,* III, 6

le **chef-lieu** *county town,* III, 10

le **chemin** *path, way,* III, 10; **chemin de fer** *railway,* III, 1

la **chemise** *shirt (men's),* I, 10

le **chemisier** *shirt (women's),* I, 10

le **chêne** *oak,* III, 11

les **chèques** (m.) **de voyage** *traveler's checks,* II, 1

cher (chère): C'est trop cher. *It's too expensive.* I, 10; II, 3

chercher *to look for,* I, 9; **Je cherche quelque chose pour...** *I'm looking for something for . . . ,* I, 10

chéri(e) *dear,* III, 1

le **cheval** *horse,* III, 10

les **cheveux** (m.) *hair,* II, 1; III, 4

la **cheville: se fouler la cheville** *to sprain one's ankle,* II, 7

la **chèvre** *goat,* III, 8

chez: chez... *to/at . . . 's house,* I, 11; **Bienvenue chez moi (chez nous).** *Welcome to my home (our home),* II, 2; **chez le disquaire** *at the record store,* I, 12; **Faites/Fais comme chez vous/toi.** *Make yourself at home.* II, 2; **Je suis bien chez... ?** *Is this . . . 's house?* I, 9; **On... chez toi?** *Do people . . . where you're from?* III, 12; **Qu'est-ce qui est typique de chez toi?** *What's typical of where you're from?* III, 12; **Vous avez/Il y a des... chez vous?** *Do you have/Are there . . . where you're from?* III, 12

chic *chic,* I, 10

le **chien** *dog,* I, 7; **promener le chien** *to walk the dog,* I, 7

le **chignon** *bun,* III, 4

la **chimie** *chemistry,* I, 2

la **Chine** *China,* III, 12

le **chiot** *puppy,* III, 9

le **chocolat** *chocolate,* I, 1; *hot chocolate,* I, 5

choisir *to choose, to pick,* I, 10; **choisir un métier** *to choose a career,* III, 5; **choisir la musique** *to choose the music,* II, 10; **Vous avez choisi?** *Have you made your selection?* III, 1

le **choix: Si j'avais le choix,...** *If I had a choice, . . . ,* III, 8

le **chômage: être au chômage** *to be unemployed,* III, 5

le **chômeur (la chômeuse)** *unemployed person,* III, 5

la **chorale** *choir,* I, 2

la **chose: C'est toujours la même chose!** *It's always the same!* III, 6; **J'ai quelque chose à faire.** *I have something else to do.* II, 10; **Quelque chose ne va pas?** *Is something wrong?* II, 7; **Bien des choses à...** *All the best to . . . ,* III, 8; **J'ai des tas de choses à faire.** *I have lots of things to do.* I, 5

le **chouchou** *teacher's pet,* III, 1

chouette *very cool,* II, 2; **Ça serait chouette si...** *It would be great if . . . ,* III, 8; **Oui, très chouette.** *Yes, very cool.* I, 9

Chut! *Shh!* III, 9

la **chute d'eau** *waterfall,* II, 4

ci-dessous *below,* III, 3; **ci-joint** *attached,* III, 5

le **ciel** *sky,* III, 2

la **cigale** *cicada,* III, 11

les **cigognes** (f.) *storks,* III, 1

les **cils** (m.) *eyelashes,* III, 4

le **cinéma** *the movies,* I, 1; *the movie theater,* I, 6

le **circuit** *tour,* III, 1; **faire un circuit des châteaux** *to tour some châteaux,* II, 6

la **circulation** *traffic,* III, 8

circuler *to circulate, to get around,* III, 3

la **cire** *wax,* III, 2

la **citation** *quotation,* III, 10

le **citoyen (la citoyenne)** *citizen,* III, 10

le **citron pressé** *lemonade,* I, 5

clair *light,* III, 4

classe *classy,* III, 4

le **classeur** *loose-leaf binder,* I, 3

le **(roman) classique** *classic,* II, 11

cligner *to blink,* III, 10

cloche *goofy,* III, 4; **Ça fait vraiment cloche.** *That looks really stupid.* III, 4

le **clou** *nail,* III, 6

le **clown: Il ne faut pas faire le clown en classe!** *You can't be goofing off in class!* II, 5

le **coca** *cola,* I, 5

le **cocotier** *coconut tree,* II, 4

le **coéquipier** *team mate,* III, 12

le **cœur** *heart,* III, 5; **J'ai mal au cœur.** *I'm sick to my stomach.* II, 7

le **coffre** *trunk,* III, 2

la **coiffe** *headdress,* III, 1

le **coiffeur (la coiffeuse)** *hair stylist,* III, 4

la **coiffure** *hairstyle,* III, 4

le **coin: au coin de** *on the corner of,* I, 12

le **col** *collar;* **à col en V** *V-necked,* III, 4

le **col roulé** *turtleneck sweater,* III, 4

la **colère** *anger ,* III, 2

le **collant** *hose,* I, 10; *tights,* III, 4

collé: être collé(e) *to have detention,* II, 5

collectionner *to collect,* III, 2

le **collier** *necklace,* III, 4

le **colon** *settler,* III, 11

la **colonie: en colonie de vacances** *to/at a summer camp,* I, 11

la **colonne** *column,* III, 2

coloré(e) *colorful,* II, 4

combien: C'est combien, l'entrée? *How much is the entrance fee?* II, 6; **C'est combien,... ?** *How much is . . . ?* I, 5; **Ça fait combien, s'il vous plaît?** *How much is it, please?* I, 5; **Ça fait combien?** *How much does that make?* II, 3; **Combien coûte(nt)... ?** *How much is (are) . . . ?* II, 3; **Combien en voulez-vous?** *How many (much) do you want?* II, 3

la **comédie** *comedy,* III, 9; **la comédie musicale** *musical comedy,* III, 9

commander *to order,* III, 1

comme: C'est bien comme...? *Is it a nice...?* III, 12; **C'est fou comme...!** *I can't believe how...!* III, 7; **Comme entrée, je voudrais...** *As an appetizer I would like..., * III, 1; **Comme ci comme ça.** *So-so.* I, 1; **Qu'est-ce que tu fais comme sport?** *What sports do you play?* I, 4; **Qu'est-ce que vous avez comme boissons?** *What do you have to drink?* I, 5; **Qu'est-ce**

que vous avez comme...? *What kind of... do you have?* I, 5; III, 1; **Tu as vu comme...?** *Did you see how...?* III, 7; **C'est... comme tout!** *It's as... as anything!* III, 2; **Ce n'était pas comme ça.** *It wasn't like this.* III, 8

commencer *to begin, to start,* I, 9; **C'est lui/elle qui a commencé!** *He/She started it!* III, 6; **Ça commence à quelle heure?** *What time does it start?* II, 11; **Comment est-ce que ça commence?** *How does it start?* III, 9

comment *what,* I, 0; *how,* II, 5; **(Comment) ça va?** *How's it going?* I, 1; **C'est comment?** *What's it like?* II, 4; **C'était comment?** *How was it?* II, 6; III, 9; **Comment est-ce qu'on fait...?** *How do you make...?* III, 11; **Comment est-ce qu'on fait?** *How should we work this out?* III, 6; **Comment on dit...?** *How do you say...?* III, 11; **Comment tu as trouvé ça?** *How did you like it?* III, 9; **Comment tu trouves ça?** *What do you think of that/it?* I, 2; **Comment tu trouves...?** *What do you think of...?* I, 2; **Elle est comment?** *What is she like?* I, 7; **Il est comment?** *What is he like?* I, 7; **Ils/Elles sont comment?** *What are they like?* I, 7; **Tu t'appelles comment?** *What is your name?* I, 0; **Comment on va à...?** *How do you get to...?* III, 2

le **commérage** *gossip,* III, 3

la **commode** *chest of drawers,* II, 2

commun: prendre les transports en commun *to take public transportation,* III, 3

compliqué(e) *complicated,* III, 2

le **comportement** *behavior,* III, 7

se **composer de** *to be made of,* III, 1

compréhensif (compréhensive) *understanding,* III, 6

comprendre *to understand,* II, 5; **J'ai du mal à comprendre.** *I have a hard time understanding.* II, 5; **mais il comprend beaucoup de groupes ethniques** *but it's made up of many different ethnic groups,* III, 5

les **comprimés** (m.) *tablets,* III, 7

le **comptable (la comptable)** *accountant,* III, 5

compter *to count, to matter, to plan to,* III, 6; **Je compte...** *I'm planning on...,* III, 5; **Qu'est-ce que tu comptes faire?** *What do you plan to do?* III, 5

les **concerts** (m.) *concerts,* I, 1

la **concession** *a grouping of huts,* III, 5

concilier *to reconcile,* III, 12

conçu(e) *conceived of,* III, 12

la **condition** *condition;* **à condition de/que** *on the condition that,* III, 3; **se mettre en condition** *to get into shape,* II, 7

conduire *to drive,* III, 2; **conduire une voiture** *to drive a car,* II, 8; **Cette route vous conduira au centre-ville.** *This road will lead you into the center of town.* III, 2; se **conduire** *to behave,* III, 1

la **confiance: Fais-moi confiance.** *Trust me.* III, 4

confier à *to confide in,* III, 8

la **confiserie** *candy shop,* II, 3

la **confiture** *jam,* I, 8

confondre *to mix up,* III, 10

le **congé** *time off, free time,* III, 5

connais: J'en connais une bonne. *I've got a good one.* III, 10; **Je ne connais pas.** *I'm not familiar with them (him/her).* II, 11; **Tu connais la dernière?** *Have you heard the latest?* III, 10; **Tu connais la nouvelle?** *Did you hear the latest?* II, 9; **Tu connais...?** *Are you familiar with...?* II, 11

connaisse: Tu es le/la... le/la plus... que je connaisse. *You're the... -est... I know.* III, 10

connaître (pp. connu) *to know, to be familiar with,* III, 8

la **conque** *conch,* III, 10

se **consacrer** *to dedicate oneself,* III, 5

conseiller: Qu'est-ce que tu me conseilles? *What do you advise me to do?* I, 9 **Qu'est-ce que vous me conseillez?** *What do you recommend?* III, 1

le **conseiller (la conseillère)** *advisor,* III, 5; **conseillère d'orientation** *career advisor,* III, 5

les **conseils** (m.) *advice,* III, 4

consommer: consommer trop de sucre *to eat too much sugar,* II, 7

constitué(e) de *composed of,* III, 8

construire *to build,* III, 6

contenir *to contain,* III, 2

content(e) *happy,* I, 7

le **conteur** *story teller,* III, 6

continuer: Vous allez continuer cette rue jusqu'au prochain feu rouge. *You go down this street to the next light.* I, 12; **Vous continuez tout droit, jusqu'au carrefour.** *Keep going straight ahead up to the intersection.* III, 2

contraire: au contraire *on the contrary,* III, 3

convaincre *to convince,* III, 9

convaincu: Je suis convaincu(e) que... *I'm convinced that...,* III, 7

convenir *to be appropriate,* III, 1

la **copine** *friend (for a girl),* III, 10

cool *cool,* I, 2; **C'est trop cool!** *That's too cool!* III, 12; **Il/Elle est cool, ton/ta...** *Your... is cool.* II, 2

le **coquillage** *shell,* III, 10

la **coquille Saint-Jacques** *sea scallop,* III, 10

le **corail** *coral,* III, 10

corallien(ne) *coralline,* III, 10

la **corne** *horn,* III, 7; **la corne de gazelle** *"gazelle's horn", type of Morrocan pastry,* III, 6

le **correspondant (la correspondante)** *pen pal,* III, 6

correspondre *to match,* III, 2

corriger *to correct,* III, 3

costaud(e) *strong, sturdy,* III, 12

le **costume** *man's suit,* III, 4

la **côte** *cutlet; chop,* III, 1; *coast,* III, 6

le **côté: à côté de** *next to,* I, 12; II, 2; **Juste là, à côté de...** *Right there, next to...,* III, 2; **d'un côté** *on one hand;* **d'un autre côté** *on the other hand*

la **côtelette de porc pâtes** *porkchop with pasta,* III, 1

le **coton: en coton** *cotton,* I, 10

le **cou: J'ai mal au cou** *My neck hurts.* II, 7

la **couche** *layer;* **les couches superposées** *layers (of clothing),* III, 3

se **coucher** *to go to bed,* II, 4

le **coucher de soleil** *sunset,* III, 8

couler: J'ai le nez qui coule. *I've got a runny nose.* II, 7

couleur: De quelle couleur est...? *What color is...?* I, 3

le **couloir** *corridor,* III, 2

le **country** *country music,* II, 11; III, 11

le **coup** *knock,* III, 10; **le coup de cœur** *favorite,* III, 4; **le coup de soleil** *sunburn,* III, 3

la **coupe** *haircut,* III, 4; **une coupe au carré** *square cut,* III, 4

le **coupe-vent** *windbreaker, jacket,* III, 4

couper: Tu t'es fait couper les cheveux? *Did you get your hair cut?* III, 4; **se couper le doigt** *to cut one's finger,* II, 7

la **coupole** *dome,* III, 6

le **courage: Courage!** *Hang in there!* II, 5; **Tu en as, du courage.** *You've really got courage.* III, 10

courir *to run,* III, 7

la **couronne** *crown,* III, 6

le **courrier** *mail,* III, 4

le **cours** *course,* I, 2; **cours de développement personnel et social (DPS)** *health,* I, 2; **Tu as quels cours...?** *What classes do you have...?* I, 2; **au cours de** *in the course of,* III, 8

la **course de fond** *long-distance running,* III, 12

les **courses** (f.) *shopping, errands,* I, 7; **faire les courses** *to do the shopping,* I, 7

court(e) *short (objects),* I, 10; II, 1; **au court-bouillon** *boiled,* III, 11; **les cheveux courts** (m.) *short hair,* III, 4

le couscous *couscous (semolina like grain/typical North-African dish)*, III, 6
le cousin *male cousin*, I, 7
la cousine *female cousin*, I, 7
coûte: Combien coûte(nt)...? *How much is (are). . . ?* II, 3
la coutume *custom*, III, 6
le couturier *fashion designer*, III, 4
la couverture *blanket;* la couverture de sauvetage *rescue blanket*, III, 3
couvrir *to cover*, III, 3
le crabe *crab*, III, 10
cracher *to spit (out)*, III, 6
le crâne *skull*, III, 12
craquer: Je craque! *I'm losing it!* II, 7
la cravate *a tie*, I, 10
le crayon *pencil*, I, 3
créer *to create*, III, 1
la crème: la crème caramel *caramel custard*, III, 1; la crème chantilly *whipped cream*, III, 2; **de la crème solaire** *sunscreen*, III, 7
la crémerie *dairy*, II, 3
la crêpe *very thin pancake*, I, 5
creuser *to dig*, III, 7
crevé: avoir un pneu crevé *to have a flat tire*, III, 2; **Je suis crevé(e).** *I'm exhausted.* II, 2
crève: Je crève de faim! *I'm dying of hunger!* II, 12
la crevette *shrimp*, II, 3; III, 10
le cri *shout*, III, 8
le cric *car jack*, III, 2
le crocodile *crocodile*, III, 7
croire: J'arrive pas à y croire! *I can't believe it.* III, 12; **Crois-moi.** *Believe me.* III, 4; **Je crois que ça vaut mieux.** *I think that's better.* III, 7; **Je crois que...** *I think that . . . ,* II, 9; **Je ne crois pas.** *I don't think so.* II, 9
croiser *to cross*, III, 10
les croissants (m.) *croissants*, II, 3
la Croix Rouge *the Red Cross*, III, 3
le croque-monsieur (inv.) *toasted ham and cheese sandwich*, I, 5
croyable *believable*, III, 1
les crudités (f.): **l'assiette de crudités** *plate of raw vegetables with vinaigrette*, III, 1
les crustacés (m.) *shellfish*, III, 11
la cueillette: faire la cueillette *to harvest (fruits)*, III, 8
cueillir *to harvest*, III, 8; **cueillir des fleurs** *to pick the flowers*, III, 3
le cuir: en cuir *leather*, I, 10
cuire *to cook*, III, 11
la cuisine *kitchen*, II, 2; **faire la cuisine** *to cook*, III, 3
la cuisinière *cook (woman)*, III, 10
cuit(e): Bien cuit(e). *Well done.* III, 1
le cuivre *brass, copper*, III, 8
culbuter *to knock over, to run over, to knock into*, III, 3

cultiver: cultiver le blé *to grow wheat*, III, 8
curieux (curieuse) *curious*, III, 10
le curriculum vitae (C.V.) *résumé*, III, 5
le cyclisme *cycling*, III, 12

d'abord: D'abord,... *First, . . . ,* II, 12
d'accord: D'accord. *OK.* I, 4; II, 1; **D'accord, si tu... d'abord...** *OK, if you . . . , first.* I, 7; **Je ne suis pas d'accord.** *I don't agree.* I, 7; **Tu es d'accord?** *Is that OK with you?* I, 7
d'ailleurs *moreover, beside* III, 8
le daim: en daim *suede*, III, 4
la dance *dance music*, III, 11
dangereux (dangereuse) *dangerous*, II, 8
dans *in*, I, 6; **C'est dans le nord/le sud/l'est/l'ouest de...** *It's in the northern/southern/eastern/western part of . . . ,* II, 12; **dans l'eau** *in the water*, III, 3; **Qu'est-ce qu'il y a dans...?** *What's in . . . ?* III, 11
la danse *dance*, I, 2
danser *to dance*, I, 1; **danser le zouk** *to dance the zouk*, II, 4
le danseur (la danseuse) *dancer*, III, 6
la datte *date (fruit)*, III, 8
le dattier *date palm tree*, III, 8
davantage *even more*, III, 5
de *of*, I, 0; **de l'** *some*, I, 8; **de la** *some*, I, 8; **De rien.** *You're welcome.* III, 6; **de taille moyenne** *of medium height*, II, 1; **Je n'ai pas de...** *I don't have any . . . ,* I, 3; **Je ne fais pas de...** *I don't play/do . . . ,* I, 4
le débardeur *tank top*, III, 4
débarrasser la table *to clear the table*, I, 7
les débouchés (m.) *job prospects*, III, 5
déboucher *to open onto*, III, 6
le début: Au début... *At the beginning . . . ,* III, 9; **J'y suis allé(e) début...** *I went at the beginning of . . . ,* III, 1
le décalage *gap*, III, 12
décembre *December*, I, 4
la déception *disappointment*, III, 3
les déchets (m.): **jeter (remporter) les déchets** *to throw away (to take with you) your trash*, II, 12
déchirer *to rip, to tear*, II, 5
décider: J'ai du mal à me décider. *I'm having trouble deciding.* III, 5; **Je n'arrive pas à me décider.** *I can't make up my mind.* III, 1

les **décisions** (f.): **prendre ses propres décisions** *to make up one's own mind*, III, 3
décontracté(e) *relaxed*, III, 4
le décor *decor/surrounding*, III, 6
décoré(e) *decorated*, III, 6
décortiquer *to shell*, III, 11
découper *to cut*, III, 2
la découverte *discovery*, III, 10
découvrir *to discover*, III, 2
décrire *to describe*, III, 2
décrocher *to pick up (the phone)*, III, 8
déçu(e) *disappointed*, III, 5
dédaigner *to scorn*, III, 5
dedans *inside*, III, 6
le défaut *defect, flaw*, III, 7
Défense de... *Do not . . . ,* III, 3
le défi *challenge*, III, 12
défiler *to parade*, III, 10
défoncer *to unwind*, III, 12
se défouler *to let off steam*, III, 12
dégoûtant *gross*, I, 5
déguisé(e) *dressed up*, III, 10
déguster *to taste, enjoy*, II, 4
dehors *outside*, III, 4
déjà *already*, I, 9; **..., déjà?** *... again?,* III, 11; **Il/Elle en a déjà un(e).** *He/She already has one (of them).* II, 3
le déjeuner *lunch*, I, 2
déjeuner *to have lunch*, I, 9
délicieux (délicieuse) *delicious*, I, 5; **C'était délicieux!** *That was delicious!* II, 3
délirant(e) *wild*, III, 4
délirer: Arrête de délirer! *Stop being so silly!* III, 10; **Tu délires ou quoi?** *Are you crazy or what?* III, 11
le **deltaplane: faire du deltaplane** *to hang glide*, II, 4
demain *tomorrow*, I, 2; **A demain.** *See you tomorrow.* I, 1
demander: demander la permission à tes parents *to ask your parents' permission*, II, 10; **demander pardon à (quelqu'un)** *to ask for (someone's) forgiveness*, II, 10; **Je t'ai pas demandé ton avis.** *I didn't ask your opinion.* III, 10; demander la main de (quelqu'un) *to ask for someone's hand for marriage*, III, 6
se demander: Je me demande... *I wonder . . . ,* II, 9; III, 5
la démarche *move*, III, 8
démarrer *to start up*, III, 10
déménager *to move*, III, 10
la demeure *residence*, III, 10
demeurer *to stay*, III, 5
demie: et demie *half past*, I, 6; **demi: et demi** *half past (after midi and minuit)*, I, 6; la demi-sœur *stepsister, halfsister*, III, 1; le demi-tour: dans le doute faire demi-tour *when in doubt, turn back the way you came*, III, 3

démodé(e) *out of style*, I, 10

le **dénouement** *outcome*, III, 6

la **dentelle** *lace*, III, 3

le **dentiste (la dentiste)** *dentist*, III, 5

les **dents** (f.): **J'ai mal aux dents.** *My teeth hurt.* II, 7

le **département d'outre-mer (D.O.M.)** *administrative division of France located overseas*, III, 10

dépêcher: Tu peux te dépêcher? *Can you hurry up?* III, 2; **Dépêche-toi!** *Hurry up!* III, 2

se **déplacer** *to migrate, to move around*, III, 8

déplaire *to be disliked*, III, 11

déposer *to deposit, to drop*, I, 12

le **dépotoir** *dump*, III, 3

dépourvu(e) de *without*, III, 11

déprimant(e) *depressing*, II, 11

déprimé(e) *depressed*, II, 9

Depuis... *Since . . .*, III, 1

déranger *to bother, disturb*, III, 6; **Ça te dérange si...?** *Do you mind if . . . ?* III, 3

dérivé(e) *coming from*, III, 2

dernier (dernière) *last*, III, 4

dernièrement *recently*, III, 9

dérouler *to unroll*, III, 10

derrière *behind*, I, 12

le **derviche** *dervish*, III, 6

dès que: Dès que je serai là-bas,... *As soon as I get there, . . .*, III, 12

descendre *to go down*, II, 6

désertique *deserted, bare*, III, 2

le **désinfectant** *disinfectant*, III, 7

désirer: Comment désirez-vous votre viande? *How do you like your meat cooked?* III, 1; **Vous désirez?** *What would you like?* I, 10

Désolé(e). *Sorry.* II, 10; **Désolé(e), je suis occupé(e).** *Sorry, I'm busy.* I, 6; **Désolé(e), mais je ne peux pas.** *Sorry, but I can't.* I, 4

le **dessert** *dessert*, II, 3

le **dessin animé** *cartoon*, III, 9

dessiner *to draw*, III, 4

le **dessinateur (la dessinatrice)** *commercial artist*, III, 5

dessous: ci-dessous *below*, III, 3

se **détendre** *to relax*, III, 11

la **détente** *relaxation*, III, 2

détoner *to detonate, explode*, III, 4

détruire *to destroy*, III, 7

dévalisé(e) *stripped, robbed*, III, 2

dévaliser *to rob (a store)*, III, 2

devant *in front of*, I, 6

devenir *to become*, II, 6; **Qu'est-ce que tu deviens?** *What's going on with you?* III, 1

la **devinette** *riddle*, III, 7

deviner *to guess*, III, 5; **Devine ce que...** *Guess what...*, II, 9; **Devine qui...** *Guess who . . .*, II, 9; **Tu ne devineras jamais ce qui s'est passé.** *You'll never guess what happened.* II, 9

devoir *have to, must*, III, 3; II, 7; **Ça doit être...** *It must be . . .*, III, 7; **Il doit y avoir...** *There must be . . .*, III, 7; **On doit...** *Everyone should . . .*, II, 7; **Tu crois que je devrais...?** *Do you think I should . . . ?* III, 7; **Tu devrais aller voir...** *You should go see . . .*, III, 9; **Tu devrais...** *You should . . .*, I, 9; **Tu ne devrais pas...** *You shouldn't . . .*, II, 7; **Vous (ne) devriez (pas)...** *You should(n't). . .*, III, 3

les **devoirs** (m.) *homework*, I, 2; **J'ai des devoirs à faire.** *I've got homework to do*, I, 5

dévoué(e) *dedicated*, III, 5

d'habitude *usually*, I, 4

le **diamant** *diamond*, III, 7

la **diapositive** *slide (photography)*, III, 7

le **dictionnaire** *dictionary*, I, 3

Dieu *God*, III, 6

la **différence: Quelle est la différence entre ... et...?** *What's the difference between . . . and . . . ?* III, 10

différencier *to differenciate*, III, 11

différer de *to differ, to be different from*, III, 10

difficile *difficult*, I, 2

le **dimanche** *on Sundays*, I, 2

la **dinde: l'escalope de dinde purée** *sliced turkey breast with mashed potatoes*, III, 1

le **dîner** *dinner*, I, 8

dîner *to have dinner*, I, 9

dingue *wild, crazy, funny*, III, 2

le **diplomate (la diplomate)** *diplomat*, III, 5

le **diplôme: obtenir son diplôme** *to get one's diploma*, III, 5

dire: dire à (quelqu'un) que... *to tell (someone) that . . .*, II, 10; **dire la vérité** *to tell the truth*, III, 3; **J'ai entendu dire que...** *I've heard that . . .*, III, 10; **Qu'est-ce que ça veut dire,...?** *What does . . . mean?* III, 11; **Vous pouvez lui dire que j'ai téléphoné?** *Can you tell her/him that I called?* I, 9; **Dis à... que je pense à lui/elle.** *Tell . . . that I'm thinking about him/her.* III, 8; **Dis à... que je vais lui écrire.** *Tell . . . that I'm going to write.* III, 8; **Dis vite!** *Let's hear it!* II, 9; **Dis-lui/-leur que...** *Tell him/her/them that . . .*, II, 10; **Oh, dis donc!** *Wow!* III, 7; **... et alors il dit que...** *So he says . . .*, III, 10; **Ça ne me dit rien.** *That doesn't interest me.* I, 4; II, 1; **Ça te dit d'aller...?** *What do you think about going . . . ?* II, 4; **Ça te dit de...?** *Does . . . sound good to you?* II, 1; **Comment on dit...?** *How do you say . . . ?* III, 11; **écouter ce qu'il/elle dit** *to listen to what he/she says*, II, 10; **Je ne t'ai pas dit?** *Didn't I tell you?* III, 10; **Qui t'a dit ça?** *Who told you that?* III, 10; **Tu l'as dit!** *You said it!* III, 9; **Dites donc, ça vous gênerait de...?** *Hey, do you think you can . . . ?* III, 8; **On dirait que...** *It looks like...*, III, 11; **Ça ne te dit pas trop** *It's not very appealing to you*, III, 7

diriger *to manage* or *direct*, III, 5

la **discothèque** *nightclub*, III, 11

discuter *to discuss*, III, 2

la **diseuse de bonne aventure** *fortuneteller*, III, 6

se **disputer (avec quelqu'un)** *to have an argument (with someone)*, II, 9

le **disquaire: chez le disquaire** *at the record store*, I, 12

le **disque compact/le C.D.** *compact disc/CD*, I, 3

se **distraire** *to entertain oneself*, III, 2

divers(e) *various*, III, 1

diviser *to divide up*, III, 1

divorcé(e) *divorced*, III, 6

le **documentaire** *documentary*, III, 9

le **doigt: se couper le doigt** *to cut one's finger*, II, 7

dommage: C'est dommage *That's a shame, that's too bad*, III, 10

Donc,... *Therefore, . . .*, II, 9; **Oh, dis donc!** *Wow!* III, 7

donner: donner à manger aux animaux *to feed the animals*, II, 6; III, 3; **Donnez-moi votre...** *Give me your . . .*, III, 6; **Donnez-moi..., s'il vous plaît.** *Please give me . . .* I, 5

doré(e) *golden*, III, 6

dormir *to sleep*, I, 1; **Où est-ce que tu as dormi?** *Where did you stay?* III, 1

le **dortoir** *dormitory*, III, 5

le **dos: J'ai mal au dos** *My back hurts.* II, 7

doter: être doté(e) de *to have, to be blessed with*, III, 10

doucement *slowly, softly*, III, 2

doué(e) *gifted*, III, 10

doux (douce) *soft*, III, 10; **l'eau douce** *fresh water*, III, 7

le **doute: Je n'en ai aucun doute.** *I have no doubt about it.* III, 12

la **douzaine: une douzaine de** *a dozen*, I, 8

le **doyen** *elder*, III, 5

le **drame** *drama*, III, 9

le **droit** *law*, **Tu n'as pas le droit de...** *You're not allowed to . . .*, III, 3

droite: à droite de *to the right of*, I, 12; II, 2; **sur la droite (gauche)** *on the right (left)*, II, 2

drôle: C'est drôle (amusant). *It's funny.* II, 11; **une drôle de machine** *a funny (peculiar) machine*, III, 3

drôlement *peculiarly, strangely;* j'allais être drôlement raisonnable *I was going to be reasonable,* III, 1

dû: J'aurais dû... *I should have...,* II, 10; **Tu aurais dû...** *You should have...,* II, 10

l' **eau** (f.) *water,* I, 5; **l'eau minérale** *mineral water,* I, 5; **la chute d'eau** *waterfall,* II, 4; **le sirop de fraise à l'eau** *water with strawberry syrup,* I, 5

l' **échalote** (f.) *shallot,* III, 1

l' **échange** (m.) *exchange,* III, 10

échapper *to escape,* III, 7; **On l'a échappé belle!** *That was close!* III, 7

l' **écharpe** (f.) *scarf,* I, 10; II, 1

l' **échec** (m.) *failure,* III, 8

l' **échelle** (f.) *ladder,* III, 10; à l'échelle *to scale,* III, 3

éclater: Ça m'éclate. *I'm wild about it.* III, 11; **éclater de rire** *to burst out laughing,* III, 10

l' **école** (f.) *school,* I, 1; **faire une école technique** *to go to a technical school,* III, 5; l'école primaire *elementary school,* III, 5; l'école secondaire *secondary school, high school,* III, 5

écologique *ecological,* III, 3

économiser *to economise, to save,* III, 3

écossais(e) *plaid,* III, 4

s'**écouler** *to pour out,* III, 3

écouter: écouter ce qu'il/elle dit *to listen to what he/she says,* II, 10; **écouter de la musique** *to listen to music,* I, 1; **Ecoutez!** *Listen!* I, 0; **Je n'écoute que ça.** *That's all I listen to.* III, 11; **Je t'écoute.** *I'm listening.* I, 9; II, 10

l' **écran** (m.) *screen,* III, 9

les **écrevisses** (f.) *crawfish,* III, 11

s'**écrier** *to exclaim,* III, 6

l' **écrivain** (m.) *writer,* III, 5

l' **écureuil** (m.) *squirrel,* II, 12

l' **édition** (f.) *publishing,* III, 5

l' **éducation** (f.) **physique et sportive (EPS)** *physical education (PE),* III, 3; I, 2

effacer *to erase,* III, 10

effilé(e) *tapering,* III, 4

l' **effort** (m.): **Encore un effort!** *One more try!* II, 7

effrayant(e) *frightening,* III, 7

égal(e) *equal,* III, 1; de façon égale *in an equal way, evenly,* III, 1; **Ça m'est égal.** *Whatever.* II, 8; **Ça**

m'est vraiment égal. *It's really all the same to me.* III, 9

également *also* III, 4

l' **église** (f.) *church,* II, 2

égoïste *selfish,* III, 6

élaboré(e) *elaborate,* III, 6

l' **électricien** (l'électricienne) *electrician,* III, 5

élégant(e) *elegant, sophisticated,* III, 4

l' **éléphant** (m.) *elephant,* III, 7

l' **élevage** (m.) *breeding,* III, 5

l' **élève** (m./f.) *student,* I, 2

élever *to raise,* III, 8

éliminer *to eliminate,* III, 2

elle *she* or *it,* I, 1

elles *they,* I, 1

éloigné(e) *distant (relative); remote,* III, 11

éloigner *to push away,* III, 5

emballé(e): Ça ne m'a pas emballé(e). *It didn't do anything for me.* III, 9

embêtant(e) *annoying,* I, 7

embêter *to pester, annoy,* III, 6; **Et toi, arrête de m'embêter!** *Stop bothering me!* III, 10; **Ça m'embête!** *That bores me!* III, 2; **Ça t'embête de...?** *Would you mind...?* II, 10

l' **embouteillage** (m.) *traffic jam,* III, 8

emboutir: emboutir la voiture *to wreck the car,* III, 10

embrasser: Embrasse... pour moi. *Give... a kiss for me.* III, 8; **Je t'embrasse bien fort.** *Hugs and kisses.* III, 8

émérite *highly skilled,* III, 10

émincé(e) *chopped,* III, 1

émincer *to thin slice,* III, 11

l' **émission** (f.) *program,* III, 9; **l'émission de variétés** *variety show,* III, 9

emmener *to take (a person) with you,* III, 9

empêcher *to prevent, stop,* III, 12

l' **emploi** (m.) *employment,* III, 5; bureau pour l'emploi *unemployment office,* III, 5

employer *to use,* III, 5

emporter *to bring (with you),* II, 12

emprunter *borrow,* I, 12

l' **emprunteur** (l'emprunteuse) (m./f.) *borrower,* III, 11

en *some, of it, of them, any, none,* I, 8; **en** *to, in (before a feminine noun),* I, 11; **en laine** *wool,* III, 4; **en soie** *silk,* III, 4; **Combien en voulez-vous?** *How many (much) do you want?* II, 3; **En bas.** *Downstairs.* III, 2; **en coton** *cotton,* I, 10; **en cuir** *leather,* I, 10; **en face de** *across from,* II, 2; **En haut.** *Upstairs.* III, 2; **en jean** *denim,* I, 10; **Il/Elle en a déjà un(e).** *He/She already has one (of them).* II, 3; **Je m'en veux de...** *I feel bad for...,* III, 6; **Je n'en peux plus!**

I just can't do any more! II, 7; **Je n'en veux plus.** *I don't want anymore,* I, 8; **Je ne t'en veux pas.** *No hard feelings.* II, 10; **Je suis parti(e) en...** *I went by...,* III, 1; **Je vais (en) prendre...** *I'll take...,* II, 3; **T'en fais pas.** *Don't worry.* II, 5; **Tu n'as pas l'air en forme.** *You don't seem too well.* II, 7; **Tu ne m'en veux pas?** *No hard feelings?* II, 10; **Vous avez ça en...?** *Do you have that in...?* (size, fabric, color), I, 10; en plein air *outside,* III, 11

l' **enclos** (m.) *enclosure,* III, 10

encore: Encore de...? *More...?* I, 8; **Encore un effort!** *One more try!* II, 7; **Encore...?** *Some more...?* II, 3; **Pas encore.** *Not yet.* III, 1; encore *still,* III, 2

encourager *to cheer,* III, 11

l' **endroit** (m.) *place,* I, 12

l' **énergie** (f.) *energy,* III, 3

énervé(e) *annoyed,* II, 9

énerver: Tu m'énerves, à la fin! *You're bugging me!* III, 6

l' **enfant** (m./f.) *child,* I, 7; **avoir un enfant** *to have a child,* III, 5

enfermer *to lock up,* III, 6

Enfin,... *Finally,...,* II, 1; II, 4; II, 9

enfoncer *to drive in (a nail),* III, 6

l' **énigme** (f.) *enigma, puzzle* III, 2

enlacer *to hug,* III, 10

enlever: enlever la neige *to shovel snow,* III, 3; **se faire enlever ses bagues** *to get one's braces off,* III, 10

l' **ennui** (m.) *boredom,* III, 6

ennuyer *to bother,* II, 8; **Ça m'ennuie à mourir!** *That bores me to death!* III, 2; **Ça t'ennuie de...?** *Would you mind...?* II, 10; **Ce qui m'ennuie, c'est de...** *What bores me is...,* II, 4; **On ne s'ennuie pas.** *You're never bored.* II, 11; **Je me suis ennuyé(e) à mourir.** *I was bored to death.* III, 9; **Je me suis ennuyé(e).** *I was bored.* II, 6; **Je ne me suis pas ennuyé(e) une seconde.** *I wasn't bored a second.* III, 9

ennuyeux (ennuyeuse) *boring,* II, 6; **C'était ennuyeux.** *It was boring.* I, 5

enregistrer *to record,* III, 9

enseigner *to teach,* III, 5; **l'enseignement technique** *technical education,* III, 5

ensemble *together,* III, 2

Ensuite,... *Next,...,* II, 1; *Then,...,* II, 12

entendre: entendre le réveil *to hear the alarm clock,* II, 5; **Entendu.** *OK.* I, 6; **J'ai entendu dire que...** *I've heard that...,* III, 10; s'entendre *to get along,* III, 6

entier (entière) *entire, whole,* III, 3

entièrement *entirely,* III, 6

entouré(e) *surrounded*, III, 10
l' entraînement (m.) *training*, III, 10
  s'entraîner à... *to train for (a sport)*, II, 7
l' entraîneur (m.) *coach*, III, 12
  entre *between*, I, 12; **Quelle est la différence entre ... et...?** *What's the difference between . . . and . . . ?* III, 10
l' entrecôte grillée *rib steak*, III, 1
l' entrée (f.) *first course*, II, 3; *appetizer*, III, 1, **C'est combien, l'entrée?** *How much is the entrance fee?* II, 6; **Que voulez-vous comme entrée?** *What sort of appetizer would you like?*, III, 1; **Comme entrée, j'aimerais...** *For an appetizer, I would like . . .* III, 1; **A l'entrée de...** *At the entrance to . . .*, III, 2
les entrelacs (m.) *interlacing*, III, 6
  entrer *to enter*, II, 6; **entrer à l'université** *to enter the university*, III, 5
l' enveloppe (f.) *envelope*, I, 12
  envers *towards*, III, 6
  envie: **J'ai envie de...** *I feel like . . .*, I, 11; **Non, je n'ai pas très envie.** *No, I don't feel like it.* II, 7; **Tu as envie de...?** *Do you feel like . . . ?* II, 1
  environ *about*, III, 2
  envoyer: **envoyer des lettres** *to send letters*, I, 12; **envoyer les invitations** *to send the invitations*, II, 10; **Pourriez-vous m'envoyer des renseignements sur...?** *Could you send me information on . . . ?* III, 5
  épais (épaisse) *thick*, III, 7
  épater: **Alors, là, tu m'épates!** *I'm really impressed!* III, 10
l' épée (f.) *an epee/a sword*, III, 12
  éperdument *hopelessly*, III, 5
  épicé(e) *spicy*, III, 11
l' épicerie (f.) *grocery store*, I, 12
les épices (f.) *spices*, III, 11
les épinards (m.) *spinach*, III, 11
l' épine (f.) *thorn*, III, 10
l' éponge (f.) *sponge*, III, 10
  épouser *to marry*, III, 6
  épouvantable: **avoir une journée épouvantable** *to have a horrible day*, II, 5; **C'était épouvantable.** *It was horrible.* I, 9; **J'ai passé une journée épouvantable!** *I had a terrible day!* II, 5
l' épreuve (f.) *event (sports)*, III, 12
  équilibre (tenir en équilibre) *to be balanced*, III, 6
l' équipe (f.) *a team*, III, 12
l' équitation (f.) *equestrian events*, III, 12; **faire de l'équitation** *to go horseback riding*, I, 1
l' escalier (m.) *stairs*, III, 2
l' escalope (f.) **de dinde purée** *sliced turkey breast with mashed potatoes*, III, 1

les escargots (m.) *snails*, I, 1; II, 3
l' escrime (f.) *fencing*, III, 12
l' escrimeur (l'escrimeuse) *fencer*, III, 12
  Esope *Aesop*, III, 3
l' espadon (m.) *swordfish*, III, 10
l' Espagne (f.) *Spain*, III, 12
l' espagnol (m.) *Spanish (language)*, I, 2
les espèces (f.) *species*, III, 7
  esquisser *to outline*, III, 6
l' essai (m.) *essay*, III, 11
l' essayage (m.) *fitting*, III, 4
  essayer: **Je peux essayer...?** *Can I try on . . . ?* I, 10; **Je peux l'(les) essayer?** *Can I try it (them) on?* I, 10; **Essaie...** *Try . . .*, III, 1
l' essence (f.) *gas*, III, 2
  essentiel(le): **Il est essentiel que...** *It's essential that . . .*, III, 7
  essuyer *to wipe*, III, 1
l' est (m.): **dans l'est** *in the east*, II, 4; **C'est à l'est de...** *It's to the east of . . .*, II, 12
  Est-ce que *(introduces a yes-or-no question)*, I, 4; **(Est-ce que) je peux...?** *May I . . . , ?* I, 7
l' étage (m.): **Au premier étage.** *On the second floor.* III, 2
les étagères (f.) *shelves*, II, 2
l' étape (f.) *step*, III, 2
l' état *state*, III, 1; **les Etats-Unis** (m.) *United States*, III, 12
l' été (m.) *summer*, I, 4; **en été** *in the summer*, I, 4
  éteindre *to turn off/out*, III, 3; **éteindre les lumières** *to turn out the lights*, III, 3
  éternuer: **J'éternue beaucoup.** *I'm sneezing a lot.* II, 7
l' étoffe (f.) *fabric*, III, 6
l' étoile de mer (f.) *starfish*, III, 10
  étonné(e) *surprised*, II, 9
  étonner: **Ça m'étonnerait que...** *I'd be surprised if . . .*, III, 7; **Ça m'étonnerait!** *That would surprise me.* II, 6; III, 10
  étouffée: **à l'étouffée** *steamed*, III, 11
  étourdi(e) *spaced-out, absent-minded*, III, 3
  étrange *strange*, III, 10
  étranger (étrangère) *foreign*, III, 7
l' étranger (l'étrangère) (m./f.) *foreigner*, III, 3
  être *to be*, I, 7; **être collé(e)** *to have detention*, II, 5; **être en train de (+ infinitive)** *to be in the process of (doing something)*, II, 9; **être à bout** *to have had enough*, III, 11
  étroit(e) *narrow*, III, 3
l' étude (f.) *study hall*, I, 2; **les études** (f.) *studies*, III, 5; **arrêter/finir ses études** *to stop/finish one's studies*, III, 5
  étudier *to study*, I, 1
les événements (m.) *events*, III, 10
l' éventail (m.) *fan*, III, 10

  évidemment *obviously*, II, 9
  éviter *to avoid*, III, 3; **Evite d'aller voir...** *Avoid seeing. . .*, III, 9; **Evite de...** *Avoid. . .*, II, 7
  évoquer *to evoke*, III, 6
les examens (m.) *tests*, I, 1; **examen d'entrée** *entry exam*, III, 3
  excellent(e) *excellent*, I, 5; **Oui, excellent.** *Yes, excellent.* I, 9; II, 2
  s'excuser *to apologize*, II, 10; **Excuse-moi.** *Forgive me.* II, 10; **Excuse-toi.** *Apologize.* II, 10; **Je m'excuse de...** *I'm sorry for. . .*, III, 6
l' exercice (m.): **faire de l'exercice** *to exercise*, II, 7
  exigeant(e) *demanding*, III, 5
l' expérience (f.) *experiment*, III, 3
  expliquer: **expliquer ce qui s'est passé (à quelqu'un)** *to explain what happened (to someone)*, II, 10; **Explique-lui/-leur.** *Explain to him/her/them.* II, 10
l' explorateur (m.) *explorer*, III, 11
  exploser *to explode*, III, 2
  exprès: **Tu le fais exprès?** *Are you doing that on purpose?* III, 6
l' expression (f.) *phrase*, III, 2
l' extrait (m.) *excerpt*, III, 6

  face: **en face de** *across from*, I, 12; II, 12
la face *face*, III, 6; **faire face à** *to face up to (something)*, III, 3
  fâché(e) *angry*, II, 9
  facile *easy*, I, 2
la façon *way*, III, 1; **de façon égale** *in an equal way, evenly*, III, 1
la faim: **avoir faim** *to be hungry*, I, 5; **Je n'ai plus faim.** *I'm not hungry anymore.* II, 3; **Si, j'ai très faim!** *Yes, I'm very hungry.* II, 2; **Vous n'avez pas/Tu n'as pas faim?** *Aren't you hungry?* II, 2
  faire *to do, to make, to play*, I, 4; **faire + infinitive** *to have (something) done*, III, 4; **se faire enlever ses bagues** *to get one's braces off*, III, 10; **se faire percer les oreilles** *to have one's ears pierced*, III, 10; **se faire mal à...** *to hurt one's . . .*, II, 7; III, 10; **faire la tête** *to sulk*, II, 9; **faire le plein** *to fill it up*, III, 2; **faire les préparatifs** *to get ready*, II, 10; **Tu vas t'y faire.** *You'll get used to it.* II, 8; **fais: A ton avis, qu'est-ce que je fais?** *In your opinion, what do I do?* I, 9; **Est-ce que tu fais...?** *Do you play/do . . . ?* I, 4; **Fais-toi une raison.** *Make the*

best of it. II, 8; **Ne t'en fais pas!** *Don't worry!* I, 9; **Faites/Fais comme chez vous (toi).** *Make yourself at home.* II, 2; **Mais, qu'est-ce que tu fais?** *What are you doing?* III, 2; **Ne t'en fais pas.** *Don't worry.* I, 11; **Qu'est-ce que tu fais comme sport?** *What sports do you play?* II, 1; **Qu'est-ce que tu fais pour t'amuser?** *What do you do to have fun?* I, 4; **Qu'est-ce que tu fais quand...?** *What do you do when...?* I, 4; **Ça fait combien?** *How much does that make?* II, 3; **Ça fait vraiment...** *That looks really...,* III, 4; **Ça fait...** *It's been...,* III, 1; **Ça ne fait rien.** *It doesn't matter.* II, 10; **Comment est-ce qu'on fait?** *How should we work this out?* III, 6; **D'abord, j'ai fait...** *First, I did...,* I, 9; **Il fait beau.** *It's nice weather.* I, 4; **Il fait frais.** *It's cool.* I, 4; **Il fait froid.** *It's cold.* I, 4; **Il fait chaud.** *It's hot.* I, 4; **Qu'est-ce qu'on y fait?** *What should we do?* II, 1; **Faites gaffe!** *Look out!* III, 7; **Faites attention!** *Watch out!* III, 7; **Qu'est-ce qu'il y avait à faire?** *What was there to do?* III, 1

se faire des amis *to meet people,* III, 11

faire la fête *to party,* III, 11

faire partie de *to be part of,* III, 2

faire semblant de *to pretend to,* III, 4

le fait *fact,* III, 10; au fait *by the way,* III, 8

fameux (fameuse): pas fameux *not so great,* I, 5

fantaisiste *eccentric, whimsical,* III, 5

farci(e) (à) *stuffed (with),* III, 11

la **farine** *flour,* I, 8

fastoche: C'est fastoche, ça! *That's so easy!* III, 10

fastueux (fastueuse) *lavish,* III, 11

fatigant(e): C'était fatigant! *It was tiring!* II, 2

fatigué(e): Je suis fatigué(e) *I'm tired.* II, 12; **Pas trop fatigué(e)?** *(You're) not too tired?* II, 2

faudrait: Il faudrait que tu... *You should...,* III, 5; **Il faudrait que tu...** *You ought to...,* III, 7

la **faune** *animal life,* III, 10

faut: Il faut mieux travailler en classe. *You have to do better in class.* II, 5; **Il faut que tu... d'abord.** *First, you have to...,* III, 3; **Il me faut...** *I need...,* I, 3; **Il ne faut pas...** *One should not...,* III, 3; **Qu'est-ce qu'il te faut pour...?** *What do you need for...? (informal),* I, 3; **Il faut que tu sois...** *You must be...,* III, 3

la **faute: C'est de ma faute.** *It's my fault.* II, 10

le **fauteuil** *armchair,* III, 1; le fauteuil à bascule *rocking chair,* III, 10

la **fée** *fairy, fairy godmother,* III, 1

Félicitations! *Congratulations!* II, 3

la **femme** *wife,* I, 7; III, 6

la **femme d'affaires** *businesswoman,* III, 5

la **fenêtre** *window,* I, 0

la **ferme** *farm,* III, 1

fermer: A quelle heure est-ce que vous fermez? *When do you close?* II, 6; **Fermez la porte.** *Close the door.* I, 0

féroce *ferocious,* III, 7

le **festin** *feast, banquet,* III, 5

la **festivité** *celebration,* III, 11

la **fête: Bonne fête de Hanoukkah!** *Happy Hanukkah!* II, 3; **Bonne fête!** *Happy holiday! (Happy saint's day!),* II, 3

le **feu: Il n'y a pas le feu.** *Where's the fire?* III, 2; le feu (rouge) *traffic light,* III, 3; à feu doux (cuire à feu doux) *low heat,* III, 1

la **feuille: une feuille de papier** *a sheet of paper,* I, 0; **ramasser les feuilles** *to rake leaves,* III, 3

feuilleter *to leaf through,* III, 2

le **feuilleton** *soap opera,* III, 9

février *February,* I, 4

les **fiançailles** (f.) *engagement,* III, 6

se **fiancer** *to get engaged,* III, 10

ficher: Je m'en fiche. *I don't give a darn.* III, 9; **Fiche-moi la paix!** *Leave me alone!* III, 6; **Tu te fiches de moi?** *Are you kidding me?* III, 9

fictif (fictive) *imaginary,* III, 10

fier (fière) *proud,* III, 10; **Tu peux être fier (fière) de toi.** *You should be proud of yourself.* II, 5

la **fièvre jaune** *yellow fever,* III, 7

la **figue** *fig,* III, 8

figurer: Figure-toi que... *Can you imagine that...,* III, 10

le **fil** *thread,* III, 10

le **filet de sole riz champignons** *filet of sole with rice and mushrooms,* III, 1

la **fille** *daughter,* I, 7

le **film: le film classique** *classic movie,* II, 11; **le film comique** *comedy,* II, 11; **le film d'action** *action movie,* II, 11; **le film d'aventures** *adventure movie,* II, 11; **le film d'horreur** *horror movie,* II, 11; **le film de science-fiction** *science-fiction movie,* II, 11; **le film policier** *detective or mystery movie,* II, 11; **le film étranger** *foreign film,* III, 9; **le film historique** *historical movie,* III, 9; **le film de guerre** *war movie,* III, 9; **le film d'espionnage** *spy movie,* III, 9; **voir un film** *to see a movie,* I, 6; **Qu'est-ce qu'il y a comme bons films en ce moment?** *What good movies are out now?* III, 9; **Qu'est-ce que tu as vu comme bons films?** *What good movies have you seen?* III, 9

le **fils** *son,* I, 7

fin(e) *thin,* III, 6

la **fin: A la fin...** *At the end...,* III, 9; **C'est insupportable, à la fin!** *I won't put up with this!* III, 8; **Tu m'énerves, à la fin!** *You're bugging me to death!* III, 6; **J'y suis allé(e) fin...** *I went at the end of...,* III, 1

Finalement... *Finally...,* I, 9; II, 1; II, 4; II, 9

financier (financière) *financial,* III, 2

finir: finir ses études *to finish one's studies,* III, 5

fixe *fixed,* III, 6

fixer: fixer la date *to choose the date,* II, 10

flamand(e) *Flemish,* III, 1

le **flamant** *flamingo,* III, 7

la **Flandre** *Flanders,* III, 2

la **flèche** *arrow,* III, 12

le **fleuret** *foil (sword),* III, 12

fleuri(e) *flowery,* III, 6

le **fleuriste** *florist's shop,* II, 3

les **fleurs** (f.) *flowers,* II, 3

Flûte! *Darn!,* III, 2

la **flûte** *flute,* III, 11

la **fois: Ça va pour cette fois.** *OK, just this once.* III, 3; **... fois par semaine** *...times a week,* I, 4; la fois *time;* à la fois *at the same time,* III, 8; **Il était une fois...** *Once upon a time...,* III, 1

foncé(e) *dark,* III, 4

foncer *to get to it (to get to doing something),* III, 3, *to rush,* III, 11

le **fonceur (la fonceuse)** *a "go-getter,"* III, 12

le **fonctionnaire (la fonctionnaire)** *government employee,* III, 5

le **fond: Au fond.** *Towards the back.* III, 2

le **fond de teint** *foundation (cosmetics),* III, 4

fondre (pp. fondu) *to melt,* III, 11, fondre en larmes *to break down in tears,* III, 3

le **foot(ball)** *soccer,* I, 1; **le football américain** *football,* I, 4

la **forêt: en forêt** *to the forest,* I, 11; **la forêt tropicale** *tropical rainforest,* II, 4

la **formation** *training,* III, 5

formé(e) *to be made up of,* III, 10

la **forme: Tu n'as pas l'air en forme.** *You don't seem well.* II, 7; **forme tunique** *tunic style,* III, 4

se **former** *to form,* III, 10

formidable: C'était formidable! *It was great!* I, 11

fort(e) *strong,* I, 7; II, 1; **Ce n'est pas mon fort.** *It's not my strong point.* II, 5; **Je t'embrasse bien fort.** *Hugs and kisses.* III, 8; fort possible *very possible,* III, 7

fortiche: Tu es fortiche. *You're really strong at that.* III, 10
fou (folle) *crazy, funny,* III, 2; **C'est fou comme...!** *I can't believe how . . . !* III, 7
la **fougère** *fern,* III, 10
la **fouille** *strip down,* III, 2
fouiller *to rummage around,* III, 6
le **foulard** *scarf,* II, 3; III, 4
la **foule** *crowd,* III, 8
se fouler: se fouler la cheville *to sprain one's ankle,* II, 7
la **fourmi** *ant,* III, 7
fourmiller *to swarm,* III, 5
fournir *to supply,* III, 7
la **fourrure** *fur,* III, 7
le **foyer** *breakroom,* III, 11
le **fragment** *fragment,* III, 10
les **frais** (m.) *fees,* III, 5
frais (fraîche): Il fait frais. *It's cool.* I, 4
les **fraises** (f.) *strawberries,* I, 8
le **franc** *franc (former monetary unit of France),* I, 3
le **français** *French (language),* I, 1
franchir: franchir le seuil *to walk through (clear) the door(way),* III, 5
franco-allemand(e): la frontière franco-allemande *the French-German border,* III, 1
francophone *French-speaking,* III, 1
la **frange** *bangs,* III, 4
frapper (à la porte) *to knock (on a door),* III, 6
le **frappeur** *the batter (in baseball),* III, 12
la **frégate** *frigate bird,* III, 10
frémir *to shiver,* III, 10
les **freins** (m.) *the brakes,* III, 2
le **frère** *brother,* I, 7
la **fripe** *secondhand clothes,* III, 6
frire *to fry,* III, 11
frisé(e): les cheveux frisés (m.) *curly hair,* III, 4
se friser *to curl one's hair,* III, 4
frissonner *to quiver,* III, 10
frit(e) *fried,* III, 11
les **frites** (f.) *French fries,* I, 1
froid(e): Il fait froid. *It's cold.* I, 4
le **fromage** *cheese,* I, 5; II, 3; **fromage de chèvre** *goat cheese,* III, 1
la **frontière** *border,* III, 1
le **frottoir** *washboard,* III, 11
la **frousse: J'ai la frousse!** *I'm scared to death!* III, 7
les **fruits de mer** (m.) *seafood,* II, 3
les **frusques** (f.) *rags,* III, 6
fuir *to run away,* III, 10
fumer *to smoke,* III, 3
furieux (furieuse) *furious,* II, 9
la **fusée** *rocket,* III, 2
futé(e): pas futé(e) *not with it,* III, 6
le **futur** *the future,* III, 1; *the future tense (of a verb),* III, 5

G

la **gaffe** *blunder,* III, 12; **Faites gaffe!** *Look out!* III, 7
gagner *to win,* I, 9; *to earn,* I, 9
le **gant** *glove,* III, 4; **Ça te va comme un gant.** *That fits you like a glove.* III, 4; **les gants** (m.) *a pair of gloves,* II, 1; III, 4
garder *to look after* I, 7
le **gardien** *warden, caretaker,* III, 7
la **gare** *train station ,* II, 2
le **gaspillage** *waste,* III, 3
gaspiller *to waste,* III, 3
le **gâteau** *cake,* I, 8
gauche: à gauche *to the left,* I, 12; **à gauche de** *to the left of,* II, 2
la **gaufre** *waffle,* III, 2
la **gazelle** *gazelle,* III, 7
géant(e) *giant,* III, 7
gêné(e) *embarrassed,* II, 9
gêner: Dites donc, ça vous gênerait de...? *Hey, do you think you can . . . ?* III, 8; **Non, mais surtout, ne vous gênez pas!** *Well just go right ahead!* III, 8; *The problems that bother me . . . ,* III, 3
génial (e) *great,* I, 2; II, 2
le **genou** *knee,* II, 7
le **genre: J'aime bien ce genre de...** *I like this type of . . . ,* III, 4
les **gens** (m.) *people,* III, 8; **les gens mal élévés** *rude people,* III, 8; **les gens pressés** *people in a hurry,* III, 8
gentil (gentille) *nice,* I, 7; **C'est gentil.** *That's nice of you.* III, 6; **C'est gentil de votre/ta part.** *That's so nice of you.* II, 2; **Merci, c'est gentil.** *Thanks, that's nice of you.* II, 3; III, 6
gentillet: gentillet, sans plus *cute (but that's all) ,* II, 11
la **géographie** *geography,* I, 2
la **géométrie** *geometry,* I, 2
la **gestion** *management,* III, 5
le **gilet** *vest,* III, 4
la **girafe** *giraffe,* III, 7
la **glace** *ice cream,* I, 1; **faire du patin à glace** *to ice-skate,* I, 4
le **glas** *toll, knell,* III, 8
le **gnon** *blow,* III, 3
le **gnou** *gnu,* III, 7
le **goémon** *wrack (type of seaweed),* III, 10
le **golf** *golf,* I, 4; **jouer au golf** *to play golf,* I, 4
le **gombo** *gumbo,* III, 11; **les gombos** *okra,* I, 8
la **gomme** *eraser,* I, 3
gommer *to erase,* III, 4
gonflable *inflatable,* III, 2
la **gorge: J'ai mal à la gorge** *I have a sore throat.* II, 7
le **gorille** *gorilla,* III, 7

le **gosse (la gosse)** *kid,* III, 8
gothique *Gothic,* III, 1
la **gourde** *canteen,* III, 7
gourmand(e) *someone who loves to eat well,* II, 1
la **gousse d'ail** *clove of garlic,* III, 11
le **goût** *taste,* III, 4; **de mauvais goût** *in poor taste,* III, 2
goûter *to taste,* III, 11
le **goûter** *afternoon snack,* I, 8
la **goutte** *drop,* III, 11
les **goyaves** (f.) *guavas,* I, 8
grâce: grâce à *thanks to, because of,* III, 3, 9; **grâce à la pilule pousse-minute** *thanks to the grow-in-a-minute pill,* III, 3; **la période de grâce** *grace period,* III, 12
gracieux (gracieuse) *gracious,* III, 10
grand(e) *tall, big,* I, 7; II, 1; **moins grand(e) que** *smaller than . . . ,* II, 4; **plus grand(e) que** *bigger than . . . ,* II, 4
grand-chose: Ce n'est pas grand-chose. *It's nothing special.* II, 3; **Pas grand-chose.** *Not much.* I, 6
la **grand-mère** *grandmother,* I, 7
le **grand-père** *grandfather,* I, 7
grandir *to grow,* I, 10
grandiose *imposing,* III, 2
la **grange** *barn,* III, 12
le **graphisme** *graphic arts,* III, 5
le **gratte-ciel** *skyscraper,* III, 8
le **gratte-papier: carrière de gratte-papier** *career as a pencil-pusher,* III, 5
grave: C'est pas grave. *It's not serious.* II, 5
gravé(e) *carved,* III, 10
la **grègue** *a coffeepot (Cajun),* III, 11
la **grêle** *hail,* III, 3
grignoter: grignoter entre les repas *snacking between meals,* II, 7
grimper *to climb,* III, 3
la **grippe: J'ai la grippe.** *I've got the flu.* II, 7
grippe-sou *penny pincher,* III, 2
gris(e) *grey,* I, 3
le **grognement** *growling,* III, 7
gros (grosse) *fat,* I, 7; *big,* III, 4; **Grosses bises.** *Hugs and kisses.* III, 8
grossir *to gain weight,* I, 10
grouiller: Grouille-toi! *Get a move on!* III, 2
le **groupe** *(music) group,* II, 11
le **grumeau** *lump,* III, 11
la **Guadeloupe** *Guadeloupe,* III, 12
le **guépard** *cheetah,* III, 7
la **guêpe** *wasp,* III, 12
le **guichet** *ticket window, booth,* III, 2
guidé(e): une visite guidée *a guided tour,* II, 6
la **guitare** *guitar,* III, 11
la **gymnastique** *gymnastics,* III, 12; **faire de la gymnastique** *to do gymnastics,* II, 7

H

habile *skillful*, III, 5
s'habiller *to get dressed*, II, 4
l' habit (m.) *cloth*, III,10
l' habitant (l'habitante) (m./f.) *inhabitant*, III, 10
habiter *to live*, III, 8, 10
l' **habitude**(f.): **d'habitude** *usually*, I, 4
habitué(e) *used to*, III, 6
hâcher *to grind*, III, 11
Haïti (m.) (no article) *Haiti*, III, 12
les **haltères** (m.) *barbells*, III, 12
l' **haltérophilie** (f.) *weightlifting*, III,12
*les **hamburgers** (m.) *hamburgers*, I, 1
*la hanche: sur les hanches *on the hips*, III, 3
*le hareng *herring*, III, 1
*les **haricots** (m.) **verts** *green beans*, I, 8
*le hasard: par hasard *by chance*, III, 10
*haut(e) *high*, III, 1; **En haut.** *Upstairs.* III, 2; *la haute couture (f.) *high fashion*, III, 4
*les **hauts talons** (m.) *high heels*, III, 4
*le havre de paix (m.) *haven of peace*, III, 6
hebdomadaire *weekly*, III, 11
l' hectare (m.) (abbrév. ha) *hectare (about 2 acres)*, III, 6, 11
l' **herbe** (f.) *grass*, III, 7
hésiter: Euh... J'hésite. *Oh, I'm not sure.* I, 10; **J'hésite entre... et...** *I can't decide between . . . and . . . ,* III, 1
l' **heure** (f.): I, 2; **A quelle heure?** *At what time?* I, 6; **A tout à l'heure!** *See you later!* I, 1; **Tu as... à quelle heure?** *At what time do you have . . . ?* I, 2; **à... heures** *at . . . o'clock*, I, 2; **à... heures quarante-cinq** *at . . . forty-five*, I, 2; **à... heures quinze** *at . . . fifteen*, I, 2; **à... heures trente** *at . . . thirty*, I, 2
Heureusement,... *Fortunately, . . . ,* II, 9
heureux: Très heureux (heureuse). *Pleased to meet you.* I, 7
hier *yesterday*, III, 10
l' hippocampe (m.) *seahorse*, III, 10
l' hippopotame (m.) *hippopotamus*, III, 7
*se hisser *to haul oneself up*, III, 10
l' **histoire** (f.) *history*, I, 2; **C'est l'histoire de...** *It's the story of . . . ,* II, 11; III, 9; **C'est une belle histoire.** *It's a great story.* II, 11; **C'est une histoire passionnante.** *It's an exciting story.* II, 11; **Est-ce que tu connais l'histoire de...?** *Do you know the one about . . . ?* III, 10; **Il n'y a pas d'histoire.** *It has no plot.* II, 11; **l'histoire d'amour** *love story,* III, 9

l' **hiver** *winter*, I, 4; **en hiver** *in the winter*, I, 4
*le **hockey** *hockey*, I, 4
*le Hollandais (la Hollandaise) *Dutch person*, III, 2
*la Hollande *Holland*, III, 2
*le **homard** *lobster*, III, 10
l' **homme d'affaires** *businessman*, III, 5
*la honte: Oh la honte! *How embarrassing!* III, 11
l' horaire (m.) *schedule*, III, 6
l' horloge (f.) *clock*, III, 3; *grandfather clock*, III, 10
l' **horreur** (f.): **C'est l'horreur!** *This is just horrible!* III, 8
horrible *terrible*, I, 10
*hors *out of*, III, 4; *outside*, III, 12
*les **hors-d'œuvre** (m.) *hors d'œuvre*, III, 11
*le **hot-dog** *hot dog*, I, 5
l' **hôtel** (m.): **A l'hôtel.** *In a hotel.* III, 1
l' hôtesse (f.) *hostess*, III, 2; *flight attendant*, III, 3
*le hublot *porthole, round window of a ship*, III, 3
l' **huile** (f.) *the oil*, III, 2; **mettre de l'huile dans le moteur** *to put oil in the motor*, III, 2
les **huîtres** (f.) *oysters*, II, 3; III, 11
l' **humeur** (f): **de mauvaise humeur** *in a bad mood*, II, 9; **de bonne humeur** *in a good mood*, II, 9
l' humour (m.) *humor*, III, 2
l' hyène (f.) *hyena*, III, 7
hyper cool *super cool*, III, 4

I

ici: **Ici,... tandis que...** *Here, . . . whereas . . .* III, 8
l' **idée** (f.): **Bonne idée!** *Good idea!* II, 3; **C'est une bonne (excellente) idée.** *That's a good (excellent) idea.,* II, 1; **Je n'en ai aucune idée.** *I have no idea.* III, 5; **Tu as une idée de cadeau pour...?** *Have you got a gift idea for. . . ?* II, 3
il *he or it*, I, 1
Il était une fois... *Once upon a time . . . ,* III, 1
il y a *there is, there are*, I, 5; il y a (adv.) *ago*, III, 8
l' **île** (f.) *island*, II, 4
ils *they*, I, 1
l' **image** (f.) *the picture*, III, 9
immense *huge*, III, 6
l' **immeuble** (m.) *building*, III, 8
impatient(e): Je suis vraiment impatient(e) de...! *I can hardly wait to . . . !* III, 12; *I'm really anxious to . . . !* III, 2

impérissable *imperishable*, III, 11
l' **imperméable** (m.) *raincoat*, II, 1
important(e): Il est très important que... *It's very important that . . . ,* III, 7
importer: du n'importe quoi *worthless*, II, 11; **N'importe quoi!** *That's ridiculous!* II, 6; *Yeah, right!* III, 10; **Peu importe.** *It doesn't matter.* III, 9
imposant(e) *impressive*, III, 4
impossible: C'est impossible. *It's impossible.* II, 10
imprégné (e) *permeated, immersed*, III, 12
l' **impression** (f.): **J'ai l'impression que...** *I have the impression that . . . ,* III, 11
impressionner *to impress*, III, 10;
impressionnant(e) *impressive*, III, 12
imprimé(e) *printed*, III, 4
impudent(e) *shameless*, III, 10
inadmissible: C'est inadmissible. *That's not acceptable.* II, 5
inattendu(e) *unexpected*, III, 3
inclu(e) *included*, III, 1
incroyable *incredible*, II, 6; **C'était incroyable!** *It was amazing / unbelievably bad!* II, 5; **Ce qui est incroyable, c'est...** *What's incredible is . . . ,* III, 11
indémodable *that will never go out of fashion*, III, 11
les indications (f.) *directions*, III, 2
indiquer *to indicate*, III, 2
l' infinitif (m.) *infinitive (of a verb)*, III, 3
l' **infirmier** (m.), **l'infirmière** (f.) *nurse*, III, 5
les **informations** (f.) *the news*, III, 9
l' **informatique** (f.) *computer science*, I, 2
l' **ingénieur** (m.) *engineer*, III, 5
l' **ingéniosité** (f.) *ingenuity*, III, 3
inouï(e) *incredible, unheard of*, III, 8
inquiet (inquiète) *worried*, II, 9
inquiéter *to cause (someone) to worry, to disturb*, III, 5
s'inquiéter: Ne t'inquiète pas! *Don't worry!* III, 6
inscrire *to write down*, III, 3
s'inscrire *to enroll*, III, 5
installer *to install*, III, 2
s'installer *to settle in*, III, 6
l' **instant** (m.): **Un instant, s'il vous plaît.** *One moment, please.* III, 1
l' **instituteur** (m.), **l'institutrice** (f.) *elementary school teacher*, III, 5
insupportable: C'est insupportable, à la fin! *I won't put up with this!* III, 8
intégré(e) *well-adjusted*, III, 3
intelligent(e) *smart*, I, 7; II, 1
l' **intention** (f.): **J'ai l'intention de...** *I intend to . . . ,* I, 11; III, 5; **Qu'est-ce**

que tu as l'intention de faire? *What do you intend to do?* III, 5

l' **interdiction** (f.) *ban,* III, 3; **Interdiction de... ...** *is not allowed,* III, 3

interdit(e): Il est interdit de... *It's forbidden to . . . ,* III, 3

intéressant(e) *interesting,* I, 2; **Ce qui est intéressant/incroyable, c'est...** *What's interesting/ incredible is . . . ,* III, 11

intéresser: Ça t'intéresse de... ? *Would you be interested in . . . ?* III, 6

l' **intérêt** (m.): **Ça n'a aucun intérêt.** *It's not interesting.* III, 9

l' **interro** (f.) *quiz,* I, 9

l' **intrigue** (f.) *plot,* III, 9

introduire *to introduce,* III, 6

inutilement *for no good reason,* III, 3

inventer *to invent,* III, 10

les **invitations** (f.): **envoyer les invitations** *to send the invitations,* II, 10

inviter *to invite,* III, 2

isolé(e) *isolated,* II, 8

s'isoler *to separate oneself, to withdraw,* III, 3

l' **Italie** (f.) *Italy,* III, 12

jaloux (jalouse) *jealous,* III, 6

le jargon *lingo,* III, 2

jamais: ne... jamais *never,* I, 4; **Je n'ai jamais vu un(e) aussi...** *I've never seen such a . . . ,* III, 7

le **jambalaya** *jambalaya,* III, 11

la **jambe: J'ai mal à la jambe** *My leg hurts.* II, 7

le **jambon** *ham,* I, 5; II, 3

janvier *January,* I, 4

le **Japon** *Japan,* III, 12

le **jardin** *yard,* II, 2

jaune *yellow,* I, 3

le **jazz** *jazz,* II, 11; III, 11

je *I,* I, 1

le **jean** *(a pair of) jeans,* I, 3; II, 1; **en jean** *denim,* I, 10

jeter: jeter les déchets *to throw away your trash,* II, 12; **jeter des ordures** *to throw trash,* III, 3

le **jeu télévisé** *game show,* III, 9

le **jeudi** *on Thursdays,* I, 2

jeune *young,* I, 7; II, 1

la **jeunesse** *youth,* III, 5; **l'auberge (f.) de jeunesse** *youth hostel,* II, 2

les **jeux** (m.): **jouer à des jeux vidéo** *to play video games,* I, 4

le **jogging: faire du jogging** *to jog,* I, 4

le jongleur *juggler,* III, 9

jouer *to play,* I, 4; **jouer à...** *to play . . . ,* I, 4; **Qu'est-ce qu'on joue comme films?** *What films are playing?* II, 11; **On joue...** *is showing.* II, 11; Jouez cette scène et puis changez de rôle. *Act out this scene and then switch roles,* III, 1

le jouet *toy,* III, 3

le **jour: C'est pas mon jour!** *It's just not my day!* II, 5

le **journaliste (la journaliste)** *journalist,* III, 5

la **journée: avoir une journée épouvantable** *to have a horrible day,* II, 5; **Comment s'est passée ta journée (hier)?** *How was your day (yesterday)?* II, 5; **Quelle journée!** *What a bad day!* II, 5; **Quelle journée formidable!** *What a great day!* II, 5

joyeux (joyeuse) *cheerful,* III, 6; **Joyeux (Bon) anniversaire!** *Happy birthday!* II, 3; **Joyeux Noël!** *Merry Christmas!* II, 3

le **judo** *judo,* III, 12

le **juge** *judge,* III, 5

juillet *July,* I, 4

juin *June,* I, 4

les **jumeaux (-elles)** *twins,* III, 6

les **jumelles** (f.) *binoculars,* III, 7

la **jupe** *skirt,* I, 10

le **jus: le jus d'orange** *orange juice,* I, 5; **le jus de pomme** *apple juice,* I, 5

jusqu'à: Vous allez tout droit jusqu'à... *You go straight ahead until you get to . . . ,* I, 12

juste: C'est pas juste. *It's not fair.* III, 12; **Juste là, à côté de...** *Right there, next to . . . ,* III, 2

justement *exactly,* III, 8

le **kilo: un kilo de** *a kilogram of,* I, 8

le kilomètre *kilometer,* III, 2

le klaxon *car horn,* III, 8

L

-là *there (noun suffix),* I, 3; **(Est-ce que)... est là, s'il vous plaît?** *Is . . . , there, please?* I, 9; **Là, c'est...** *Here (There) is . . . ,* II, 2; **C'est comment, la vie là-bas?** *What's life like there?* III, 12; **Là-bas, le garçon qui...** *Over there, the boy who . . . ,* III, 4

le lac *lake,* III, 3

lâcher: Lâche-moi, tu veux? *Will you give me a break?* III, 10

la **laine: en laine** *wool,* III, 4

laisser *to leave,* III, 1; **Je peux laisser un message?** *Can I leave a message?* I, 9

le **lait** *milk,* I, 8; II, 3

la **lampe** *lamp,* II, 2; **la lampe de poche** *flashlight,* II, 12

se lancer *to leap,* III, 10

le **lancer du disque** *the discus throw,* III, 12

le **lanceur** *the pitcher (baseball),* III, 12

la langue *language,* III, 1, 2

le lanternon *lantern,* III, 6

laquelle: Laquelle? *Which one?* III, 4

large *baggy,* I, 10

largement: On a largement le temps! *We've got plenty of time!* II, 2

les **larmes** (f.) *tears,* III, 5

le **latin** *Latin,* I, 2

laver: laver la voiture *to wash the car,* I, 7; **laver les vitres** (f.) *to wash the windows,* III, 3; **se laver** *to wash oneself,* II, 4

le lecteur (la lectrice) *reader,* III, 2

la lecture *reading,* III, 2

la légende *caption,* III, 12

léger (légère) *light,* III, 3

les **légumes** (m.) *vegetables,* I, 8

lequel: Lequel? *Which one?* III, 4

le lendemain *the next day,* III, 1, 6

lesquels: Lesquels/Lesquelles? *Which ones?* III, 4

la **lessive: faire la lessive** *to do the laundry,* III, 3

la lettre *letter;* lettre de motivation *cover letter,* III, 5

lever: Levez la main! *Raise your hand!* I, 0; **Levez-vous!** *Stand up!* I, 0

se lever *to get up,* II, 4

la **librairie** *bookstore,* I, 12

libre: Je suis quand même libre, non? *I'm free, aren't I?* III, 3

lié(e) *linked,* III, 12

le lieu *place,* III, 1; avoir lieu *to take place,* III, 6

la ligne *line,* III, 1

la **limonade** *lemon soda,* I, 5

le lin *flax,* III, 4

linguistique *linguistics,* III, 2

le lion *lion,* III, 7

lire *to read,* I, 1

le **lit** *bed,* II, 2; **faire son lit** *to make one's bed,* III, 3

le **litre: un litre de** *a liter of,* I, 8

la **livre: une livre de** *a pound of,* I, 8

le **livre** *book,* I, 3; **le livre de poésie** *book of poetry,* II, 11

le logement *lodging,* III, 6

loger *to lodge,* III, 2

logique *logical,* III, 1

loin: loin de *far from,* I, 12

long(longue) *long,* I, 10; II, 1; **les cheveux longs** (m.) *long hair,* III, 4; **trop long** *too long ,* II, 11

longtemps: Ça fait longtemps qu'on ne s'est pas vu(e)s. *It's been a long time since we've seen each other.* III, 1; **Ça ne va pas prendre longtemps!** *It's not going to take long!* III, 2

lors de *at the time of,* III, 8

lorsque *when,* III, 3

la lotion anti-moustique(s) *mosquito repellent,* III, 7

louer *to rent,* III, 11

loufoque *wild, crazy,* III, 2

le loup *wolf,* II, 12

lourd(e) *heavy,* III, 7; **C'est lourd.** *It's dull.* III, 9; Il a fait lourd... *It was humid . . . ,* III, 1

luire *to gleam,* III, 10

les lumières (f.) *lights,* III, 3

le lundi *on Mondays,* I, 2

la lune *moon,* III, 2

les lunettes de soleil (f.) *sunglasses,* I, 10

lurette: Il y a belle lurette! *It's been ages!,* III, 1

la lutte *wrestling,* III, 12; la lutte sans frappe *type of wrestling specific to Senegal,* III, 5

luxuriant(e) *lavish,* III, 10; *luxurious,* III, 11

le lycée *high school,* II, 2

madame (Mme) *ma'am; Mrs.* I, 1; **Madame!** *Waitress!* I, 5; **Monsieur/Madame** (to start a business letter) *Sir/Madam,* III, 5

mademoiselle (Mlle) *miss; Miss,* I, 1; **Mademoiselle!** *Waitress!* I, 5

les magasins (m.) *stores,* I, 1; **faire les magasins** *to go shopping,* I, 1

le magazine *magazine,* I, 3; **magazine télévisé** *magazine show,* III, 9

le magnétoscope *videocassette recorder, VCR,* I, 0; III, 9

magnifique *beautiful,* II, 6

mai *May,* I, 4

maigrichon(ne) *scrawny, skinny,* III, 2

maigrir *to lose weight,* I, 10

le maillot de bain *bathing suit,* I, 10

la main *hand,* I, 0; **J'ai mal à la main.** *My hand hurts.* II, 7

maintenant *now,* III, 2, 5

le maire *mayor,* III, 11

mais *but,* I, 1; **Non mais, tu t'es pas regardé(e)!** *If you could see how you look!* III, 10

le maïs *corn,* I, 8

la maison *house,* II, 2; **la Maison des jeunes et de la culture (MJC)** *recreation center,* I, 6

le maître d'hôtel *maitre d', headwaiter, host,* III, 1

majeur(e) *of-age, adult,* III, 3

mal: mal à l'aise *uncomfortable,* II, 9; **Il n'y a pas de mal.** *No harm done.* II, 10; **J'ai du mal à me décider.** *I'm having trouble deciding.* III, 5; **J'ai mal dormi.** *I didn't sleep well.* II, 7; **J'ai mal partout!** *I hurt all over!* II, 7; **J'ai mal...** *My . . . hurts.* II, 7; **J'ai trouvé ça pas mal.** *It was not bad .* III, 9; **Pas mal.** *Not bad.* I, 1; *all right,* II, 6; **se faire mal à...** *to hurt one's . . . ,* II, 7; III, 10; **mal élevé(e)** *rude,* III, 8

malade: Je suis malade. *I'm sick.* II, 7

la malédiction *curse,* III, 8

le malentendu: un petit malentendu *a little misunderstanding,* II, 10

le malheur *misfortune, accident,* III, 2

Malheureusement,... *Unfortunately, . . . ,* II, 9

malicieusement *mischievously,* III, 10

malin (maligne) *clever, shrewd, smart,* III, 3

le mammifère *mammal,* III, 2

les manches (f.): **à manches courtes/longues** *short / long-sleeved,* III, 4

manger *to eat,* I, 6; II, 7; **donner à manger aux animaux** *to feed the animals,* II, 6; III, 3 **manger mieux** *to eat better,* III, 3

les mangues (f.) *mangoes,* I, 8

manier *to handle,* III, 5

la manière *way,* III, 1; **De quelle manière... ?** *In what way . . . ?, How . . . ?,* III, 1; à la manière de *the way,* III, 1

le manioc *manioc (edible root),* III, 1

le mannequin *model,* III, 5

le manque *lack of, absence of,* III, 3; Manque de chance... *What bad luck!* III, 3

manquer: C'est à ne pas manquer! *Don't miss it!* III, 9; **... me manque.** *I miss . . . (singular),* II, 8; **... me manquent.** *I miss . . . (plural),* II, 8; **Ce qui me manque, c'est (de)...** *What I miss is . . . ,* II, 8

le manteau *coat,* I, 10

le maquillage *makeup,* III, 4; **se maquiller** *to put on makeup,* III, 4

le maquis *popular Ivorian outdoor restaurant,* II, 8

le marabout *religious leader,* III, 5

le marais *marsh, swamp,* III, 11

le marbre *marble,* III, 6

marchander *to haggle over,* III, 6

la marche: rater une marche *to miss a step,* II, 5

le marché *deal,* III, 10

marcher *to work,* III, 2

le mardi *on Tuesdays,* I, 2

le mari *husband,* I, 7; III, 6

le mariage *marriage, wedding,* III, 6

marié(e) *married,* III, 6

se marier *to get married,* III, 5

la marionnette *puppet,* III, 2

marin(e) *marine,* III, 10

le Maroc *Morocco,* III, 12

la maroquinerie *leather-goods shop,* II, 3

la marque *brand,* III, 6

marrant(e) *funny,* III, 2

marre: J'en ai vraiment marre! *I'm sick of this!* III, 12; **Je commence à en avoir marre!** *I've just about had it!* III, 8

marron *brown,* I, 3; II, 1

mars *March,* I, 4

le masque *mask,* II, 8; III, 12 m'as-tu-vu: être m'as-tu-vu *to be a show off,* III, 7

le match: regarder un match *to watch a game (on TV),* I, 6; **voir un match** *to see a game (in person),* I, 6

les maths (f.) *math,* I, 1

les matières grasses (f.) *fat,* II, 7

le matin *in the morning,* I, 2

mauvais(e): de mauvais goût *in poor taste,* III, 2; **avoir une mauvaise note** *to get a bad grade,* II, 5; **de mauvaise humeur** *in a bad mood,* II, 9

le mausolée *mausoleum,* III, 6

le mec: C'est l'histoire d'un mec qui... *It's about a guy who . . . ,* III, 10

le mécanicien (la mécanicienne) *mechanic,* III, 5

méchant(e) *mean,* I, 7

la médaille *medal,* III, 12

le médecin *doctor,* III, 5

les médicaments (m.) *medicine,* I, 12

la médina *old section of a North African city,* III, 6, 8

la méduse *jellyfish,* III, 10 **Méfiez-vous!** *Be careful!* III, 7

meilleur(e): C'est meilleur que... *It's better than . . . ,* II, 7; **C'est moi, le/la meilleur(e).** *I'm the best.* III, 10; **Tu es vraiment le/la meilleur(e).** *You're really the best.* III, 10; **Meilleurs vœux!** *Best wishes!* II, 3

le mélange *blend,* III, 8

mélanger *to mix,* III, 1

mêler *to mix,* III, 11; **Mêle-toi de tes oignons!** *Mind your own business!* III, 6

même: C'est toujours la même chose! *It's always the same!* III, 6; **Toujours la même chose!** *Same old thing!* III, 1; même *even;* Il y a même des sports... *There are even sports . . . ,* III, 5

la mémé *grandma,* III, 1

le **ménage: faire le ménage** *to do housework*, I, 1; II, 10

mener *to lead*, III, 2; **mener quelqu'un par le bout du nez** *to have someone wrapped around your finger*, III, 2

la **menthe** *mint*, III, 6

mentir *to lie*, III, 6

le **menu** *fixed-price menu*, III, 1

le **menuisier (la menuisière)** *carpenter*, III, 5

la **mer** *sea*, II, 4; **au bord de la mer** *to/at the coast*, I, 11

Merci. *Thank you*, I, 3; II, 2; **Merci bien/infiniment/mille fois.** *Thank you so much.* III, 6; **Merci, ça va.** *No thank you, I've had enough.* II, 3; **Non, merci.** *No, thank you.* I, 8

le **mercredi** *on Wednesdays*, I, 2

la **mère** *mother*, I, 7

mériter *to earn*, III, 1; *to deserve*, III, 10

merveilleux (merveilleuse) *marvelous*, III, 2

le **message électronique** *e-mail*, III, 2

la **météo** *the weather report*, III, 9

le **métier** *job, occupation*, III, 5; **choisir un métier** *to choose a career*, III, 5

le **métissage** *crossbreeding*, III, 4

le **métro: au métro...** *at the . . . metro stop*, I, 6; **en métro** *by subway*, I, 12

le **metteur en scène** *director*, III, 9

mettre *to put, to put on, to wear*, I, 10; **Je ne sais pas quoi mettre pour...** *I don't know what to wear for . . .*, I, 10; **Qu'est-ce que je mets?** *What shall I wear?* I, 10; **mettre la table** *to set the table*, III, 3; **se mettre en condition** *to get into shape*, II, 7; **Mettez-vous à l'aise.** *Make yourself comfortable.* III, 6; **mettre en valeur** *to highlight*, III, 6; **mettre l'accent sur** *to put emphasis on*, III, 11

se mettre à *to start*, III, 1

meurs: Je meurs de faim (soif)! *I'm dying of hunger (thirst)!* II, 2

le **Mexique** *Mexico*, III, 12

le **micro (le microphone)** *the mike, the microphone*, III, 11

midi *noon*, I, 6

mieux: C'est moi qui... le mieux. *I . . . the best.* III, 10; **Ça va aller mieux!** *It's going to get better!* I, 9; **J'aime mieux...** *I prefer . . .*, I, 1; **manger mieux** *to eat better*, III, 3; **Tu ferais mieux de...** *You would do better to . . .*, III, 5

mignon(ne) *cute*, I, 7

mijoter *to simmer*, III, 11

le **milieu** *middle*; **au beau milieu d'un carrefour** *right in the middle of an intersection*, III, 3, 10

militaire: faire son service militaire *to do one's military service*, III, 5

le **millefeuille** *layered pastry*, II, 3

le **millénaire** *millenium, thousand-year-old*, III, 4

le **millier** *thousand*, III, 10

mince *slender*, I, 7

la **mini-jupe** *miniskirt*, III, 4

minuit *midnight*, I, 6

la **minute: Tu as une minute?** *Do you have a minute?* I, 9; II, 10

la **minuterie** *a kind of timer that turns off the lights after a period of time*, III, 3

minutieux (-ieuse) *meticulous*, III, 3

la **mi-temps** *half-time*, III, 11

les **mocassins (m.)** *loafers*, III, 4

moche: Je le/la/les trouve moche(s). *I think it's (they're) really tacky.* I, 10

la **mode** *fashion*, III, 4; **à la mode** *in style*, I, 10

moi *me*, I, 2

le **moindre** *the slightest*, III, 11

moins: La vie était plus... moins... *Life was more . . . , less . . .*, II, 8; **moins cinq** *five to*, I, 6; **moins de... que...** *fewer . . . than . . .*, III, 8; **moins grand(e) que** *smaller than . . .*, II, 4; **moins le quart** *quarter to*, I, 6; **moins... que...** *less . . . than . . .*, III, 8; **Plus ou moins.** *More or less.* II, 6; le **moins d'eau** *the least water, the smallest amount of water*, III, 3; **moins (du moins)** *at the very least*, III, 6

la **moisson** *harvest*, III, 1

la **moitié** *half*, III, 6

le **moment: A ce moment-là...** *At that point . . .*, II, 9; III, 9; **Un moment, s'il vous plaît.** *One moment, please.* I, 5

le **monde** *world*, III, 2

monsieur (M.) *sir; Mr.* I, 1; **Monsieur!** *Waiter!* I, 5; **Monsieur/Madame** *(to start a business letter) Sir/Madam*, III, 5

la **montagne: à la montagne** *to/at the mountains*, I, 11; **faire du vélo de montagne** *to go mountain-bike riding*, II, 12; **les montagnes russes** *the roller coaster*, II, 6

montagneux (montagneuse) *mountainous*, III, 6

monter *to go up*, II, 6; **monter dans une tour** *to go up in a tower*, II, 6

la **montre** *watch*, I, 3

montrer *to show*, I, 9

se moquer de *to tease, make fun of*, III, 10

la **morale** *moral*, III, 6

le **moral** *spirit, morale*, III, 10

le **morceau: un morceau de** *a piece of*, I, 8

mort(e) *dead*, III, 6

mortel(le) *deadly boring*, II, 6; III, 2; *deadly dull*, II, 6, 8

la **mosquée** *mosque*, II, 8

le **mot** *word*; **écrire un mot** *to write a note*, III, 2

la **motivation** *incentive*, III, 5

Mouais. *Yeah.* II, 6

la **mouche** *fly*, III, 7

la **mouffette** *skunk*, II, 12

la **moule** *mussel*, III, 12

mourir *to die*, II, 6; **Ça m'ennuie à mourir!** *That bores me to death!* III, 2; **Je me suis ennuyé(e) à mourir.** *I was bored to death.* III, 9

la **moustache** *mustache*, III, 4

le **moustique** *mosquito*, II, 4

la **moutarde** *mustard*, III, 2

le **mouton** *sheep*, III, 8

moyen(ne): de taille moyenne *of medium height*, II, 1; le **moyen way**, III, 2; *means*; **moyen de subsistance** *means of subsistence*, III, 7; le **Moyen-Age** *Middle Ages*, III, 2

la **musculation: faire de la musculation** *to lift weights*, II, 7

le **museau** *muzzle, snout*, III, 1

le **musée** *museum*, I, 6; II, 2

le **musicien (la musicienne)** *musician*, II, 11

la **musique** *music*, I, 2; **la musique cajun** *Cajun music*, III, 11; **la musique classique** *classical music*, II, 11; III, 11; **écouter de la musique** *to listen to music*, I, 1; **Qu'est-ce que tu aimes comme musique?** *What music do you like?* II, 1

musulman(e) *Muslim*, III, 8

mutiler: mutiler les arbres *to deface the trees*, II, 12

N

nager *to swim*, I, 1

la **naissance** *birth*, III, 6

naître *to be born*, II, 6

la **natation** *swimming*, III, 12; **faire de la natation** *to swim*, I, 4

la **natte** *braid*, III, 4

nautique: faire du ski nautique *to water ski*, I, 4

le **navet: C'est un navet.** *It stinks.* II, 11; *It's trash.* III, 9

navré(e) *sorry*, III, 6

ne: ne... pas *not*, I, 1; **ne... jamais** *never*, I, 4; **ne... pas encore** *not yet*, I, 9; **ne... aucun(e)** *no . . .*, III, 9; **ne... ni... ni...** *neither . . . nor . . .*, III, 9; **ne...**

nulle part *nowhere*, III, 9; **ne...
personne** *no one*, III, 9; **ne...
rien** *nothing*, III, 9; **ne... que** *only*,
III, 9; **Tu n'as qu'à...** *All you have
to do is . . .* , II, 7; III, 5
**nécessaire: Il est nécessaire
que...** *It's necessary to . . .* , III, 7
la **nef** *nave*, III, 6
néfaste *harmful*, III, 8
la **neige: enlever la neige** *to shovel
snow*, III, 3; **Il neige.** *It's snowing.*
I, 4
net(te) *clean, neat*, III, 4; **net: ...sa
tresse gauche avait été coupée
net.** *...her braid had been sheared
clean off.* III, 3
**nettoyer: nettoyer la salle de
bains** *to clean the bathroom*,
III, 3; **nettoyer le pare-brise** *to
clean the windshield*, III, 2;
nettoyer le parquet *to clean the
floor*, III, 3
neuf (neuve): Quoi de neuf? *What's
new?* II, 1
le **neveu** *nephew*, III, 6
le **nez: J'ai le nez qui coule.** *I've got a
runny nose.* II, 7
la **nièce** *niece*, III, 6
nigaud(e) *fool, dummy, dingbat*,
III, 3
le **Niger** *Niger*, III, 12
Noël: Joyeux Noël! *Merry
Christmas!* II, 3
noir(e) *black*, I, 3; II, 1
les **noix de coco** (f.) *coconuts*, I, 8
le **nom** *name*, III, 2; **au nom de** *in the
name of*, III, 11; **Nom d'un chien**
Darn, III, 2
le **nombre** *number*, III, 2
non *no*, I, 1; **Moi non plus.** *Neither
do I.* I, 2; **Moi, non.** *I don't.* I, 2;
Non, pas trop. *No, not too much.*
I, 2
le **nord: dans le nord** *in the north*, II,
4; **C'est au nord de...** *It's to the
north of...* , II, 12
**normal(e): C'est tout à fait
normal.** *You don't have to thank
me.* III, 6
la **note: avoir une mauvaise note** *to get
a bad grade*, II, 5
la **nouba: faire la nouba** *to party*,
III, 2
la **nouille** *noodle*, III, 1
se nourrir: bien se nourrir *eat well*,
II, 7; **nourrir les animaux** *to feed
the animals*, II, 12
nous *we*, I, 1
nouveau (nouvelle) *new*, II, 2
la **nouvelle** *short story*, III, 11
novembre *November*, I, 4
la **nuit** *night*, III, 6
nul (nulle) *useless*, I, 2; *worthless*, II,
8; **C'est nul.** *It's no good.* III, 9;
**Qu'est-ce que je peux être
nul(le)!** *I just can't do anything
right!* III, 12

O

obéir *to obey*, III, 6
obtenir: obtenir son diplôme *to get
one's diploma*, III, 5; **obtenir la
permission** *to get permission (to do
something)*, III, 3
occupé: C'est occupé. *It's busy.* I, 9;
Désolé(e), je suis occupé(e).
Sorry, I'm busy. I, 6
s'occuper de *to take care of*, III, 8
octobre *October*, I, 4
l' **œil** (m.) (pl. **les yeux**) *eye*, II, 1;
Mon œil! *Yeah, right!* II, 6; *No
way!* III, 10
les **œufs** (m.) *eggs*, I, 8; II, 3
l' **office de tourisme** (m.) *tourist
information office*, II, 2
officiel(le) *official*, III, 2
offrir (à quelqu'un) *to give (to
someone)*, II, 10; **Qu'est-ce que je
peux vous offrir?** *What can I offer
you?* III, 6; **Qu'est-ce que je
pourrais offrir à...?** *What could I
give to...?* II, 3; **Tu pourrais
lui/leur offrir...** *You could give
him/her...* , II, 3; **Offre-
lui/leur...** *Give him/her/them...* ,
II, 3
oh: Oh là là! *Oh no!* II, 5; *Wow!* III,
10; **Oh dis donc!** *Wow*, III, 9
l' **oignon** (m.) *onion*, I, 7
l' **oiseau** (m.) *bird*, III, 7
les **okras** (m.) *okra*, III, 11
l' **olive** (f.) *olive*, III, 8
l' **olivier** (m.) *olive tree*, III, 8
l' **ombre à paupières** (f.) *eyeshadow*,
III, 4
l' **omelette** (f.) *omelet*, I, 5
on: *we, they, you, people in general*, I,
4; **On...?** *How about...?* I, 4
l' **oncle** (m.) *uncle*, I, 7
l' **onglet** (m.) *prime cut of beef*, III, 1
opérer *to operate*, III, 10
opprimer *to oppress*, III, 8
l' **or** (m.) *gold*, III, 4
l' **orage** (m.) *storm*, III, 3
orange (inv.) *orange*, I, 3
les **oranges** (f.) *oranges*, I, 8
l' **ordinateur** (m.) *computer*, I, 3
ordonner *to command*, III, 10
les **ordures** (f.): **jeter des ordures** *to
throw trash*, III, 3
les **oreilles** (f.): **J'ai mal aux oreilles.**
My ears hurt. II, 7
original(e): C'est original. *That's
unique.* II, 3
l' **orignal** (m.) *moose*, II, 12
orné(e) *decorated, embellished,
trimmed*, III, 1
l' **orthographe** (f.) *spelling*, III, 2
l' **otarie** (f.) *seal*, III, 10
où *where*, I, 6; **D'où vient le mot...?**
Where does the word . . . come

from? III, 11; **Où ça?** *Where?* I, 6;
Où est-ce que tu vas aller...?
Where are you going to go . . . ? I,
11; **Où est... s'il vous plaît?** *Where
is...* , *please?* II, 2; **Où se trouve...?**
Where is . . . ? II, 4; **Tu es allé(e)
où?** *Where did you go?* I, 9; **Tu
viens d'où?** *Where are you from?*
III, 12; **Vous pourriez me dire où
il y a...?** *Could you tell me where I
could find . . . ?* III, 2
Ouah! *Wow!* III, 7
oublier *to forget*, I, 9; **N'oublie pas
de...** *Don't forget to . . .* I, 8; II, 1;
Oublie-le/-la/-les! *Forget
him/her/them!* I, 9; II, 10; **Je n'ai
rien oublié.** *I didn't forget
anything.* I, 11; **Tu n'as pas
oublié...?** *You didn't forget . . . ?*
I, 11
l' **ouest** (m.): **dans l'ouest** *in the west*,
II, 4; **C'est à l'ouest de...** *It's to the
west of . . .* , II, 12
ouf: Ouf! On a eu chaud! *Whew!
That was a real scare!* III, 7
oui *yes*, I, 1
les **ouïes** (f.) *gills*, III, 10
l' **ours** (m.) *bear*, II, 12
l' **oursin** (m.) *sea urchin*, III, 10
l' **outil** (m.) *tool*, III, 2
ouvert(e) *open*, III, 2
l' **ouverture** (f.) *opening*, III, 2
l' **ouvrage** (m.) *work*, III, 10
l' **ouvrier (l'ouvrière)** *worker*, III, 5
**ouvrir: A quelle heure est-ce que
vous ouvrez?** *When do you open?*
II, 6; **Ouvrez vos livres à la
page...** *Open your books to
page . . .* , I, 0

P

la **page** *page*, I, 0
le **pagne** *piece of Ivorian cloth*, II, 8
la **paille** *straw*, III, 6
pailleté(e) *sequined*, III, 10
le **pain** *bread*, I, 8; II, 3; **pain au
chocolat** *croissant with a chocolate
filling*, II, 3
la **paix: Fiche-moi la paix!** *Leave me
alone!* III, 6
le **palais** *palace*, III, 2
la **palmeraie** *palm grove*, III, 8
le **palmier** *palm tree*, II, 4
le **paludisme** *malaria*, III, 7
le **panier** *basket*, II, 8
la **panique: Pas de panique!** *Don't
panic!* III, 7
panne: tomber en panne *to break
down*, II, 9; **tomber en panne
d'essence** *to run out of gas*,
III, 2

le panneau *sign*, III, 2; **Vous allez voir un panneau qui indique l'entrée de l'autoroute.** *You'll see a sign that points out the freeway entrance.* III, 2; **panneau d'interdiction** *sign that indicates what is forbidden,* III, 3

les pansements (m.) *bandages,* III, 7

le pantalon *a pair of pants,* I, 10

la pantoufle *slipper,* III, 1

les papayes (f.) *papayas,* I, 8

la papeterie *stationery store,* I, 12

le papier *paper,* I, 0; III, 3; **le papier glacé** *glazed paper,* III, 2

le papillon *butterfly,* III, 7

Pâques *Easter,* III, 11

le paquet: un paquet de *a package/box of,* I, 8

par: Par là, au bout du couloir. *Over there, at the end of the hallway.* III, 2; **par terre** *on the ground,* III, 3; **par contre** *on the other hand,* III, 4; **par rapport à** *compared to,* III, 2

paradisiaque *heavenly,* III, 10

paraître *to appear; seem,* I, 12; **Il paraît que** *It is said that,* III, 2

le parapluie *umbrella,* I, 11

le parc *park,* I, 6; II, 2; **visiter un parc d'attractions** *to visit an amusement park,* II, 6

parce que *because,* I, 5; **Ce n'est pas parce que tout le monde... que tu dois le faire.** *Just because everyone else . . . doesn't mean you have to.* III, 3

le parcours *route,* III, 6

Pardon. *Pardon me.* I, 3; **demander pardon à (quelqu'un)** *to ask (someone's) forgiveness,* II, 10; **Pardon, madame.** *Excuse me, ma'am.* I, 12; **Pardon, mademoiselle. Où est... , s'il vous plaît?** *Excuse me, miss. Where is . . . please?* I, 12; **Pardon, monsieur. Je cherche... , s'il vous plaît.** *Excuse me, sir. I'm looking for . . . , please.* I, 12

pardonner à (quelqu'un) *to forgive (someone),* II, 10; **Pardonne-moi de...** *Pardon me for . . . ,* III, 6

le pare-brise: nettoyer le pare-brise *to clean the windshield,* III, 2

pareil: Tout le monde fait pareil. *Everybody does it.* III, 3

le parent *parent, relative,* I, 7

par-dessus *on top of,* III, 3

parfait(e): C'est parfait. *It's perfect.* I, 10

parier: Je parie que... *I bet that . . . ,* II, 9

parler: (Est-ce que) je peux parler à...? *Could I speak to . . . ?* I, 9; **Je peux te parler?** *Can I talk to you?* I, 9; **parler au téléphone** *to talk on the phone,* I, 1; **Tu parles!** *No way!* III, 9; **Ça parle de...** *It's about . . . ,*

II, 11; III, 9; **De quoi ça parle?** *What's it about?* II, 11; III, 9; **Ne parle pas si fort.** *Don't speak so loudly.* III, 9; **Parle-lui/-leur.** *Talk to him/her/them.* II, 10

parmi *among(st),* III, 3

le parquet: nettoyer le parquet *to clean the floor,* III, 3

la part: C'est vraiment très gentil de votre part. *That's very nice of you.* III, 6

partager: partager tes affaires *to share your things,* III, 3; **partager son véhicule** *to share one's vehicle,* III, 3

partant: en partant *while leaving, on the way out,* III, 3

le participe passé *past participle (of a verb),* III, 1

particulier(particulier) *private,* III, 8

la partie *part,* III, 1

partir *to leave,* I, 11; II, 6; **Tu ne peux pas partir sans...** *You can't leave without . . . ,* I, 11; **Je suis parti(e) en...** *I went by . . . ,* III, 1; **Non, je suis parti(e)...** *No, I went away for . . . ,* III, 1; **Tu es parti(e) comment?** *How did you get there?* III, 1; **à partir de** *from, starting at,* III, 3

partout: J'ai mal partout! *I hurt all over!* II, 7; **partout ailleurs** *everywhere else,* III, 3

parvenir à *to reach, to get to,* III, 3, 6

pas: (Il n'y a) pas de quoi. *It's nothing.* III, 6; **Pas du tout.** *Not at all.* II, 10; III, 9; **Pas mal.** *Not bad.* I, 1; **Pas mauvais** *Not bad,* I, 9; **Pas question!** *Out of the question!* I, 7; *No way!,* II, 1; **Pas super** *not so hot,* I, 2; **Pas terrible.** *Not so great.* I, 1

le pas *step,* III, 2

le passage pour piétons *pedestrian crossing,* III, 8; **le passage** *passage,* III, 8

le passant *passerby,* III, 9

le passé *past,* III, 1

le passeport *passport,* I, 11; II, 1

passer: Tu pourrais passer à...? *Could you go by . . . ?* I, 12; **Vous passez devant...** *You'll pass . . . ,* 12; **Ça passe à...** *It's playing at . . . ,* II, 11; **Ça passe où?** *Where is that playing?* II, 11; **Ça se passe...** *It takes place . . . ,* III, 9; **Qu'est-ce qui se passe?** *What's going on?* II, 5; **Ça s'est bien passé?** *Did it go well?* I, 9; **Ça s'est très bien passé!** *It went really well!* II, 5; **Comment ça s'est passé?** *How did it go?* II, 5; **expliquer ce qui s'est passé (à quelqu'un)** *to explain what happened (to someone),* II, 10; **J'ai passé une journée épouvantable!** *I had a terrible*

day! II, 5; **Qu'est-ce qui s'est passé?** *What happened?* I, 9; **Tu as passé un bon week-end?** *Did you have a good weekend?* I, 9; **passer quelque chose** *to give something,* III, 2

le passe-temps *leisure,* III, 11

passionnant(e): fascinating, I, 2; **C'est une histoire passionnante.** *It's an exciting story.* II, 11

la pastilla *Morrocan dish made with pigeon and almonds,* III, 6

la patate douce *sweet potato,* III, 11

la pâte *dough,* III, 11; **mettre la main à la pâte** *to get to work,* III, 5

le pâté *paté,* II, 3

les pâtes (f.) *pasta,* II, 7

patient: Sois patient(e)! *Be patient!* III, 2

le patin: faire du patin à glace *to ice-skate,* I, 4

la pâtisserie *pastry shop,* I, 12; II, 3

la patte *paw,* III, 7

les pattes (f.) *sideburns,* III, 4

le pattes d'eph *bell-bottoms,* III, 4

les paupières (f.) *the eyelids,* III, 4

pauvre: Pauvre vieille! *You poor thing!* II, 5

pavé(e) *paved,* III, 9

payer *to pay,* III, 4; **Oh, tu sais, je ne l'ai pas payé(e) cher.** *Oh, it wasn't expensive.* III, 4

le pays *country,* III, 1

le paysage *scenery, landscape,* III, 7

la peau *skin,* III, 4, 7

la pêche: aller à la pêche *to go fishing,* II, 4; **la pêche au gros** *deep-sea fishing,* III, 10

pêcher *to fish,* III, 8

les pêches (f.) *peaches,* I, 8

les pêcheurs (m.): **village de pêcheurs** *fishing village,* II, 4

pédestre: faire une randonnée pédestre *to go for a hike,* II, 12; **cartes pédestres** *maps that show hiking/walking paths,* III, 3

la peine: Ce n'est pas la peine. *It's not worth it.* III, 7

la pellicule *roll of film,* III, 7

se pelotonner *to snuggle up,* III, 10

la pelouse: tondre la pelouse *to mow the lawn,* III, 3

la peluche *plush,* III, 11

pendant: Pour (aller à)... vous suivez la... pendant à peu près... kilomètres. *To get to . . . , follow . . . for about . . . kilometers.* III, 2; **pendant** *during,* III, 12

le pendentif *pendant,* III, 4

pendu(e) *hanging,* III, 10

pénétrer *to enter,* III, 6

pénible *a pain in the neck,* I, 7

penser *to think,* I, 11; **J'ai pensé à tout.** *I've thought of everything.* I, 11; **Je ne pense pas que...** *I don't think that . . . ,* III, 7; **Je pense...**

I think I'll . . ., III, 5; **Pense à prendre...** *Remember to take . . .*, II, 1; **Pense aux autres.** *Think about other people.* III, 3; **Qu'en penses-tu?** *What do you think of it?* III, 4; **Qu'est-ce que tu penses de... ?** *What do you think of . . .?* III, 4; *What do you say about . . . ?* III, 11; **Qu'est-ce que tu penses faire?** *What do you think you'll do?* III, 5

perdre *to lose*, I, 9; II, 5; **perdre du poids** *to lose weight*, III, 10; **se perdre** *to get lost*, II, 9

le père *father*, I, 7

à une période donnée *at one time*, III, 12

la permanente *perm*, III, 4

permettre *to allow*, III, 1

le permis: passer son permis de conduire *to get one's driver's license*, III, 5

la permission: demander la permission à tes parents *to ask your parents' permission*, II, 10

le personnage *character*, III, 2

personnellement *personally*, III, 2

la peste *plague*, III, 6

petit(e) *short (height)*, I, 7; II, 1; *small*, I, 10; II, 1; **petit déjeuner** *breakfast*, I, 8; **le petit-fils** *grandson*, III, 6; **la petite-fille** *granddaughter*, III, 6; **Quand il/elle était petit(e),...** *When he/she was little, . . .*, II, 8; **Quand j'étais petit(e),...** *When I was little, . . .*, II, 8

les petits pois (m.) *peas*, I, 8

peu: Peu importe. *It doesn't matter.* III, 9; **Un peu.** *A little.* II, 2

le peuple *people*, III, 7

peuplé(e) *crowded*, III, 2

peupler *to inhabit*, III, 2

la peur: J'ai peur (de la, du, des)... *I'm scared (of) . . .*, II, 12; **J'ai peur que...** *I'm afraid that . . .*, III, 7; **J'ai très peur de...** *I'm very afraid of . . .*, III, 7; **N'ayez pas peur.** *Don't be afraid.* III, 7

peut-être *maybe*, II, 3; **Peut-être que...** *Maybe . . .*, II, 9; III, 5; **Tu as peut-être raison.** *Maybe you're right.* II, 9

la pharmacie *drugstore*, I, 12

le pharmacien (la pharmacienne) *pharmacist*, III, 5

le phoque *seal*, III, 2

les photos (f.): **faire de la photo** *to do photography*, I, 4

la physique *physics*, I, 2

le piano *piano*, III, 11

la pièce *room (of a house)*, II, 2; **la pièce: voir une pièce** *to see a play*, I, 6

le pied: à pied *on foot*, I, 12; **C'est le pied!** *Cool! Neat!* III, 7; **C'est vraiment le pied!** *That's really*

neat! III, 12; **J'ai mal aux pieds.** *My feet hurt.* II, 7

piétiner *to trample on*, III, 7

le piéton *pedestrian*, III, 3; **réservé aux piétons** *reserved for pedestrians*, III, 3

la pieuvre *octopus*, III, 10

piler *to pound, grind*, III, 1

le pilote *pilot*, III, 5

la pilule *pill*, III, 3; **grâce à la pilule pousse-minute** *thanks to the grow-in-a-minute pill*, III, 3

les pinces (f.): **à pinces** *pleated*, III, 4

pipelet(te) *concierge*, III, 10

le pique-nique: faire un pique-nique *to have a picnic*, I, 6; II, 6

piquer *to sting*, III, 10

la piqûre *shot*, III, 7

la piscine *swimming pool*, I, 6; II, 2

la piste *track*, III, 12

la pizza *pizza*, I, 1

la place: la place de stationnement *parking place*, III, 8; **A ta place,...** *If I were in your place, . . .*, III, 8; **la place** *square in the middle of an intersection*, III, 6

la plage *beach*, I, 1; II, 4

se plaindre *to complain*, III, 5

la plaine *field*, III, 2

plaire: Tu vas te plaire ici. *You're going to like it here.* II, 8; **Ça me plairait beaucoup.** *I'd like that a lot.* III, 6; **Ça te plairait de...** *Would you like to . . .?* III, 6; **Ce qui me plairait, c'est de...** *What I would like is to . . .*, III, 5; **Il/Elle me plaît, mais il/elle est cher/chère.** *I like it, but it's expensive.* I, 10; **Il/Elle te/vous plaît?** *Do you like it?* I, 10; **Ce qui me plaît, c'est (de)...** *What I like is . . .*, II, 4; **Ce qui ne me plaît pas, c'est (de)...** *What I don't care for is . . .*, II, 4; **s'il vous/te plaît** *please*, I, 3; **Un... s'il vous plaît.** *A . . . , please.* II, 6

plaisanter *to joke*, III, 10; **Tu plaisantes!** *You're joking!* II, 6

le plaisir: Avec plaisir. *With pleasure.* II, 10; **Ça me fait plaisir de vous voir.** *I'm happy to see you.* III, 6; **Je ne dis pas ça pour te faire plaisir.** *And I'm not just saying that.* III, 4; **Oui, avec plaisir.** *Yes, with pleasure.* I, 8

le plan *city map*, III, 2

planant(e) (musique) *spacey*, III, 11

la planche: faire de la planche à voile *to go windsurfing*, I, 11; II, 4

planter: planter un arbre *to plant a tree*, III, 3

le plastique *plastic*, III, 3

les plats (m.) **principaux** *main dishes*, III, 1; **le plat principal** *main course*, II, 3

plein(e): C'est plein de rebondissements. *It's full of plot*

twists. II, 11; **faire le plein** *to fill it up*, III, 2; **en plein air** *outdoors, in the open air*, III, 9; **à pleine vitesse** *at top speed*, III, 3

pleurer *to cry*, III, 1

Pleurnicheur(-euse)! *Crybaby!* III, 6

pleut: Il pleut. *It's raining.* I, 4

le plombier *plumber*, III, 5

la plongée: faire de la plongée avec un tuba *to snorkel*, II, 4; **faire de la plongée sous-marine** *to go scuba diving*, II, 4

le plongeoir *diving board*, III, 12

le plongeon acrobatique *diving*, III, 12

plonger *to dive*, III, 12

se plonger *to immerse oneself in*, III, 2

le plongeur (la plongeuse) *diver*, III, 12

plu (pp. of plaire): **Ça m'a beaucoup plu.** *I liked it a lot.* III, 9; **Ça t'a plu?** *Did you like it?* II, 6

plu (pp. of pleuvoir): **Il a plu.** *It rained.* III, 1

la pluie *rain*, III, 3

plus: Je n'en peux plus! *I just can't do any more!* II, 7; **Je n'en veux plus.** *I don't want anymore.* I, 8; **Je ne sais plus ce que je veux.** *I don't know what I want anymore.* III, 5; **plus tard** *later*, III, 5; **La vie était plus...** *Life was more . . .*, II, 8; **Moi non plus.** *Neither do I.* I, 2; **Non, merci. Je n'ai plus faim.** *No thanks. I'm not hungry anymore.* I, 8; **plus de... que** *more . . . than . . .*, III, 8; **plus... que** *more . . . than*, III, 8; **plus grand(e) que** *bigger than . . .*, II, 4; **Plus ou moins.** *More or less.* II, 6; **Tu es le/la... le/la plus... que je connaisse.** *You're the . . . -est . . . I know.* III, 10; **au plus** *at most*, III, 2

la plupart *most*, III, 9

plusieurs *several*, III, 10

plutôt *rather*, II, 9; **plûtot que de... rather than . . .**, III, 5

les pneus (m.) *tires*, III, 2; **avoir un pneu crevé** *to have a flat tire*, III, 2

le po-boy *po-boy sandwich*, III, 11

la poêle *pan*, III, 11

poétique *poetic*, III, 10

le poids: perdre du poids *to lose weight*, III, 10

le point d'eau *watering hole*, III, 7; **A point.** *Medium rare.* III, 1; **Quel est le point commun entre... ?** *What do . . . and . . . have in common?* III, 10; **le point de repère** *landmark*, III, 6

les poireaux (m.) *leeks*, III, 1

les poires (f.) *pears*, I, 8

les pois (m.): **les petits pois** (m.) *peas*, I, 8; **à pois** *polka-dotted*, III, 4

le poisson *fish*, I, 7; II, 3

la poissonnerie *fish shop*, II, 3

la poitrine *chest*, III, 5

le poivron *pepper*, III, 1

le pôle *pole*, III, 2
poli(e) *polite*, III, 3
la pollution *pollution*, III, 8
le polo *polo shirt*, III, 4
les pommes (f.) *apples*, I, 8; **les pommes de terre** (f.) *potatoes*, I, 8; **les pommes mousseline** (f.) *mashed potatoes*, III, 1
les pompes (f.): **faire des pompes** *to do push-ups*, II, 7
le pompiste (**la pompiste**) *gas station attendant*, III, 2
le pop *popular, mainstream music*, II, 11
le porc *pork*, I, 8; III, 11; **la côtelette de porc pâtes** *porkchop with pasta*, III, 1
la porte *door*, I, 0
le portefeuille *wallet*, I, 3; II, 3
porter *to wear*, I, 10
poser: poser des questions *ask questions*, III, 1; poser sa candidature *to apply for a job*, III, 5
se poser *to land*, III, 10
posséder *to own, to have*, III, 10
la possession *possession*, III, 11
possible: Pas possible! *No way!* II, 6; **C'est pas possible!** *No way!* III, 12; **Ce n'est pas possible.** *That's not possible.* II, 9; **C'est possible.** *That's possible.* II, 9; **Il est possible que...** *It's possible that . . . ,* III, 5; **Si c'était possible,...** *If it were possible, . . . ,* III, 8; **Vous serait-il possible de...?** *Would it be possible for you to . . . ?* III, 5
postal(e): la carte postale *post card*, III, 10
la poste *post office*, I, 12; II, 12
le poster *poster*, I, 3; II, 2
le potage *soup*, III, 1
la poterie *pottery*, II, 8; III, 8
la potiche *oriental vase*, III, 9
la poubelle *trashcan*, I, 7; **sortir la poubelle** *to take out the trash*, I, 7
le pouce *inch*, III, 11
le pouding au pain *bread pudding*, III, 11
la poule *chicken*, III, 8
le poulet *chicken (meat)*, I, 8; II, 3; **le poulet haricots verts** *roasted chicken with green beans*, III, 1
le poulpe *octopus*, III, 10
pour: Qu'est-ce qu'il te faut pour...? *What do you need for . . . ? (informal)*, I, 3; **Qu'est-ce que tu fais pour t'amuser?** *What do you do to have fun?* I, 4; pour l'instant *for the moment*, III, 6
pourquoi: Pourquoi est-ce que tu ne mets pas...? *Why don't you wear . . . ?*, I, 10; **Pourquoi pas?** *Why not?* I, 6; **Pourquoi tu ne... pas?** *Why don't you . . . ?* I, 9; II, 7
pourtant *nevertheless, yet*, III, 7

pousser *to grow*, III, 3; pousser *to go too far; to push*; tu pousses *that's going a bit far*, III, 2
la poussière: faire la poussière *to dust*, III, 3
la poutre *the balance beam*, III, 12
pouvoir *to be able to, can*, I, 8; **Il se peut que...** *It might be that . . . ,* III, 5; **On peut...** *We can . . . ,* II, 4; **Je pourrais avoir...?** *May I have some . . . ?* II, 3; **Tu pourrais...?** *Could you . . . ?* II, 10; **Tu pourrais passer à...?** *Could you go by . . . ?* I, 12; **On pourrait...** *We could . . . ,* II, 1; **On pourrait sûrement...** *We'd be able to . . . for sure.* III, 7; **Vous pourriez/Tu pourrais me passer...?** *Would you pass me . . . ?,* II, 3; **Vous pourriez me dire où il y a...?** *Could you tell me where I could find . . . ?* III, 2
pratiquement *almost*, III, 10
se pratiquer *to be practiced*; un sport qui se pratique avec un ballon *a sport that is played with a ball*, III, 12
préféré: Quel est ton... préféré(e)? *What is your favorite . . . ?* II, 1; **Qui est ton/ta... préféré(e)?** *Who is your favorite . . . ?* II, 1
préférer: Ce que je préfère, c'est... *What I prefer is . . . ,* II, 4; **Je préfère** *I prefer*, II, 1
premier (première) *first*, III, 2
le premier étage *second floor*, II, 2
prendre *to take or to have (food or drink)*, I, 5; **prendre rendez-vous (avec quelqu'un)** *to make a date (with someone)*, II, 9; **Ça ne va pas prendre longtemps!** *It's not going to take long!* III, 2; **Je vais (en) prendre...** *I'll take . . . ,* II, 3; **Je vais prendre..., s'il vous plaît.** *I'm going to have . . . , please.* I, 5; **Pense à prendre...** *Remember to take . . . ,* II, 1; **prendre les transports en commun** *to take public transportation*, III, 3; **prendre ses propres décisions** *to make up one's own mind*, III, 3; **prendre des leçons de conduite** *to take driving lessons*, III, 10; **Tu devrais prendre...** *You should have . . . ,* III, 1; **Vous avez décidé de prendre...?** *Have you decided to have . . . ?* I, 10; **Je prendrais bien...** *I'd like some . . . ,* III, 6; **Prends...** *Have . . . ,* I, 5; *Get . . . ,* I, 8; *Take . . . ,* II, 1; **C'est toujours moi qui prends!** *I'm always the one who gets blamed!* III, 6; **Je le/la/les prends.** *I'll take it/them.* I, 10; **Je prends..., s'il vous plaît.** *I'll have . . . , please.* I, 5; **Tu me prends la tête!** *You're driving me crazy!* III, 6; **Tu prends...?** *Will you have . . . ?* I, 8; *Are you having . . . ?*

I, 11; **Prenez...** *Take . . . ,* II, 2; **Non mais, vous vous prenez pour qui?** *Who do you think you are?* III, 8; **Prenez une feuille de papier.** *Take out a sheet of paper.* I, 0; **Vous le/la/les prenez?** *Are you going to take it/them?* I, 10; **Vous prenez?** *What are you having?* I, 5; **Vous prenez...?** *Will you have . . . , ?* I, 8; **Prenez la rue..., puis traversez la rue...** *You take . . . Street, then cross . . . Street,* I, 12; prendre plaisir à *to enjoy*, III, 10; prendre soin de *to take care of*, III, 10
les préparatifs (m.): **faire les préparatifs** *to get ready*, II, 10
préparer: préparer les amuse-gueule *to make party snacks*, II, 10
près: près de *close to*, I, 12; *near*, II, 2
présenter: Je te/vous présente... *I'd like you to meet . . . ,* I, 7; présenter *to introduce, to present*, III, 2
presque: Tu y es presque! *You're almost there!* II, 7; **Tu y es (On y est) presque!** *You're (we're) almost there!* II, 12
pressé(e) *in a hurry*, III, 8; **les gens pressés** *people in a hurry*, III, 8
la pression: la pression des pneus *the tire pressure*, III, 2; la pression *snap*, III, 4
prêt(e) *ready*, III, 2
le prêt-à-porter *ready-to-wear (clothes)*, III, 4
le prêteur (la prêteuse) *lender*, III, 11
prévenir *to warn*, III, 6
prévoir *to foresee*, III, 6
prévoyant(e) *provident*, III, 5
prévu(e): Je n'ai rien de prévu. *I don't have any plans.* I, 11
prier: Entrez, je vous en prie. *Come in, please.* III, 6; **Je vous en prie.** *You're very welcome.* III, 6; **Je vous prie d'agréer, Monsieur/Madame, l'expression de mes sentiments distingués.** *Very truly yours, . . . ,* III, 5; **Oh, je t'en prie!** *Oh, please!,* III, 10; prier *to pray*, III, 6
la prière: Prière de ne pas... *Please do not . . . ,* III, 3
princier (princière) *princely*, III, 6
principal(e) *main*, III, 6
principalement *mainly*, III, 11
le printemps *spring*, I, 4; **au printemps** *in the spring*, I, 4
pris(e): Je suis pris(e). *I'm busy.* III, 6
privé: être privé(e) de sortie *to be "grounded"*, II, 9
le prix *price*, III, 6
le problème: J'ai un petit problème. *I've got a problem.* I, 9; **Pas de problème.** *No problem.* II, 10
procéder *to proceed*, III, 2
prochain(e): Vous continuez cette

rue jusqu'au prochain feu rouge. *You go down this street to the next light.* I, 12; **prochain(e)** *next, upcoming,* III, 3; **la prochaine fois** *next time,* III, 3

proche *nearby,* III, 5

le producteur *producer,* III, 9

produire *to produce,* III, 11

les produits (m.) **laitiers** *dairy products,* I, 8

le prof(esseur)(la prof) *high school/college teacher,* I, 2; III, 5

la profondeur *depth,* III, 10

le programme télé *TV guide/listing,* III, 9

le programmeur (la programmeuse) *computer programmer,* III, 5

la progression *progress,* III, 2

la proie *prey,* III, 7

les projets (m.)**: Tu as des projets?** *Do you have plans?* III, 5

la promenade: faire une promenade *to go for a walk,* I, 6

promener: promener le chien *to walk the dog,* I, 7; **se promener** *to go for a walk,* II, 4

promouvoir *to promote,* III, 12

prononcer *to pronounce,* III, 2

les pronostics (m.) *predictions,* III, 12

propice à *favorable to,* III, 8, 10

propos: A propos,... *By the way, . . . ,* II, 9

proposé(e) *suggested,* III, 1

proposer *to offer,* III, 2

propre *clean,* II, 8; **prendre ses propres décisions** *to make up one's own mind,* III, 3; **des qualités et des défauts propres aux humains** *good qualities and flaws characteristic of humans,* III, 7

protéger *to protect,* III, 3

les provisions (f.) *supplies,* III, 8

à proximité *close,* III, 2

prudemment: conduire prudemment *to drive safely,* III, 3

prudent(e) *careful, aware,* III, 3; **Il serait plus prudent de...** *It would be wise to . . . ,* III, 7

le psychiatre (la psychiatre) *psychiatrist,* III, 5

pu (pp. of pouvoir)**: J'aurais pu...** *I could have . . . ,* II, 10; **Tu aurais pu...** *You could have . . . ,* II, 10

le public *public,* III, 2

la publicité (pub) *commercial,* III, 9

publicitaire *having to do with advertisement;* **le poster publicitaire** *poster serving as an advertisement,* III, 3

puis: Et puis,... *Then, . . . ,* II, 1; **Puis, tournez à gauche dans...** *Then, turn left on . . . ,* II, 2; **Vous prenez la rue... puis la rue...** *You take . . . Street, then . . . Street,* I, 12

puisque *since,* III, 1

le puits *well,* III, 8

le pull *sweater,* II, 1

le pull(-over) *pullover,* I, 3; II, 1

punir *to punish,* III, 6

Q

qu'est-ce que: Qu'est-ce que vous avez comme spécialités? *What kind of . . . do you have?* III, 1; **Mais, qu'est-ce que tu fais?** *What are you doing?* III, 2; **Qu'est ce que tu as?** *What's wrong?,* II, 7; **Qu'est-ce qu'il y a... ?** *What is there . . . ?* II, 4; **Qu'est-ce qu'il y a à boire?** *What is there to drink?* I, 5; **Qu'est-ce qu'il y a?** *What's wrong?* II, 10; **Qu'est-ce qu'il y a dans... ?** *What's in . . . ?* III, 11; **Qu'est-ce qu'on fait?** *What should we do?* II, 1; **Qu'est-ce qu'on peut faire?** *What can we do?* II, 4; **Qu'est-ce que c'est,... ?** *What is . . . ?* III, 1; **Qu'est-ce que c'est...!** *That is so . . . !* III, 2; **Qu'est-ce que c'est?** *What's that?* III, 11; **Qu'est-ce que j'aimerais...!** *I'd really like to . . . !* III, 8; **Qu'est-ce que je peux faire?** *What can I do?* I, 9; II, 10; **Qu'est-ce que tu aimes faire?** *What do you like to do?* II, 1; **Qu'est-ce que tu as fait... ?** *What did you do . . . ?* I, 9; **Qu'est-ce que tu fais... ?** *What do you do . . . ?* I, 4; **Qu'est-ce que tu vas faire... ?** *What are you going to do . . . ?* I, 6; **Qu'est-ce que vous avez comme boissons?** *What do you have to drink?* I, 5

Qu'est-ce qui: Qu'est-ce qui s'est passé? *What happened?* I, 9; **Qu'est-ce qui se passe?** *What's going on?* II, 5; **Qu'est-ce qui t'arrive?** *What's wrong?* II, 5

le quai: Du quai... *From platform . . . ,* II, 6; **De quel quai... ?** *From which platform . . . ?* II, 6

la qualité *quality,* III, 6

quand: Quand (ça)? *When?* I, 6; **Quand je verrai...** *When I see . . . ,* III, 12; **Quand est-ce que tu y es allé(e)?** *When did you go?* III, 1

quand même *at least, even so, just the same,* III, 2, 3

le quart: et quart *quarter past,* I, 6; **moins le quart** *quarter to,* I, 6

le quartier *neighborhood, quarter, district,* III, 2, 8

que: Que tu es... avec ça! *You look really . . . in that!* III, 4

quel(s): Quel(s)... *Which . . . ,* III, 4; **Quel week-end!** *What a (bad) weekend!* II, 5; **Quel week-end**

formidable! *What a great weekend!* II, 5; **Quel est ton... préféré(e)?** *What is your favorite . . . ?* II, 1; **Tu as quel âge?** *How old are you?* I, 1; **Tu as quels cours... ?** *What classes do you have . . . ?* I, 2

quelle(s): Quelle(s)... *Which . . . ,* III, 4; **Quelle journée!** *What a (bad) day!* II, 5; **Quelle journée formidable!** *What a great day!* II, 5; **Tu as... à quelle heure?** *At what time do you have . . . ?* I, 2; **Quelle barbe!** *What a drag!,* III, 8

quelque chose: J'ai quelque chose à faire. *I have something (else) to do.* II, 10; **Je cherche quelque chose pour...** *I'm looking for something for . . . ,* I, 10; **Quelque chose ne va pas?** *Is something wrong?* II, 7

quelquefois *sometimes,* I, 4

la question: Pas question! *Out of the question!* I, 7; *No way!,* II, 1

la queue de cheval *pony tail,* III, 4

qui: Avec qui? *With whom?* I, 6; **Qui est ton... préféré(e)?** *Who is your favorite . . . ?* II, 1

la quiche *quiche,* I, 5

la quinzaine (de jours) *two weeks,* III, 10

quitter *to leave;* **quitter sa famille** *to leave one's family,* III, 5; **Ne quittez pas.** *Hold on.* I, 9

quoi: (Il n'y a) pas de quoi. *It's nothing.* III, 6; **..., quoi. ...,** *you know.* II, 9; **De quoi ça parle?** *What's it about?* III, 9; **Je ne sais pas quoi faire.** *I don't know what to do.* II, 10; **Je ne sais pas quoi mettre pour...** *I don't know what to wear for . . . ,* I, 10; **N'importe quoi!** *That's ridiculous!* II, 6; **Tu as quoi... ?** *What do you have . . . ?* I, 2

R

raccrocher *to hang up (the phone),* III, 8

la racine *root,* III, 5

raconter *to tell;* **Raconte!** *Tell me!* II, 5; III, 10; **Qu'est-ce que ça raconte?** *What's the story?* II, 11

la radio *radio,* I, 3

raide: les cheveux raides (m.) *straight hair,* III, 4

raffiné(e) *refined,* III, 4

la raie *ray,* III, 10

le raifort *horseradish,* III, 1

le raisin *grapes,* I, 8; **les raisins secs** (m.) *raisins,* III, 11

la raison: Ce n'est pas une

raison. *That's not a reason.* III, 3;
Fais-toi une raison. *Make the best
of it.* II, 8; **Tu as raison...** *You're
right . . . ,* II, 3; III, 9
ralentir *to slow down,* III, 5
ramasser *to pick up,* III, 3; **ramasser
les feuilles** *to rake leaves,* III, 3
les **rames** (f.) *oars,* III, 12
la **randonnée: faire de la randonnée**
to go hiking, I, 11; **faire une
randonnée en raquettes** *to go
snow-shoeing,* II, 12; **faire une
randonnée en skis** *to go cross-
country skiing,* II, 12; **faire une
randonnée pédestre** *to go for a
hike,* II, 12
la **rangée** *row,* III, 10
ranger: ranger ta chambre *to pick
up your room,* I, 7
le **rap** *rap,* II, 11; III, 11
râpé(e): les carottes râpées *grated
carrots with vinaigrette dressing,*
III, 1
raplapla: Je suis tout(e) raplapla.
I'm "wiped" out. II, 7
rappeler *to remind,* III, 3; **se rappeler**
to remember, III, 6; **Vous pouvez
rappeler plus tard?** *Can you call
back later?* I, 9
rapporter: Rapporte-moi... *Bring
me back . . . ,* I, 8; **Tu me
rapportes...?** *Will you bring
me . . . ?* I, 8
Rapporteur(-euse)! *Tattletale!* III, 6
les **rapports** (m.) *relationship,* III, 6
se rapprocher *to get closer,* III, 3
les **raquettes** (f.): **faire une randonnée
en raquettes** *to go snow-shoeing,*
II, 12
rarement *rarely,* I, 4
ras: J'en ai ras le bol! *I've had it!* III, 8
rasant(e) *boring,* III, 2; **C'est rasant!**
That's boring! III, 2
se raser *to shave,* III, 4
rassembler *to gather,* III, 10
rassurer *to reassure,* III, 4
rater: rater le bus *to miss the bus,* I,
9; II, 5; **rater un examen** *to fail a
test,* I, 9; **rater une marche** *to miss
a step,* II, 5; **Tu en rates pas une,
toi!** *You're batting a thousand!*
III, 10
ravi(e) *thrilled, delighted,* III, 1, 6
le **raton laveur** *raccoon,* II, 12
les **rayures** (f.): **à rayures** *striped,* III, 4
réaction: un camion à réaction *a
truck moving at the speed of a jet,*
III, 3
réagir *to react,* III, 10
la **réalisation** *production,* III, 9
réaliser (un rêve) *to achieve,* III, 10
les **rebondissements** (m.): **C'est plein
de rebondissements.** *It's full of
plot twists.* II, 11
**recevoir: recevoir le bulletin
trimestriel** *to receive one's report
card,* II, 5

recharger *to recharge,* III, 2
rechercher *to research, to seek
information on,* III, 1
le **récif** *reef,* III, 10
la **récolte** *harvest,* III, 5
**recommander: Je te le
recommande.** *I recommend it.* II,
11; **Je te recommande...** *I
recommend . . . ,* III, 9
**recommencer: Ne recommence
pas.** *Don't do it again.* II, 5
récompenser *to reward,* III, 6
**réconcilier: se réconcilier avec
(quelqu'un)** *to make up (with
someone),* II, 10
reconnaissant(e) *thankful,* III, 3
reconnaître *to recognize,* III, 1
recracher: recrachées par la machine
spit out by the machine, III, 3
la **récréation** *break,* I, 2
récrire *to rewrite,* III, 1
recycler *to recycle,* III, 3
rédiger *to write (a paper),* III, 3
redoutable *fearsome,* III, 10
réel(le) *real,* III, 10
se référer à *to refer to,* III, 2
réfléchir *to think about,* III, 2
le **reflet** *reflection,* III, 10
refréner *to restrain,* III, 5
refuser *to refuse,* II, 2
regarder: regarder la télé *to watch
TV,* I, 1; **regarder un match** *to
watch a game (on TV),* I, 6; **Non
mais, tu t'es pas regardé(e)!** *If you
could see how you look!* III, 10;
Non, merci, je regarde. *No,
thanks, I'm just looking.* I, 10;
Tiens! Regarde un peu! *Hey!
Check it out!* III, 7
le **reggae** *reggae music,* II, 11
le **régime: suivre un régime trop
strict** *follow a diet that's too strict.*
II, 7
la **région** *area,* III, 2
la **règle** *ruler,* I, 3; *rule,* III, 3
regretter: Je regrette. *Sorry,* I, 3; **Je
regrette, mais je n'ai pas le
temps.** *I'm sorry, but I don't have
time.* I, 8; **Je regrette...** *I miss . . . ,*
II, 8
rejoindre *to join,* III, 11
le **relais** *relay,* III, 10
relax *relaxing,* II, 8
relever: relever *to raise, to pick up,*
III, 3, 6; **relevés de terrain** (m.)
land surveys, III, 5
la **religieuse** *cream puff pastry,* II, 3
remarquer *to notice,* III, 6
le **remerciement** *thanks;* **la note de
remerciement** *thank you note,*
III, 6
remercier: Je vous remercie. *Thank
you.* III, 6
remonter à *to date from,* III, 11
rémoulade: le céleri rémoulade
*grated celery root with mayonnaise
and vinaigrette ,* III, 1

remplacer *to replace,* III, 2
remplir *to fill out, fill in,* III, 3
la **rémunération** *payment,* III, 5
le **renard** *fox,* II, 12
la **rencontre** *meeting,* III, 10
rencontrer *to meet,* I, 9; II, 9
le **rendez-vous: Rendez-vous...** *We'll
meet . . . ,* I, 6; **A quelle heure est-ce
qu'on se donne rendezvous?**
What time are we meeting? III, 6;
**avoir (prendre) rendezvous
(avec quelqu'un)** *to have a
date/make an appointment (with
someone),* II, 9; **C'est gentil, mais
j'ai un rendez-vous.** *That's nice of
you, but I've got an appointment.*
III, 6
rendre *to return something,* I, 12;
rendre les examens *to return tests,*
II, 5; **rendre** *to make;* **sans la
rendre trop longue** *without
making it too long,* III, 2
se rendre compte *to realize,* III, 10
renforcer *to reinforce,* 11, III
renommé(e) *renowned,* III, 12
la **renommée** *fame,* III, 1
renoncer *to give up,* III, 1
les **renseignements** (m.): **Pourriez-
vous m'envoyer des
renseignements sur...?** *Could you
send me information on . . . ?* III, 5
se renseigner *to get information,* III, 7
rentrer *to go back (home),* II, 6
renverser *to turn over,* III, 6
repartir *to go back,* III, 6
le **repas: sauter un repas** *to skip a
meal,* II, 7
le **repassage: faire le repassage** *to do
the ironing,* III, 3
repasser (son examen) *to take again,*
III, 10
repeindre *to repaint,* III, 1
repérer *to spot,* III, 6
répéter *to rehearse, to practice,* I, 9;
Répétez! *Repeat!* I, 0
le **répondeur** *answering machine,* III, 7
répondre *to answer,* I, 9; **Ça ne
répond pas.** *There's no answer.* I, 9
la **réponse: En réponse à votre lettre
du...** *In response to your letter
of . . . ,* III, 5
le **reportage sportif** *sportscast,* III, 9
se reposer *to relax,* III, 11
**repousser: se faire repousser ses
tresses** *to make her braids grow
back,* III, 3
le **reproche** *reproach,* III, 3; **faire des
reproches** *to lecture, to scold
(someone),* III, 3
la **République centrafricaine** *Central
African Republic,* III, 12
la **République de Côte d'Ivoire** *the
Republic of Côte d'Ivoire,* III, 12
la **République démocratique du
Congo** *Democratic Republic of
Congo,* III, 12
réputé(e) *known for,* III, 3, 10

la **requête** *request*, III, 5
le **requin** *shark*, III, 10
le **réservoir** *the gas tank*, III, 2
résider *to reside*, III, 6
résoudre *to resolve*, III, 3, 9
respecter: respecter la nature *to respect nature*, II, 12; **respecter tes profs et tes parents** *to respect your teachers and your parents*, III, 3
les **responsabilités** (f.): **avoir des responsabilités** *to have responsibilities*, II, 8
responsable *responsible*, III, 3
ressembler: A quoi ressemble-t-elle? *What's she like?* III, 3
ressentir *to feel*, III, 8
se resservir *to help oneself again*, III, 10
ressortir: faire ressortir *to highlight*, III, 4
le **restaurant** *restaurant*, I, 6
la **restauration** *food service; catering*, III, 5
rester *to stay*, II, 6; **Est-ce que tu es resté(e) ici?** *Did you stay here?* III, 1; **Oui, je suis resté(e) ici tout le temps.** *Yes, I stayed here the whole time.* III, 1
restitué(e): l'eau restituée à la nature *water returned to nature*, III, 3
le **résumé** *summary*, III, 9
le **rétablissement: Bon rétablissement!** *Get well soon!* II, 3
le **retard** *lateness*; être en retard *to be late*, III, 2
retenir *to hold back*, III, 2
retirer: retirer de l'argent (m.) *to withdraw money*, I, 12
retourner *to return*, II, 6
la **retraite** *retirement*, III, 5; prendre sa retraite *to retire*, III, 5
rétro (inv.) *retro*, I, 10
les **retrouvailles** (f.) *reunion*, III, 1
retrouver: On se retrouve... *We'll meet . . .* I, 6; **Où est-ce qu'on se retrouve?** *Where are we meeting?* III, 6
la **réunion** *meeting*, III, 2
se **réunir** *to get together*, III, 1
réussir son bac *to pass one's baccalaureat exam*, III, 5; réussir *to succeed*, III, 6
la **revanche:** en revanche *on the other hand*, III, 12; une revanche à prendre *to get revenge on somebody*, III, 12
rêvasser *to daydream*, III, 3
le **rêve: Mon rêve, c'est de...** *My dream is to . .* , III, 5
rêver *to dream*, III, 2
le **réveil: entendre le réveil** *to hear the alarm clock*, II, 5
se **réveiller: Réveille-toi un peu!** *Get with it!* III, 10
revenir *to come back*, II, 6; **Je n'en reviens pas.** *I don't believe it*, III, 10

le **rêveur** (la rêveuse) *dreamer*, III, 2
réviser *to study, to review*, III, 3
revoir: Je suis content(e) de te revoir. *I'm glad to see you again.* III, 1; **Quand est-ce qu'on se revoit?** *When are we getting together?* III, 6
le **rez-de-chaussée** *first (ground) floor*, II, 2; III, 2
le **rhinocéros** *rhinoceros*, III, 7
le **rhume: J'ai un rhume.** *I've got a cold.* II, 7
ri *laughed*, III, 2
la **richesse** *wealth*, III, 6
le **rideau** *curtain*, III, 10
ridicule *ridiculous*, III, 4
rien: Ça ne fait rien. *It doesn't matter.* II, 10; **Ça ne me dit rien.** *That doesn't interest me.* I, 4; **De rien.** *You're welcome.* III, 6; **Je n'ai rien oublié.** *I didn't forget anything.* I, 11; **Rien (de spécial).** *Nothing (special).* I, 6; III, 1
rigoler *to laugh, enjoy oneself*, III, 1; **Tu rigoles!** *You're joking!* III, 9
rigolo(te) *funny, hysterical*, III, 2
ringard(e) *corny*, III, 4
le **rituel** *ritual*, III, 6
rire: Ça m'a bien fait rire. *It really made me laugh.* III, 9
la **rivière** *river*, III, 7
le **riz** *rice*, I, 8
la **robe** *dress*, I, 10; la robe de chambre *robe*, III, 10
le **robinet** *faucet*, III, 3
le **rocher** *rock*, III, 10
le **rock** *rock music*, II, 11; III, 11
le **rognon** *kidney*, III, 1
le **roi** *king*, III, 6
la **roideur** *stiffness, rigidity*, III, 4
le **rôle** *part (in movies)*, III, 2
le **roller: faire du roller en ligne** *to in-line skate*, I, 4
le **roman** *novel* , I, 3; **roman d'amour** *romance novel*, II, 11; **roman de science-fiction** *science-fiction novel*, II, 11; **roman policier (le polar)** *detective or mystery novel*, II, 11
rose *pink*, I, 3
le **rôti de bœuf** *roast beef*, II, 3
la **roue: la grande roue** *ferris wheel*, II, 6; **la roue de secours** *spare tire* III, 2
rouge *red*, I, 3
le **rouge à lèvres** *lipstick*, III, 4
le **routard** *backpacker*, III, 6
la **route: Bonne route!** *Have a good (car) trip!* , II, 3; **Cette route va vous conduire au centre-ville.** *This road will lead you into the center of town.* III, 2; **La route pour..., s'il vous plaît?** *Could you tell me how to get to . . . ?* III, 2; en route *let's go*, III, 2
roux (rousse) *redheaded*, I, 7
rude *harsh*, III, 3

la **rue** *street*, I, 12; III, 2
la **ruelle:** ruelles pavées *cobblestone alleyways*, III, 9
russe: les montagnes russes *the roller coaster*, II, 6
la **Russie** *Russia*, III, 12

le **sable** *sand*, II, 4
le **sabot** *wooden shoe, clog*, III, 1
le **sac (à dos)** *bag; backpack*, I, 3; **sac (à main)** *purse*, II, 3; III, 4
le **sac de couchage** *sleeping bag*, II, 12
sage *well-behaved (describes children)*, III, 1
saignant(e) *rare.* III, 1
la **saison** *season*, III, 6
saisonnier (saisonnière) *seasonal*, III, 5
la **salade** *salad*, I, 8; **la salade verte** *green salad*, III, 1; **les salades** *heads of lettuce*, I, 8
sale *dirty*, II, 8
salé(e) *salty*, III, 11
les **saletés** (f.) *trash, junk*, III, 3
la **salle: la salle à manger** *dining room*, II, 2; **la salle de bains** *bathroom*, II, 2
le **salon** *living room*, II, 2
saluer: Salue... de ma part. *Tell . . . hi for me.* III, 8
Salut! *Hi! or Goodbye!* I, 1
le **samedi** *on Saturdays*, I, 2
les **sandales** (f.) *sandals*, I, 10
le **sandre** *pike, perch*, III, 1
le **sandwich** *sandwich*, I, 5
le **sangho** *national language of the Central African Republic*, III, 7
sangloter *to sob*, III, 5
sanguin(e) *the color of blood*, III, 10
sans *without*; sans doute *without a doubt*, III, 9; *probably*, III, 11
la **santé: C'est bon pour la santé.** *It's healthy.* II, 7
les **saucisses** (f.) *sausages*, III, 11
le **saucisson** *salami*, I, 5; II, 3
saupoudrer *to sprinkle*, III, 11
le **saut à la perche** *pole vault*, III, 12
le **saut en longueur** *long jump*, III, 12
sauter: sauter un repas *to skip a meal*, II, 7; **Ce qui saute aux yeux, c'est...** *What catches your eye is . . .* , III, 11
sauvage *wild*, III, 2
la **savane** *savannah*, III, 7
le **savant** *scientist, inventor*, III, 3
savoir: Je voudrais savoir... *I would like to know . . .* III, 5; **Je n'en sais rien.** *I have no idea.* I, 11; **Je ne sais pas quoi faire.** *I don't know*

what to do. II, 10; **Je ne sais pas.** *I don't know.* I, 10; **Je ne sais pas trop.** *I really don't know.* III, 5; **Je sais que...** *I know that . . . ,* III, 7; **Qu'est-ce que tu en sais?** *What do you know about it?* III, 10; **Tu sais ce que tu veux faire?** *Do you know what you want to do?* III, 5; **Tu sais où sont...?** *Do you know where . . . are?* III, 2; **Tu sais qui...?** *Do you know who . . . ?* II, 9; **Tu savais que...?** *Did you know that . . . ?* III, 10; **Pardon, vous savez où se trouve...?** *Excuse me, could you tell me where . . . is?* III, 2; le **savoir-faire** *know-how,* III, 3

le **saxophone** *saxophone,* III, 11
le **scénario** *screenplay,* III, 9
le **scénariste** *screenwriter,* III, 9
la **scène** *scene,* III, 2
la **science-fiction** *science fiction,* I, 1
les **sciences** (f.) **naturelles** *natural science ,* I, 2
le **scientifique (la scientifique)** *scientist,* III, 5
la **séance** *meeting,* III, 12
la **sécheresse** *drought,* III, 7
la **seconde: Une seconde, s'il vous plaît.** *One second, please.* I, 9
le **secrétaire (la secrétaire)** *secretary,* III, 5
le **seigneur** *lord,* III, 6
le **séjour** *stay,* III, 6
le **sel** *salt,* II, 7
selon *according to,* III, 6, 8
la **semaine: une fois par semaine** *once a week,* I, 4
semblable *similar,* III, 6
semblant: faire semblant *to fake something,* III, 6
la **semelle: semelles de caoutchouc profilé** *shoe soles made of rubber with heavy treads,* III, 3
sembler: Il me semble que... *It seems to me that . . . ,* III, 11
le **Sénégal** *Senegal,* III, 12
le **sens** *meaning,* III, 2
la **sensation (journal à sensation)** *tabloid,* III, 10
sensationnel(le)/sensass *fantastic,* I, 10; *sensational,* II, 6
sensible *sensitive,* III, 6
les **sentiers** (m.): **suivre les sentiers balisés** *to follow the marked trails,* II, 12
les **sentiments** (m.): **Je vous prie d'agréer, Monsieur/Madame, l'expression de mes sentiments distingués.** *Very truly yours, . . . ,* III, 5
se séparer de *to part from; to split,* III, 6
septembre *September,* I, 4
la **série** *series,* III, 9
sérieux (-euse) *conservative,* III, 4
le **serpent** *snake,* III, 7
serré(e) *tight,* I, 10

le **serveur (la serveuse)** *server,* III, 5
le **service: A votre service.** *At your service; You're welcome,* I, 3; **(Est-ce que) tu pourrais me rendre un petit service?** *Could you do me a favor?* I, 8
servir: Je vous sers quelque chose? *Can I offer you something?* III, 6; **se servir** *to help oneself,* III, 2; le **serviteur** *servant,* III, 6
seul(e): J'y suis allé(e) seul(e)... *I went alone . . . ,* III, 1; **Je ne suis pas le/la seul(e) à...** *I'm not the only person who . . . ,* III, 3
seulement: Si seulement je pouvais,... *If I could only . . . ,* III, 8
le **shampooing** *shampoo,* III, 4
le **short** *(a pair of) shorts,* I, 3
si: Si... *If . . . ,* III, 5; **Moi, si.** *I do.* I, 2; **Si c'était moi,...** *If it were me, . . . ,* III, 8; **Si c'était possible,...** *If it were possible, . . . ,* III, 8; **Si j'étais toi,...** *If I were you, . . . ,* III, 8; **Si on achetait...?** *How about buying . . . ?* II, 8; **Si on allait...?** *How about going . . . ?* II, 4; **Si on jouait...?** *How about playing . . . ?* II, 8; **Si on visitait...?** *How about visiting . . . ?* II, 8; **Si tu veux, on peut...** *If you like, we can . . . ,* II, 1
le **siècle** *century,* III, 2
la **sieste: faire la sieste** *to take a nap,* II, 8
le **sifflet: sifflet à roulette** *whistle,* III, 3
signaler: Je vous signale que... *I'm warning you that . . . ,* III, 7
simple *simple,* II, 8
le **singe** *monkey,* III, 7
sinistre *awful,* II, 6
sinon *otherwise, or else,* III, 5
le **sirop de fraise (à l'eau)** *water with strawberry syrup,* I, 5
situé(e) *located,* III, 1
le **ski** *skiing,* I, 1; **faire du ski** *to ski,* I, 4; **faire du ski nautique** *to water-ski,* I, 4; **faire une randonnée en skis** *to go cross-country skiing,* II, 12
sobre *plain,* III, 4
sociable *outgoing,* III, 6
la **sœur** *sister,* I, 7
la **soie** *silk,* III, 4
la **soif: avoir soif** *to be thirsty,* I, 5; **Je n'ai plus soif.** *I'm not thirsty anymore.* II, 3; **J'ai très soif.** *I'm very thirsty.* II, 2; **Vous n'avez pas/Tu n'as pas soif?** *Aren't you thirsty?* II, 2
soigner *to take care of,* III, 5, 6
le **soir** *evening; in the evening,* I, 4; **Pas ce soir.** *Not tonight.* I, 7
la **soirée** *evening party,* III, 3, 6
sois: Sois patient(e)! *Be patient!* III, 2
le **sol** *ground,* III, 6
le **soldat** *soldier,* III, 5
le **soleil** *sun, sunshine* III, 2; **coup de soleil** *sunburn,* III, 3; **soleil**

couchant *setting sun;* **soleil levant** *rising sun,* III, 7
le **sommet** *summit* III, 10
le **son** *sound,* III, 9; **Monte le son.** *Turn up the volume.* III, 9
le **sondage** *poll,* III, 1
le **songe** *dream,* III, 2
songeur (songeuse) *dreamer,* III, 10
sonner *to chime,* III, 1
la **sonorité** *tone,* III, 11
la **sortie** *dismissal,* I, 2; **être privé(e) de sortie** *to be "grounded",* II, 9
sortir *to go out,* II, 6; **sortir avec les copains** *to go out with friends,* I, 1; **sortir la poubelle** *to take out the trash,* I, 7; **sortir le chien** *to take out the dog,* III, 3
les **soucis** (m.): **avoir des soucis** *to have worries,* II, 8
souffert *suffered,* III, 9
souffler *to blow,* III, 10
le **souhait** *wish, desire,* III, 8; **A tes souhaits!** *Bless you!,* II, 7
souhaiter *to hope, to wish,* III, 3, 6
le **soulagement** *relief,* III, 7
soulever *to lift (up),* III, 5
souligné(e) *underlined,* III, 5
soumettre *to submit,* III, 1
les **soupes** (f.) *soups,* III, 11
soupirer *to sigh,* III, 10
souple *soft,* III, 4
les **sourcils** (m.) *eyebrows,* III, 4
sourire *to smile,* III, 7
la **souris** *mouse,* III, 10
sous *under,* III, 3; **sous la main** *at hand,* III, 3
sous-marin(e) *underwater;* **faire de la plongée sous-marine** *to scuba dive,* II, 4
le **soutien: apporter son soutien** *to support,* III, 3
le **souvenir** *souvenir, memory,* III, 6
se souvenir: Si je me souviens bien,...? *If I remember correctly, . . . ?* III, 11
souvent *often,* I, 4
spécial(e): Rien de spécial. *Nothing special.* I, 6
la **spécialité** *specialty,* III, 1
le **spectacle: assister à un spectacle son et lumière** *to attend a sound and light show,* II, 6
le **sport** *sports,* I, 1; *gym (class),* I, 2; **faire du sport** *to play sports,* I, 1; **Qu'est-ce que tu fais comme sport?** *What sports do you play?* I, 4
le **stade** *stadium,* I, 6
le **stage** *training period, training course, internship,* III, 5
le **stagiaire** *apprentice, intern,* III, 5
la **station: la station de métro** *metro station,* III, 8; **la station-service** *a gas station,* III, 2
le **steak-frites** *steak and French fries,* I, 5; III, 1
stressé(e) *stressed,* III, 11

R79

la **stupeur** *amazement*, III, 10
le **style: C'est tout à fait ton style.** *It looks great on you!* I, 10; **Ce n'est pas son style.** *That's not his/her style.* II, 3
le **stylo** *pen*, I, 3
le **subjonctif** *subjunctive*, III, 1
le **sucre** *sugar*, I, 8
le **sud: dans le sud** *in the south*, II, 4; **C'est au sud de...** *It's to the south of...*, II, 12
suffisamment *sufficiently*, III, 3
suffit: Ça suffit! *That's enough!* III, 6
le **suffixe** *suffix*, III, 2
la **Suisse** *Switzerland*, III, 12
la **suite: C'est tout de suite à...** *It's right there on the...*, I, 12; **J'y vais tout de suite.** *I'll go right away.* I, 8; **Suite à notre conversation téléphonique,...** *Following our telephone conversation,...*, III, 5; **tout de suite** *right away*, I, 6
suivant(e) *next, following*, III, 2
suivre *to follow*, II, 7; **suivre les sentiers balisés** *to follow the marked trails*, II, 12; **suivre un régime trop strict** *to follow a diet that's too strict.* II, 7; **Pour (aller à)... vous suivez la... pendant à peu près... kilomètres.** *To get to..., follow... for about... kilometers.* III, 2
le **sujet** *subject*, III, 2; **au sujet de** *about*, III, 10
super (adj.) *super*, I, 2; (adv.) *really, ultra-*, II, 9; **Super!** *Great!* I, 1; **Super!** III, 12; **pas super** *not so hot*, I, 2; **le super (sans plomb)** *premium (unleaded) gasoline*, III, 2
superbe *gorgeous*, II, 6
la **superficie** *surface area*, III, 1
supporter *to support*, III, 6; *to put up with*, III, 7
sur: sur la droite (gauche) *on the right (left)*, II, 2
sûr: Bien sûr. *Of course.* II, 10; **Ça, c'est sûr.** *That's for sure.* III, 11; **Je (ne) suis (pas) sûr(e) que...** *I'm (not) sure that...*, III, 7; **sûr(e) de soi** *confident*, III, 2
sûrement: On pourrait sûrement... *We'd be able to... for sure.* III, 7; **Sûrement pas!** *Definitely not!* II, 6
surmonter *to overcome*, III, 6
surnommé(e) *nicknamed*, III, 12
sursauter *to startle*, III, 10
surtout *especially*, I, 1; **Ne va surtout pas voir...** *Really, don't go see...*, III, 9; **Non mais, surtout, ne vous gênez pas!** *Well, just go right ahead!* III, 8
surveiller *to pay attention*, III, 3
susciter *to provoke, arouse*, III, 12
le **suspense: Il y a du suspense.** *It's suspenseful.* II, 11
le **sweat(-shirt)** *sweatshirt*, I, 3; II, 1

sympa (abbrev. of sympathique) *nice*, I, 7; II, 1
le **synthé (synthétiseur)** *synthesizer*, III, 11

le **tableau** *blackboard*, I, 0; *chart*, III, 6
le **tablier** *apron*, III, 1
la **tâche** *chore, duty, task*, III, 3; **tâche ménagère** *household chore*, III, 1
tacheté(e) *spotted*, III, 7
la **taille** *the waist*, III, 4; **en taille...** *in size...*, I, 10
le **taille-crayon** *pencil sharpener*, I, 3
le **tailleur** *tailor*, III, 5; *pantsuit*, III, 4
taire: Vous pourriez vous taire, s'il vous plaît? *Could you please be quiet?* III, 9; **Tais-toi!** *Be quiet!* III, 9
le **tam-tam** *an African drum*, II, 8
tandis que: Ici,... tandis que... *Here..., whereas...*, III, 8
tant: Tant pis pour toi! *Tough!* III, 6
tant que *as long as*, III, 1
la **tante** *aunt*, I, 7
tape-à-l'œil *gaudy*, III, 4
taper *to beat*, III, 3
le **tapis** *rug*, II, 2; III, 8
taquiner *to tease*, II, 8
tard *late*, II, 4; **plus tard** *later*, III, 5; **au plus tard** *at the latest*, III, 3
tarder: Il me tarde de... *I can't wait to...*, III, 12
le **tarif** *tariff*, III, 10
la **tarte** *pie*, I, 8; **la tarte aux pommes** *apple tart*, II, 3; **les tartes aux fruits** *fruit pies/tarts*, III, 1
la **tartine** *bread, butter, and jam*, II, 3
le **tas: J'ai des tas de choses à faire.** *I have lots of things to do.* I, 5
le **taux** *rate*, III, 1
le **taxi: en taxi** *by taxi*, I, 12
Tchao! *Bye!* I, 1
le **technicien (la technicienne)** *technician*, III, 5
le **tee-shirt** *T-shirt*, I, 3; II, 1
teint(e): les cheveux teints (m.) *dyed hair*, III, 4
le **teinturier** *dry cleaner*, III, 6
tel(le) *such*, III, 12
la **télécommande** *remote*, III, 9
le **téléphone: parler au téléphone** *to talk on the phone*, I, 1; **téléphoner à (quelqu'un)** *to call (someone)*, II, 10; **Téléphone-lui/-leur!** *Call him/her/them!* I, 9
le **téléviseur** *television set*, III, 9
la **télévision** *television*, I, 3; **regarder la télé(vision)** *to watch TV*, I, 1

tellement: C'était tellement différent? *Was it really so different?* II, 8; **Pas tellement.** *Not too much.* I, 4
le **temps: de temps en temps** *from time to time*, I, 4; **Je suis désolé(e), mais je n'ai pas le temps.** *Sorry, but I don't have time.* I, 12; **Il a fait un temps...** *The weather was...*, III, 1; **On a largement le temps!** *We've got plenty of time!* III, 2; **On n'a pas le temps!** *We don't have time!* III, 2; **Quel temps fait-il?** *What's the weather like?* I, 4; **Quel temps est-ce qu'il a fait?** *What was the weather like?* III, 1
tenir: Tenez. *Here you are.* II, 3; **Tiens.** *Here you are.* II, 3; **Je tiens à...** *I really want to...*, III, 5; **Tiens! Regarde un peu!** *Hey! Check it out!* III, 7; Tiens-toi bien! *Behave yourself!*, III, 10; **tenir une place importante** *to have an important part*, III, 11
le **tennis** *tennis*, I, 4
la **tente** *tent*, II, 12
tenter *to tempt*, III, 11
tenu(e): les jeunes sont tenus de travailler aux champs *young people are expected to work in the fields*, III, 5
la **tenue** *outfit*, III, 12
ter *three times*, III, 4
terminer: Comment ça se termine? *How does it end?* III, 9
le **terrain de camping** *campground*, II, 2
la **terre: par terre** *on the ground*, III, 3; **la terre** *Earth*, III, 3; **une terre inconnue** *an unknown place*, III, 5; *property, land*, III, 10; **en terre** *made of soil, clay*, III, 8
terrible: Pas terrible. *Not so great.* I, 1; **C'était pas terrible.** *It wasn't so great.* III, 1
la **tête: faire la tête** *to sulk*, II, 9; **J'ai mal à la tête** *My head hurts.* II, 7; **Tu me prends la tête!** *You're driving me crazy!* III, 6
le **thé** *tea*, III, 6
le **théâtre** *theater*, I, 6; II, 12; **faire du théâtre** *to do drama*, I, 4
la **théière** *tea pot*, III, 6
le **thon** *tuna*, III, 1
les **tickets** (m.): **Trois tickets, s'il vous plaît.** *Three (entrance) tickets, please.* II, 6
le **tien (la tienne)** *yours*, III, 10
la **tige: chaussures à tige montante** *shoes that tie above the ankle (such as hiking boots)*, III, 3
le **timbre** *stamp*, I, 12
timide *shy*, I, 7
tintinnabuler *to tinkle*, III, 10
le **tir à l'arc** *archery*, III, 12
tirer *to pull, to shoot*, III, 6, 12

la **tisane** *herbal tea*, III, 10
tisser *to weave*, III, 10
le **tisserin** *a type of African bird*, III, 7
le tissu *fabric, cloth*, II, 8
la **toile**: en toile *linen*, III, 4; la toile *canvas*, III, 9
les **toilettes** (f.) (les W.-C. (m.)) *toilet, restroom*, II, 2; la toilette: faire sa toilette *to wash oneself*, III, 10
tolérant(e) *tolerant*, III, 3
les **tomates** (f.) *tomatoes*, I, 8
tomber *to fall*, II, 5; **Après... , vous allez tomber sur...** *After... , you'll come across...*, III, 2; **tomber amoureux(-euse) (de quelqu'un)** *to fall in love (with someone)*, II, 9; **tomber en panne** *to break down*, II, 9; **tomber en panne d'essence** *to run out of gas*, III, 2; **tomber malade** *to get sick*, III, 10
le **tombeau** *grave*, III, 6
le **ton** *tone*, III, 2
tondre: tondre la pelouse *to mow the lawn*, III, 3
tondu(e) *closely cropped*, III, 4
tonifier *to stimulate*, III, 11
la **tonne** *ton*, III, 2
le **tonton** *uncle (familiar)*, III, 3
la **torche** *flashlight*, III, 7
tort: Tu as tort. *You're wrong.* III, 9; **Tu as tort de...** *You're wrong to...*, III, 3
la **tortue** *turtle*, III, 10
tôt *early*, II, 4
toujours: toujours...? *still...?* III, 11; **C'est toujours la même chose!** *It's always the same!* III, 6; **Toujours la même chose!** *Same old thing!* III, 1
la **tour** *tower*, II, 6
le **tour: faire un tour sur la grande roue** *to take a ride on the ferris wheel*, II, 6; **faire un tour sur les montagnes russes** *to take a ride on the roller coaster*, II, 6
le **tourbillon** *swirl*, III, 10
tourner: Puis, tournez à gauche dans/sur... *Then, turn left on...*, II, 2; **Vous tournez...** *You turn...*, I, 12
le **tournoi** *tournament*, III, 11
tousser *to cough*, III, 1
tout: A tout à l'heure! *See you later!* I, 1; **Allez (continuez) tout droit.** *Go (keep going) straight ahead.* II, 2; **C'est... comme tout!** *It's as ... as can be!* III, 2; **J'ai pensé à tout.** *I've thought of everything.* I, 11; **Je n'ai pas du tout aimé.** *I didn't like it at all.* III, 9; **Pas du tout.** *Not at all.* I, 4; II, 10; III, 9; **Il/Elle ne va pas du tout avec...** *It doesn't go at all with...* I, 10; **Tout a été de travers!** *Everything went wrong!* II, 5; **Tout**

me tente. *Everything looks tempting.* III, 1; **Tout à fait!** *Absolutely!* III, 9; **C'est tout à fait ton style.** *It looks great on you.* I, 10; **tout de suite** *right away*, I, 6; **C'est tout de suite à...** *It's right there on the...*, I, 12; **J'y vais tout de suite.** *I'll go right away.* I, 8; **Vous allez tout droit jusqu'à...** *You go straight ahead until you get to...*, I, 12
tout à fait: Tout à fait! *Absolutely!* III, 9; **C'est tout à fait normal.** *You don't have to thank me.* III, 6
tout de même *honestly*, III, 2
tout le monde: Ça arrive à tout le monde. *It happens to everybody.* III, 6; **Ça peut arriver à tout le monde.** *It could happen to anyone.* III, 10; **Ce n'est pas parce que tout le monde... que tu dois le faire.** *Just because everyone else... doesn't mean you have to.* III, 3; **Tout le monde fait pareil.** *Everybody does it.* III, 3
le **trac: Tu as le trac?** *Are you nervous?* III, 12
traduit(e) *translated*, III, 1
le **train: en train** *by train*, I, 12; **être en train de** *to be in the process of (doing something)*, II, 9
traîner *to drag*, III, 7
traire: traire les vaches (f.) *to milk the cows*, III, 8
traiter: Il/Elle m'a traité(e) de...! *He/She called me a...!* III, 6
la **tranche: une tranche de** *a slice of*, I, 8
tranquille *calm*, II, 8
le **travail: trouver un travail** *to find a job*, III, 5
travailler *to work*, I, 9; **Il faut mieux travailler en classe.** *You have to do better in class.* II, 5
les **travaux** (m.) **pratiques** *lab*, I, 2
travers: Tout a été de travers! *Everything went wrong!* II, 5; travers: à travers le hublot *through the window*; III, 3; à travers *across*, III, 8
traverser: Traversez... *Cross...*, II, 2; **Vous allez traverser...** *You cross...*, III, 2
trébucher *to stumble, stagger*, III, 5
trembler (de peur) *to shake (with fear)*, III, 6
la **tribu** *tribe*, III, 2
Tricheur(-euse)! *Cheater!* III, 6
triste *sad*, III, 6
la **trompe** *trunk*, III, 7
se tromper: A mon avis, tu te trompes. *In my opinion, you're mistaken.* II, 9; **Si je ne me trompe pas,...?** *If I'm not mistaken,...?* III, 11

la **trompette** *trumpet*, III, 11
trop: C'est trop cher. *It's too expensive.* II, 3; **Il/Elle est (Ils/Elles sont) trop...** *It's/They're too...*, I, 10; **Je ne sais pas trop.** *I really don't know.* III, 5; **Non, pas trop.** *No, not too much.* I, 2; **Pas trop bien.** *Not too well.* III, 1
le **trottoir** *sidewalk*, III, 8
le **trou** *hole*, III, 7
troué(e) *hollowed out*, III, 11
le **trouillard** *coward, wimp*, III, 7
le **troupeau** *herd*, III, 7
la **trousse** *pencil case*, I, 3; **la trousse de premiers soins** *first-aid kit*, II, 12
trouver *to find*, I, 9; **se trouve...** *...is located...*, II, 12; **Ce que je trouve super, c'est (de)...** *What I think is super is...*, III, 11; **Je le/la/les trouve moche(s).** *I think it's (they're) really tacky.* I, 10; **Je trouve qu'il est...** *I think it's...*, III, 4; **Je trouve qu'ils/elles font...** *I think they look...*, III, 4; **Où se trouve...?** *Where is...?* II, 4; **Comment tu as trouvé ça?** *How did you like it?* III, 9; **J'ai trouvé ça pas mal/amusant.** *It was not bad/funny.* III, 9
le **truc** *thing*, I, 5; **Ce n'est pas mon truc.** *It's not my thing.* II, 7; **Oh, c'est un vieux truc.** *This old thing?* III, 4; **J'ai des tas de trucs à faire.** *I have lots of things to do.* I, 12; **J'ai des trucs à faire.** *I have some things to do.* I, 5; le petit truc *the little trick*, III, 3
les **truffes** (f.) *truffles*, III, 1
la **truite** *trout*, III, 1
truquer *to cheat*, III, 8
tu *you*, (singular, informal), I, 0
le **tuba** *snorkle*, III, 10
tuer *to kill*, III, 7
la **Tunisie** *Tunisia*, III, 12
le **type** *guy*, III, 2
typique: Qu'est-ce qui est typique de chez toi? *What's typical of where you're from?* III, 12

un *a; an*, I, 3
une *a; an*, I, 3
uniquement *only*, III, 3
l' **urgence** (f.): cas d'urgence *emergency*, III, 3
utile: Je ne crois pas que ce soit utile. *I don't think it's worthwhile.* III, 7
utiliser *to use*, III, 1, 2

les **vacances** (f.) *vacation*, I, 1; **Bonnes vacances!** *Have a good vacation!* I, 11; **C'était comment, tes vacances?** *How was your vacation?* III, 1; **Comment se sont passées tes vacances?** *How was your vacation?* II, 5; **en colonie de vacances** *to/at a summer camp*, I, 11; **en vacances** *on vacation*, I, 4
vacciner *to vaccinate*, III, 7; **se faire vacciner** *to get vaccinated*, III, 7
vachement *really*, II, 9
vague *vague*, III, 2
la **vaisselle: faire la vaisselle** *to do the dishes*, I, 7
la **valise** *suitcase*, I, 11
la **vallée** *valley*, III, 2
la **vanille: à la vanille** *vanilla*, III, 1
se vanter *to brag*, III, 10; **C'est pas pour me vanter, mais moi...** *I'm not trying to brag, but...*, III, 10
la **vapeur: à la vapeur** *steamed*, III, 11
la **variante** *type*, III, 11
le **vase** *vase*, II, 3
vaudrait: Il vaudrait mieux que... *It would be better if...*, III, 5; **Tu penses qu'il vaudrait mieux...?** *Do you think it'd be better to...?* III, 7
vaut: Ça ne vaut pas le coup! *It's not worth it!* III, 9; **Je crois que ça vaut mieux.** *I think that's better.* III, 7
le **vautour** *vulture*, III, 7
la **vedette** *celebrity*, III, 10
la **végétation tropicale** *tropical vegetation*, III, 7
la **veille** *eve, the day before* III, 5
le **vélo** *biking*, I, 1; **à vélo** *by bike*, I, 12; **faire du vélo** *to bike*, I, 4; **faire du vélo de montagne** *to go mountain-bike riding*, II, 12
le **vélomoteur** *moped*, III, 8
le **vendeur** (la **vendeuse**) *salesperson*, III, 4
vendre *to sell*, I, 9
le **vendredi** *on Fridays*, I, 2
venir *to come*, II, 6; **celle que tu viens de lire** *the one (fable) you just read*, III, 3
le **ventre: J'ai mal au ventre** *My stomach hurts.* II, 7
le **verbe** *verb*, III, 1
vérifier *to check*, III, 2
véritable: C'était un véritable cauchemar! *It was a real nightmare!* I, 11
la **vérité: dire la vérité** *to tell the truth*, III, 3
le **vermisseau** *small worm*, III, 11

le **verre** *glass*, III, 3; **la bulle de verre** *the glass bubble*, III, 3
vers *about*, I, 6; **Vers...** *About (a certain time)...*, II, 4; *toward*, III, 1
versatile *moody*, III, 6
vert(e) *green*, I, 3; II, 1
la **veste** *suit jacket, blazer*, I, 10
les **vêtements** (m.) *clothes*, I, 10
le **vétérinaire** (la **vétérinaire**) *veterinarian*, III, 5
veuf (**veuve**) *widowed*, III, 6
veuillez: Veuillez ne pas... *Please do not...*, III, 3
la **viande** *meat*, I, 8; III, 11
la **vidange: faire la vidange** *to change the oil*, III, 2
la **vidéo: faire de la vidéo** *to make videos*, I, 4; **jouer à des jeux vidéo** *to play video games*, I, 4
la **vidéocassette** *videotape*, I, 3
le **vidéoclip** *music video*, III, 9
la **vie: C'est comment, la vie là-bas?** *What's life like there?* III, 12; **La vie était plus... moins...** *Life was more..., less...*, II, 8
le **vieillard** *old man*, III, 6
vieux (**vieille**): **Pauvre vieux/vieille!** *You poor thing!* II, 5
vif (**vive**) *quick (witted)*, III, 6
le **village de pêcheurs** *fishing village*, II, 4
la **ville** *town*, III, 2
violent: trop violent *too violent*, II, 11
violet(te) *purple*, I, 3
le **violon** *violin*, III, 11
le **virage** *turn*, III, 12
viser *to aim at, to take aim*, III, 12
la **visite: une visite guidée** *a guided tour*, II, 6
visiter *to visit (a place)*, I, 9; II, 6
le **visiteur** *visitor*, III, 2
vite *quickly* **Dis vite!** *Let's hear it!* II, 9
vitesse: à pleine vitesse *at top speed*, III, 3
les **vitres** (f): **laver les vitres** *to wash the windows*, III, 3
les **vitrines** (f): **faire les vitrines** *to window-shop*, I, 6
vivant(e) *lively*, II, 4
vivement: Vivement que...! *I just can't wait...!* III, 12
vivre *to live*, III, 2; **vivre:** (pp. **vécu**) **Beaucoup de Sénégalais vivent...** *Many Senegalese live...*, III, 5
les **vivres** (m.) *dry goods (food)*, III, 3
les **vœux** (m.): **Meilleurs vœux!** *Best wishes!* II, 3
Voici... *Here's...*, I, 7
Voilà. *Here it is.* II, 3; *Here*, I, 3; **Voilà...** *There's...*, I, 7; III, 12
la **voie: pays en voie de développement** *developing countries*, III, 3

la **voile: faire de la planche à voile** *to go windsurfing*, I, 11; **faire de la voile** *to go sailing*, I, 11; le **voile** *veil*, III, 8
voir: Qu'est-ce qu'il y a à voir...? *What is there to see...?* II, 12; **Qu'est-ce qu'il y avait à voir?** *What was there to see...?* III, 1; **Tu devrais aller voir...** *You should go see...*, III, 9; **Tu vas voir...** *You'll see...*, II, 8; **Va voir..., c'est génial comme film.** *Go see..., it's a great movie.* III, 9; **voir un film** *to see a movie*, I, 6; **voir un match** *to see a game (in person)*, I, 6; **voir une pièce** *to see a play*, I, 6; **... tu vois.** *... you see.* II, 9; **Ça se voit.** *That's obvious.* II, 9; **Si tu avais vu...!** *If you could have seen...!* III, 10
le **voisin** (la **voisine**) *neighbor*, III, 3
le **voisinage** *neighborhood*, III, 11
la **voiture: car**, I, 7; **en voiture** *by car*, I, 12; **laver la voiture** *to wash the car*, I, 7; **emboutir la voiture** *to wreck the car*, III, 10
volant(e) *flying*, III, 10
le **volcan** *volcano*, II, 4
le **volley(-ball)** *volleyball*, I, 4
volontiers *sure*, III, 6
vouloir *to want*, I, 6; **Je m'en veux de...** *I feel bad that...*, III, 6; **Je ne t'en veux pas.** *No hard feelings.* II, 10; **Je veux bien.** *Gladly*, I, 12; *I'd like to.* II, 1; *I'd really like to.* I, 6; **Non, je ne veux pas.** *No, I don't want to.* II, 8; **Oui, si tu veux.** *Yes, if you want to.* I, 7; **Si tu veux, on peut...** *If you like, we can...*, II, 1; **Tu ne m'en veux pas?** *No hard feelings?* II, 10; **Tu veux bien que...** *Is it OK with you if...?* III, 3; **Je voudrais acheter...** *I'd like to buy...*, I, 3; **Je voudrais bien...** *I'd really like to...*, I, 11; **Tu ne voudrais pas...?** *Wouldn't you like to...?* III, 6
vous *you*, (plural and/or formal), I, 1
le **voyage: Bon voyage!** *Have a good trip! (by plane, ship)*, I, 11; II, 3; **Vous avez/Tu as fait bon voyage?** *Did you have a good trip?* II, 2
voyager *to travel*, I, 1
le **voyageur** (la **voyageuse**) *traveller*, III, 2
le **voyagiste** *travel agent*, III, 6
vrai(e): C'est pas vrai! *You're kidding!* II, 6; **C'est vrai?** *Really?* II, 2
vraiment: Vraiment? *Really?* II, 2; **C'est vraiment bon!** *It's good!* II, 3; **Il/Elle est vraiment bien, ton/ta...** *Your... is really great.*

II, 2 ; **Non, pas vraiment.** *No, not really.* I, 11
le vrombissement *revving (of a motor),* III, 10
vulgaire *tasteless,* III, 4

le **week-end** *weekend; on weekends,* I, 4; **ce week-end** *this weekend,* I, 6; **Comment s'est passé ton week-end?** *How was your weekend?* II, 5
le **western** *western (movie),* II, 11

y *there,* I, 12; **Allons-y!** *Let's go!* I, 4; **Comment est-ce qu'on y va?** *How can we get there?* I, 12; **Je n'y comprends rien.** *I don't understand anything about it.* II, 5; **N'y va pas!** *Don't go!* III, 9; **On peut y aller...** *We can go there . . . ,* I, 12; **Qu'est-ce qu'on y... ?** *What do you . . . there?* III, 12; **Tu vas t'y faire.** *You'll get used to it.* II, 8; **y compris** *included,* III, 11
le **yaourt** *yogurt,* I, 8
les **yeux** (m.) *eyes,* II, 1
Youpi! *Yippee!* III, 12

le **zèbre** *zebra,* III, 7
zéro *a waste of time,* I, 2
le **zoo** *zoo,* I, 6; II, 6
le **zouk: danser le zouk** *to dance the zouk,* II, 4
Zut! *Darn!,* I, 3

In this vocabulary, the English definitions of all active French words in the book have been listed, followed by the French. The numbers after each entry refer to the level and chapter where the word or phrase first appears, or where it becomes an active vocabulary word. It is important to use a French word in its correct context. The use of a word can be checked easily by referring to the chapter where it appears.

French words and phrases are presented in the same way as in the French-English vocabulary.

a *un, une,* I, 3

able: We'd be able to ... for sure. *On pourrait sûrement... ,* III, 7

about: About (a certain time) ... *Vers... ,* II, 4; **It's about ...** *Ça parle de... ,* II, 11; III, 9; **It's about ...** *Il s'agit de... ,* III, 9; **It's about a guy who ...** *C'est l'histoire d'un mec qui... ,* III, 10; **What's it about?** *De quoi ça parle?* II, 11; III, 9

Absolutely! *Tout à fait!* III, 9

acceptable: That's not acceptable. *C'est inadmissible.* II, 5

accident: to have an accident *avoir un accident,* II, 9

accordion *l'accordéon* (m.), III, 11

accountant *le/la comptable,* III, 5

acne: to have acne *avoir des boutons,* III, 10

across: across from *en face de,* I, 12; II, 2

action: action movie *un film d'action,* II, 11

actor *l'acteur* (m.), III, 5

actress *l'actrice* (f.), III, 5

adore: I adore ... *J'adore... ,* I, 1

adventure: adventure movie *un film d'aventures,* II, 11

advise: What do you advise me to do? *Qu'est-ce que tu me conseilles?* I, 9

aerobics: to do aerobics *faire de l'aérobic,* I, 4; II, 7

aerosol: to use aerosol sprays *utiliser des aérosols,* III, 3

afraid: Don't be afraid. *N'ayez pas peur.* III, 7; **I'm afraid that ...** *J'ai peur que... ,* III, 7; **I'm very afraid of ...** *J'ai très peur de... ,* III, 7

African *africain(e),* II, 11

after: After that ... *Après ça... ,* II, 4, 12; **And after that, ...** *Et après ça... ,* I, 9

afternoon: afternoon off *l'après-midi libre,* I, 2; **in the afternoon** *l'après-midi,* I, 2

afterwards: Afterwards, I went out. *Après, je suis sorti(e),* I, 9; **And afterwards?** *Et après?* I, 9

again: ... again? *...déjà?,* III, 11; **Don't do it again.** *Ne recommence pas.* II, 5

agree: I don't agree. *Je ne suis pas d'accord.* I, 7; **I agree with you.** *Je suis d'accord avec toi.* III, 9

ahead: Go (keep going) straight ahead. *Allez (continuez) tout droit,* II, 2; **Well just go right ahead!** *Non mais, surtout, ne vous gênez pas!* III, 8

air: to put air in the tires *mettre de l'air dans les pneus,* III, 2

alarm: to hear the alarm clock *entendre le réveil,* II, 5

algebra *l'algèbre* (f.), I, 2

Algeria *l'Algérie* (f.), III, 12

all: All you have to do is ... *Tu n'as qu'à... ,* II, 7; **I didn't like it at all.** *Je n'ai pas du tout aimé.* III, 9; **Not at all.** *Pas du tout.* I, 4; II, 10; **I don't like that at all.** *Ça ne me plaît pas du tout.* III, 11; **That's all I listen to.** *Je n'écoute que ça.* III, 11

all over: I hurt all over! *J'ai mal partout!* II, 7

all right *pas mal,* II, 6

allergies: I have allergies. *J'ai des allergies.* II, 7

allowed: You're not allowed to ... *Tu n'as pas le droit de... ,* III, 3

almost: You're (We're) almost there! *Tu y es (On y est) presque!* II, 12; **You're almost there!** *Tu y es presque!* II, 7

alone: I went alone ... *J'y suis allé(e) seul(e)... ,* III, 1; **Leave me alone!** *Fiche-moi la paix!* III, 6

already *déjà,* I, 9; **He/She already has one (of them).** *Il/Elle en a déjà un(e).* II, 3

also *aussi,* I, 1

always: I'm always the one who gets blamed! *C'est toujours moi qui prends!* III, 6; **It's always the same!** *C'est toujours la même chose!* III, 6

am: I am ... *Je suis... ,* II, 1

amazing: It was amazing/unbelievably bad! *C'était incroyable!* II, 5

American *américain(e),* II, 11

amusement park *un parc d'attractions,* II, 6

an *un, une,* I, 3

and *et,* I, 1

andouille sausage *l'andouille* (f.), III, 11

angry *fâché(e),* II, 9

ankle: to sprain one's ankle *se fouler la cheville,* II, 7

annoyed *énervé(e),* II, 9

annoying *embêtant(e),* I, 7

answer *répondre,* I, 9; **There's no answer.** *Ça ne répond pas.* I, 9; **... and then the other one answers ...** *...et l'autre lui répond... ,* III, 10

ant *la fourmi,* III, 7

anxious: I'm really anxious to ... *Je suis vraiment impatient(e) de... ,* III, 2

any (of it) *en,* I, 8

any more: I don't want any more. *Je n'en veux plus.* I, 8; **I just can't do any more!** *Je n'en peux plus!* II, 7, 12

anymore: I don't know what I want anymore. *Je ne sais plus ce que je veux.* III, 5; **I'm not hungry (thirsty) anymore.** *Je n'ai plus faim (soif).* II, 3

anyone: It could happen to anyone. *Ça peut arriver à tout le monde.* III, 10

anything: I didn't forget anything. *Je n'ai rien oublié.* I, 11; **It didn't do anything for me.** *Ça ne m'a pas emballé(e).* III, 9; **I just can't do anything right!** *Qu'est-ce que je peux être nul(le)!* III, 12

Anyway, ... *Bref,... ,* II, 9

apologize *s'excuser,* II, 10; **Apologize.** *Excuse-toi.* II, 10

appetizers *les entrées* (f.), III, 1; **What would you like for an appetizer?** *Que voulez-vous comme entrée?* III, 1

apples *des pommes* (f.), I, 8; **apple juice** *un jus de pomme*, I, 5; **apple tart** *la tarte aux pommes*, II, 3

appointment: That's nice of you, but I've got an appointment. *C'est gentil, mais j'ai un rendez-vous.* III, 6

apprenticeship: to do an apprenticeship *faire un apprentissage*, III, 5

April *avril*, I, 4

archery *le tir à l'arc*, III, 12

architect *l'architecte* (m./f.), III, 5

are: There is/are . . . *Il y a. . .*, II, 12; **They are . . .** *Ils/Elles sont. . .*, II, 1

argument: to have an argument (with someone) *se disputer (avec quelqu'un)*, II, 9

arm *le bras*, II, 7

armoire: armoire/wardrobe *l'armoire* (f.), II, 2

around *vers*, I, 6

arrive *arriver*, II, 5; **to arrive late to school** *arriver en retard à l'école*, II, 5

arrow *la flèche*, III, 12

art class *les arts* (m.) *plastiques*, I, 2

as: as many/as much . . . as . . . *autant de. . . que. . .*, III, 8; **as . . . as . . .** *aussi. . . que. . .*, III, 8; **It's as . . . as can be!** *C'est. . . comme tout!* III, 2

ask: to ask (someone's) forgiveness *demander pardon à (quelqu'un)*, II, 10; **to ask your parents' permission** *demander la permission à tes parents*, II, 10

at *à la, au, aux*, I, 6 II, 6; **At . . .** *A. . .*, II, 11; **at . . . fifteen (time)** *à. . . heures quinze*, I, 2; **at . . . forty-five** *à. . . heures quarante-cinq*, I, 2; **at my house** *chez moi*, I, 6; **At that point, . . .** *A ce moment-là,. . .*, II, 9; III, 9; **at the record store** *chez le disquaire*, I, 12; **At what time?** *A quelle heure?* I, 6

attend: to attend a sound and light show *assister à un spectacle son et lumière*, II, 6

attendant: gas station attendant *le/la pompiste*, III, 2

August *août*, I, 4

aunt *la tante*, I, 7

avocados *des avocats* (m.), I, 8

Avoid . . . *Evite de. . .*, II, 12; **Avoid . . .** *Evite(z) de. . .*, II, 7; **Avoid seeing . . .** *Evite d'aller voir. . .*, III, 9

aware *prudent(e)*, III, 3

away: No, I went away for . . . *Non, je suis parti(e). . .*, III, 1; **Yes, right away.** *Oui, tout de suite.* I, 5

awful *sinistre*, II, 6

B

back *le dos*, II, 7; **come back** *revenir*, II, 6; **go back (home)** *rentrer*, II, 6; **Towards the back.** *Au fond.* III, 2

backpack *un sac à dos*, I, 3

bad *mauvais(e)*, I, 5; **I feel bad that . . .** *Je m'en veux de. . .*, III, 6; **I'm bad in computer science.** *Je suis mauvais(e) en informatique.* II, 5; **It was amazing/unbelievably bad!** *C'était incroyable!* II, 5; **It was not bad/funny.** *J'ai trouvé ça pas mal/amusant.* III, 9; **not bad** *pas mal*, I, 2, 9; **What a bad day!** *Quelle journée!* II, 5; **What a bad weekend!** *Quel week-end!* II, 5

bag *un sac*, I, 3

baggy *large*, I, 10

bakery *la boulangerie*, I, 12; II, 3

balance: the balance beam *la poutre*, III, 12

balcony *le balcon*, II, 2

ball *la balle*, III, 12; *le ballon*, III, 12

banana tree *un bananier*, II, 4

bananas *des bananes* (f.), I, 8

bandages *les pansements* (m.), III, 7

bangs *la frange*, III, 4

bank *la banque*, I, 12

baseball *le base-ball*, III, 12; **to play baseball** *jouer au base-ball*, I, 4

basketball *le basket-ball*, I, 4; III, 12; **to play basketball** *jouer au basket (-ball)*, I, 4

baskets *des paniers* (m.), II, 8; **basket (basketball)** *le panier*, III, 12

bass (guitar) *la basse*, III, 11

bat (baseball) *le bâton*, III, 12

bathing suit *un maillot de bain*, I, 10

bathroom *la salle de bains*, II, 2

batter (baseball) *le frappeur*, III, 12

batting: You're batting a thousand! *Tu en rates pas une, toi!* III, 10

be *être*, I, 7; **to be in the process of (doing something)** *être en train de (+ infinitive)*, II, 9

be able to, can *pouvoir*, I, 8; **Can you . . . ?** *Est-ce que tu peux. . . ?* I, 12; **I can't.** *Je ne peux pas.* II, 7

beach *la plage*, I, 1

bear *un ours*, II, 12

beard *la barbe*, III, 4

beautiful *beau (belle)*, II, 2; *magnifique*, II, 6

because *parce que*, I, 5; **Just because everyone else . . . doesn't mean you have to.** *Ce n'est pas parce que tout le monde... que tu dois le faire.* III, 3

become *devenir*, II, 6

bed *le lit*, II, 2; **to go to bed** *se coucher*, II, 4; **to make one's bed** *faire son lit*, III, 3

bedroom *la chambre*, II, 2

beef *le bœuf*, I, 8

been: It's been . . . *Ça fait...*, III, 1

begin, to start *commencer*, I, 9

beginning: At the beginning . . . *Au début...*, III, 9; **I went at the beginning of . . .** *J'y suis allé(e) début...*, III, 1

behind *derrière*, I, 12

Belgium *la Belgique*, III, 12

believe: Believe me. *Crois-moi.* III, 4; **I can't believe how . . . !** *C'est fou comme... !* III, 7; **I can't believe it.** *J'arrive pas à y croire!* III, 12; **I don't believe it.** *Je n'en reviens pas.* III, 10

belt *la ceinture*, I, 10

best: All the best to . . . *Bien des choses à...*, III, 8; **Best wishes!** *Meilleurs vœux!* II, 3; **I . . . the best.** *C'est moi qui... le mieux.* III, 10; **I'm the best.** *C'est moi, le/la meilleur(e).* III, 10; **Make the best of it.** *Fais-toi une raison.* II, 8; **You're really the best.** *Tu es vraiment le/la meilleur(e).* III, 10

bet: I bet that . . . *Je parie que...*, II, 9

better: It would be better if . . . *Il vaudrait mieux que...*, III, 5; **It'll get better.** *Ça va aller mieux.* II, 5; **It's better than . . .** *C'est meilleur que...*, II, 7; **It's going to get better!** *Ça va aller mieux!* I, 9; **You have to do better in class.** *Il faut mieux travailler en classe.* II, 5; **You would do well/better to . . .** *Tu ferais bien/mieux de...*, III, 5

between *entre*, I, 12

big *grand(e)*, I, 10; **big (tall)** *grand(e)*, II, 1

bigger: bigger than . . . *plus grand(e) que*, II, 4; **I've done bigger and better things.** *Oh, j'en ai vu d'autres.* III, 10

bike *faire du vélo*, I, 4; **by bike** *à vélo*, I, 12

biking *le vélo*, I, 1

binder: loose-leaf binder *un classeur*, I, 3

binoculars *les jumelles* (f.), III, 7

biography *la biographie*, II, 11

biology *la biologie*, I, 2

bird *l'oiseau* (m.), III, 7

birthday: Happy birthday! *Joyeux (Bon) anniversaire!* II, 3

bisque *en bisque*, III, 11

black *noir(e)*, I, 3; **black** *noir*, II, 1; **black hair** *les cheveux noirs*, II, 1

blackboard *le tableau*, I, 0; **Go to the blackboard!** *Allez au tableau!*, I, 0

blamed: I'm always the one who gets blamed! *C'est toujours moi qui prends!* III, 6

blazer *la veste*, I, 10

bless: Bless you! *A tes souhaits!* II, 7

blond *blond(e)*, I, 7; **blond hair** *les cheveux blonds*, II, 1

blue *bleu(e)*, I, 3; II, 1
blues (music) *le blues*, II, 11; III, 11
boat *le bateau*, I, 12; **by boat** *en bateau*, I, 12; **to go boating** *faire du bateau*, I, 12
boiled *au court-bouillon*, III, 11
book *le livre*, I, 0
bookstore *la librairie*, I, 12
boots *des bottes* (f.), I, 10; **pair of boots** *les bottes* (f.), II, 1
bored: I was bored. *Je me suis ennuyé(e).* II, 6; III, 1; **I was bored to death.** *Je me suis ennuyé(e) à mourir.* III, 9; **I wasn't bored a second.** *Je ne me suis pas ennuyé(e) une seconde.* III, 9; **You're never bored.** *On ne s'ennuie pas.* II, 11
bores: That bores me to death! *Ça m'ennuie à mourir!* III, 2; **That bores me!** *Ça m'embête!* III, 2; **What bores me...** *Ce qui m'ennuie, c'est...,* II, 4
boring *barbant(e)*, I, 2; *ennuyeux (ennuyeuse)*, II, 6, 8; **It was boring.** *C'était ennuyeux.* I, 5; *C'était barbant.* I, 11; **deadly boring** *mortel(le)*, III, 2; **That's boring!** *C'est rasant!* III, 2; **That's so boring!** *Ça me casse les pieds!* III, 2
born: to be born *naître*, II, 6
borrow *emprunter*, I, 12
bother *ennuyer*, II, 8; **Stop bothering me!** *Et toi, arrête de m'embêter!* III, 10
bottle: a bottle of *une bouteille de*, I, 8
bow (in archery) *l'arc* (m.), III, 12
box: a package/box of *un paquet de*, I, 8
boxing *la boxe*, III, 12
bracelet *le bracelet*, I, 3
braces: to get one's braces off *se faire enlever ses bagues*, III, 10
brag: I'm not trying to brag, but... *C'est pas pour me vanter, mais moi...,* III, 10
braid *la natte*, III, 4
brakes *les freins* (m.), III, 2
brass, copper *le cuivre*, III, 8
brave *brave*, II, 1
Brazil *le Brésil*, III, 12
Brazilian (adj.) *brésilien(ne)*, III, 12
bread *du pain*, I, 8; *le pain*, II, 3; **long, thin loaf of bread** *la baguette*, I, 12
bread pudding *le pouding au pain*, III, 11
break *la récréation*, I, 2; **Give me a break!** *Oh, ça va, hein!* III, 10; **Will you give me a break?** *Lâche-moi, tu veux?* III, 10; **to break one's...** *se casser le/la...,* II, 7; III, 10
break down *tomber en panne*, II, 9; **to break down (run out of gas)** *tomber en panne (d'essence)*, III, 2
break up (with someone) *casser (avec quelqu'un)*, II, 9
breakfast *le petit déjeuner*, I, 8

bring *apporter*, I, 9; **Bring me back...** *Rapporte-moi...,* I, 8; **Please bring me...** *Apportez-moi..., s'il vous plaît.* I, 5; **to bring (with you)** *emporter*, II, 12; **Will you bring me...?** *Tu me rapportes...?* I, 8
brother *le frère*, I, 7
brown *marron*, I, 3; II, 1; **light brown hair** *châtain* II, 1; **dark brown hair** *les cheveux bruns*, II, 1
brunette *brun(e)*, I, 7
brush (bushes) *la brousse*, III, 7; **to brush one's teeth** *se brosser les dents*, II, 4
buffalo *le buffle*, III, 7
bugging: You're bugging me! *Tu m'énerves, à la fin!* III, 6
building *l'immeuble* (m.), III, 8
bun (hairstyle) *le chignon*, III, 4
bus: by bus *en bus*, I, 12; **bus stop** *l'arrêt* (m.) *de bus*, III, 8
business: Mind your own business! *Mêle-toi de tes oignons!* III, 6; **businessman/woman** *homme/ femme d'affaires*, III, 5
busy: I'm very busy. *Je suis très occupé(e).* II, 10; **It's busy.** *C'est occupé.* I, 9; **Sorry, I'm busy.** *Désolé(e), je suis occupé(e).* I, 6; *Je suis pris(e).* III, 6
but *mais*, I, 1
butcher shop *la boucherie*, II, 3
butter *du beurre*, I, 8; *le beurre*, II, 3
butterfly *le papillon*, III, 7
buy *acheter*, I, 9; **buy: Buy me...** *Achète(-moi)...,* I, 8; **How about buying...?** *Si on achetait...?* II, 8; **to buy oneself something** *s'acheter quelque chose*, III, 10
by: By the way,... *A propos,...,* II, 9
Bye! *Tchao!* I, 1

café *le café*, I, 5
cafeteria: at the school cafeteria *à la cantine*, I, 9
Cajun music *la musique cajun*, III, 11
cake *du gâteau*, I, 8
calculator *la calculatrice*, I, 3
call (someone) *téléphoner à (quelqu'un)*, II, 10; **Call him/her/ them!** *Téléphone-lui/-leur!* I, 9; **Can you call back later?** *Vous pouvez rappeler plus tard?* I, 9
called: Then I called... *Ensuite, j'ai téléphoné à...,* I, 9; **He/She called me a...!** *Il/Elle m'a traité(e) de...!* III, 6; **What is that called?** *Comment est-ce qu'on appelle ça?* III, 11

calling: Who's calling? *Qui est à l'appareil?* I, 9
calm *tranquille*, II, 8; **Calm down!** *Calmez-vous!* III, 7; **Calm down.** *Du calme, du calme.* III, 2
camcorder *le caméscope*, III, 7
camel *le chameau*, III, 8
camera *l'appareil-photo* (m.), I, 11; II, 1
camp: to/at a summer camp *en colonie de vacances*, I, 11
campground *le terrain de camping*, II, 2
camping: to go camping *faire du camping*, I, 11; II, 12
can: a can of *la boîte de*, I, 8
can (to be able to): *pouvoir*, I, 8; **Can I...?** *Je peux...?* III, 3; **Can I try on...?** *Je peux essayer...?* I, 10; **Can you...?** *Est-ce que tu peux...?* I, 12; **I can't because...** *Je ne peux pas parce que...,* I, 5; **I can't right now.** *Je ne peux pas maintenant.* I, 8; **No, I can't.** *Non, je ne peux pas.* I, 12; II, 1, 7; **Can I talk to you?** *Je peux te parler?* II, 10; **If you like, we can...** *Si tu veux, on peut...,* II, 1; **We can...** *On peut...,* II, 4; **What can I do?** *Qu'est-ce que je peux faire?* II, 10; **What can we do?** *Qu'est-ce qu'on peut faire?* II, 4; **You can...** *On peut...,* II, 12
Canada *le Canada*, III, 12
canary *le canari*, I, 7
candies *les bonbons* (m), II, 3
candy shop *la confiserie*, II, 3
canoe: to go for a canoe ride *faire du canotage*, I, 12
cans *les boîtes* (f.), III, 3
canteen *la gourde*, III, 7
cap *la casquette*, I, 10
capital *la capitale*, II, 4
car: by car *en voiture*, I, 12; **to wash the car** *laver la voiture*, I, 7; **to wreck the car** *emboutir la voiture*, III, 10
caramel custard *la crème caramel*, III, 1
cards: to play cards *jouer aux cartes*, I, 4
care: What I don't care for is... *Ce qui ne me plaît pas, c'est...,* II, 4
career: to choose a career *choisir un métier*, III, 5
careful *prudent(e)*, III, 3; **Be careful!** *Méfiez-vous!* III, 7
carrots *les carottes* (f.), I, 8; **grated carrots with vinaigrette dressing** *les carottes râpées*, III, 1
cartoon *le dessin animé*, III, 9
cartoon book *une bande dessinée (une B.D.)*, II, 1
cassette tape *la cassette*, I, 3
cat *le chat*, I, 7
catches: What catches your eye is... *Ce qui saute aux yeux, c'est...,* III, 11
cathedral *la cathédrale*, II, 2
C.D. (compact disc) *un disque compact/un CD*, I, 3
celery: grated celery root with mayonnaise and vinaigrette *le céleri rémoulade*, III, 1

Central African Republic *la République centrafricaine*, III, 12
cereal *les céréales* (f.), II, 3
certain: I'm (not) certain that . . . *Je (ne) suis (pas) certain(e) que . . .* , III, 7
Certainly. *Bien sûr.* I, 9
chair *la chaise*, I, 0
channel (TV) *la chaîne*, III, 9
charming *charmant(e)*, II, 4
Cheater! *Tricheur(-euse)!* III, 6
check *vérifier*, III, 2; **check out: Hey! Check it out!** *Tiens! Regarde un peu!* III, 7; **The check, please.** *L'addition, s'il vous plaît.* I, 5; **traveler's checks** *les chèques* (m.) *de voyage*, II, 1
cheese *le fromage*, I, 5; II, 3; **a selection of cheeses** *l'assiette de fromages*, III, 1; **goat cheese** *fromage de chèvre*, III, 1; **toasted cheese and ham sandwich** *un croque-monsieur*, I, 5
cheetah *le guépard*, III, 7
chemistry *la chimie*, I, 2
chest: chest of drawers *la commode*, II, 2
chic *chic*, I, 10
chicken *la poule*, II, 3; III, 8
chicken *le poulet* I, 8; **chicken meat** *du poulet*, I, 8; **live chickens** *des poules*, I, 8; **roasted chicken with green beans** *le poulet haricots verts*, III, 1
child *l'enfant* (m./f.) I, 7; **to have a child** *avoir un enfant*, III, 5
childish *bébé*, III, 2
China *la Chine*, III, 12
chocolate *le chocolat*, I, 1; **box of chocolates** *la boîte de chocolats*, II, 3
choice: If I had a choice, . . . *Si j'avais le choix, . . .* , III, 8
choir *la chorale*, I, 2
choose *choisir*, I, 10; **to choose a career** *choisir un métier*, III, 5; **to choose the date** *fixer la date*, II, 10; **to choose the music** *choisir la musique*, II, 10
Christmas: Merry Christmas! *Joyeux Noël!* II, 3
church *l'église* (f.), II, 2
class: What classes do you have . . . ? *Tu as quels cours . . . ?* I, 2
classic *un (roman) classique*, II, 11; **classic movie** *un film classique*, II, 11
classical music *la musique classique*, II, 11; III, 11
classy *classe*, III, 4
clean *propre*, II, 8
clean: to clean house *faire le ménage*, I, 7; **to clean the bathroom** *nettoyer la salle de bains*, III, 3; **to clean the floor** *nettoyer le parquet*, III, 3; **to clean the windshield** *nettoyer le pare-brise*, III, 2

clear: to clear the table *débarrasser la table*, I, 7
close: That was close! *On l'a échappé belle!* III, 7
close: Close the door! *Fermez la porte!*, I, 0; **When do you close?** *A quelle heure est-ce que vous fermez?* II, 6
close to *près de*, I, 12
cloth *le tissu*, II, 8
coach *l'entraîneur* (m.), III, 12
coast: to/at the coast *au bord de la mer*, I, 11
coat *un manteau*, I, 10
coconut tree *un cocotier*, II, 4
coconuts *des noix de coco* (f.), I, 8
coffee *le café*, I, 5
cola *un coca*, I, 5
cold: I've got a cold. *J'ai un rhume.* II, 7; **It's cold.** *Il fait froid.* I, 4
color: What color is . . . ? *De quelle couleur est . . . ?*, I, 3
colorful *coloré(e)*, II, 4
come *venir*, II, 6; **come across: After . . . , you'll come across . . .** *Après . . . , vous allez tomber sur . . .* , III, 2; **come back** *revenir*, II, 6; **Come in, please.** *Entrez, je vous en prie.* III, 6; **Come on!** *Allez!* II, 7, 12; **Where does the word . . . come from?** *D'où vient le mot . . . ?* III, 11; **Will you come?** *Tu viens?* I, 6
comedy *la comédie*, III, 9; *le film comique*, II, 11
comfortable: Make yourself comfortable. *Mettez-vous à l'aise.* III, 6
comic book *une bande dessinée (une B.D.)*, II, 11; III, 11
commercial *la publicité (pub)*, III, 9
common: What do . . . and . . . have in common? *Quel est le point commun entre . . . et . . . ?* III, 10
compact disc/CD *un disque compact/un C.D.*, I, 3
compass *une boussole*, II, 12
competition *la compétition*, III, 12
computer *un ordinateur*, I, 3
computer science *l'informatique*, I, 2
concerts *les concerts* (m.), I, 1
Congratulations! *Félicitations!* II, 3; II, 5
conservative *sérieux (-euse)*, III, 4
considerate: to be considerate *être attentionné(e)*, III, 3
conversation: Following our telephone conversation, . . . *Suite à notre conversation téléphonique, . . .* , III, 5
convinced: I'm convinced that . . . *Je suis convaincu(e) que . . .* , III, 7
cooked: How do you like your meat cooked? *Comment désirez-vous votre viande?* III, 1
cool *cool*, I, 2; **Cool!** *C'est le pied!* III, 7; **It's cool (outside).** *Il fait frais.* I, 4; **super cool** *hypercool*, III, 4; **That's too cool!** *C'est trop cool!* III, 12; **very cool** *chouette*, II, 2; **Yes, very cool.** *Oui, très chouette.* I, 9; I, 11;

Your . . . is cool. *Il/Elle est cool, ton/ta . . .* , II, 2
copper *le cuivre*, III, 8
coral *du corail*, III, 10
corn *du maïs*, I, 8
corner: on the corner of *au coin de*, I, 12
corny *ringard(e)*, III, 4
Côte d'Ivoire *la République de Côte d'Ivoire*, III, 12
cotton: in cotton *en coton*, I, 10
could: Could you . . . ? *Tu pourrais . . . ?* II, 10; **Could you go by . . . ?** *Tu pourrais passer à . . . ?* I, 12; **I could have . . .** *J'aurais pu . . .* , II, 10; **If I could, . . .** *Si seulement je pouvais, . . .* , III, 8; **We could . . .** *On pourrait . . .* , II, 1; **You could give him/her (them) . . .** *Tu pourrais lui (leur) offrir . . .* , II, 3; **You could have . . .** *Tu aurais pu . . .* , II, 10
country music *le country*, II, 11; III, 11
country: to/at the countryside *à la campagne*, I, 11
courage: You've really got courage. *Tu en as, du courage.* III, 10
course (school) *le cours*, I, 2; **(meal) first course** *l'entrée* (f), II, 3; **main course** *le plat principal*, II, 3; **Of course not.** *Bien sûr que non.* II, 10; **Of course.** *Bien sûr.* I, 3; II, 10; **Of course. They are (He/She is) . . .** *Bien sûr. C'est . . .* , II, 11; **Yes, of course.** *Oui, bien sûr.* I, 7
cousin *le cousin (la cousine)* I, 7
crab *le crabe*, III, 10
crafts: to make crafts *faire de l'artisanat* (m.), III, 8
crawfish *les écrevisses* (f.), III, 11
crazy (funny) *fou (folle)*, III, 2; **(wild)** *dingue*, III, 2; **Are you crazy or what?** *Tu délires ou quoi?* III, 11; **I'm crazy about that!** *Ça me branche!* III, 2; **What I'm really crazy about is . . .** *Ce qui me branche vraiment, c'est . . .* , III, 11; **You're driving me crazy!** *Tu me prends la tête!* III, 6
cream: cream puff pastry *la religieuse*, II, 3
credit card *la carte de crédit*, III, 7
crew: a crew cut *les cheveux en brosse* (m.), III, 4
crocodile *le crocodile*, III, 7
croissant *les croissants* (m.), II, 3; **croissant with a chocolate filling** *le pain au chocolat*, II, 3
cross: Cross . . . *Traversez . . .* , II, 2; **You cross . . .** *Vous traversez . . .* , III, 2
cross-country: to go cross-country skiing *faire une randonnée en skis*, II, 12
crowd *la foule*, III, 8
Crybaby! *Pleurnicheur(-euse)!* III, 6
curly: curly hair *les cheveux frisés* (m.), III, 4
cut: Oh, cut it out! *Oh, ça va, hein?* III, 6; **a crew cut** *les cheveux en brosse*

(m.), III, 4; **a square cut** *une coupe au carré*, III, 4; **Did you get your hair cut?** *Tu t'es fait couper les cheveux?* III, 4; **to cut one's finger** *se couper le doigt*, II, 7

cute *mignon (mignonne)*, I, 7; **cute, but that's all** *gentillet, sans plus*, II, 11

cycling *le cyclisme*, III, 12

dairy *la crémerie*, II, 3
dance *danser*, I, 1; *la danse*, I, 2; **dance music** *la dance*, III, 11; **to dance the zouk** *danser le zouk*, II, 4
dangerous *dangereux (dangereuse)*, II, 8
Darn it! *Zut!* I, 3; *Zut, alors!* III, 7; *Les boules!* III, 12
date (fruit) *la datte*, III, 8
date: to have a date/make a date (with someone) *avoir (prendre) rendez-vous (avec quelqu'un)*, II, 9
daughter *la fille*, I, 7
day: I had a terrible day! *J'ai passé une journée épouvantable!* II, 5; **It's just not my day!** *C'est pas mon jour!* II, 5; **What a bad day!** *Quelle journée!* II, 5; **What a great day!** *Quelle journée formidable!* II, 5
dead *mort(e)*, III, 6
deadly: deadly dull *mortel(le)*, II, 6; II, 8
death: I was bored to death. *Je me suis ennuyé(e) à mourir.* III, 9
December *décembre*, I, 4
decide: I can't decide between ... and ... *J'hésite entre... et...*, III, 1; **Have you decided to take ...?** *Vous avez décidé de prendre...?* I, 10; **I'm having trouble deciding.** *J'ai du mal à me décider.* III, 5
deface: to deface the trees *mutiler les arbres*, II, 12
Definitely not! *Sûrement pas!* II, 6
delicatessen *la charcuterie*, II, 3
delicious *délicieux(-ieuse)*, I, 5; **That was delicious!** *C'était délicieux!* II, 3
Democratic Republic of Congo *la République Démocratique du Congo*, III, 12
denim: in denim *en jean*, I, 10
dentist *le/la dentiste*, III, 5
deposit *déposer*, I, 12
depressed *déprimé(e)*, II, 9
depressing *déprimant(e)*, II, 11
dessert *le dessert*, II, 3; III, 1
detective: detective or mystery movie *un film policier*, II, 11; **detective or mystery novel** *un roman policier (un polar)*, II, 11
detention: to have detention *être collé(e)*, II, 5

dictionary *le dictionnaire*, I, 3
did: First, I did ... *D'abord, j'ai fait...*, I, 9
die *mourir*, II, 6
diet: to follow a diet that's too strict *suivre un régime trop strict*, II, 7
difference: What's the difference between ... and ...? *Quelle est la différence entre ... et... ?* III, 10
different: Was it really so different? *C'était tellement/si différent?* II, 8
dining room *la salle à manger*, II, 2
dinner *le dîner*, I, 8; **to have dinner** *dîner*, I, 9
diploma: to get one's diploma *obtenir son diplôme*, III, 5
dirty *sale*, II, 8
discus: the discus throw *le lancer du disque*, III, 12
dishes: to do the dishes *faire la vaisselle*, I, 7
disinfectant *le désinfectant*, III, 7
dismissal (when school gets out) *la sortie*, I, 2
dive *plonger*, III, 12; **diving** *le plongeon acrobatique*, III, 12; **diving board** *le plongeoir*, III, 12
divorced *divorcé(e)*, III, 6
do *faire*, I, 4; **All you have to do is ...** *Tu n'as qu'à...*, II, 7; III, 5; **Do you know what you want to do?** *Tu sais ce que tu veux faire?* III, 5; **Do you play/do ...?** *Est-ce que tu fais...?* I, 4; **Don't do it again.** *Ne recommence pas.* II, 5; **I do.** *Moi, si.* I, 2; **I don't know what to do.** *Je ne sais pas quoi faire.* II, 10; **I don't play/do ...** *Je ne fais pas de...*, I, 4; **I have errands to do.** *J'ai des courses à faire.* I, 5; **I just can't do any more!** *Je n'en peux plus!* II, 7; **I play/do ...** *Je fais...*, I, 4; **In your opinion, what do I do?** *A ton avis, qu'est-ce que je fais?* I, 9; **It didn't do anything for me.** *Ça ne m'a pas emballé(e).* III, 9; **It'll do you good.** *Ça te fera du bien.* II, 7; **to do homework** *faire les devoirs*, I, 7; **to do the dishes** *faire la vaisselle*, I, 7; **What are you going to do ...?** *Qu'est-ce que tu vas faire... ?* I, 6; II, 1; *Tu vas faire quoi... ?* I, 6; **What can I do?** *Qu'est-ce que je peux faire?* I, 9; **What can we do?** *Qu'est-ce qu'on peut faire?* II, 4; **What did you do?** *Qu'est-ce que tu as fait?* I, 9; **What do you advise me to do?** *Qu'est-ce que tu me conseilles?* I, 9; **What do you do (when)...?** *Qu'est-ce que tu fais (quand)... ?* I, 4; **What do you like to do?** *Qu'est-ce que tu aimes faire?* II, 1; **What should we do?** *Qu'est-ce qu'on fait?* II, 1; **What are you doing?** *Mais, qu'est-ce que tu fais?* III, 2
doctor *médecin* (m.), III, 5

documentary *le documentaire*, III, 9
dog *le chien*, I, 7; **to walk the dog** *promener le chien*, I, 7; *sortir le chien*, III, 3
don't: I don't. *Moi, non.* I, 2; **What I don't like is ...** *Ce que je n'aime pas, c'est...*, II, 4; **Why don't you ...?** *Pourquoi tu ne... pas... ?* II, 7
done, made *fait (faire)*, I, 9
door *la porte*, I, 0
doubt: I have no doubt of it. *Je n'en ai aucun doute.* III, 12
down: to go down *descendre*, II, 6; **You go down this street to the next light.** *Vous continuez cette rue jusqu'au prochain feu rouge.* I, 12; **downstairs** *en bas*, III, 2
dozen *la douzaine de*, I, 8
drama *le drame*, III, 9; **to do drama** *faire du théâtre*, I, 4
drawers: chest of drawers *la commode*, II, 2
dream: My dream is to ... *Mon rêve, c'est de...*, III, 5
dress *la robe*, I, 10; **to get dressed** *s'habiller*, II, 4
drink: to drink *boire*, I, 5; *la boisson*, I, 5; **And to drink?** *Et comme boisson?* III, 1; **What do you have to drink?** *Qu'est-ce que vous avez comme boissons?* I, 5; **What is there to drink?** *Qu'est-ce qu'il y a à boire?* I, 5
drive *conduire*, III, 2; **to drive a car** *conduire une voiture*, II, 8; **to drive safely** *conduire prudemment*, III, 3
driver *le chauffeur*, III, 5; **to get one's driver's license** *passer son permis de conduire*, III, 5
driving: You're driving me crazy! *Tu me prends la tête!* III, 6; **to take driving lessons** *prendre des leçons de conduite*, III, 10
drugstore *la pharmacie*, I, 12
drum (from Africa) *un tam-tam*, II, 8; **drum machine** *la boîte à rythmes*, III, 11; **drums** *la batterie*, III, 11
duck *un canard*, II, 12
dull: It's no good/dull. *C'est nul/lourd.* III, 9
dust: to dust *faire la poussière*, III, 3
dyed: dyed hair *les cheveux teints* (m.), III, 4
dying: I'm dying of hunger! *Je crève de faim!* II, 12; **I'm dying of thirst!** *Je meurs de soif!* II, 12

early *tôt*, II, 4
earrings *des boucles d'oreilles* (f.), I, 10

ears *les oreilles* (f.), II, 7; **to get one's ears pierced** *se faire percer les oreilles,* III, 10

earth-shattering: It's not earth-shattering. *Ça casse pas des briques.* II, 11

east: in the east *dans l'est,* II, 4; **It's to the east of . . .** *C'est à l'est de... ,* II, 12

eastern: It's in the eastern part of . . . *C'est dans l'est de... ,* II, 12

easy *facile,* I, 2; **That's so easy!** *C'est fastoche, ça!* III, 10

eat *manger,* I, 6; II, 7; **to eat too much sugar** *consommer trop de sucre,* II, 7; **someone who loves to eat** *gourmand(e),* II, 1; **to eat better** *manger mieux,* III, 3; **to eat well** *bien se nourrir,* II, 7

eggs *des œufs* (m.), I, 8; II, 3

elderly: to help elderly people *aider les personnes âgées,* III, 3

elegant *élégant(e),* III, 4

elementary school teacher *l'instituteur(-trice),* III, 5

elephant *l'éléphant* (m.), III, 7

else: I have something else to do. *J'ai quelque chose à faire.* II, 10

embarrassed *gêné(e),* II, 9

end: At the end . . . *A la fin... ,* III, 9; **How does it end?** *Comment ça se termine?* III, 9; **I went at the end of (month). . .** *J'y suis allé(e) fin... ,* III, 1; **Over there, at the end of the hallway.** *Par là, au bout du couloir.* III, 2

energy *l'énergie* (f.), III, 3

engaged: to get engaged *se fiancer,* III, 10

engineer *l'ingénieur,* III, 5

England *l'Angleterre* (f.), III, 12

English (language) *l'anglais* (m.), I, 1

enjoy *déguster,* II, 4

enough: Enough is enough! *Ça commence à bien faire, hein?* III, 8; **That's enough!** *Ça suffit!* III, 6

enter *entrer,* II, 6; **to enter the university** *entrer à l'université,* III, 5

entrance: At the entrance to . . . *A l'entrée de... ,* III, 2; **How much is the entrance fee?** *C'est combien, l'entrée?* II, 6

envelope *l'enveloppe* (f.), I, 12

epee (sword) *l'épée* (f.), III, 12

equestrian events *l'équitation* (f.), III, 12

eraser *la gomme,* I, 3

especially *surtout,* I, 1

essential: It's essential to . . . *Il est essentiel que... ,* III, 7

euro *l'euro* (m.), I, 5

evening: *le soir,* I, 2; **in the evening** *le soir,* I, 2

everybody: Everybody does it. *Tout le monde fait pareil.* III, 3; **It happens to everybody.** *Ça arrive à tout le monde.* III, 6

everyone: Everyone should . . . *On doit...* II, 7; **Just because everyone else . . . doesn't mean you have to.** *Ce n'est pas parce que tout le monde... que tu dois le faire.* III, 3

everything: Everything went wrong! *Tout a été de travers!* II, 5; **I've thought of everything.** *J'ai pensé à tout.* I, 11

exam *les examens* (m.), I, 1; **to pass one's baccalaureat exam** *réussir son bac,* III, 5

excellent *excellent,* I, 5, 9; II, 2

exciting: It's an exciting story. *C'est une histoire passionnante.* II, 11

excuse: Excuse me. *Excusez-moi.!* I, 3, 5; **Excuse me, ma'am. . . . , please?** *Pardon, madame. ... , s'il vous plaît?* I, 12; **Excuse me, miss. Where is . . . , please?** *Pardon, mademoiselle. Où est... , s'il vous plaît?* I, 12; **Excuse me, sir. I'm looking for . . . , please.** *Pardon, monsieur. Je cherche... , s'il vous plaît.* I, 12

exercise *faire de l'exercice,* II, 7

exhausted: I'm exhausted. *Je suis crevé(e),* II, 2

expensive: It's too expensive. *C'est trop cher.* II, 3; **Oh, it wasn't expensive.** *Oh, tu sais, je ne l'ai pas payé(e) cher.* III, 4

explain: Explain to him/her/them. *Explique-lui/leur.* II, 10; **to explain what happened (to someone)** *expliquer ce qui s'est passé (à quelqu'un),* II, 10

eye *l'œil* (m.) (pl. *les yeux*), II, 1

fabric *le tissu,* II, 8

faded *délavé(e),* III, 4

fail: to fail a test *rater un examen,* I, 9

fair: It's not fair. *C'est pas juste.* III, 12

fall *tomber,* II, 5; **in the fall** *en automne,* I, 4; **to fall in love (with someone)** *tomber amoureux (-euse) (de quelqu'un),* II, 9

familiar: Are you familiar with . . . ? *Tu connais...?* , II, 11; **I'm not familiar with them (him/her).** *Je ne connais pas.* II, 11

fantastic *sensass (sensationnel(le)),* I, 10

far from *loin de,* I, 12

fascinating *passionnant(e),* I, 2

fat (adj.) *gros (grosse),* I, 7; (noun) *les matières grasses* (f.), II, 7

father *le père,* I, 7

fault: It's my fault. *C'est de ma faute.* II, 10

favorite: What is your favorite . . . ? *Quel(le) est ton/ta... préféré(e)?* II, 1; **Who is your favorite . . . ?** *Qui est ton/ta... préféré(e)?* II, 1

February *février,* I, 4

fee: How much is the entrance fee? *C'est combien, l'entrée?* II, 6

feed: to feed the animals *donner à manger aux animaux,* II, 6; III, 3; *nourrir les animaux,* II, 12

feel: Do you feel like . . . ? *Tu as envie de... ?* II, 1; **I don't feel like it.** *Ça ne me dit rien.* I, 6; **I don't feel well.** *Je ne me sens pas bien.* II, 7; **I feel bad for . . .** *Je m'en veux de... ,* III, 6; **I feel like . . .** *J'ai envie de... ,* I, 11; **No, I don't feel like it.** *Non, je n'ai pas très envie.* II, 7

feelings: No hard feelings. *Je ne t'en veux pas.* II, 10; **No hard feelings?** *Tu ne m'en veux pas?* II, 10

fencer *l'escrimeur(-euse),* III, 12

fencing *l'escrime* (f.), III, 12

ferocious *féroce,* III, 7

ferris wheel *la grande roue,* II, 6

fewer: fewer . . . than . . . *moins de... que,* III, 8

fig *la figue,* III, 8

fight *se bagarrer,* III, 10

fill: to fill it up *faire le plein,* III, 2

film: foreign film *le film étranger,* III, 9; **roll of film** *la pellicule,* III, 7; **What films are playing?** *Qu'est-ce qu'on joue comme films?* II, 11

Finally . . . *Enfin,... ,* I, 9; II, 1; II, 4; II, 9; *Finalement,... ,* I, 9; II, 1; II, 4; II, 9

find *trouver,* I, 9; **Could you tell me where I could find . . . ?** *Vous pourriez me dire où il y a... ?* III, 2; **to find a job** *trouver un travail,* III, 5

Fine. *Ça va.* I, 1; **Yes, it was fine.** *Oui, ça a été.* I, 9

finish: to finish one's studies *arrêter/finir ses études* (f.), III, 5

fire: Where's the fire? *Il n'y a pas le feu.* III, 2

first: First, . . . *D'abord,... ,* II, 12; **First, I did . . .** *D'abord, j'ai fait... ,* I, 9; **First, I'm going to . . .** *D'abord, je vais... ,* II, 1; **OK, if you . . . first.** *D'accord, si tu... d'abord... ,* I, 7

first-aid kit *une trousse de premiers soins,* II, 12; III, 7

fish *le poisson,* I, 7; III, 3; *du poisson,* I, 8; **to fish** *pêcher,* III, 8; **fish shop** *la poissonnerie,* II, 3

fishing: fishing pole *une canne à pêche,* II, 12; **fishing village** *un village de pêcheurs,* II, 4; **to go fishing** *aller à la pêche,* II, 4

fits: That fits you like a glove. *Ça te va comme un gant.* III, 4

flashlight *une lampe de poche,* II, 12; *la torche,* III, 7

flat: to have a flat tire *avoir un pneu crevé,* III, 2

floor: first (ground) floor *le rez-de-chaussée*, II, 2; **On the ground floor.** *Au rez-de-chaussée.* III, 2; **On the second floor.** *Au premier étage.* III, 2; **second floor** *le premier étage*, II, 2; **to clean the floor** *nettoyer le parquet*, III, 3

florist's shop *le fleuriste*, II, 3

flour *de la farine*, I, 8

flu: I've got the flu. *J'ai la grippe.* II, 7

flute *la flûte*, III, 11

fly *la mouche*, III, 7

folk music *le folk*, II, 11; III, 11

follow: to follow a diet that's too strict *suivre un régime trop strict*, II, 7; **to follow the marked trails** *suivre les sentiers balisés*, II, 12; **To get to . . . , follow . . . for about . . . kilometers.** *Pour (aller à) . . . , vous allez suivre la . . . pendant à peu près . . . kilomètres.* III, 2

following: Following our telephone conversation, . . . *Suite à notre conversation téléphonique, . . .* , III, 5

foot *le pied*, II, 7; **My foot hurts.** *J'ai mal au pied.* II, 7; **on foot** *à pied*, I, 12

football: to play football *jouer au football américain*, I, 4

for: It's good for you. *C'est bon pour toi.* II, 7

forbidden: It's forbidden to . . . *Il est interdit de . . .* , III, 3

foreign: foreign film *le film étranger*, III, 9

forest: to the forest *en forêt*, I, 11

forget *oublier*, I, 9; **Don't forget . . .** *N'oublie pas . . .* , II, 1; *N'oublie pas de . . .* I, 8; **Forget him/her/them!** *Oublie-le/-la/-les!* I, 9; II, 10; **I didn't forget anything.** *Je n'ai rien oublié.* I, 11; **You didn't forget your . . . ?** *Tu n'as pas oublié . . . ?* I, 11

forgive (someone) *pardonner à (quelqu'un)*, II, 10; **Forgive me.** *Excuse-moi.* II, 10

forgiveness: to ask (someone's) forgiveness *demander pardon à (quelqu'un)*, II, 10

Fortunately, . . . *Heureusement, . . .* , II, 9

fox *un renard*, II, 12

frame: photo frame *le cadre*, II, 3

free: I'm free, aren't I? *Je suis quand même libre, non?* III, 3

freeway: You'll see a sign that points out the freeway entrance. *Vous allez voir un panneau qui indique l'entrée de l'autoroute.* III, 2

French (language) *le français* I, 1; **French fries** *les frites* (f.), I, 1

Friday: on Fridays *le vendredi*, I, 2

fried *frit(e)*, III, 11

friends *les ami(e)s*, I, 1; **to go out with friends** *sortir avec les copains*, I, 1

from: Do people . . . where you're from? *On . . . chez toi?* III, 12; **Do you have/Are there . . . where you're from?** *Vous avez/Il y a des . . . chez vous?* III, 12; **From platform . . .** *Du quai . . .* , II, 6; **Where are you from?** *Tu viens d'où?* III, 12

front: in front of *devant*, I, 6

fruit *les fruits* (m.), I, 8

fun *amusant(e)*, II, 11; **Did you have fun?** *Tu t'es bien amusé(e)?* I, 11; II, 6; III, 1; **Have fun!** *Amuse-toi bien!* I, 11; **I had a lot of fun.** *Je me suis beaucoup amusé(e).* II, 6; III, 1; **What do you do to have fun?** *Qu'est-ce que tu fais pour t'amuser?* I, 4

funny *amusant(e)*, I, 7; *marrant(e)*, III, 2; **funny (crazy)** *fou (folle)*, III, 2; **funny (hysterical)** *rigolo(te)*, III, 2; **funny (wild)** *dingue*, III, 2; **It's funny.** *C'est drôle (amusant).* II, 11

furious *furieux (furieuse)*, II, 9

G

gain: to gain weight *grossir*, I, 10

game (match) *le match*, III, 12; **game show** *le jeu télévisé*, III, 9; **to watch a game (on TV)** *regarder un match*, I, 6

gas *l'essence* (f.), III, 2; **gas station** *une station-service*, III, 2; **the gas tank** *le réservoir*, III, 2

gaudy *tape-à-l'œil*, III, 4

geography *la géographie*, I, 2

geometry *la géométrie*, I, 2

German (language) *l'allemand* (m.), I, 2; *allemand(e)* (adj.)

Germany *l'Allemagne* (f.), III, 12

get: As soon as I get there, . . . *Dès que je serai là-bas, . . .* , III, 12; **Get . . .** *Prends . . .* , I, 8; **Get a move on!** *Grouille-toi!* III, 2; **Get out of here!** *Casse-toi!* III, 6; **Get well soon!** *Bon rétablissement!* II, 3; **Get with it!** *Réveille-toi un peu!* III, 10; **to get up** *se lever*, II, 4; **How can I get to . . . ?** *Comment on va à . . . ?* III, 2; **How can we get there?** *Comment est-ce qu'on y va?* I, 12; **How did you get there?** *Tu es parti(e) comment?* III, 1; **It'll get better.** *Ça va aller mieux.* II, 5; **To get to . . . , follow . . . for about . . . kilometers.** *Pour (aller à) . . . , vous allez suivre la . . . pendant à peu près . . . kilomètres.* III, 2; **to get a bad grade** *avoir une mauvaise note*, II, 5; **to get an 8 in . . .** *avoir 8 en . . .* , II, 5; **to get lost** *se perdre*, II, 9; **to get ready** *faire les préparatifs*, II, 10;

You'll get used to it. *Tu vas t'y faire.* II, 8

gift *le cadeau*, I, 11; **gift shop** *la boutique de cadeaux*, II, 3; **Have you got a gift idea for . . . ?** *Tu as une idée de cadeau pour . . . ?* II, 3

giraffe *la girafe*, III, 7

give: Give . . . a kiss for me. *Embrasse . . . pour moi.* III, 8; **Give . . . my regards.** *Fais mes amitiés à . . .* , III, 8; **Give him/her (them) . . .** *Offre-lui (leur) . . .* , II, 3; **Give me your . . .** *Donnez-moi votre . . .* , III, 6; **Please give me . . .** *Donnez-moi . . . , s'il vous plaît.* I, 5; **to give (to someone)** *offrir (à quelqu'un)*, II, 10; **What could I give to . . . ?** *Qu'est-ce que je pourrais offrir à . . . ?* II, 3; **You could give him/her (them) . . .** *Tu pourrais lui (leur) offrir . . .* , II, 3

give up: I give up. *J'abandonne.* II, 7

glad: I'm glad to see you again. *Je suis content(e) de te revoir.* III, 1

Gladly. *Je veux bien.* I, 8

glass *le verre*, III, 3

glove *le gant*, III, 12; **gloves** *les gants* (m.), II, 1; III, 4; **That fits you like a glove.** *Ça te va comme un gant.* III, 4

go *aller*, I, 6; **Go to the blackboard!** *Allez au tableau!*, I, 0; **Could you go by . . . ?** *Tu pourrais passer à . . . ?* I, 12; **Did it go well?** *Ça s'est bien passé?* I, 9; **Don't go!** *N'y va pas!* III, 9; **Go (keep going) straight ahead.** *Allez (continuez) tout droit*, II, 2; **How did it go?** *Comment ça s'est passé?* II, 5; **Let's go . . .** *Allons . . .* , I, 6; **to go for a walk** *faire une promenade*, I, 6; **We can go there . . .** *On peut y aller . . .* , I, 12; **Where did you go?** *Tu es allé(e) où?* I, 9; **You go down this street to the next light.** *Vous continuez cette rue jusqu'au prochain feu rouge.* I, 12

go back (home) *rentrer*, II, 6

go down *descendre*, II, 6

go out *sortir*, II, 6; **to go out with friends** *sortir avec les copains*, I, 1

go up *monter*, II, 6; **to go up in a tower** *monter dans une tour*, II, 6

go with: It doesn't go at all with . . . *Il/Elle ne va pas du tout avec . . .* , I, 10; **It goes very well with . . .** *Il/Elle va très bien avec . . .* , I, 10; **I'd like . . . to go with . . .** *J'aimerais . . . pour aller avec . . .* , I, 10

goat *la chèvre*, III, 8; **goat cheese** *le fromage de chèvre*, III, 1

going: First, I'm going to . . . *D'abord, je vais . . .* , II, 1; **How about going . . . ?** *Si on allait . . . ?* II, 4; **How's it going?** *(Comment) ça va?* I, 1; **I'm going . . .** *Je vais . . .* , I, 6; **I'm going to . . .** *Je vais . . .* , I, 11; **I'm**

going to have ..., please. *Je vais prendre... , s'il vous plaît.* I, 5; **What are you going to do ...?** *Qu'est-ce que tu vas faire... ?* I, 6; II, 1; **What do you think about going ...?** *Ça te dit d'aller... ?* II, 4; **What's going on?** *Qu'est-ce qui se passe?* II, 5; **What's going on with you?** *Qu'est-ce que tu deviens?* III, 1; **Where are you going to go ...?** *Où est-ce que tu vas aller... ?* I, 11; **You're going to like it here.** *Tu vas te plaire ici.* II, 8

golf *le golf,* I, 4; **to play golf** *jouer au golf,* I, 4

good *bon(ne),* I, 5; **Did you have a good ...?** *Tu as passé un bon...* ? I, 11; **Did you have a good trip?** *Vous avez (Tu as) fait bon voyage?* II, 2; **Good idea!** *Bonne idée!* II, 3; **I've got a good one.** *J'en connais une bonne.* III, 10; **It'll do you good.** *Ça te fera du bien.* II, 7; **It's good for you.** *C'est bon pour toi.* II, 7; **It's good!** *C'est vraiment bon!* II, 3; **not very good** *pas bon,* I, 5; **pretty good** *pas mauvais,* I, 5; **That's a good (excellent) idea.** *C'est une bonne (excellente) idée.* II, 1; **That's a good one!** *Elle est bien bonne!* III, 10; **Yes, very good.** *Oui, très bon.* I, 9; **You're really strong/good at that.** *Tu es fortiche/calé(e).* III, 10

Goodbye! *Au revoir!* I, 1; *Salut!* I, 1

goofing: **You can't be goofing off in class!** *Il ne faut pas faire le clown en classe!* II, 5

gorgeous *superbe,* II, 6

got (to have to): **All you've got to do is ...** *Tu n'as qu'à... ,* III, 5; **No, you've got to ...** *Non, tu dois...,* I, 7

grade: **to get a bad grade** *avoir une mauvaise note,* II, 5

granddaughter *la petite-fille,* III, 6

grandfather *le grand-père,* I, 7

grandmother *la grand-mère,* I, 7

grandson *le petit-fils,* III, 6

grapes *du raisin,* I, 8

grass *l'herbe (f.),* III, 7

great *génial(e),* I, 2; II, 2; **Great!** *Super!* I, 1; *Génial!* III, 12; **Isn't it great!** *Ce que c'est bien!* III, 2; **It was great!** *C'était formidable!* I, 11; *C'était chouette!* III, 1; **It wasn't so great.** *C'était pas terrible.* III, 1; **It would be great if ...** *Ça serait chouette si... ,* III, 8; **Not so great.** *Pas terrible.* I, 1; **What a great day!** *Quelle journée formidable!* II, 5; **What a great weekend!** *Quel week-end formidable!* II, 5; **Your ... is really great.** *Il/Elle est vraiment bien, ton/ta...* , II, 2

great-grandfather *l'arrière-grand-père (m.),* III, 6

great-grandmother *l'arrière-grand-mère, (f.),* III, 6

green *vert(e),* I, 3; II, 1; **green beans** *les haricots verts (m.),* I, 8

grey *gris(e),* I, 3

grocery store *l'épicerie (f.),* I, 12

gross *dégoûtant(e),* I, 5

ground: **on the ground** *par terre,* III, 3; **On the ground floor.** *Au rez-de-chaussée.* III, 2

grounded: **to be "grounded"** *être privé(e) de sortie,* II, 9

group *un groupe,* II, 11

grow *grandir,* I, 10

grow wheat *cultiver le blé,* III, 8

Guadeloupe *la Guadeloupe,* III, 12

guavas *des goyaves (f.),* I, 8

guess: **Guess what ...** *Devine ce que... ,* II, 9; **Guess who ...** *Devine qui... ,* II, 9; **You'll never guess what happened.** *Tu ne devineras jamais ce qui s'est passé.* II, 9

guide: **TV guide/listing** *le programme télé,* III, 9

guided: **to take a guided tour** *faire une visite guidée,* II, 6

guitar *la guitare,* III, 11

gumbo *le gombo,* III, 11

guy: **It's about a guy who ...** *C'est l'histoire d'un mec qui... ,* III, 10

gym *le sport,* I, 2

gymnastics *la gymnastique,* III, 12; **to do gymnastics** *faire de la gymnastique,* II, 7

had: **I've really had it!** *J'en ai ras le bol!* III, 8; **I've had it up to here!** *J'en ai jusque-là!* III, 8; **I've just about had it!** *Je commence à en avoir marre!* III, 8

hair *les cheveux (m.),* II, 1; **black hair** *les cheveux noirs,* II, 1; **blond hair** *les cheveux blonds,* II, 1; **dark brown hair** *les cheveux bruns,* II, 1; **curly hair** *les cheveux frisés,* III, 4; **dyed hair** *les cheveux teints,* III, 4; **hair stylist** *un coiffeur (une coiffeuse),* III, 4; **long hair** *les cheveux longs,* II, 1; III, 4; **red hair** *les cheveux roux,* II, 1; **short hair** *les cheveux courts,* II, 1; III, 4; **straight hair** *les cheveux raides,* III, 4

haircut *la coupe,* III, 4

Haiti *Haïti* (m.) (no article), III, 12

half: **half past** *et demie,* I, 6; **half past (after midi and minuit)** *et demi,* I, 6

ham *le jambon,* I, 5; II, 3; **toasted ham and cheese sandwich** *un croque-monsieur, (inv.)* I, 5

hamburgers *les hamburgers (m.),* I, 1

hand *la main,* I, 0; II, 7

handsome *beau,* II, 1

hang: **Hang in there!** *Courage!* II, 5

hang glide *faire du deltaplane,* II, 4

Hanukkah: **Happy Hanukkah!** *Bonne fête de Hanoukkah!* II, 3

happen: **It could happen to anyone.** *Ça peut arriver à tout le monde.* III, 10

happened: **What happened?** *Qu'est-ce qui s'est passé?* I, 9; **to explain what happened (to someone)** *expliquer ce qui s'est passé (à quelqu'un),* II, 10; **You'll never guess what happened.** *Tu ne devineras jamais ce qui s'est passé.* II, 9

happens: **It happens to everybody.** *Ça arrive à tout le monde.* III, 6

happy: **Happy birthday!** *Joyeux (Bon) anniversaire!* II, 3; **Happy Hanukkah!** *Bonne fête de Hanoukkah!* II, 3; **Happy holiday! (Happy saint's day!)** *Bonne fête!* II, 3; **Happy New Year!** *Bonne année!* II, 3; **I'm happy to see you.** *Ça me fait plaisir de vous voir.* III, 6

hard *difficile,* I, 2; **No hard feelings.** *Je ne t'en veux pas.* II, 10; **No hard feelings?** *Tu ne m'en veux pas?* II, 10

harm: **No harm done.** *Il n'y a pas de mal.* II, 10

harvest: **to harvest fruits** *faire la cueillette,* III, 8

has: **He/She has ...** *Il/Elle a...* , II, 1

hat *un chapeau,* I, 10

have *avoir,* I, 2; **have fun** *s'amuser,* II, 4; **At what time do you have ...?** *Tu as... à quelle heure?* I, 2; **Do you have ...?** *Tu as... ?* I, 3; **Do you have ...?** *Vous avez... ?* I, 2; **Do you have that in ...? (size, fabric, color)** *Vous avez ça en... ?* I, 10; **Have ...** *Prends... ,* I, 5; **Have a good trip! (by car)** *Bonne route!* II, 3; **Have a good trip! (by plane, ship)** *Bon voyage!* II, 3; **He/She has ...** *Il/Elle a...* , II, 1; **I don't have ...** *Je n'ai pas de...* , I, 3; **I have some things to do.** *J'ai des trucs à faire.* I, 5; **I have...** *J'ai...* , I, 2; II, 1; **I'll have ...,please.** *Je vais prendre... ,* s'il vous plaît. I, 5; **I'm going to have ..., please.** *Je vais prendre... ,* s'il vous plaît. I, 5; **May I have some ...?** *Je pourrais avoir... ?* II, 3; **They have ...** *Ils/Elles ont... ,* II, 1; **to have an accident** *avoir un accident,* II, 9; **to have an argument (with someone)** *se disputer (avec quelqu'un),* II, 9; **to have done** *faire + infinitive,* III, 4; **to take or to have (food or drink)** *prendre,* I, 5; **to have a child** *avoir un enfant,* III, 5; **We have ...** *Nous avons... ,* I, 2; **What classes do you** have...? *Tu as quels cours... ?* I, 2; **What do you have...?** *Tu as quoi... ?* I, 2; **What kind of...do you have?** *Qu'est-ce que vous avez comme...* I, 5; **Will you have...?** *Tu prends...* I, 8; *Vous prenez...?* I, 8; **Would you have...?** *Vous auriez...?* III, 6; **Yes, do you have...?** *Oui, vous avez...?* I, 10; **Why don't you have...?** *Pourquoi tu ne prends pas...?* III, 1

have to: **All you have to do is...** *Tu n'as qu'à...,* II, 7; **First you have to...** *Il faut que... d'abord.* III, 3; **You have to do better in class.** *Il faut mieux travailler en classe.* II, 5; **You have to...** *Tu dois...,* III, 3

having: **What are you having?** *Vous prenez?* I, 5

head *la tête,* II, 7

health *le cours de développement personnel et social (DPS),* I, 2

hear: **Did you hear the latest?** *Tu connais la nouvelle?* II, 9; **Let's hear it!** *Dis vite!* II, 9; **to hear the alarm clock** *entendre le réveil,* II, 5

heard: **Have you heard the latest?** *Tu connais la dernière?* III, 10; **I've heard that...** *J'ai entendu dire que...,* III, 10

heavy *lourd(e),* III, 7

height: **of medium height** *de taille moyenne,* II, 1

Hello *Bonjour* 1; **Hello? (on the phone)** *Allô?* I, 9

helmet *le casque,* III, 12

help *aider,* II, 8; **Can you help me?** *Tu peux m'aider?* II, 10; **May I help you?** *(Est-ce que) je peux vous aider?* I, 10; **to help elderly people** *aider les personnes âgées,* III, 3

her *la,* I, 9; **her** *son/sa/ses,* I, 7; *lui,* I, 9

here: **Here.** *Voilà.* I, 3; **Here's...** *Voici...* I, 7; **Here (There) is...** *Là, c'est...,* II, 2; **Here..., whereas...** *Ici,... tandis que...,* III, 8; **Here it is.** *Voilà.* II, 3; **Here you are.** *Tenez (tiens).* II, 3

Hey! Check it out! *Tiens! Regarde un peu!* III, 7; **Hey, do you think you can...?** *Dites donc, ça vous gênerait de...?* III, 8

Hi! *Salut!* I, 1; **Tell...hi for me.** *Salue... de ma part.* III, 8

hideous *affreux (-euse),* III, 4

high heels *les hauts talons (m.),* III, 4

high school *le lycée,* II, 2; **high school/college teacher** *le/la professeur,* III, 5

hike: **to go for a hike** *faire une randonnée pédestre,* II, 12

hiking: **to go hiking** *faire de la randonnée,* I, 11

him *le,* I, 9; *lui,* I, 9

hippopotamus *l'hippopotame (m.),* III, 7

his *son/sa/ses,* I, 7

historical: **historical movie** *le film historique,* III, 9

history *l'histoire* (f.), I, 2

hockey: **to play hockey** *jouer au hockey,* I, 4

Hold on. *Ne quittez pas.* I, 9

holiday: **Happy holiday! (Happy saint's day!)** *Bonne fête!* II, 3

home: **Make yourself at home.** *Faites (Fais) comme chez vous (toi),* II, 2; **Welcome to my home (our home)** *Bienvenue chez moi (chez nous),* II, 2

homework *les devoirs (m.),* I, 2; **I've got homework to do.** *J'ai des devoirs à faire.* I, 5; **to do homework** *faire ses devoirs,* I, 7

horn *une corne,* III, 7

horrible: **It was horrible.** *C'était épouvantable.* I, 9; **This is just horrible!** *C'est l'horreur!* III, 8; **to have a horrible day** *avoir une journée épouvantable,* III, 5

horror movie *le film d'horreur,* II, 11

hors d'œuvre *les hors-d'œuvre,* III, 11

horseback: **to go horseback riding** *faire de l'équitation,* I, 1

hose (clothing) *un collant,* I, 10

hostel: **youth hostel** *l'auberge de jeunesse (* f.), II, 2

hot: **hot chocolate** *un chocolat,* I, 5; **hot dog** *un hot-dog,* I, 5; **It's hot.** *Il fait chaud.* I, 4; **not so hot** *pas super,* I, 2

house *la maison,* II, 2; **at my house** *chez moi,* I, 6; **Is this...'s house?** *Je suis bien chez...?* I, 9; **to clean house** *faire le ménage,* I, 7; **to/at...'s** *chez...,* I, 11

housework: **to do housework** *faire le ménage,* I, 1; II, 10

how: **Could you tell me how to get to...?** *La route pour..., s'il vous plaît?* III, 2; **Did you see how...?** *Tu as vu comme...?* III, 7; **How about...?** *On...?* I, 4; **How about buying...?** *Si on achetait...?* II, 8; **How about going...?** *Si on allait...?* II, 4; **How about playing...?** *Si on jouait...?* II, 8; **How about playing baseball?** *On joue au base-ball?* I, 5; **How about skiing?** *On fait du ski?* I, 5; **How about that!** *Ça alors!* III, 7; **How about visiting...?** *Si on visitait...?* II, 8; **How can I get to...?** *Comment on va à...?* III, 2; **How did it go?** *Comment ça s'est passé?* II, 5; **How do you like it?** *Comment tu trouves ça?* I, 5; **How do you say...?** *Comment on dit...?* III, 11; **How many (much) do you want?** *Combien en voulez-vous?* II, 3; **How much does that make?** *Ça fait combien?* II, 3; **How much is (are)...?** *Combien coûte(nt)...?* II, 3; **How much

is...?** *C'est combien,...?* I, 5; **How much is it?** *C'est combien?* I, 3; *Ça fait combien?* I, 10; **How much is it, please?** *Ça fait combien, s'il vous plaît?* I, 5; **How old are you?** *Tu as quel âge?* I, 1; **How was it?** *C'était comment?* II, 6; **How was your day (yesterday)?** *Comment s'est passée ta journée (hier)?* II, 5; **How was your vacation?** *Comment se sont passées tes vacances?* II, 5; **How was your weekend?** *Comment s'est passé ton week-end?* II, 5; **How's it going?** *(Comment) ça va?* I, 1; **How...!** *Qu'est-ce que...!* III, 6

hugs: **Hugs and kisses.** *Grosses bises.* III, 8; *Je t'embrasse bien fort.* III, 8

hunger: **I'm dying of hunger!** *Je crève de faim!* II, 12; **I'm dying of hunger!** *Je meurs de faim!* II, 2

hungry: **to be hungry** *avoir faim,* I, 5; **Aren't you hungry?** *Vous n'avez pas (Tu n'as pas) faim?* II, 2; **I'm not hungry anymore.** *Je n'ai plus faim.* II, 3; **No thanks. I'm not hungry anymore.** *Non, merci. Je n'ai plus faim.* I, 8; **I'm very hungry!** *J'ai très faim!* II, 2

hurry: **Can you hurry up?** *Tu peux te dépêcher?* III, 2; **Hurry up!** *Dépêche-toi!* III, 2; **people in a hurry** *les gens pressés,* III, 8

hurt: **I hurt all over!** *J'ai mal partout!* II, 7; **My...hurts.** *J'ai mal à...,* II, 7; **to hurt one's...** *se faire mal à...,* II, 7; III, 10

husband *le mari,* I, 7; III, 6

hysterical (funny) *rigolo(te),* III, 2

I

I *je,* I, 0

I'd: **I'd like to buy...** *Je voudrais acheter...,* I, 3

ice: **to ice-skate** *faire du patin à glace,* I, 4

ice cream *la glace,* I, 1

idea: **Good idea.** *Bonne idée.* I, 4; II, 3; **That's a good (excellent) idea.** *C'est une bonne (excellente) idée.* II, 1; **I have no idea.** *Je n'en sais rien.* I, 11; *Je n'en ai aucune idée.* III, 5; **No idea.** *Aucune idée.* II, 9

if: **If...** *Si...,* III, 5; **If I could,...** *Si seulement je pouvais,...,* III, 8; **If I had a choice,...** *Si j'avais le choix,...,* III, 8; **If I were in your place,...** *A ta place,...,* III, 8; **If I were you,...** *Si j'étais toi,...,* III, 8; **If it were me,...** *Si c'était moi,...,* III, 8; **OK, if you...first.** *D'accord, si tu... d'abord.* I, 7; **Yes, if...** *Oui, si...,* III, 3

imagine: Can you imagine that ... *Figure-toi que... ,* III, 10

impolite: impolite people *les gens (m.) mal élevés,* III, 8

important: It's very important that ... *Il est très important que... ,* III, 7

impossible: It's impossible. *C'est impossible.* II, 10

impressed: I'm really impressed! *Alors, là, tu m'épates!* III, 10

impression: I have the impression that ... *J'ai l'impression que... ,* III, 11

in *dans,* I, 6; **... is (are) in it.** *C'est avec... ,* II, 11; **in (a city or place)** *à,* I, 11; **in (before a feminine noun)** *en,* I, 11; **in (before a masculine noun)** *au,* I, 11; **in (before a plural noun)** *aux,* I, 11; **In a hotel.** *A l'hôtel.* III, 1; **in front of** *devant,* I, 6; **in order to** *afin de,* I, 7; **in the afternoon** *l'après-midi (m.),* I, 2; **in the evening** *le soir,* I, 2; **in the morning** *le matin,* I, 2; **in the water** *dans l'eau,* III, 3; **The girl in the/with the ...** *La fille au... ,* III, 4; **What's in ...?** *Qu'est-ce qu'il y a dans ... ?* III, 11; **Who's in it?** *C'est avec qui?* II, 11

incredible *incroyable,* II, 6

indifference: (expression of indifference) *Bof!* I, 1; II, 8

information: Could you send me information on ...? *Pourriez-vous m'envoyer des renseignements sur... ?* III, 5

insect repellent *de la lotion anti-moustique(s),* II, 12; III, 7

intend: I intend to ... *J'ai l'intention de... ,* I, 11; III, 5; **What do you intend to do?** *Qu'est-ce que tu as l'intention de faire?* III, 5

interest: That doesn't interest me. *Ça ne me dit rien.* II, 1

interested: Would you be interested in ...? *Ça t'intéresse de... ?* III, 6

interesting *intéressant,* I, 2; **It's not interesting.** *Ça n'a aucun intérêt.* III, 9

into: Are you into ...? *Ça te branche,... ?* III, 11; **I'm not into that.** *Ça ne me branche pas trop.* III, 11

invite: Invite him/her/them. *Invite-le/la/les.* II, 10

ironing: to do the ironing *faire le repassage,* III, 3

is: He/She is ... *Il/Elle est... ,* II, 1; **There is/are ...** *Il y a... ,* II, 12

island *l'île* (f.), II, 4

isn't: Isn't it great! *Ce que c'est bien!* III, 2

isolated *isolé(e),* II, 8

it *le, la,* I, 9

it's: It's ... *C'est... ,* I, 2; II, 11; **It's ... euros.** *Ça fait... euros.* I, 5

Italy *l'Italie* (f.), III, 12

jacket *le blouson,* I, 10; **ski jacket** *l'anorak* (m.), II, 1

jam *de la confiture,* I, 8

jambalaya *le jambalaya,* III, 11

January *janvier,* I, 4

Japan *le Japon,* III, 12

jazz *le jazz,* II, 11; III, 11

jeans: pair of jeans *un jean,* I, 3; II, 1

jellyfish *la méduse,* III, 10

jewelry *les bijoux* (m.), III, 8

job: to find a job *trouver un travail,* III, 5

jog *faire du jogging,* I, 4

joke: What a stupid joke! *Elle est nulle, ta blague!* III, 10

joking: You're joking! *Tu plaisantes!* II, 6; *Tu rigoles!* III, 9

journalist *le/la journaliste,* III, 5

judo *le judo,* III, 12

July *juillet,* I, 4

June *juin,* I, 4

kidding: Are you kidding me? *Tu te fiches de moi?* III, 9; **You're kidding!** *C'est pas vrai!* II, 6

kilogram: a kilogram of *un kilo de,* I, 8

kind: That's kind of you. *Vous êtes bien aimable.* III, 6; **What kind of ... do you have?** *Qu'est-ce que vous avez comme... ?* I, 5, III, 1

kiss: Give ... a kiss for me. *Embrasse... pour moi.* III, 8

kisses: Hugs and kisses. *Je t'embrasse bien fort.* III, 8; **Kisses to ...** *Bisous à... ,* III, 8

kitchen *la cuisine,* II, 2

knee *le genou,* II, 7

know: Did you know that ...? *Tu savais que... ?* III, 10; **Do you know the one about ...?** *Est-ce que tu connais l'histoire de... ?* III, 10; **Do you know what ...?** *Tu sais ce que... ?* II, 9; **Do you know who ...?** *Tu sais qui... ?* II, 9; **I don't know what to do.** *Je ne sais pas quoi faire.* II, 10; **I don't know.** *Je ne sais pas.* I, 10; **I know that ...** *Je sais que... ,* III, 7; **I really don't know.** *Je ne sais pas trop.* III, 5; **I would like to know ...** *Je voudrais savoir... ,* III, 5; **What do you know about it?** *Qu'est-ce que tu en sais?* III, 10; **You're the ... -est ... I know.** *Tu es le/la... le/la plus... que je connaisse.* III, 10

lab *les travaux* (m.) *pratiques,* I, 2

lamp *la lampe,* II, 2

late *tard,* II, 4

later: Can you call back later? *Vous pouvez rappeler plus tard?* I, 9; **See you later!** *A tout à l'heure!* I, 1

latest: Did you hear the latest? *Tu connais la nouvelle?* II, 9; **Have you heard the latest?** *Tu connais la dernière?* III, 10

Latin *le latin,* I, 2

laugh: It really made me laugh. *Ça m'a bien fait rire.* III, 9

laundry: to do the laundry *faire la lessive,* III, 3

lawn: to mow the lawn *tondre la pelouse,* III, 3

lawyer *l'avocat(e),* III, 5

lead: This road will lead you into the center of town. *Cette route va vous conduire au centre-ville.* III, 2

leather: leather-goods shop *la maroquinerie,* II, 3; **in leather** *en cuir,* I, 10

leave *partir,* I, 11; II, 6; **Can I leave a message?** *Je peux laisser un message?* I, 9; **Leave me alone!** *Fiche-moi la paix!* III, 6; **to leave one's family** *quitter sa famille,* III, 5; **You can't leave without ...** *Tu ne peux pas partir sans... ,* I, 11

left: to the left (of) *à gauche (de),* I, 12; II, 2

leg *la jambe,* II, 7

leggings *un caleçon,* III, 4

lemon soda *la limonade,* I, 5

lemonade *le citron pressé,* I, 5

less: less ... than ... *moins... que... ,* III, 8; **Life was more ..., less ...** *La vie était plus... , moins... ,* II, 8; **More or less.** *Plus ou moins.* II, 6

let's: Let's go ... *Allons... ,* I, 6; **Let's go!** *Allons-y!* I, 4; **Let's hear it!** *Dis vite!* II, 9

letter: to send letters *envoyer des lettres,* I, 12

library *la bibliothèque,* I, 6; II, 2

license: to get one's driver's license *passer son permis de conduire,* III, 5

life: Life was more ..., less ... *La vie était plus... , moins... ,* II, 8

lift: to lift weights *faire de la musculation,* II, 7

lights *les lumières* (f.), III, 3

like *aimer,* I, 1; **Did you like it?** *Ça t'a plu?* II, 6; **Do you like ...?** *Tu aimes... ?* I, 1; **Do you like it?** *Il/Elle te/vous plaît?* I, 10; **Do you like this ...?** *Il/Elle te plaît,... ?* III, 4; **How did you like it?** *Comment tu as trouvé ça?* III, 9; **How do you**

like . . . ? *Comment tu trouves... ?* I, 10; **How do you like it?** *Comment tu trouves ça?* I, 5; **I like it a lot.** *Il/Elle me plaît beaucoup.* III, 4; **I (really) like . . .** *Moi, j'aime (bien)... ,* I, 1; **I didn't like it at all.** *Je n'ai pas du tout aimé.* III, 9; **Don't you like . . . ?** *Tu n'aimes pas... ?* III, 4; **I don't like...** *Je n'aime pas... ,* I, 1; II, 1; **I like . . .** *J'aime bien... ,* II, 1; **I like it, but it's expensive.** *Il/Elle me plaît, mais il/elle est cher/chère.* I, 10; **I like this type of . . .** *J'aime bien ce genre de... ,* III, 4; **I'd like . . .** *J'aimerais... ,* III, 3; *Je voudrais... ,* I, 3; II, 6; **I'd like some.** *J'en veux bien.* I, 8; **I'd like . . . to go with . . .** *J'aimerais... pour aller avec... ,* I, 10; **I'd like some . . .** *Je prendrais bien... ,* III, 6; **I'd like that a lot.** *Ça me plairait beaucoup.* III, 6; **I'd like to.** *Je veux bien.* II, 1; **I'd really like . . .** *J'aimerais bien... ,* III, 5; **I'd really like to . . .** *Je voudrais bien... ,* I, 11; **I'd really like to . . . !** *Qu'est-ce que j'aimerais... !* III, 8; **I'd really like to.** *Je veux bien.* I, 6; **If you like, we can . . .** *Si tu veux, on peut... ,* II, 1; **Is it like here?** *C'est pareil qu'ici?* III, 12; **It looks like . . .** *On dirait que... ,* III, 11; **It wasn't like this.** *Ce n'était pas comme ça.* III, 8; **The teacher doesn't like me.** *Le prof ne m'aime pas.* II, 5; **They look like . . .** *Ils ont l'air de... ,* III, 11; **What are they like?** *Ils sont comment?* I, 7; **What do you like to do?** *Qu'est-ce que tu aimes faire?* II, 1; **What I don't like is . . .** *Ce que je n'aime pas, c'est... ,* II, 4; **What I like is . . .** *Ce que j'aime bien, c'est... ,* II, 4; *Ce qui me plaît, c'est... ,* II, 4; **What I like/love is . . .** *Ce que j'adore/j'aime, c'est... ,* III, 11; **What I would like is to . . .** *Ce qui me plairait, c'est de... ,* III, 5; **What is he like?** *Il est comment?* I, 7; **What is she like?** *Elle est comment?* I, 7; **What music do you like?** *Qu'est-ce que tu aimes comme musique?* II, 1; **What was it like?** *C'était comment?* II, 8; **What would you like?** *Vous désirez?* I, 10; **What's life like there?** *C'est comment, la vie là-bas?* III, 12; **Would you like to . . . ?** *Ça te plairait de... ,* III, 6; **Wouldn't you like to . . . ?** *Tu ne voudrais pas... ?* III, 6; **You're going to like it here.** *Tu vas te plaire ici.* II, 8

liked: I liked it a lot. *Ça m'a beaucoup plu.* III, 9; **I really liked it.** *Ça m'a beaucoup plu.* II, 6

lion *le lion,* III, 7

listen: Listen! *Ecoutez!,* I, 0; **to listen to music** *écouter de la musique,* I, 1;

to listen to what he/she says *écouter ce qu'il/elle dit,* II, 10

listening: I'm listening. *Je t'écoute.* I, 9; II, 10

listing: TV guide/listing *le programme télé,* III, 9

liter: a liter of *un litre de,* I, 8

little: When he/she was little, . . . *Quand il/elle était petit(e),... ,* II, 8; **When I was little, . . .** *Quand j'étais petit(e),... ,* II, 8; **Yes, a little.** *Si, un peu.* II, 2

lively *vivant(e),* II, 4; *animé(e),* II, 8

living room *le salon,* II, 2

lobster *le homard,* III, 10

located: . . . is located . . . *... se trouve... ,* II, 12; *... est situé(e)... ,* III, 1; **Where is . . . located?** *Où se trouve... ?,* II, 12

long *long (longue),* I, 10; II, 11; **long-distance running** *la course de fond,* III, 12; **long-sleeved** *à manches longues,* III, 4; **It's been a long time since we've seen each other.** *Ça fait longtemps qu'on ne s'est pas vu(e)s.* III, 1; **It's not going to take long!** *Ça ne va pas prendre longtemps!* III, 2; **long hair** *les cheveux longs (m.),* II, 1; III, 4; **the long jump** *le saut en longueur,* III, 12

look: I think they look . . . *Je trouve qu'ils/elles font... ,* III, 4; **I think you look very good like that.** *Je te trouve très bien comme ça.* III, 4; **If you could see how you look!** *Non mais, tu t'es pas regardé(e)!* III, 10; **Look at the map!** *Regardez la carte!,* I, 0; **Look out!** *Faites gaffe/ attention!* III, 7; **Look, here's (there's) (it's) . . .** *Regarde, voilà... ,* I, 12; **That doesn't look good on you.** *Ça ne te (vous) va pas du tout.* I, 10; **That looks really . . .** *Ça fait vraiment... ,* III, 4; **to look after** *garder,* III, 3; **to look after your little sister** *garder ta petite sœur,* I, 7; **to look for** *chercher,* I, 9; **You look really . . . in that!** *Que tu es... avec ça!* III, 4

looking: I'm looking for something for . . . *Je cherche quelque chose pour... ,* I, 10; **No, thanks, I'm just looking.** *Non, merci, je regarde.* I, 10

looks: It looks great on you! *C'est tout à fait ton style.* I, 10; **It looks like . . .** *On dirait que... ,* III, 11

lose *perdre,* I, 9; II, 5; III, 12; **to lose weight** *maigrir,* I, 10; *perdre du poids,* III, 10

losing: I'm losing it! *Je craque!* II, 7

lost: to get lost *se perdre,* II, 9

lot: A lot. *Beaucoup.* I, 4; **I had a lot of fun.** *Je me suis beaucoup amusé(e).* II, 6; **I liked it a lot.** *Ça m'a beaucoup plu.* III, 9; **I'd like that**

a lot. *Ça me plairait beaucoup.* III, 6

lots: I have lots of things to do. *J'ai des tas de choses à faire.* I, 5

loudly: Don't speak so loudly. *Ne parle pas si fort.* III, 9

love: I love . . . *J'adore... ,* II, 1; **love: Are you in love or what?** *Tu es amoureux (-euse) ou quoi?* III, 10; **in love** *amoureux (amoureuse),* II, 9; **to fall in love (with someone)** *tomber amoureux(-euse) (de quelqu'un),* II, 9; **What I like/love is . . .** *Ce que j'adore/j'aime, c'est... ,* III, 11

luck: Good luck! *Bonne chance!* I, 11; **Tough luck!** *C'est pas de chance, ça!* II, 5

lucky: We were lucky! *On a eu de la chance!* III, 7

lunch *le déjeuner,* I, 2; **to have lunch** *déjeuner,* I, 9

ma'am *madame (Mme),* I, 1

madam *madame,* III, 5

made *fait (faire),* I, 9

magazine *un magazine,* I, 3; **magazine show** *le magazine télévisé,* III, 9

main dishes *les plats (m.)principaux,* III, 1

make *faire,* I, 4; **How do you make . . . ?** *Comment est-ce qu'on fait... ?* III, 11; **How much does that make?** *Ça fait combien?* II, 3; **Make the best of it.** *Fais-toi une raison.* II, 8; **to have (make) a date (with someone)** *avoir (prendre) rendez-vous (avec quelqu'un),* II, 9; **to make one's bed** *faire son lit,* III, 3

make up: to make up (with someone) *se réconcilier avec (quelqu'un),* II, 10; **to make up one's own mind** *prendre ses propres décisions,* III, 3

mall *le centre commercial,* I, 6

mangoes *des mangues (f.),* I, 8

many: as many/as much . . . as . . . *autant de... que... ,* III, 8; **How many (much) do you want?** *Combien en voulez-vous?* II, 3

map *la carte,* I, 0

March *mars,* I, 4

married *marié(e),* III, 6; **to get married** *se marier,* III, 5

mask *le masque,* II, 8; III, 12

match (game) *le match,* III, 12

matches *les allumettes,* II, 12; **That matches . . .** *C'est assorti à... ,* III, 4

math *les maths (f.),* I, 1

matter: It doesn't matter. *Ça ne fait rien.* II, 10; *Peu importe.* III, 9

May *mai*, I, 4

may: May I...? *(Est-ce que) je peux...?* I, 7; **May I have some...?** *Je pourrais avoir...?* II, 3; **May I help you?** *(Est-ce que) je peux vous aider?* I, 10

maybe *peut-être*, II, 3; **Maybe...** *Peut-être que...*, II, 9; III, 5; **Maybe you're right.** *Tu as peut-être raison.* II, 9

me *moi*, I, 2

meal *un repas*, II, 7

mean *méchant(e)*, I, 7; **What does... mean?** *Qu'est-ce que ça veut dire,...?* III, 11

meat *la viande*, I, 8; III, 11

mechanic *le mécanicien(la mécanicienne)*, III, 5

medicine *des médicaments* (m.), I, 12

medium: of medium height *de taille moyenne*, II, 1; **Medium rare.** *A point.* III, 1

meet *rencontrer*, I, 9; II, 9; **I'd like you to meet...** *Je te (vous) présente...*, I, 7; **Pleased to meet you.** *Très heureux (heureuse).* I, 7; **We'll meet...** *On se retrouve...*, I, 6; **We'll meet...** *Rendez-vous...*, I, 6

meeting: What time are we meeting? *A quelle heure est-ce qu'on se donne rendez-vous?* III, 6; **Where are we meeting?** *Où est-ce qu'on se retrouve?* III, 6

menu: The menu, please. *La carte, s'il vous plaît.* I, 5

merry: Merry Christmas! *Joyeux Noël!* II, 3

message: Can I leave a message? *Je peux laisser un message?* I, 9

metro: at the... metro stop *au métro...*, I, 6; **metro station** *la station de métro*, III, 8

Mexico *le Mexique*, III, 12

microphone *le microphone*, III, 11

midnight *minuit*, I, 6

might: It might be that... *Il se peut que...*, III, 5

mike (microphone) *le micro*, III, 11

military: to do one's military service *faire son service militaire*, III, 5

milk *du lait*, I, 8; II, 3; **to milk the cows** *traire les vaches* (f.), III, 8

mind: Are you out of your mind?! *Ça va pas, non?!* III, 8; **Do you mind if...?** *Ça te dérange si...?*, III, 3; **I can't make up my mind.** *Je n'arrive pas à me décider.* III, 1; **Mind your own business!** *Mêle-toi de tes oignons!* III, 6; **to make up one's own mind** *prendre ses propres décisions*, III, 3; **Would you mind...?** *Ça t'embête de...?* II, 10; *Ça t'ennuie de...?* II, 10

mineral water *l'eau minérale*, I, 5

miniskirt *la mini-jupe*, III, 4

minute: Do you have a minute? *Tu as une minute?* I, 9; II, 10

miss, Miss *mademoiselle (Mlle)*, I, 1

miss: Don't miss it! *C'est à ne pas manquer!* III, 9; **I miss...** *Je regrette...*, II, 8; (plural) *... me manquent.* II, 8; (singular) *... me manque.* II, 8; **to miss a step** *rater une marche*, II, 5; **to miss the bus** *rater le bus*, I, 9; II, 5; **What I miss is...** *Ce qui me manque, c'est...*, II, 8

mistaken: If I'm not mistaken,... *Si je ne me trompe pas,...*, III, 11; **In my opinion, you're mistaken.** *A mon avis, tu te trompes.* II, 9

misunderstanding: a little misunderstanding *un petit malentendu*, II, 10

moment: One moment, please. *Un moment, s'il vous plaît.* I, 5

Monday: on Mondays *le lundi*, I, 2

money *de l'argent*, I, 11

monkey *le singe*, III, 7

mood: in a bad mood *de mauvaise humeur*, II, 9; **in a good mood** *de bonne humeur*, II, 9

moose *un orignal*, II, 12

moped *le vélomoteur*, III, 8

more: More...? *Encore de...?* I, 8; **Some more...?** *Encore...?* II, 3; **I just can't do any more!** *Je n'en peux plus!* II, 7; **Life was more..., less...** *La vie était plus..., moins...*, II, 8; **more...than...** *plus de... que...*, III, 8; **more... than...** *plus... que...*, III, 8; **More or less.** *Plus ou moins.* II, 6; **One more try!** *Encore un effort!* II, 7

morning: in the morning *le matin*, I, 2

Morocco *le Maroc*, III, 12

mosque *une mosquée*, II, 8

mosquito *un moustique*, II, 4; **mosquito repellent** *de la lotion anti-moustique(s)*, II, 12; III, 7

mother *la mère*, I, 7

mountain: to go mountain-bike riding *faire du vélo de montagne*, II, 12; **to/at the mountains** *à la montagne*, I, 11

move *déménager*, III, 10; **Don't move.** *Ne bougez pas.* III, 7; **Get a move on!** *Grouille-toi!* III, 2

movie *le film*, I, 6; **the movies** *le cinéma*, I, 1; **movie theater** *le cinéma*, I, 6; **historical movie** *le film historique*, III, 9; **war movie** *le film de guerre*, III, 9; **What good movies are out?** *Qu'est-ce qu'il y a comme bons films en ce moment?* III, 9; **What good movies have you seen?** *Qu'est-ce que tu as vu comme bons films?* III, 9

mow: to mow the lawn *tondre la pelouse*, III, 3

Mr. *monsieur (M.)*, I, 1

Mrs. *madame (Mme)*, I, 1

much: as many/as much...as... *autant de... que...*, III, 8; **How much is (are)...?** *Combien coûte(nt)...?* II, 3; **How much is...?** *C'est combien,...?* I, 5; **How much is it, please?** *Ça fait combien, s'il vous plaît?* I, 5; **How much is it?** *C'est combien?* I, 3; **How much is the entrance fee?** *C'est combien, l'entrée?* II, 6; **No, not too much.** *Non, pas trop.* I, 2; **Not much.** *Pas grand-chose.* I, 6; **Not too much.** *Pas tellement.* I, 4; **Not very much.** *Pas beaucoup.* I, 4; **Yes, very much.** *Oui, beaucoup.* I, 2; **I don't like that very much.** *Je n'aime pas tellement ça.* III, 11

museum *le musée*, I, 6; II, 2

mushrooms *les champignons* (m.), I, 8; III, 11

music *la musique*, I, 2; **(music) group** *un groupe*, II, 11; **classical music** *la musique classique*, II, 11; III, 11; **music video** *le vidéoclip*, III, 9; **What music do you like?** *Qu'est-ce que tu aimes comme musique?* II, 1

musical comedy *une comédie musicale*, III, 9

musician *le musicien(la musicienne)*, II, 11

must: It must be... *Ça doit être...*, III, 7; **There must be...** *Il doit y avoir...*, III, 7

mustache *la moustache*, III, 4

my *mon/ma/mes*, I, 7; **It's just not my day!** *C'est pas mon jour!* II, 5

mystery: detective or mystery movie *un film policier*, II, 11

N

name: His/Her name is... *Il/Elle s'appelle...*, I, 1; **My name is...** *Je m'appelle...*, I, 1; **What's your name?** *Tu t'appelles comment?* I, 1

nap: to take a nap *faire la sieste*, II, 8

natural science *les sciences* (f.) *naturelles*, I, 2

near *près de*, II, 2

Neat! *C'est le pied!* III, 7; **That's really neat!** *C'est vraiment le pied!* III, 12

necessary: It's necessary that... *Il est nécessaire que...*, III, 7

neck *le cou*, II, 7

necklace *le collier*, III, 4

need: I need... *Il me faut...*, I, 3, 10; *J'ai besoin de...*, I, 8; **What do you need for...?** *Qu'est-ce qu'il vous (te) faut pour...?* I, 3, 8; **What do you need?** *De quoi est-ce que tu as besoin?; Qu'est-ce qu'il te faut?* I, 8

neither: Neither do I. *Moi non plus.* I, 2; III, 9

nephew *le neveu*, III, 6

never *ne... jamais*, I, 4

new *nouveau (nouvelle)*, II, 2; **Happy New Year!** *Bonne année!* II, 3; **What's new?** *Quoi de neuf?* III, 1

news *les informations* (f.), III, 9

next: Next,... *Ensuite,...* II, 1; **next to** *à côté de*, I, 12; II, 2; **Right there, next to...** *Juste là, à côté de...* , III, 2

nice *gentil (gentille)*, I, 7; *sympa*, II, 1; **It's nice weather.** *Il fait beau.* I, 4; **That would be nice.** *Ce serait sympa.* III, 6; **Thanks, that's nice of you.** *Merci, c'est gentil.* II, 3; III, 6; **That's so nice of you.** *C'est gentil de votre (ta) part,* II, 2; **That's very nice of you.** *C'est vraiment très gentil de votre part.* III, 6

niece *la nièce*, III, 6

Niger *le Niger*, III, 12

nightmare: It was a real nightmare! *C'était un véritable cauchemar!* I, 11

no *non*, I, 1; **No...-ing** *Défense de...* , III, 3; **It's no good.** *C'est nul* III, 9; **No way!** *C'est pas possible!* III, 12; *Mon œil!* III, 10; *Pas question!* II, 1; *Tu parles!* III, 9

noise *le bruit*, III, 8; **Could you make less noise?** *Tu pourrais faire moins de bruit?* III, 9; **to make noise** *faire du bruit*, III, 3

noisy *bruyant(e)*, II, 8

none (of it) *en*, I, 8

noon *midi*, I, 6

north: in the north *dans le nord*, II, 4; **It's to the north of...** *C'est au nord de...* , II, 12

northern: It's in the northern part of... *C'est dans le nord de...* , II, 12

nose: I've got a runny nose. *J'ai le nez qui coule.* II, 7

not *ne... pas*, I, 1; **...is not allowed** *Interdiction de...* , III, 3; **Definitely not!** *Sûrement pas!* II, 6; **It was not bad.** *J'ai trouvé ça pas mal,* III, 9; **It's not good to...** *Ce n'est pas bien de...* , III, 3; **Not at all.** *Pas du tout.* I, 4; II, 10; III, 9; **Oh, not bad.** *Oh, pas mal.* I, 9; **not so great** *pas fameux,* I, 5; **not very good** *pas bon,* I, 5; **not yet** *ne... pas encore,* I, 9; **One should not...** *Il ne faut pas...* , III, 3; **Please do not...** *Prière de ne pas... , Veuillez ne pas...* , III, 3; **You'd do well/better not to...** *Tu ferais bien/mieux de ne pas...* , III, 3

notebook *le cahier*, I, 0

nothing: It's nothing special. *Ce n'est pas grand-chose.* II, 3; **It's nothing.** *(Il n'y a) pas de quoi.* III, 6; **Nothing (special).** *Rien (de spécial).* I, 6; III, 1

novel *un roman*, I, 3

November *novembre*, I, 4

nurse *l'infirmier(-ière)*, III, 5

oars *les rames* (f.), III, 12

obvious: That's obvious. *Ça se voit.* II, 9

obviously *évidemment*, II, 9

o'clock: at... o'clock *à... heures*, I, 2

October *octobre*, I, 4

octopus *la pieuvre*, III, 10

of *de*, I, 0; **Of course not.** *Bien sûr que non.* II, 10; **Of course.** *Bien sûr.* I, 3; II, 10; **of it** *en*, I, 8; **of them** *en*, I, 8

off: afternoon off *l'après-midi libre*, I, 2

offer: Can I offer you something? *Je vous sers quelque chose?* III, 6; **What can I offer you?** *Qu'est-ce que je peux vous offrir?* III, 6

often *souvent*, I, 4

oh: Oh no! *Oh là là!* II, 5

oil *l'huile* (f.), III, 2; **to put oil in the motor** *mettre de l'huile dans le moteur*, III, 2; **to check the oil** *vérifier l'huile*, III, 2; **to change the oil** *faire la vidange*, III, 2

OK *assez bien*, II, 6; *D'accord.* I, 4; *Entendu.* I, 2; **Well, OK.** *Bon, d'accord.* I, 8; **Is it OK with you if...?** *Tu veux bien que...?*, III, 3; **Is that OK with you?** *Tu es d'accord?* I, 7

okra *des okras* (m.), III, 11; *des gombos* (m.), I, 8

old: How old are you? *Tu as quel âge?* I, 1; **I am... years old.** *J'ai... ans.* I, 1; **This old thing?** *Oh, c'est un vieux truc.* III, 4; **to be... years old** *avoir... ans*, II, 1; **When I was... years old,...** *Quand j'avais... ans,...* , II, 8

old-fashioned *démodé(e)*, I, 10

older *âgé(e)*, I, 7

oldest: the oldest child *l'aîné(e)*, III, 6

olive *l'olive* (f.), III, 8

omelette *l'omelette* (f.), I, 5

on: Can I try on...? *Je peux essayer...?* I, 10; **on foot** *à pied*, I, 12; **on (day of the week)...s** *le + (day of the week)*, I, 2

on the right (left) *sur la droite (gauche)*, II, 2

once: OK, just this once. *Ça va pour cette fois.* III, 3; **once a week** *une fois par semaine*, I, 4

one: He/She already has one (of them). *Il/Elle en a déjà un(e).* II, 3; **That one.** *Celui-là/Celle-là*, III, 4; **The one...** *Celui du...* , III, 4; **Which one?** *Lequel/Laquelle?* III, 4;

Which ones? *Lesquels/Lesquelles?* III, 4

one-way: a one-way ticket *un aller simple*, II, 6

onion *l'oignon* (m.), I, 8

only *ne... que*, III, 9; **I'm not the only one who...** *Je ne suis pas le/la seul(e) à...* , III, 3

open: Open your books to page... *Ouvrez vos livres à la page...* , I, 0; **When do you open?** *A quelle heure est-ce que vous ouvrez?* II, 6

opinion: I didn't ask your opinion. *Je t'ai pas demandé ton avis.* III, 10; **In my opinion,...** *A mon avis,...* , II, 9; **In your opinion, what do I do?** *A ton avis, qu'est-ce que je fais?* I, 9; **In your opinion, what should I do?** *A ton avis, qu'est-ce que je dois faire?* II, 10

or *ou*, I, 1

orange (color) *orange*, I, 3; **orange juice** *un jus d'orange*, I, 5; **oranges** *des oranges* (f.), I, 8

ordinary: That's ordinary. *C'est banal.* II, 3

other: Think about other people. *Pense aux autres.* III, 3

ought: You ought to... *Il faudrait que tu...* , III, 5

our *notre, nos*, I, 7

out: to go out *sortir*, II, 6; **Out of the question!** *Pas question!* I, 7

outfit *la tenue*, III, 12

over there: Over there, the boy who... *Là-bas, le garçon qui...* , III, 4

oysters *les huîtres* (f.), II, 3; III, 11

package: a package/box of *un paquet de*, I, 8

page *la page*, I, 0

pain: a pain (in the neck) *pénible*, I, 7; **You're such a pain!** *Tu es vraiment casse-pieds!* III, 6

pair: a pair of jeans *un jean*, I, 3; II, 1; **of shorts** *un short*, I, 3; **of boots** *les bottes* (f.), II, 1; **of gloves** *les gants* (m.), II, 1; **of pants** *un pantalon*, I, 10; **of sneakers** *les baskets* (f.), II, 1

palm tree *un palmier*, II, 4

pancake (very thin) *la crêpe*, I, 5

panic: Don't panic! *Pas de panique!* III, 7

pantyhose *un collant*, III, 4

papayas *des papayes* (f.), I, 8

paper *le papier*, I, 0; III, 3; **sheets of paper** *des feuilles* (f.) *de papier*, I, 3

parallel: the uneven parallel bars *les barres asymétriques* (f.), III, 12

pardon: Pardon me. *Pardon,* I, 3; **Pardon me for . . .** *Pardonne-moi de... ,* III, 6

parent *le parent,* I, 7

park *le parc,* I, 6; II, 2

parking place *la place de stationnement,* III, 8

party: to give a party *faire une boum,* II, 10

pass: to pass one's baccalaureat exam *réussir son bac,* III, 5; **Would you pass . . . ?** *Vous pourriez (tu pourrais) me passer... ?,* II, 3; **You'll pass . . .** *Vous passez devant... ,* I, 12

passport *le passeport,* I, 11; II, 1; III, 7

pasta *des pâtes (f.),* II, 7

pastry *la pâtisserie,* I, 12; **pastry shop** *la pâtisserie,* I, 12; II, 3

paté *le pâté,* II, 3

patient: Be patient! *Sois patient(e)!* III, 2

peaches *des pêches (f.),* I, 8

pears *des poires (f.),* I, 8

peas *des petits pois (m.),* I, 8

pedestrian: pedestrian crossing *le passage pour piétons,* III, 8

pen *le stylo,* I, 0

pencil *un crayon,* I, 3; **pencil case** *la trousse,* I, 3; **pencil sharpener** *un taille-crayon,* I, 3

pendant *le pendentif,* III, 4

people: people in a hurry *les gens pressés,* III, 8

perfect: It's perfect. *C'est parfait.* I, 10

perm *la permanente,* III, 4

permission: to ask your parents' permission *demander la permission à tes parents,* II, 10

pharmacist *le pharmacien(la pharmacienne),* III, 5

phone: Phone him/her/them. *Téléphone-lui/-leur.* II, 10; **to talk on the phone** *parler au téléphone,* I, 1

photo: photo frame *le cadre,* II, 3

photography: to do photography *faire de la photo,* I, 4

physical education *l'éducation (f.) physique et sportive (EPS),* I, 2

physics *la physique,* I, 2

piano *le piano,* III, 11

pick *choisir,* I, 10; **to pick up your room** *ranger ta chambre,* I, 7

picnic: to have a picnic *faire un pique-nique,* I, 6; II, 6

picture *l'image (f.),* III, 9

pie *de la tarte,* I, 8; **fruit pies/tarts** *les tartes aux fruits,* III, 1

piece: a piece of *un morceau de,* I, 8

pilot *le/la pilote,* III, 5

pineapple *des ananas (m.),* I, 8; *un ananas,* II, 4

pink *rose,* I, 3

pitcher (baseball) *le lanceur,* III, 12

pizza *la pizza,* I, 1

place *l'endroit (m.),* I, 12

plaid *écossais(e),* III, 4

plain *sobre,* III, 4

plan: What do you plan to do? *Qu'est-ce que tu comptes faire?* III, 5

plane: plane ticket *un billet d'avion,* I, 11; **by plane** *en avion,* I, 12

planning: I'm planning on . . . *Je compte... ,* III, 5

plans: Do you have plans? *Tu as des projets?* III, 5; **I don't have any plans.** *Je n'ai rien de prévu.* I, 11

plant: to plant a tree *planter un arbre,* III, 3

plastic *le plastique,* III, 3

plate: plate of pâté, ham, and cold sausage *l'assiette de charcuterie,* III, 1

platform: From platform . . . *Du quai... ,* II, 6; **From which platform . . . ?** *De quel quai... ?* II, 6

play *faire, jouer,* I, 4; **Do you play/do . . . ?** *Est-ce que tu fais... ?* I, 4; **How about playing . . . ?** *Si on jouait... ?* II, 8; **I don't play/do . . .** *Je ne fais pas de... ,* I, 4; **I play . . .** *Je joue... ,* I, 4; **I play/do . . .** *Je fais... ,* I, 4; **to play baseball** *jouer au base-ball,* I, 4; **to play basketball** *jouer au basket(-ball),* I, 4; **to play football** *jouer au football américain,* I, 4; **to play golf** *jouer au golf,* I, 4; **to play hockey** *jouer au hockey,* I, 4; **to play soccer** *jouer au foot(ball),* I, 4; **to play sports** *faire du sport,* I, 1; **to play tennis** *jouer au tennis,* I, 4; **to play volleyball** *jouer au volley(-ball),* I, 4; **What sports do you play?** *Qu'est-ce que tu fais comme sport?* I, 4; II, 1

playing: It's playing at . . . *Ça passe à... ,* II, 11; **What films are playing?** *Qu'est-ce qu'on joue comme films?* II, 11; **Where is that playing?** *Ça passe où?* II, 11

please *s'il vous (te) plaît,* I, 3; **A . . . , please.** *Un(e)... s'il vous plaît.* II, 6; **Pleased to meet you.** *Très heureux (heureuse).* I, 7

pleasure: Yes, with pleasure. *Oui, avec plaisir.* I, 8; *Avec plaisir.* II, 10

pleated *à pinces,* III, 4

plenty: We've got plenty of time! *On a largement le temps!* III, 2

plot *l'intrigue (f.),* III, 9; **It has no plot.** *Il n'y a pas d'histoire.* II, 11; **It's full of plot twists.** *C'est plein de rebondissements.* II, 11

plumber *plombier (m.),* III, 5

po-boy sandwich *le po-boy,* III, 11

poetry: book of poetry *un livre de poésie,* II, 11

point: At that point . . . *A ce moment-là... ,* II, 9; III, 9; **It's not my strong point.** *Ce n'est pas mon fort.* II, 5

pole: the pole vault *le saut à la perche,* III, 12

police officer *l'agent (m.) de police,* III, 5; *le policier,* III, 5

polite *poli(e),* III, 3

polka-dot *à pois,* III, 4

pollution *la pollution,* III, 8

pony tail *une queue de cheval,* III, 4

pool *la piscine,* II, 2

poor: You poor thing! *Pauvre vieux (vieille)!* II, 5

pop: popular, mainstream music *la pop,* II, 11

pork *du porc,* I, 8; III, 11; **porkchop with pasta** *la côtelette de porc pâtes,* III, 1

possible: If it were possible, . . . *Si c'était possible,... ,* III, 8; **It's possible that . . .** *Il est possible que... ,* III, 5; **That's not possible.** *Ce n'est pas possible.* II, 9; **That's possible.** *C'est possible.* II, 9; **Would it be possible for you to . . . ?** *Vous serait-il possible de... ?* III, 5

post office *la poste,* I, 12; II, 2

poster *le poster,* I, 0, 3; II, 2

potatoes *des pommes de terre (f.),* I, 8

pottery *la poterie,* II, 8; III, 8

pound: a pound of *une livre de,* I, 8

practice *répéter,* I, 9

prefer: Do you prefer . . . or . . . ? *Tu aimes mieux... ou... ?* I, 10; **I prefer** *Je préfère... ,* II, 1, 7, 8; *J'aime mieux... ,* I, 1; II, 1; **What I prefer is . . .** *Ce que je préfère, c'est... ,* II, 4

pressure: tire pressure *la pression des pneus (m.),* III, 2

prey *la proie,* III, 7

problem: I've got a problem. *J'ai un (petit) problème.* I, 9; II, 10; **No problem.** *Pas de problème.* II, 10

process: to be in the process of (doing something) *être en train de (+ infinitive),* II, 9

public: to take public transportation *prendre les transports en commun,* III, 3

pudding: bread pudding *le pouding au pain,* III, 11

pullover (sweater) *un pull-over,* I, 3

purple *violet(te),* I, 3

purpose: Are you doing that on purpose? *Tu le fais exprès?* III, 6

purse *le sac à main,* II, 3

push-ups: to do push-ups *faire des pompes,* II, 7

put *mettre,* I, 10; **put on (clothing)** *mettre,* I, 10; **put on makeup** *se maquiller,* III, 4; **put up: I won't put up with this!** *C'est insupportable, à la fin!* III, 8

quarter: quarter past *et quart,* I, 6; **quarter to** *moins le quart,* I, 6

question: Out of the question! *Pas question!* I, 7
quiche *la quiche,* I, 5
quiet: Be quiet! *Tais-toi!* III, 9; **Could you please be quiet?** *Vous pourriez vous taire, s'il vous plaît?* III, 9
quiz *l'interro (f.),* I, 9

R

raccoon *le raton laveur,* II, 12
radio *la radio,* I, 3
rain: It's raining. *Il pleut.* I, 4
raincoat *l'imperméable (m.),* II, 1
rained: It rained the whole time. *Il a plu tout le temps.* III, 1
rainforest: tropical rainforest *la forêt tropicale,* II, 4; III, 7
raise *élever,* III, 8; **Raise your hand!** *Levez la main!,* I, 0
raisins *les raisins secs,* III, 11
rake: to rake leaves *ramasser les feuilles,* III, 3
rap *le rap,* II, 11; III, 11
rare *saignant(e),* III, 1
rarely *rarement,* I, 4
rather *plutôt,* II, 9; **No, I'd rather...** *Non, je préfère...,* II, 1
read *lire,* I, 1; **read** (pp.) *lu* (pp. of *lire*), I, 9
ready: to get ready *faire les préparatifs,* II, 10
really *vachement,* II, 9; **really ... bien...,** III, 11; **Really.** *Je t'assure.* III, 4; **Really?** *C'est vrai? (Vraiment?),* II, 2; **I (really) like...** *Moi, j'aime (bien)...,* I, 1; **I really don't know.** *Je ne sais pas trop.* III, 5; **I really liked it.** *Ça m'a beaucoup plu.* II, 6; **I'd really like...** *J'aimerais bien...,* III, 5; **I'd really like to ...** *Je voudrais bien...,* I, 11; **I'd really like to.** *Je veux bien.* I, 6; **No, not really.** *Non, pas vraiment.* I, 11; **That looks really ...** *Ça fait vraiment...,* III, 4; **Was it really so different?** *C'était tellement différent?* II, 8; **Your ... is really great.** *Il/Elle est vraiment bien, ton/ta...,* II, 2
reason: That's no reason. *Ce n'est pas une raison.* III, 3
receive: to receive one's report card *recevoir le bulletin trimestriel,* II, 5
recommend: I recommend ... *Je te recommande...,* III, 9; **I recommend it.** *Je te le recommande.* II, 11; **What do you recommend?** *Qu'est-ce que vous me conseillez?* III, 1
record: at the record store *chez le disquaire,* I, 12

recorder: videocassette recorder/VCR *le magnétoscope,* III, 9
recreation center *la Maison des jeunes et de la culture (MJC),* I, 6
recycle *recycler,* III, 3
red *rouge,* I, 3; **red hair** *les cheveux roux,* II, 1; **redheaded** *roux (rousse),* I, 7
regards: Give ... my regards. *Fais mes amitiés à...,* III, 8
reggae music *le reggae,* II, 11
rehearse *répéter,* I, 9
relaxing *relax,* II, 8
remember: If I remember correctly, ... *Si je me souviens bien,...,* III, 11; **Remember to take ...** *Pense à prendre...,* II, 1
remote (control) *la télécommande,* III, 9
repeat: Repeat! *Répétez!,* I, 0
report card: to receive one's report card *recevoir le bulletin trimestriel,* II, 5
respect: to respect nature *respecter la nature,* II, 12; **to respect your teachers and your parents** *respecter tes profs et tes parents,* III, 3
response: In response to your letter of ... *En réponse à votre lettre du...,* III, 5
responsibilities: to have responsibilities *avoir des responsabilités,* II, 8
responsible *responsable,* III, 3
restaurant *le restaurant,* I, 6
restroom *les toilettes (f.) (les W.-C. (m.)),* II, 2
retro *rétro,* I, 10
return *retourner,* II, 6; **to return something** *rendre,* I, 12; **to return tests** *rendre les examens,* II, 5
rhinoceros *le rhinocéros,* III, 7
rice *du riz,* I, 8
ride: to take a ride on the ferris wheel *faire un tour sur la grande roue,* II, 6; **to take a ride on the roller coaster** *faire un tour sur les montagnes russes,* II, 6
ridiculous: That's ridiculous! *N'importe quoi!* II, 6
riding: to go horseback riding *faire de l'équitation,* I, 1
right: I can't right now. *Je ne peux pas maintenant.* I, 8; **I'll go right away.** *J'y vais tout de suite.* I, 8; **It's right there on the ...** *C'est tout de suite à...,* I, 12; **on the right** *sur la droite,* II, 2; **right away** *tout de suite,* I, 6; **to the right (of)** *à droite (de),* I, 12; II, 2; **Yeah, right!** *Mon œil!* II, 6; *N'importe quoi!* III, 10; **You're right.** *Tu as raison.* II, 3; III, 9; **I just can't do anything right!** *Qu'est-ce que je peux être nul(le)!* III, 12
ring: the rings (in gymnastics) *les anneaux (m.),* III, 12
rip *déchirer,* II, 5

river *la rivière,* III, 7
roast beef *le rôti de bœuf,* III, 3
rock (music) *le rock,* II, 11; III, 11
rock *le rocher,* III, 10
roll: roll of film *la pellicule,* III, 7
roller coaster *les montagnes russes,* II, 6
romance novel *un roman d'amour,* II, 11
romantic: romantic movie *une histoire (f.) d'amour,* II, 11
room (of a house) *la pièce,* II, 2; **to pick up your room** *ranger ta chambre,* I, 7
round-trip: a round-trip ticket *un aller-retour,* II, 6
rowing *l'aviron (m.),* III, 12
rug *le tapis,* II, 2; III, 8
ruler *la règle,* I, 3
running: long-distance running *la course de fond,* III, 12
runny: I've got a runny nose. *J'ai le nez qui coule.* II, 7
Russia *la Russie,* III, 12

S

safely: to drive safely *conduire prudemment,* III, 3
safer: In my opinion, it's safer. *A mon avis, c'est plus sûr.* III, 7
said: You said it! *Tu l'as dit!* III, 9
sailing: to go sailing *faire de la voile,* I, 11
salad *la salade verte,* III, 1; **salad, heads of lettuce** *de la salade,* I, 8
salami *le saucisson,* I, 5; II, 3
salesperson *le vendeur(la vendeuse),* III, 5
salt *le sel,* II, 7
salty *salé(e),* III, 11
same: It's always the same! *C'est toujours la même chose!* III, 6; **It's really all the same to me.** *Ça m'est vraiment égal.* III, 9; **Same old thing!** *Toujours la même chose!* III, 1
sand *le sable,* II, 4
sandals *les sandales (f.),* I, 10
sandwich *un sandwich,* I, 5
Saturday: on Saturdays *le samedi,* I, 2
sausages *les saucisses (f.),* III, 11
savannah *la savane,* III, 7
saxophone *le saxophone,* III, 11
say: How do you say ...? *Comment on dit...?* III, 11
saying: I'm not just saying that. *Je ne dis pas ça pour te faire plaisir.* III, 4
says: So he says ... ... et alors, il dit que..., III, 10
scare: Wow! That was a real scare! *Ouf! On a eu chaud!* III, 7
scared: I'm scared (of) ... *J'ai peur (de la, du, des)...,* II, 12; **I'm scared to death!** *J'ai la frousse!* III, 7

scarf *l'écharpe* (f.), I, 10; II, 1; *le foulard,* II, 3

school *l'école* (f.), I, 1; **high school** *le lycée,* II, 2

science fiction: science-fiction novel *un roman de science-fiction,* II, 11; **science-fiction movie** *un film de science-fiction,* II, 11; III, 9

score: to score…points *marquer… points,* III, 12

screen *l'écran* (m.), III, 9

scuba dive: to go scuba diving *faire de la plongée sous-marine,* II, 4

sea *la mer,* II, 4

seahorse *l'hippocampe* (m.), III, 10

seaweed *l'algue* (f.), III, 10

second: One second, please. *Une seconde, s'il vous plaît.* I, 9

secretary *le/la secrétaire,* III, 5

see: Go see…it's a great movie. *Va voir…, c'est génial comme film.* III, 9; **Really, don't go see…** *Ne va surtout pas voir…,* III, 9; **See you later!** *À tout à l'heure!* I, 1; **See you soon.** *À bientôt.* I, 1; **See you tomorrow.** *À demain.* I, 1; **to go to see a game (in person)** *aller voir un match,* I, 6; **to see a movie** *voir un film,* I, 6; **to see a play** *voir une pièce,* I, 6; **What is there to see…?** *Qu'est-ce qu'il y a à voir…?,* II, 12; **When I see…** *Quand je verrai…,* III, 12; **You should go see…** *Tu devrais aller voir…,* III, 9; **You'll see that…** *Tu vas voir que…,* II, 8

seem: to seem… *avoir l'air…,* II, 9; III, 11; **You don't seem too well.** *Tu n'as pas l'air en forme.* II, 7

seemed: She seemed… *Elle avait l'air…,* II, 12

seems: It seems to me that… *Il me semble que…,* III, 11

seen (pp.) *vu(e)* (pp. of *voir*), I, 9; **If you could have seen…!** *Si tu avais vu…,* III, 10

selection: Have you made your selection? *Vous avez choisi?* III, 1

sell *vendre,* I, 9

send: to send letters *envoyer des lettres,* I, 12; **to send the invitations** *envoyer les invitations,* II, 10

Senegal *le Sénégal,* III, 12

sensational *sensass,* II, 6

September *septembre,* I, 4

series *la série,* III, 9

serious: It's not serious. *C'est pas grave.* II, 5

server *le serveur (la serveuse),* III, 5

service: At your service; You're welcome. *À votre service.* I, 3

set: to set the table *mettre la table,* III, 3

shall: Shall we go to the café? *On va au café?* I, 5

shampoo: a shampoo *un shampooing,* III,4

shape: to get into shape *se mettre en condition,* II, 7

share *partager ses affaires,* III, 3; **to share one's vehicle** *partager son véhicule,* III, 3

shark *le requin,* III, 10

shave *se raser,* III, 4

sheep *le mouton,* III, 8

sheet: a sheet of paper *la feuille de papier,* I, 0

shell *le coquillage,* III, 10

shellfish *les crustacés* (m.), III, 11

shelves *les étagères* (f.), II, 2

Shh! *Chut!* III, 9

shirt (men's) *la chemise,* I, 10; **(women's)** *le chemisier,* I, 10

shoes *les chaussures* (f.), I, 10

shoot *tirer,* III, 12

shop: to window-shop *faire les vitrines,* I, 6

shopping *les courses* (f.), I, 7; **to do the shopping** *faire les courses,* I, 7; **to go shopping** *faire les magasins,* I, 1; **Can you do the shopping?** *Tu peux aller faire les courses?* I, 8

short (objects) *court(e),* I, 10; **short (height)** *petit(e),* I, 7; II, 1; **short hair** *les cheveux courts* (m.), II, 1; III, 4

shorts: (a pair of) shorts *un short,* I, 3

should: Do you think I should…? *Tu crois que je devrais…?* III, 7; **Everyone should…** *On doit…,* II, 7; **I should have…** *J'aurais dû…,* II, 10; **In your opinion, what should I do?** *À ton avis, qu'est-ce que je dois faire?* II, 10; **What do you think I should do?** *Qu'est-ce que tu me conseilles?* II, 10; **What should I…?** *Qu'est-ce que je dois…,* II, 1; **What should I do?** *Qu'est-ce que je dois faire?* II, 12; **What should we do?** *Qu'est-ce qu'on fait?* II, 1; **You should…** *Il faudrait que tu…,* III, 5; **You should…** *Tu devrais…,* I, 9; II, 7; **You should be proud of yourself.** *Tu peux être fier (fière) de toi.* II, 5; **You should go see…** *Tu devrais aller voir…,* III, 9; **You should have…(food or drink)** *Tu devrais prendre…,* III, 1; **(ought to have)** *Tu aurais dû…,* II, 10

shouldn't: You shouldn't… *Tu ne devrais pas…,* II, 7; *Tu ne dois pas…,* III, 3; *Vous (ne) devriez (pas)…,* III, 3; **One should not…** *Il ne faut pas…,* III, 3

shovel: to shovel snow *enlever la neige,* III, 3

show *montrer,* I, 9; **game show** *le jeu télévisé,* III, 9; **magazine show** *le magazine télévisé,* III, 9; **sound and light show** *un spectacle son et lumière,* I, 6

showing:…is showing. *On joue…,* II, 11

shrimp *la crevette,* II, 3; III, 10

shy *timide,* I, 7

sick: I'm sick of this! *J'en ai vraiment marre!* III, 12; **I'm sick to my stomach.** *J'ai mal au cœur.* II, 7; **I'm sick.** *Je suis malade.* II, 7

sideburns *des pattes* (f.), III, 4

sidewalk *le trottoir,* III, 8

silk *en soie,* III, 4

silly: Stop being so silly! *Arrête de délirer!* III, 10; **to do silly things** *faire des bêtises,* II, 8

simple *simple,* II, 8

Since… *Depuis…,* III, 1

sing *chanter,* I, 9

singer *le chanteur (la chanteuse),* II, 11

singing *le chant,* III, 11

single *célibataire,* III, 6

sir *monsieur* (M.), I, 1; III, 5

sister *la sœur,* I, 7

sit-ups: to do sit-ups *faire des abdominaux,* II, 7

sit: Sit down. *Asseyez-vous.* III, 6

skate: to ice-skate *faire du patin à glace,* I, 4; **to in-line skate** *faire du roller en ligne,* I, 4

ski *faire du ski,* I, 4; **ski jacket** *l'anorak* (m.), II, 1; **to water ski** *faire du ski nautique,* I, 4

skiing *le ski,* I, 1

skip: Don't skip… *Ne saute pas…,* II, 7

skipping: skipping a meal *sauter un repas,* II, 7

skirt *la jupe,* I, 10

skunk *une mouffette,* II, 12

skyscraper *le gratte-ciel,* III, 8

sleep *dormir,* I, 1; **I didn't sleep well.** *J'ai mal dormi.* II, 7

sleeping bag *un sac de couchage,* II, 12

slender *mince,* I, 7

slice: a slice of *la tranche de,* I, 8

small *petit(e),* I, 10; II, 1

smaller: smaller than… *moins grand(e) que,* II, 4

smart *intelligent(e),* I, 7; II, 1

smoke *fumer,* III, 3

snack: afternoon snack *le goûter,* I, 8; **to make party snacks** *préparer les amuse-gueule,* II, 10

snacking: snacking between meals *grignoter entre les repas,* II, 7

snails *les escargots* (m.), I, 1; II, 3

snake *le serpent,* III, 7

sneakers *des baskets* (f.), I, 3; **pair of sneakers** *les baskets* (f.), II, 1

sneezing: I'm sneezing a lot. *J'éternue beaucoup.* II, 7

snorkel *faire de la plongée avec un tuba,* II, 4

snow-shoeing: to go snow-shoeing *faire une randonnée en raquettes,* II, 12

snowing: It's snowing. *Il neige.* I, 4

so: So… *Alors,…,* II, 9; **so-so** *comme ci comme ça,* I, 1; II, 6; **not so great** *pas fameux,* I, 5; **That is so…!** *Qu'est-ce que c'est…!* III, 2

soap opera *le feuilleton*, III, 9
soccer *le football*, I, 1; **to play soccer** *jouer au foot(ball)*, I, 4
socks *les chaussettes* (f.), I, 10
sole: filet of sole with rice and mushrooms *le filet de sole riz champignons*, III, 1
some *des*, I, 3; ; *du, de la, de l', des, en*, I, 8; **I'd like some.** *J'en veux bien.* I, 8; **Some more . . . ?** *Encore... ?* II, 3
sometimes *quelquefois*, I, 4
son *le fils*, I, 7
song *la chanson*, II, 11
soon: As soon as I get there, . . . *Dès que je serai là-bas,... ,* III, 12; **See you soon.** *A bientôt.* I, 1
sophisticated *élégant(e)*, III, 4
sorry: Sorry. *Désolé(e).* II, 10; *Je regrette.* I, 3; **I'm sorry for . . .** *Je m'excuse de... ,* III, 6
sort of *assez*, II, 9
sound *le son*, III, 9; **Does . . . sound good to you?** *Ça te dit de... ?* II, 1; **sound and light show** *un spectacle son et lumière*, II, 6
soups *les soupes* (f.), III, 11
south: in the south *dans le sud*, II, 4; **It's to the south of . . .** *C'est au sud de... ,* II, 12; **South Africa** *l'Afrique* (f.) *du Sud*, III, 12; **South African** (adj.) *sud-africain(e)*, III, 12
southern: It's in the southern part of . . . *C'est dans le sud de... ,* II, 12
Spain *l'Espagne* (f.), III, 12
Spanish (language) *l'espagnol* (m.), I, 2
speak: Could I speak to . . . ? *(Est-ce que) je peux parler à... ?* I, 9
special: It's nothing special. *Ce n'est pas grand-chose.* II, 3; **Nothing (special).** *Rien (de spécial).* I, 6; III, 1
spices *les épices* (f.), III, 11
spicy *épicé(e)*, III, 11
spider *l'araignée* (f.), III, 7
spinach *les épinards* (m.), III, 11
sports *le sport*, I, 1; **to play sports** *faire du sport*, I, 1; **What sports do you play?** *Qu'est-ce que tu fais comme sport?* I, 4; II, 1
sportscast *le reportage sportif*, III, 9
sprain: to sprain one's ankle *se fouler la cheville*, II, 7; III, 10
spring: in the spring *au printemps*, I, 4
spy flick *le film d'espionnage*, III, 9
squirrel *un écureuil*, II, 12
stadium *le stade*, I, 6
stamp *un timbre*, I, 12
stand: Stand up! *Levez-vous!*, I, 0
starfish *l'étoile* (f.) *de mer*, III, 10
start *commencer*, I, 9; **How does it start?** *Comment est-ce que ça commence?* III, 9; **What time does it start?** *Ça commence à quelle heure?* II, 11
started: He/She started it! *C'est lui/elle qui a commencé!* III, 6
stationery store *la papeterie*, I, 12

stay *rester*, II, 6; **Did you stay here?** *Est-ce que tu es resté(e) ici?* III, 1; **Where did you stay?** *Où est-ce que tu as dormi?* III, 1
stayed: Yes, I stayed here the whole time. *Oui, je suis resté(e) ici tout le temps.* III, 1
steak *le bifteck*, II, 3; **steak and French fries** *le steak-frites*, I, 5; III, 1
steamed *à la vapeur*, III, 11
step: to miss a step *rater une marche*, II, 5
stereo *la chaîne stéréo*, II, 2
still . . . *toujours... ,* III, 11
stinks: It stinks. *C'est un navet*, II, 11
stomach *le ventre*, II, 7; **I'm sick to my stomach.** *J'ai mal au cœur.* II, 7
stop: Stop! *Arrête!* III, 6; **at the . . . metro stop** *au métro... ,* I, 6; **to stop one's studies** *arrêter ses études*, III, 5
stores *les magasins* (m.), I, 1
story: It's a great story. *C'est une belle histoire.* II, 11; **It's the story of . . .** *C'est l'histoire de... ,* II, 11; III, 9; **What's the story?** *Qu'est-ce que ça raconte?* II, 11
straight: straight hair *les cheveux raides* (m.), III, 4
straight ahead: Go (keep going) straight ahead. *Allez (continuez) tout droit*, II, 2; **Keep going straight ahead up to the intersection.** *Vous allez continuer tout droit, jusqu'au carrefour.* III, 2; **You go straight ahead until you get to . . .** *Vous allez tout droit jusqu'à... ,* I, 12
strawberries *les fraises* (f.), I, 8
street: You go down this street to the next light. *Vous continuez cette rue jusqu'au prochain feu rouge.* I, 12; **You take . . . Street, then cross . . . Street.** *Prenez la rue... , puis prenez la rue... ,* I, 12
strict: to follow a diet that's too strict *suivre un régime trop strict*, II, 7
striped *à rayures*, III, 4
strong *fort(e)*, I, 7; II, 1; **It's not my strong point.** *Ce n'est pas mon fort.* II, 5; **You're really strong/ good at that.** *Tu es fortiche/calé(e).* III, 10
student *l'élève* (m./f.), I, 2
studies: to stop one's studies *arrêter ses études*, III, 5
study *étudier*, I, 1; **study hall** *l'étude* (f.), I, 2
stuffed (with) *farci(e) (à)*, III, 11
stupid *bête*, II, 1; **(childish)** *bébé*, III, 2; **What a stupid joke!** *Elle est nulle, ta blague!* III, 10; **That looks really stupid!** *Ça fait vraiment cloche!* III, 4

subway: by subway *en métro*, I, 12
such: I've never seen such a . . . *Je n'ai jamais vu un(e) aussi... ,* III, 7
sugar *le sucre*, I, 8; **sugarcane fields** *des champs de canne à sucre*, II, 4
suit: man's suit *le costume*, III, 4; **suit jacket** *la veste*, I, 10; **Does it suit me?** *Ça me va?* I, 10; **That suits you really well.** *Ça te (vous) va très bien.* I, 10
suitcase *la valise*, I, 11
sulk *faire la tête*, II, 9
summer: in the summer *en été*, I, 4
Sunday: on Sundays *le dimanche*, I, 2
sunglasses *des lunettes de soleil* (f.), I, 10
sunscreen *de la crème solaire*, III, 7
super (adj.) *super*, I, 2; **super cool** *hypercool*, III, 4; **What I think is super is . . .** *Ce que je trouve super, c'est... ,* III, 11
sure: I'm not sure. *J'hésite.* I, 11; **I'm (not) sure that . . .** *Je (ne) suis (pas) sûr(e) que... ,* III, 7; **That's for sure.** *Ça, c'est sûr.* III, 11; **We'd be able to . . . for sure.** *On pourrait sûrement... ,* III, 7
surprise: That would surprise me. *Ça m'étonnerait!* II, 6; III, 10
surprised *étonné(e)*, II, 9; **I'd be surprised if . . .** *Ça m'étonnerait que... ,* III, 7
suspenseful: It's suspenseful. *Il y a du suspense.* II, 11
sweater *le cardigan*, I, 10; *le pull*, II, 1
sweatshirt *le sweat-shirt*, I, 3; *le sweat*, II, 1
swim *faire de la natation*, I, 4; *nager*, I, 1
swimming *la natation*, III, 12; **to go swimming** *se baigner*, II, 4; **swimming pool** *la piscine*, I, 6
Switzerland *la Suisse*, III, 12
sword *l'épée* (f.), III, 12
swordfish *l'espadon* (m.), III, 10
synthesizer *le synthé (le synthétiseur)*, III, 11

T-shirt *le tee-shirt*, I, 3; II, 1
table: to clear the table *débarrasser la table*, I, 7; **to set the table** *mettre la table*, III, 3
tacky: I think it's (they're) really tacky. *Je le/la/les trouve moche(s).* I, 10
tailor *le tailleur (la tailleuse)*, III, 5
take: Are you going to take it/them? *Vous le/la/les prenez?* I, 10; **Have you decided to take . . . ?** *Vous avez décidé de prendre... ?* I, 10; **I'll take . . .** *Je vais (en) prendre... ,* II, 3; **I'll take . . . (of**

them). *Je vais en prendre... ,* II, 3; **I'll take it/them.** *Je le/la/les prends.* I, 10; **It's not going to take long!** *Ça ne va pas prendre longtemps!* III, 2; **Remember to take ...** *Pense à prendre... ,* II, 1; **Take ...** *Prends... ,* II, 1; *Prenez... ,* II, 2; **to take; to have (food or drink)** *prendre,* I, 5; **to take pictures** *faire des photos,* I, 4; **We can take ...** *On peut prendre... ,* I, 12; **You take ... Street, then cross ... Street.** *Prenez la rue... , puis traversez la rue... ,* I, 12

take out: Take out a sheet of paper. *Prenez une feuille de papier.* I, 0; **to take out the trash** *sortir la poubelle,* I, 7

takes place: It takes place ... *Ça se passe... ,* III, 9

taking: Are you taking ...? *Tu prends... ?* I, 11

talk: Can I talk to you? *Je peux te parler?* I, 9; II, 10; **Talk to him/her/them.** *Parle-lui/-leur.* II, 10; **to talk on the phone** *parler au téléphone,* I, 1

tall *grand(e),* I, 7; II, 1

tank: the gas tank *le réservoir,* III, 2

tart: apple tart *la tarte aux pommes,* II, 3; **fruit pies/tarts** *les tartes aux fruits,* III, 1

taste *déguster,* II, 4; **in poor taste** *de mauvais goût,* III, 2

tasteless *vulgaire,* III, 4

Tattletale! *Rapporteur(-euse)!* III, 6

taxi: by taxi *en taxi,* I, 12

teacher *le/la professeur,* I, 0

team *l'équipe* (f.), III, 12

tear *déchirer,* II, 5

tease *taquiner,* II, 8

technical: to go to a technical school *faire une école technique,* III, 5

technician *le technicien(la technicienne),* III, 5

teeth *les dents* (f.), II, 7

television *la télévision,* I, 0; **television set** *le téléviseur,* III, 9

tell: Can you tell him/her that I called? *Vous pouvez lui dire que j'ai téléphoné?* I, 9; **Didn't I tell you?** *Je ne t'ai pas dit?* III, 10; **Tell ... hi for me.** *Salue... de ma part.* III, 8; **Tell ... that I'm going to write.** *Dis à... que je vais lui écrire.* III, 8; **Tell ... that I'm thinking about him/her.** *Dis à... que je pense à lui/elle.* III, 8; **Tell him/her/them that ...** *Dis-lui/-leur que... ,* II, 10; **Tell me!** *Raconte!* II, 5; III, 10; **to tell (someone) that ...** *dire à (quelqu'un) que... ,* II, 10; **to tell the truth** *dire la vérité,* III, 3

tempting: Everything looks tempting. *Tout me tente.* III, 1

tennis: to play tennis *jouer au tennis,* I, 4

tent *une tente,* II, 12

terrible *horrible,* I, 10; **I had a terrible day!** *J'ai passé une journée épouvantable!* II, 5; **This is terrible!** *Quelle angoisse!* III, 12

Terrific! *Bravo!* II, 5

tests *les examens* (m.), I, 1

than: bigger than ... *plus grand(e) que,* II, 4; **fewer ... than ...** *moins de... que... ,* III, 8; **It's better than ...** *C'est meilleur que... ,* II, 7; **less ... than ...** *moins... que... ,* III, 8; **more ... than ...** *plus de... que... ,* III, 8; *plus... que... ,* III, 8; **smaller than ...** *moins grand(e) que,* II, 4

thank: You don't have to thank me. *C'est tout à fait normal.* III, 6

thank you: Thank you. *Merci.* I, 3; II, 2; *Je vous remercie.* III, 6; **Thank you so much.** *Merci bien/mille fois.* III, 6; **Yes, thank you.** *Oui, s'il vous (te) plaît.* I, 8; **No, thank you.** *Non, merci.* I, 8; **No thank you, I've had enough.** *Merci, ça va.* II, 3

thanks: No thanks. I'm not hungry anymore. *Non, merci. Je n'ai plus faim.* I, 8

that *ce, cet, cette,* I, 3; **That is so ...!** *Qu'est-ce que c'est... !* III, 2; **This/That is ...** *Ça, c'est... ,* I, 12; **That is, ...** *C'est-à-dire que... ,* II, 9

theater *le théâtre,* I, 6; II, 2

their *leur/leurs,* I, 7

them *les, leur,* I, 9

then: Then, ... *Ensuite,... ,* II, 12; *Et puis,... ,* II, 1; **And then?** *Et alors?* III, 10; **Then I called ...** *Ensuite, j'ai téléphoné à... ,* I, 9

there *-là* (noun suffix), I, 3; *y,* I, 12; **Here (There) is ...** *Là, c'est... ,* II, 2; **Is ... there, please?** *(Est-ce que)... est là, s'il vous plaît?* I, 9; **Over there, at the end of the hallway.** *Par là, au bout du couloir.* III, 2; **Right there, next to ...** *Juste là, à côté de... ,* III, 2; **There is/are...** *Il y a... ,* I, 5; II, 2; **There's ...** *Voilà...* I, 7; **What do you ... there?** *Qu'est-ce qu'on y...?* III, 12; **You're almost there!** *Tu y es presque!* II, 7

Therefore, ... *Donc,... ,* II, 9

these *ces,* I, 3; **These/Those are ...** *Ce sont... ,* I, 7

thing: It's not my thing. *Ce n'est pas mon truc.* II, 7; **This old thing?** *Oh, c'est un vieux truc.* III, 4

things: I have lots of things to do. *J'ai des tas de choses à faire.* I, 5; **I have some things to do.** *J'ai des trucs à faire.* I, 5

think: Do you think I should ...? *Tu crois que je devrais... ?* III, 7; **Do you think it'd be better to ...?** *Tu penses qu'il vaudrait mieux... ?* III, 7; **Do you think so?** *Tu trouves?* II, 2; **Hey, do you think you can ...?** *Dites donc, ça vous gênerait de... ?*

III, 8; **I don't think so.** *Je ne crois pas.* II, 9; **I don't think that ...** *Je ne pense pas que... ,* III, 7; **I think I'll ...** *Je pense... ,* III, 5; **I think it's ...** *Je trouve qu'il est... ,* III, 4; **I think it's/they're ...** *Je le/la/les trouve... ,* I, 10; **I think that ...** *Je crois que... ,* II, 9; **I think that's better.** *Je crois que ça vaut mieux.* III, 7; **What do you think about going ...?** *Ça te dit d'aller... ?* II, 4; **What do you think I should do?** *Qu'est-ce que tu me conseilles?* II, 10; **What do you think of ...?** *Comment tu trouves... ?* I, 2; *Qu'est-ce que tu penses de... ?* III, 4; **What do you think of it?** *Qu'en penses-tu?* III, 4; **What do you think of that/it?** *Comment tu trouves ça?* I, 2; **What do you think you'll do?** *Qu'est-ce que tu penses faire?* III, 5; **Who do you think you are?** *Non mais, vous vous prenez pour qui?* III, 8

thirst: I'm dying of thirst! *Je meurs de soif!* II, 2

thirsty: to be thirsty *avoir soif,* I, 5; **Aren't you thirsty?** *Vous n'avez pas (Tu n'as pas) soif?* II, 2; **I'm not thirsty anymore.** *Je n'ai plus soif,* II, 3

this *ce, cet, cette,* I, 3; **This is ...** *C'est... ,* I, 7; *Ça, c'est... ,* II, 2; **This/That is ...** *Ça, c'est... ,* I, 12

those *ces,* I, 3; **Those.** *Ceux-là/Celles-là,* III, 4; **Those are ...** *Ce sont... ,* I, 7

thought: I've thought of everything. *J'ai pensé à tout.* I, 11

throat *la gorge,* II, 7

throw: to throw away your trash *jeter les déchets,* II, 12; **to throw the ball** *lancer le ballon,* III, 12; **to throw trash** *jeter des ordures,* III, 3

Thursday: on Thursdays *le jeudi,* I, 2

ticket: plane ticket *un billet d'avion,* I, 11; II, 1; **Three (entrance) tickets, please.** *Trois tickets, s'il vous plaît.* II, 6; **train ticket** *un billet de train,* I, 11

tie *la cravate,* I, 10; III, 4

tied: to be tied *être à égalité,* III, 12

tight *serré(e),* I, 10

tights *un collant,* III, 4

time: a waste of time *zéro,* I, 2; **At what time do you have ...?** *Tu as... à quelle heure?* I, 2; **At what time?** *A quelle heure?* I, 6; **from time to time** *de temps en temps,* I, 4; **I'm sorry, but I don't have time.** *Je regrette, mais je n'ai pas le temps.* I, 8; **Sorry, but I don't have time.** *Je suis désolé(e), mais je n'ai pas le temps.* I, 12; **We don't have time!** *On n'a pas le temps!* III, 2; **What time does it start?** *Ça commence à quelle heure?* II, 11; **What time does the train (the

bus) for … leave? *A quelle heure est-ce que le train (le car) pour… part?* II, 6

tire *le pneu*, III, 2; **spare tire** *la roue de secours*, III, 2; **tire pressure** *la pression des pneus* (m.), III, 2; **to have a flat tire** *avoir un pneu crevé*, III, 2

tired: I'm tired. *Je suis fatigué(e)*, II, 12; **(You're) not too tired?** *Pas trop fatigué(e)?* II, 2

tiring: It was tiring! *C'était fatigant!* II, 2

to *à la* (before a feminine noun), I, 6; **(a city or place)** *à*, I, 11; **(before a feminine noun)** *en*, I, 11; **(before a masculine noun)** *au*, I, 11; **(before a plural noun)** *aux*, I, 11; **five to (before an hour)** *moins cinq*, I, 6

today *aujourd'hui*, I, 2

together: When are we getting together? *Quand est-ce qu'on se revoit?* III, 6

toilet *les toilettes* (f.)(*les W.-C.*) (m.), II, 2

told: Who told you that? *Qui t'a dit ça?* III, 10

tolerant *tolérant(e)*, III, 3

tomato: tomato salad *la salade de tomates*, III, 1; **tomatoes** *des tomates* (f.), I, 8

tomorrow *demain*, I, 2; **See you tomorrow.** *A demain.* I, 1

tonight: Not tonight. *Pas ce soir.* I, 7

too: Me too. *Moi aussi.* I, 2; III, 9; **No, it's too expensive.** *Non, c'est trop cher.* I, 10; II, 3; **No, not too much.** *Non, pas trop.* I, 2; **Not too much.** *Pas tellement.* I, 4; **It's/They're too…** *Il/Elle est (Ils/Elles sont) trop…*, I, 10; **too violent** *trop violent(e)*, II, 11

took (pp.) *pris* (pp. of *prendre*), I, 9

Tough! *Tant pis pour toi!* III, 6; **Tough luck!** *C'est pas de chance, ça!* II, 5

tour: to take a guided tour *faire une visite guidée*, II, 6; **to tour some châteaux** *faire un circuit des châteaux*, II, 6

tourist: tourist information office *l'office de tourisme*, II, 2

towards: Towards the back. *Au fond.* III, 2

tower: to go up in a tower *monter dans une tour*, II, 6

track and field *l'athlétisme*, III, 12; **to do track and field** *faire de l'athlétisme*, I, 4

traffic *la circulation*, III, 8

traffic jam *l'embouteillage* (m.), III, 8

trails: to follow the marked trails *suivre les sentiers balisés*, II, 12

train *s'entraîner*, III, 12; **to train for (a sport)** *s'entraîner à…*, II, 7

train (locomotive): by train *en train*, I, 12; **train station** *la gare*, II, 2; **train ticket** *un billet de train*, I, 11

trash: It's trash. *C'est un navet.* III, 9; **to take out the trash** *sortir la poubelle*, I, 7; **to throw trash** *jeter des ordures*, III, 3

trashcan *la poubelle*, I, 7

travel *voyager*, I, 1

tree *l'arbre* (m.), III, 7

trip: Did you have a good trip? *Vous avez (Tu as) fait bon voyage?* II, 2; **Have a good trip! (by car)** *Bonne route!* II, 3; **Have a good trip! (by plane, ship)** *Bon voyage!* I, 11; II, 3

tropical rainforest *la forêt tropicale*, II, 4

trouble: I'm having trouble deciding. *J'ai du mal à me décider.* III, 5

truly: Very truly yours, … *Je vous prie d'agréer, Monsieur/Madame, l'expression de mes sentiments distingués.* III, 5

trumpet *la trompette*, III, 11

trunk *la trompe*, III, 7

trust: Trust me. *Fais-moi confiance.* III, 4

truth: to tell the truth *dire la vérité*, III, 3

try: Try … *Essaie…*, III, 1; **Can I try it (them) on?** *Je peux l'(les) essayer?* I, 10; **One more try!** *Encore un effort!* II, 7

Tuesdays: on Tuesdays *le mardi*, I, 2

Tunisia *la Tunisie*, III, 12

turkey: sliced turkey breast with mashed potatoes *l'escalope de dinde purée*, III, 1

turn: Then, turn left on … *Puis, tournez à gauche dans/sur…*, II, 2; **to turn off/out** *éteindre*, III, 3; **You turn …** *Vous tournez…*, I, 12

turn down: Turn down the volume. *Baisse le son.* III, 9

turn up: Turn up the volume. *Monte le son.* III, 9

turtle *la tortue*, III, 10

turtleneck sweater *le col roulé*, III, 4

TV: TV guide/listing *le programme télé*, III, 9; **to watch TV** *regarder la télé(vision)*, I, 1

twins *les jumeaux(-elles)*, III, 6

twists: It's full of plot twists. *C'est plein de rebondissements.* II, 11

type: I like this type of … *J'aime bien ce genre de…*, III, 4

typical: What's typical of where you're from? *Qu'est-ce qui est typique de chez toi?* III, 12

ultra— (adv.) *super*, I, 2

umbrella *le parapluie*, I, 11

uncle *l'oncle* (m.), I, 7

uncomfortable (people) *mal à l'aise* (inv.), II, 9

understanding: I have a hard time understanding. *J'ai du mal à comprendre.* II, 5

unemployed: to be unemployed *être au chômage*, III, 5

Unfortunately, … *Malheureusement,…*, II, 9

unique: That's unique. *C'est original.* II, 3

United States *les Etats-Unis* (m.), III, 12

unleaded (gasoline) *sans plomb*, III, 2

unlucky: I'm so unlucky. *J'ai vraiment pas de chance.* III, 12

up: to go up *monter*, II, 6

up to: I've had it up to here! *J'en ai ras le bol!* III, 8

Upstairs. *En haut.* III, 2

used: You'll get used to it. *Tu vas t'y faire.* II, 8

useless *nul*, I, 2

usually *d'habitude*, I, 4

V-necked *à col en V*, III, 4

vacation *les vacances* (f.), I, 1; **Have a good vacation!** *Bonnes vacances!* I, 11; **How was your vacation?** *C'était comment, tes vacances?* III, 1; **on vacation** *en vacances*, I, 4

vacuum: to vacuum *passer l'aspirateur*, III, 3

variety show *l'émission* (f.) *de variétés*, III, 9

vase *le vase*, II, 3

VCR (videocassette recorder) *le magnétoscope*, I, 0

vegetables *les légumes* (m.), I, 8; II, 7; **plate of raw vegetables with vinaigrette** *l'assiette de crudités*, III, 1

vegetation: tropical vegetation *la végétation tropicale*, III, 7

very: not very good *pas bon*, I, 5; **very cool** *chouette*, II, 2; **Yes, very much.** *Oui, beaucoup.* I, 2

vest *le gilet*, III, 4

video: music video *le vidéoclip*, III, 9; **to make videos** *faire de la vidéo*, I, 4; **to play video games** *jouer à des jeux vidéo*, I, 4

videocassette *la cassette vidéo*, III, 9; **videocassette recorder/VCR** *le magnétoscope*, I, 0; III, 9

videotape *la vidéocassette*, I, 3

village: fishing village *un village de pêcheurs*, II, 4

violent *violent*, II, 11

violin *le violon*, III, 11

visit (a place) *visiter*, I, 9; II, 6

visiting: How about visiting …? *Si on visitait…?* II, 8

volcano *le volcan*, II, 4
volleyball: to play volleyball *jouer au volley(-ball)*, I, 4

wait: I can hardly wait to . . . ! *Je suis vraiment impatient(e) de... !* III, 12; **I can't wait to . . .** *Il me tarde de... ,* III, 12; **I just can't wait . . . !** *Vivement que... !* III, 12
wait for *attendre*, I, 9
waiter *le serveur*, III, 5; **Waiter!** *Monsieur!* I, 5
waitress *la serveuse*, III, 5; **Waitress!** *Madame!* I, 5; *Mademoiselle!* I, 5
walk: to go for a walk *faire une promenade*, I, 6; *se promener*, II, 4; **to walk the dog** *promener le chien*, I, 7; *sortir le chien*, III, 3
wallet *le portefeuille*, I, 3; II, 3
want *vouloir*, I, 6; **Do you know what you want to do?** *Tu sais ce que tu veux faire?* III, 5; **Do you want . . . ?** *Vous voulez (tu veux)... ?* I, 6, II, 3; **I don't know what I want anymore.** *Je ne sais plus ce que je veux.* III, 5; **I really want to . . .** *Je tiens à... ,* III, 5; **If you want.** *Si tu veux.* I, 12; **No, I don't want to.** *Non, je ne veux pas.* II, 8; **Yes, if you want to.** *Oui, si tu veux.* I, 7
war movie *le film de guerre*, III, 9
wardrobe: armoire/wardrobe *l'armoire* (f.), II, 2
warning: I'm warning you that . . . *Je vous signale que... ,* III, 7
was: He was . . . *Il était... ,* II, 12; **How was it?** *C'était comment?* III, 9; **I was . . .** *J'étais... ,* II, 12; **It was . . .** *C'était... ,* II, 6; **It was amazing/ unbelievably bad!** *C'était incroyable!* II, 5; **There was/ were . . .** *Il y avait... ,* II, 12
wash: to wash oneself *se laver*, II, 4; **to wash the car** *laver la voiture*, I, 7; **to wash the windows** *laver les vitres*, III, 3
waste *gaspiller*, III, 3; **a waste of time** *zéro*, I, 2
watch *la montre*, I, 3
watch: to watch a game (on TV) *regarder un match*, I, 6; **to watch TV** *regarder la télé(vision)*, I, 1; **Watch out for . . . !** *Attention à... !* III, 7
water *l'eau* (f.), I, 5; **mineral water** *l'eau minérale*, I, 5; **to water ski** *faire du ski nautique*, I, 4; **to water the garden** *arroser le jardin*, III, 3; **Water, please.** *De l'eau, s'il vous*

plaît. III, 1; **water with strawberry syrup** *le sirop de fraise à l'eau*, I, 5
waterfall *une chute d'eau*, II, 4
watering hole *le point d'eau*, III, 7
way: a one-way ticket *un aller simple*, II, 6; **By the way, . . .** *A propos,... ,* II, 9; **No way!** *C'est pas possible!* III, 12; *Mon œil!* III, 10; *Pas possible!* II, 6; *Pas question!* II, 1; *Tu parles!* III, 9
wear *mettre, porter*, I, 10; **I don't know what to wear for . . .** *Je ne sais pas quoi mettre pour... ,* I, 10; **Wear . . .** *Mets... ,* I, 10; **What shall I wear?** *Qu'est-ce que je mets?* I, 10; **Why don't you wear . . . ?** *Pourquoi est-ce que tu ne mets pas... ?* I, 10
weather: The weather was great. *Il a fait un temps magnifique.* III, 1; **weather report** *la météo*, III, 9; **What is the weather like?** *Quel temps est-ce qu'il fait?* I, 4; **What was the weather like?** *Quel temps est-ce qu'il a fait?* III, 1
Wednesday: on Wednesdays *le mercredi*, I, 2
weekend: Did you have a good weekend? *Tu as passé un bon week-end?* I, 9; **on weekends** *le week-end*, I, 4; **this weekend** *ce week-end*, I, 6; **What a bad weekend!** *Quel week-end!* II, 5; **What a great weekend!** *Quel week-end formidable!* II, 5
weight: to lose weight *maigrir*, I, 10; *perdre du poids*, III, 10
weightlifting *l'haltérophilie* (f.), III, 12
weights *les haltères* (m.), III, 12
welcome: At your service; You're welcome. *A votre service.* I, 3; **Welcome to my home (our home)** *Bienvenue chez moi (chez nous),* II, 2; **You're very welcome.** *Je vous en prie.* III, 6; **You're welcome.** *De rien.* III, 6
well: Did it go well? *Ça s'est bien passé?* I, 9; **It didn't go well.** *Ça ne s'est pas bien passé.* III, 1; **Get well soon!** *Bon rétablissement!* II, 3; **I don't feel well.** *Je ne me sens pas bien.* II, 7; **It went really well!** *Ça s'est très bien passé!* II, 5; **Very well.** *Très bien.* I, 1; **Well done!** *Chapeau!* II, 5; **well done (meat)** *bien cuit(e).* III, 1; **You don't seem too well.** *Tu n'as pas l'air en forme.* II, 7; **You would do well to . . .** *Tu ferais bien de... ,* II, 7; **You would do well/better to . . .** *Tu ferais bien/mieux de... ,* III, 5; **Not too well.** *Pas trop bien.* III, 1
went: Afterwards, I went out. *Après, je suis sorti(e).* I, 9; **I went . . .** *Je suis allé(e)... ,* I, 9; **I went by . . .** *Je suis parti(e) en... ,* III, 1; **It went really well!** *Ça s'est très bien passé!* II, 5

were: If I were in your place, . . . *A ta place,... ,* III, 8; **If I were you, . . .** *Si j'étais toi,... ,* III, 8; **If it were me, . . .** *Si c'était moi,... ,* III, 8; **If it were possible, . . .** *Si c'était possible,... ,* III, 8; **There was/were . . .** *Il y avait... ,* II, 12; **There were . . .** *Il y avait de... ,* III, 9
west: in the west *dans l'ouest*, II, 4; **It's to the west of . . .** *C'est à l'ouest de... ,* II, 12
western: western (film) *un western*, II, 11; III, 9; **It's in the western part of . . .** *C'est dans l'ouest de... ,* II, 12
what *comment*, I, 0; **What's interesting/ incredible is . . .** *Ce qui est intéressant/incroyable, c'est... ,* III, 11; **I don't know what to do.** *Je ne sais pas quoi faire.* II, 10; **What are you doing?** *Mais, qu'est-ce que tu fais?* III, 2; **What are you going to do . . . ?** *Qu'est-ce que tu vas faire... ?* I, 6; *Tu vas faire quoi... ?* I, 6; **What bothers me is . . .** *Ce qui m'ennuie, c'est de... ,* II, 4; **What can we do?** *Qu'est-ce qu'on peut faire?* II, 4; **What catches your eye is . . .** *Ce qui saute aux yeux, c'est... ,* III, 11; **What do you have to drink?** *Qu'est-ce que vous avez comme boissons?* I, 5; **What do you need for . . . ?** (formal) *Qu'est-ce qu'il vous faut pour... ?* (informal) *Qu'est-ce qu'il te faut pour... ?* I, 3; **What do you think of . . . ?** *Comment tu trouves... ?* I, 2; **What I don't like is . . .** *Ce que je n'aime pas, c'est... ,* II, 4; **What I like is . . .** *Ce qui me plaît, c'est (de)... ,* II, 4; **What is . . . ?** *Qu'est-ce que c'est,... ?* III, 1; **What is that called?** *Comment est-ce qu'on appelle ça?* III, 11; **What is there . . . ?** *Qu'est-ce qu'il y a... ?* II, 4; **What is there to drink?** *Qu'est-ce qu'il y a à boire?* I, 5; **What is your name?** *Tu t'appelles comment?* I, 0; **What's going on?** *Qu'est-ce qui se passe?* II, 5; **What's his/her name?** *Il/Elle s'appelle comment?* I, 1; **What's it like?** *C'est comment?* II, 4; **What's that?** *Qu'est-ce que c'est?* III, 11; **What's wrong?** *Qu'est-ce qui t'arrive?* II, 5
whatever: Whatever. *Ça m'est égal.* II, 8
when: When? *Quand (ça)?* I, 6; **When do you open (close)?** *A quelle heure est-ce que vous ouvrez (fermez)?* II, 6; **When did you go there?** *Quand est-ce que tu y es allé(e)?* III, 1
where: Where? *Où ça?* I, 6; **Do you know where . . . are?** *Tu sais où sont... ?* III, 2; **Excuse me, could you tell me where . . . is?** *Pardon, vous savez où se trouve... ?* III, 2; **Where did you go?** *Tu es allé(e)*

où? I, 9; **Where is . . . , please?** *Où est... , s'il vous plaît?* II, 2, 4; II, 12; **Where's the fire?** *Il n'y a pas le feu.* III, 2;

whereas: Here . . . whereas . . . *Ici,... tandis que... ,* III, 8

which: Which . . . *Quel(s)/Quelle(s)... ,* III, 4; **From which platform . . . ?** *De quel quai... ?* II, 6; **Which one?** *Lequel/Laquelle?* III, 4; **Which ones?** *Lesquels/Lesquelles?* III, 4

white *blanc(he),* I, 3

who: The woman/girl/one who . . . *Celle qui... ,* III, 4; **Who's calling?** *Qui est à l'appareil?* I, 9

whom: With whom? *Avec qui?* I, 6

why: Why don't you . . . ? *Pourquoi tu ne... pas?* I, 9; II, 7; **Why not?** *Pourquoi pas?* I, 6

widowed *veuf (veuve),* III, 6

wife *la femme,* I, 7; III, 6

wild *délirant(e),* III, 4; **(crazy, funny)** *dingue,* III, 2; **I'm wild about it.** *Ça m'éclate.* III, 11

win *gagner,* I, 9; III, 12

window *la fenêtre,* I, 0; **to window-shop** *faire les vitrines,* I, 6; **to wash the windows** *laver les vitres,* III, 3

windshield: to clean the windshield *nettoyer le pare-brise,* III, 2

windsurf *faire de la planche à voile,* I, 11; II, 4

winter: in the winter *en hiver,* I, 4

wiped out: I'm wiped out. *Je suis tout(e) raplapla.* II, 7

wise: It would be wise to . . . *Il serait plus prudent de... ,* III, 7

wishes: Best wishes! *Meilleurs vœux!* II, 3

with: I went with . . . *J'y suis allé(e) avec... ,* III, 1; **The girl in the/with the . . .** *La fille au... ,* III, 4; **The man/guy/one with . . .** *Celui avec... ,* III, 4; **with me** *avec moi,* I, 6; **With whom?** *Avec qui?* I, 6

withdraw: to withdraw money *retirer de l'argent* (m.), I, 12

without: You can't leave without . . . *Tu ne peux pas partir sans... ,* I, 11

wolf *un loup,* II, 12

wonder: I wonder . . . *Je me demande... ,* II, 9; III, 5

wool *en laine,* III, 4

word: Where does the word . . . come from? *D'où vient le mot... ?* III, 11

work *travailler,* I, 9

work out: How should we work this out? *Comment est-ce qu'on fait?* III, 6

worker *l'ouvrier(l'ouvrière),* III, 5

worried *inquiet (inquiète),* II, 9

worries: to have worries *avoir des soucis,* II, 8

worry: Don't worry! *Ne t'en fais pas!* I, 9; II, 5; *Ne vous en faites pas!* III, 7; **Don't worry about it!** *Ne t'inquiète pas.* III, 6

worth: It's not worth it! *Ça ne vaut pas le coup!* III, 9; *Ce n'est pas la peine.* III, 7

worthless *n'importe quoi,* II, 11; *nul (nulle),* II, 8

worthwhile: I don't think it's worthwhile. *Je ne crois pas que ce soit utile.* III, 7

would: It would be great if . . . *Ça serait chouette si... ,* III, 8; **That would be nice.** *Ce serait sympa.* III, 6; **What would you do?** *Qu'est-ce que tu ferais, toi?* II, 10; **would like: I'd like to buy . . .** *Je voudrais acheter... ,* I, 3; **Would you mind . . . ?** *Ça t'embête de... ?* II, 10; *Ça t'ennuie de... ?* II, 10; **Would you pass . . .** *Vous pourriez (tu pourrais) me passer... ,* II, 3; **Yes, I would.** *Oui, je veux bien.* II, 3; **You would do well to . . .** *Tu ferais bien de... ,* II, 7

Wow! *Oh, dis donc!* III, 7; *Ouah!* III, 7; **Wow! That was a real scare!** *Ouf! On a eu chaud!* III, 7

wreck: to wreck the car *emboutir la voiture,* III, 10

wrestling *la lutte,* III, 12

write: Write him/her/them. *Ecris-lui/-leur.* II, 10

writer *l'écrivain,* III, 5

wrong: Everything went wrong! *Tout a été de travers!* II, 5; **Is something wrong?** *Quelque chose ne va pas?* II, 7; **Something's wrong.** *Ça n'a pas l'air d'aller.* II, 5; **What's wrong?** *Qu'est-ce qui t'arrive?* II, 5; *Qu'est ce que tu as?* II, 7; *Qu'est-ce qu'il y a?* II, 10; **You're wrong to . . .** *Tu as tort de... ,* III, 3; **You're wrong.** *Tu as tort.* III, 9

yard *le jardin,* II, 2

yeah: Yeah. *Mouais.* II, 6; **Oh yeah? Yeah, right!** *Mon œil!* II, 6

year: I am . . . years old. *J'ai... ans.* I, 1; **When I was . . . years old, . . .** *Quand j'avais... ans,... ,* II, 8

yellow *jaune,* I, 3

yes *oui,* I, 1

yet: not yet *ne... pas encore,* I, 9; III, 10

Yippee! *Youpi!* III, 12

yogurt *du yaourt,* I, 8

you *tu, vous,* I, 0; **And you?** *Et toi?* I, 1; **. . . you know.** *..., quoi.* II, 9; **. . . you see.** *..., tu vois.* II, 9

young *jeune,* I, 7; II, 1

younger: the younger child *le cadet(la cadette),* III, 6

youngest: the youngest child *le benjamin(la benjamine),* III, 6

your *ton/ta/tes,* I, 7; *votre/vos,* I, 7

yours: Very truly yours, . . . *Je vous prie d'agréer, Monsieur/Madame, l'expression de mes sentiments distingués.* III, 5

zebra *le zèbre,* III, 7

zoo *le zoo,* I, 6; II, 6

This grammar index includes topics introduced in **Allez, viens!** Levels 1, 2 and 3. The roman numeral I preceding the page numbers indicates Level 1; the Roman numeral II indicates Level 2; the Roman numeral III indicates Level 3. Page numbers in boldface type refer to **Grammaire** and **Note de grammaire** presentations. Other page numbers refer to grammar structures presented in the **Comment dit-on... ?, Tu te rappelles?, Vocabulaire,** and **A la française** sections. Page numbers beginning with R refer to the Grammar Summary in this reference section (pages R29–R54).

A

à: expressions with **jouer** I: **113;** contractions with **le, la, l',** and **les** I: **113, 177,** 360, R21; II: **48,** 190, R29; III: R37; with cities and countries I: 330, R21; II: R29; III: **352,** R37

adjectives: adjective agreement and placement I: 86, **87, 210,** R15–R17; II: **11,** R23–R25; III; R29–R31; and **de** II: **43;** as nouns I: **301,** R18; II: R26; III: R32; demonstrative I: **85,** R17; II: R25; III: R31; formation of feminine adjectives III: R29–R31; formation of plural adjective and nouns III: R29–R31; possessive I: 203, **205,** R18; II: R26; III: R32; preceding the noun II: **43,** R25; III: R31

à quelle heure: I: 58, 183, **185,** R20

adverbs: of frequency I: **134;** II: 113, 196, R27; III: R33; placement with the **passé composé** I: **272,** R18; II: R27

agreement: adjectives I: **87, 210,** R15–R17; II: **11,** R23-R25; III: R29–R31; agreement of past participles III: **11,** R47; in the **passé composé** II: **167,** R39; in the **passé composé** of reflexive verbs II: **192,** R38; III: R47; in the **passé composé** with direct object pronouns II: **293,** R30; III: R38

aller: I: 151, 173, **174,** 328, 329, R26; with an infinitive I: **174;** II: 21, R42; III: 38, R48; in the **passé composé** I: 270, 338, R28; II: **140,** R39

articles: definite articles **le, la, l',** and **les** I: **28,** R19; III: 19, R33; definite articles with days of the week I: **173;** indefinite articles **un, une,** and **des** I: 79, **81,** R19; II: R27; III: 19, R33; partitive articles **du, de la,** and **de l'** I: 235, **236,** 364, R19; II: **67, 73,** R27; III: 19, R33

avec qui: I: 183, **185,** R20; II: R28; III: R35

avoir: I: **55,** R26; II: **10,** R35; III: R44; **avoir besoin de** I: **238; avoir envie de** I: 329; II: 18, 197; **avoir l'air** II: **259;** expressions with II: 9, 38, 76, 135, 143, 189, 197, 354; imperfect II: 227, 296, R40; with the **passé composé** I: 269, **271,** 273, 277, 303, 338, R28; II: 136, R39; III: **11,** R48

C

ça: replacing the subject of a sentence with **il, elle,** or **ça.** III: **201**

causative faire: III: **107**

ce, cet, cette, and **ces:** I: 85, R17; II: R25; III: R31

ce que, ce qui: III: **326,** R41; See relative pronouns.

c'est: versus **il/elle est** + adjective I: **310;** II: **315,** R32; III: R41

celle-là, celles-là, celui-là, ceux-là demonstrative pronouns III: **101,** R38

cognates: I: 6–7, 27, 84, 112

commands: I: 10, 148, 151, **152,** R28; II: **15,** R42; forming commands and suggestions III: **41,** R48; with object pronouns I: 151, 240, **279,** 336, R22–R23; II: **28–32;** III: 41, R48

comparative: III: **232,** R34

comparisons: II: 102, 202, 226; superlative II: 143; III: **288,** R34

conditional: II: 76, 168, 197, 202, 286, 287, 291, 356; III: **141,** R51; in the past II: 294

conduire: III: **39**

connaître: II: 263, 313, **314,** R36; **passé composé** II: **314,** R36

contractions: See **à** or **de.**

countries: prepositions with countries I: **330,** R21; II: R29; III: R37

D

de: before modified nouns II: **43,** 100, R25; contractions I: **116, 369,** R21; II: 43, R29; III: R37; expressions with **faire** I: **113;** indefinite articles (negative) I: **81;** II: R27; indicating relationship or ownership I: **204;** II: R29; III: R37; partitive article I: **236,** R19; II: R27; III: R33; with expressions of quantity I: **242**

definite articles: I: **28,** R19; III: 19

demonstrative adjectives: I: **85,** R17; II: R25; III: R31

demonstrative pronouns: III: 101

dès que with the future tense: III: **348**

devoir (irregular): I: **189,** R27; II: 15, 143, **197,** 286, R35; III: **68,** R44; **devrais** I: **279;** II: **197,** 202

dire: I: **276,** R27

direct object pronouns: I: **279, 309,** 336, R22; II: 286, 288, 324, R30; III: **46,** R38

dont: relative pronouns: III: 265, R41

dormir: I: **334,** R26; II: R34; III: R43

E

elle(s): replacing the subject of a sentence with **il, elle,** or **ça** III: **201;** See pronouns.

emporter: II: **354,** R33

en: pronoun I: 242, 247, **248,** 333, R23; II: **66,** 196, R31; III: **46,** R39; before geographic names I: **330,** R21; II: R29; III: **352,** R37

ACKNOWLEDGMENTS

For permission to reprint copyrighted material, grateful acknowledgment is made to the following sources:

Association de Gestion des Domaines Touristiques du Vallon de la Lambrée: Advertisement, "Château Fort de Logne," from *Guide des attractions touristiques & musées, Belgique.*

Attractions et Tourisme c/o Grottes de Han: Advertisements, "Château Fort de Logne" and "Parc de Récréation Mont Mosan," from *Guide des attractions touristiques & musées, Belgique.*

Bayard Presse International: "Albert nez en l'air" and "Julie Boum" from *Albert nez en l'air* by Paul Martin, illustrated by Mario Ramos, from *Astrapi.* Copyright © by Bayard Presse International. From "Sportez-vous bien!" from *Okapi,* October 1-15, 1986. Copyright © 1986 by Bayard Presse. From "Quel rôle joue la mode dans votre vie" from *Okapi,* July 15-31, 1989. Copyright © 1989 by Bayard Presse International. From "Aimez-vous la BD?" from *Okapi,* no. 534, February 15-28, 1994. Copyright © 1994 by Bayard Presse International. "La musique est un langage universel," "La musique m'accompagne dans la vie," and "Tous aiment me voir danser" from "Quelle musique écoutez-vous?" from *Okapi,* no. 548, October 15-22, 1994. Copyright © 1994 by Bayard Presse International.

Centre Belge de la Bande Dessinée: Hours of operation from the brochure *Centre Belge de la Bande Dessinée.*

Comité Français d'Education pour la Santé: Sticker with message, "Fumer, c'est pas ma nature!"

Companhia Melhoramentos de São Paulo, Brazil and Volcano Press, Inc.: "La Tortue et le Léopard" by Rogério Andrade Barbosa, illustrated by Ciça Fittipaldi. French translation by Holt, Rinehart and Winston. Originally published in Portugese. Copyright ©1987 by Companhia Meloramentos de São Paulo; English translation copyright © 1993 by Volcano Press, Inc.

Département de l'intérieur, de l'agriculture, de l'environnement et de l'énergie, Geneva: "Aidez-nous à protéger les eaux!" from *Voyage au bout de l'eau.*

Editions Denoël: "Il faut être raisonnable" from *Les Vacances du Petit Nicolas* by Sempé and Goscinny. Copyright © 1962 by Editions Denoël.

Editions Gallimard: From "Enfance d'une fille" from *La cause des femmes* by Gisèle Halimi. Copyright © 1973 by Editions Grasset & Fasquelle.

Editions l'Harmattan: French text and illustrations from *O'gaya* by Isabelle and Henri Cadoré, illustrated by Bernadette Coléno. Copyright © 1991 by Editions L'Harmattan.

Garland Publishing, Inc.: "Froumi et Grasshopper" from *Cajun and Creole Folktales: The French Oral Tradition of South Louisiana,* collected and annotated by Barry Jean Ancelet. Copyright © 1994 by Barry Jean Ancelet.

Grand Hôtel Bristol, "L'Auberge": Adaptation of menu from restaurant "L'Auberge."

Hachette Education: "La petite maison," "Le clou de Djeha," et "Les trois femmes du roi" from *Contes et histoires du Maghreb* by Jean-Paul Tauvel. Copyright © 1975 by Hachette.

Hachette Livre: "La cuisine cajun" from "La Louisiane" from *Le guide du routard: Etats-Unis 1993/94.* Copyright © 1993 by Hachette Livre. Front cover, adaptation of "La mosquée de la kasbah," from "La place Jemaa-el-Fna," "Le minaret de la Koutoubia," "Le palais de la Bahia," adaptation from "Les souks," and from "Les tombeaux saadiens" from *Le guide du routard: Maroc, 1994-95.* Copyright © 1994 by Hachette Livre.

InterMédia Caraïbes: Text from "La Faune sous-marine de la Guadeloupe" from "Antilles Info Tourisme Guadeloupe" by Intermédia Caraïbes. Online. Available http://www.antilles-info-tourisme.com/guadeloupe.

J. C. Penney Company, Inc.: Photo from page 135 from *Celebrate Summer* catalog by J. C. Penney. Copyright © 1994 by J. C. Penney Company, Inc.

Journal L'Alsace: "A la soupe des potaches" from *Journal L'Alsace,* April 11-13, 1993. Copyright © 1993 by Journal L'Alsace.

L'Officiel des Spectacles: From "L'Ami africain," from "Le Pont de la Rivière Kwai," and from "Les Patriotes" from "Films en exclusivité" from *L'Officiel des Spectacles,* no. 2488. Copyright © by L'Officiel des Spectacles.

Christian Lacroix: From "Bazar de Christian Lacroix: automne-hiver 1994-1995," from "Christian Lacroix collection haute-couture: automne-hiver 1994/95," from "Christian Lacroix prêt-à-porter: automne-hiver 1994/95," and four illustrations by Christian Lacroix.

Le Soleil: From "Des nouveaux professionnels sur le marché" from *Le Soleil,* no. 6936, July 20, 1993. Copyright © 1993 by Le Soleil. All rights reserved. *Le Soleil* is a Senegalese daily newspaper.

Les productions La Fête: Four photographs, Scene 83, and synopsis and production information from *Fierro…L'été des secrets,* produced by Rock Demers, directed by André Melançon from a story by Rodolfo Otero, screenplay by André Melançon and Geneviève Lefebvre, stills by Jean Demers. *Fierro…L'été des secrets* is number 8 in the collection *Tales for All.* Produced by Productions La Fête, 225 Roy Street East, Suite 203, Montreal, Quebec, Canada H2W 1M5.

Librairie Gründ: "Le cimetière des éléphants" from *Légendes et contes: Contes africains* by Vladislav Stanovsk, translated into French by Dagmar Doppia. Copyright © 1992 by Aventinum, Prague; French translation copyright © 1992 by Librairie Gründ, Paris.

Madame au Foyer: "Les Tunisiennes en marche" from "Les femmes dans le monde" by Monique Roy from *Madame,* September 1994. Copyright © 1994 by Madame au Foyer.

Michelin Travel Publications: From Map No. 970, "Europe," 1994 edition. Permission No. 94-460. Copyright © 1994 by Michelin. From Map No. 409, "Belgique, Luxembourg, Belgium," 1994 edition. Permission No. 94-460. Copyright © 1994 by Michelin.

Office National du Tourisme Tunisien: Photographs and text from *Tunisie amie: Tunisie. Le pays proche.*

Parc de Récréation Mont Mosan: Advertisement, "Parc de Récréation Mont Mosan," from *Guide des attractions touristiques & musées, Belgique.*

Liliane Phung and Scoop: Four photos and text from "Mannequins d'un jour: Liliane, une vraie beauté asiatique" from *OK! Podium,* no. 34. Text copyright © by COGEDIPRESSE; photos copyright © by Fred. Gregoire.

Quelle La Source: Four photographs of clothing and accessories with descriptions from the catalog *Quelle LA Source,* Spring-Summer 1994.

Randol's Seafood & Restaurant: Logo, photographs and text from brochure *Randol's Seafood & Restaurant: Lafayette, LA.*

Swiss Council for Accident Prevention, Berne, Switzerland: From "Equipement adéquat" and front cover from *Faire des randonnées en montagne, sûrement!*

TV 7 Jours: Television listing from "Samedi, 10 septembre" from *TV 7 Jours,* September 10-16, 1992. Copyright © 1992 by TV 7 Jours.

Winstub au Cygne: Adaptation of "Le Cygne" menu.

WWF-World Wide Fund for Nature, www.wwf.org: From *Sauvegarder la nature, c'est assurer l'avenir de l'homme* and WWF Panda logo. Logo copyright © 1986 by WWF-World Wide Fund for Nature (formerly World Wildlife Fund). ® WWF Registered Trademark.

WWF Suisse: Membership application for WWF from *Les Iles,* vol. 14, no. 3, September 1981.

PHOTOGRAPHY CREDITS

Abbreviations used: (t) top, (b) bottom, (l) left, (r) right, (c) center.

Rencontre culturelle students: HRW Photo/John Langford
Panorama fabric: Copyright © 1992 by Dover Publications, Inc.
All other fabric: HRW Photo/Victoria Smith.
All globes: Mountain High Maps® Copyright ©1997 Digital Wisdom, Inc.
All euros: © European Communities
Jeu de rôle masks: © PhotoSpin, Inc.

TABLE OF CONTENTS: vii (t), HRW Photo; (b), P. J. Sharpe/SuperStock; viii, © Pierre Berger/Photo Researchers, Inc.; ix, © The Purcell Team/Corbis; x (t), Eric Beggs; (b), Michael Newman/PhotoEdit; xi (t), HRW Photo/May Polycarpe; (b), © Beryl Goldberg Photography; xii, © Lineair/R. Giling/Peter Arnold, Inc.; xiii, © David Cimino/International Stock Photography; xiv, © Roberto M. Arakaki/International Stock Photography; xv, Wolfgang Kaehler Photography; xvi (t), HRW Photo; (b), Kit Kittle/Viesti Collection, Inc.; xvii, Joseph Schuyler/Stock Boston; xviii, © Bongarts Photography/SportsChrome USA; (background), HRW Photo; xix, Corbis Images; xx, Brian Seed/Stone; xxi, HRW Photo/Patrice Maurin-Berthier.

LOCATION: L'EUROPE FRANCOPHONE xviii-1, Phil Cantor/SuperStock; 2, (t), Blaine Harrington; (c), SuperStock; (b), SuperStock; 3 (t), Gary Cralle/The Image Bank; (c), SuperStock; (bl), P.& G. Bowater/The Image Bank; (br), W. Gontscharoff/SuperStock.

CHAPTER 1: 4-5, P. J. Sharpe/SuperStock; 6 (t), Jean-Marc Truchet/Stone; (cl), Barry Iverson/Woodfin Camp & Associates, Inc.; (b), Adina Tovy/Photo 20-20; 7 (tl, cl), David R. Frazier Photolibrary; (tr), Rick Lee/SuperStock; (cr), F. Bouillot/Marco Polo/Phototake; (bl), Bas van Beek/Leo de Wys, Inc.; (br), P. Halle/Marco Polo/ Phototake; 8, Editions de Art Jack; 12 (l), SuperStock; (c), Shaun Egan/Stone; (r), HRW Photo/Michele Slane; 15, Catherine Ursillo/Photo Researchers, Inc.; 16 (l, c), HRW Photo/Marty Granger/Edge Productions; (r), HRW Photo/Edge Productions; 23, HRW Photo/Sam Dudgeon; 27 (l, cr), HRW Photo/Victoria Smith; (cl), HRW Photo /Sam Dudgeon; (c), HRW Photo/Marty Granger /Edge Productions; (r), Digital imagery® © 2003 PhotoDisc, Inc.

CHAPTER 2 32-33, © Pierre Berger/Photo Researchers, Inc.; 34-36 (all), HRW Photo/Patrice Maurin-Berthier; 38, Spencer Grant/PhotoEdit; 42, *Julie, Claire, Cécile: On s'éclate* by Sidney et Bom ©, 1989 Editions du Lombard, Bruxelles; 43 (l), Centre Belge de la Bande Dessinée, Bruxelles; (cl), *Les Aventures de Tintin: On a marché sur la lune* by Hergé. © 1954 Casterman, Paris-Tournai; (cr), *Les Aventures de Tintin: Le Sceptre d'Ottokar* by Hergé.

© 1975 Casterman, Paris-Tournai; (r), *L'Œuf et les Schtroumpfs* by Peyo © 1978 S.A. Editions Jean Dupuis; 44 (l, c), HRW Photo/Marty Granger/Edge Productions; (r), HRW Photo/Louis Boireau; 48 (tl), HRW Photo/Sam Dudgeon; (tr), Color Day Productions/The Image Bank; (tc), Victor Englebert; (bl), Messerschmidt/FPG; (br), F. Bouillot/Marco Polo/Phototake; 49 (l), J. Wishnetsky/Comstock; (cl), Richard Pasley Photography; (cr), F. Bouillot/Marco Polo/Phototake; (r), Victor Englebert; 50-52 *Julie, Claire, Cécile: C'est la Jungle* by Sidney et Bom © 1988 Editions du Lombard, Bruxelles; 53, HRW Photo/Sam Dudgeon; 55, HRW Photo/Patrice Maurin-Berthier; 56 (t), Richard Pasley Photography; (tc), Pierre Berger/Photo Researchers, Inc.; (c), Victor Englebert; (b), J. Wishnetsky/Comstock.

CHAPTER 3 62-63, © The Purcell Team/Corbis; 64 (tr, bl), Mark Antman/Harbrace Photo; (c, br), Blaine Harrington; 65 (t), HRW Photo/May Polycarpe; (c), Ciné-Plus Photothèque; (b), HRW Photo/Patrice Maurin-Berthier; 66 (l), HRW Photo/May Polycarpe; (cl,r), Blaine Harrington; (cr), HRW Photo/Patrice Maurin-Berthier; 71 (t), PEANUTS Reprinted by Permission United Features Syndicate; (b), Blaine Harrington; 74 (all), Blaine Harrington; 75 (all), Daniel J. Schaefer; 76 (l), HRW Photo/Louis Boireau; (c, r), HRW Photo/Marty Granger/Edge Productions; 83, HRW Photo by Sam Dudgeon; 85 (tl, tr), Digital imagery® © 2003 PhotoDisc, Inc.; (bl), HRW Photo/Victoria Smith; (br), ©Stockbyte; 87 (all), Daniel J. Schaefer; 89, Claude Martin/World Wildlife Fund; 90 (all), Daniel J. Schaefer.

CHAPTER 4 92-93, Eric Beggs; 94 (t, br), HRW Photo/Sam Dudgeon; 99 (l), HRW Photo; (r), HRW Photo/Sam Dudgeon; 102 (l), HBJ Photo/Peter Menzel; (r), Beryl Goldberg; 103 (all), HRW Photo/Marty Granger/Edge Productions; 104 (tl), Michael Newman/PhotoEdit (tr), Four By Five/SuperStock; (bl, br), HRW Photo/Sam Dudgeon; 105 (t), Cathlyn Melloan/Stone; (c), Tony Freeman/PhotoEdit; (bl), HRW Photo/Patrice Maurin-Berthier; (br), Photo 20-20; 113, HRW Photo/Sam Dudgeon; 118 (tl), © Zefa Visual Media/Index Stock Imagery, Inc.; (tr), © Telegraph Colour Library/FPG International; (remaining), HRW Photo/Sam Dudgeon.

LOCATION: L'AFRIQUE FRANCOPHONE 122-123, Gill S.J. Copeland/Nawrocki Stock Photo, Inc.; 124 (t), Gill Copeland/Nawrocki Stock Photo, Inc.; (c), SuperStock; (b), Dave G. Houser; 125 (t), Gill S.J. Copeland/Nawrocki Stock Photos; (cl), Charles G. Summers/Ron Kimball Studios; (cr), Rita Summers/Ron Kimball Studios; (bl), Cliché; (br), R. Campillo/Corbis Stock Market.

CHAPTER 5 126-127, © Beryl Goldberg Photography; 128 (t), G. Giansanti/Sygma; (c), Jason Lauré/Lauré Communications; (b), Thierry Pratt/Sygma; 129 (t), Marcus Rose/Panos Pictures; (c), Thierry Prat/Sygma; (b), HRW Photo/May Polycarpe; 130 (tl), G. Giansanti/Sygma;

(tr), HRW Photo/May Polycarpe; (bl), Marcus Rose/Panos Pictures; (br), Thierry Prat/Sygma; 131 (tl), Brian Seed/Stone; (tc, bc), SuperStock; (tr, br), Dave G. Houser; (bl), Four by Five/Superstock; 135 (l), HRW Photo/Daniel Aubry; (r), HRW Photo/May Polycarpe; 136 (t), Thierry Pratt/Sygma; (c, b), HRW Photo/Louis Boireau; 138 (all), HRW Photo/Marty Granger/Edge Productions; 139 (l), Jeff Greenberg/PhotoEdit; (cl, cr), HRW Photo/Russell Dian; (r), HRW Photo/May Polycarpe; 144-146 (background) ©PhotoSpin, Inc.

CHAPTER 6 156-157, © Lineair/R. Giling/Peter Arnold, Inc.; 158 (tl), Robert Frerck/Odyssey; (tr), © W. Walton/LPI Photo 20-20; (bl), Robert Frerck/Odyssey; (br), Elaine Little/World Photo Images; 159 (t), Noboru Komine/Photo Researchers, Inc.; (b), HRW Photo/Mark Antman; 165 (l), HRW Photo/Louis Boireau; (c, r), HRW Photo/Marty Granger/Edge Productions; 166 (both), Elaine Little/World Photo Images; 167 (t, bl), Elaine Little/World Photo Images; (br), © Createc; 168 (tl), Altitude/Peter Arnold, Inc.; (tr), Robert Frerck/Stone; (bl), John Beatty/Stone; (bc), S.A. Kaluzny; (br), Erwin C. "Budd" Nielsen/Images International; 174-176 (background), Corbis Images; 177, HRW Photo/Sam Dudgeon; 181, Beryl Goldberg; 182 (t, bl), SuperStock; (br), Panos Pictures; (br background), Blaine Harrington.

CHAPTER 7 186-187, © David Cimino/International Stock Photography; 188 (t, bl, br), HRW Photo/Patrice Maurin-Berthier; (cl, cr), Digital Stock Corporation; 189 (l, r), HRW Photo/Patrice Maurin-Berthier; (c), HRW Photo/Sam Dudgeon; 191 (tl), SuperStock; (tr), Victor Englebert; (bl), Magrus Rosshagen/Panos Pictures; (br), Jason Lauré/Lauré Communications; 197 (all), HRW Photo/Marty Granger/Edge Productions; 198 (t), ©PhotoSpin, Inc.; (c, b), SuperStock; 199 (t), SuperStock; (b), Corbis Images; 200 (tl), Corbis Images; (tcl), Christer Fredriksson/Natural Selection; (tcr, bcr), Tim Davis/Davis Lynn Images; (tr), Renee Lynn/Davis/Lynn Images; (bl, bcl), Daniel J. Cox/Natural Selection; (br), Erwin and Peggy Bauer/Natural Selection; 207, HRW Photo/Sam Dudgeon, 208 (both), HRW Photo/Sam Dudgeon; 213 (tl), SuperStock; (tc), Anup Manj Shah/Animals Animals/Earth Scenes; (tr), George Merillon/Gamma Liaison; (bl), Victor Englebert; (bc), John Giustina/The Wildlife Collection; (br), Ron Levy; 214 (l), HRW Photo/Sam Dudgeon; (cl, cr), Stephen J. Krasemann/AllStock; (r), SuperStock.

CHAPTER 8 216-217, © Roberto M. Arakaki/International Stock Photography; 218 (tl), SuperStock; (tr), Dave Bartruff; (bl), Guido Cozzi/Bruce Coleman Inc.; (br), Steve Vidler/Leo deWys, Inc.; 219 (t), Ric Ergenbright; (c), Nik Wheeler; (b), HRW Photo/Sam Dudgeon; 221 (tl), Nik Wheeler; (tr), John Elk III/Bruce Coleman Inc.; (c), Ric Ergenbright; (bl), Jason Lauré/Lauré Communications; (br), Klaus D. Francke/Peter Arnold, Inc.; 223 row 1 (l, cl,

for Artville; row 6 (l), Corbis Images; (r), ©1997 Radlund & Associates for Artville

ADDTIONAL VOCABULARY R19 (tl, bl), ©Stockbyte; (tr, br), Digital imagery® © 2003 PhotoDisc, Inc.; R20 (t, ctr), HRW Photo/Sam Dudgeon; (ctl, cbl, b), Digital imagery® © 2003 PhotoDisc, Inc.; (cbr), Letraset Phototone; R21 (tl, tc, cr, br), Digital imagery® © 2003 PhotoDisc, Inc.; (tr), HRW Photo/Michelle Bridwell; (cl), ©Stockbyte; (c), HRW Photo/Sam Dudgeon; (bl), Corbis Images; (bc), © Digital Vision; R22 (t, ctl), ©1998 Artville, LLC; (ctr), HRW Photo/Sam Dudgeon; (cbl, cbr, br), Digital imagery® © 2003 PhotoDisc, Inc.; (bl), Digital imagery® © 2003 PhotoDisc, Inc.; R23 (tl), ©Image Ideas, Inc.; (tr, cl, cr, bl), Digital imagery® © 2003 PhotoDisc, Inc.; (br), ©1997 Radlund & Associates for Artville; R24 (tl, bl, bc), Digital imagery® © 2003 PhotoDisc, Inc.; (tr), © Digital Vision; (c, cr, br), ©Stockbyte; R25 (tl, cl, c, bl, br), ©Stockbyte; (tr, cr), Corbis Images; R26 (all), Digital imagery® © 2003 PhotoDisc, Inc.

ILLUSTRATION AND CARTOGRAPHY CREDITS

Abbreviated used: (t) top, (b) bottom, (l) left, (r) right, (c) center.

All art, unless otherwise noted, by Holt, Rinehart & Winston.

FRONT MATTER: Page xxiii, MapQuest.com; xxiv, MapQuest.com; xxv, MapQuest.com; xxvi, MapQuest.com; xxvii, MapQuest.com; xxviii, MapQuest.com.

LOCATION: FRANCOPHONE EUROPE
Chapter One: Page 6-7, MapQuest.com; 10, Gilles-Marie Baur; 30, Jocelyne Bouchard. **Chapter Two:** Page 34, MapQuest.com; 37, Anne Stanley; 38, MapQuest.com; 39, Pascal Garnier; 40, Pascal Garnier; 37, Jean-Pierre Foissy; 41, Jean-Pierre Foissy; 43, Anne Stanley; 45, Ortelius Designs. **Chapter Three:** Page 68, Edson Campos; 69, Julian Willis; 70 (t), Jean-Pierre Foissy; 70 (b), Gwenneth Barth; 71 (t), Gwenneth Barth; 77, Jean-Pierre Foissy; 78, Julian Willis; 90, Julian Willis. **Chapter Four:** Page 97, Agnès Gojon; 99, Agnès Gojon; 100 (t), Pascal Pinet; 100 (c), Sylvie Rochart; 100 (b), Pierre Fouillet; 106, Jocelyne Bouchard; 107, Sylvie Rochart; 109, Agnès Gojon; 114, Agnès Gojon; 117, Jocelyne Bouchard; 120, Pierre Fouillet.

LOCATION: FRANCOPHONE AFRICA
Chapter Five: Page 122, MapQuest.com; 132, Edson Campos; 133, Jocelyne Bouchard; 134, Jocelyne Bouchard; 148, Edson Campos; 154, Jocelyne Bouchard. **Chapter Six:** Page 161, Jocelyne Bouchard; 163, Jean-Pierre Foissy; 166, Jocelyne Bouchard; 169, Sylvie Rochart; 171, Jocelyne Bouchard; 179, Jocelyne Bouchard; 184, Brian Stevens. **Chapter Seven:** Page 192, Jocelyne Bouchard; 194, Julian Willis; 201, Julian Willis; 202, Gilles-Marie Baur; 211, Julian Willis. **Chapter Eight:** Page 222, Jocelyne Bouchard; 224 (t), Jocelyne Bouchard; 224 (b), Anne Stanley; 225, Jocelyne Bouchard; 226, Bruce Roberts; 230, Jocelyne Bouchard; 231, Sylvie Rochart; 244, Pierre Fouillet.

LOCATION: FRANCOPHONE AMERICA
Chapter Nine: Page 246, MapQuest.com; 256, Jocelyne Bouchard; 257, Bruce Roberts; 258, Jocelyne Bouchard; 260, Edson Campos; 274, Sylvie Rochart. **Chapter Ten:** Page 286, Anne Stanley; 287, Anne Stanley; 289, Anne Stanley; 294, Edson Campos; 297, Jean-Pierre Foissy; 302, Anne Stanley; 304, Anne Stanley; 308, Edson Campos. **Chapter Eleven:** Page 317 (t), Bruce Roberts; 317 (b), Sylvie Rochart; 318, Jean-Pierre Foissy; 323, Gilles-Marie Baur; 328, Tim Jessell; 329, Tim Jessell; 330, Tim Jessell; 335, Bruce Roberts; 338, Edson Campos. **Chapter Twelve:** Page 345, Alain Massicotti; 346, Bernard LeDuc; 347, Alain Massicotti; 349, Bruce Roberts; 352, Anne Stanley; 353, Gilles-Marie Baur; 355, Jocelyne Bouchard.